Féréal

Geheimnisse der Inquisition

REPRINT – VERLAG
LEIPZIG

Die zum Teil geminderte Druckqualität ist auf den Erhaltungszustand der Originalvorlage zurückzuführen

Volker Hennig, Goseberg 22–24, 37603 Holzminden
ISBN 3-8262-0602-9

Reprint der Originalausgabe von ca. 1864
nach dem Exemplar der Universitätsbibliothek Leipzig
(Signatur: Lit. gall. 372[iy])

Lektorat: Andreas Bäslack, Leipzig
Einbandgestaltung: Jens Röblitz, Leipzig
Gesamtfertigung: Westermann Druck Zwickau GmbH

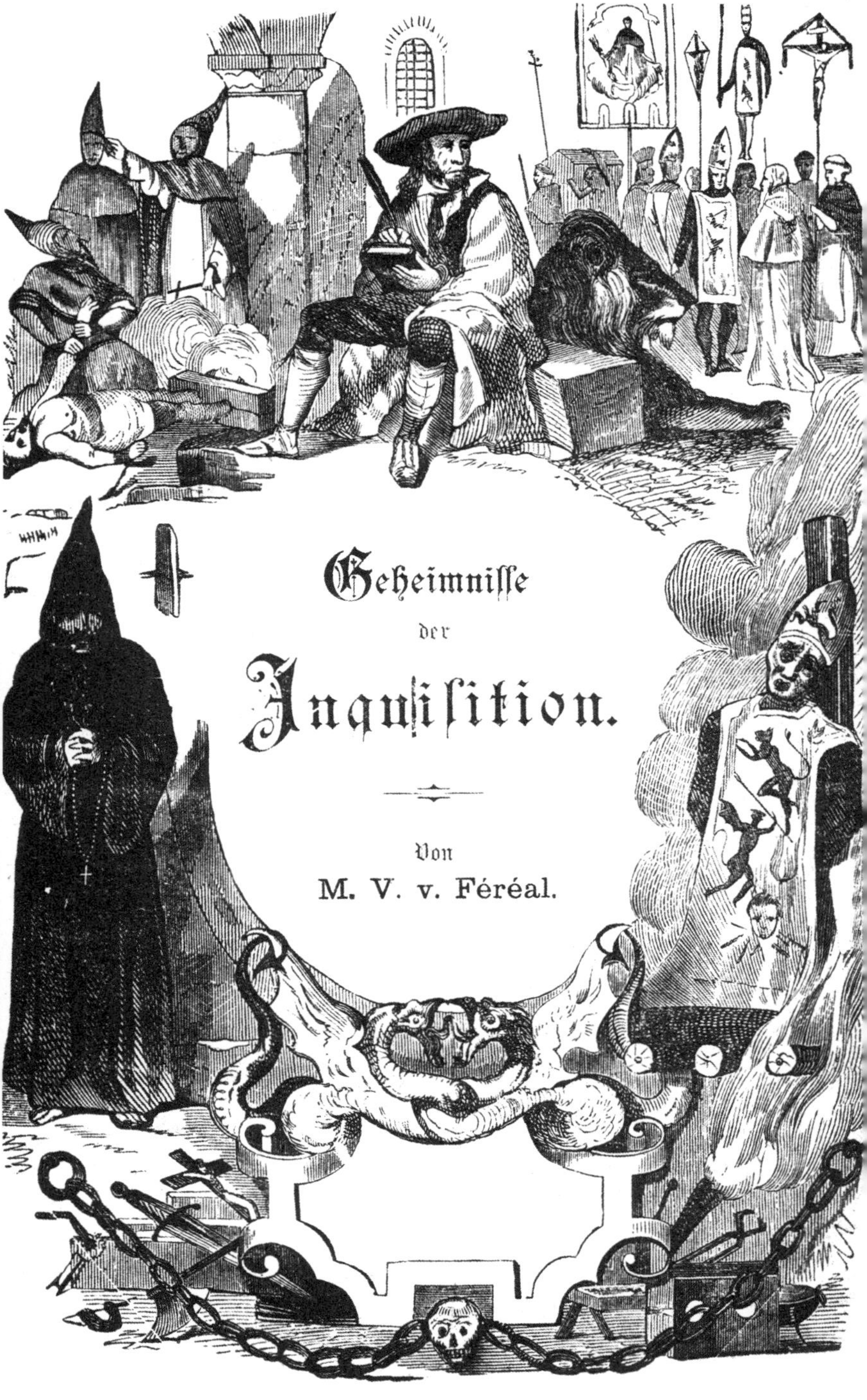

Geheimnisse der Inquisition.

Von

M. V. v. Féréal.

Die

Geheimnisse der Inquisition

und anderer

geheimen Gesellschaften Spaniens.

Von

M. V. v. Féréal.

Mit historischen Anmerkungen und einer Einleitung von M. v. Cucudias.

Deutsch von L. v. Alvensleben.

Brünn.

Verlag von Fr. Karafiat.

Einleitung.

Vor zwanzig Jahrhunderten war die Erde den Tyrannen preisgegeben, das heißt, den Königen und den Priestern, welche, sich der verschiedenen Religionen, zu denen sie sich bekannten, bedienend, die Völker in Knechtschaft stürzten und ausbeuteten. Jesus Christus hatte damals die Welt noch nicht mit den göttlichen Lehren beschenkt, welche ihre Wiedergeburt herbeiführen sollten. Er war noch nicht an dem Kreuze gestorben, um der Erde die Freiheit zu geben. Das Evangelium bestand noch nicht.

Seit jener Zeit ist Allen das Christenthum gelehrt worden.

Nicht damit zufrieden, den Nationen die Lehre ihres göttlichen Meisters hinterlassen zu haben, sind die Apostel und die Jünger Jesu Christi bei deren Vertheidigung gestorben.

Während der ersten Jahrhunderte des Christenthumes verfolgten die Päpste und die christlichen Priester die Bahn, welche die Apostel ihnen bezeichnet hatten; gleich ihnen verkündeten sie den christlichen Glauben unter dem Beile des Henkers, und das Blut der Märtyrer hat seine Früchte getragen.

Die halbe Welt nahm das Christenthum an; das heidnische Rom wurde christlich, aber auf diese Zeiten, welche für das Menschengeschlecht so glorreich waren, folgten bald Jahrhunderte der Ungerechtigkeiten.

So lange die Verfolgung gegen sie dauerte, waren die Päpste und die christlichen Priester demüthig und stark; als die Verfolgung aufhörte, wurden die bis dahin so armen Päpste bald reich und mächtig. Die, welche bisher gezwungen gewesen waren, ohne Obdach zu leben, auf Felsen zu predigen und das göttliche Amt in den Höhlen der Berge zu feiern, empfingen ein weltliches Reich, prachtvolle Tempel und einen Hofstaat, welcher glänzender war, wie der Hof der Könige. Das Kreuz war für sie nicht mehr eine hinreichende Waffe, um den Irrthum zu bekämpfen und die Völker dem Glauben Jesu Christi zu unterwerfen. Sie hatten eben solche Waffen, wie die Könige der Erde; sie bekämpften mit dem Schwerte Die, welche sie durch Sanftmuth hätten besiegen sollen. Aus Märtyrern wurden sie zu Unterdrückern.

Binnen kurzer Zeit wurde das christliche Rom heidnischer, als es in den Tagen eines Nero und Caligula gewesen: Es war nicht mehr die Hauptstadt der christlichen Welt, sondern ein Ort, an welchem die Leviten des Herrn ihr heiliges Gewand besudelten. Der Palast der Päpste wurde vielfach entwürdigt.

So ließ sich mehrere Jahrhunderte lang der römische Clerus, den Himmel über den irdischen Genüßen vergessend, an der Stelle des lebendigen Gottes anbeten; und da das Evangelium seine Aufführung verdammte, verbot er den Völkern, das Evangelium zu lesen.[1]

Während dieser Zeit schritten die Völker schweigend der Zukunft entgegen; Spanien, durch die Mauren civilisirt, pflegte mit glücklichem Erfolge die Künste und die Industrie; die Wissenschaften lebten in Italien wieder auf; Deutschland führte das Vorspiel der Reformation auf, und England erbebte bereits vor Enthusiasmus bei den ersten Regungen der werdenden Freiheit.

Bei dem Geräusche, welches die Völker machten, um ihre Ketten zu zerreißen, erwachte Rom endlich aus seiner Lethargie. Es sah die Macht seinen Händen entgleiten; aber statt sich niederzuwerfen auf die Knie und Gott um Verzeihung für eine Vergangenheit voller Ungerechtigkeiten zu bitten, schuf es die Inquisition![2]

Die Inquisition, welche schon seit längerer Zeit durch die Strenge vorbereitet war, welche die Päpste seit dem dritten Jahrhunderte der christlichen Zeitrechnung gegen die Völker ausgeübt hatten, welche auch schon durch das Concilium von Verona im Jahre 1184 vorbereitet war, wurde, strenge genommen, erst zu Anfang des dreizehnten Jahrhunderts begründet, und zwar, wie bereits oben bemerkt, 1208. In Frankreich wurde sie unter dem Papstthume Innocenz III. eingeführt, und dann regularisirt durch Dominik von Guzman, welcher dieser Institution die Regel des heiligen Augustin auferlegte. Einige Jahre später hatte die Inquisition die Alpen überschritten und herrschte in

[1] Gregor IX. ließ durch verschiedene Concilien erklären, daß kein Laie das Evangelium in gemeiner Sprache lesen dürfe, bei Vermeidung der Strafe der Excommunicirung und der Verfolgung durch die Inquisition. Die Bulle, welche dieses Verbot enthielt, wurde 1231 in Spanien verkündet.

[2] Innocenz III., im Jahre 1208.

beinahe ganz Italien. Im Jahre 1232 endlich richtete Gregor IX. an den Erzbischof von Tarragona, in Catalonien, ein Breve, durch welches er ihn aufforderte, die Inquisition in seiner Diöcese einzuführen. Dominikaner-Mönche wurden mit dem Amte der Inquisitoren bekleidet; bald hatte ganz Spanien dies verhaßte Joch zu tragen. Indeß haben die Spanier ohne Unterlaß zwei Jahrhunderte lang gegen die Fortschritte dieser abscheulichen Einrichtung und deren Ausbreitung gerungen. Aber 1484 führte ein fanatischer Priester, Thomas v. Torrequemada, den habgierigen Ehrgeiz Ferdinands von Arragonien unterstützend, die Inquisition in Castilien und Arragonien ein, bis wohin sie noch nicht gedrungen gewesen war, und ließ sich zum General-Groß-Inquisitor ernennen. Mit Torrequemada begann die lange Reihe unerhörter Verfolgungen, welche in Spanien erst mit der Ankunft der Franzosen im Jahre 1808 aufgehört haben. Damals erst ging die Inquisition wahrhaft zu Grunde, zugleich mit der moralischen Gewalt der spanischen Kirche, nachdem sie Spanien durch einen Todeskampf von länger als drei Jahrhunderten erschöpft hatte.

Das XVI. Jahrhundert, welches die Regierungen Carls V. und Philipps II. sah, erlebte zugleich das Ende der Regierung Torrequemadas, so wie die Zeiten der General-Inquisitoren Deza und Cisneros; dieses Jahrhundert war auch Zeuge der Kämpfe, welche der wahre christliche Geist gegen den Obscurantismus und die Bedrückungen Roms führte.

Auf der einen Seite waren es Luther und Zwingli, welche der Welt die Mißbräuche der römischen Kirche aufdeckten, die verworrene Theologie der Mönche beschämten und Deutschland und die Schweiz mit jenem umfassenden Codex der Gleichheit und der Freiheit beschenkten, welche an dem Fuße des Altares entspringen und sich bis zu den Stufen des Thrones erheben. Auf der andern Seite waren es der heilige Johann von Avila, Ludwig von Avila, der heilige Johann von Gott, welche, minder kühn in ihren Doctrinen, aber auch von dem wahren Geiste der Apostel beseelt, durch Sanftmuth und Mildthätigkeit gegen die Intoleranz und die Laster Roms kämpften, und die dennoch, ungeachtet ihrer evangelischen Sanftmuth und ihrer frommen Mäßigung, durch die Schläge der Inquisition getroffen wurden.

Der große König Carl V. endlich beschützte, um sich aus ihr eine Stütze zu bilden, die Inquisition, die er verabscheute, denn er, der gewandte Politiker, erkannte, daß die Reformation, welche die Macht der Päpste untergrub, nicht eher Halt machen würde, als bis sie auch die Macht der despotischen Könige untergraben hätte.

Wenn man die Geschichte der Inquisition liest, besonders aber die des sechszehnten Jahrhunderts, gelangt man zu der Ueberzeugung, daß die große Kunst Roms darin besteht, beständig die Sache der Könige mit der seinigen zu vereinigen, und durch Proselytismus zu herrschen, wenn es nicht durch die Gewalt herrschen kann. —

Die Uebel der Vergangenheit müssen Lehren für die Zukunft sein. Man lese die Vergangenheit der Inquisition, welche M. V. von Féréal in seinen „Geheimnissen der Inquisition in Spanien“ mit so wahren und so dramatischen Farben darstellt, und man wird sehen, wie eine geheime Macht, welche nicht mit Rücksicht auf die Menschheit, sondern nur mit Rücksicht auf eine Sache arbeitet, ganz unmerklich furchtbar und entsetzlich wird.

Dieses Werk, welches ungeachtet seiner dramatischen Form wahrhaft historisch ist, wird vielleicht der Gegenstand vieler Angriffe sein, wird zu mehr als einer Verleumdung gegen das Werk selbst, wie gegen den Verfasser Veranlassung geben.

Schließlich muß noch die Erklärung hinzugefügt werden, daß der Verfasser der „Geheimnisse der Inquisition“ keinen andern Zweck gehabt hat, als sein Vaterland vor den Mißbräuchen zu warnen, zu denen die Herrschsucht des Clerus führen kann; Mißbräuche, welche Frankreich vielleicht nicht in das Unglück aller Art stürzen würden, welches so lange Zeit auf den Spaniern lastete, die aber dennoch wenigstens die geheimen Zwistigkeiten, die innern Kämpfe, hervorrufen könnten, welche die Früchte einer beschränkten, schlecht geleiteten Erziehung sind, und gleich dem Roste an den gesellschaftlichen Banden fressen; welche die Geister allmälig erbittern, sie gegenseitig von einander entfernen, und jene furchtbaren Kämpfe zwischen dem Geistigen und dem Materiellen hervorrufen, bei denen die Kraft und das Gedeihen der Nationen zertrümmert werden.

Manuel de Cuendias.

I.

El Barrio de Triana.

Gegen die Mitte des sechszehnten Jahrhunderts, während der Regierung Carls V., war die Bevölkerung Sevilla's, der heitern und thörichten Hauptstadt Andalusien's, beinahe finster, schweigend und traurig geworden. Vergebens bot die alte Maurenstadt den glänzenden Strahlen der Sonne ihre geräumigen, mit Gesträuchen und Blumen bedeckten Terrassen, ihre eleganten Balcons, verziert durch das blumengeschmückte Flechtwerk der Schlingpflanzen.

Man hörte am Abend unter diesen Balcons nicht mehr die Stimme verliebter Cavaliere, gepaart mit den grellen Tönen der Mandoline, und wenn während der köstlichen Stunden der Nacht schüchterne junge Mädchen es noch wagten, sich auf ihren Terrassen zu zeigen, um die frische würzige Luft einzusaugen, die von den Ufern des Guadalquivir aufstieg, dann glitten sie schweigend und ernst dahin wie Schatten, und von ihren stummen Lippen ertönten nur noch unterdrückte Seufzer statt des muntern heitern Lachens, und jener harmonischen Klänge, welche die spanische Sprache in dem Munde der Frauen zu einer wohlklingenden Musik macht.

Ueberall hatte seit längerer Zeit der Schrecken seine finstere Fahne aufgepflanzt; Mißtrauen und Furcht lähmten alle mildern Gefühle der Seele. Der Vater fürchtete den Sohn, der Bruder den Bruder, der Freund den Freund, denn in jener Zeit zitterte man beständig davor, in dem Menschen, den man am meisten liebte, einen Spion oder einen Angeber zu finden. Niemand war seines Lebens oder seines Vermögens sicher; man lebte von einem Tage zum andern, wagte es nicht, sich irgend einem Wesen anzuschließen, und drückte jede Regung der Großmuth oder der Zärtlichkeit in das Innere des Herzens zurück. Selbst in der Hoffnung auf Gott fand man keinen Trost mehr, denn die Inquisition hatte die furchtbarste Höhe ihrer Macht erreicht, als ihr Oberhaupt, der Cardinal Alphons Manriquez, Erzbischof von Sevilla war.

Diese kurze Uebersicht ist zum Verständniß der folgenden Blätter erforderlich. Jetzt wollen wir uns zu dem 15. Februar des Jahres 1534 wenden.

Es mochte etwa 7 Uhr Abends sein; die sonst so heitern und belebten Straßen Sevilla's waren finster und schweigend, obgleich man die Zeit des Carnevals hatte. Nur von Zeit zu Zeit gingen Mönche in finstern Kutten an einander vorüber, die Familiaren des heiligen Tribunals, achtsame Spione, grüßten sich mit den geheimen Erkennungszeichen [1], und die Einwohner des Barrio de Triano [2], jener abgelegenen Vorstadt, welche durch den Guadalquivir von Sevilla getrennt wird, und in der schon damals, wie noch jetzt, der sittenloseste und verworfenste Theil der Bevölkerung lebte, drängten sich zu dem Eingange der Schiffbrücke, welche über den Guadalquivir führte und die Stadt mit dieser großen Vorstadt vereinigte.

Unter den Menschen, welche zu dieser Stunde über die Brücke von Triana gingen, bemerkte man einen hochgewachsenen Mann in der Kleidung der Predigermönche. Seine hohe breite Stirn war mehr ernst als streng, sein großes schwarzes Auge voll Sanftmuth, obgleich die Flamme des Geistes darin blitzte, und auf seinen stummen Lippen war das Siegel der Beredtsamkeit und der Dichtkunst zu erkennen. Es lag auf diesem strahlenden Gesichte die Thatkraft des heiligen Paulus und die Sanftmuth des vielgeliebten Jüngers.

Dieser Mann schritt langsam dahin, mit wichtigen Gedanken beschäftigt, und in der Unbekümmertheit um die irdischen Dinge, in die er versunken zu sein schien, bemerkte

[1] Signum Sacramentale. Gleich den Freimaurern und anderen geheimen Gesellschaften, hatten auch die Familiare der Inquisition gewisse Zeichen, Berührungen oder Worte, die nur ihnen allein bekannt waren, und durch die sie sich untereinander erkannten.

[2] El barrio de Triana, oder das Quartier von Triana. Dieses Stadtviertel, wie eben erwähnt, von der Stadt Sevilla nur durch den Guadalquivir getrennt, war von jeher und ist noch jetzt die Vorstadt, in welcher Menschen von sittenlosem Lebenswandel, Contrebandirer, freigelassene Galeerenzüchtlinge und andere, durch die Gerechtigkeit bestrafte Verbrecher, ihren Wohnsitz aufschlagen.

er nicht, daß die Vorübergehenden in der halben Dunkelheit der Nacht sich einander drängten und stießen.

Als er das entgegengesetzte Ende der Brücke erreicht hatte, blieb er einen Augenblick stehen, unentschlossen, ob er von den beiden Straßen, die sich vor ihm zeigten, die zur Rechten oder die zur Linken einschlagen sollte. Zu dieser Unentschlossenheit gesellten sich noch Gedanken anderer Art, und nachdenkend blieb der Mönch regungslos an derselben Stelle stehen. So glich er mehr einem Menschen, der auf irgend etwas wartet, als einem Philosophen, der über etwas nachsinnt; und um diese Zeit besonders würden wenige Menschen, wenn sie den so regungslos dastehenden Mönch gesehen hätten, begriffen haben, daß er nur einem Ruhepuncte seiner Gedanken folgte.

In diesem Augenblicke trat ein gutgekleideter Mann aus der Straße zur Rechten, die damals Zigeunerstraße hieß, heraus, blieb einige Augenlibcke an der Ecke der Straße stehen, blickte umher, als suche er Jemand, und als er den Mönch bemerkte, schritt er langsam auf denselben zu.

Zu dem Predigermönche gelangt, blieb er stehen und flüsterte mit leiser Stimme das einzige Wort: „Hito!“[1] eines von den Erkennungszeichen der Diener der Inquisition.

Bei dem Tone dieser Stimme erhob der Mönch rasch den Kopf, betrachtete einige Augenblicke den Mann, der ihn angeredet hatte, und antwortete dann ernst ein anderes Wort: „Coraza!“[2]

[1] Hito ist eine Abkürzung von chito! Schweigen! und von san-benito, jenem Scapulair von gelbem Tuche, mit welchem die Inquisition die Personen bekleidete, welche dazu verurtheilt waren, bei einem Acte dafür eine Rolle zu spielen. Das Wort hito gehörte mit zu den Erkennungszeichen, deren wir erwähnten. Das Scapulaire hieß auch zamarra. Jeder, welcher das san-benito getragen hatte, blieb für alle Zeit entehrt und jedes bürgerlichen und politischen Rechtes beraubt. Diese Schmach wurde auch auf alle Abkömmlinge des Bestraften ausgedehnt.

[2] Coraza. Die Coraza war eine hohe, spitze Mütze, ähnlich den Hauben, welche die Frauen im Mittelalter trugen. Auf diesen Mützen, mit denen man die auf den Scheiterhaufen Verurtheilten bekleidete, waren Teufel, Flammen und tausend andere abscheuliche Dinge gemalt. Das Wort Coraza gehörte ebenfalls zu den geheimen Erkennungszeichen der Familiaren.

„Gott[1] sendet mich," fügte der Unbekannte hinzu.

„Gott ist allmächtig über die Menschen," antwortete der Mönch.

„Euer Ehrwürden können mir folgen," sagte der Laie.

Der Geistliche that dies und schritt neben seinem Führer mit einem ruhigen, so natürlichen Wesen einher, als wäre dieses Ereigniß nicht für ihn unerwartet gewesen. Er ließ sich leiten wie ein gehorsames Kind und beobachtete gewissenhaft das gebieterische Chiton (Schweigen),[2] welches das Schrecken gebot, das von der Inquisition eingeflößt wurde, und das ein finsteres Sprichwort für die Spanier geblieben ist.

Der Unbekannte und der Mönch gingen die Zigeunerstraße hinab, eine lange, schwarze, gewundene Straße, in welcher man kein anderes Licht sah, als das, welches aus den Tavernen zu beiden Seiten schimmerte, aus denen verworrener Lärm roher, mißtönender, weinheiserer Stimmen erklang.

Das gemeine Volk von Sevilla, das schmutzige Volk, die Diebe und ähnliches Gelichter, überließ sich in diesem Augenblicke dem Trunke und schlürfte in langen Zügen Manzanilla und Pajarette aus den langen, engen, viereckigen Gläsern, wie sie zu diesem Gebrauche in den andalusischen Schankwirthschaften üblich waren.

Am Ende der Straße angelangt, blieb der Laie vor einer Taverne stehen, die besser beleuchtet war als die übrigen, deutete auf die Thür und forderte seinen Gefährten auf, einzutreten. Der Geistliche überschritt, ohne zu zögern, die Schwelle des abscheulichen Ortes; denn es war damals nichts Seltenes, Mönche in den Tavernen zu sehen.

Der schmutzige Raum war ein niederer, langer, finsterer Saal mit schwarzen, räucherigen Wänden, in denen sich hier

[1] Gott bedeutet in der mystischen Sprache der Inquisition den Namen des General-Inquisitors oder auch die Inquisition selbst, als Ganzes.

[2] Chiton! Schweigen! Das Schrecken, welches die Inquisition den Spaniern einflößte, war so groß, daß es aus Furcht, von Denen, mit welchen man sprach, denuncirt zu werden, zum Sprichwort geworden war. Man sagt noch jetzt in Spanien: „En cosas de Inquisition, chiton!" (Ueber Angelegenheiten der Inquisition: Schweigen!") um dadurch die Gefahr zu bezeichnen, welche es mit sich bringen kann, von Dingen zu sprechen, die geheim bleiben müssen.

und dort breite Risse zeigten, die von hellerer Farbe waren und auf dem schwarzen Grunde eine Art von Mosaik oder Hieroglyphen bildeten.

Rohe, wackelnde Bänke zogen sich rings in dem Saale hin und davor standen lange schwarze Tische, denen das beständige Reiben eine Art von Politur verliehen hatte.

An den Mauern, in der halben Höhe zwischen der Decke und dem Fußboden, waren eine Menge roher Bilder aufgeklebt, welche die zahlreichen Madonnen darstellten, die man in Spanien verehrt, oder die entsetzlichen Scenen der Autodafé's. Unter jedem der Madonnenbilder brannten zwei kleine Kerzen von der Dicke einer Federspule, oder ein Lämpchen mit stinkendem und qualmendem Oele. Diese immerwährenden Lichter waren des Abends die einzige Beleuchtung der Taverne.

An den Balken der Decke waren zahlreiche eiserne Haken befestigt, garabatos genannt, an denen in buntem Gemisch Schinken, geräucherter Speck, frisches Fleisch, Männerhüte und selbst Mäntel hingen.

Sah man alle diese Menschen von widerlichem Aussehen, Mönche, Wahrsagerinnen, Zigeuner, Familiare der Inquisition — denn alle diese Leute sah man in der Taverne — an den langen Tafeln sitzen, so hätte man glauben können, eine Versammlung von Dämonen zu erblicken, die unter dem Galgen ein Fest feierten.

Der Erdboden, der grau und feucht war, tönte nicht unter den Sandalen der Mönche oder den nackten Füßen der Zigeuner. Der rauhe Klang der Stimmen glich einer finstern Psalmodie. Der schmutzige Ort flößte eben so viel Entsetzen als Ekel ein. — So waren damals die Tavernen des Barrio oder der Vorstadt Triana[1] beschaffen.

[1] Tavernen der Art, wie der Verfasser sie hier beschreibt, sind gegenwärtig selbst im Barrio de Triana selten. Ich habe 1822 nur drei oder vier der Art gesehen. In Spanien sind, ebenso wie überall, die Tavernen, welche das Entzücken unserer Voreltern ausmachten, in prachtvolle Caffeehäuser verwandelt worden, in denen man sich freilich auch berauscht, aber mit größeren Kosten und umgeben von Spiegeln und Vergoldungen, und wo man aus Kristallgläsern Liqueure und Weine trinkt, die vielleicht schlechter sind, wie die früheren, aber viel theurer, und die fremde Namen tragen. Die Tavernenwirthe, ehedem Leute aus der Hefe des Volkes, und oft bestrafte Verbrecher, sind gegenwärtig in ehrenwerthe Bürger

Der Predigermönch setzte sich am Ende des Saales an einen noch leeren Tisch und forderte dann seinen Gefährten auf, an seiner Seite Platz zu nehmen.

„Sogleich," sagte der Unbekannte. „Zuvor muß ich noch mit der Chapa[1] sprechen, und dabei deutete er auf ein junges Mädchen, welches einige Schritte von ihnen entfernt in der Thür eines Raumes stand, der ihr zur Küche diente.

Die Chapa, die Schwester des Gastwirthes, war eine junge, braune Andalusierin, eine halbe Gitana oder Zigeunerin mit feinem Fuß, der kaum bis zum Knöchel durch eine kurze seidene Saya bedeckt wurde. Lange schwarze Haare fielen in zwei Flechten zu beiden Seiten ihres Kopfes bis unter ihre schlanke Taille herab, und eine breite Schleife von orangefärbigem Band war im Genick mit langen Nadeln befestigt, deren große Stahlköpfe gleich Sternen funkelten.

Der Unbekannte trat mit vertrautem Wesen zu ihr und fragte kurz und halblaut: „Ist Frazco (Franz) gekommen, Chapa?"

„Noch nicht," erwiderte die Andalusierin; „aber er kann nicht lange bleiben. Ich schickte meinen Bruder Coco (Joachim) zu ihm, um ihm sagen zu lassen, daß die Sennora Dolores um Mitternacht ihr Haus verlassen wird. Frazco wird hier zu ihm kommen und ebenso auch der heilige Mann, den Gott mit seinem Vertrauen beehrt."

Dabei warf die Chapa einen neugierigen Blick auf das schöne und imposante Gesicht des Geistlichen.

„Er ist es," sagte der Unbekannte. „Er ist der Vertraute des sehr berühmten und sehr ehrwürdigen Vaters Pedro Arbuez. Ich traf ihn am Eingange der Brücke von Triana, wie Se. Eminenz es mir gesagt hatte, und wir warten nur noch auf Frazco, um unsern Plan auszuführen, wenn nämlich die Sennora Dolores Wort hält."

„Sie wird kommen, Sennor," erwiderte die Chapa. „Ich selbst habe ihr einen Brief ihres Verlobten überbracht,

verwandelt, und auf Grund einer Concession dürfen sie jetzt zugleich Kaufleute, Wucherer, Spitzbuben, Sacristane, Betbrüder und Wähler sein, oft wählbar und zuweilen sogar gewählt.

[1] Chapa ist ursprünglich eine glänzende Metallplatte und bedeutet funkelnd; auf ein junges Mädchen angewendet, bedeutet das Wort aber lieblich, anmuthig, begabt mit einem gewissen unbeschreiblichen Reize, und von dem Volke wird das Wort oft in diesem Sinne benützt.

den Se. Eminenz zum Zeitvertreib durch Perez von Saavedra schreiben ließ."[1]

„Und das junge Mädchen hat sogleich in das Rendez-vous gewilligt?" fragte der Unbekannte, den wir zum bessern Verständniß unserer Geschichte künftig Henriquez nennen wollen.

„Anfangs weigerte sie sich," sagte die Chapa, „aber der Brief war so dringend! Es handelte sich um das Leben ihres Verlobten, und das junge Mädchen versprach Alles, was ich verlangte. Sie wird sich diesen Abend an den bestimmten Ort begeben. Ihr könnt wohl denken," fügte die Schwester Coco's hinzu, „daß ich das Meinige zu ihrem Entschluße beigetragen habe."

[1] Juan Perez von Saavedra, mit dem Beinamen der falsche Nuntius, war ein Abenteurer, der sich besonders durch seine große Geschicklichkeit berühmt gemacht hatte, alle Arten von Schriften nachzuahmen. Er war es, der mit der Unterstützung eines Jesuiten in Portugal die Inquisition und die Gesellschaft Jesu einführte, und zwar auf Grund falscher Bullen des Papstes und falscher Briefe Carls V. und des Prinzen Philipp, nachmals König Philipp II. Saavedra begnügte sich indeß nicht damit, den Interessen der Inquisition und denen der Jesuiten zu dienen. Seine Gewandtheit, königliche Anweisungen und Schuldforderungen an den Staat, so wie an Privatleute, nachzumachen, verschaffte ihm beträchtliche Summen. Der Inquisitor Tabera ließ endlich diesen Elenden in eben dem Augenblicke verhaften, als er in Malaga aus einer Kirche trat, und die Inquisition, welche Tausende von rechtschaffenen Menschen wegen eines Wortes verbrennen ließ, begnügte sich damit, dieses Ungeheuer zu zehn Jahren Galeere zu verurtheilen. Es ist freilich wahr, daß das heilige Officium aus den Arbeiten des falschen Nuntius Vortheil zog; das durch ihn eingesetzte Inquisitions-Tribunal, und was noch mehr ist, alle Aemter und Würden, welche Saavedra verliehen hatte, wurden durch den General-Inquisitor bestätigt.

Neunzehn Jahre später, im Jahre 1562, berief Philipp II. den falschen Nuntius an den Hof, um ihn zu beschäftigen. Dieser Schurke, der sich mit eigener Hand zum Bischof, Nuntius und Legaten a latere gemacht hatte, starb in Madrid 1575, über 400,000 Ducaten reich und sehr geachtet.

So wurden in Portugal die Gesellschaft Jesu und die Inquisition eingeführt, zwei Institute, einander würdig und dennoch sich feindlich gesinnt, ohne Zweifel, weil beide nach dem gleichen Ziele strebten, der Herrschaft. (Geschichte der Inquisition von l'Lorente.) Wer weiß, ob es nicht dem Pater Lacordaire durch die umfassenden Berechnungen seines Genies gelingen wird, Frankreich mit einer verbesserten Inquisition zu beschenken. Einstweilen besitzt Frankreich schon die Dominikaner — in den Departements der Meurthe und des Niederrheins!

„Gott sei gelobt!“ rief Henriquez, „Du bist eine wahre Zauberin, Chapa, und bei meiner Seele, Se. Eminenz hätte keine bessere Wahl treffen können, als Dich zum Werkzeuge seines heiligen und unwandelbaren Willens zu machen. Du begreifst wohl, Chapa, daß unsere heilige Inquisition keinen andern Zweck hat, als dem Bösen die Seele dieses jungen Mädchens zu entreißen, indem er ihre Heirath mit Don Estevan von Vargas hindert, der, wie man sagt, der Sohn eines Marrano [1] und der Enkel eines Mauresken ist.“

„Ja, das ist wahr,“ sagte die Chapa, indem sie das Zeichen des Kreuzes machte. „Der gnädige Herr ist ein Heiliger und handelt nie anders, als zum Wohle des Himmels. Aber sagt mir nicht, daß ich eine Zauberin bin,“ fügte sie erschrocken hinzu. „Ein solches Wort darf nicht aus dem Munde eines Dieners des heiligen Tribunals kommen, denn zur Belohnung meines Eifers, der heiligen Inquisition zu dienen, könnte dieses Wort wohl machen, daß ich eine Rolle bei dem nächsten Autodafé spielte, mit welchem die Siege des Königs Don Carlos, unsers vielgeliebten Gebieters, gefeiert werden sollen.“

„Beruhige Dich, Chapa; Du bist eine viel zu gute Katholikin und eine zu treue Dienerin der Inquisition, als daß Du sie zu fürchten brauchtest. Wir werden bald ein großes Autodafé haben, und ich verspreche Dir dabei den besten Platz auf dem großen Balcon des Hauptmarktes, um alle diese Hunde von Ketzern braten zu sehen.“

„Wirklich?“ rief die junge Andalusierin, indem sie freudig in die Hände schlug. „Ach, Sennor Henriquez, man sagt, es sollten mehr als fünfzehn Ketzer verbrannt werden, und außerdem wäre noch eine große Menge, die Se. Eminenz begnadigen, wenn sie abschwören und als gute Christen sterben wollen. Die werden dann erwürgt, ehe man sie den Flammen überliefert. [2] O das wird schön sein! —

[1] Marrano, Schwein. So nannte man in Spanien die Mauren und die Juden, welche zu der christlichen Religion bekehrt waren.

[2] Oft söhnten sich die dem Scheiterhaufen bestimmten Opfer mit der Kirche aus, d. h. sie gestanden Verbrechen und Missethaten, die sie nie begangen hatten und beichteten am Fuße des Blutgerüstes. In diesem Falle fühlte die Inquisition ihr Mutterherz gerührt und gewährte den Verurtheilten die Gnade, bevor sie dieselben den Flammen überlieferte, erwürgt zu werden. (Annalen der Inquisition.)

Nicht wahr, Sennor Henriquez, Ihr macht, daß ich das Alles sehen kann?“

„Ich schwöre es Dir,“ erwiderte der Familiar, „im Namen des Vaters, des Sohnes und des heiligen Geistes und mit der Erlaubniß des allerheiligsten Inquisitors von Sevilla. Das wird prachtvoll sein,“ fügte Henriquez hinzu, hocherfreut, die Gitana so von Eifer für das heilige Tribunal erfüllt zu sehen.

Hätte er aber aufmerksamer das Gesicht der Andalusierin betrachtet, so würde er gesehen haben, wie ihre rothen Lippen unmerklich erblaßten, wie ihr Auge den Ausdruck des Schreckens verrieth und wie unter ihrem Mieder von schwarzem Sammt das Herz in heftigen und ungleichen Schlägen klopfte.

Wenn die Schwester Coco's ihrer Voreltern gedachte, konnte sie die Quelle reinen katholischen Blutes nicht so entfernt erblicken, daß sie der Inquisition gegenüber vollkommen ruhig sein durfte. Sie hatte sich daher aus Furcht zur gehorsamen Magd des heiligen Tribunals hergegeben und rief jetzt, nicht sonderlich beruhigt durch das frömmelnde und heuchlerische Wesen des Soldaten Christi,[1] mit gezwungenem, heiterem Wesen zu dem Soldaten: „Ach das wird schön sein, sehr schön!“

[1] Soldaten Christi. So nannte man die Familiaren des heiligen Officiums, seitdem unter Alexander VI. Torrequamada im Jahre 1494 die jüngsten Familiaren bewaffnen ließ. „Diese eigenthümliche Miliz“, sagt l'Lorente in seiner Geschichte der Inquisition, „war sehr zahlreich. Torrequamada hatte sich sehr grausam gezeigt; er hatte die Spionerie und die Angeberei so ermuthigt, daß eine große Menge berühmter Edelleute es für klüger hielt, der Inquisition selbst anzugehören, als früher oder später für verdächtig erklärt zu werden und sich deshalb freiwillig erboten, Familiaren des heiligen Officiums zu werden. Das Beispiel der Edelleute im Verein mit den Privilegien, welche Ferdinand von Arragonien den Familiaren bewilligte, verlockte auch eine große Menge Leute aus dem Volke. Bald gab es so viele Familiaren als Leute, die den städtischen Abgaben unterworfen waren, von denen Jeder, der der Inquisition angehörte, frei war. Die bewaffneten Familiaren bildeten das, was man die Miliz Christi nannte; diese Miliz versah den Dienst der Leibwache, sowohl bei den General-Inquisitoren als bei den Provinzial-Inquisitoren.

Die Miliz Christi wurde in Frankreich durch Dominique von Guzmann im Jahre 1208 errichtet, während der Regierung Philipps II., Königs von Frankreich und des Papstes Innocenz III.

In diesem Augenblicke bemerkte sie, daß die großen schwarzen Augen des Predigermönchs fest auf sie gerichtet waren. Er hatte kein Wort von der Unterhaltung verloren, keine Regung ihres Gesichts war ihm entgangen.

„Gib uns Wein, meine Tochter,“ sagte jetzt der Familiar.

Glücklich darüber, dem forschenden Blicke des Geistlichen, sowie dem Geplauder zu entrinnen, bei dem sie jeden Augenblick ihre Angst zu verrathen fürchtete, holte die Chapa rasch und leicht einen Jarro[2] mit Wein, den sie vor Seine Reverenz hinstellte.

Indem Henriquez einen hölzernen Schemel heranzog, um sich dem Franziscaner gegenüber zu setzen, trat eine neue Person in die Taverne. Der Neuangekommene näherte sich dem Familiare, deutete mit dem Blick auf den Mönch und sagte: „Ist das unser Commissär?“

„Er ist es, Sennor Frazco,“ erwiderte Henriquez.

Der Geistliche stand auf und kreuzte beide Hände über der Brust. Frazco machte dieselbe Bewegung, und seine Stirn berührte dabei leicht die des Geistlichen. Das war der Erkennungsgruß für die Familiaren des heiligen Tribunals.

Aber Frazco begnügte sich mit diesen Zeichen noch nicht. Er entblößte seine Brust und zeigte unter seinem Wamms eine silberne Platte mit der umgekehrten Gestalt Christi. Auf der Brust des Christus glänzte eine Sonne, das Symbol des Lichts und zugleich das spöttische Symbol der Inquisition, dieser Botin des Irrthums und des Verderbens.

Auf dieses Zeichen antwortete der Franziscaner nicht.

Frazco richtete auf Henriquez einen finstern Blick des Mißtrauens. Dieser zuckte mit dem Wesen der Sorglosigkeit und Ueberzeugung die Achseln.

„Er gehört nicht zu den Unsern,“ flüsterte Frazco. Henriquez machte eine Bewegung des Zweifels.

„Ich sage Dir, daß er nicht zu den Unsern gehört,“ wiederholte Frazco, „und wir sind verrathen. Verrathen, hörst Du wohl?“ fuhr er fort, indem er das Handgelenk des Henriquez heftig drückte, während zugleich sein finsteres Gesicht einen wilden Zorn aussprach.

[2] Jarro ist eine Art irdener Krüge, glasirt und ungefähr eine Litre enthaltend; inwendig ist er ausgepicht.

Das Alles wurde mit leiser Stimme gesprochen, aber nicht so leise, daß nicht die übrigen Gäste der Taverne eine heftige Aufregung bemerkt hätten, welche einen Streit zu verkünden schien. Aller Blicke richteten sich jetzt auf den Geistlichen, der ruhig und gleichgiltig stehen blieb und mehr der Zeuge als der Theilnehmer dieses sonderbaren Auftritts zu sein schien.

Bei dem Anblicke des Franziscaners, dessen Gestalt und edles Gesicht Ehrfurcht einflößten, wagten es Einige zu murren, und Drohungen gegen Henriquez und Frazco kamen über die Lippen der Banditen.

Obgleich die beiden Familiaren der Inquisition für den Fall einer Beleidigung der Rache gewiß waren, mochten sie doch nicht mit den Gästen des Barrio de Triana in Streit gerathen. Sie kannten sie hinlänglich, um zu wissen, daß sich Alle bei der Vertheidigung eines Mönchs in Stücke hauen lassen würden; aber es gab Etwas, das dem Volke noch mehr imponirte als Priester und Mönche! das war die Inquisition.

Mit einer höllischen List wendete sich daher Frazco gegen die Trinker, deren Blicke und Bewegungen feindliche Absichten verriethen, und rief ihnen zu: „Brüder, solltet ihr so schlechte Katholiken sein, daß Ihr einen Feind der Inquisition zu vertheidigen wagtet?"

Bei dem gefürchteten Worte Inquisition senkten sich alle Köpfe und Todesbläße überzog die Gesichter. Es schien, als wäre der Blitz mitten zwischen die heftig aufgeregten Männer hinein gefahren. Keiner wagte mehr ein Wort zu äußern.

Ohne auf den Zorn Frazco's noch auf die Erstarrung der Gäste der Taverne zu achten, schritt der Mönch jetzt langsam und feierlich auf die Thür zu.

„Wie!" rief Frazco, „wollt ihr ihn so entschlüpfen lassen? Wird Keiner von Euch forteilen, die Sbirren des heiligen Officiums zu benachrichtigen?"

„Ich, ich!" rief die Chapa voll Entsetzen. Zu gleicher Zeit stürzte sie auf die Thür zu, um durch ihren Eifer der Gefahr zu entrinnen, die sie stets für sich selbst fürchtete. Aber als sie die Hand auf den Drücker der Thür legen wollte, richtete der Franziscaner auf sie einen langen, ernsten Blick, und wie bezaubert faltete die Chapa die Hände und sank vor dem Manne Gottes auf die Knie.

Beinahe in demselben Augenblicke streckten auch alle Gäste die Hände gegen ihn aus, als wollten sie seinen Beistand gegen eine unsichtbare Macht anflehen, der sie nicht zu trotzen wagten.

Der Mönch wendete sich jetzt mit majestätischem Wesen gegen die stumme, ehrerbietige Versammlung, streckte die Hände segnend über sie aus und schritt dann zur Thür hinaus auf die Straße, wo er bald verschwand, ohne daß irgend Jemand, selbst nicht Frazco, daran dachte, ihn zurückzuhalten.

„Wir sind verrathen, Unbesonnener!“ sagte Frazco, indem er sich zu Henriquez wendete, der ebenso erstarrt zu sein schien wie alle Uebrigen.

„Er weiß nichts,“ erwiderte Henriquez.

„Nun dann an's Werk!“ rief Frazco, durch diese Versicherung beruhigt. „Wir bedürfen dazu keines Dritten.“

Die beiden Soldaten Christi, wie man die Familiaren nannte, verließen mit einander die Taverne.

II.

Der Palast der Gardunnia.

Am äußersten Ende des Barrio de Triana stand ein altes Gebäude in maurischem Styl, dessen Ruinen den Nachtvögeln zur Zufluchtsstätte dienten.[1]

Obdachlose Bettler und sorglose Gitano's schliefen oft während der lauen Nächte, die in Andalusien jedes Obdach überflüssig machen, zwischen diesen Steinen und während des Winters suchten alte Weiber, in der Sonne kauernd, hinter den Trümmern einen Schutz gegen den scharfen Wind.

An den Trümmern der verfallenen Mauern und an einzelnen erhaltenen Zierathen der Architectur konnte man

[1] Die Katholiken Spaniens achteten so wenig auf die schönen Denkmäler, welche die Mauren dem Lande hinterlassen hatten, daß sie mit Ausnahme einiger der bemerkenswerthesten, deren die Mönche sich bemächtigten, den Bettlern, den Zigeunern und den Missethätern überlassen wurden, die noch jetzt in dem Besitze derselben sind.

leicht erkennen, daß einst hier ein großes und prachtvolles Gebäude gestanden hatte, denn mitten unter den Ruinen stützte noch jetzt ein langer Säulengang ein mit Arabesken geziertes und wohlerhaltenes Gewölbe. Eine beinahe unverletzte Mauer, scheinbar aber nur von schwachem Bau, schloß den Säulengang, der wahrscheinlich zum Zierath eines prachtvollen Saales gedient hatte. Eine Thür von großer Festigkeit versperrte den Eingang.

Hier und dort wuchsen zwischen den Trümmern Gesträuche, und Blumen verschiedener Art verdeckten die Nacktheit der Ruinen und verbreiteten ihre Wohlgerüche.

Dieser sonderbare Ort diente als Versammlungssaal für die Mitglieder der Brüderschaft Gardunnia;[1] es war der Palast des Großmeisters des Ordens.

[1] Die Brüderschaft der Gardunnia oder Brüderschaft des Raubes. Unter diesem Titel gab es in Spanien seit 1417 eine geheime Gesellschaft, welche aus Räubern und Spitzbuben aller Art bestand. Diese vollständig organisirte Gesellschaft hatte den Zweck, im Großen alle Arten von Verbrechen zu Gunsten eines Jeden auszubeuten, der eine Rache zu üben, eine Feindschaft zu befriedigen wünschte. Sie übernahmen es, um den genauesten Preis und unter Bürgschaft, Dolchstiche zu versetzen, die je nach dem Verlangen des Kunden tödtlich waren oder nicht; Leute in das Wasser zu werfen oder zu ertränken, eine Bastonade zu ertheilen und selbst zu ermorden. Der Mord kam theuer zu stehen, und wer ihn bestellte, mußte schon einen gewissen Rang in der Welt einnehmen, um ihn zu erringen; war der Mord aber einmal versprochen, durfte man auch sicher darauf zählen, denn die Brüderschaft der Gardunnia befriedigte ihre Kunden, sobald sie sich einmal verpflichtet hatte, mit einer verzweifelten Genauigkeit.

Die Brüderschaft oder Gesellschaft der Gardunnia bestand aus einem Großmeister, hermano mayor genannt, einem obersten Bruder, der am Hofe lebte und an demselben oft einen hohen Posten bekleidete. Dieser oberste Bruder sendete seine Befehle den capatazes oder Meistern der Provinz, und diese ließen sie mit einer Genauigkeit und einem Eifer ausführen, welcher mehr als einem öffentlichen Beamten zur Ehre gereicht haben würde. Das sehr zahlreiche Personal bestand aus: Guapos, einer Art von Bravo's, die gewöhnlich große Klopffechter waren, kühne Mörder, abgefeimte Banditen und deren Muth die Probe der Tortur und selbst des Galgens bestand. In der Sprache der Gesellschaft wurden diese Guapos Punteadores, Stecher, Spitzengeber, genannt. Auf die Punteadores folgten die Floreadores, die Scharmützler; diese waren junge Leute, geschickte Spitzbuben und pfiffige Gauner, meistentheils den Bagno's in Sevilla, Malaga oder Melilla entsprungen; man nannte sie Brüder Postulanten. Dann kamen die Fuelles, Flüsterer, so genannt, weil ihr

Zu der Zeit, von welcher wir sprechen, bestand in Spanien eine Verbrüderung von Dieben und Räubern,

Geschäft in der Gesellschaft darin bestand, den Ohren des Ordensmeisters zuzuflüstern, was sie bei den Familien erlauscht hatten, in welche sie sich durch ihr heuchlerisches Wesen einzuschleichen wußten. Die Fuelles waren sämmtlich Greise von einem frommen, ehrwürdigen Aussehen, man fand sie beständig in der Kirche, einen Rosenkranz und ein Gebetbuch in der Hand, ausgenommen die Stunden des Dienstes, welche sie bei dem Meister der Gardunnia oder dem Inquisitor zu versehen hatten; denn die meisten dieser Greise vereinigten die Geschäfte eines Familiars des heiligen Officiums mit denen eines Spions der Gardunnia. Die Gardunnia hatte auch eine große Anzahl von Hehlern, die man Coberteras oder Deckel nannte, von dem Zeitworte cubrir, bedecken, verbergen; und ebenfalls eine große Menge junger Bursche von 10—15 Jahren, die sie mit dem Namen Chivatos, Rehe, bezeichnete. Die Chivatos waren die Novizen des Ordens. Man mußte wenigstens ein Jahr Chivato gewesen sein, um die Ehre zu erwerben, in der Eigenschaft eines Postulanten zu arbeiten. Ein Postulant, der sich um die Gesellschaft verdient gemacht hatte, wurde nach Verlauf von zwei Dienstjahren Guapo. Dies war nach dem Posten des Meisters und des Großmeisters die höchste Würde, welche die Gesellschaft verlieh. Außer den bereits aufgezählten Mitgliedern hatte die Gardunnia auch noch eine große Anzahl von Serenas, Sirenen. Dies waren junge und schöne Weiber, meistentheils Zigeunerinnen. Die Serenas waren die Odalisken der Würdenträger des Ordens. Sie waren es, welche die ihnen bezeichneten Personen an Orte lockten, welche sich zu den Operationen der Gardunnia eigneten. Diesem ganzen Personale füge man noch **Alguazils, Escribanos, Procuratores,** Mönche, **Canonici,** selbst Bischöfe und Inquisitoren hinzu, welche eben so viele Werkzeuge oder Beschützer der Gardunnia waren, deren sie oft bedurften, die ihnen Geld gab, und man kann sich einen Begriff von dieser Gesellschaft machen, welche Spanien länger als vier Jahrhunderte in Schrecken setzte. Die Gardunnia, zu Anfang des 15. Jahrhundertes errichtet, wurde erst im Jahre 1821 durch die Bergjäger unter meinem Befehle vollständig vernichtet. Die Papiere dieser sonderbaren und fürchterlichen Gesellschaft, welche in mehreren Registern bestanden, enthielten die Tagesbefehle, die Statuten der Brüderschaft und eine große Menge von Briefen, und wurden durch mich dem Criminalgerichte von Sevilla am 15. September 1821 überliefert. Dort befanden sie sich noch 1823. Francisco Cortina, welcher 1821 Meister dieser Gesellschaft war, wurde mit einigen zwanzig seiner Mitschuldigen verhaftet und nebst 16 der Mitangeklagten am 25. November 1822 auf dem Marktplatze von Sevilla gehangen.

Zu gehöriger Zeit und an gehöriger Stelle werde ich eine beinahe wörtliche Uebersetzung von den Statuten der Gardunnia geben. - -

In diesem Capitel schreibt der Verfasser beinahe Wort für Wort den Tagesbefehl vom 15. April 1534 ab.

welche durch einige Mitglieder der Polizei beschützt wurde. Dieses eigenthümliche Institut, dessen Ursprung bis zum Anfang des 15. Jahrhundertes zurückgeht, hatte damals zum Oberhaupt in Sevilla einen eigenthümlichen Mann, der zugleich ein ernstes und spöttisches Aussehen und eine widerlich pittoreske Sprache hatte.

An eben dem Februarabende des Jahres 1534, an welchem sich die im vorigen Capitel geschilderten Ereignisse zutrugen, fand ein nicht minder merkwürdiger und viel originellerer Auftritt in dem Palaste des Großmeisters der Gardunnia statt.

Es war ungefähr zehn Uhr Abends. Die schwere Thür des Palastes der Gardunnia drehte sich in ihren Angeln und ließ etwa dreißig Individuen jedes Geschlechts und jedes Alters ein. Schweigend und in Ordnung überschritten Alle die Schwelle, genau die Rechte des Ranges und des Standes beobachtend.

In der Mitte des Saales, der durch Harzfackeln, welche an den Säulen befestigt waren, ziemlich hell beleuchtet wurde, stand der Großmeister.

Er war ein Mann von hohem Wuchse, kräftig und knochig; sein olivenfarbiges, von mehreren Narben durchfurchtes Gesicht zeigte ein sonderbares Gemisch der List, der Klugheit und der Kaltblütigkeit, und zuweilen, wenn er lächelte, auch des Spottes und der Ironie. Seine männliche ernste Stimme hatte einen kräftigen Klang, und wenn er gebot, verlieh die Kraft seines Willens seinem Blick und seinen Bewegungen eine große Herrschaft. Er trug ein Hemd von grober Leinwand und eine braune Jacke, gleich einem Mantel über die Schulter geworfen. Wollene Beinkleider bedeckten seine Schenkel bis unter das Knie. Seine großen rothen Füße, nackt und muskulös, waren haarig, und verriethen zugleich seine gemeine Herkunft wie eine gewaltige physische Kraft.

Dieser Mann hieß Mandamiento.[1]

Die verschiedenen Personen, welche in den Saal eingetreten waren, bildeten einen Kreis um den Großmeister der Gardunnia, i Floreo.[2] Neben ihn stellten sich nach der

[1] **Mandamiento**, so viel als Befehlshaber.

[2] Floreo ist ein Wort, welches von Floreor, scharmützeln herkommt; in der spanischen Diebssprache heißt Floreor Messerstiche versetzen. Floreo muß daher mit Dolchstoßgeber übersetzt werden.

Ordnung ihres Verdienstes, einer rechts und einer links, zwei Guapos in dem kräftigsten Mannesalter. Der Erste hieß Manofina (feine Hand), wegen seiner unvergleichlichen Geschicklichkeit, im Vorübergehen einen Dolchstoß zu versetzen, ohne daß das Opfer desselben bemerken konnte, woher der Stoß kam, sowie durch sein wunderbares Talent als Fechter und Pistolenschütze.

Der Andere hieß Cuerpo de Hierro (Eisenkörper). Er hatte dreimal die Tortur überstanden, ohne seine Verbrechen zu gestehen, ohne irgend Jemand anzugeben, und ohne daß sein Körper durch die Folgen litt.

Dann kamen zwei Greise, welche Fuelles (Flüsterer) hießen, ein Name, welchen die Gesellschaft allen denen ihrer Mitglieder gab, die unter Begünstigung eines frommen Aeußern ihr zu Spionen dienten, um als Vermittler da überall einzudringen, wo es einen Raub auszuführen galt.

Dann folgten alte Weiber, sehr nützliche Personen, welche Coberteras (Decken) hießen; ferner einige Chivatos (Rehe) in verschiedenen Costümen, die Novizen des Ordens, und endlich mehrere junge Mädchen, Serenas (Sirenen) genannt. Diese waren die Bajaderen der Großwürdenträger des Ordens. Außerdem war es ihr Amt, durch ihre Reize die Richter, die Procuratoren und selbst die Escribanos zu bestechen, von denen oft das Leben der Brüder der Gardunnia abhing. Oft waren auch ihre Reize nicht ohnmächtig bei irgend einem wollüstigen Canonicus oder einem üppigen Prior, deren Einfluß damals im Geistlichen wie im Weltlichen unbegrenzt war.

In geringer Entfernung außerhalb des Kreises stand in bescheidener Haltung ein junger Mensch, welcher der Hauptgegenstand dieser Versammlung war. Man nannte ihn Garabato.[1]

Der Sennor Mandamiento ließ über die Versammlung einen gebieterischen Blick gleiten, machte dann fromm das Zeichen des Kreuzes, murmelte leise ein Gebet und wendete sich dabei zu einem rohen Bilde der heiligen Jungfrau, das an die Wand geklebt war. Alle Anwesenden ahmten seinem Beispiele nach. Dann sprach er:

[1] Eine Stange mit mehreren Widerhaken; eine Bezeichnung, der ähnlich, welche man bei uns etwa einen jungen Taugenichts nennen könnte.

„Edle und tapfere Ritter des Dolches, treue Fuelles, nützliche Coberteras, verführerische Serenas, leichtfüßige Chivatos und Ihr andern Mitglieder dieser ehrenwerthen Brüderschaft, seid mir gegrüßt! Gott, unser Heiland, und die heilige Mutter mögen Euch ihren göttlichen Schutz gewähren und Euch vor den Alguazils, der Peitsche, dem Block, dem Strafpferd, der Tortur, dem Strick, vor Geständnissen, die für Euch oft so tödlich werden und für Eure Brüder stets gefährlich sind, beschützen.

„Ich habe Euch hier heute versammelt, um Euch über einen Fall zu Rathe zu ziehen, der sich auf unsere Rechte bezieht, und unsere Gesellschaft wohl in Gefahr bringt. — Ihr wißt Alle, meine Kinder, daß, seitdem Ihr durch die Gnade Gottes unter meiner Leitung arbeitet, wir nichts weiter zu beklagen hatten, als etwa ein Dutzend Volteos,[1] 40 Paseos asnales (Eselsritte) und einige Anwerbungen unter der Königlichen Marine (Galeerenstrafen).

„Sevilla lieferte ungefähr sechs Mal so viel jährlich für die Erstickung durch den Rauch (Rauch, gesetzliche Strafe), ehe Ihr mich zum Oberhaupte Eurer Brüderschaft ernanntet. — Kaum 75 Diebe, von denen wenigstens die Hälfte uns fremd waren, sind dieses Jahr in den Rachen des Wolfes gerathen, und von 30 unserer Brüder, die er in diesem Augenblicke in seinen Zähnen hält, werden kaum 3 gehängt, 5 bis 6 auf die Galeere geschickt, und etwa ein Dutzend auf den Esel gesetzt werden. Außerdem bekommen vielleich 2 oder 3 unserer Schwestern die Peitsche und ebenso viele werden in Honig gesetzt.[2] Aber wir konnten das Alles nicht verhindern. Sobald wir mehr Geld haben

[1] Hängungen.

[2] In Honig setzen (puestas en dulce). Frauenzimmer von leichtfertigem Lebenswandel, besonders die Personen, welche das abscheuliche Geschäft trieben, die Jugend zu verderben, wurden in Spanien auf eine eigenthümliche Weise bestraft. Noch vor nicht gar langer Zeit wurde ein Weib, wenn es überführt war, sich prostituirt oder eine Andere dazu verführt zu haben, dazu verurtheilt, eingefedert zu werden. Die Vollziehung des Urtheilsspruches fand auf folgende Weise statt: Um 11 Uhr Morgens begab sich der Henker zu der Verurtheilten, und unter dem Beistande seiner Knechte entkleidete er sie vollständig von dem Gürtel bis zum Halse, dann bestrich er ihren Körper mit einer dicken Lage Honig. War dies geschehen, so setzte er ihr eine Coraza, d. h. eine spitze Mütze auf. So angethan, wurde die Verurtheilte auf einen Esel

werden, um zahlreichere Messen lesen zu lassen und die Alguazils besser zu bezahlen, werden unsere Geschäfte anders gehen. So, meine Kinder, ist jetzt der blühende Zustand der Gardunnia.

„Wenn ich Euch an meine geringen Dienste erinnerte," nahm Mandamiento mit erheuchelter Bescheidenheit wieder das Wort, „so geschah es nicht, um mit dem schwachen Talente zu prunken, das Gott, unser Herr, mir verliehen hat, sondern nur um Euch begreiflich zu machen, wie nothwendig es ist, daß die vollständigste Einigkeit, die unbedingteste Uebereinstimmung, unter uns herrscht, um mit aller möglichen Aussicht auf einen glücklichen Erfolg unser nützliches Geschäft betreiben und die Achtung der Damen und Cavaliere verdienen zu können, welchen uns die Ehre erweisen, uns zu beschäftigen. — Ich gehe jetzt zu dem Gegenstande unserer Versammlung über."

Dabei ließ der Großmeister seine Blicke forschend umherschweifen, und als er den Garabato erblickt hatte, gab er ihm ein Zeichen, näher zu treten. Garabato beeilte sich, zu gehorchen. Der lebendige Kreis, welcher ihn von dem Großmeister trennte, öffnete sich, um ihn hindurch zu lassen, und nach wenigen Schritten stand der junge Mensch vor dem Sennor Mandamiento.

Der Großmeister der Gardunnia nahm den jungen Mann bei der Hand, zeigte ihn der Versammlung und fuhr

gesetzt; hier befestigte man ihr den Hals an einer Eisenstange, deren äußerstes Ende sich auf den Hals des Esels stützte. Darauf führte man sie langsam zwischen zwei Reihen von Soldaten und Alguazils und in Begleitung von einer zahllosen Volksmenge durch die Straßen. Hinter der Verurtheilten gingen zwei Knechte des Henkers, welche einen großen Korb mit Hühnerfedern trugen, der öffentliche Ausrufer und der Henker selbst. Der Zug machte in den Hauptstraßen und auf den vorzüglichsten Plätzen der Stadt Halt, und bei jedem solchen Haltpuncte las der öffentliche Ausrufer mit lauter Stimme den Spruch vor, der die Verurtheilte dazu verdammte, eingefedert zu werden. Indem er dies that, endete er jederzeit mit den Worten: „So muß der bezahlen, der das gethan hat."

Sobald diese Worte gesprochen waren, nahm der Henker zwei Hände voll Federn aus dem Korbe und warf sie auf den Honig, mit dem der Körper der Verurtheilten bestrichen war, die Federn blieben daran kleben und das Weib bekam dadurch nach kurzer Zeit ein ziemlich abschreckendes und komisches Aussehen, worüber die Volksmenge unbändig lachte. In der Volkssprache hieß dies *in Honig gesetzt oder eingemacht werden.*

in seiner Rede fort: „Brüder, die Sennores Manofina und Cuerpo de Hierro haben diesen jungen Menschen unter der Vorhalle der Kathedrale überrascht, wie er zunächst ein Taschentuch aus der Tasche eines Cavaliers entführte, und dann eine wohlgefüllte Börse, welche der Sacristan eines Nonnenklosters bei sich trug. Die Wahrheit zu sagen, hat er das mit großer Geschicklichkeit vollbracht, aber es ist deshalb nicht minder wahr, daß er, unserer Brüderschaft nicht angehörend, die Statuten unseres Ordens verletzte, indem er entführte, ohne dazu befugt zu sein, und was noch mehr ist, indem er Kirchengut antastete.

„Die Sennores Manofina und Cuerpo de Hierro haben in Anbetracht der guten Anlagen und des frühzeitigen Talentes dieses jungen Menschen, ein Talent, welches ihrer Meinung nach einst der Gardunnia zur Ehre gereichen wird, wenn Gott und unsere guten Lehren es unterstützen — Manofina und Cuerpo de Hierro haben es für rathsamer gehalten, ihn uns zuzuführen, als ihn in den Rauch zu bringen,[1] der vielleicht bald alle seine guten Anlagen ersticken würde. Indeß hat dieser junge Mensch jedenfalls unsere Statuten verletzt und müßte deshalb geflüstert (angezeigt) werden.

„Was meint Ihr nun dazu?" sagte Mandamiento, indem er seine Blicke über die Versammlung gleiten ließ.

„Der Meister hat Recht," murmelten die Banditen. „Der junge Mensch hat eine Flüsterung verdient."

Manofina und Cuerpo de Hierro ließen ein dumpfes Murren der Unzufriedenheit hören.

„Verdammte Canaillen!" brummte Manofina, „es ist hier gerade wie beim Rosario.[2] Die einfältige Menge antwortet immer mit Amen."

[1] In die Hände der Justiz.

[2] Der Guapo spielt hier auf gewisse Brüderschaften an, die selbst noch im Jahre 1820 die Straßen der Städte Spaniens durchzogen, um für die neuntägigen Fasten unserer lieben Frau vom Rosenkranz oder jeder anderen lieben Frau Lebensmittel zu erbetteln, die sie dann sehr heilig dazu verwendeten, hübsche Mahlzeiten zu halten, nachdem sie auf solche Weise die Kosten dazu eingestrichen hatten. Diese Kosten aber bestanden in einem Dutzend Wachskerzen, welche man in eben so viel Laternen gesteckt hatte, die an einem Stocke umhergetragen wurden, und aus der Bezahlung eines Lastträgers, der ein Banner mit dem Bildniß irgend

„Ein so schöner Griff!“ fügte Cuerpo de Hierro hinzu.

„Eine Flüsterung, eine Flüsterung!“ wiederholten einige Coberteras, indem sie mit dem Gelächter einer Hyäne zwei oder drei lange, bewegliche Zähne zeigten, die gleich den Hauern eines Ebers über die Unterlippe vorstanden.

Mandamiento blieb ruhig, aber nichts von dem, was um ihn her vorfiel, entging seinem Blicke. Er ließ die Aufregung sich legen und redete die Versammlung auf's Neue an:

„Welches ist Eure Meinung?“ Das sprach er aber mit einem Tone, der eher ein Gebot zu sein schien. Alle schwiegen, und die einfältigen Gesichter drückten nichts mehr aus, als den instinctmäßigen und stummen Gehorsam gemeiner Seelen, gegenüber einem Menschen von höherem Talent.

Zwei Guapos allein richteten auf den Meister einen Seitenblick voll Unzufriedenheit und Haß. Mandamiento schien dies nicht zu bemerken, wendete sich abermals zu der Versammlung und sagte: „Ihr Herren, meine Meinung ist, daß in Erwägung des frühreifen Talents dieses jungen Menschen und der Empfehlung unserer sehr ehrenwerthen Brüder, der Herren Manofina und Cuerpo de Hierro, dieser junge Mensch als Postulant[1] in unsere Brüderschaft aufgenommen werde, indem ihm das Jahr des Noviziates als Chivato erlassen bleibt, und ihm zu seiner Ermuthigung

einer lieben Frau tragen mußte. Die Zahl dieser Brüderschaften belief sich in Madrid noch im Jahre 1820 auf 79. Noch um jene Zeit konnte man kaum durch die Straßen der großen Städte Spaniens gehen, ohne während des Abends mehreren Rosarios zu begegnen, d. h. Trupps von Heuchlern und Dummköpfen, die, in zwei Reihen aufgestellt, mit lauter Stimme und mehr als zerstreutem Wesen den Rosenkranz abbeteten, ohne andere Unterbrechung, als die kreischende Stimme der Demandaderos (Bittsteller), welche bei dem Ende jedes Ave Maria's beteten: „Maria santissima del Rosario, hermanos! Gebet unserer lieben Frau vom Rosenkranz, Brüder!“ — Und Geldstücke fielen dann in Menge nieder, eingewickelt in brennendes Papier, damit der Demandadero es sehen konnte! Oh, ihr Mönche Spaniens, das ist so einer eurer Züge!

[1] Die Brüder der Gardunnia hatten drei Grade durchzumachen, wie die Freimaurer; zuerst wurden sie Chivatos, d. h. Lehrlinge oder Novizen, dann Postulanten oder Gesellen und endlich wurden sie Guapos (Bravo's), Meister; erst nachdem sie diesen dritten Rang empfangen hatten, konnten sie mit Tödtungen und Ermordungen beauftragt werden, die man von der Brüderschaft verlangte.

die Vorrechte gewährt werden, auf welche unsere Lehrlinge Anspruch haben, wenn sie sich während ihres ersten Prüfungsjahres gut aufführten. Indeß muß er jedenfalls das Eintrittsgeld bezahlen und Gott sein Opfer darbringen. Mit Einem Worte, ich nehme ihn unter meinen Schutz. Und wenn nun irgend Einer von Euch etwas dagegen einzuwenden hat, so spreche er," fügte der Großmeister mit seiner kräftigsten Stimme hinzu.

Alle schwiegen. Einige Serenas richteten wohlgefällige Blicke auf den jungen Garabato, der ein recht hübscher Bursche war.

„Einfältiges Vieh!" murmelten die Guapos.

„Gut, Ihr Herren," fuhr Mandamiento fort. „Euer Wille stimmt mit dem meinigen überein und ich danke Euch dafür."

Er nahm darauf Garabato wieder bei der Hand, stellte ihn einzeln allen Anwesenden vor, und diese gaben ihm den Bruderkuß. Der Großmeister selbst erzeigte ihm die gleiche Ehre, theilte ihm dann das Erkennungswort mit und unterrichtete ihn in den verschiedenen Zeichen und Berührungen des Ordens. Endlich übergab er ihm ein Pergament, auf welchem die verschiedenen Aemter und Vorrechte der Brüder der Gardunnia aufgeführt waren.[1]

[1] Die Gardunnia war keineswegs eine unregelmäßige Gesellschaft. Zum Beweise führen wir hier ihre Statuten auf:

Artikel 1. Jeder Ehrenmann (hombre honorato), der ein gutes Auge, scharfes Ohr, leichte Füße und keine Zunge hat, kann Mitglied der Gardunnia werden. Es dürfen dies auch ehrenwerthe Personen werden, wenn sie ein ungewöhnliches Alter erreicht haben und der Brüderschaft zu dienen wünschen, sei es, indem sie dieselbe von guten Unternehmungen, die zu machen sind, in Kenntniß setzen, sei es, indem sie die Mittel angeben, diese Unternehmungen auszuführen.

Artikel 2. Die Brüderschaft wird auch unter ihren Schutz jede Matrone nehmen, welche durch die Justiz gelitten hat und die es übernehmen will, für die Erhaltung und den Verkauf der verschiedenen Gegenstände zu sorgen, welche die göttliche Vorsehung der Brüderschaft zuzuweisen für gut befinden wird; ebenso auch junge Frauen und Mädchen, die durch irgend einen Bruder vorgeschlagen werden, diese Letzteren unter der Bedingung, mit Leib und Seele dem Nutzen der Brüderschaft zu dienen.

Artikel 3. Die Mitglieder der Brüderschaft werden in Chivatos, Postulanten, Guapos und (man vergleiche die betreffenden Anmerkungen) Fuelles getheilt. Die Matronen werden Coberteras genannt

Nachdem die Ceremonie auf diese Weise beendigt war, mischte der Garabato sich unter seine neuen Genossen des

und die jungen Weiber und Mädchen Serenas. Diese Letzteren müssen jung, lebhaft, treu und lockend sein.

Artikel 4. So lange die Chivatos noch nicht gelernt haben, zu arbeiten, dürfen sie nichts für sich allein unternehmen und sich des punzante (Dolches) nie anders, als zu ihrer Selbstvertheidigung bedienen. Sie werden auf Kosten der Brüderschaft ernährt, in Wohnung gebracht und unterhalten. Jeder derselben wird zu diesem Zwecke als Legegeld 125 Maravedis (50 Nkr.) erhalten. Hat er irgend einen wichtigen Dienst geleistet, so kann er unmittelbar in die ehrenwerthe Classe der Postulanten erhoben werden.

Artikel 5. Die Postulanten leben von ihren Angriffen; diese Brüder werden ausschließlich mit Entfremdungen beauftragt, die mit leichter Hand auf Rechnung und zu Gunsten des Ordens zu vollführen sind. Von jeder Entfremdung erhält der arbeitende Bruder den dritten Bruttotheil, von welchem er Etwas für die armen Seelen im Fegefeuer abgibt. Von den beiden andern Drittheilen wird das eine in die gemeinschaftliche Casse bezahlt, um die Kosten der Justiz zu bestreiten (um die Alguazils, die Schreiber und selbst die Richter, welche die Brüder beschützen, zu bestechen) und um Messen für die Seelen der dahingeschiedenen Brüder lesen zu lassen; das letzte Drittel wird zur Verfügung des Großmeisters des Ordens gestellt, der an dem Hofe leben muß,* um für das Wohl und Gedeihen Aller zu sorgen.

Artikel 6. Die Guapos haben für sich die Verdunklungen, die Beerdigungen, die Reisen der Brüder und die Taufen. (In Bezug auf die hier gesperrt gedruckten Wörter verweisen wir auf die folgenden Anmerkungen.) Mit diesen beiden letzteren Operationen können sie einen Bruder Postulanten beauftragen, jedoch unter ihrer eigenen Verantwortlichkeit. Die Guapos empfangen den dritten Bruttotheil von dem Ertrage aller ihrer Operationen, und zahlen dreißig Procent von ihren Einkünften für die Ernährung und Unterhaltung der Chivatos, und für die Seelen im Fegefeuer so viel als sie wollen. Der Ueberschuß des Ertrages ihrer Operationen wird ebenso vertheilt wie im Art. 5 gesagt ist.

Artikel 7. Die Coberteras erhalten 10 Procent von allen Summen, die sie eintreiben, und die Sirenen 6 Maravedis für jede Poseta (ungefähr ein halber Gulden), welche durch die Guapos in die Casse der Brüderschaft geliefert wird. Alle Geschenke, die sie von den edlen Herren, den Mönchen und anderen Mitgliedern der Geistlichkeit erhalten, gehören ihnen als freies Eigenthum.

* Im Jahre 1534 hielt der Großmeister der Gardunnia sich noch in Toledo auf. Erst viel später, unter der Regierung Philipp III. ließ er sich in Madrid nieder, wo er Secretär des Königs wurde, und zwar unter dem Namen Don Rodrigo Calderon, Dank der Schwäche des Herzogs von Lerma und des mächtigen Schutzes des Jesuiten Francisco Luis de Aliaga, des Beichtvaters des Königs und General-Inquisitors von Spanien, von 1618—1621.

Mordes und des Raubes. Dann zog der Meister aus seiner Tasche ein elendes bekritzeltes Papier und sagte: „Hier, meine Kinder, ist der Tagesbefehl:

„Drei Taufen (Dolchstöße), so leicht als möglich beizubringen, die erste einem schönen jungen Manne mit schwarzem Schnurrbart, der täglich um 7 Uhr Abends über die Brücke von Triana geht. Dieser junge Cavalier ist von hohem Wuchs und schönem Aeußern. Er trägt einen scharlachrothen Mantel. Die Taufe wird mit 50 Realen bezahlt und außerdem mit 500 Maravedis, wenn sie so beigebracht wird, daß sie in dem Gesichte des jungen Mannes ein Zeichen hinterläßt, an welchem man ihn erkennen kann. Die bezahlende Person ist eine sehr schöne und noch ziemlich junge Dame. Also, Sennor Garabato, verlasse ich mich auf Eure Galanterie für das schöne Geschlecht, denn Euch übertrage ich dieses Geschäft. — Hier sind 17 Realen, die Euch von dem Gelde zukommen, ungerechnet noch die 500 Maravedis besonderer Vergütung, welche die Dame zahlt, wenn es Euch gelingt, dem Gesichte des Getauften eine unauslöschliche Narbe beizubringen, was sehr leicht ist, wenn ihr die Wunde mit ein wenig Ruß, in Weinessig aufgelöst, reiben könnt." — Dabei übergab Mandamiento an Garabato ein kleines Fläschchen, das mit einer schwarzen Flüssigkeit angefüllt war.

„Die zweite Taufe," fuhr der Großmeister fort, „wird nur mit 40 Realen bezahlt. Sie ist an dem Pater Prior des Klosters der barmherzigen Brüder zu vollziehen, der Sr. Ehrwürden dem Pater Provinzial ein Beichtkind abwendig gemacht hat. Der Pater Provinzial bezahlt, und er gibt 4 Dublonen besondere Gratification, wenn es gelingt, dem Prior ein Auge auszustoßen, denn die erwähnte Beichttochter liebt nichts auf der Welt so sehr, als schöne Augen.

Artikel 8. Der Capataz oder das Oberhaupt der Provinz wird aus den Guapos ernannt, die wenigstens 6 Dienstjahre zählen und sich um die Brüderschaft verdient gemacht haben.

Artikel 9. Alle Brüder müssen eher den Märtyrertod sterben, als daß sie beichten; unter der Strafe degradirt, aus der Brüderschaft ausgestoßen, und nach Bedürfniß von dieser verfolgt zu werden.

Gegeben zu Toledo, im Jahre der Gnade 1420 und im dritten nach der Begründung unserer ehrenwerthen Brüderschaft.

Unterzeichnet: El Colmilludo (der Zahnige).

„Ich glaube den Gewinn der 4 Dublonen zusichern zu können, wenn ich diese Taufe dem Sennor Manofina und seiner vielgeliebten Culevrina übertrage, deren Geschicklichkeit es verstehen wird, den ehrwürdigen Pater Prior an einen passenden Ort zu locken. Hier sind 30 Realen," fügte er hinzu, „und vergeßt die heilige Jungfrau nicht.[1] Die 4 Dublonen sind Sache der Serena."

„Ja, ja, ich übernehme das," rief diejenige der Serenas, welche mit dem Namen der Culevrina bezeichnet worden war, „ich übernehme das, Sennor Mandamiento!"

„Still, meine Waldrose," unterbrach sie der Großmeister, indem er sich den Schnurrbart strich. „Wir kennen deine Geschicklichkeit und Ergebenheit. Du hast ja eine wahre Perle, mein Sohn," fuhr er fort, sich gegen den Guapo wendend, „erhalte sie Dir und prügle sie nicht zu viel."

„Ja, ein wahrer Schatz, um sie für die Andern zu erhalten," murmelte der Bandit mit einem Ausbruche roher Eifersucht.

„Ei, ei," sagte der Meister, „Ihr sollet mehr Ergebenheit für das gemeinsame Wohl zeigen, Sennor Manofina."

Der Gardunnio schwieg, aber er warf auf die Serena Blicke des Mißtrauens und des Zornes. Die Culevrina näherte sich ihm, legte ihren Arm in den seinigen und sah ihm mit ihren großen feurigen Augen zärtlich in das Gesicht. — „Manofina mia," sagte sie, „willst Du etwa ärgerlich werden? Weißt Du denn nicht, daß ich Niemand liebe, als Dich?"

Das Gesicht des Guapo besänftigte sich; er erlitt jenen Zauber der Sinne, der auf kräftige, physische Naturen allmächtig wirkt.

„Ja," sagte er mit leiser Stimme, „Du liebst mich, nicht wahr? Aber der Prior?

„Nun, den Prior werde ich dir zuführen, das ist Alles. Gegen ihn heißt Versprechen nicht halten. Du weißt wohl, daß ich nur Dich allein liebe."

Der Guapo betrachtete sie mit einem Gemisch vertrauensvoller Freude und grausamen Zweifels. Und, sonderbar genug, die Serena log nicht. Als eine seltene Ausnahme

[1] Jeder Gardunnio hatte die Gewohnheit, von dem empfangenen Honorar einige Maravedis in eine Büchse zu werfen, die unter dem Bilde der heiligen Jungfrau an der Mauer befestigt war.

bediente dieses Mädchen, welches ihrem Stande nach jeder möglichen Art der Ausschweifung gewidmet war, sich ihrer wunderbaren Schönheit wohl, um die Opfer in die Schlingen der Gardunnia zu locken; aber weder ihr Herz noch ihr Körper waren jemals Mitschuldige dieser Pflichten geworden. Sie blieb beständig und in jedem Puncte dem wilden Guapo treu, den sie zu ihrem Geliebten erwählt hatte.

Mandamiento fuhr fort: „Eine dritte Taufe wird mit sechs Dublonen bezahlt. Diese Summe zeigt Euch hinlänglich, daß es ein Canonicus ist, der sie verspricht. Diese Taufe muß morgen vor sechs Uhr Abends an einem Collegen des Auftraggebers vollzogen werden, damit der Getaufte den Mitgliedern des Capitels nicht die Besuche machen kann, die erforderlich wären, um ihre Stimmen zu der Wahl des Dechants zu erbitten. Seinem Nebenbuhler erwächst daraus eine größere Wahrscheinlichkeit des Erfolgs. Wenn diese Taufe sich nach Verlauf einiger Tage in eine Begrabung verwandelte, so würde der Canonicus die Summe verdoppeln. — Wohl zu merken, es muß geschickt gehandelt werden und der Mann darf nicht sogleich verdunkelt[1] werden. So will es der Auftraggeber, und wer gut zahlt, hat Anspruch darauf, gut bedient zu werden. Außerdem mache ich noch darauf aufmerksam, daß, wenn dieser Canonicus zum Dechant erwählt würde, die Gardunnia sicher auf seinen fortwährenden Schutz rechnen dürfte. Se. Excellenz haben mir das ausdrücklich versprochen. Euch, Sennor Cuerpo de Hierro, kommt diese Taufe zu. Bedienet Euch dazu eines feinen Dolches, und was noch besser wäre, einer dreieckigen Klinge. Das ist das beste Mittel, um eine Wunde beizubringen, welche 10 bis 12 Tage bis zum Tode dauert, und nicht blutet. Hier ist Euer Geld. — Geht und seid pünctlich.

„Sechs Bäder[2] sind zu geben,“ fuhr der Meister fort, und vertheilte dieses leichte Geschäft unter sechs gewöhnliche Genossen.

„Ferner drei Reisen.[3] Eine davon auf der Straße nach Jaen morgen um 9 Uhr. Zu dieser Stunde wird die Galera[4] vorüber kommen und 80,000 Realen für den

[1] Ermordet.
[2] Ertränkungen.
[3] Straßenräubereien.
[4] Königliche Postkutsche.

Nuntius Sr. Heiligkeit mit sich führen, den Ertrag von dem Verkaufe der Bullen und des Ablasses in dem Königreich Sevilla. Die andere auf der Straße nach San Lucar um Mitternacht, ebenfalls bei der Vorüberfahrt der Galera. Sie führt 120,000 Realen mit sich, die einem jüdischen Banquier gehören und für einen maurischen Banquier in Sevilla bestimmt sind. Wir müssen dieses Geld den Feinden Gottes rauben, da sie sich desselben nur zum Verderben unserer heiligen Religion bedienen könnten.

„Die dritte Reise findet auf der Straße nach Granada statt, wo sich die Straße nach Xeres theilt. Drei Cavaliere werden dort passiren, die Taschen wohl gefüllt und mit einer ganz neuen Garderobe; Ihr wißt aber wohl, daß mehrere unserer Brüder ziemlich schlecht gekleidet sind.“

Diese drei Unternehmungen wurden drei zuverlässigen und meisterhaft gebildeten Brüdern anvertraut.

„Endlich,“ sagte Mandamiento, „und das ist eine sehr ernste Sache, eine Verdunkelung,[1] an der Person des jungen Don Estevan von Vargas. Er verläßt jeden Abend um Mitternacht das Haus Sr. Excellenz des Gouverneurs von Sevilla. Er ist, wie man sagt, der Verlobte von dessen Tochter, einem hübschen Mädchen von 17 Jahren, der diese Verdunkelung ohne Zweifel viel Thränen kosten wird, aber das geht uns nichts an. Für diese Operation werden und uns 50 Dublonen vorausgezahlt, eine gleiche Summe nach dem glücklichen Erfolge, und überdies gewinnen wir noch die Protection des sehr heiligen Groß-Inquisitors von Sevilla, den die Sache ohne Zweifel interessirt, da er uns seinen Schutz anbieten läßt, eine Münze, mit der er nicht sehr freigebig ist.

„Und wer verbürgt uns diese schönen Versprechungen?“ sagte Mandamiento, den die feurigen Blicke und die Liebkosungen der Serena sehr zu Gunsten der beiden Liebenden gestimmt hatten.

„Die Person, welche sie mir gab und unterzeichnete, ist mir genau bekannt,“ entgegnete der Großmeister; „sollte man diese schriftlich gegebenen Zusagen verletzen, so würde ich sie dem großen Rauchfange von Sevilla[2] übergeben. Du

[1] Ermordung.
[2] Der Criminalgerichtshof.

siehst, mein Sohn, daß ich meine Sicherheitsmaßregeln getroffen habe."

In diesem Augenblicke kam ein Chivato, der in einiger Entfernung von den Ruinen auf Wache gestanden hatte, ganz erschreckt herbeigelaufen und rief: „Meister, Meister, ein Haken (Alguazil) kommt auf das Gebäude zu."

Die Gardunnios geriethen in Unruhe und legten die Hand an den Dolch; der Großmeister aber blieb vollkommen gefaßt, wendete sich zu seinen Gefährten und rief ihnen zu: „Auf die Kniee, Kinder." Dann richtete er den Blick auf das Bild der heiligen Jungfrau und stimmte ein frommes Gebet an, dem im Chore die Stimmen der Anwesenden antworteten.

Einige Minuten darauf öffnete der Alguazil die Thür und steckte den Kopf durch den Spalt derselben in den Saal. Mandamiento sah sich langsam nach ihm um, ohne deshalb sein Gebet zu unterbrechen, aber mitten in einem Ave Maria rief er heiter: „Ach, Du bist es, Coco, unser treuer Bruder!"

Ein allgemeines Zeichen des Kreuzes machte dem begonnenen Gebete plötzlich ein Ende, die sämmtlichen Anwesenden sprangen auf, und der Großmeister zog den Alguazil rasch in eine Ecke des Saales und fragte: „Was führt Dich zu uns, Bruder Coco? Bist Du auf der Spur irgend einer Gefahr für unsere Brüderschaft?"

„Nicht eben das," erwiederte der Haken. „Du weißt wohl, daß ich gute Wache halte, und daß meine doppelte Eigenschaft als Alguazil und als Familiar des heiligen Tribunals mich in den Stand setzt, Euch vor vielen Gefahren zu bewahren."

„Das ist wahr; Du bist ein guter Freund, ein treuer Bruder."

„Nun wohl," fuhr Coco fort, „Du kannst mir Deinerseits auch einen Dienst erweisen, Meister."

„Sprich, Bruder, um was handelt es sich?"

„Zunächst," entgegnete der Alguazil, „handelt es sich darum, einem meiner Verwandten, welcher Sacristan der Carmeliterinnen ist, eine Börse zurückzugeben, die ihm diesen Morgen gestohlen wurde."

„Du sollst sie haben, Bruder; wir sind im Stande, Dich in dieser Beziehung zu befriedigen. —'Was weiter?"

„Das Andere ist eine Sache von größerer Wichtigkeit,“ sagte der Haken, indem er die Stimme dämpfte. „Es handelt sich um nichts Geringeres, als im Falle der Noth zwei oder drei Familiaren der heiligen Inquisition zu verdunkeln.“

„Bruder,“ sagte Mandamiento erschrocken, „Du mißbrauchst Deine Stellung, Du forderst unmögliche Dinge.“

„Unmöglich oder nicht, so müssen sie doch vollbracht werden,“ erwiderte Coco mit festem Tone.

„Aber, mein Bruder, weißt Du denn nicht, daß der heilige Inquisitor von Sevilla unser bester Kunde ist?“[1]

„Gleichviel, Ihr müßt mir den Dienst leisten, oder von diesem Abend an gehöre ich nicht mehr zu den Eurigen,“ sagte sehr entschlossen der Alguazil.

„Nun, was soll denn geschehen?“ fragte der Großmeister, der durch diese Drohung besiegt war.

„Du mußt mir sogleich zwei oder drei geprüfte Guapos und ein halb Dutzend Chivatos übergeben, um sie an jeden Ort zu führen, der mir gut dünkt, um sie verdunkeln zu lassen, wen ich will, kurz daß sie meinen Befehlen gehorchen, als ob es die Deinigen wären.“

„Du verlangst zu viel, Coco.“

„Der Apostel will es,“ erwiderte trocken der Alguazil. „Becile Dich daher Mandamiento, denn ich habe keine Zeit zu verlieren.“

„Wenn der Apostel es will, so muß ich gehorchen,“

[1] Mandamiento hatte Recht. Unter den Papieren, welche 1821 bei der Verhaftung des Francisco Cortina und der Aufhebung der Garduña in Beschlag genommen wurden, befand sich ein Register, in welchem die Aufträge verzeichnet waren, welche verschiedene Mitglieder der Inquisition der Brüderschaft in der Zeit von 147 Jahren ertheilt hatten, d. h. von 1520—1667. Sie betrugen die bedeutende Zahl von 1986 einzelnen Bestellungen und hatten im Ganzen 198,670 Frs. eingebracht, d. h. ungefähr 100 Frs. für jede Bestellung. Unter diesen Aufträgen, welche die Beförderer des Glaubens ertheilt hatten, kam ungefähr ein Drittel auf Entführung von Frauen und Mädchen. Ermordungen bildeten so ziemlich ein zweites Drittel, Correctionen, d. h. Werfen in das Wasser, Dolchstöße, falsche Anklagen, falsche Zeugnisse, bildeten den Rest dieses Registers, welches bei dem Criminalgerichtshofe von Sevilla niedergelegt ist, eines der beschwerendsten Actenstücke gegen Francesco Cortina und dessen Genossen. Um der Wahrheit die Ehre zu geben, müssen wir bemerken, daß kein Auftrag von einem Mitgliede der Inquisition darin nach 1797 vorkam.

sagte seufzend der Großmeister. „Sein Wille ist wie der Gottes, denn er hat Manofina vom Tode errettet und Cuerpo de Hierro aus dem Rachen des Wolfes befreit. Er ist es, der uns bei unseren Krankheiten pflegt. Es sei also, wie Du verlangst, Coco; nimm meine beiden besten Guapos, und sie sollen Dir gehorchen, wie mir selbst.“

Zugleich gab der Meister Cuerpo de Hierro ein Zeichen, flüsterte ihm einige Worte mit leiser Stimme in das Ohr, rief dann auch Manofina herbei und forderte sie auf, den Alguazil zu begleiten.

„Ich vergaß Dir zu sagen,“ fügte er gegen Manofina hinzu, „daß ich Dich damit beauftrage, den jungen Estevan von Vargas zu verdunkeln. Diese Operation wird Dich wieder in die Gunst des Inquisitors setzen, wenn die, mit welcher unser Bruder Coco Dich beauftragen wird, mißglücken sollte. Lebet wohl, Sennores, und guten Muth.“

Jeder der beiden Guapos wählte drei muntere und kräftige Chivatos. Dann sagte der Meister, indem er mit der Hand eine Bewegung machte: „Gott und die heilige Jungfrau beschützen Euch!“

Der Alguazil setzte sich an die Spitze der Leute und unter Begünstigung der Nacht verließ der kleine Haufe den Versammlungsort der Garduñia ohne alles Geräusch.

III.

Dolores.

Während in dem Palaste der Gardunnia dieser zugleich abscheuliche und lächerliche Auftritt stattfand, trug sich ein Ereigniß anderer Art bei dem Gouverneur von Sevilla zu. Er bewohnte eines jener geräumigen und bequemen andalusischen Häuser, welche nur durch große Glasthüren nach der Straße und durch offene Fenster nach einem großen, mit Blumen bedeckten Hofe hinausgehend, ihr Licht erhielten.

In dem obern Stockwerke dieses Hauses, welches gewöhnlich zum Winteraufenthalte diente, neben einem großen Saale, in welchem die Familie sich versammelte, befand sich ein kleines Gemach, wie die Zelle einer Nonne eingerichtet. Ein weißes hartes Bett, umgeben mit einem einfachen Mustiquarium von Battist, zwei Stühle von schwarzem geschnittenen Holz, ein Betschemel derselben Arbeit, darüber ein großes elfenbeinenes Crucifix und endlich in einer Vertiefung der Wand eine kleine heilige Jungfrau von weißem Marmor, vor welcher beständig eine silberne Lampe, angefüllt mit dem reinsten Olivenöle, brannte. Dies Zimmer war das der Tochter des Gouverneurs. Das junge Mädchen, kaum siebenzehn Jahre alt, glich durchaus nicht den andern Frauen Andalusiens. Von erhabener Schönheit, von festem, edlem Character, brachte Dolores ihre Jugend nicht in jener mystischen Unthätigkeit zu, welche die Einbildungskraft und die Sinne der spanischen Weiber so unmäßig aufregt. Zum Lehrer hatte sie einen Bruder ihrer Mutter, einen gelehrten, ernsten Mann, der lange Zeit in Frankreich und in Deutschland gereist war, und dadurch seinen glänzenden Verstand gebildet hatte. Er streute seinen Samen nicht in ein unfruchtbares Land. Dolores würde selbst in unsern Tagen ein ausgezeichnetes Weib gewesen sein.

Mit glühendem Herzen und glühender Seele, begabt mit dem schärfsten Urtheile, einem richtigen Verstande, einem kräftigen Willen, besaß sie den reinen und aufgeklärten Glauben der Kirchenväter: ihre Barmherzigkeit wies alle Irrthümer, alle Grausamkeiten des Fanatismus zurück. Sie war fromm, wie einst Isabella die Katholische, jene große Königin, deren milde, zärtliche Frömmigkeit so lange und mit so viel Schrecken gegen die Einführung der Inquisition und stets gegen die Werke derselben kämpfte.[1] Die Tochter des Gouverneurs folgte dem Geiste und der Moral des Evangeliums, und das war in jener Zeit sehr gefährlich, denn um in Sicherheit zu leben, mußte man nicht ein Schüler Christi sein, sondern eine Creatur der Inquisition. Gleichwohl hatte Dolores, da sie den äußern Gebräuchen der Religion treu blieb und die Tochter guter Katholiken war, bis jetzt die Blicke des furchtbaren Tribunals noch nicht auf sich gezogen.

Der Groß-Inquisitor von Sevilla, Peter Arbuez, schien im Gegentheil seine allmächtige Freundschaft gleich einem Friedenszeichen über das Haus des Gouverneurs zu breiten. In seiner doppelten Eigenschaft als Priester und als Oberhaupt des Inquisitionstribunals wurde er zu jeder Stunde in dieser Familie aufgenommen; allein da er noch in dem Alter der stürmischen Leidenschaften stand, indem er kaum vierzig Jahre zählte, konnte er das heilige, reine junge Mädchen nicht sehen, ohne daß der Dömon der Wollust ihn in den heftigsten Begierden für sie erfaßte. Nicht ohne entsetzliche Eifersucht blickte er auf den jungen Estevan von Vargas, welcher der einzige Gegenstand der Liebe für die Tochter des Gouverneurs geworden war. Er folgte allen Fortschritten dieser Leidenschaft mit glühender Besorgniß und kaum vermochte er es, den Haß, den er gegen den jungen Mann empfand, zu verbergen.

Vergebens hatte er unter der Hülle einer heiligen und väterlichen Freundschaft in der Seele des schönen Mädchens

[1] Isabella von Castilien, die Gemalin Ferdinands von Arragonien, hegte stets Abscheu vor den Grausamkeiten des heiligen Officiums und widersetzte sich lange Zeit der Einführung der modernen Inquisition in Castilien. Torrequamada, Beichtvater Ferdinands, ein eben so verschlagener wie fanatischer Mönch, erzwang unter dem Vorwande, der geizigen Politik des Königs zu dienen, mehr die Zustimmung der frommen Isabella, als er sie erhielt, so oft er in seiner Eigenschaft als General-Inquisitor die königliche Gewalt mißbrauchen wollte. Die edle Königin antwortete einst auf einen neuen Anspruch des Inquisitors, den er mit Drohungen zu begleiten wagte: „Mönch, vergiß nicht, daß ein königlicher Befehl die Inquisition einführte und daß ein königlicher Befehl sie auch wieder aufheben kann.“

Gefühle zu erwecken gesucht, die den seinigen entsprachen; vergebens war er bemüht gewesen, auf sie den Zauber seines feurigen Blickes und seiner wahrhaft ausgezeichneten Schönheit auszuüben. Dolores vermochte es in seiner Gegenwart nie, sich eines Gefühles der Furcht zu erwehren, welches sie für Ehrfurcht zu halten strebte; der Blick des Inquisitors erweckte in ihr eine schmerzliche Unruhe und machte sie erblassen und zittern.

An dem erwähnten Tage hatte Peter Arbuez den Abend in dem Salon des Gouverneurs zugebracht. Gegen zehn Uhr zog das junge Mädchen sich unruhig und aufgeregt in ihr Zimmer zurück. Sie machte die Thür einfach zu, wie gewöhnlich, da sie in dem Hause des Vaters, wo sie von allen Dienern angebetet wurde, nichts zu fürchten hatte. Ihr Haar lösend, ließ sie es über ihre weißen Schultern herabrollen, kniete dann vor dem Betpulte nieder und betete inbrünstig. So sprach sie einige Minuten lang die finstere Verzweiflung aus, von der ihre Seele sich bedrückt fühlte. Dann zog sie aus ihrem Busen ein kleines Briefchen und las es mit schmerzlicher Begier.

„Ja,“ sagte sie, „es ist wirklich seine Schrift. Armer Estevan! Ich hatte mich also nicht getäuscht! Die Inquisition haßt ihn, und er fürchtet, mich bloßzustellen, wenn er zu mir kommt. Die Reise, die er mir als unvermeidlich schilderte, war nur ein Vorwand, um sich für einige Tage von hier zu entfernen, und gleichwohl kann er nicht leben, ohne mich zu sehen, und er beschwört mich, diesen Abend zu der Giralda zu kommen, wo er mich erwarten will. Er würde sterben, wenn ich meine Einwilligung versagte.

„Ach ja, er würde ohne mich sterben, wie ich ohne ihn,“ fügte sie hinzu, indem sie eine Thräne trocknete. „Unsere Liebe gehört nicht zu denen, welche durch die Abwesenheit erlöschen.

„O, mein Gott,“ fuhr sie fort, „in was für unglücklichen Zeiten leben wir doch, daß man die natürlichsten Gefühle unterdrücken muß! Was ist aus euch geworden, ihr göttlichen Gesetze Christi? Du Jahrhundert der Apostel, in welchem zwei christliche Gatten sich frei vor Gott lieben durften und eines wie das andere lebte oder starb, hast Du denn dieses Jahrhundert des Eisens geboren, in welchem man Gott nicht auf seine Weise lieben darf? In welchem die Priester nicht mehr unsere Tröster sind, sondern unsere Henker? In welchem der Baum des Lebens ein Baum des Todes geworden ist, der seine Trauerzweige über die ganze Welt ausbreitet?[1]

„Ach, Estevan, wohin soll ich mit Dir fliehen, um eine befreundete Erde zu finden, wohin diese Pest noch nicht gedrungen ist!"

Und in einem Anfalle der Verzweiflung rang das unglückliche Mädchen die Hände, trat auf das Betpult, umschlang das elfenbeinerne Crucifix, preßte es wie im Wahnsinn an ihre Brust und murmelte mit gebrochener Stimme: „Du, der Du so viel gelitten hast, o mein Gott, lehre mich leiden!"

Wie durch eine plötzliche Rückwirkung erleichterte heftiges Schluchzen, ihre gepreßte Brust, und sie bedeckte mit bitteren Thränen das Bild Dessen, den sie zu ihrem Schutze angerufen hatte.

In diesem Augenblicke wurde die Thür ihrer Zelle leise geöffnet. Erschrocken erhob sich Dolores und wich bis zu dem Fenster vor dem Groß-Inquisitor zurück, der langsam auf sie zuschritt. Sie hatte nicht einmal so viel Kraft, einen Schrei auszustoßen.

„Störe ich Dich in Deinem Gebete, mein Kind?" sagte Peter Arbuez mit süßlichem Tone.

„Ehrwürdiger Herr," sagte sie mit erstickter Stimme, „weshalb tretet Ihr so bei Nacht in mein Zimmer? Muß das Wohngemach eines jungen Mädchens Euch nicht heilig sein?"

„Der Groß-Inquisitor hat die Macht, für Alles Dispens zu ertheilen," entgegnete der Dominicaner, „und Du begehst keine Sünde, indem Du mich bei Dir empfängst."

„Ehrwürdiger Herr," erwiderte Dolores, erröthend vor Stolz und Unwillen, „ich begreife diese elenden Ausflüchte nicht, welche so die unwandelbaren Gesetze des Gewissens

[1] Man weiß, daß gegen eben diese Zeit Carl V. die spanische Inquisition in den Niederlanden unter dem Namen des geistigen Tribunals einführte. Später unter Philipp II. veranlaßte dieses Tribunal in dem Zeitraume von drei Jahren den Tod von mehr als 1800 Menschen. (Meiner, Geschichte der Reformation.) Amerika und alle überseeischen Besitzungen Spaniens und Italiens schmachteten ebenfalls unter dem Joche der Inquisition.

nach eigenem Gefallen deuten, und dem Einen erlaubt machen, was bei den Anderen für ein Verbrechen gilt. Ihr seid ein Mann, und ein Mann darf nicht bei der Nacht in das Zimmer eines Weibes treten, er sei denn ihr Gatte."

„Dolores," sagte der Inquisitor mit strenger Stimme, „vergessen Sie, daß Christus zu seinen Aposteln gesagt hat, was Ihr auf Erden löset, wird im Himmel gelöset sein — daß er uns die Allmacht über die Seelen und die Leiber verliehen hat?"

„Ach, gnädigster Herr, entstellt nicht so die Worte des Evangeliums. Der Text ist rein und so klar, daß es ohne schlechten Willen nicht möglich ist, ihn zu mißverstehen, weder für Euch, den Diener des lebendigen Gottes, noch für uns, Eure demüthigen Schüler."

„Der Buchstabe tödtet, der Geist macht lebendig," entgegnete der Inquisitor, „und Du bist sehr unverständig, junges Mädchen, daß Du so gegen mich zu sprechen wagst. Die heiligen Bücher sind ein geheiligter Codex, deren Auslegung uns allein anvertraut ist; Euch gebührt blinder Gehorsam. Wehe denen, welche sie ohne unsern Beistand auslegen, welche ohne uns das Licht suchen! Wehe den Unsinnigen, welche ohne den Beistand der Stellvertreter Jesu Christi in Irrthum und Ketzerei versinken."

„Es liegt keine Ketzerei darin, dem Evangelium zu folgen!" rief Dolores.

„Sprächst Du so vor einem Andern als vor dem Groß-Inquisitor von Sevilla," sagte Peter Arbuez mit einem furchtbaren Blicke, „so würde der morgende Tag Dich nicht mehr in dem Hause Deines Vaters finden, und die Inquisition —"

„Ich habe nichts gegen die Inquisition verbrochen," unterbrach ihn die Braut Don Estevans mit einer Stimme, der sie Festigkeit zu verleihen suchte, obgleich ein unbesieglicher Schrecken sie selbst gegen ihren Willen beherrschte.

Peter Arbuez bemerkte dies und näherte sich dem jungen Mädchen, das keinen Schritt weiter rückwärts zu treten vermochte, da ihre Füße bereits die Mauer des Fensters berührten.

„Dolores," sagte er, „Du weißt also nicht, daß ich Dein Freund bin?"

Die Versuchung.

Seite 35.

„Ach, erwürdiger Herr,“ sagte sie, „dann zieht Euch zurück und mißbraucht nicht Eure Gewalt, um so in mein Zimmer einzudringen. Geht, geht, ich beschwöre Euch auf meinen Knien darum.“

Peter Arbuez war versunken in Betrachtung einer so wunderbaren Schönheit, und schien die Bitte nicht zu hören. Dolores stand vor ihm, ihre langen Haare aufgelöst, gekleidet in ein schwarzes Gewand, dessen breiter Ausschnitt nach der Mode jener Zeit auf bewundernswerthe Weise den weißen reinen Marmor ihrer Schultern zeigte. Ihr Wuchs schien sich noch höher und stolzer zu heben, und der Glanz ihrer großen und schwarzen Augen, in die sich ihr ganzes Leben geflüchtet hatte, verlieh der reizenden Blässe ihres Gesichtes einen neuen Zauber.

„Ach Kind, Kind,“ rief der Priester, „wie schön Du bist und wie glücklich Estevan ist!“

„Gnädigster Herr,“ rief Dolores, entsetzt durch den lüsternen Ausdruck in dem Blicke des Dominicaners, „träume ich? Seid Ihr nicht der Groß-Inquisitor von Sevilla, der Priester des Herrn, der Beschützer der Tugend Anderer?“

„Nein,“ schrie der Mönch, fortgerissen durch die ungestüme Leidenschaft, die ihn verzehrte, „hier ist nicht mehr der Groß-Inquisitor, hier ist nicht mehr der Priester, hier ist nur noch Peter Arbuez, der Dich liebt, Peter Arbuez, der vor Verzweiflung und Liebe zu Dir stirbt.“

Ein greller Schrei entriß sich der Brust des jungen Mädchens und ihr ganzer Körper wurde kalt wie Stein. Der Inquisitor lag zu ihren Füßen. Die gewaltsame Leidenschaft machte in diesem Augenblicke sein sonst schönes und regelmäßiges Gesicht entsetzlich. Er strebte danach, die Tochter des Gouverneurs zu umarmen. Diese, von Schrecken ergriffen, preßte sich so fest an die Wand, daß sie den zitternden Händen des Dominicaners wie ein Schatten zu entschweben schien. Gleichwohl ergriff er bereits den Saum ihres Gewandes. Unfähig, irgend eine Bewegung zu machen, stand Dolores regungslos wie ein Stein an das enge Fenster gepreßt. Aber da sie in der Lage, in welcher der unwürdige Priester sie überraschte, das elfenbeinerne Crucifix in ihrer Hand behalten hatte, streckte sie in eben dem Augenblicke, wo der Inquisitor seine Arme um sie schlingen wollte, mit einer heftigen Bewegung das heilige Bild gegen ihn aus und rief:

„Peter Arbuez, tritt diese Schranke nieder, wenn Du es wagst! Priester Christi, willst Du Deinem Herrn trotzen?“

Der schamlose Dominicaner senkte den Kopf und wich zurück. Er fürchtete sich! — Der fanatische Priester vermochte es wohl, das Gesetz Gottes zu verletzen und zu entstellen, aber dessen Bild zu profaniren, hatte er nicht die Kraft.

Langsam erhob er sich, warf auf das junge Mädchen einen Blick voll Haß und verließ das Gemach, ohne sich umzusehen.

Dolores preßte das schützende Bild an ihren Busen und rief: „Du hast mich gerettet! O, ich danke Dir!“

Die rauhe Stimme des Nachtwächters verkündete halb zwölf Uhr. Die Geliebte Estevan's war zwar erschöpft, aber dennoch befestigte sie ihr langes Haar unter einem Schildpattkamme, hüllte sich in einen langen braunen Mantel und stieg langsam die steinerne Treppe hinab, welche zu der äußern Thür des Hauses führte. Sie ging der Giralda zu.

Als sie über die Schwelle ihrer Wohnung schritt, trat ein finsterer Schatten aus einem Bogengang hervor, und unter dem Scheine einer mattbrennenden Straßenlaterne zeigte sich deutlich die Gestalt eines in einen Mantel gehüllten Mannes. Dolores erbebte bei diesem Anblicke, aber sie verfolgte unaufhaltsam ihren Weg.

„Gut,“ sagte der Inquisitor — denn er war es! „sie geht! Henriquez wird das Uebrige thun!“

IV.

Die Giralda.

Der kleine Haufe, welcher unter der Führung Coco's den Palast der Gardunnia verlassen hatte, folgte schweigend dem Gebieter, den man ihm für den Augenblick gegeben hatte. Die Guapos, zu beiden Seiten Coco's voranschreitend, die Chivatos längs den Häusern der schwarzen gewundenen Straßen hingleitend, und Alle stumm, als wären sie ohne Sprache geboren.

Die Culevrina folgte einige Schritte entfernt, beunruhigt durch den geheimnißvollen Auftrag, den Manofina erhalten hatte, besorgt um den rohen Menschen, den sie liebte, und vielleicht auch getrieben durch den Instinct des Weibes, der es unwiderstehlich dahin zieht, wo es Schmerz zu lindern oder Gefahr abzuwenden gibt.

Coco und seine Begleiter gingen so bis zur Brücke von Triana, durchschritten noch einige enge und finstere Straßen und langten endlich bei der Kathedrale auf dem Platze der Esplanade an. Es war hier sehr finster, denn schon zeigte sich kein Licht mehr in den Häusern des Platzes.

Bei der Kathedrale angelangt, ließ Coco die beiden Guapos sich in einer Vertiefung verbergen, die hinter zwei gewaltigen Pfeilern lag. Dann flüsterte er einige Worte mit leiser Stimme den Chivatos zu, welche sogleich ihren Posten auf den Vierecken der Esplanade einnahmen und sich hier flach auf den Bauch niederlegten, das Ohr an dem Boden, damit ihnen nicht das leiseste Geräusch entgehe.

Nachdem Coco seine Leute vertheilt hatte, ging er selbst zu dem Portale der Kirche und suchte sich hier unter der hohen Steinmasse ein Versteck.

Die Serena, welche bemerkt zu werden fürchtete, schlich jetzt an den Häusern rings um die Esplanade her, und zwar mit so leichtem Tritte, daß man hätte glauben können, sie trüge unsichtbare Flügel. Endlich glitt sie unter die Bäume und blieb unter einem gewaltigen Orangenbaume nahe dem Brunnen stehen.

Bei dem leisen Geräusche, welches die Serena machte, ließ sich ein Kri kri, ähnlich dem Zirpen der Grille, auf den Ecken des Platzes vernehmen;[1] als aber sogleich Alles wieder in tiefe Stille versank, erkannte Coco, daß es ein falscher Lärm gewesen sei, und Niemand rührte sich mehr.

In diesem Augenblicke ging der Sereno[2] (Nachtwächter) über die Esplanade, blieb bei dem Brunnen stehen und rief mit seiner rauhen, monotonen Stimme die Mitternacht ab.

Die Serena erbebte. — Mitternacht! — Das war die Stunde der Verbrechen; die Stunde, zu welcher die Unglückliche Zeugin oder Theilnehmerin so vieler blutiger Thaten gewesen war; die Stunde, zu welcher für sie die Schatten derer zurückkehrten, die sie sterben sah!

Sie fürchtete sich!

Der Sereno (Nachtwächter) ging weiter, und die Serena sank nieder auf die Knie und betete. Bald aber ertönte ein leichter, schneller Schritt, kreischend auf dem Sande in der Richtung der Giralda. Einer der Chivatos stieß ein lauteres Kri kri aus als das erste, und der Schrei wurde sogleich von den drei Andern wiederholt. Coco, Manofina und Cuerpo de Hierro legten die Hand an den Griff ihrer Dolche. Die Serena stand auf, streckte den Hals vor und suchte zu erkennen, von welcher Seite die

[1] Die Chivatos oder Lehrlinge der Gardunnia dienten vorzugsweise dazu, während der Unternehmungen der Gardunnios auf der Lauer oder Wache zu stehen. In dem Falle der Gefahr oder einer Beunruhigung ahmten sie bis zur Täuschung den Ruf oder das Geschrei irgend eines Thieres oder den Gesang eines Vogels nach. Während der Nacht war es das Zirpen der Grille, das Kreischen des Käuzchens oder des Uhu's, das Quaken der Frösche oder das Miauen der Katzen, je nach der Jahreszeit oder der Weisung, die sie empfangen hatten. Am Tage war es das Gebell des Hundes oder das Geschrei irgend eines Thieres, welches das Leben und die Gewohnheiten des Menschen theilt.

[2] Der Sereno ist der Wächter der Nacht. In allen großen Städten Spaniens gehen Leute, welche damit beauftragt sind, über die öffentliche Sicherheit zu wachen und im Falle eines Feuers Lärm zu machen, in dem ihnen angewiesenen Quartier umher. Bewaffnet sind sie mit einer Lanze, welche chupo heißt, einer Laterne und einer kupfernen Pfeife. Die Lanze dient ihnen dazu, sich zu vertheidigen und selbst im Falle der Noth anzugreifen; die Laterne, sich selbst zu leuchten und den rondos (bürgerlichen Patrouillen), wenn nöthig, Licht zu geben; und die Pfeife, sich einander zur Hilfe zu rufen, wenn sie von irgend einem Missethäter angegriffen werden. Die Serenos sind verpflichtet, alle fünf Minuten die Stunde abzurufen, um zu beweisen, daß sie wachen. Die nützliche Einrichtung der Serenos geht bis zum 15. Jahrhundert zurück. Es war

Gefahr sich nahe. In diesem Augenblicke schritt Dolores über die Esplanade. An dem Fuße der Giralda angelangt, sah sie nach allen Seiten umher, und da sie Niemand bemerkte, rief sie mit leiser Stimme: „Estevan! Estevan!"

Niemand antwortete, doch in demselben Augenblicke trat ein junges Mädchen aus dem Schatten hervor und warf sich, wie außer sich zu den Füßen der Tochter des Gouverneurs nieder.

„Wer seid Ihr? Was wollt Ihr von mir?" fragte Dolores.

„Flieht, flieht!" rief die Chapa, denn sie war es; „flieht Sennora, denn Ihr seid verrathen! Ich habe Euch getäuscht!"

„Aber wo ist Estevan?" fragte das junge Mädchen, welches die Stimme derjenigen erkannte, die ihr den Brief ihres Verlobten überbracht hatte.

„Ich weiß es nicht," erwiderte die Chapa wie vernichtet, „ich kenne ihn nicht."

„Ihr kennt ihn nicht! — Ihr habt mir aber doch gesagt, er würde diesen Abend hier auf mich warten!"

„Ich habe Euch getäuscht," wiederholte die Gitana außer sich. „Man sagte mir: Geh! und ich mußte gehen. — Denn ich, seht Ihr wohl, ich bin nur ein elendes Werkzeug. — Ich muß gehorchen, wenn ich nicht vernichtet werden will.

„Ach, als ich Euch aber sah, so edel und so schön, da schwur ich, Euch zu retten, sollte ich auch selbst darüber untergehen. — Flieht daher, Sennora, flieht, ich beschwöre Euch — bald wäre es nicht mehr Zeit — sie kommen —"

Aber außer sich dachte Dolores nicht an ihre eigene Gefahr; sie war nur mit Estevan beschäftigt, den die Inqui-

Isabella von Castilien, welche sie im Jahre 1495 in Granada schuf, um über die Mauren der Stadt zu wachen, deren Empörung man jeden Augenblick fürchtete. Die Serenos bestehen noch jetzt in dem größten Theile der bedeutenderen Städte Spaniens. Es wäre zu wünschen, daß die Pariser Polizei, welche Anspruch darauf macht, gut über die öffentliche Sicherheit zu wachen, etwas Aehnliches in die Nähe der Brücken und an den Ufern des Canals einführte, wo aus Mangel an Licht und an Polizeilenten die Wachsamkeit der Serenos vielleicht die Zahl der Leichen vermindern würde, die man täglich in der Morgue ausgesetzt sieht.

sition verfolgte und die Ungewißheit, in der sie sich befand, verursachte ihr unaussprechliche Angst.

Plötzlich ließ sich ein dumpfes Rollen, begleitet von leisem Hufschlag, in der Richtung nach dem Fluße vernehmen.

Das gedehnte Kri kri der Chivatos verdoppelte die Aufmerksamkeit der Mitglieder der Gardunnia.

„Hört Ihr wohl? Hört Ihr? Sie kommen!“ rief die Gitana voll Entsetzen, indem sie aufsprang und Dolores mit sich fortzuziehen strebte.

Die Tochter des Gouverneurs stieß sie mit einer heftigen Bewegung und mit dem Ausdrucke der Verachtung zurück und rief: „Sei verflucht, daß Du mich belogen hast!“

Bei diesen Worten flüchtete die Chapa sich wieder in die Giralda, und Dolores, die vor Verzweiflung und Schrecken halb außer sich war, lief der Esplanade zu. Kaum hatte sie einige Schritte zurückgelegt, als vier Sbirren von den vier Ecken des Platzes auf sie zustürzten, sie ergriffen und sie auf ihre kräftigen Arme hoben, ohne daß sie den geringsten Widerstand leisten konnte, noch die Kraft hatte, nach Hilfe zu rufen.

Nachdem die Sbirren sich ihrer Beute bemächtigt hatten, schritten sie auf den Guadalquivir zu, wo Henriquez und Frazco ihrer an der Seite des Inquisitionswagens warteten. Dieser, besonders zu dergleichen nächtlichen Unternehmungen eingerichtete Wagen, war eine Art von Kutsche, deren vier mit dickem Leder belegte Räder kein Geräusch hervorbrachten, indem sie über das Pflaster rollten. Die Maulthiere, welche ihn zogen, trugen lederne Stiefel.

Bei dem letzten Signale der Chivatos waren Coco und die beiden Guapos aus ihrem Verstecke hervorgetreten, glitten an den Mauern der Kathedrale entlang und folgten der Spur der Entführer. Die Serena schlich ihnen leise nach. Die Chivatos, welche gleich Eidechsen auf Händen und Füßen krochen, waren während dessen vorausgeeilt und hatten sich dem Wagen zugewendet. Henriquez und Frazco warteten bei demselben, als sie aber die Sbirren kommen hörten, gingen sie ihnen entgegen. Die Chivatos benutzten als echte Spitzbuben diesen unüberlegten Schritt, um die Stränge der Maulthiere abzuschneiden, und sie fortzuführen, was dadurch erleichtert wurde, daß die Thiere, deshalb mit

Nachtstiefeln[1] versehen worden zu sein schienen, um leichter gestohlen werden zu können.

Das war eine Beute wie jede andere und als echte Kinder der Gardunnia hatten die Chivatos den Anfang damit gemacht, den Kutscher, der ihnen im Wege war, in den Fluß zu werfen.

Das Alles war in kürzerer Zeit geschehen, als wir brauchen, um es zu beschreiben.

„Da ist sie,“ sagte Henriquez zu Frazco, als sie die Sbirren erreichten, welche die ohnmächtige Dolores auf ihren Armen trugen.

„Es ist gut,“ entgegnete Frazco mit mürrischem Tone. „Schweig und laß uns eilen.“

„Oh, jetzt haben wir sie!“ entgegnete Henriquez triumphirend.

„Noch nicht,“ rief Manofina, indem er dem Familiar einen kräftigen Dolchstoß in den linken Arm versetzte.

Henriquez, der so überfallen war, taumelte in Folge des plötzlichen Schmerzes, den er empfand, aber er gewann seine Geistesgegenwart sogleich wieder und rief: „Zu Hilfe!“

Zwei der Sbirren überließen die Tochter des Gouverneurs ihren Kameraden und eilten zum Beistande des Familiars herbei. Frazco hatte darauf nicht gewartet, sondern war auf den ersten Schrei des Verwundeten auf Manofina

[1] Die Nachtstiefel waren eine Fußbekleidung von Büffelleder, in der Form von Pantoffeln, welche durch Schnallen und Schnüre an den Füßen der Maulthiere befestigt wurden, mit denen man die Wagen bespannte, welche zu den nächtlichen Verhaftungen von Seite der Inquisition benutzt wurden. Die Sohle dieser Nachtstiefel bestand in einer dichten Lage von Werg, zwischen zwei Lederkappen gelegt. So bekleidet, konnten die Maulthiere zwei Schritte von einem Menschen vorüberkommen, ohne daß man ihre Nähe ahnte. Diese Nachtstiefel welche dem infernalischen Genie des Inquisitors Deza ihre Entstehung verdanken, befanden sich noch in dem Inquisitionsarsenal in Malaga 1820, als die Thüren des heiligen Officiums erbrochen und die Gefangenen unter dem Geschrei: „Es lebe die Freiheit,“ erlöst wurden. Um eben diese Zeit bemächtigte sich der unglückliche General Torrijos, welcher feiger Weise einige Jahre danach auf Befehl Ferdinand VII. erschossen wurde, bei seiner Befreiung aus den Kerkern der Inquisition, in denen er seit 2 Jahren eingesperrt war, eines dieser Nachtstiefel. Zwei andere ergriff ein Engländer, Thomas Wilkings Esqu., der sie noch 1830 aufbewahrte, wo er sie allen seinen Freunden zeigte. Man sieht, daß dieses Tribunal, welches vorgab, der Vertheidiger eines Gottes des Friedens zu sein, seine Vorsichtsmaßregeln zu treffen wußte, daß die Ketzer ihm nicht entgingen. Eifriger kann man nicht sein.

zugesprungen; Henriquez seinerseits, der seine Feinde in der Dunkelheit nicht zu unterscheiden vermochte, hatte sich wüthend gegen Cuerpo de Hierro gewendet und mit demselben einen erbitterten Kampf begonnen.

Während dessen verfolgte Coco die beiden Sbirren, die bei dem Lärmen des Kampfes schnell dem Wagen zuflohen, aber nachdem sie Dolores hineingelegt hatten, machten sie sich so schnell als möglich davon, ohne den Ausgang des Kampfes abzuwarten.

Coco, der zwischen dem Verlangen schwankte, die Tochter des Gouverneurs zu bewachen und dem, seinen Brüdern zu Hilfe zu eilen, zögerte einige Augenblicke; bald indeß gewann sein kriegerischer Instinct den Sieg. Er wendete sich zu dem Orte des Kampfes und kam eben zur rechten Zeit, um Cuerpo de Hierro zu befreien, der ungeachtet seines Löwenmuthes und seiner Riesenkraft kaum den drei Gegnern, den beiden Sbirren und Henriquez, Stand zu halten vermochte. Der Letztere vertheidigte sich ungeachtet seiner Wunde wie ein Verzweifelter.

Die Ankunft des Alguazils änderte die Lage der Dinge. Die Diener der Inquisition suchten kämpfend die Brücke zu erreichen, wo der Wagen stand. Die Gardunnios ihrerseits verdoppelten ihre Anstrengungen, um sie dahin zu treiben, überzeugt, daß sie dort leichten Kauf mit ihnen haben würden. In der That hatten auch die beiden Sbirren die Brücke von Triana kaum betreten, als sie auch schon von den beiden Gardunnios tödtlich verwundet und in das Wasser geworfen worden waren. Henriquez, der durch den Blutverlust bereits erschöpft war, sank einige Schritte davon nieder. Cuerpo de Hierro kehrte zu ihm zurück, hielt ihn für todt, nahm ihm vom Boden auf und warf ihn über die Brüstung der Brücke in den Fluß.

Coco war zu dem Wagen zurückgekehrt, denn er glaubte, daß Manofina, der Frazco allein gegenüber stand, keine große Mühe haben würde, sich desselben zu entledigen. Er täuschte sich indeß. Frazco, der erkannte, daß er mit dem Guapo ein böses Spiel hatte, warf ihm eine jener seidenen Schlingen über den Hals, welche mit den neueren Laßos der Amerikaner die größte Aehnlichkeit haben.[1]

[1] Die Spanier, und besonders die Andalusier, besitzen eine wunderbare Geschicklichkeit in der Handhabung dieser mörderischen Waffe,

Dadurch war es um Manofina geschehen, dessen Muth und Gewandheit ihm jetzt nichts nützten. Erstickt durch die mörderische Schnur, schwanden ihm Athem und Kräfte. Der Dolch entsank seiner Hand, seine Augen traten roth und geschwollen hervor, eine Wolke verhüllte ihm den Blick und schon erhob Frazco die Hand, um ihn mit einem Dolchstoß abzuthun, als eine scharfe, feine Klinge ihm selbst in das Herz fuhr und ihn auf der Stelle todt zu Boden streckte.

Die Culevrina hatte ihn mit ihrer kleinen, andalusischen Klinge getroffen.

Das junge Mädchen beeilte sich, die Schnur zu durchschneiden, welche Manofina's Gurgel noch zusammenpreßte. Ungeachtet der grausamen Schmerzen war der Guapo auf den Beinen geblieben.

„Bravo, Culevrina," sagte er, indem er die Hand der Serena drückte, „Du bist ein braves, muthiges Mädchen und der Meister wird Dich belohnen."

„Nichts da! Von Dir allein verlange ich meinen Lohn!"

„Von mir?" sagte der Guapo überrascht. „Sprich, was willst Du? Bei der Jungfrau der Schmerzen schwöre ich, Dir zu gewähren, was Du verlangen wirst."

„Manofina," sagte sie, indem sie sich mit schmeichelndem Wesen und Ton an seinen Arm hing, „ich verlange von Dir die Begnadigung des Don Estevan von Vargas.

„Culevrina," sagte der Guapo mit betrübtem Tone, „Du verlangst da etwas Unmögliches. — Was kümmert Dich der Tod dieses jungen Cavaliers?" fügte er mit mißtrauischem Wesen hinzu.

„Man muß die nicht verdunkeln, welche sich lieben," erwiderte die Serena; „und die Tochter des Gouverneurs würde vor Schmerz sterben, wenn man ihr den Geliebten

welche el nudo escurridizo heißt. Die Familiaren des heiligen Officiums, besonders die Sbirren, ziehen nie zu einer Expedition aus, ohne in ihrer Tasche die laufende Schleife zu führen. Diese Seidenschnur dient ihnen nur selten dazu, einen Feind zu erwürgen, der Widerstand leistet. Wer hätte es gewagt, sich gegen die Inquisition aufzulehnen? El nudo escurridizo wurde besonders dazu verwendet, die Hunde zu erwürgen, die, indem sie bellten, Aufmerksamkeit erregen konnten und nach Bedürfniß auch, um das Geschrei der Gefangenen zu ersticken, bis man Zeit gewonnen hatte, ihnen einen Knebel in den Mund zu stecken. Man sieht, wie kalt und geschickt die Grausamkeit der Inquisition berechnet war.

raubte, wie ich diesen Abend gestorben sein würde, wenn Du getödtet worden wärest, mein Manofina!“

„Ich kann Dir das nicht versprechen,“ entgegnete der Guapo, zugleich gerührt und verlegen; denn er wollte das nicht verletzen, was er seine Pflicht nannte, und betrübte sich doch auch bei dem Gedanken, Der zu mißfallen, die er liebte.

Die Serena senkte den Kopf und weinte.

„Weine nicht so, alma mia,“ sagte der Guapo, indem er sie voll Zärtlichkeit an die Brust drückte, „wir wollen sehen, was sich thun läßt.“

Während dessen hatten Coco und Cuerpo de Hierro die noch immer ohnmächtige Dolores aus dem Wagen gehoben.

„Was fangen wir mit der Sennorita an?“ fragte Manofina, indem er sich Coco näherte.

„Folgt mir und gebt Acht!“ entgegnete der Alguazil.

Dann schritt Coco mit Cuerpo de Hierro voran, auf das Haus des Apostels zu, das am andern Ufer des Guadalquivir lag.

Manofina und die Serena folgten ihnen in einiger Entfernung entschlossen, sie gegen jeden neuen Angriff der Inquisition zu vertheidigen.

V.

Eine Orgie von Mönchen.

Der Palast des Groß-Inquisitors Peter Arbuez war ein ungeheures und prachtvolles maurisches Gebäude, welches ehedem von dem König von Sevilla bewohnt wurde. Nachdem man durch herrliche Gärten geschritten, bepflanzt mit den schönsten Blumen und den seltensten Bäumen, gelangte man zu einem einsam gelegenen Pavillon, der ehedem als Badesaal diente. Der wollüstige Arbuez hatte demselben eine ganz andere Bestimmung gegeben.

Dieser Pavillon, von dem Hauptgebäude weit entfernt und unter einer Masse von Gebüsch versteckt, war der gewöhnliche Ort der lustigen Zusammenkünfte des Groß-

Inquisitors mit seinen Günstlingen. Bischöfe und Mönche gaben sich hier ihren rohen Begierden hin, indem sie allen Zwang abwarfen und einander in Erfindungen überboten, welche jedem Laien Ehre gemacht haben würden. Sie legten hier die Verstellung und den Zwang ab, die sie sich in ihrem gewöhnlichen Leben auferlegen mußten.

Diese Menschen empfanden ein so wildes Verlangen heftiger Aufregungen, daß sie nur in dem Blute und in dem Scheiterhaufen Befriedigung ihres unersättlichen Gelüstes nach sinnlichen Genüssen fanden. Der böse Feind hatte sich in ihnen verkörpert, und sie schienen ganz vergessen zu haben, daß sie Diener Christi waren.

Es hatte Mitternacht geschlagen. In dem einsamen Pavillon stand ein üppig gedeckter Tisch in der Mitte eines großen eleganten Gemaches. Die Decke dieses Saales war mit feinen Arabesken geschmückt, dem werthvollen Werke maurischer Künstler. Auf den Wänden stellten köstliche Fresken, Früchte und Blumen aller Art dar, und ahmten die Natur so nach, daß sie eifersüchtig hätte werden können. Dazwischen befanden sich Felder, welche der künstlerische Geschmack der Inquisition mit wollüstigen Scenen der heidnischen Mythologie geschmückt hatte. Es hätte eines Heiligen bedurft, um bei dem Anblicke so üppiger Gemälde nicht aufgeregt zu werden.

Ein reiches Mosaik bildete den Fußboden des Saales und auf dem in der Mitte stehenden Tische zeigten sich die seltensten Früchte, die ausgesuchtesten Speisen in großen Gefäßen von Kristall und chinesischem Porzellan. Der Xeres, der Tintarrota, der süße Malagawein, der Bananensaft, der erst kürzlich von Amerika eingeführt war — alle diese glühenden Weine, erzeugt unter einem feurigen Himmelsstriche, machten in Strömen die Runde zwischen den Gästen, deren Vorsitz Seine Eminenz der Herr Groß-Inquisitor von Sevilla führte.

Eine thörichte Lustigkeit mit etwas mystischer Beimischung belebte alle die finstern und glühenden Gesichter; besonders die Augen des Peter Arbuez glänzten in einem ungewöhnlichen Feuer. Die Qualen der Begierde und der Ungewißheit mischten ihre Schärfe mit der leichten Trunkenheit des Groß-Inquisitors. Die Köpfe waren erhitzt, aber noch herrschte die Vernunft. Jeder blieb an seinem Platze und ein Anschein von Prüderie verschleierte das Gespräch.

Arbuez wurde dieses Zwanges zuerst überdrüssig.

„Wißt Ihr wohl, meine Väter," rief er mit etwas weintönender Stimme, „daß der Pförtner des Himmels (der Papst) beständig neue Schlüssel schmiedet, um die Zugänge des schönen Königreichs sicher zu bewahren und für uns die Freuden der Erde zu vermehren? Die Inquisition ist jetzt auch in Portugal[1] eingeführt, und bald wird es kein Winkelchen der Erde geben, in welchem wir nicht herrschen."

„Desto besser," sagte der Erzbischof von Toledo. „Die Inquisition ist eine Mühle, auf welcher das schlechte Korn, welches sie zermalmt, sich für uns in schöne spanische Dublonen verwandelt."

„Und die Dublonen in himmlische Freuden, in köstliche Feste," sagte ein Prior der Dominicaner mit aufgedunsenem Gesicht und flammenden Augen.

„So," entgegnete der Erzbischof, „daß es besser ist, Inquisitor zu sein, als Papst, und daß der Pförtner des Paradieses, der sich für unsern Herrn ausgibt, im Grunde weiter nichts ist, als der Haushofmeister unserer kleinen Lustbarkeiten.

„Und dann," sagte ein junger Mönch, schön wie ein junges Mädchen und Günstling des Peter Arbuez, „dann ist auch ein Papst so alt! Wozu nützen die Güter dieser Welt, wenn man ihrer nicht mehr genießen kann?"

„Es ist besser, Novize in einem Dominicanerkloster zu sein, nicht wahr Joseph?" sagte der Groß-Inquisitor, indem er mit seiner weißen Hand über den Kopf des jungen Novizen strich.

„Es ist besser, der demüthige Sclave Eurer Eminenz zu sein," entgegnete der junge Geistliche mit erheuchelter Demuth.

„Der Papst säet und wir ernten," rief lustig der Erzbischof von Toledo, „und während er mit seinen Cardinälen gähnt, pflücken wir auf den Feldern Cytherens all die schönen Liebesblüthen, die sich auf unserm Wege finden."

„Ich brauche mich nicht einmal zu bücken, um sie zu pflücken," sagte der Bischof von Malaga. „Die Subpriorin

[1] Der Verfasser macht sich hier eines freiwilligen Anachronismus schuldig. Die Inquisition wurde in Portugal erst 1551 oder 1552 durch den falschen Nuntius Juan Perez von Saavedra eingeführt, dessen ich in einer Anmerkung erwähnte.

des Klosters der unbeschuhten Carmeliterinnen übernimmt diese Mühe für mich; die Erstlinge der schönsten Blumen ihres Gartens werden mir dargebracht."

„Ich," sagte der Prior, „ich pflücke sie am liebsten selbst."

„Ich," meinte der Erzbischof von Toledo, „gebe mir gar keine Mühe. Gefällt mir ein Weib, so laß ich es kurzweg durch die Gesellschaft der Gardunnia für mich entführen."

„Das ist eine sehr nützliche Institution," sagte der Groß-Inquisitor, „und wir müssen sie mit allen unsern Kräften beschützen, Ihr Herren. Wenn die Brüderschaft der Gardunnia in Spanien nicht mehr existirte, müßten wir unsern Vergnügungen und unserer Rache Lebewohl sagen. Wir wären dann gezwungen, für uns zu handeln, und unser Interesse litte dadurch sehr stark."

„Pah!" rief ein anderer Inquisitor, „nichts wiegt die Familiare des heiligen Tribunals auf, wenn es nächtliche Entführungen und heimliche Ermordungen gilt. Ein Familiar ist verschwiegen wie der Tod und er kann Alles ungestraft thun, denn das Wort Inquisition ist der Bürge seiner Handlungen. Niemand wagt es, darüber zu murren."

„Die armen Leute!" sagte Peter Arbuez, indem er sich zu dem Ohre des Novizen neigte, dessen auffallende Blässe gegen die Lustigkeit der andern Gäste abstach, „die armen Leute! Die sind mehr durch ihre Eitelkeit berauscht, als durch den Wein, den ich an sie verschwende."

„Deshalb sind auch Eure Eminenz ihr aller Meister. Ihr versteht es, Eure Besonnenheit bei diesen Orgien zu bewahren und mit kaltem Blute Alles das zu thun, dessen sie sich in ihrer Trunkenheit rühmen."

Der Lärm der Stimmen übertönte dieses leise Gespräch.

„Henriquez kehrt nicht zurück," sagte der Inquisitor mit dem Tone der Besorgniß. „Hast Du ihn denn nicht an der Brücke von Triana getroffen, Joseph?"

„Nein," erwiderte der junge Mönch, „ich hielt es für klug, ihn allein handeln zu lassen; aber ihr dürft ruhig sein, gnädigster Herr, Henriquez ist getreu."

„Wovon sprecht ihr denn, Ihr Herren?" fragte Peter Arbuez, indem er sich an die Bischöfe von Malaga und von Toledo wendete.

Der Letztere entgegnete: „Wir sprachen von den hübschen Mädchen in Eurer Stadt Sevilla, und ich behauptete gegen den Bischof von Malaga, die schönste sei Donna Dolores Argoso, die Tochter des Guverneurs."

Arbuez machte eine Bewegung der Ueberraschung.

„O was das betrifft," sagte der Prior, „so ist das eine uneinnehmbare Citadelle. Ich habe sie zweimal Beichte gehört, und hielt sie im Verdacht, etwas von Ketzerei angesteckt zu sein."

„Eine schöne Ketzerin, sie brennen zu sehen," sagte der Bischof von Malaga.

„In dem Feuer der Liebe, wollt Ihr ohne Zweifel sagen," entgegnete der Erzbischof von Toledo. „Das wäre eine Eroberung, würdig Sr. Eminenz."

„Habt Ihr mir nichts Schwierigeres vorzuschlagen," fragte Peter Arbuez mit einem hochmüthigen Lächeln.

„Se. Eminenz weicht vor der Aufgabe zurück," sagte lachend der Prior der Dominicaner.

„Ich weiche nicht zurück," entgegnete der Groß-Inquisitor, indem er einen stolzen Blick über die Versammlung gleiten ließ. „Aber ich möchte in der That nicht so wenig thun, um Euch gefällig zu sein, meine Väter!"

„Wir begnügen uns schon damit!" riefen im Chor alle Gäste.

In diesem Augenblicke wurde ein schwerer seidener Vorhang im Hintergrunde des Saales zurückgezogen und ein Familiar näherte sich dem Großinquisitor. „Gnädigster Herr," sagte er, „Henriquez bittet, vor Eure Eminenz gelassen zu werden."

Ein Lächeln des Triumphes verklärte das Gesicht des Peter Arbuez. „Meine Herren," sagte er, „der Teufel dient Euch vortrefflich. Sie sollen die Tochter des Gouverneurs sehen." — Darauf wendete er sich zu dem Familiar und sagte: „Henriquez kann eintreten."

Der Familiar verschwand, und Aller Augen richteten sich auf die Eingangsthür.

„Ehrwürdiger Herr," fuhr Arbuez fort, indem er sich gegen den Erzbischof von Toledo wendete, „ich bitte Euch um hundert Tage des Ablasses für den guten Henriquez, der uns die Tochter des Gouverneurs zuführt. Er ist der beste Diener der heiligen Inquisition."

Als Arbuez diese Worte beendigte, wurde der seidene Vorhang auf's Neue zurückgezogen, und der gute Henriquez trat ein, blutend, bleich, von Wasser triefend, aber allein und kaum fähig sich auf den Füßen zu erhalten.

„Was heißt das?“ fragte der Inquisitor überrascht.

„Eure Eminenz,“ entgegnete der Familiar mit matter Stimme, „alle unsere Sbirren sind getödtet, die Tochter des Gouverneurs ist uns geraubt, und nur mit Mühe rettete ich mich schwimmend, um Euch Rechenschaft von meiner Sendung abzulegen.“

Alle Welt umringte hierauf Henriquez, welcher mit matter Stimme die Ereignisse des Abends erzählte. Während dieser Erzählung funkelten die Augen des Groß-Inquisitors vor Zorn.

„Ihr seid also Alle gleich feig gewesen?“ sagte er endlich mit einem entsetzlichen Hohn.

„Wir haben Alle gethan, was wir vermochten, um den Willen Eurer Eminenz auszuführen,“ entgegnete schüchtern Henriquez.

„Und Frazco?“ rief Peter Arbuez.

„Todt, gnädigster Herr; todt wie alle Andern,“ entgegnete der Familiar, welcher von der Flucht der beiden ersten Sbirren nichts wußte.

„Du bist ein Elender!“ schrie der Inquisitor mit wüthender Stimme. „Fort! Und daß Du Dich nicht mehr vor mir blicken läßt.“

Henriquez, der durch den Verlust des Blutes, durch sein improvisirtes Bad in dem Guadalquivir, durch die verschiedenen Aufregungen des Abends geschwächt war, vermochte diesem letzten Schlage nicht Widerstand zu leisten. Die Beine brachen ihm zusammen und er sank bewußtlos nieder.

Peter Arbuez klingelte; zwei Diener traten ein.

„Tragt diesen Menschen fort,“ gebot er mit gleichgiltiger Stimme. Dann wendete er sich zu den Gästen und sagte: „Zurück an die Tafel, Ihr Herren, und beschließen wir die Nacht, wie wir sie begonnen haben.“

Die Mönche und die Bischöfe nahmen ihre Plätze wieder ein, und der Wein kreiste von Neuem.

Peter Arbuez fühlte sein Herz von Wuth erfüllt, und er machte derselben durch tolle Lustigkeit, durch schneidende Worte Luft.

Joseph, sein Günstling, betrachtete ihn mit unwandelbarer Aufmerksamkeit. Der Novize war noch blässer als gewöhnlich, und sein schwarzes Auge funkelte in finsterem Spott.

„Joseph," sagte Arbuez, indem er sich zu dem Ohre seines Günstlings neigte, „das ist ein Abend, der dem Gouverneur von Sevilla theuer zu stehen kommen wird."

Ein Gedanke voll wilder Freude glitt über die Stirn des Novizen, aber dieser Ausdruck entging dem Inquisitor.

Die Orgie währte bis zum Morgen.[1]

VI.

Das Haus des Ketzers.

Die Wohnung des Apostels war eine einsam gelegene Clause in der Mitte eines ländlichen Gartens, der von den Wellen des Guadalquivir bespült wurde. Der Apostel war einer jener Predigermönche, welche frei den Regeln des Ordens folgten, dem sie sich zugesellt hatten, die aber keiner religiösen Körperschaft angehörten.

Dieser Geistliche war eben der, welchen wir bereits in der Taverne der Chapa sahen.

Er hatte die bescheidene Zurückgezogenheit gewählt, in welcher er sich von seinen apostolischen Arbeiten erholte, und welche durch ihre Entfernung von der Stadt und ihre Lage an dem Flusse schon oft zum Zufluchtsorte für die Opfer der Inquisition diente.

[1] Diese Scene einer Orgie, welche der Verfasser beschreibt, wird Einigen unserer Leser vielleicht übertrieben und böswillig erscheinen; gleichwohl fanden ähnliche Auftritte häufig bei den Großwürdenträgern der Kirche in Spanien statt. Man liest bei dem berühmten Historiker Mariana, daß, während der Haushofmeister König Heinrichs III. gezwungen war, den Mantel seines Gebieters zu versetzen, um Etwas zu dem Mittagsessen zu kaufen, die Herren des Hofes sich bei dem Erzbischofe von Toledo, der in Burgos residirte, allen Ausschweifungen der Tafel in Gesellschaft mit mehreren Bischöfen und anderen hohen Prälaten Castiliens überließen.

Es war am Tage nach dem, an welchem die bisher erzählten Ereignisse stattfanden.

Dolores befand sich allein in dem Zimmer, das ihr zum Asyl diente. Die Nacht begann zu dunkeln und hüllte in ihren Schleier die Gegenstände rings umher, den Fluß in ein schwarzes, flimmerndes Band verwandelnd. Ungeachtet des scharfen Windes, der draußen wehte, öffnete Dolores ihr Fenster, strich sich mit der weißen Hand die langen Haare aus dem Gesicht und bot ihre brennende Stirn dem eisigen Hauche der Luft dar.

Eine finstere Verzweiflung hatte sich ihrer Seele bemächtigt; ihre Augen waren von Thränen geschwollen und bläuliche Adern durchfurchten ihr marmorweißes Gesicht.

Vergebens hatte sie bei dem tiefen Schmerze, der sie verzehrte, Trost in dem Gebete gesucht; der Engel, der den glühenden Ausdruck unserer Seele zu den Füßen Gottes trägt, und uns dafür die trostreichen Thränen zurückbringt, regte vergebens seine Fittige über der Stirn der armen Dolores. Die tödtliche Wunde ihrer Seele war dadurch nicht erleichtert worden. Das junge Mädchen mit dem kräftigen Herzen, mit dem scharfen Verstande, mit den reinen moralischen Grundsätzen des Evangeliums, welches bisher in dem Priester mehr als einen Menschen erblickte, vermochte nicht ohne den tiefsten Abscheu den Abgrund der Ueppigkeit und Heuchelei zu erkennen, in welchen sich im Namen Christi Die stürzten, die sich für dessen Diener ausgaben. Der Zweifel, diese beinahe unheilbare Wunde, streifte die Seele des Mädchens und erfüllte ihr Herz mit dem tödtlichen Gifte, dessen Berührung verbrennt und vernichtet.

„Wie," sagte sie mit unendlicher Bitterkeit, „das sind also die Diener des Herrn! Das sind die Vertreter des göttlichen Willens! Ach, wenn Jesus ehedem die Verkäufer aus dem Tempel jagte, würde er dann nicht jetzt auch die Inquisitoren vertreiben? Würde er die Flamme der Scheiterhaufen, die sie anzünden, nicht zu ihrer eigenen Vernichtung wenden?

Ein glühender, heiliger Zorn grollte in dem Herzen des jungen Mädchens, und indem sie ihr er Ohnmacht gegenüber der fürchterlichen Gewalt der Inquisition gedachte, fragte sie sich voll Entsetzen, ob Gott sich auch um seine Geschöpfe kümmere. Schon hatten Zweifel sich ihrer bemächtigt, und von diesen bis zum Unglauben ist nur noch ein Schritt.

„Jesus! Jesus!“ rief die arme Verzweifelnde, „Du, der Du nur lieben und segnen konntest, weshalb duldest Du die Verbrechen dieser Henker?“

„Um die Guten zu läutern,“ sagte neben ihr eine sanfte, ernste Stimme.

Indem Dolores nach der Richtung blickte, aus welcher diese Stimme ertönte, glaubte sie das Gesicht Christi selbst zu erblicken, eine so erhabene Milde ruhte auf dem Haupte, das wie von einem Heiligenscheine umgeben zu sein schien. Es war das des Apostels.

„O mein Vater,“ rief das junge Mädchen, indem es vor ihm auf die Knie sank, „mein Vater, stütze mich, denn ich wanke, und meine entsetzte Seele kann nur noch an das Böse glauben. Hat nicht der böse Feind sich dieser Welt bemächtigt, um den wahren Gott daraus zu vertreiben?

„Kind,“ sagte der Apostel, indem er seine Hand auf die brennende Stirne des jungen Mädchens legte, „seit wann kann die Kraft durch die Schwäche niedergedrückt werden? Ist nicht das Böse schwach und das Gute stark?“

„Nein!“ entgegnete sie mit aufgeregter Stimme; „das Böse ist stark, denn es sind die Bösen, welche die Guten unterdrücken und sie leiden machen.“

„Auch Christus hat gelitten und dennoch war er stark, denn er war Gott! Bist Du denn eine Christin, daß Du Christus verleugnest?“

„O mein Vater, verzeiht,“ rief das junge Mädchen. „Ich besitze nicht die Kraft der Märtyrer, und das Glück scheint mir ein Recht der Menschen zu sein.“

„Das Glück! Hier ist es!“ sagte der Apostel und legte die Hand auf sein Herz.

„Nein!“ rief das junge Mädchen voll Verzweiflung, „denn selbst dieses Asyl ist für die Inquisitoren nicht unverletzlich.“

„Können sie seine Schläge unterdrücken oder beschleunigen?“ entgegnete der Apostel. „Können sie daraus ein geliebtes Bild oder den Glauben Deiner Väter vertreiben? Fühlst Du nicht in Dir diese übermenschliche Kraft der Seele, welche Dir sagt: Vorwärts! Fürchte nichts; liebe und glaube! Man kann den Körper zerbrechen; aber was in uns lebt, ist unvergänglich; es stirbt so wenig, wie der göttliche Hauch!“

„O Dank, Dank!“ sagte Dolores, indem sie die Hände des Mannes Gottes küßte und sie mit ihren Thränen bedeckte, „Dank Euch, der Ihr tröstet und der Ihr Gott gleicht.“

Der Apostel machte seine Hände aus ihrem Drucke los; seine Demuth konnte ein solches Zeichen der Unterwürfigkeit, beinahe der Anbetung, nicht annehmen, obgleich die andern Mönche Spaniens es nicht als eine Huldigung, sondern als einen Zoll empfingen.

„Ach,“ fuhr Dolores, welche seine Gedanken errieth, fort, „Ihr seid demüthig und stark und Ihr glaubet; ich muß also auch glauben, ich, das schwache, verfolgte Weib.“

„Ja, Du mußt glauben, meine Tochter, und dulden ohne zu murren, denn Du bist eine auserwählte Seele. Waffne Dich daher mit Kraft und Beständigkeit, mein Kind, und wenn Gott Dir noch andere Prüfungen sendet, so sage gleich jenem großen Opfer, das für seine Lehre starb: „Dein Wille geschehe und nicht der meinige.“

„Ach, wer seid Ihr,“ fragte das junge Mädchen, „wer seid Ihr, mein Vater, daß Ihr meinem Herzen Hoffnung und Kraft zurückgebt? Saget mir Euren Namen, damit ich ihn in meinen Gebeten wiederholen kann.“

„Ich bin eind,emüthiger Diener Gottes,“ erwiderte der Apostel, „und heiße Johann. Wenn Du Dich schwach werden fühlst, Mädchen, rufe den Namen Christi an und nicht den meinigen, denn er allein verleihet Kraft und Trost. Doch es wird spät,“ fuhr er fort; „es ist die Stunde der Rückkehr zu Deinem Vater. Komm, ich werde Dein Führer sein, und wenn Du je wieder leidest, wenn Du der Hilfe bedarfst, so erinnere Dich dieser bescheidenen Wohnung; sie ist stets Denen geöffnet, welche weinen.“

Dolores erhob einen glühenden und ergebungsvollen Blick gegen den Himmel und sagte: „Ich folge Euch, mein Vater.“

Zum letzten Male das gesegnete Dach betrachtend, welches ihr Schutz gewährt hatte, hüllte sie sich in ihre Chapa und ging an der Seite des Mönches. Lange sprachen sie kein Wort miteinander. Unbestimmte Besorgnisse bewegten die Seele des jungen Mädchens. Ihre bisher so reine und ruhige Stirn furchte sich unter der Macht des Sturmes, der ihr den Kranz ihres Glückes entrissen hatte.

Die Weiber, welche die kräftigste Seele und die festesten Grundsätze besitzen, haben im Herzen stets eine schwache Seite. Die Kraft zu leiden, die in ihnen liegt, macht zuweilen alle Gründe der Vernunft und der Philosophie ohnmächtig. Sie vermögen es nicht gleich dem Manne, den Ereignissen Trotz zu bieten. Ihre enthusiastische, aber lebhafte Natur, welche sie in einzelnen Augenblicken so stark macht, versagt ihnen den energischen Muth, der mit Geduld leidet und der einen fortwährenden Druck zurückzuweisen vermag. Sie werden aufgeregt, exaltirt und in der Bitterkeit ihrer Leiden kann nur Eines sie beruhigen: die Thränen, nur Eines sie trösten: die Liebe.

Durch die trostreichen Worte des Apostels zu milderen Gefühlen zurückgeführt, vergoß die Tochter des Gouverneurs reichliche Thränen und ihre Liebe für Estevan erwachte durch die Größe ihres Schmerzes nur um so lebhafter. Seinetwegen besorgt, schritt sie schnell dahin, voll Ungeduld, zu ihrem Vater zu gelangen, der vielleicht ihren Verlobten gesehen hatte. Aber beständig durch die Furcht vor der Inquisition verfolgt, träumte sie davon, mit Estevan und ihrem Vater in ein fernes Land zu entfliehen, nach jenem Deutschland, wo Toleranz und Freiheit schon herrschten, und wo sie ohne Furcht den Neigungen ihres Herzens und ihres Gewissens leben konnten. Dann warf sie einen schmerzlichen Blick rings umher; sie bewunderte den so schönen, so reinen Himmel Spaniens, und unwillkürlich erbebte sie bei dem Gedanken, ihn zu fliehen. Sie erschrak bei dem Gedanken an einen finstern Himmel, einen mit Schnee bedeckten Boden.

Der Apostel überließ sie ungestört ihren schmerzhaften Träumereien. So näherte man sich dem Hause des Gouverneurs. Das junge Mädchen stieß einen Freudenschrei aus, als sie die Straße erkannte, in welcher sein Palast stand. Sie verdoppelte ihre Schritte, und indem sie den Mönch mit sich fortzog, rief sie: „O mein Vater, ich werde ihn wiedersehen!“

Sie wagte es nicht, den Namen Estevan auszusprechen, sondern schritt stumm weiter.

Aber weshalb brannte die Laterne nicht, wie alle Abende vor dem Thore des Palastes? Die für gewöhnlich offene Thür desselben widerstand ihren Anstrengungen, sie zu öffnen.

Sie klopfte. — Niemand antwortete! Sie rief die treuesten Diener ihres Hauses bei Namen. — Niemand hörte sie.

Ein düsteres, furchterregendes Schweigen herrschte in dem Hause. Es schien, als sei es durch eine furchtbare Epidemie ausgestorben.

Dolores war außer sich; sie erbebte in wachsendem Entsetzen und schlug mit ihren Fäusten an die fühllose Thür, deren eiserne Nägel ihre zarte Haut verletzten.

„Mein Vater! Mein Vater!“ rief sie mit verzweiflungsvoller Stimme; doch nichts antwortete ihrem Rufe!

Der Apostel hatte die Wahrheite rrathen; er näherte sich dem jungen Mädchen, um ihr Trost zu gewähren, denn er fühlte, daß sie dessen bedürfen würde.

Dolores blickte verwirrt umher. Bei dem Lärmen, welchen sie machte, hatten einige benachbarte Thüren sich geöffnet.

„Mein Vater! Was ist aus meinem Vater geworden?“ rief das unglückliche Kind; doch Niemand antwortete ihr.

„Es ist die Tochter des Gouverneurs, welcher diesen Morgen auf Befehl des Groß-Inquisitors verhaftet wurde,“ flüsterten einige Stimmen und schnell schlossen sich die Thüren wieder, denn man fürchtete die Berührung des jungen Mädchens, als sei es von der Pest ergriffen.

Dolores aber hatte das Wort „Inquisitor“ verstanden, und es hatte ihr ein entsetzliches Licht gegeben. Ihr Vater befand sich in den Kerkern der Inquisition, und da das abscheuliche Tribunal den Unglücklichen, die es angeklagt, nichts läßt, war das Haus des Gouverneurs geschlossen, seine Güter eingezogen. Es blieb dem unglücklichen Mädchen nur noch das Almosen — das Almosen, welches man vielleicht der Tochter eines Ketzers verweigern würde.

Dolores weinte nicht mehr; keine Klage kam aus ihrem Munde. Ihre Augen waren trocken und brennend geworden; ein bitteres Lächeln verzog ihre entfärbten Lippen. Sie näherte sich dem Mönche, ergriff mit krampfhafter Hand den Aermel seines Gewandes, als wollte sie sich an ihn hängen, an ihre letzte Zuflucht, und sagte dann mit dumpfem Tone: „Mein Vater, hier ist mein Oelberg; bitte zu Gott, daß er sich meiner erbarme.“

Der Apostel hatte einen minder ergebungsvollen Schmerz erwartet. Ungeachtet seiner Kenntniß des menschlichen Herzens erkannte er nicht, daß ein fürchterlicher und unerwarteter Schlag die Seele betäubt, so daß ihr nur noch die Kraft zu dulden bleibt. Getroffen in dem, was ihr das Theuerste war, getroffen durch die Inquisition, diese Quälerin, unerbittlicher wie die Hölle, niedergeschlagen durch den furchtbaren Gedanken, daß es für sie keine Hoffnung mehr gebe, besaß Dolores nicht die Kraft, sich zu beklagen. Sie konnte nur gleich Jesus sagen: „Mein Gott, wende diesen Kelch von meinen Lippen."

Der Apostel sprach nicht; in diesem entsetzlichen Augenblicke würde jedes Wort ohnmächtig gewesen sein. Er nahm sanft ihren Arm, zog ihn unter den seinigen und führte sie mit sich fort, wie ein schüchternes Kind, den Rückweg zu seiner Wohnung einschlagend. Das junge Mädchen wendete sich nicht einmal zurück, um einen letzten Blick auf ihren Palast zu werfen. Sie ließ den Kopf auf die Brust sinken und folgte ihrem mitleidigen Führer, ohne ein Wort zu sagen.

Kaum hatten sie einige Schritte in der Straße gethan, als sie in der Dunkelheit gegen einen Mann anstießen, der sich mit dem Degen in der Faust gegen einen Andern in wüthendem Kampfe vertheidigte.

Die Tochter des Gouverneurs erkannte diesen Mann, und durch seinen Anblick ihrer Lethargie entrissen, rief sie mit einem klagenden Schrei: „Estevan!"

„Dolores!" tönte sein Ruf zu gleicher Zeit, so unwiderstehlich ist die Anziehungskraft, der unsichtbare magnetische Strom, der zwei Seelen mit einander verbindet.

Dolores zog Estevan mit sich fort.

Der Kampf endete einen Augenblick; ein junges Weib, welches am Arme des andern Kämpfenden hing, der die grobe Tracht der Kinder der Gardunnia trug, schien durch seine glühenden Bitten eine Gnade zu erflehen, die jener nicht gewähren wollte.

„Ich kann es nicht, sage ich Dir!" rief plötzlich der Mann mit kräftiger, doch halb unterdrückter Stimme; „ich kann es nicht, Culevrina; ich habe versprochen, ihn zu tödten, und er muß sterben."

Indem der Mensch diese Worte sprach, befand sich der Apostel, der hastig näher getreten war, dicht neben der eigenthümlichen Gruppe. Das junge Weib erkannte ihn. Ohne den Arm des Mannes, den sie kräftig umfaßt hatte, loszulassen, sank sie zu den Füßen des Apostels nieder und sagte: „O mein Vater, verhindert Manofina, diesen jungen Mann zu tödten! Haben wir nicht schon Mordthaten genug gehabt?„

„Der Apostel!“ sagte der Bravo, der ihn jetzt auch erkannte, und er senkte demüthig den Kopf vor dem Manne Gottes.

„Manofina,“ sagte der Mönch, welcher alle diese Leute bei ihrem Namen kannte. „Manofina, wer hat Dir denn den Auftrag zu diesem Mord gegeben?“

„Die Gesellschaft der Gardunnia, mein Vater, der ich mit Leib und Seele angehöre. Es ist mein Amt, zu taufen und zu verdunkeln, wie es das Eurige ist, Beichte zu hören und zu predigen. Laßt mich daher mein Geschäft verrichten und nicht das Geld entführen, welches man mir dafür zahlt.“

„Manofina,“ sagte der Mönch, „glaubst Du an Jesum Christum?“

Der Bravo senkte bei diesem geheiligten Namen den Kopf.

„Ohne Zweifel, mein ehrwürdiger Vater,“ sagte er. „Ich bin ein guter Katholik, und deshalb will ich gewissenhaft meinen Auftrag erfüllen. Vor allen Dingen muß man Wort halten: ich versprach zu tödten, und ich muß tödten.“

„Wer mit dem Schwerte trifft, wird durch das Schwer umkommen!“ fuhr der Apostel fort. — „Manofina, wahrlich ich sage Dir, das Geschäft, welches Du treibst, ist ein Geschäft des Blutes, und Jesus hegt Abscheu vor dem Blute, mein Sohn.“

„Und wenn ich auf dieses Geschäft verzichtete, mein Vater, dann würde die Inquisition, der ich nicht mehr dienen wollte, mich wie einen Ketzer verbrennen lassen, oder mich zwingen, aus Spanien fortzuziehen, wie sie alle die armen Mauresken zwingt, die jetzt Sevilla zu Tausenden verlassen. Was sollte dann aus diesem Weibe werden, das mein ist, und für das ich sorgen muß?“

„Das käme darauf an!“ rief die Serena, gerührt durch die sanften Worte des Apostels. „Es ist besser zu sterben, als so zu leben.“

„Aber meine Brüderschaft,“ sagte der Bravo, „kann ich sie so verlassen, ich?“

„Nein,“ sagte der Mönch, welcher zu sehr Philosoph war, um zu glauben, daß dieser rohe Mensch seine Gewohnheiten eines ganzen Lebens, so in einem einzigen Augenblicke aufgeben würde. „Nein, Du wirst die Brüderschaft der Gardunnia nicht verlassen; aber da eine gute Handlung mehrere Verbrechen sühnt, so wirst Du künftig nur dazu wirken, die Opfer der Inquisition zu retten.“

„Aber ich würde dann betrügen,“ sagte der Bravo, ergriffen von seiner sonderbaren Rechtschaffenheit, von seiner ritterlichen Treue gegen die Statuten seines Ordens.

„Die Absicht thut Alles,“ entgegnete der Mönch. „Würdest Du nicht die Absicht haben, Gutes zu thun? Thätest Du nicht wirklich Gutes?“

Nur mit Widerstreben sprach der Apostel, der treue Vertheidiger des Evangeliums, diese Spitzfindigkeiten aus; waren sie aber jemals erlaubt, so war dies in diesem Augenblicke der Fall, wo der Mann Gottes alle seine Ueberredungskraft sammelte, um durch seinen Einfluß auf einen einzigen Menschen zahllose Uebel abzuhalten.

Der Bravo hörte ihn voll Ehrerbietung an, doch noch hegte er einen Zweifel.

„Und Ihr, mein Vater,“ sagte er endlich, „würdet Ihr mich für alle meine Treulosigkeiten gegen meine Brüderschaft absolviren? Um diesen Preis würde ich Alles thun, was Ihr von mir verlangt, denn Ihr allein wäret verantwortlich für das Heil meiner Seele, und besser kann sie nicht aufgehoben sein, als in Euren Händen.“

„Ich würde Dich segnen, so oft Du ein Opfer rettetest, und ich spreche Dich schon jetzt frei wegen aller Mordthaten, die Du nicht vollbringst. Ziehe hin in Frieden, mein Sohn, und Gott geleite Dich.“

Der Bravo sank an der Seite der Serena dem Apostel zu Füßen und ihre Köpfe neigten sich vereint unter seine beiden Hände, die sich segnend auf sie legten.

„Er hat uns verbunden,“ sagte leise die Serena, indem sie wieder aufstand.

Und die Zigeunerin, aufgewachsen wie der Vogel des Waldes, ohne andern Führer, als die Instincte ihrer wilden Natur, erbebte in einer keuschen, religiösen Aufregung; sie hatte den Himmel in der Liebe erblickt, die Weihe des reinsten Gefühles der Seele empfangen.

Einige Schritte von ihnen entfernt mischten Estevan und die Tochter des Gouverneurs ihren Schmerz und ihre Thränen. Die Freude, sich wiedergefunden zu haben, hatte ihrer Verzweiflung wenigstens jene Milderung gebracht, daß sie nicht mehr ihr Inneres verzehrte, sondern sich nach außen Luft machte. Die Hoffnung, eine traurige, flüchtige und ferne Hoffnung, aber doch immer die Hoffnung, welche die Liebe nie verläßt, lächelte aus dem finstern Himmel auf sie herab.

„Sieh," sagte die Serena, deren weiblicher Instinct Alles errathen hatte, „sieh Manofina, wie unglücklich wir sein würden, wenn die arme Sennorita, statt ihren schönen Verlobten wiederzufinden, hier über seine Leiche gestrauchelt wäre."

„Culevrina," sagte der Guapo, „mir ist, als hätte die Stimme des Apostels mir ein zweites Leben verliehen und als wäre ich nicht mehr derselbe Mensch, wie diesen Morgen. Jesus, wie viele Menschen muß ich retten, um all das Blut zu verwischen, das ich vergossen habe! Ich sehe wohl, daß ich die Gesellschaft der Gardunnia verlassen muß!"

„Der Apostel hat gesagt, daß eine gute Handlung mehrere Verbrechen sühnt," entgegnete die Serena. „Sei also ruhig und kümmere Dich um das Uebrige nicht. Seine Ehrwürden haben die Sorge für Deine Seele übernommen, und wenn wir die Gardunnia verlassen, wird der gute Gott, der die Thiere nährt, wohl auch zwei arme, christliche Geschöpfe nähren."

Der Guapo und seine Gefährtin entfernten sich.

Estevan und Dolores hatten Alles vergessen, um mit einander zu weinen.

„Kommt, meine Kinder," sagte der Apostel. „Wir werden morgen einen Zufluchtsort für meine Tochter Dolores wählen."

„Mein Vater," sagte Estevan, „ich glaube, wir müssen darauf denken, das unglückliche Spanien zu fliehen, welches seine reinsten Kinder verschlingt."

„Fliehen, wenn mein Vater gefangen ist!“ rief Dolores. „Estevan, habt Ihr daran denken können?“

„Aber Ihr stürzt Euch fruchtlos in das Verderben,“ sagte der junge Mann. „Ihr flieht allein, Dolores; Ihr erwartet mich außerhalb Spaniens, während ich meinen Einfluß und mein Vermögen daransetze, um Euren Vater zu retten.“

„Die Lebenden retten!“ sagte der Mönch mit leiser Stimme, „während die Inquisition nicht einmal die Asche der Todten verschont!“

„Schweigt, mein Vater!“ sagte Estevan, welcher ihn gehört hatte; „rauben wir dem unglücklichen Kinde nicht jede Hoffnung.“

„Ich verlasse Spanien nur mit meinem Vater!“ sagte die Tochter des Gouverneurs entschlossen.

„Armes Kind!“ dachte der Apostel gerührt. „Auch Du hast eine jener Seelen der Selbstverleugnung, welche stets zu dem Calvarischen Berge führen. Meine Tochter,“ sagte er darauf, „morgen bringe ich Dich nach dem Kloster der Carmeliterinnen.“

„Estevan,“ flüsterte leise das junge Mädchen, „seht Euch vor! Die Inquisition hat ihre Augen auf Euch gerichtet.“

Man war zu dem Hause des Apostels gelangt. Dolores trat hinein. Estevan aber blieb stehen, da er die Schwelle nicht zu betreten wagte.

„Kommt Beide zu mir, meine Kinder,“ sagte der Franziscaner. „Wir wollen die Nacht in Gebeten mit einander zubringen. Kommt, denn morgen müßt Ihr Euch trennen.“

Estevan folgte schweigend. Die Thür schloß sich hinter ihm.

VII.

Estevan von Vargas.

Etwa 11 Jahre vor der Zeit, zu welcher sich alle diese Dinge zutrugen, war die Ernennung des Cardinals Alphons Manriquez, Erzbischofs von Sevilla, zu dem hohen Posten eines General-Inquisitors von Castilien erfolgt. Schon seit langer Zeit, unter der Herrschaft seiner Vorgänger, hatte der Haß der Spanier gegen das heilige Officium sich durch mehrere kühne Verschwörungen, fortwährende Aufstände und heftige und laut geäußerte Klagen Luft gemacht. Diese Klagen wurden bis vor das Tribunal der Päpste gebracht, deren feile Gerechtigkeit, unterstützt durch die egoistische Schwäche der Könige, bei dem Elende Spaniens taub blieb.

Die Inquisition bedeckte das Land ungestraft mit Scheiterhaufen, entvölkerte die Städte, raubte dem flachen Lande die Arme, die es bestellten, und machte aus einem reichen, ritterlichen, die Künste, die Freiheit und den Ruhm liebenden Lande, eine gewaltige Katakombe, in welcher der Anblick der Todten die Lebenden erschreckte, eine schmachvolle Arena, in welcher man fiel, ohne zu kämpfen, und in welcher die beschimpfenden Hände des Henkers die reinsten Stirnen besudelte, sobald der abscheuliche Despot, der eine Krone von Flammen und einen eisernen Scepter trug, dazu das Zeichen gab.

Aber während die feige Politik der Könige so das schöne Reich decimiren ließ, erhoben sich edle Spanier, das Herz von Muth erfüllt, und glühend in der Liebe zur Freiheit, laut und auf Gefahr ihres Lebens, gegen die Ungerechtigkeit des Inquisitionstribunals.[1]

[1] Man glaubt allgemein, daß Spanien geduldig und feig das Joch des Despotismus und der Inquisition ertragen habe, doch das ist ein Irrthum. Die Spanier hörten nie auf, für ihre politische und religiöse Freiheit zu kämpfen. Seit dem Anfange des 15. Jahrhunderts haben die Communes und die Cortes stets mit Entschlossenheit gegen den heuchlerischen oder einfältigen Despotismus der Könige und gegen den unersättlichen Geiz der Mönche und Rom's protestirt. Padilla, Polier, der große Justiciar von Arra-

Unter diesen heldenmüthigen Vertheidigern der Rechte der Menschheit befanden sich edle Castilianer, gelehrte und heilige Bischöfe und selbst Mitglieder des Rathes von Castilien. Spanien befand sich damals in einem Zustande permanenter Insurrection; aber dieser edle Kreuzzug gegen die Inquisition wurde durch die Könige nicht unterstützt, konnte auch durch das unter dem Joche des Fanatismus gebeugte Volk nicht wesentlich vertheidigt werden und blieb daher ohnmächtig, die gierige Hydra zu zerstören. Alles beschränkte sich auf ungenügende Maßregeln und auf unbedeutende Bestrafungen, die mit großer Mühe gegen einige allzu kecke Inquisitoren erlangt wurden. So hatte 20 Jahre zuvor Philipp I. den Groß-Inquisitor Deza und dessen Freund, den Inquisitor von Cordova, Bucero, ihrer Functionen entsetzt, da deren abscheuliche Grausamkeit beinahe alle Angeklagten für schuldig erklärte.[1]

gonien und tausend andere muthige Vertheidiger der Rechte der Menschheit, haben mit ihrem Blute die Anstrengungen bezahlt, die sie machten, um Spanien von dem königlichen Despotismus zu befreien. Johanna Bohorques, Marie von Burgund, mit dem Beinamen Mutter der Armen, Rodriquez von Valero, und viele andere Christen nach dem Willen Jesu Christi, sind die Märtyrer gewesen, deren Blut die Religion des Evangeliums befeuchtete und die stolzen Henker, welche sich die Priester eines Gottes des Friedens zu nennen wagten, auf der Stirn mit dem Brandmahl der Nichtswürdigkeit zeichneten.

Man sage nicht, daß alle Die, welche von der Inquisition verfolgt wurden, Ketzer waren. Johann von Avila, der h. Johannes von Gott, die heil. Therese, der heil. Johann vom Kreuze, Bruder Luis von Leon, Bruder Luis von Granada, Mariana, d. h. Menschen, welche Rom selbst für heilig zu erklären sich gezwungen sah, und deren Talent ganz Europa mit ihrem Rufe erfüllte, haben ebenfalls die Verfolgungen dieses abscheulichen Tribunals zu erdulden gehabt, das man die Vorhalle der Hölle hätte nennen können, und kämpften beständig mit ihrem beredten Worte gegen die ungerechte Macht, welche allen Gesetzen Gottes und der Menschen widerstritt. (Protokolle der Inquisition und allgemeine Geschichte Spaniens, von Mariana).

[1] Wenn Eines der Opfer der Inquisition Alles, was man verlangte, gestand und sich allen Büßungen und allen Demüthigungen unterwarf, die man von ihm forderte, war das Tribunal wohl gezwungen, es zu entlassen und sich mit einer großen Strafsumme zu begnügen, wie die Gesetze der Inquisition selbst es nannten. Das vernichtende und habgierige Genie Deza's und Bucero's machte das Mittel ausfindig, sich nicht mit so wenig zu begnügen, indem es Die, welche ihnen so entgingen, beschuldigte, ihr Geständniß

Unter den vornehmen Spaniern, welche der Inquisition feindlich gesinnt waren, hatte der junge Estevan von Vargas sich durch die scharfen Aeußerungen seines Unwillens bemerkbar gemacht. Er stammte von einer jener berühmten maurischen Familien ab, welche schon vor der Eroberung von Granada freiwillig den christlichen Glauben angenommen hatten.[1]

Jung, feurig, leidenschaftlich, besaß Estevan jene männliche und poetische Schönheit, welche noch mehr die Kraft des Geistes, als die des Körpers verrieth. Sein Gesicht war leicht gebräunt, und ließ das Netz der feinen Adern durchschimmern. Sein schwarzes Auge, für gewöhnlich sanft und milde, funkelte bei der geringsten Erregung der Seele. Er hatte jenen hohen, schlanken und anmuthigen Wuchs, der zu dem Erbtheile der schönen, maurischen Stämme gehörte, und seine weiße Stirn bekränzte mit schwarzem üppigen Haar den schönen Kopf, der dazu bestimmt zu sein schien, eine goldene Krone oder einen Lorbeerkranz zu tragen. Estevan war durchdrungen von dem Evangelium. Ohne irgend einer besonderen Secte anzugehören, regelte er sein Leben nach der reinen Moral Christi. Seine Philosophie

ohne Aufrichtigkeit abgelegt zu haben und sie deshalb für falsche Büßer erklärte. Die falschen Büßer wurden verbrannt oder zu ewiger Gefangenschaft verurtheilt und alle ihre Güter confiscirt. (Geschichte der Inquisition, Regierungszeit Deza's.)

[2] Einige Zeit vor der Eroberung Granada's durch Ferdinand von Arragonien und Isabella von Castilien, d. h. gegen das Jahr der Gnade 1493, verließen eine große Anzahl Ritter, von den Stämmen der Abencerragen, Gomolen und Gazuls, außer sich gebracht durch die Grausamkeit Mulei Hassan's und die Schwäche Boabdil's, die maurische Stadt, suchten die katholischen Herrscher auf und nahmen die christliche Religion an. Die katholischen Könige sicherten durch besondere Gesetze diesen Rittern große Privilegien und gewährten ihnen große Gunstbezeigungen. Die neuen Christen leisteten dafür der Krone Castiliens außerordentliche Dienste, indem sie tapfer für die Sache Spaniens und für die des Katholicismus kämpften, den sie mit voller Aufrichtigkeit angenommen hatten. (Geschichte der Bürgerkriege in Granada, von Gines de Hita.) Unter Deza und nach ihm wurden die Nachkömmlinge dieser Ritter, d. h. die Blüthe der andalusischen Ritterschaft, durch den Spitznamen marranos (Schweine) bezeichnet und als Ketzer und Rebellen verfolgt. — Einige Worte werden diese Verfolgung erklären: Die Nachkömmlinge der maurischen Ritter, welche zu den Zeiten der katholischen Könige bekehrt wurden, waren sämmtlich sehr reich und die Inquisition hat von jeher die Reichthümer außerordentlich geliebt.

bestand in der Barmherzigkeit und diese übte er stets und unter allen Formen. Sein Cultus war Gott, der große und reine Gott, frei von allen menschlichen Leidenschaften, Gott als die Quelle des Lebens, den Menschen mit seinen Gütern überschüttend und dagegen nichts verlangend, als eine der seinen gleiche Liebe, nachsichtig gegen die Bösen, hilfreich gegen Alle und seinen ganzen Ruhm in einem reinen, liebvollen und frommen Leben suchend.

Alles Uebrige war in den Augen Estevan's nur mehr oder minder thörichtes Spielwerk, schmachvolles oder strafbares Mittel.

Die Erhabenheit seiner Seele, die Innigkeit seiner Ueberzeugungen, die Beredtsamkeit seiner Worte verliehen dem jungen Philosophen jene Macht, welche die Massen mit sich fortreißt. Sein Vater, Mitglied des Rathes von Castilien, hatte 1502 durch seinen muthigen Widerstand die Errichtung jener Junta begünstigt, welche unter dem Namen der katholischen Congregation[1] bekannt ist und dazu be-

[1] Während der Regierung des General-Inquisitors Deza und seines Schützlings des Inquisitors von Cordova, Lucero, erbitterten die Grausamkeiten, oder um es richtiger zu bezeichnen, die Ungerechtigkeiten des heil. Officiums, die Spanier so sehr, daß sich auf allen Seiten beredte Stimmen gegen diese Männer erhoben, welche unter dem Namen der Vertheidiger des Glaubens, an dem Glauben der Apostel selbst hätten Zweifel erwecken können. Nachdem Deza von seinen Functionen durch Philipp I. entbunden worden war, übernahm er seinen Posten wieder bei dem Tode dieses Fürsten, der 1506 in dem vierten Monat seiner Regierung erfolgte. Sogleich cassirte er Alles, was der oberste Rath verordnet hatte und setzte auch Lucero in seine Functionen wieder ein. Und nun begann eine grausame Verfolgung gegen den heiligen Bischof von Granada, Ferdinand von Talavera, und gegen den weisen Antonio von Xebrija. Dieser Letztere war bei dem heiligen Officium angeklagt, mehrere Fehler, die sich in den lateinischen Text der Vulgata eingeschlichen hatten, entdeckt und verbessert zu haben. Diese Verfolgungen sowie die Grausamkeiten Lucero's erbitterten die Andalusier, welche sich empörten, die Gefängnisse des heiligen Officiums erstürmten und die Gefangenen befreiten, deren Zahl unberechenbar war. Der Fiscal, die Griessier des Inquisitionstribunals und mehrere Unterbeamte wurden in Cordova verhaftet, Lucero selbst verdankte sein Heil nur einer schnellen Flucht. Diese Ereignisse, sowie die Ankunft Ferdinand V., des Regenten von Spanien, flößten Deza einen solchen Schrecken ein, daß er freiwillig auf seinen Posten verzichtete, nachdem er 2592 Menschen lebendig und 824 in effigie hatte verbrennen lassen, während zu lebenslänglichem Gefängniß oder zu den Galeeren mit Confis-

stimmt war, die Excesse des unwürdigen Lucero[1] gegen die Bewohner von Cordova zu verhindern oder zu verhüten. Unglücklicher Weise war diese verspätete Maßregel nichts als ein trügerischer Waffenstillstand, der den Spaniern durch die Inquisition gewährt wurde, eine abscheuliche Hydra, deren Köpfe stets neu wuchsen, wenn sie abgeschlagen waren.

Als der junge Vargas zum Manne gereift war, mußte er gegen die gleichen Mißbräuche und vielleicht gegen noch größere kämpfen, als sein Vater.

Welche Herrschaft gewann natürlich ein Mann wie Estevan über eine Seele wie die der Dolores.

Die reine, die vollkommene Liebe erwacht nicht in gemeinen Seelen; die Liebe eines kräftigen Wesens zu einem mittelmäßigen ist nicht mehr wahre Liebe, sondern wird Irrthum oder Schwäche. Aber die innige Verschmelzung

cation ihrer Güter 32952 Angeklagte verurtheilt worden waren. Um die Processe der zahlreichen Personen kennen zu lernen, welche bei Gelegenheit dieser Unruhen verhaftet worden waren, erbat und erhielt der Inquisitor Cisneros, der Nachfolger Deza's, politischer, aber nicht weniger grausam als sein Vorgänger, von dem Könige die Erlaubniß, eine Junta aus 22 der hervorragendsten Persönlichkeiten des Königreiches bilden zu dürfen, um auf eine geziemende Weise die Processe beendigen zu lassen, welche der Inquisitor Lucero gegen die Bewohner von Cordova begonnen hatte. Diese Junta, welche den Namen der katholischen Congregation annahm, hielt ihre erste Versammlung in Burgos 1508. Nach einer Arbeit von mehreren Monaten erklärte die Junta: 1. daß die Zeugen, welche Lucero in der Angelegenheit Cordova's vernommen hatte, nicht glaubwürdig wären; 2. daß alle Angeklagten, die sich in den Gefängnissen befanden, unschuldig wären und unverzüglich in Freiheit gesetzt werden müßten; 3. daß das Andenken an die, welche verbrannt worden waren, rehabilitirt werden sollte; endlich 4. daß die auf Befehl Lucero's und Deza's niedergerissenen Häuser auf Kosten des Staatsschatzes wieder aufzuführen seien. — Diese Bestimmungen der katholischen Congregation wurden vollständig vollzogen, nachdem sie feierlich in Valladolid unter dem Beifallsjubel des Volkes, das endlich die Inquisition gebrochen glaubte, verkündet worden waren. Armes Volk! In seinem ehrlichen Glauben wußte es nicht, daß die Inquisition, indem sie einen trügerschen Waffenstillstand gewährte, sich vorbehielt, es in Zukunft besser zu treffen, nachdem es dasselbe in das ungeheuere Netz der namenlosen Arglisten verstrickt hatte, welche die Geistlichkeit stets anzuwenden wußte, um ihre weltliche Macht zu vergrößern. (Geschichte der Inquisition.)

[1] Lucero hatte von den Spaniern den Spottnamen der Nebelige erhalten. Lucero bedeutet im Spanischen einen glänzenden Stern.

zweier Seelen zu einem gemeinschaftlichen Leben, zu gemeinschaftlichen Leiden, entsteht nur da, wo die Seelen verschwistert und einander gleich sind.

Dolores, welche jede Heuchelei, jede Lüge haßte, hegte zu Estevan den blinden Glauben, der aus inniger Bewunderung entspringt. Die Erhabenheit ihrer Seele, die grausamen Schläge, von denen sie noch so jung getroffen worden, ihre religiösen Neigungen und die Reinheit ihrer Herzen hatten ihre Liebe gewissermaßen vergeistigt.

Durch den Willen ihrer Eltern mit einander verlobt, fühlten sie gleichwohl, daß ihre Verbindung nicht von der Zustimmung der Menschen abhing, sondern daß ihre Seelen schon in stillschweigendem Uebereinkommen sich vereint hatten, so daß nur der Tod allein sie trennen konnte. Ihre Liebe war daher auch anscheinend sehr ruhig; sie erwarteten mit Freuden, aber ohne Unruhe oder Ungeduld die Zeit, welche ihre Verbindung in den Augen der Welt vollkommen machen sollte. Sie fühlten, daß diese Liebe ihr Glück vermehren könnte, aber sie erwarteten dies Glück mit Ruhe, so sehr herrschte bei ihnen der Geist vor.

Während des Tages, den Dolores in der Wohnung des Apostels zubrachte, erzählte sie demselben unbefangen ihr ganzes Leben, ihre fromme Kindheit, ihre reine und aufgeklärte Jugend, ihre Liebe für den edlen Estevan. Und der Apostel, ein Mann mit warmem Herzen, erfüllt von Nachsicht und vielleicht erregt durch die geheimnißvolle Erinnerung an eine keusche Liebe, welche die Hand der Menschen oder die des Todes gebrochen hatte, der Apostel, gerührt durch die schlichte Schilderung, zögerte nicht, dem jungen Manne zu sagen: „Tretet mit Eurer Verlobten bei mir ein; die reine Liebe beleidigt Gott im Himmel nicht; sie ist eine Huldigung, welche seiner Allmacht dargebracht wird.“

Als alle Drei in dem schlichten Zimmer vereinigt waren, dessen weiße Wände keinen andern Schmuck hatten, als das Bild dessen, der auf dem Calvarien-Berge starb, sagte der Geistliche: „Meine Kinder, segnet Gott, der Euch prüfet. Die Verfolgungen der Boshaften sind ebenso viele Kränze für jenes Leben; glücklich Die, welche betend und weinend über diese Erde wandeln.“

„Mein Vater,“ entgegnete der junge Mann, „Eure Worte sind heilig und trostreich und ich bete gleich Euch die Hand an, die schwer auf uns lastet; aber wir jungen Männer, deren Leben voll Feuer und Kraft ist, wir spanischen Ritter, deren Väter stets treu der christlichen Religion dienten oder sie mit Glauben und Ueberzeugung freiwillig annahmen, wir treuen Beobachter der Gesetze Christi — dürfen wir, ohne feig zu sein, das Joch einer unwürdigen Macht ertragen, welche im Namen Gottes allen menschlichen und göttlichen Gesetzen ungestraft trotzt? Ist nicht die Auflehnung dagegen eine Pflicht?"

Der Apostel antwortete einige Augenblicke nicht; er schien ernst nachzudenken. „Mein Sohn" sagte er endlich, „ich glaube, daß die Macht der Inquisition ein Mißbrauch ist, den man durch das Schwert des Wortes, durch die Logik, durch die Wahrheit bekämpfen muß, aber nicht durch den Aufruhr, den Sohn des Zornes und des Hasses und folglich blind, leidenschaftlich, ungezügelt, maßlos, stets zu weit gehend, oder nicht weit genug; ein Glas Wasser in einen gewaltigen Brand geschüttet, so daß es, statt ihn zu löschen, die Wuth der Flammen nur steigert."

„Ja," sagte Estevan voll Eifer; „aber in den beredten Mund steckt man einen Knebel; man erstickt die Wahrheit unter Schloß und Riegel und die Logik — o mein Vater, Ihr wißt wohl, wie geschickt sie dieselbe bekämpfen. Der finstere Geist der Inquisition erdrückt unter Spitzfindigkeiten aller Art oder unter dem eisernen Griffe des Absolutismus. Sie tödten Alles mit den Worten: Im Namen Gottes! — und das unwissende Volk beugt den Kopf. Es fürchtet Gott zu lästern, indem es sich empört."

„Das Volk duldet," sagte der Apostel, „denn zu allen Zeiten hat seine Kraft in der Ergebung bestanden. Wenn es, des Joches müde, sich erhebt und es abschüttelt, wozu nützt ihm das? Den Herrn zu wechseln, das ist Alles. Sein Blut und seine Anstrengungen dienen nur den Mächtigen, den Führern des Aufstandes; das Volk selbst duldet fort und bleibt Sclave."

„Mein Vater," sagte Estevan mit ernster Stimme, „wenn die Führer rein sind, wird das Volk glücklich; das Unglück liegt nicht in dem Gehorsam, sondern in dem Hasse gegen den, welcher gebietet."

„Ohne Zweifel," entgegnete der Apostel, „denn der, welcher würdig ist, zu gebieten, macht sich freiwillig zum

Bruder und zum Gleichen Derer, die ihm gehorchen. Er steht nur noch durch die Bildung über ihnen. — Er ist der Pilot, welcher das Steuerruder führt, um das Heil der ganzen Equipage zu sichern."

„Mein Vater," fragte das junge Mädchen, „was hat der, welcher durch das Recht oder die Wahl gebietet, gemein mit der barbarischen Gewalt, die im Namen Gottes Spanien entvölkert und mit einem weiten Leichentuch bedeckt?"

„Dolores," entgegnete Estevan lebhaft, „wenn der, welcher herrscht, ein guter Hirte wäre, so würde er seine Schafe nicht durch gierige Menschen scheeren lassen, welche die Scheere bis auf das Fleisch eindrängen, um die Wolle mit dem Blute zugleich zu bekommen. Die Nachsicht des Königs gegen die Inquisition ist nichts als die Berechnung einer geizigen Politik. Die Liebe zum Golde ist es, welche das Reich mit Scheiterhaufen bedeckt."

Der Apostel erhob die Augen zum Himeml, und zwei heilige Thränen glitten über seine bleichen Wangen. „Mein Sohn," sagte er, „Gott wird die Könige über ihren wahren Vortheil aufklären und ihr Herz mit Mitleid erfüllen. Die Stimme der Prediger des Evangeliums wird endlich Gehör finden; mehrere von ihnen, beseelt von Heldenmuth, von einem Muthe, der eben so groß ist wie der, welcher die Hand mit einem Schwerte bewaffnet, erheben sich auf der Kanzel gegen die Irrthümer des Fanatismus und predigen die Lehre Christi auf Gefahr ihres Lebens in ihrer ersten Reinheit und Einfachheit. Laß uns unsere Hoffnung auf sie setzen, mein Sohn; die Gewalt der Ueberzeugung ist mächtiger, als die der Waffen, und der Tag des Triumphes für die wahren Christen ist vielleicht nicht mehr fern."

„Mein Vater," sagte Estevan, „Ihr empfehlt uns Geduld und gleichwohl habe ich in unsern Kirchen gehört, wie Ihr Eure beredte Stimme gegen die Schreiber und Pharisäer unserer Tage erhebet. Denn ich täusche mich nicht," fuhr er fort, indem er mit Bewunderung das edle Gesicht des Apostels betrachtete, „ich täusche mich nicht, Ihr seid einer jener muthigen Athleten, welche bis unter dem Beile des Henkers mit Wort und That gegen die Schüler des Dominik von Guzman, dieses fanatischen Mönches, kämpfen, aus dem der römische Hof einen Heiligen gemacht hat."

„Ich bin der demüthigste von allen Dienern Gottes,“ entgegnete der Mönch mit ungeheuchelter Demuth. „Und was die Krone der Heiligen betrifft, so kann Gott allein, der auf dem Grunde der Herzen liest, sie verleihen.“

„Mein Vater,“ fragte Estevan, „solltet Ihr vielleicht ein Anhänger der Lehre jenes berühmten Reformators sein, den man Luther nennt, und der durch seine Lehre so viele gelehrte Doctoren der Theologie, Prinzen und selbst Bischöfe bekehrt hat?“

„Ich bin Christ,“ entgegnete der Geistliche; „jede Controverse scheint mir eine Gotteslästerung gegen das so einfache, so demüthige, und so milde Gesetz zu sein, welches wir durch Jesus empfingen. Durch das Dogmatisiren, mein Sohn, verirrt man sich in undurchdringlichen Fanatismus, und der Glaube, die Barmherzigkeit, welche die Grundlage unseres Cultus sind, werden dadurch lau oder sie entarten. Denn jede Uneinigkeit führt zur Bitterkeit oder zu Zweifeln. Die christliche Religion ist so einfach! Weshalb sollte man sie mit Schwierigkeiten aller Art belasten? Weshalb sollte man sie den menschlichen Leidenschaften dienstbar machen?“

„Mein Vater,“ sagte Estevan, „Eure Religion ist die meinige und die meiner Dolores; deshalb betrachtet man uns als Ketzer.“

„Auch Christus selbst wurde als gottlos und als Gotteslästerer verurtheilt. Worüber beklagt Ihr Euch, mein Sohn? Es ist schön, für seine Lehre zu leiden.“

Dolores hörte mit Entzücken diese beiden Männer von so reinem Glauben reden, und die Furcht vor der Inquisition, von der sie so sehr gequält worden war, verschwand vor diesen erhabenen Gedanken, welche ihren Muth befestigten.

Unter ähnlichen Gesprächen verging die grausame Nacht, welche für die jungen Verlobten einen so beklagenswerthen Wechsel ihres Geschickes herbeigeführt hatte. Der Apostel tröstete sie oder betete mit ihnen, und indem er ihnen Ergebung einflößte, verlieh er ihrer Hoffnung größere Kraft

Das Bedürfniß des Schlafes hatte sich nicht fühlbar gemacht. Wenn die Seele lebhaft erregt ist, beherrscht sie den Körper, der dann als Sclave gehorcht, und die Herrschaft des

Geistes über die physischen Bedürfnisse scheint dann die Kraft und die Klarheit des Geistes noch zu steigern.

Ein edles Fieber durchströmte die Adern des jungen Mädchens. Dolores würde in diesem Augenblicke mit Freuden das Märtyrerthum erduldet haben, wenn ihr Tod ihre Brüder zu erretten, Spanien die Ruhe und die Freiheit wieder zu geben vermocht hätte.

Als gegen Morgen schon ein bläulicher Schein sich mit den Strahlen der Lampe mischte, die in dem Zimmer brannte, wurde leise an die Thür geklopft. Estevan und Dolores erbebten unwillkürlich, der Apostel aber sagte: „Fürchtet nichts; es ist ohne Zweifel einer unserer Freunde." Er öffnete und ein junger Mönch in einer schwarzen Kutte, umschlungen mit einer weißen Schnur, warf sich in die Arme des Apostels, gegen dessen Brust er seinen Kopf stützte.

„Es ist Dein Sohn," sagte er, „der Deiner bedarf."

„Sei mir willkommen," sagte der Apostel, indem er den jungen Mann auf die Stirn küßte, wie eine Mutter gethan haben würde; „sprich, mein Sohn, was führt Dich zu mir?"

Der junge Mönch setzte sich.

„Sprich, mein Sohn," wiederholte der Apostel, indem er auf die Verlobten deutete. „Dies sind zwei Freunde. Sprich, was willst Du?"

„Mein Vater," sagte der junge Mönch, „ich wollte die Lehren, die Du mir gegeben hast, zur Ausübung bringen. Ich dachte gleich Dir, daß Predigen nicht genug ist, und daß man der Sorge für die Seele auch die für den Körper hinzufügen muß. Unterstützt durch die Gaben einiger frommen Seelen und die erhabene Selbstverleugnung einiger jungen Männer, deren glühende, von Liebe erfüllte Seele die Leere irdischer Freuden erkannte, habe ich eine ziemlich zahlreiche Verbrüderung gebildet, welche nur von dem Verlangen erfüllt ist, sich ihren Mitmenschen nützlich zu machen und deren Elend zu mildern. Durch unsere Bemühungen ist in Cadix[1] ein Hospitium errichtet worden, dazu bestimmt, die leidenden Mitglieder Christi aufzunehmen. Wir werden sie

[1] Ein Hospital, welches durch Johann von Gott gegen die Mitte des 16. Jahrhundertes zur Pflege Aussätziger gegründet wurde, sowie zur Heilung jener grausamen Krankheiten, welche die Gefährten des Christoph Columbus nach Europa gebracht hatten.

mit unsern Händen pflegen, und indem wir ihre Körper heilen, auch die Wunden der Seele zu verbinden trachten.“

„Du hast da einen heiligen Gedanken gehabt,“ sagte der Apostel „Das Leben ist erhaben bei einem so edlen Ziele.“

„Mein theurer Meister,“ fuhr der junge Mönch fort, „nur Eines setzt mich in Verlegenheit. Die Leiden der Menschheit sind so zahlreich und so mannigfaltig! Welche Art des Elends sollen wir zu erleichtern trachten?“

„Mein Sohn,“ entgegnete der Apostel, „unter den leidenden Mitgliedern der christlichen Religion gibt es viele, deren Leiden, weit entfernt, ein Gegenstand des Mitleids für ihre Nebenmenschen zu sein, im Gegentheil für sie ein Gegenstand des Hasses und der Verachtung werden. Die ganze menschliche Gesellschaft stößt sie zurück, und weit entfernt, ihre körperlichen Leiden zu mildern, fügt sie denselben noch tausendmal grausamere moralische Schmerzen hinzu. Dies sind die Beklagenswerthesten; diese müssen geheilt und getröstet werden.“ [1]

„O mein Vater,“ rief der Schüler, „in Euch ruht Weisheit, und die Barmherzigkeit spricht durch Euren Mund. Ihr habt meine Ungewißheit verbannt.

„Ja, unter den Unglücklichen werden wir die auffsuchen, die am meisten leiden, denen Niemand sich zu nahen wagt, und wir werden ihnen um so viel mehr Trost und Freude bringen, je verlassener und verzweiflungsvoller sie waren. Ich danke Euch, mein heiliger Meister, unsere armen Kranken werden Euch segnen, denn Ihr seid Ihr Vater.“ [2]

Dann sprachen sie noch lange miteinander, obgleich sie die Nacht schloflos zugebracht hatten. Der fromme Eifer, der sie beseelte, machte sie fühllos gegen die körperliche Ermüdung. Der junge Mönch unterwarf der Prüfung dessen,

[1] Briefe des heiligen Johann von Avila, an den heiligen Johann von Gott, seinen Schüler.

[2] Der heilige Johann von Gott widmete 60 Jahre seines Lebens der Erleichterung der leidenden Menschheit. Er und sein Schüler haben die meisten der specifischen Mittel entdeckt, welche noch heutzutage bei der Behandlung der Krankheiten angewendet werden, deren Heilung sie sich angelegen sein ließen. Ehe St. Johann von Gott starb, beschenkte er Spanien mit mehr als 60 Hospitälern, in denen sämmtlich die Geistlichen seines Ordens den Dienst versahen. Weshalb haben nicht alle Mönche die Segnungen der Völker so zu erringen verstanden, wie die Hospitaliter.

der sein Lehrer war, die Statuten des Ordens, den er gründen wollte. Sie erwogen gemeinschaftlich dessen Weisheit, Ziel und Nützlichkeit, und die beiden jungen Verlobten zogen aus ihrer Unterhaltung den richtigen und wahren Schluß, daß jede Praxis der christlichen Religion in der einzigen Vorschrift besteht: „Liebet Euch unter einander.“

So wurde der berühmte Orden gegründet, der noch in unseren Tagen unter dem Namen der Hospitaliter des heiligen Johannes besteht; denn der junge Mönch war kein anderer als jener große Prediger, der seitdem unter dem Namen des heiligen Johann von Gott bekannt geworden ist.

Diesmal wenigstens übte Rom Gerechtigkeit, indem es ihm die Krone der Heiligen gewährte, die ihm schon seit so langer Zeit von Spanien verliehen worden war.

Die Morgenglocke verkündete das Angelus. Dolores und ihr Verlobter vereinigten sich mit den beiden Geistlichen zu dem Morgengebete. Der Tag brach an.

„Meine Kinder,“ sagte der Apostel, „Ihr müßt Euch Lebewohl sagen; noch heute Morgens werde ich dieses junge Mädchen in das Kloster führen, damit sie dort in Frieden den Willen Gottes erwarte. Was Euch betrifft, junger Mann, so kennt Ihr meine Wohnung. Ich wiederhole Euch, was ich gestern Eurer Verlobten sagte: Sie ist stets Denen geöffnet, welche weinen.“

Dolores richtete den Blick voll schmerzlicher Ergebung gegen Himmel. Estevan sprach nicht; die Blässe seines Gesichtes verrieth aber den Kampf seiner Seele. Er drückte innig die Hand seiner Verlobten, reichte die andere dem Apostel, der Beide mit zärtlichem Mitleid betrachtete, und entfloh, indem er nur das eine Wort rief: „Muth.“

Eine einzige Thräne rann über die blasse Wange der Tochter des Gouverneurs und der Apostel verließ mit seinem geliebten Schüler das Gemach. Nach wenigen Minuten kehrte er zurück. Er hatte seine Sandalen befestigt und seine rechte Hand stützte sich auf einen Buchenstab. Dolores war vor dem Bilde des Heilandes niedergekniet. Bei der Annäherung des Mönches wendete sie den Kopf gegen ihn um, und als sie ihn zum Aufbruche bereit sah, erhob sie sich schnell, unterdrückte einen schmerzlichen Seufzer und sagte: „Mein Vater, ich bin bereit, Euch zu folgen.“

VIII.

Manosina.

Während die Tochter des Gouverneurs unter der Obhut ihres heiligen Führers bleibt, wollen wir zu Manosina zurückkehren, den wir unter dem Einfluße dieser neuen Bekehrung verließen. — Er schlug mit seiner Gefährtin langsam den Weg nach dem Palaste der Gardunnia ein. Schweigend gingen sie nebeneinander; nur drückte Manosina zuweilen zärtlich den Arm der Serena, die sich auf den seinigen stützte und durch diesen stummen Druck suchte er sich in dem gefaßten Entschluße zu befestigen.

So gelangten sie zu den Ruinen, welche den Eingang zu der eigenthümlichen Wohnung Mandamiento's bildeten.

Ein schwacher Schein beleuchtete das Innere des Saales, welcher jetzt beinahe ganz verödet war. Noch waren keine Mitglieder der Brüderschaft von ihren nächtlichen Unternehmungen zurückgekehrt. Der Meister allein saß wartend auf einem Stücke einer umgestürzten Säule und zählte begierig eine Hand voll Dublonen. Hier und dort hatte eine alte Cobertera ihre Schürze auf den Boden gebreitet und lag auf dieser dünnen Matratze in festem und ruhigem Schlaf.

Als der Meister die Schritte des liebenden Paares hörte, erhob er rasch den Kopf und Manosina erkennend, rief er freudig aus: „Manosina! — Immer der Erste bei der Beendigung eines Geschäftes! —Don Estevan von Vargas?“

„Befindet sich eben so wohl, wie Ihr und ich,“ entgegnete der Guapo mit finsterer Stimme.

„Bei dem heiligen Jakob,“ rief Mandamiento, „dann müßten die Zauberer die Klinge Deines Dolches in seiner Scheide zerbrochen haben, mein Braver; oder Don Estevan besitzt einen Talisman, der ihn stichfest macht.

„Weder das Eine, noch das Andere, Meister. Ich bin gekommen, um Euch zu sagen, daß ich es müde bin, zu verdunkeln, und daß ich nicht mehr zu der Brüderschaft gehöre. Hier ist das Geld, das ich erhalten hatte.“ Damit warf er eine Börse zu den Füßen des erzürnten Mandamiento.

„Tausend Dämonen!“ schrie der Meister. „Du bist es, Manofina, der so spricht? Oder hat ein böser Geist Deine Gestalt angenommen, um mich zu foppen und Dir einen Possen zu spielen?“

„Ich bin es selbst, in Fleisch und Bein, Meister,“ entgegnete der Guapo; „ich, der ich komme, um Abschied von Euch zu nehmen und Euch für die ganz besondere Gunst zu danken, durch die Ihr mich beehrt habt.“

Mandamiento runzelte die Stirn. Er wendete sich dann zu der Serena, die mit niedergeschlagenen Augen hinter dem Guapo stand.

„Und Du, Culevrina,“ sagte er, „willst Du auch auf die Annehmlichkeiten und die Vortheile des Geschäftes verzichten, um diesem Narren zu folgen, der Dir kein anderes Brod wird geben können, als die abscheuliche Melopia der Mönche?“ [1]

„Ich verzichte darauf,“ erwiderte das junge Weib, indem es sich an seinen Geliebten schmiegte.

„Tollhäusler!“ brummte der Meister. Dann stand er rasch von seinem Steinsitze auf und ging, unverständliche Worte murmelnd, mit großen Schritten in dem Saale umher.

Es war die Stunde, zu welcher gewöhnlich die Mitglieder der Brüderschaft zurückkehrten, um dem Capataz Bericht über ihre Aufträge zu erstatten. Allmälig füllte sich der Saal, aber der Meister, der in seine Gedanken versunken war, hatte noch Niemand beachtet oder befragt.

Endlich war die Versammlung vollzählig. Es fehlten nur noch einige verspätete Chivatos, doch diese waren ohne Wichtigkeit. Alle Großwürdenträger des Ordens waren zugegen, und da sie bemerkten, daß Mandamiento, versunken in seine trüben Gedanken, gar nicht auf sie zu achten schien, als ob sie Wesen einer andern Welt wären, nahm Cuerpo de Hierro es über sich, den Meister anzureden. Er zupfte

[1] Melopia. So nennt man in Spanien die Suppe oder richtiger gesagt das ekelhafte Ragout, welches die Mönche den zahlreichen Bettlern austheilen, mit denen das Land, Dank dem Fanatismus und der Grausamkeit der Inquisition, überfüllt war. Das Wort Melopia ist eine Corruption des Wortes mezclopia (Gemisch); es ist abgeleitet von dem Zeitworte mezclar (mischen, vermengen). In dem 16. Capitel wird der Verfasser nähere, und leider nur allzu wahre Umstände von dieser mönchischen Barmherzigkeit angeben.

ihn am Aermel, und sagte: „Meister, alle Deine Kinder haben ihren Auftrag erfüllt.“

„Nein; nicht alle!“ rief der Meister, indem er einen finstern Blick auf Manofina warf, der seitwärts neben seiner Serena stand.

Aller Blicke richteten sich auf den abtrünnigen Guapo, doch Manofina senkte die Augen nicht, sondern sah seine bisherigen Genossen mit ruhigem Blicke an.

„Was soll das heißen?“ riefen die Andern. „Ist das möglich, Meister?“

„Ja!“ entgegnete Mandamiento mit lächerlich feierlichem Tone; „ein Gardunnio hat seinen Auftrag unerfüllt gelassen. Die Gesellschaft verliert mit einem Schlage zwei ihrer sichersten Stützen und dieser feige Abfall wird für uns die größten Unglücksfälle nach sich ziehen.“ —

„Ja,“ fuhr er fort, indem er auf Manofina und dessen Gefährtin deutete, „der Orden verliert in ihnen zwei seiner besten Kinder; aber er verliert auch noch mehr, — er verliert seinen Ruf der Rechtschaffenheit, der bisher fleckenlos war, erworben durch zahlreiche und gefahrvolle Dienste.[1] — Was werden die edlen Herren sagen? — Und die schönen Damen? — Was wird besonders die Geistlichkeit sagen, unsere beste Kundschaft? Was werden die Dominikaner sagen, welche unsere Casse mit Dublonen füllten?[2] Wir werden in dem ganzen Königreiche Andalusien für elende Betrüger gelten, welche Geld nehmen, um zu verdunkeln, den Auftrag aber nicht erfüllen. — Man wird uns mit

[1] Man würde sich nur schwer einen richtigen Begriff von dem Fanatismus machen können, mit welchem die spanischen Missethäter ihre Versprechungen erfüllen. Sie würden sich sehr straffällig zu machen glauben und in dem Wahne stehen, sich für immer zu entehren, wenn sie ihrer Verpflichtung ungetreu würden, nachdem sie Geld angenommen hätten, um den Mord zu begehen. Sie besitzen, wenn man sich so ausdrücken darf, die Rechtschaffenheit des Verbrechens, und tief ist die Worttreue in das Herz dieses Volkes eingegraben, das durch ein schlechtes politisches System so furchtbar entartet, durch die unersättlichen Anforderungen Rom's und die unglaubliche Grausamkeit der Inquisition so arg geknechtet wurde.

[2] Was werden die Dominikaner sagen, die unsere Cassen gefüllt haben? Um die ganze Tragweite zu begreifen, welche dieser Ausruf des Oberhauptes der Gardunnia hatte, lese man die Anmerkung Nr. 1 wieder nach.

den Alguazils vergleichen, die man bezahlt, um die Diebe zu greifen, die aber nur ehrliche Leute festnehmen, oder mit jenen Mönchen ohne Glauben, welche sich zwei Mal eine Messe bezahlen lassen, die sie nicht zur Hälfte sagen.

„Begreift Ihr wohl, Brüder," fuhr der Meister fort, indem er durch den Lärm, welchen seine Worte hervorriefen, aufgeregt wurde, „begreift Ihr, in welchen Zorn der Groß-Inquisitor gerathen wird, wenn er erfährt, daß die Verdunklung, welche er befohlen hatte, nicht vollzogen wurde? — Und wird der Erzbischof nicht ebenfalls sagen, daß wir Elende und Spitzbuben sind? Und wir werden den Schutz des Don Pedro Peladeras, von Martinez, von Cabrera, el Colmilludo,[1] des Protectors unseres Ordens und Laternenmeister des Königs unseres Herrn, Don Carlos, den Gott in seinen Schutz nehmen möge, verlieren. — O, Manofina, Manofina, geh in Dich, und mache einen Augenblick der Schwäche wieder gut!"

Die Versammlung hatte diese Rede mit stummem Staunen angehört; sobald aber Mandamiento zu sprechen aufhörte, näherten sich einige heuchlerische Fuelles Manofina und sagten: „Bruder, es ist unmöglich, daß Du uns verläßt, nicht wahr?"

„Es ist geschehen!" entgegnete der Bravo kurz.

Auf der andern Seite hatten sich die beiden ältesten und abschreckendsten Coberteras der Serena genähert und suchten sie durch honigsüße Worte und vergiftete Schmeicheleien von ihrem Entschlusse zurückzubringen.

„Es ist nutzlos," entgegnete sie „was gesagt ist, werden wir nicht ändern."

„Manofina ist ein Betrüger!" rief ein Guapo, der erst kürzlich zu dieser Würde ernannt ward.

[1] El Colmilludo, der Zahnige. Es gab in der That um jene Zeit an dem Hofe einen Beamten, dessen Functionen die Mitte hielten zwischen denen eines Augendieners des Königs und besonders der großen Herren des Hofes, und denen eines Spaßmachers, oder er verband vielmehr diese beiden Posten miteinander. Die Sevillaner behaupten noch gegenwärtig, daß der Zahnige das Oberhaupt der Gardunnia war, und wenn sie die Gewandtheit oder die Abscheulichkeit eines Banditen schildern wollen, sagen sie: Es mas ladron y mas malo que el Colmilludo. Er ist ein größerer Spitzbube und boshafter wie der Zahnige.

„Manosina ist kein Betrüger! sagte der Bravo. „Er hat das empfangene Geld zurückgegeben. Aber er erklärt hier laut, in Aller Gegenwart, daß er seinen Auftrag nicht erfüllte, weil das Handwerk ihm zuwider ist und er deshalb auf seine Titel und Vorrechte verzichtet.“

Manosina sprach mit ruhiger, fester Stimme. Er war nicht mehr der ungestüme Mensch vom vorigen Tage, begierig nach gefahrvollen und fürchterlichen Thaten. Er war ein kräftiger, muthiger Mensch, bekehrt durch die Worte des Apostels. Er liebte noch immer die Gefahr, doch nicht die zwecklose Gefahr, aber sein ganzer kriegerischer Sinn wendete sich jetzt gegen die Unterdrücker der Schwachen, gegen die Sbirren der Inquisition.

„In den Rauch! In den Rauch!“[1] rief der neue Würdenträger.

„Bruder, entgegnete mit strengem Tone der Meister, „die Brüderschaft der Gardunnia hat dem großen Rauchfange Sevilla's niemals ihre Kinder überliefert, selbst die strafbarsten nicht. Sind sie schwach, müßig oder ungeschickt, so degradirt man sie oder stößt sie aus. Sind sie Verräther, so verdunkelt sie dieselben, aber nie beauftragt sie Matteo[2] damit, sie zu rächen.“

„Meister,“ sagte Manosina, „die Brüderschaft liefert ihre Kinder nicht aus, und ihre Kinder werden sie auch nie verrathen. Die Brüderschaft hat von mir nichts zu fürchten.“

„Mein Sohn,“ entgegnete der Meister gerührt, „weshalb willst Du uns verlassen? Hast Du Dich über mich zu beklagen? Noch kannst Du Deinen Fehler wieder gut machen.“

„Nie!“ sagte Manosina mit entschlossenem Tone.

„Weißt Du wohl,“ rief Mandamiento zornig, „daß jedes ungetreue Mitglied eine Strafe verdient?“

„Jedes ungetreue Mitglied wird degradirt,“ entgegnete Manosina. „Degradirt mich also, und damit ist Alles abgemacht.“

„Du mußt wissen,“ entgegnete Mandamiento, „daß es gewisse Fälle gibt, in denen man es verdunkelt.“

„Man verdunkelt nur den Verräther und ich bin Keiner.“

[1] Die Gerechtigkeit.

[2] Die Henker.

„Aber —“

„Aber man könnte fürchten, daß ich es würde, willst Du sagen, und dann würde man mich verdunkeln. „Ist das nicht wahr?“ entgegnete der Bravo mit herausforderndem Tone. „Nun wohl, ich rathe dem, welchem der Auftrag ertheilt wird, zuvor fromm sein Confiteor zu sagen, denn, bei dem Barte des Königs, er würde da kein leichtes Geschäft haben. Mein Dolch wird Keinem mehr zu Befehl stehen, zu meiner Selbstvertheidigung aber stets bereit sein.“

Der herausfordernde Ton Manofina's verletzte die Eigenliebe einiger Brüder, welche die Hand an den Dolch legten. Die Serena, welcher diese Bewegung nicht entgangen war, faßte krampfhaft den Griff ihres kleinen, andalusischen Dolches.

Der am Tage zuvor ernannte Guapo näherte sich Manofina und sagte mit höhnischem Tone, jedoch mit leiser Stimme: „Ich hätte nicht geglaubt, daß Manofina sich fürchtete.“

Der Neubekehrte lächelte geringschätzig.

„Was thut Ihr da?“ rief der Meister. „Wißt Ihr nicht, daß während der feierlichen Sitzungen nicht leise gesprochen werden darf?“

„Ich sagte Manofina,“ erwiderte der neue Guapo, „es sei schade, daß er so feig geworden ist; denn ich behaupte, daß es die Furcht war, welche ihn abhielt, seine Pflicht zu erfüllen.“

Diese Worte waren kaum gesprochen, als der neue Guapo durch eine gewaltige Maulschelle Manofina's, wie ein Kreisel gedreht, zu den Füßen Mandamiento's niederstürzte.

Zwanzig Dolche blitzten im Nu über dem Haupte Manofina's; dieser aber gerieth dadurch nicht in Verwirrung, sondern rollte seinen Mantel um den linken Arm, schwang mit der rechten Hand den Dolch und erwartete festen Fußes die Angreifer.

Als die Serena dies sah, wickelte auch sie ihre Mantilla um den linken Arm, stellte sich Rücken an Rücken gegen den Bravo, und ihren Dolch schwingend, bot sie Denen die Spitze, welche ihren Geliebten von hinten angreifen würden.

Niemand wagte eine Bewegung zu machen.

„Nun!“ sagte Manofina; „ist das Alles?“

„So kommt doch heran, Ihr Hühner," rief die Culevrina, deren Augen funkelten, wie die einer Tiegerin. „Kommt doch heran, um zu sehen, ob wir es verlernt haben, zu taufen."

Mandamiento blieb scheinbar theilnamslos.

Der Guapo, der von Manofina's Faust zu Boden geschmettert worden war, sprang wüthend empor und stürzte sich wie ein Schakal auf Manofina. Aber zur großen Täuschung der Versammlung rollte er abermals an den Boden. Manofina hatte ihm mit der linken Hand das Gesicht bedeckt und ihn zugleich durch einen Fußtritt niedergeworfen.

Die anderen Mitglieder der Gardunnia regten sich nicht.

„Sennores, Ihr seid ein Haufen Feiglinge," rief Manofina. „Ihr wollt mich dieses junge Füllen, das mehr Feuer als Erfahrung hat, verdunkeln lassen."

„Manofina," sagte jetzt der Meister, „dies junge Füllen, wie Du ihn nennst, hat Anspruch auf Genugthuung, und Du bist zu brav, um ihm diese zu verweigern."

„Ich bin bereit, ihm jede Art von Genugthuung zu gewähren," sagte Manofina. „Aber nach den Regeln und Einer gegen Einen!"

„Die Culevrina wird Dir beistehen!" riefen die Andern spottend.

„Die Culevrina wird sich ruhig verhalten, wie eine Todte," sagte der Bravo. „Machet es wie sie, und lasset den jungen Mann und mich unsere Rechnung in Ordnung bringen."

„Zur Ordnung, meine Kinder!" gebot Mandamiento. „Und jeder Dolch kehre in die Scheide zurück!

„Und Ihr, Sennor Garabatillo,"[1] wendete er sich zu einem Gardunnio, welcher bei ihm Pagendienste versah, „haltet Wache und quaket[2] bei dem geringsten Zeichen von

[1] Ein junger Schelm, ein Räuberlehrling.

[2] Quaken. Die Missethäter und alle Leute ohne bestimmtes Obdach, welche von Spitzbübereien und Betrügereien leben, bewegen sich in geschlossenen Banden und werden umgeben von jungen Lehrlingen, welche während ihrer Operationen Wache stehen. Diese jungen Menschen, welche sehr geschickt sind, das Zirpen der Grille, das Bellen des Hundes, das Miauen der Katze und das Quaken der Frösche nachzuahmen, benachrichtigen durch eines dieser Geschreie Diejenigen, welche mit irgend einem verbotenen Unternehmen be-

Rauch[1], das Ihr heranziehen seht." — Nach diesen Worten ging der Bote und es bildete sich in dem Saale der Gardunnia ein großer Kreis von Männern und Weibern. Der Guapo und Manofina, Beide mit ihren gewaltigen Albacete-Messern[2] bewaffnet, traten in die Mitte des lebendigen Kreises.

Ehe die beiden Gegner den Kampf begannen, maßen sie gewissenhaft ihre Waffen, um sich zu überzeugen, daß sie einander vollkommen gleich waren. Dies ist eine Thatsache, welche siegreich die Bezeichnung von Verräthern Lügen straft, welche den Spaniern durch die Ausländer zur Last gelegt wird. Denn selbst die Leute der niedrigsten Classen, der Auswurf der Bevölkerung, Schelme, Diebe, Züchtlinge, entsprungene Galeerensclaven und Leute der Art, zeigen bei einem solchen Kampfe eine Ehrlichkeit, eine ritterliche Großmuth, die man nicht bei so verworfenen Menschen zu finden glauben sollte. Es gibt kein Beispiel, daß ein Baratero[3] jemals seinen Gegner verwundet hat, sobald dieser erklärte, daß er nicht mehr kämpfen könnte oder wollte. Hat Einer der beiden Kämpfenden keinen Mantel, so legt der Andere den seinigen ab und bedient sich seines Armes, um die Stöße aufzufangen. Diese Großmuth ist um so bemerkenswerther, als diese Menschen sich oft wegen ganz geringfügiger Umstände schlagen, häufig um einige

schäftigt sind. Oft geschieht es in Spanien, daß am hellen Tage mitten auf einer Promenade man plötzlich ein Concert von Fröschen oder ein Gezänk der Katzen vernimmt, und man dann plötzlich eine Bande von Spitzbuben entfliehen sieht, die damit beschäftigt waren, bei Karten oder Würfelspiel einfache Leute des Volkes und oft selbst Kinder auszubeuten.

[1] Ein Alguazil oder ein anderer Beamter der Justiz, der sich nähert.

[2] Lange, sehr spitze Messer von unvergleichlicher Arbeit, deren sich die Messerkämpfer in Spanien bedienen.

[3] Baratero. So nennt man in Spanien gewisse Schelme, die kein anderes Besitzthum haben, als ein Spiel schmutziger Karten, und die damit die Märkte, die Messen und die Umgebungen der presidios (Zuchtgaleeren) besuchen, indem sie ihre Karten denen, welche spielen wollen, anbieten oder vielmehr aufzwingen. Die Barateros sind so eifersüchtig auf einander, daß sie oft durch einen Zweikampf auf das Messer darüber entscheiden, welcher von ihnen seine Karten vermiethen soll. Das Wort baratero stammt von barato ab; so nennt man die wenigen Maravedis, welche die Schelme sich von den Spielern bezahlen lassen, wenn diese sich nicht der Gefahr eines Zweikampfes auf das Messer aussetzen wollen.

Liards oder noch weniger.[1] Die Waffen der beiden Gardunnio's wurden von vollkommen gleicher Länge und ihre spitzen Klingen ebenso vollkommen gleich breit gefunden. Dann wickelten Beide den Mantel, sich seiner als Schild zu bedienen, um den linken Arm und traten einander stolz gegenüber. So erwarteten sie das Signal. Der neue Guapo, der so ungeduldig war, wie ein junger Hahn, der seine Sporen wachsen fühlt, rief zuerst: — „Ande usted! Vorwärts!" Dann stürmten die beiden Männer auf einander ein, sich drehend und windend wie Schlangen. Bald warfen sie sich zurück, um zu einem desto sicheren Satze vorwärts springen zu können, den Feind zu erreichen.

Bei diesen schnellen und unehrerbietigen Bewegungen, die keinen andern Zweck haben, als seinen Gegner zu blenden, damit er seine Streiche nicht mit Sicherheit führen könne, hatte Manofina, der viel ruhiger und erfahrener war, wie sein Gegner, vor diesem einen großen Vortheil voraus. Der junge Guapo, den der Zorn betäubte, der wüthend war, einen Schatten zu verfolgen, welcher ihm stets entging, stürzte verzweiflungsvoll auf den gewandten Manofina zu, vernachlässigte über dem Angriffe die Vertheidigung und bot

[1] Ein Messerkämpfer fand seinen Feind schlafend am Fuße eines Baumes. Er weckte ihn auf und bot ihm höflich einen Kampf an, den der Andere mit gleicher Artigkeit annahm. Als der Zweikampf beendigt war, stand der am wenigsten Verwundete seinem Gegner bei, das nächste Wachlocal zu erreichen und unterstützte ihn dabei, wie ein zärtlicher und treuer Freund. Angekommen auf dem Posten, den ich selbst commandirte, überlieferten sich Beide meinen Händen. Der Eine wurde in das Hospital geschickt, der Andere in das Krankenhaus des Stadtgefängnisses; denn sehr strenge Gesetze verbieten in Spanien den Zweikampf auf das Messer, den gefährlichsten von allen Arten des Zweikampfes. Der Eine dieser Menschen erlag seinen Wunden, der Andere wurde gehangen. Er zog es vor, sich selbst der Gerechtigkeit zu überliefern, statt seinen Gegner sterbend und ohne Beistand in dem Walde zu verlassen, was für ihn ein unvertilgbarer Schandfleck gewesen sein würde. Er hatte sich dadurch für immer in den Augen aller Barateros entehrt und eben so in denen aller majas (Grisetten); in den Augen der ganzen Gesellschaft freigelassener oder entsprungener Galeerenzüchtlinge. Dieses Verlassen seines Feindes würde als eine Handlung der Feigheit betrachtet worden sein, entwürdigender als das rothe Eisen des Henkers, schändender als das Bagno. Einen Tapfern zu verlassen, der sich freiwillig den Gefahren des Zweikampfes auf das Messer ausgesetzt hatte, und dies aus Furcht vor dem Galgen zu thun, das wäre unmöglich gewesen!

zwanzig Mal seine Brust unbeschützt dem mörderischen Messer.

Die Culevrina folgte mit funkelnden Blicken und hochathmender Brust dem Kampfe, der alle Seelen in Spannung erhielt. Einige der Anwesenden beteten still für den jungen Guapo, den sie schon todt zu Boden gestreckt erblickten.

Der Meister schwieg; sein Gesicht verrieth nichts.

Der junge Gardunnio, der schon ermüdet war, erschöpfte seinen Athem, indem er die unbesonnene Art des Kampfes fortzusetzen bemüht war. Zwanzig Mal schon hatte Manofina's Dolch seine Brust gestreift; aber Manofina wollte ihn nicht tödten, und den Augenblick ersehend, wo der junge Mann mit horizontal erhobenem Arme, das Messer gegen seine Brust gerichtet, auf ihn eindrang, versetzte er ihm mit dem linken Arme einen unerwarteten und so heftigen Schlag, daß das Albacete desselben zu den Füßen des Meisters niederflog.

„Bravo! Bravo!“ ertönte es von allen Seiten. „Bravo, Manofina. Du bist noch würdig, einer der Unsrigen zu sein.“

„Ich danke, Brüder,“ entgegnete der Liebhaber der Serena; ich danke Euch! Euer Beifall genügt mir!“

„Du bist wahrhaft ein muthiger Mann, Manofina,“ sagte der Besiegte, indem er ihm die Hand reichte. „Ohne Groll!“

Manofina drückte herzlich die ihm gebotene Hand, trat dann zu Mandamiento, und sagte:

„Jetzt, Meister, beendige die Feierlichkeit und laß mich frei sein.“

Mandamiento sah wohl, daß Alles vergeblich war, den Guapo anderen Sinnes zu machen. Er zog daher seinen Dolch aus der Scheide, stemmte die Spitze gegen den Boden und bog die Klinge bis sie sprang. Die Stücke gab er dann Manofina, welcher ihm dafür seinen Dolch einhändigte.

Durch diesen Tausch war der Bravo degradirt und unwürdig, die Thaten der Gardunnia zu theilen und zum Ruhme der Gesellschaft beizutragen.

Mandamiento nahm dann den Bravo bei der Hand, führte ihn zu einem Bilde der heiligen Jungfrau und vor demselben niederkniend, sprach Manofina die folgenden vorschriftsmäßigen Worte: „Bei den Schmerzen unserer lieben Frau und bei dem Blute ihres Sohnes, unseres Heilandes, das für uns vergossen wurde, schwöre ich, die Brüderschaft der Gardunnia oder eines ihrer Mitglieder nie zu verrathen; niemals Mitglied des großen Rauchfanges auf Kosten der Brüder Gardunnia zu werden, und nie gegen einen derselben meinen Dolch zu ziehen, es sei denn zur Selbstvertheidigung. — Gott stehe mir nach der Aufrichtigkeit meines Eides bei und bestrafe mich, wenn ich denselben jemals breche."

„Amen!" antworteten im Chor alle anwesenden Mitglieder, welche hinter dem Guapo niedergekniet waren.

Als diese lächerliche Ceremonie beendigt war, nahm Manofina den Arm seiner Gefährtin, warf noch einen Blick des Abschieds auf seine bisherigen Genossen und verließ die Höhle der Gardunnia, um nie dahin zurückzukehren.

„Brüder," rief der Meister, sobald Manofina verschwunden war, „wir werden ein neuntägiges Fasten für unsere liebe Frau von den sieben Schmerzen halten, daß sie uns einen würdigen Nachfolger des armen, verirrten Sohnes zuführe, der uns so eben verlassen hat."

IX.

Der Günstling des Inquisitors.

Es war am Tage nach der Orgie. Es konnte sechs Uhr Morgens sein und der Inquisitor hatte so eben sein Lager verlassen. Sein Gesicht trug noch die Spuren von der Ausschweifung der vergangenen Nacht und von dem unruhigen Schlafe, der die Kräfte aufreibt, statt sie zu ersetzen.

Peter Arbuez war leichenblaß. Der nervösen Aufregung, welche die Unmäßigkeit hervorbringt, gesellte sich die Unruhe einer gestörten Leidenschaft, eines dumpfen Zornes gegen die Werkzeuge seiner Verbrechen. Besonders Henriquez erregte im höchsten Grade seinen Unwillen. Die wilde Leidenschaft, welche der Inquisitor für Dolores empfand, steigerte sich durch alle die Hindernisse, welche seine Pläne gestört hatten.

Die gallige Gesichtsfarbe des Peter Arbuez zeigte in einzelnen Augenblicken dunkelblaue Flecken; sein großes, tiefblaues Auge wurde fahl, wie das eines Tiegers, und sein Adlerprofil verzerrte sich zu einem Ausdrucke entsetzlicher Grausamkeit.

Er näherte sich einem Brasero,[1] welcher in der Mitte des Zimmers brannte und breitete seine erstarrten Hände über dessen wohlthuende Wärme. Ihn fror! Die Heftigkeit seiner Gefühle trieb alle Lebenswärme gegen das Gehirn.

„Dolores!“ rief er; „Dolores!“

Seine entzündete Einbildungskraft zeigte ihm wie in einem Zauberspiegel die übermenschliche Schönheit der Tochter des Gouverneurs. Er sprang von seinem Sitze empor und seine Zähne knirschten in einem Anfalle unbezähmbaren Sinnenreizes.

„Ha, wie schön sie so war!“ fuhr Peter Arbuez fort, unerbittlich verfolgt von dem Bilde des reizenden Mädchens. „Wie schön war sie in ihrem Schrecken! Ha, sie so bei mir gesehen zu haben, — sie hier in meiner Gewalt zu besitzen — ohne ihren Zorn, noch ihr Geschrei fürchten zu müssen! — So würde es, gleichwohl ohne Henriquez Feigheit sein.

„Der niedrige Sclave, der nur zu schmeicheln weiß, aber nicht Dienste zu leisten! — Verfluchte Raße, die den Staub unserer Sandalen küßt, die aber vor der Gefahr zurückbebt, wenn es gilt, uns zu befriedigen!“

„Doch wie!“ fuhr der wilde Inquisitor fort, indem er stolz den Kopf erhob; „bin ich denn hier nicht Gebieter und kann ich nicht durch die Gewalt das erlangen, woran die List scheiterte?

„Holla!“ rief er, indem er sich einem seidenen Thürvorhange näherte, der sein Zimmer von einem Vorgemache trennte, in welchem sich die diensthabenden Familiaren aufhielten, „man rufe meinen Schreiber!“

Dieser eilte herbei. Er war ein junger Edelmann aus einer armen Familie, der, um dem Elende und den Ver-

[1] Der Brasero ist ein kupfernes Becken, angefüllt mit glühenden Kohlen, das man in die spanischen Salons setzte, um sie während des Winters zu erwärmen. Der französische Kamin und der Ofen der nordischen Gegenden wurden in Spanien erst nach dem Unabhängigkeitskriege eingeführt.

folgungen zu entgehen, in den Dienst seiner Eminenz trat. Stand nicht Alles im Dienste der Inquisition?"

„Don Philipp," fragte der Inquisitor, „ist diese Nacht der Gouverneur von Sevilla verhaftet worden? Wurde er nach den Gefängnissen des heiligen Officiums gebracht?"

Don Philipp verneigte sich: „Gnädigster Herr, Ew. Excellenz Befehle sind vollzogen worden."

Ein Blitz finsterer Freude schoß aus den Augen des Inquisitors, und er sagte zu seinem Schreiber: „Ich bitte Euch, sendet mir Joseph."

Der Schreiber entfernte sich und Peter Arbuez ging mit großen Schritten in dem Gemache umher.

„Wenigstens werde ich mich an ihr rächen!" sagte er. „Und dann hoffe ich auch," fuhr er in seinem Selbstgespräche fort, „daß die verfluchten Gitano's, denen ich meinen Schutz gewähre, ihren Auftrag besser erfüllt haben, wie meine Familiaren. In der Regel verfehlen die Söhne der Gardunnia ihre Streiche nicht. Dieser Estevan, den ich hasse, lebt schon nicht mehr, und ich habe wenigstens Dolores diesen verabscheuten Nebenbuhler entrissen."

Indem er so sprach, zeigte sich das blasse Gesicht Josephs in der Thür. Bei seinem Anblicke besänftigten sich die Züge des Inquisitors auf eigenthümliche Weise.

„Tritt ein, Joseph!" sagte er. „Deine Anwesenheit ist mir stets lieb!"

Der Novize war in der That eines jener Wesen, welche für die mächtigen Müßiggänger dieser Welt unentbehrlich sind und die man stets mit dem Namen der Günstlinge bezeichnet hat. Sie sind Werkzeuge des Guten oder des Bösen, je nach der Güte oder der Verderbtheit ihres Herzens; schwache Wesen, welche durch ihre Schwäche und ihre Nachgiebigkeit herrschen, denen gleichwohl nichts zu widerstehen vermag. Sie üben einen geheimnißvollen Einfluß, sind verhängnißvoll wie das Geschick, dienstbare Geister des Gebieters, den sie zu seinen guten wie zu seinen bösen Handlungen antreiben und scheinen durch einen bezauberten Talisman zu wirken. Denn an eben dem Tage, an welchem dieser Talisman ihnen entschlüpft, werden sie selbst fallen, und ergriffen durch die unwiderstehliche Macht, die sie ebenso zertrümmert, wie sie sie erhoben, ohne Ursache und ohne Wirkung.

„Gnädigster Herr, habt Ihr diese Nacht schlecht geschlafen?“ fragte der Günstling mit schmeichelnder Stimme.

„Ja, Joseph. Ich habe eine anstrengende und grausame Nacht gehabt.“

„In dem Palaste ist ein armer Mensch, der auch sehr schlecht schlief, da er in dem Dienste Eurer Eminenz am Körper und an der Seele verwundet worden ist.“

Die Augen des Inquisitors funkelten zornig. Joseph ließ sich dadurch nicht irre machen, sondern fuhr fort: „Dieser Mensch, gnädigster Herr, hätte beinahe sein Leben im Dienste Eurer Eminenz eingebüßt, und als er blutend, beinahe sterbend, zu Euch kam, habt Ihr ihn fortgejagt, wie ein unsauberes Thier. Seitdem verweigerten Eure Eminenz ihm sogar, seine Rechtfertigung anzuhören.“

„Joseph,“ rief Peter Arbuez, „weißt Du wohl, daß, wenn ein Anderer als Du es wagte, sich für Henriquez zu verwenden —“

„Eure Eminenz ihn anhören würden, wie Ihr mich dessen würdiget,“ unterbrach ihn der Günstling mit ruhigem Tone. „Denn Eure Eminenz seid vor Allem gerecht und Ihr macht Euch in Eurer Seele bereits Eure Grausamkeit gegen den armen Henriquez zum Vorwurf.“

„Ein Verräther!“ murmelte der Inquisitor.

„Ein Diener, der bereit ist, für Euch zu sterben; ein treuer und muthiger Diener; ein Diener, dessen Ihr bedürft. Wen wollt Ihr jetzt zum Gouverneur von Sevilla machen?“

„Bei dem Pantoffel des Papstes, Ihr scherzet, Meister Joseph. — Ich weiß nicht, wer von uns Beiden verrückter ist, Ihr junger Tollkopf, der Ihr solche Albernheiten gegen mich äußert, oder ich, der Groß-Inquisitor von Sevilla, daß ich sie anhöre!“

„Gnädigster Herr,“ sagte Joseph, „ich werde Euch sogleich beweisen, daß wir Beide sehr verständig sind.“

„Ich bin auf diesen Beweis sehr neugierig.“

„Nichts ist leichter, Eure Eminenz. — Ihr habt der edlen Stadt Sevilla ihren sehr geehrten und sehr ehrenwerthen Gouverneur genommen, den Grafen Manuel Argoso; nun ist die Stadt ohne Führer und Eure Eminenz sind ohne Gehilfen. In diesen Zeiten der Ketzerei aber könnt Ihr eines Gehilfen, eines Verbündeten, nicht entbehren.“

„Wohin zielst Du?“ fragte der Inquisitor, welcher anfing, mit Vergnügen zuzuhören.“

„Ich ziele dahin, Euch zu beweisen, daß der beste Verbündete des Inquisitors der Gouverneur der Stadt ist, und daß es daher dringend nöthig ist, dieser Gouverneur sei ein Geschöpf Eurer Eminenz. Wo fändet Ihr aber einen Menschen, der Euch ergebener wäre, wie dieser arme Henriquez, der bei der bloßen Entführung eines jungen Mädchens zwei oder drei Taufen empfangen hat, wie die verfluchten Zigeuner der Gardunnia sagen, und noch überdies ein sehr vollständiges Bad nehmen mußte.“

Peter Arbuez lächelte; der Einfluß des Günstlings hatte das Fieber beschwichtigt, welches sein Blut verbrannte.

„Henriquez Gouverneur von Sevilla!“ rief er in einem plötzlichen Anfalle der Lustigkeit. „Aber weißt Du denn nicht, Joseph, daß der Mensch gar Nichts ist?“

„Desto größer,“ sagte Joseph, ohne sich irre machen zu lassen, „muß seine Dankbarkeit sein, wenn er durch Euch zu Etwas wird.“

Ein lautes Gelächter, aber kalt, wie das Lachen eines Inquisitors, antwortete dieser Bemerkung. Joseph fuhr mit der schmeichelnden Hartnäckigkeit eines verzogenen Kindes fort: „Soll ich den armen Henriquez rufen, damit er sich rechtfertige und die Rückkehr Eurer Gnade erflehe?“

„Er ist also von Reue über das Mißlingen seiner Unternehmung ergriffen?“

„Er ist darüber ganz zerknirscht.“

„In der That,“ sagte Peter Arbuez, ein Mensch, der drei Mal getauft und ganz zerknirscht ist, verdient die Absolution. Geh' denn, und hole mir Henriquez her, mein kleiner Joseph.“

Der Novize küßte die Hand des Inquisitors mit fieberhafter Hast, und wer dabei sein auf die Hand des Peter Arbuez niedergebeugtes Gesicht hätte sehen können, würde nach dem Ausdrucke des Hasses und der Wildheit desselben geschlossen haben, daß der Novize gern die Hand seines Gebieters mit den Zähnen zerfleischt hätte, statt sie mit heuchlerischen Küssen zu bedecken.

Joseph ging.

„Alles erwogen,“ sagte der Inquisitor zu sich selbst, „ist der Gedanke dieses Kindes vielleicht so schlecht nicht.

Henriquez als Gouverneur von Sevilla, durch mich erhoben und durch mich allein gehalten, wird das gefügige Werkzeug meines Willens sein; der Lictor, dem ich gebiete: triff, und der darauf auch wirklich trifft. Ja, Joseph hat Recht. — In ihm ruht die Weisheit.“

Indem er diese Worte beendete, trat der Günstling ein, gefolgt von Henriquez.

Der Familiar war noch sehr blaß; sein zerschlagener Kopf war verbunden; den verwundeten Arm trug er in der Schlinge. Seine heuchlerische Haltung gab seinem mageren und abgematteten Gesichte noch mehr den Ausdruck des Leidens.

Bei seinem Anblicke verfinsterte sich die Stirn des Inquisitors auf's Neue.

Der in Ungnade Gefallene beugte ein Knie zur Erde und flehte durch eine Bewegung um die Gnade, die Hand Seiner Eminenz küssen zu dürfen.

Peter Arbuez sah seinen Günstling an.

„Nun, etwas Nachsicht!“ antwortete der Blick Joseph's.

„Ich verzeihe Euch, Henriquez,“ sagte der Groß-Inquisitor. „Danket Don Joseph, der besser für Euch gesprochen hat, wie ein Advocat es gekonnt hätte. — Und nun erzählt mir die näheren Umstände der nächtlichen Unternehmung, welche Euch diese Wunden eingetragen hat.“

Henriquez ließ sich dies nicht zwei Mal heißen. Er erzählte Seiner Eminenz Alles, was wir bereits von Dolores' Entführung wissen und er unterließ nicht, dabei sich allein die Ehre der gegebenen und empfangenen Dolchstöße zuzuschreiben. In der That nahm er nur das Gut der Todten an sich; das war eine Erbschaft und nicht ein Diebstahl.

Als er geendigt hatte, war der Inquisitor wieder ganz zu seinen Gunsten gestimmt und sagte mit einem Tone, bei welchem Wohlwollen und Protection durchklangen: „Henriquez, ich halte Dich für treu, und obgleich Dir diese Unternehmung mißglückte, hoffe ich, daß in der Folge Dein Eifer und Deine Anstrengungen für den Dienst Gottes[1] dieses Mißlingen vergüten werden. Und um Dir zu beweisen, daß ich keinen Groll gegen Dich bewahre, sondern Dich vielmehr als meinen treuesten Diener betrachte, will ich

[1] Man weiß, daß Gott so viel bedeutet, wie die Inquisition.

an den König schreiben und für Dich die Würde des Gouverneurs von Sevilla erbitten."

„Ist der Graf Argoso todt?" fragte Henriquez, getheilt zwischen Ueberraschung und Freude.

„So gut wie todt," murmelte Joseph zwischen den Zähnen. „Er ist in den Kerkern der Inquisition."

„Eure Eminenz," sagte ein Diener, indem er den Thürvorhang bei Seite zog, „Meister Mandamiento wünscht Euch zu sprechen."

„Estevan ist todt," dachte der Inquisitor. „Laßt den Meister der Gardunnia eintreten," gebot er dann, indem er diese letzten Worte mit besonderer Ironie betonte.

Mandamiento wurde hereingeführt. Er blieb mit bedecktem Haupte dem Inquisitor gegenüber stehen. Der wilde Mensch hatte so überspannte, so fanatische Begriffe von den Vorrechten seines Amtes, daß er wie Macht zu Macht zu verhandeln glaubte.

Henriquez forderte Mandamiento durch ein Zeichen auf, den Kopf zu entblößen, aber der Meister antwortete durch einen geringschätzigen Blick. Der Groß-Inquisitor lächelte und sagte zu dem Gardunnio: „Die Sache ist geschehen, nicht wahr?"

„Nichts ist geschehen!" entgegnete Mandamiento finster.

„Wie! Estevan von Vargas —"

„Estevan von Vargas schweift frei umher und nicht ein Haar auf seinem Kopfe ist gekrümmt. Zum ersten Male seit ihrer Begründung hat die Gardunnia in ihrem Schooße einen Verräther gezählt, und zwar unter ihren bravsten Söhnen," fuhr Mandamiento mit komischem Schmerze fort. Er betrübte sich über den Abfall Manofina's, wie ein guter Familienvater über einen schlechten Streich seines geliebten Sohnes.

„Beim Satan!" schrie der Inquisitor, indem er wüthend mit dem Fuße stampfte, „es verräth mich bei dieser Gelegenheit Alles! — Wie heißt der Verräther?" fragte er dann mit scharfer Stimme.

„Ich habe geschworen, daß Niemand seinen Namen erfahren soll, gnädigster Herr, und dieser Name kümmert auch Eure Eminenz wenig. Ich bin nur gekommen, um die Summe zurück zu erstatten, die Dem vorgestreckt worden war, der den Auftrag erhalten hatte."

Und mit der gewissenhaftesten Redlichkeit legte der Bandit auf den Tisch die Goldstücke, die ihm für die Ermordung des Don Estevan ausbezahlt worden waren.

„Gibt es denn unter den Gitanos Niemand, der das übernehmen würde?" fragte der Inquisitor.

„O, es fehlt uns nicht an treuen und muthigen Söhnen," sagte der Meister stolz. „Und für die Zukunft kann ich einstehen. — Aber wir haben jetzt die Spur unseres Mannes verloren, und ich müßte daher eine Frist fordern."

„Darauf soll es nicht ankommen," entgegnete der Inquisitor, „wenn Du mir nur versprechen kannst, daß Estevan Dir nicht entgehen wird. Nimm also Dein Gold wieder, Mandamiento; es ist nur ein Handgeld auf den Handel. Je schwieriger die Sache geworden ist, um so größer wird der Lohn sein."

„So sei es!" sagte der Bandit, indem er die Goldstücke zurücknahm. „Ich kann Eure Eminenz versprechen, daß der junge Mann binnen acht Tagen eine Taufe von Meisterhand empfangen haben wird."

„Amen!" sagte Joseph und verließ mit gleichgiltigem Wesen das Gemach.

„Kannst Du mir nicht sagen, Mandamiento," fragte Arbuez, „wohin sich die Tochter des Gouverneurs von Sevilla geflüchtet hat?"

„Ihr hattet mir nicht den Auftrag ertheilt, darüber zu wachen!" entgegnete der Gardunnio.

„Gerade die Antwort, welche Kain dem Herrn gab!" wagte Henriquez zu bemerken.

Man duldete von Joseph, was man dem Familiar nicht gestattete. Arbuez runzelte daher die Stirn; er war mit zu ernsten Dingen beschäftigt, um den Scherz zu gestatten.

„Mandamiento," fuhr er fort, „das ist ein Fang, für welchen das Gold meiner Casse Dir reichlich fließen sollte. Trachte das junge Mädchen zu entdecken und es mir zuzuführen."

„Gesund und wohlbehalten?" fragte kalt der Bandit.

„Bei dem Christ!" rief der Inquisitor, welcher ebenso bei den heiligsten, wie bei den verworfensten Dingen schwur; „bei dem Christ! ohne daß ein Haar von ihrem Kopfe fällt; hörst Du? Ohne daß ihr der geringste Schrecken bereitet wird. — Habt Ihr nicht Weiber, welche daraus ein Geschäft machen? — Man entdecke das junge Mädchen! — In ein Mitglied ihres eigenen Geschlechtes wird sie kein Mißtrauen setzen. — Man wende List an; indeß Du wirst selbst wissen, was dabei zu thun ist."

„Ach, die Serena!" dachte Mandamiento. „Die war so gewandt und verstand es so gut, zu schmeicheln! — Gnädigster Herr," fuhr er dann laut fort; „es soll versucht werden, aber ich verspreche nichts, denn die Sache ist schwieriger, als es scheint."

„Eure Eminenz," sagte Henriquez mit leiser Stimme, „ich werde sie entdecken. — Bin ich nicht bald Gouverneur von Sevilla?"

Arbuez verabschiedete den Meister der Gardunnia.

Dieser sonderbare Mensch ging mit stolz erhobenem Kopfe und festem Schritt. Er hatte einen hohen Begriff von seiner Wichtigkeit und diese Thorheit, noch gesteigert durch seine aufgeregte Existenz, gab allen Bewegungen und dem ganzen Wesen Mandamiento's etwas feierlich Wildes, was sich in Worten nicht ausdrücken läßt.

Als er hinaus war, zuckte Arbuez die Achseln.

„Mit einer solchen Art in Berührung zu sein," murmelte er. „Und das Alles nur, weil die Miliz Christi nichts taugt. Hätten die Familiaren genug Eifer, würden wir dann wohl dieser Zigeuner bedürfen?"

„Gnädigster Herr," sagte Henriquez, „wenn diese Zigeuner uns nicht dienten, würden sie uns bekriegen."

„Das ist vielleicht wahr," entgegnete Arbuez.

Der wieder zu Gnaden angenommene Familiar fuhr fort, mit dem Inquisitor zu plaudern; was sie sprachen, können wir indeß nicht sagen; aber gewiß mußte die Hölle lachen bei diesem vertraulichen Geplauder, bei diesen cynischen oder gottlosen Vertraulichkeiten, die zwischen den beiden entsetzlichen Personen ausgetauscht wurden. Und wenn Gott sich nicht darüber empörte, in alle dergleichen Dinge gemischt zu werden, so geschah es nur, weil seine Güte unendlich ist, und weil er die Bösen auf der Erde duldet; nicht um die Guten zu läutern, wie man gesagt hat, sondern weil er Vater ist und weil ein Vater stets nachsichtig sich zeigt, selbst gegen seine verderbten Kinder.

Kaum hatte der Sennor Mandamiento auf der Straße einige Schritte gemacht, als er sich an dem Aermel gezupft fühlte. Er wendete sich um, und war nicht wenig erstaunt, den Günstling des Inquisitors zu erblicken.

„Sollten Seiner Ehrwürden etwas vergessen haben?“ fragte der Zigeuner.

„Seiner Ehrwürden hat vergessen, Dir zu sagen, daß ich nicht will, daß Don Estevan von Vargas sterbe,“ sagte Joseph.

„Ihr hättet ihn daran erinnern sollen,“ entgegnete Mandamiento in demselben Tone.

„Wenn Du es nur weißt, ist das nicht hinreichend?“ meinte der Novize.

„Der gnädige Herr hat mir Handgeld für die Verdunkelung Don Estevan's gezahlt,“ fuhr der Bandit fort, „und ich weiß nichts, was mich abhalten könnte, seinen Willen zu erfüllen.“

„Ausgenommen mein Wille!“ sagte Joseph mit dem Tone der Autorität. „Ich will nicht, daß Don Estevan sterbe, hörst Du wohl, Mandamiento, und ich werde dem gnädigen Herrn das Handgeld zurückgeben. Sei darüber ganz ruhig und geh' Deiner Wege.“

Der Meister kannte die Allmacht Joseph's über den Inquisitor; der entschlossene Ton des Novizen brachte ihn zur Unsicherheit; sollte er dem Herrn mißfallen, oder dem Günstlinge?

Mandamiento dachte einen Augenblick nach; dann wendete er sich zu dem jungen Manne, der sein durchdringendes Auge fragend auf ihn richtete.

„Ehrwürdiger,“ sagte er, „ich werde Euch gehorchen, was auch daraus entstehen möge.“ Ein Höfling hätte nicht gewandter sprechen können.

„Es ist gut!“ erwiderte Joseph. „Was Dir auch begegnen möge, berufe Dich auf mich.“ Bei diesen Worten ließ er eine goldgefüllte Börse in die Hände des Zigeuners gleiten und verschwand um die Ecke der nächsten Straße.

„Das ist ein Geschenk,“ murmelte Mandamiento, indem er die reiche Gabe des jungen Mönches betrachtete. „Nichts ist besser erworben, als das, was man uns schenkt. Ich darf es daher behalten.“

Der Meister der Gardunnia entfernte sich, indem er halblaut eines jener Lieder trällerte, welche die Gitanos Spaniens noch jetzt singen.

X.

Der Profeß.

In einiger Entfernung von Sevilla, auf einem lachenden Hügel, dessen Fuß von dem Guadalquivir bespült wurde, erhob sich ein Dominicanerkloster, ein großes, prachtvolles Gebäude, aufgeführt in der Mitte einer Oase, umgeben mit allen Wundern einer reichen und mannigfaltigen Natur, im Innern verschönert durch alle Verschönerungen des guten Geschmacks und der Bequemlichkeit, ohne Zweifel, um den Kindern Dominik's von Guzman die Selbstverläugnung leichter zu machen.

Dieses Kloster, oder vielmehr dieser Palast, die ehemalige Wohnung eines maurischen Fürsten, diente als Asyl für einige dreißig Mönche, die dazu bestimmt waren, die Tribunale der Inquisition zu ergänzen. Mehrere von ihnen hatten mit Glanz das hohe Amt eines Provinzial-Inquisitors versehen; Alle machten sich durch ihren unerbittlichen Eifer in der Ausrottung der Ketzerei bemerkbar, und der Groß-Inquisitor Arbuez schätzte ganz besonders dies heilige Asyl, in welchem er zuweilen Erholung von seinen schweren Functionen suchte. An diesem Tage rief ein wichtiges Geschäft ihn an diesen Ort der Frömmigkeit. Eine glänzende Ceremonie wurde vorbereitet und die Anwesenheit des Inquisitors sollte derselben mehr Feierlichkeit verleihen.

Es war zwei Monate nach dem Verschwinden der Tochter des Gouverneurs. Die Leidenschaft des Peter Arbuez war zwar nicht erloschen, ließ aber dieser glühend despotischen Seele einige Augenblicke der Ruhe, und der Genuß der Herrschaft milderte für Augenblicke die Täuschungen seiner zügellosen Liebe. Dann war auch Dolores nicht der einzige Gegenstand des Interesses für das Leben des Groß-Inquisitors. Joseph, sein Günstling, sollte an diesem Tage in dem Kloster der Dominicaner Profeß thun, und die Freundschaft des Groß-Inquisitors für diesen jungen Mann von weiblicher Schönheit war lebhaft genug, um für einen Augenblick eine glühendere Leidenschaft in den Hintergrund zu drängen.

Mit dem Morgen dieses feierlichen Tages war das ganze Kloster auf den Beinen. Die Capelle, ein großer runder

Raum, der unter den christlichen Zierrathen die maurische Physiognomie beibehalten hatte, war mit Blumen und Gewinden geschmückt. Unsere liebe Frau vom Rosenkranz, die Schutzpatronin der Dominicaner, hatte ihre Festkleider angelegt; Seide und Sammt umhüllten das keusche Bild der demüthigen Mutter des Demüthigsten aller Menschen und die bescheidene Königin der Engel entfaltete Diamanten und Perlen gleich einer Königin der Erde.

Der weiße Marmor der Säulen verschwand unter einem Netze von Rosen; zahllose Kerzen brannten auf dem Altare und nach dem berauschenden Duft der Wohlgerüche, nach dem Glanze der weltlichen Draperien, nach der mythologischen und fabelhaften Eleganz der Säulengänge, nach der Masse der Blumen, welche den Raum erfüllten, hätte man glauben sollen, den Tempel einer Venus plötzlich in eine christliche Capelle verwandelt zu sehen. Nur hatte man an die Stelle der heidnischen Gottheit das Bild der himmlischen Jungfrau gestellt, und an einer Seitenwand des Schiffes erinnerte die Bildsäule des finstern Patrons der Dominicaner durch seine strengen Züge an die ernsten Gedanken, welche der lachende Anblick dieses Ortes sonst schwerlich hätte aufkommen lassen.

Rechts auf dem Chor war ein Sitz, bedeckt mit Sammt und überragt von einem glänzenden Baldachin, für den Groß-Inquisitor bereitet und zu seiner Rechten sollte ein niedrigerer Sitz von dem Prior des Klosters eingenommen werden, dem für gewöhnlich der erste Platz gebührte. An diesem Tage mußte er sich wohl in das Gesetz der Hierarchie fügen.

Gegen 9 Uhr ertönte ein feierliches Signal unter dem Gewölbe der Capelle, die schon von zahlreichen Eingeladenen, zum größten Theil Damen und Herren des Hofes, angefüllt war.

Langsam zogen die Mönche, das Banner voran, in zwei Reihen einher, die Gloria in excelsis singend. Jeder trug eine brennende Kerze in der Hand. Die finsteren Gesichter verbargen unter einem ascetischen Aeußern nur schlecht ganz irdische Leidenschaften; gleichwohl hatte dieser Zug von Männern in dem Gewande des Grabes — schwarz und weiß — etwas eigenthümlich Finsteres, das mit Entsetzen erfüllte. Der Prior, bekleidet mit den bischöflichen Zierrathen, schloß den Zug.

Als die Gesänge beendigt waren, blieben die Mönche in zwei Reihen einander zugewendet stehen, der Prior ging in ihrer Mitte hindurch; zwei Mönche, welche das Amt der Diaconen versahen, folgten. ihm; sie begleiteten den Novizen, welcher die reiche und kleidsame Tracht der spanischen Ritter trug. Alle vier knieten in der Mitte des Chores auf Sammtkissen nieder, welche für sie hingelegt worden waren. Ein vornehmer Spanier diente Don Joseph als Vater. Der Großmeister Arbuez hatte bereits den ihm bestimmten Platz eingenommen.

Nach dem Evangelium fand die gewöhnliche Predigt statt. Eine Rede, schwülstig und mystisch und die Glückseligkeiten des klösterlichen Lebens behandelnd; Redensarten ohne Ordnung, dunkel und zweideutig, mit dem Stempel eines gewaltigen und unverständlichen Ascetismus, die dem Herzen und der Einbildungskraft nichts sagen, aber immer auf den einzigen Zweck Rom's zielten: Verdunkeln, um zu herrschen. Das Auditorium war damit sehr zufrieden; indeß hinderte die Beredtsamkeit des Priors die schönen Damen, welche bei der Ceremonie zugegen waren, nicht, sehr heilige Blicke auf den jungen Novizen zu richten und sein schönes Gesicht, sowie seine anmuthige Gestalt zu bewundern.

Joseph war sehr blaß, aber sein schwarzes Auge hatte einen eigenthümlichen Ausdruck, und finstere Blitze schossen über sein Gesicht.

Nach der Messe trat der Prior gegen den Novizen vor. „Was suchst Du so geschmückt in dem Hause Gottes?“ fragte er ihn.

„Ich suche das Heil meiner Seele,“ antwortete Joseph.

„Und Du denkst es unter dem Pomp der Welt zu finden?“

„Nun wohl, so verzichte ich auf den Pomp der Welt.“

„Das ist nicht genug — Du mußt auch auf das Fleisch und Deinen Willen verzichten.“

„Ich werde das Gelübde der Keuschheit ablegen und demüthig und unterwürfig gegen Die sein, welche mich auf den Weg des Heiles führen.“

„So geh' denn,“ sagte der Prior.

Zwei Mönche bemächtigten sich des Novizen und führten ihn hinter dem Altare an einen Ort, der zu seinem Empfange vorbereitet war. Der Ort war finster, nur durch eine Lampe beleuchtet, die von der Decke herabhing. In der Mitte, auf dem mit schwarzem Tuche bedeckten Boden stand ein Sarg, und um diesen brannten vier weiße Wachskerzen, als würde nur darauf gewartet, den Sarg in die Erde hinabzusenken. Auf dem Sargdeckel grinste ein Todtenkopf, über zwei in das Kreuz gelegten Knochen, mit zwei Reihen blendend weißer Zähne, den Eintretenden an. Ueber dem Sarge, am Boden befestigt, gleich zwei finsteren Standarten, erblickte man das silberne Kreuz und die Manga,[1] welche bei den Beerdigungen getragen wurde.

An dem oberen Ende des Gewölbes erblickte man neben einem Betpulte, über welchem ein bleiernes Crucifix hing, einen mit schwarzem Tuch behangenen Tisch, auf welchem die für den Novizen bestimmten neuen Gewänder lagen.

An dem entgegengesetzten Ende, dem Betpulte gegenüber, vervielfältigte eine an der Wand befestigte polirte Metallplatte alle diese finsteren Gegenstände.

Dieser Ort wurde die Höhle des Heiles[2] genannt. Hier ließ man den Novizen allein. Er entkleidete sich seiner

[1] Die Manga ist eine Art von rundem Banner, welches die Gestalt eines Thurmes hat, in einer Spitze endigt und von einem Kreuze überragt wird; sie ist von schwarzem Sammt, verziert mit einer goldenen Tresse für verheirathete und verwitwete Personen, und mit einer silbernen Tresse für unverheirathete junge Leute und Kinder. Bei spanischen Beerdigungen ist die Manga die unzertrennliche Gefährtin des Kreuzes.

[2] Die Höhle des Heiles war bei den Mönchen das, was bei den Freimaurern die Kammer des Nachdenkens ist. In dieser Höhle war Alles darauf berechnet, auf die Einbildungskraft des Neophyten zu wirken, die bereits durch drei Tage beinahe unbedingten Fastens erregt war, und auf eine unbeschreibliche Weise wirkte. Ich hörte den Pater Antonio, einen rechtschaffenen Mönch, wenn es jemals einen gab, und der so sehr ein Lebemann, wie ein Mann von Welt war, sagen, daß er an dem Tage nach seiner Wahl zum Prior der Hyeronimiten von Madrid, obgleich er viel lieber Prior seines Klosters wurde, als Grand von Spanien erster Classe, auf diese Würde verzichtet hätte, wäre er gezwungen gewesen, noch einmal die Ceremonie des Profeßes durchzumachen und eine Stunde allein in der Höhle des Heiles zu bleiben. „Ich glaube," sagte er, „daß man sie die Hölle des Satans nennen sollte, denn wenn ich an den Teufel glaubte, würde ich nicht daran zweifeln, ihn mit seinem ganzen Gefolge von Dämonen, Teufeln und Koboldеn gesehen zu haben. Nachdem ich die Ermahnungen des Novizenmeisters gehört hatte, nachdem ich drei Tage fastend und

profanen Gewänder und legte die Tracht der Dominicaner an, eine weiße Kutte und ein schwarzes Scapulaire, ein finsteres Gewand, welches das des Todes zu sein scheint. Dann legte er sein mit Federn geschmücktes Baret ab, um nie wieder einen andern Kopfschmuck zu tragen, als seine geschorenen Haare, und statt des goldenen Gürtels, welcher sein Schwert trug, legte er einen Strick, das Zeichen der Armuth, über seine Hüften. Endlich vertauschte er seine reichen Halbstiefel mit den Sandalen, die er künftig immer tragen sollte.

Das Alles währte etwa eine halbe Stunde. Die Hand des Novizen zitterte, als hätte er das Fieber; sein Herz klopfte in ungleichen und heftigen Schlägen; kalter Schweiß rieselte über sein bleiches Gesicht. Er kniete vor dem Crucifix nieder und mit klagender Stimme begann er zu beten. Herzzerreißendes Schluchzen entrang sich seiner Brust; er murmelte unverständliche Worte; ein Name, den nur er allein verstehen konnte, trat beständig wieder auf seine Lippen.

Während dieser Zeit erfüllte die Orgel mit ihrer gewaltigen Harmonie die Capelle. Der Gesang der Mönche erhob sich kräftig zu dem Gewölbe, und die Nerven des jungen Novizen, die schon durch langes Fasten aufgeregt waren, spannten sich übermäßig an. Diese menschlichen Gesänge und diese Stimme der Orgel, welche einer Riesenstimme aus einer andern Welt gleich kamen, nahmen für ihn einen fremdartigen und phantastischen Character an. Statt religiöser und heiliger Gedanken wurde sein Hirn von höllischen Begriffen erfaßt. — Die heiligen Gesänge verwandelten sich für ihn in einen entsetzlichen Spott, und statt der Blumen des Weihrauches und des Lichtes, sah er nichts mehr als Blut und Blutgerüste. — Die Stimme der Mönche schien ihm das höllische Lachen eben so vieler Dämonen zu sein, welche kalt dem Todeskampfe des Menschengeschlechtes zusahen, und in Gedanken murmelte er die finstern Worte des Evangeliums: „Sie Alle werden gehen in die Gehenna,

beinahe ohne zu trinken zubrachte, und dann eine halbe Stunde in der Höhle des Heiles blieb, begriff ich die Versuchungen, denen der heilige Antonius ausgesetzt war, und glaube an dieselben.“

Beweisen diese Aeußerungen eines Mönches nicht, daß die Mönche an der Stelle der ernsten und einfach feierlichen Ceremonie des christlichen Cultus, eine zugleich lächerliche und gottlose Phantasmagorie eingeführt haben, die mehr dazu geeignet ist, die Sinne zu verwirren, als die Seele zu erheben?

wo es nichts gibt als Thränen und Zähneklappern; geht, Ihr Verfluchten, in das ewige Feuer!"

Der Novize hatte darauf ein Gefühl, als ob eine feurige Hand sich auf seine kalte und feuchte Hand legte; eine spöttische, scharfe, höllische Stimme flüsterte ihm in das Ohr: „Komm!"

Und wider seinen Willen, der Gewalt dieses unsichtbaren Führers weichend, ohne nur die Kraft zu haben, sich vom Boden zu erheben und zu gehen, fühlte Joseph sich plötzlich von Abgrund zu Abgrund rollen, umgeben von einer heißen, brausenden Atmosphäre, bis in eine unermeßliche Tiefe. Hier blieb er liegen; er war in den Eingeweiden der Erde. Eine dichte Nacht umhüllte ihn, wie ein schwerer Mantel der Finsterniß. Sein Athem wurde schnell, peinlich und abgestoßen; er glaubte lebend in ein versiegeltes Grab eingeschlossen zu sein. Aber in diesem Augenblicke öffnete sich vor ihm eine Thür und zeigte ihm die sonderbarste Erscheinung. Es war ein ungeheurer, entsetzlicher, flammenerfüllter Ort, aus dem stinkende Dünste drangen. Entsetzliche Ungeheuer flatterten und krochen umher, breiteten große, schwarze Flügel aus und ließen finsteres und wildes Freudengeheul ertönen. Dann riefen sie im Chore: „Da sind sie! Da sind sie!" mit einer Grabesstimme, ermüdend, wie der Ton einer Schnarre.

Joseph sah scharf hin. Zahllose Mengen von Mönchen drängten sich zu dem Eingange dieses gewaltigen Pandämoniums. Er sah sie Alle, einen nach dem andern, vorüber ziehen und wie sie den Ort erreichten, legten sie ihre Gestalt ab. Bei dem rothen Lichte des ewigen Feuers sah er sie schmachvolle oder lächerliche Gestalten annehmen und trotz dieser Verwandlung ihre Begierden, ihre Neigungen und ihren Verstand der Menschen beibehalten, gezwungen, den Instincten des schmutzigen Thieres zu folgen, in das sie verwandelt waren; oder sie nahmen zugleich die Gestalt von zwei Thieren an, deren Instincte einander gegenüber gesetzt sind, und welche die Bedürfnisse zweier einander widersprechenden Naturen empfanden und trugen in diesem ewigen Widerspruche entsetzliche Leiden und Begierden, deren Befriedigung unmöglich war.

Die grausame, unerklärliche Marter, welche eine krankhafte Einbildungskraft den Novizen erdulden ließ, brachte ihn zum Wahnsinn. Ein gellendes Gelächter entrang sich seiner Kehle — er hatte den Inquisitor Arbuez unter der Gestalt eines Tiegers, mit dem Schnabel und den Pfoten einer Gans erkannt.

Diesen angreifenden Visionen folgte eine vollständige Erschlaffung, und als man zurückkehrte, Joseph wieder in die Kirche zu führen, konnte er sich kaum auf den Beinen erhalten. Sein Gang war langsam und schwankend, sein Gesicht überzog die Blässe des Todes und sein Kopf sank auf die Brust herab, während sich dieser der Athem nur mühsam entrang.

Aber als er sich dem Altare näherte, bemerkte er Peter Arbuez auf dem bischöflichen Sitze und dieser Anblick schien ihn neu zu beleben; ein Blick des Hasses zuckte aus seinem finstern Auge; das Blut trat in sein Herz zurück: er war der Wirklichkeit des Lebens wiedergegeben.

Demüthig kniete er jetzt auf den nackten Steinboden nieder, nicht mehr begleitet von seinem Adoptivvater, wie zum Anfange der Ceremonie, sondern allein; er hatte jetzt keinen andern Vater mehr, als Gott.

Er sprach sein Gelübde mit fester Stimme aus. Der Prior empfing es, und nach der letzten vorgeschriebenen Formel ertönte auf's Neue die Orgel in ihren erhabenen Klängen und die Mönche stimmten das Te Deum an.

Dies war die Danksagung gegen Gott, dem Bösen eine Seele entrissen zu haben.

Als der Gesang beendigt war, legte man den Profeß Thuenden in einen Sarg und begann das Todtenamt. Während dessen sank Joseph, durch Aufregung und Anstrengung erschöpft, in einen tiefen Schlaf. Es schien, als sei das Grab für ihn der einzige Ort, wo er Frieden und Ruhe finden konnte. Das Leichentuch, das ihn bedeckte, hatte ihn von dem Leben getrennt und von allen Schmerzen, die es nach sich zieht.

Die Bewegung, welche die Mönche machten, um den Sarg in das Gewölbe zu tragen, waren nicht im Stande, den jungen Mönch zu erwecken. Als er aus dem lethargischen Schlafe erwachte, befand er sich allein in den unterirdischen Gewölben der Abtei, umgeben von Gräbern und Todtengebeinen.

Dies waren die Ceremonien, unter denen der Profeß eines Dominicaner-Mönches vollzogen wurde. War er einmal aufgenommen, so wurde er bald auch eingeweiht in die egoistischen Genüße des mönchischen Lebens, er hätte denn diese ganze Phantasmagorie für Ernst nehmen müssen.

Als Joseph erwachte, hob ein tiefer Seufzer seine Brust und er warf einen finstern Blick rings umher.

„Der Tod!“ murmelte er. „Ja der Tod, er ist süß; er vereinigt — aber ich — ich kann noch nicht sterben. — O nein,“ rief er voll Kraft, „ehe ich sterbe, muß ich mich rächen!“

„Fernand,“ sagte er dann mit dumpfer Stimme, als hätte er, indem er sich von diesem finstern Orte entfernte, zu einem unsichtbaren Wesen gesprochen, „Fernand, Du mußt noch warten — auf baldiges Wiedersehen!“

XI.

Die Leidenschaft eines Inquisitors.

Seit zwei Monaten lebte Dolores, auf wunderbare Weise vor den Verfolgungen des Peter Arbuez gerettet, friedlich unter dem Schutze des Apostels in einem Asyle, welches er für sie gewählt hatte. Seit zwei Monaten schmachtete auch der unglückliche Manuel Argoso, der ehemalige Gouverneur von Sevilla, in den Kerkern der Inquisition, dem weiten Grabe, aus dem man nur mit Staunen lebende Wesen hervorgehen sieht.[1]

Ungeachtet aller seiner Nachforschungen und des Eifers, den Henriquez anwendete, welcher durch seinen Einfluß zum Gouverneur von Sevilla ernannt worden war, hatte der Inquisitor den Aufenthaltsort der Dolores Argoso

[1] Alle Geschichtsschreiber, welche über die Inquisition geschrieben haben, stimmen darin überein, daß, sobald eine Person verhaftet und in die Kerker des heiligen Officiums gebracht war, man Niemand mit derselben verkehren ließ, selbst nicht die nächsten Verwandten. Was noch mehr ist: wenn sich irgend Jemand zu Gunsten des Gefangenen zu verwenden wagte, oder den Versuch machte, ihn als unschuldig darzustellen, wurde er augenblicklich, unter derselben Anklage wie Der, den er vertheidigen wollte, ebenfalls verhaftet.

nicht zu entdecken vermocht, die unter einem fremden Namen in der Abtei der Carmeliterinnen verborgen war.

Die unlautere Leidenschaft des Inquisitors war dadurch nur gewachsen, und bei der Unmöglichkeit, sie zu befriedigen, nagte ein tiefer Unwille, eine innere verzehrende Wuth, an dem Herzen dieses verworfenen Priesters, der täglich seine Rachgier an den Unglücklichen zu befriedigen strebte, über die er zu richten berufen war.

Getrieben durch die Andeutungen Joseph's, gereizt durch die verderbten Instincte seiner grausamen Natur, welche der junge Mönch, der sich zu seinem bösen Geiste gemacht zu haben schien, noch mehr anspornte, häufte Peter Arbuez auf seinem Haupte alle Flüche von ganz Spanien. Aber weder der Anblick der Martern, noch die finsteren Feierlichkeiten des Blutgerüstes, konnten das Bedürfniß wilder Aufregungen und glühender fleischlicher Begierden beschwichtigen, welches die Erinnerung an die schöne Andalusierin in der schamlosen Seele des Inquisitors erweckte.

Indem der Inquisitor seinen ganzen Unwillen, seinen ganzen Zorn auf dem Gouverneur lasten ließ, hatte er keinen andern Zweck, als durch den Schrecken das unglückliche Kind zu zwingen, sich ihm hinzugeben. Er handelte wie ein Mensch, der das weibliche Herz kennt. Sie selbst verhaften, sie in die Kerker der Inquisition werfen, sie der Tortur, dem Tode überliefern, was hieß das Alles? Das heldenmüthige junge Mädchen konnte dulden und sterben, denn es liebte! — Aber ihren Vater treffen, ihn den Marterknechten der Inquisition überliefern, ihn der Schmach und dem Scheiterhaufen Preis geben, war das eine Marter, grausam genug, für die Tochter des Gouverneurs? Den alten hochgeehrten Vater, den Vater, der die zärtlichste Liebe für sie hegte, der ihr Leben so glücklich und so süß gemacht hatte, daß sie den Verlust einer Mutter nicht fühlte, den Henkern des furchtbaren Tribunals überliefern, dies Unglück mußte die Klippe für den Muth des jungen Mädchens sein. Peter Arbuez war daher auch nur darüber unwillig, daß er sie nicht wiederzufinden vermochte.

Vergebens war die Miliz Christi zu ihrer Aufsuchung aufgeboten worden; vergebens hatte die finstere Brüderschaft, deren Oberhaupt der wachsame und listige Mandamiento war, die glänzendsten Versprechungen von Geld und Schutz empfangen; die Macht der Vorsehung schien sich über das junge Mädchen gebreitet zu haben, welches der heiligste der Menschen unter seinen Schutz genommen hatte; oder nach den Bestimmungen der Vorsehung war der Augenblick der Verfolgung für sie noch nicht gekommen. Er sollte indeß nicht zögern.

Peter Arbuez fühlte sich sehr und so bitter getäuscht, daß selbst die Gewohnheiten seines ausschweifenden Lebens für ihn ihre Anziehungskraft verloren hatten. Die Orgien erschienen ihm nichtssagend; die Frauen, welche das Laster oder die Furcht seinen schamlosen Begierden überlieferte, ließen ihn kalt oder gereizt aus der vorübergehenden Trunkenheit erwachen, deren leichte Erneuerung ihm unerträglich wurde.

Nur die Erinnerung an Dolores hatte für ihn noch berauschenden Reiz; er versenkte sich voll Wollust in eine gänzliche Einsamkeit, welche nur durch dieses reizende Bild belebt wurde; nicht etwa, daß diese entartete Seele einer wahren Leidenschaft fähig gewesen wäre, aber in Folge jenes geheimnißvollen Gesetzes, welches verlangt, daß selbst das verderbteste Wesen zuweilen dem Einfluße eines schönen und reinen Geschöpfes erliegt, und ohne das göttliche Wesen begreifen zu können, welches durch die Reue den Menschen läutert, sich freiwillig und mit Entzücken zum Sclaven dieses angebeteten Geschöpfes macht.

Bei Leidenschaften dieser Art bleibt indeß leider der Geist so sehr den Sinnen unterworfen, daß, wenn diese befriedigt sind, der Funke der Liebe, der den Fels erweichte, erlischt, und da, wo man einige Augenblicke einen Menschen zu sehen glaubte, nichts übrig bleibt, als ein rohes und wildes Thier.

In diesen unbegreiflichen Wahnsinn einer unbefriedigten Leidenschaft vertieft, die ihren letzten Gipfel erreicht hatte, suchte der Inquisitor von Sevilla unter den dichten Schatten seines Gartens gegen die Phantome, die ihn verfolgten, eine Zuflucht. Er strebte sich selbst zu entrinnen. Aber weit entfernt, sein aufgeregtes Blut zu beruhigen, steigerten die würzigen Düfte der Orangenbäume, gleich einem Liebestranke seine Aufregung. Ströme von Wollust schienen durch diese berauschenden Gerüche ihn zu überfluthen. Die Luft war schon so milde, wie in nördlichen Gegenden während des hohen Sommers, obgleich es erst Ende Aprils war.

Millionen Sternen funkelten an dem Himmel, welche eben so viele bezaubernde Blicke zu sein schienen, aber dennoch war die Nacht nicht hell und bleiche Schatten glitten flüchtig über die Gegenstände dahin. Man hätte glauben sollen, einen Tanz von Irrlichtern zu sehen, untastbare und leichte Schöpfungen einer andern Welt, einen Augenblick zu dieser heraufgestiegen, um dem Erwachen der Natur und dem fröhlichen Erwachen des Frühlings vorzustehen.

Kein bestimmtes Geräusch störte das Schweigen dieser Phantasmagorie; aber das Rauschen der Blätter glich einer geheimnißvollen Harmonie flüchtiger Küsse. Vielleicht bringt auch bei dieser ungeheueren Befruchtung der ganzen Natur im Augenblicke ihres Erwachens die unsichtbare und mächtige Hand, die sie bis in die Eingeweide aufregt, einen unbestimmten, unergreifbaren Lärm hervor, das sonderbare und harmonische Gemurmel, welches oft dem wahrnehmbaren Ohre des materiellen Gehöres entgeht, sich aber in Stunden der Sammlung und der Sinne hörbar macht und erschöpft. Gebrochen durch den unablässigen Kampf der Natur, durch die zwecklose Aufregung, welche zugleich den Geist und den Körper entnervt, sank Peter Arbuez nieder auf eine der Marmorbänke, welche in der wollüstigen Oase hier und dort vertheilt standen. Er preßte den brennenden Kopf in seine Hände, und Thränen der Wuth und des Unwillens entströmten seinen Augen, vor deren wildem Blicke eine ganze Provinz erzitterte. Eine gewaltige Mattigkeit bemächtigte sich seiner; so blieb er einige Augenblicke, ohne daß die Seufzer seiner Brust den Schmerz verriethen, der ihn verzehrte. Besiegt wie ein schüchternes Kind, schlummerte der Tieger der Inquisition in jenem entsetzlichen Schlafe, der mit Schrecken erfüllt.

Plötzlich tönte ein leichter Schritt auf dem Sande, die Zweige der Orangenbäume wurden leise rauschend auseinander gebogen und schnelle Athemzüge störten die Stille, die an diesem Orte herrschte. In seinem trügerischen Schlafe vernahm Peter Arbuez dies Geräusch, aber er befand sich unter dem Einfluße einer Art von Lethargie, welche durch die Heftigkeit seiner sinnlichen Empfindungen herbeigeführt war, und er öffnete nicht die Augen, da er nicht die Kraft, noch das Verlangen empfand, zu wissen, wer so seine Ruhe störte. Er befand sich unter dem Zauber eines Traumes, und

Dolores' Bild, das einzige, welches sich während seines Schlafes den Augen seiner Seele zeigte, — Dolores Bild mischte sich in das wirkliche Geräusch, das er vernahm, und der Traum des Inquisitors gewann eine solche Klarheit, daß er das von ihm begehrte Weib in Wirklichkeit zu sehen glaubte.

Es ging in der That Jemand in seiner Nähe, und der Inquisitor glaubte Dolores auf sich zukommen zu sehen. Als sie ihm nahe genug war, streckte er die Arme gegen sie aus und erfaßte mit leidenschaftlicher Umarmung seinen Günstling Joseph, der einen grellen Schrei ausstieß, als er sich so unerwartet in den Armen des Inquisitors erblickte.

Peter Arbuez öffnete die Augen, und bei dem Anblicke des finstern Gesichtes, das sich ihm zeigte, stieß er Joseph durch eine so heftige Bewegung von sich, daß derselbe einige Schritte davon auf den Rasen niederfiel. Er war finster, bleich und sein Herz klopfte kaum.

„Verflucht sei dieser Traum!“ rief der Inquisitor mit finsterer Stimme. „Ich glaubte den üppigen Körper eines Weibes in die Arme zu schließen.

Joseph antwortete nicht; er hatte nicht die Kraft zum Sprechen. Eine entsetzliche Erinnerung war in ihm erwacht, als Peter Arbuez ihn in seine Arme schloß, und er war durch das Schrecken erstarrt. Bald jedoch verschwand dieses Schrecken wieder. Der Inquisitor fuhr sich mit der Hand über die Stirne, wie ein Mensch, der seine Gedanken zu sammeln bemüht ist, sah dann auf seinen Günstling, der noch immer am Boden lag, brach in ein lautes Gelächter aus und sagte: „Armes Kind! Ich hielt Dich für ein Weib!“

Kalter Schweiß bedeckte die Stirn des jungen Dominicaners.

„Nun steh' auf,“ fuhr der Inquisitor fort, „und mache mit mir einen Gang durch dieses Gebüsch. Steh' mir bei, die lästigen Geister zu verbannen, welche heute Abend die Luft erfüllen. Die Genien der Giralda[1] haben sich bei mir ein Rendezvous gegeben. Ich träume und lebe nicht mehr

[1] Nach einer maurischen Tradition; die sich bis auf unsere Tage erhalten hat, glaubt man allgemein im Volke, daß die Giralda von Geistern erbaut wurde, welche dieselben noch jetzt zu ihrer Wohnung machen.

ein wirkliches Leben; auf, Joseph, steh' mir bei, zu demselben zurückzukehren.

Während dieser heiteren Aeußerung hatte Joseph Zeit gehabt, sich zu fassen; er stand auf, begrüßte Se. Eminenz und fragte nach dem Befinden derselben.

„Ich fühle mich wohl, sehr wohl, mein kleiner Joseph," sagte der Inquisitor mit heiterem Tone.

Die peinlichen Träume des Abends hatten keine Spur hinterlassen. Es war die Art so bei Peter Arbuez, daß er schnell von einem Gefühl auf ein anderes übersprang, wie das gewöhnlich bei Menschen der Fall zu sein scheint, deren Gefühle viel Heftigkeit und wenig Tiefe haben.

Indeß war Dolores' Bild noch nicht so ganz verwischt, daß es nicht bald wieder die Einbildungskraft des Inquisitors beschäftigt hätte, der während seines Spazierganges durch den Garten das Gespräch auf den Gegenstand brachte, der seine Gedanken beständig erfüllte.

„Joseph," sagte er, „also Du weißt nichts?"

„Nichts, gnädigster Herr; ich habe nichts entdecken können."

Diese Frage und diese Antwort waren sehr dunkel, aber die beiden Männer verstanden sich mit einem Worte; Joseph kannte die Seele des Inquisitors bis auf den Grund.

„Was soll ich thun?" murmelte Arbuez voll Wuth. „Ich habe die Miliz Christi auf die Beine gebracht; ich habe mit wenigen Goldstücken die ganze elende Race der Gitano's aufgehetzt, die Spionage und Mord zu ihrem Geschäfte macht! — Nichts! — Ich habe alle Klöster Sevilla's durchsucht! — Nichts! Sollte Dolores das Königreich verlassen haben? Sollte die zärtliche fromme Tochter, um ihren eigenen Kopf zu retten, ihren Vater meiner Rache preisgeben?"

Peter Arbuez sprach die Wahrheit, indem er versicherte, alle Klöster Sevilla's durchsucht zu haben. Auch das der Carmeliterinnen war davon nicht ausgenommen worden; allein ein ganz einfacher Umstand rettete Dolores. Da sie nicht die Absicht ausgesprochen hatte, Nonne zu werden, und da der Apostel sie lebhaft empfohlen hatte, ließ man ihr beinahe unbeschränkte Freiheit. Sie wohnte den religiösen Uebungen des Hauses nur insoweit bei, als es für eine gute Katholikin nothwendig war. Dolores liebte die Blumen sehr, und in dem großen Garten der Abtei hatte sie sich ein einsames Plätzchen gewählt, auf dem sie mit eigenen Händen ihre Lieblingspflanzen pflegte. Bei dem Besuche des Inquisitors befand sie sich an diesem, von dem Gebäude sehr weit entlegenen Orte.

Peter Arbuez fragte die Aebtissin, ob sie keine Novize oder neue Nonne außer denen, die er bereits kannte, hätte; aber da Dolores keines von beiden war und die Aebtissin sie als eine Pensionärin betrachtete, deren Aufenthalt bei ihr nur von kurzer Dauer sein würde, sagte sie dem Inquisitor nichts von ihrer Anwesenheit. Diese wurde daher weder aus Vorsicht noch aus Klugheit verschwiegen, sondern nur aus Vergeßlichkeit. Deshalb hielt der Inquisitor sich zuletzt überzeugt, daß die Tochter des Gouverneurs Sevilla verlassen hätte.

„Gnädigster Herr," sagte Joseph, „wenn das junge Mädchen in der That durch die Flucht den Verfolgungen der Inquisition entrinnen wollte, könntet ihr dann nicht an die Tribunale von Arragonien und Castilien, von Malaga und von Cuenca und überhaupt von ganz Spanien, und endlich auch an den König schreiben, damit überall die Sbirren des heiligen Tribunals auf die Spur der Flüchtigen geleitet werden?"

„Nein, nein!" entgegnete Arbuez lebhaft. „Nicht ihren Tod will ich, sondern sie, sie allein."

„Ist nicht der Gouverneur von Sevilla in den Kerkern der Inquisition?"

„Ohne Zweifel, und eben deshalb kann ich die Flucht seiner Tochter nicht begreifen. Sie ist so stark und so muthig! Sie liebt ihren alten Vater so sehr!

„Oh, sie komme, sie komme," fuhr er nach einer Pause mit einer Art von Wahnsinn fort, „und mit welchem Glücke will ich zu ihr sagen: Dein Vater soll frei sein, aber sei Du mein! — Und sie wird sich mir ergeben, um ihren Vater zu retten!"

„Und ihr Vater würde deshalb doch nicht gerettet sein!" murmelte der Günstling zwischen den Zähnen, indem er einen Hyänenblick auf den Inquisitor richtete.

„Was sagst Du da, Joseph?" fragte Peter Arbuez.

„Ich berechnete, welche neue Marter man erfinden könnte, um das junge Mädchen in Schrecken zu setzen, wenn man es wieder fände."

„Wer da?“ rief plötzlich Arbuez, indem er einen Schritt zurückwich.

„Euer treuer Henriquez, der Euch sucht, gnädigster Herr,“ erwiderte der neue Gouverneur von Sevilla, Henriquez, der ehemalige Familiar des heiligen Officiums.

„Weshalb überfallt Ihr mich so?“ fragte Peter Arbuez mit sehr übler Laune.

„Ich bringe Eurer Eminenz gute Nachrichten,“ erwiderte demüthig der Gouverneur, „und ich glaubte —“

„Sprich, was gibt es?“

„Dolores Argoso —“

„Nun?“

„Ist in dem Kloster der Carmeliterinnen jenseits des Guadalquivir.“

„Dolores! Und seit wann?“

„Seit zwei Monaten.“

„Du lügst!“ schrie der Inquisitor. „Ich selbst habe das Kloster besichtigt und Dolores war nicht dort.“

„Sie ist dort, gnädigster Herr, ich schwöre es Euch. Ich habe die Gewißheit und werde es Euch beweisen.“

„Bravo, Henriquez!“ rief der Inquisitor mit einem Ausbruche wilder Freude. „Bravo, Henriquez; und wie hast Du das entdeckt?“

„Gnädigster Herr,“ erwiderte der Familiar, indem er sich auf komische Weise verbeugte, „Euer Eminenz möge mich von der Sünde absolviren: ich habe mich als Mönch verkleidet und der Aebtissin Beichte gehört.“

„Bei Gott,“ sagte Peter Arbuez, „das ist ein Gedanke, den ich nicht einmal gehabt habe, ich, der ich Priester bin.“

„Ertheilen Eure Eminenz mir die Absolution?“ fuhr Henriquenz mit einem boshaften Blicke fort.

Der Inquisitor schlug in die Luft ein großes Kreuz und der neue Gouverneur von Sevilla erhob stolz den Kopf und stand da wie ein Mann, der die Wichtigkeit des Dienstes begreift, den er leistet.

„Es ist gut,“ sagte der Inquisitor, indem er sich vergnügt die Hände rieb. „Jetzt zu uns Beiden, stolze Lucretia! — Gehen wir hinein,“ fuhr er dann fort. „Henriquez wird mir über sein Gouvernement zu berichten haben. — Wie steht es mit der Ketzerei? fuhr er während des Weges fort.

„Gnädigster Herr, sie nimmt auf entsetzliche Weise immer mehr zu; selbst die Klöster sind nicht frei von diesem Aussatze.“ [1]

„Der Teufel!“ rief der Inquisitor, „da muß man die Sache in Ordnung bringen und katholischen Eifer anschüren, indem man alle die als Ketzer behandelt, welche die Ketzerei nicht angeben.

„Wer ist diese Woche verhaftet worden?“

„Nur 15 oder 20 Personen.“

„Von Ansehen?“

„Ja, zum größten Theile. Zwei oder drei Doctoren der Theologie, welche sich hatten einfallen lassen, Fehler in dem lateinischen Text der Vulgata zu finden, und einige andere von gleicher Art, die eifrige Bewunderer des Martin Luther sind, obgleich sie sich für Katholiken ausgeben.“

„Unter diesen,“ sagte Peter Arbuez, „gibt es Einige, die ich ganz besonders hasse. Es sind Ehrgeizige, welche ihr ganzes Wissen, ihre ganze Beredtsamkeit aufbieten, die Macht der Inquisition zu vernichten. Johann von Avila, Luis von Granada, Johann, den man Johann von Gott genannt hat und einige andere Illuminaten, die sich zu Aposteln machen und im Falle der Noth auch zu Märtyrern, um selbst in dem Herzen des Volkes die Wurzeln des Aufruhres und der Unabhängigkeit zu pflanzen. — Aber bei Christus, sie sollen wie Glas gegen die Inquisition zerbrechen!“

„Gnädigster Herr,“ sagte Joseph, „habt Ihr denn nicht die Macht, alle diese Menschen stumm zu machen?“

„Ja,“ rief Peter Arbuez, „ich bin dieser endlosen Predigten überdrüssig, welche nach nichts Geringerem streben, als dem Volke das Verlangen und den Muth der Freiheit einzuflößen. Diese Menschen stellen sich einfach und demüthig, um mächtig zu werden, und das Volk glaubt an sie, weil sie sich zu dem Volke herablassen, um mit ihm zu sprechen. Aber bei dem wahren Gotte, jedes ihrer Worte

[1] Die Lehren Luthers und Calvins regten nicht nur Deutschland, England, die Schweiz, die Republik Genua und den Süden Frankreichs auf, sondern hatten auch in Spanien und besonders in den Klöstern zahlreiche Anhänger, und es scheint gewiß, daß eine große Anzahl von Spaniern, unter denen man Geistliche zählte, die Mittel gefunden hatten, sich die in Deutschland durch die Protestanten von Speyer herausgegebenen Bücher zu verschaffen. (Llorente, Geschichte der Inquisition.)

ist ein Axthieb in das Fleisch St. Peters, und wenn der Stellvertreter Jesu Christi die wahren Interessen der Kirche begreift, so läßt er mich mit voller Freiheit gegen sie einschreiten und sie verbrennen, als wären sie bloße Laien, denn sie sind in der That Ketzer und trennen sich, ihres geistlichen Amtes ungeachtet, durch Herz und Willen von der römischen Kirche."

„Gnädigster Herr," sagte Joseph kalt, „um den Baum auszurotten, muß man die Axt an die Wurzeln legen. So lange noch ein einziger Ketzer in Spanien bleibt, wird die Ketzerei immer neu erstehen, wie jene schlechten Pflanzen, von denen man nicht den geringsten Keim in der Erde lassen muß."

„Wir werden Ordnung in die Sache bringen," erwiderte der Inquisitor, „und bei der heiligen Jungfrau, wir wollen selbst die Erde, die sie trägt, vernichten, um auch sie zu zerstören."

„Man kann für Gott nicht zu viel thun," sagte Henriquez mit heuchlerischem Wesen. „Ich habe schon daran gedacht," sagte er mit Wichtigthuerei.

Indem sie so sprachen, waren sie zu der Thür von dem Gemache des Inquisitors gelangt.

„Kommst Du mit, Joseph?" fragte Peter Arbuez.

„Eure Eminenz mögen mich entschuldigen; ich habe für morgen eine Predigt vorzubereiten."

„Und nach Deiner Predigt wirst Du uns in das Kloster der Carmeliterinnen begleiten."

„Ich stehe Eurer Eminenz ganz zu Befehl," erwiderte der Günstling, indem er Abschied von dem Inquisitor nahm.

Arbuez und der neue Gouverneur von Sevilla traten allein in das Zimmer.

Joseph ging; als er aber über die Schwelle des Inquisitionspalastes treten wollte, kam ihm ein Weib, vom Kopf bis zu den Füßen schwarz gekleidet, entgegen, und da sie an seinem weißen Gewande den Dominicaner erkannte, schloß sie, daß er zu dem heiligen Officium gehöre, trat auf ihn zu und sagte mit flehend erhobenen Händen und mit dem Ausdrucke unglaublichen Schmerzes: „Mein ehrwürdiger Vater, macht, daß ich mit dem gnädigen Herrn Arbuez spreche."

„Wer seid Ihr?“ fragte Joseph überrascht. „Was habt Ihr bei dem Inquisitor zu thun.?“

„Ich will ihn um das Leben meines Vaters bitten,“ erwiderte die Unbekannte, „um das Leben meines Vaters, der unschuldig ist und den man der Ketzerei angeklagt hat, meines Vaters, der Gouverneur von Sevilla war, und jetzt —“

„Dolores!“ rief Joseph, indem er mit heftiger Neugier das edle Gesicht des jungen Mädchens betrachtete, welches halb unter den schwarzen Spitzen ihrer Mantille verborgen war.

„Woher wißt ihr meinen Namen?“ fragte sie zitternd.

„Dolores Argoso,“ fuhr der Dominicaner mit sanfter Stimme und zärtlichem Tone fort, „Dolores Argoso, nahe Dich nicht diesem Hause, denn hier wartet Deiner die Schande oder der Tod.“

„Woher wißt Ihr das?“ fragte sie entsetzt.

Der Dominicaner zog Dolores mit sich fort, und sie ließ sich ohne Widerstand führen.

„Komm, armes Kind,“ fuhr der Mönch fort, indem er sich beeilte, Dolores von dem Palaste des Inquisitors zu entfernen. „Komm, und wenn Du rein bleiben willst, wenn Du wünschest, daß Dein Vater gerettet werde, dann verbirg Dich — verbirg Dich besonders vor den Blicken des Peter Arbuez.“

Ungeachtet der furchterregenden Tracht des Dominicaners lag doch in dem Tone seiner Stimme ein so unwiderstehlich theilnahmsvoller Klang, daß Dolores Vertrauen faßte und fragte: „Und was muß ich thun, um meinen Vater zu retten?“

„Dich verbergen und mich handeln lassen,“ erwiderte Joseph. „Vertraue mir Deine Sache an, junges Mädchen.“

„Euch?“ fragte sie mit etwas verstörtem Blick, denn sie erinnerte sich daran, daß er der Inquisition angehörte.

„Ja, mir,“ erwiderte er voll Bitterkeit. „Mir, der ich unter diesem finsteren Gewande ein warmes, fühlendes Herz trage.

„Er ist so jung!“ dachte Dolores, indem sie bei dem schwachen Scheine der Nacht das edle Gesicht und die kleinen weißen Hände Josephs betrachtete. „O mein Gott,“ sagte sie dann, „weshalb seid Ihr Dominicaner?“

„Vielleicht um Dich zu retten,“ sagte Joseph gerührt. „Glaube mir, junges Mädchen, und suche nicht die geheimnißvollen Tiefen meines Lebens zu ergründen. Das Kleid ist oft nur eine Maske, welche die Wunden des Herzens verbirgt."

„Auch Ihr!" rief Dolores, die sich durch eine unwiderstehliche Sympathie zu dem jungen Mönche hingezogen fühlte.

„Denke nicht an mich, sondern beschäftigen wir uns nur mit Dir. Was soll jetzt aus Dir werden?"

„Was Gott will!" sagte sie.

„Wo wirst Du Dich verbergen?"

„Ich kehre in das Kloster der Carmeliterinnen zurück."

„Hüte Dich davor wohl!" rief Joseph. „Der Inquisitor hat Deinen Zufluchtsort entdeckt, und gleich morgen will er sich selbst von der Wahrheit eines Berichtes überzeugen, den man ihm heute Abend darüber gemacht hat."

„Wie hat er das erfahren können?" fragte Dolores. „Der Apostel hat meinen Namen Niemand gesagt, nicht einmal der Aebtissin."

„Armes Kind, Du fragst, woher die Inquisition, die nichts heilig hält, etwas weiß? Ihr ist nichts unbekannt, sage ich Dir, denn es ist für sie nichts unverletzlich, nicht einmal das Grab!"[1]

„O mein Gott, mein Gott!" rief Dolores und barg das Gesicht in beide Hände, indem sie den Thränen, welche sie zu ersticken drohten, freien Lauf ließ.

„Beruhige Dich, meine Schwester," sagte Joseph, der sich dieses süßen Namens bediente, um dem jungen Mädchen mehr Vertrauen einzuflößen, und auch weil er sich durch gemeinsame Leiden zu ihr hingezogen fühlte.

[1] 1559 verbrannte man bei einem allgemeinen Autodafé, welches in Valladolid stattfand, unter den Augen des Prinzen Don Carlos und der Prinzessin Johanna, die Gebeine und die Statue einer Dame, Namens Eleonore von Vibero y Cazala, die als gute Katholikin gestorben war, nach ihrem Tode aber durch Zeugen, denen man durch die Tortur Geständnisse entriß, angeklagt und überführt wurde, ihr Haus den Lutheranern von Valladolid geliehen zu haben, um daselbst die Ceremonien des protestantischen Cultus zu üben. Diese Dame wurde als in der Ketzerei gestorben erklärt und ihr Andenken bis in ihre Nachkommenschaft zur ewigen Schande verurtheilt; ihre Güter wurden confiscirt und ihr Haus unter dem Verbote, es jemals wieder aufzubauen, der Erde gleich gemacht. An den Trümmern dieses Hauses errichtete man ein Monument, mit einer Inschrift, welche sich auf dieses Ereigniß bezog. (Geschichte der Inquisition.)

„Es ist wahr, mein Vater; es ist nicht einmal erlaubt, zu weinen.“

„Nein,“ sagte Joseph; „der Ton eines Schluchzens reizt den Tieger, und sein Morddurst wird dadurch nur noch glühender.“

„Leiser, Leiser, mein Vater; man könnte uns hören.“

„Ja, Du hast Recht; es lebt rings um uns her in jedem Stein ein anklagendes Echo. Still daher! Aber ehe Du mich verlassest, armes Kind, sage mir, was aus Dir werden wird?“

„Beruhigt Euch,“ sagte sie, „ich habe eine Zufluchtsstätte. Und Ihr — versprecht Ihr mir, meinen Vater zu retten?“

„Bei der Seele dessen, den ich am meisten geliebt habe, wenn Dein Vater stirbt,“ sagte Joseph, „so geschieht es nur, weil ich nichts für ihn vermochte, und weil Du selbst ihn nicht retten konntest, indem Du Dich ganz opfertest. Hörst Du, Dolores?“

„Ich glaube Euch,“ sagte sie, indem sie ihm die Hände drückte, die sie mit ihren Thränen benetzte. „Ich glaube Euch. Aber wo kann ich Euch wiedersehen, mein Vater?“

„Höre,“ sagte Joseph, „an dem äußersten Ende der Zigeunerstraße, in der Vorstadt Triana, gibt es einen abscheulichen schmutzigen Ort, den man die Taverne der Buena Ventura nennt. Es ist ein wahres Geiernest, in welchem Raub, Mord und Dieberei sich jeden Abend zusammenfinden. Das Aussehen dieses Ortes ist finster und abschreckend. Du hörst dort nichts, als rohes Gelächter und entsetzliche Flüche. Dieser Ort wird von Allem besucht, was Spanien Unreines enthält, von Banditen, Freudenmädchen, Zigeunern und Mönchen. Du hörst dort aus dem Munde dieser Mönche Lästerungen und unkeusche Worte. Die Trunkenheit vermischt den Auswurf der menschlichen Gesellschaft und die, welche sich das Recht anmaßen, sie zu leiten, mit einander.

„Hier wurden die schmachvollsten Verbrechen ausgearbeitet, die Justizmorde, die ungerechten Verfolgungen, die falschen Anklagen, der zweischneidige Dolch, der mit Sicherheit tödtet; die nächtlichen Entführungen, Mordthaten und Nothzucht. Denn in diesem unsauberen Hause der Unzucht findet man Werkzeuge zu allen möglichen Verbrechen.“

„Was wollt Ihr mit All' dem sagen, mein Vater?“ fragte Dolores entsetzt.

„Daß Du mich dort aufsuchen mußt,“ entgegnete der Mönch.

„Träume ich?“ rief das arme Mädchen. „Was verlangt Ihr von mir, mein Vater?“

„Du kamst diesen Abend zu dem Inquisitor. Nun wohl, glaube mir, junges Mädchen, der Ort, dessen abscheuliches Bild ich Dir entworfen habe, ist tausendmal weniger gefährlich für Dich, als der Palast des Peter Arbuez.“

Die Augen Joseph's funkelten in finsterem Feuer; seine für gewöhnlich blassen Wangen waren brennend roth geworden; ein inneres Fieber schien ihn zu verzehren.

Dolores hielt ihn für wahnsinnig; aber plötzlich milderte er wieder seine Stimme, sah Dolores voll Zärtlichkeit an und sagte: „Geh, armes Kind und fürchte nicht, dorthin zu kommen, wohin Joseph es Dir heißt. Ich möchte Dich um den Preis meines Lebens retten! — Die Taverne der Buena Ventura,“ fuhr er fort, „gehört einem Alguazil, Namens Coco, einem braven, rechtschaffenen Burschen, der mir ganz ergeben ist und seiner jungen Schwester, der Chapa, einem vortrefflichen Mädchen. Beide würden sich in den Guadalquivir stürzen, um irgend Jemand einen Dienst zu leisten. Die braven Leute sind arm und gewinnen ihren Lebensunterhalt,wie es gehen will; aber Du kannst Dich ihnen anvertrauen. Bedarfst Du meiner, so brauchst Du nur zu Coco oder seiner Schwester zu sagen: „Ich wünschte den Pater Joseph zu sehen,“ und Du wirst mich wiedersehen. Aber nimm Dich in Acht und gehe nur bei Nacht und verkleidet aus.“

„Aber,“ entgegnete sie, „muß ich dort nicht fürchten —?“

„Nichts,“ sagte Joseph. „Man wird nimmermehr vermuthen, daß Du jenen Ort besuchst. Nur komm als Tochter des Volkes gekleidet hin.“

Indem sie so sprachen, waren sie gegenüber der Brücke von Triana angelangt. Als sie dieselbe überschritten hatten, wendete Joseph sich zu Dolores und fragte: „Wohin geht Dein Weg?“

„Dorthin,“ entgegnete sie, indem sie rechts nach dem Ufer des Guadalquivir zeigte.

„Und ich gehe dorthin,“ sagte Joseph, auf die Zigeunerstraße deutend. „Lebe wohl, Dolores; verlasse Dich auf mich, aber bedenke, daß Du mich nur gegen zwei Personen nennen darfst, den Alguazil Coco und seine Schwester. — Lebe wohl und sei klug.“

„Und Ihr, mein Vater, erbarmet Euch meiner!“ sagte sie, indem sie sich entfernte.

Joseph ging die Zigeunerstraße entlang; Dolores folgte dem Laufe des Guadalquivir. Es war der Weg, der zu dem Apostel führte.

XII.

El Rastro.

Unter diesen Eindrücken legte Dolores schnell die Strecke zurück, die sie von dem Hause des Apostels trennte.

Ungeachtet des eigenthümlichen Wohlwollens, welches ihr soeben ein Mitglied der Inquisition bewiesen hatte, war sie noch nicht ganz beruhigt, sondern sehnte sich danach, unter den Schutz ihres heiligen Freundes zu gelangen.

Ihr Verlangen, den Apostel wieder zu sehen, war um so heftiger, da sie ihn seit ihrem Aufenthalte bei den Carmeliterinnen nur ein Mal gesehen hatte, und zwar, ohne dabei etwas von Estevan zu erfahren.

Dieser unglückliche junge Mann, welcher der Inquisition wegen seiner freisinnigen Ansichten verdächtig war, und den Peter Arbuez überdies als einen vorgezogenen Nebenbuhler haßte, — dieser unglückliche junge Mann verdankte sein Leben nur der Dazwischenkunft Josephs, der, wie wir sahen, den Meister der Gardunnia bestach und so die grausamen Absichten des Groß-Inquisitors vereitelte.

Dolores kannte das Geschick ihres Geliebten nicht und zitterte daher für ihn.

„Ist er noch frei? fragte sie sich voll Entsetzen; und diese fürchterliche Ungewißheit beschleunigte die Schläge ihres Herzens, so wie ihre Schritte.

Als sie dem Hause des Apostels nahe war, wunderte sie sich, durch die schmalen Fenster nicht das matte Licht der Lampe schimmern zu sehen, die dem Manne Gottes zu seinen frommen Beschäftigungen leuchtete. Indeß war die Gartenthür nicht verschlossen, sondern wich augenblicklich ihrem Drucke. Es war eine Art Gitter aus leichten Palmenzweigen, auf einem hölzernen Gestell geflochten.

Dolores klopfte an die Thür des Hauses, aber diese war verschlossen und Niemand antwortete ihr.

„O mein Gott, er ist nicht zu Hause!“ rief das junge Mädchen, niedergeschmettert durch dies neue Unglück. Sie klopfte wiederholt und lauter; aber es war vergebens. Die Thür blieb unerschütterlich; Niemand kam zu öffnen. Dann durcheilte sie den Garten, der ziemlich geräumig und mit Obstbäumen angefüllt war, an denen sich Weinreben emporrankten; das Gebiet der Kinder und der ermüdeten Wanderer, welche ungestraft die schönen Bäume ihrer Früchte und die Reben ihrer goldenen Trauben beraubten. Der Priester hatte dies erlaubt, denn außerdem würde die Ehrerbietung, die er allgemein einflößte, sie geschützt haben, und die einfache Weidenhecke seines Gartens würde nie überstiegen worden sein. Sie durchsuchte alle Winkel, aber sie fand Niemand. Offenbar war der Apostel abwesend, da aber seine Wohnung weit entfernt von jeder andern lag, konnte Niemand ihr sagen, was aus ihm geworden! Und was sollte sie nun anfangen?

Sie konnte nicht zu den Carmeliterinnen zurückkehren, ohne sich einer zu großen Gefahr auszusetzen.

Nach der Stadt zu gehen? — Welcher von ihren Bekannten hätte es gewagt, durch die Gewährung eines Asyles die Rache der Inquisition auf sich zu ziehen? Und schlossen sich nicht etwa alle Thüren vor der Tochter eines der Ketzerei angeklagten Mannes? Wohl blieb ihr noch immer das Hülfsmittel der Taverne, aber die Schilderung, welche Joseph ihr von derselben entworfen hatte, hielt sie ab, dort eine Zuflucht zu suchen.

Es blieb ihr daher nichts übrig, als die Nacht in dem Garten zuzubringen. Die Luft war zwar milde, aber die Nähe des Flusses machte sie feucht und frisch, und Dolores hatte keine andere Bekleidung als ein schwarzseidenes Kleid und eine Spitzenmantille.

Die Bäume waren mit Blättern und Blüthen bedeckt; dichter Rasen wuchs zu ihren Füßen. Dolores setzte sich mit dem Rücken gegen einen großen Bananenbaum; sie ließ ihre langen Haare gleich einem Mantel über ihre Schultern fallen, wickelte ihre Mantille um den Kopf, erhob die Augen mit flehendem Blicke zum Himmel, setzte sich in dem frischen, üppigen Grase auf den Boden und sah hoffend der Rückkehr des Apostels entgegen.

Aber die Stunden vergingen. Wach erhalten durch ihre Besorgniß, litt Dolores durch die Frische der Nacht. Zuweilen ertönten Schritte auf dem Wege; dann erhob sie den Kopf in der Hoffnung, es sei der Erwartete. Aber die Schritte gingen vorüber, und sie versank wieder in ihre Betrübniß. In ihrer Nähe rollte der Guadalquivir seine friedlichen Wogen mit gleichmäßigem monotonen Geräusche dahin; die Grille erhob ihren gellenden Gesang in der Stille der Nacht und ein Frühlingshauch, der in einzelnen Stößen wehte, bewegte die Gipfel der Bäume, von denen dann ein rosiger und wohlriechender Regen herabfiel.

Aber zum Unglücke für das junge Mädchen war diese herrliche Nacht erfüllt von unbestimmten Schrecken und finsteren Ahnungen.

Gegen Morgen endlich schlief sie vor Ermattung ein, indem sie heftigen Frost empfand. Bald aber war es ihr, als breite eine wohlthuende Wärme sich über ihre erstarrten Glieder. Sie befand sich in einem Feenpalaste. Unter einer himmelblauen Wölbuug von ungeheurem Umfange, brannte ein goldener Kronleuchter, angezündet durch Genien, welche langsam zu der Kuppel hinaufstiegen. Dann zogen unsichtbare Wesen den Kronleuchter empor und je höher er kam, desto mehr vergrößerte er sich, desto mehr wuchs die Wärme, bis endlich der ganze Palast mit Strömen von Licht erfüllt war.

Kaum aber hatte der goldene Kronleuchter die Kuppel berührt, als plötzlich Alles das Aussehen veränderte. Die glänzenden Möbel, die herrlichen Blumen, die den Palast schmückten, verschwanden. Die glänzenden Flügel der Genien zerfielen in goldigen Staub, und sie selbst nahmen widerliche Mißgestalten an. Eine furchtbare Glut verbreitete sich, als stände der Palast in Flammen. Dolores empfand heftige Schmerzen und wollte voll Entsetzen entfliehen. Die Mißgestalten stellten sich um sie her, und Eine derselben erhob über ihren Kopf einen gewaltigen Brennspiegel, durch den sie sich verbrannt fühlte, wie auf einem Scheiterhaufen.

Durch die Marter ihres Traumes erweckt, öffnete sie die Augen, da bemerkte sie, daß die hoch am Himmel stehende Sonne ihre brennenden Strahlen auf ihr Gesicht herabsendete.

Sie hatte lange geschlafen, denn es mochte zehn Uhr Morgens sein. Verwundert ließ sie ihre Blicke umherschweifen, als wollte sie ihre Gedanken sammeln; und als ihr dann die Ereignisse des vergangenen Tages wieder gegenwärtig wurden, fühlte sie sich entmuthigt.

Dolores war kräftigen Geistes, aber noch zu jung, zu wenig an die Widerwärtigkeiten des Lebens gewöhnt; sie wußte zu wenig von den Dingen dieser Erde, um so plötzlich gegen das Unglück gewappnet zu sein, welches unerwartet auf sie einstürmte. Es lag in ihrem Muthe mehr Ergebung als Thatkraft; nur einer großen Gefahr gegenüber war sie wahrhaft stark! Für die gewöhnlichen Leiden des Daseins hatte sie zunächst nur Thränen; der Muth kam erst nach der Ueberlegung, denn sie hatte scharfen Verstand und kräftigte sich durch das Nachdenken. So sind alle Weiber, die man als höherer Art bezeichnet. Ihr Muth ist nichts, als ein ewiger Kampf ihrer Vernunft mit ihrem Herzen, ausgenommen bei Dingen, bei denen das Herz selbst betheiligt ist; dann trotzt es allein dem stolzesten Muthe des Mannes. Außerdem ist die Kraft der Weiber nichts als die Gabe, leiden zu können. Würden sie Weiber sein, wenn es anders wäre?

Dolores blieb einige Zeit niedergebeugt durch das neue Unglück. Sie wendete ihre Augen wieder gegen das Haus; aber noch immer waren dessen Fenster geschlossen, noch immer herrschte in demselben die Stille des Todes. Um indeß nichts zu vernachlässigen, brachte Dolores ihren Anzug in Ordnung, erhob ihre prachtvollen Haare, die ihr Schutz gewährt hatten, ließ ihre Mantille über ihre Stirn herabfallen und abermals klopfte sie dann an die Thür. Vergebens! Der Apostel war nicht zurückgekehrt und Dolores erblickte sich allein, verlassen, ohne Obdach, ohne Brot!

Am Tage wagte sie sich nicht auf die Straßen Sevilla's, aus Furcht, erkannt und verhaftet zu werden. Dennoch war sie bei sich entschlossen, in der Taverne

Zuflucht zu suchen; das war ihr letztes Hülfsmittel. Sie vertraute daher der Vorsehung.

Aber um sich nicht der Gefahr auszusetzen, von den Sbirren der Inquisition überrascht zu werden, beschloß sie die Nacht abzuwarten, um sich in die Stadt zu wagen.

Der Garten des Apostels war an einigen Stellen mit hohem Zuckerrohr bepflanzt. Amerikanische Bäume, welche so kräftig und so schön unter der heißen Sonne Andalusiens wuchsen, verschlangen ihr finsteres Laubwerk mit den Ranken des Weinstockes, die sich kaum mit sprossenden Blättern bedeckt hatten, und mit den blühenden Pfirsichbäumen, die ihre rosigen und duftenden Blüthen der Sonne boten, und sie suchte Verborgenheit in einem Felde von Zuckerrohr, wo sie den ganzen langen Tag zuzubringen gedachte.

Sie wartete bis zum Abend, von Unruhe ergriffen und gepeinigt vom Hunger; denn sie hatte seit dem vorhergehenden Tage nichts gegessen. Sie kaute einige Stangen Zuckerrohr und schöpfte mit der Hand aus dem Guadalquivir Wasser, um ihren Durst zu stillen; aber das war nicht hinreichend, um ihre Kräfte zu ersetzen. Gleichwohl fühlte sie sich glücklich, daß die Vorsehung ihr wenigstens so viel gewährte.

Während dieses tödtlich langen Tages gingen viele Menschen auf der Straße vorüber und einige Kinder kamen in den Garten des Apostels, um Schmetterlinge zu jagen. Dies waren die einzigen Ereignisse, welche die Ruhe der armen Verlassenen störten. Sie hielt sich unter den Zweigen verborgen und Niemand ahnte, daß die glänzende Dolores Argoso, die Tochter eines der reichsten Herren in Spanien, hier als eine Bettlerin lag, gezwungen, auf nackter Erde zu schlafen, ohne Obdach und ohne Nahrung.

Endlich sank die Sonne an dem Horizonte herab. Dies war die gewöhnliche Stunde, zu welcher in Spanien alle Welt die Siesta hielt. Dolores dachte daher, daß sie ohne Furcht ihren Versteck verlassen könnte.

Joseph hatte ihr gerathen, nur verkleidet auszugehen; sie mußte daher vor allen Dingen daran denken, sich einen andern Anzug zu verschaffen.

Dolores hatte kein Geld, aber ihr Seidenkleid war von dem schwersten Stoffe und ihre Mantille von den feinsten Spitzen. Sie dachte daher daran, nach dem

Rastro[1] zu gehen, um dort einen Tausch zu treffen; denn nur da konnte sie sich ohne Geld einen Anzug verschaffen.

Sie verließ den Garten, verschleierte sich das Gesicht und ging den Weg zurück, den sie am Abend zuvor gekommen war; denn der Rastro lag in dem Barrio de Triana.

An dem äußersten Ende der calle de los Gitanos lag damals ein unregelmäßiger Platz, auf den eine Menge finsterer und schmutziger Gäßchen ausliefen. An der einen Seite dieses Platzes hielten in einer Reihe hölzerner Buden viele Verkäufer Fleischabfälle feil. Auf der Vorderseite dieser Baraken sah man an einem eisernen Haken (garabatos) Gänse-, Kalbs-, Hammel- und selbst Schweinelebern hängen, Herzen und Eingeweide eben dieser Thiere, blutige Gehirne in den offenen Schädeln. Dann in ungeheueren Gefäßen, angefüllt mit schmutzigem Wasser, schwammen die Köpfe, die Füße und andere Theile in buntem Gemisch. All dies abscheuliche und ekelhafte Fleisch, das die Reichen verschmähen, war zur Nahrung des niederen Volkes von Sevilla bestimmt.

Man mache sich, wenn es möglich ist, einen Begriff von dem Geruche, den dieser unsaubere Ort ausathmete, zu welchem noch der Gestank der Schlachthöfe hinzukam.

Diesen Buden gegenüber, auf der andern Seite des Platzes, kauerten schlecht gekleidete Weiber am Boden, vor sich niedrige Tische, auf denen ein buntes Gemisch der verschiedenartigsten Waaren ausgelegt war. Hier fand man Alles, von dem Lappen, aus dem man Charpie zupft, bis zu dem Hofmantel der Herzogin; von dem hölzernen Eßlöffel des Zigeuners, bis zu der silbernen Büste der heiligen

[1] Der Rastro. Das Wort Rastro bedeutet so viel als Spur. Die Spanier nennen in ihrer so bildreichen Sprache el Rastro den Ort, an welchem zum Verkaufe alle alten oder gestohlenen Gegenstände zusammengebracht werden. In jeder Stadt Spaniens ist ein öffentlicher Platz zu diesem Handel bestimmt. Hinsichtlich auf die Sitten, die Gebräuche und die Physiognomie, ist dieser Platz dem Temple in Paris ziemlich ähnlich. Sobald ein Spanier bemerkt, daß ihm irgend etwas fehlt, und vermuthet, daß man es ihm gestohlen hat, sagt er es dem Richter seines Viertels, und nachdem dieser die Beschreibung des verschwundenen Gegenstandes aufgenommen hat, schickt er einen Alguazil nach diesem Markte, indem er ihm sagt: Sigu el Rastro (folgt der Spur). Die Beschreibung dieses Ortes, wie der Verfasser sie gibt, ist sehr getreu.

Jungfrau, vor dem er kniend betet. Zuweilen trägt diese Büste einen alten Mannshut, der gleich ihr verkauft werden soll. Weiterhin hing ein Rosenkranz von Korallenperlen an einem Roste, der noch mit Ruß und Fett bedeckt war; ein prachtvolles Service von Vermeil stand neben einem Nachtgeschirre; eine Mantille hängt zuweilen auf einem Besen; zuweilen sieht man einen Christus in der Umgebung von zwei Pistolen, die von den Armen seines Kreuzes herabhängen. Kurz, der Rastro ist ein unglaubliches Gemengsel, in welchem sich alle Arten des Elendes zeigen, von denen des Grand von Spanien, der seine Einkünfte verschwendete, bis zu denen des letzten Unglücklichen, dessen Schweiß die Habgier der Mönche trank. Es war eine verworrene Anhäufung von ungleichen und widersprechenden Dingen, das wahrste und treueste Bild von dem Salon eines constitutionellen Königs.

Man staune übrigens nicht über diese lächerliche Mischung des Werthlosesten mit dem Kostbarsten; denn die Trödlerinnen des Rastro verkauften nicht auf eigene Rechnung, sondern im Auftrage fremder Verkäufer, deren Commissionärinnen sie waren. Die Kirche vertraute ihnen ihre Jungfrau zum Verkaufe an, um dafür eine reichere zu kaufen; die große Dame ihre Edelsteine, um ihre Schulden zu bezahlen oder noch Schlimmeres zu thun; die Courtisane ihre Schmucksachen, deren sie nach einer Stunde schon überdrüssig ist, und die Manola ihre Sonntagskleider, die sie zuweilen verkaufen muß, um Brot zu haben.

Zu der Zeit, in welcher unsere Geschichte spielt, war dieser Handel noch bedeutender, wie in unseren Tagen, weil damals die Effecten der zahlreichen Verurtheilten der Inquisition, die den Angebern derselben zufielen, auf den Markt gebracht wurden.

Als Dolores den Platz des Rastro erreichte, wurde sie durch den widerlichen Gestank, der hier herrschte, von Ekel ergriffen; bald aber bezwang sie sich selbst, schritt weiter und näherte sich zitternd einer noch ziemlich jungen Verkäuferin, deren Gesicht ihr mehr Vertrauen einflößte, als die Gesichter der Andern.

Als diese Weiber aber sahen, daß sie die Absicht hatte, etwas zu kaufen, bildeten sie einen Kreis um sie und es entstand ein betäubendes Gewirre von Stimmen. Jede pries ihre Waare mit der größten Zungengeläufigkeit.

„Sennorita,“ sagte die Eine, „kauft mir dies schöne Perlenhalsband ab. Es hat der Prinzessin Johanna, der Tochter der Königin Isabella, gehört. Es wurde bei ihrem Tode durch eine ihrer Hofdamen verkauft, der sie es geschenkt hatte.“

„Seht diesen Rosenkranz von Emaille, geschmückt mit einem Kreuze von Rubinen,“ sagte eine Andere; „die pater sind von Smaragden. Unser heiliger Vater selbst hat den Rosenkranz geweiht. Man gewinnt hundert Tage Ablaß, so oft man ihn abbetet.“

„Kauft mir das ab!“ rief eine Dritte und hielt eine Flut flandrischer Spitzen in die Höhe, deren Netz mit gestickten Arabesken bedeckt war.

„Sennora, dieser geweihte Ring bewahrt vor dem bösen Blick!“ Der fragliche Ring war ganz einfach ein starker goldener Ring, dessen Schild eine geschlossene Hand darstellte, welche den Daumen zwischen dem Mittel- und dem Zeigefinger hindurchsteckte. Dies war ein Ueberbleibsel maurischen Aberglaubens, welchen die Christen angenommen hatten und dem das Volk einen solchen Glauben beilegte, daß es, um die Bosheit der Zauberer zu hintertreiben, genügte, ihnen die geschlossene Hand mit der Spitze des Daumens zwischen den beiden Vorderfingern durchgesteckt hinzuhalten. Deshalb schrieb man dem Ringe, dessen wir erwähnten, eine ganz besondere Kraft zu.

Dolores mußte ihres Schmerzes ungeachtet lächeln; denn sie theilte den Aberglauben ihrer Zeit nicht und glaubte nicht an den bösen Blick.

Zum Glück für sie war ihr Lächeln so unmerklich, daß Niemand darauf achtete; sonst könnte sie dadurch leicht in große Gefahr gerathen sein.

„Ihr wollt nichts von Alledem, nicht wahr, Sennorita?„ fragte die erste Trödlerin, welcher sich Dolores genähert hatte. „Seht, kauft mir dies schöne Bild der heiligen Jungfrau ab. Es wird Euch Glück bringen. Ich bekam es von einem heiligen Manne, den wir den Apostel nennen. Er brauchte Geld, um einen Unglücklichen zu unterstützen, denn für sich selbst hat der heilige Mann nie etwas nöthig. Ich streckte ihm daher das Geld gleich vor, ohne erst auf den Verkauf zu warten.“

„Der Apostel!“ rief Dolores. „Ihr kennt den Apostel, gute Frau?“

„Santa Maria!“ sagte die Händlerin; „wer in ganz Sevilla kennt ihn nicht? Ist er es nicht, der uns tröstet und unseren kleinen Kindern Brot gibt?“

„Wißt Ihr, wo er jetzt ist?“ fragte Dolores.

„Nein! Er ist wie der gute Gott unsichtbar, aber man findet ihn stets da, wo man seiner bedarf.“

Getäuscht in der Hoffnung, die sie einen Augenblick gehegt hatte, zu erfahren, wo ihr Beschützer sei, dachte Dolores jetzt nur daran, ihren Tausch so schnell als möglich zu bewirken.

„Ich will Eure heilige Jungfrau nicht kaufen,“ sagte sie schüchtern. „Ich hätte kein Geld, es zu bezahlen; aber ich brauche den vollständigen Anzug einer Manola[1] und wenn Ihr mir einen gegen den meinigen geben wollt —“

„Gegen den Eurigen, Sennorita!“ fiel ihr die Trödlerin in das Wort und maß zugleich Dolores mit dem Kennerauge, das mit einem Blicke den Werth eines Kleides zu schätzen versteht und ohne die geringste Berührung jeden Fehler bemerkt, von der leichten Zerknickung durch den Ellbogen, bis zu dem weißlichen Streifen, den der Staub an dem Saume eines Kleides hervorbringt, wenn man es auch nur eine Stunde getragen hat. „Gegen Eure Mantille auch?“ fuhr sie dann fort, mit gierigem Blicke die schönen Spitzen betrachtend, die das Seidenhaar des jungen Mädchens bedeckten.

„Natürlich!“ entgegnete Dolores. „Ihr gebt mir dafür eine seidene.“

Die Augen der Verkäuferin funkelten vor Habgier. Sie befühlte das Atlaskleid des jungen Mädchens, und nachdem sie sich an dem Leibchen und den Aermeln überzeugt hatte, daß es ganz neu sei, holte sie ein Kleid von veilchenblauer Serge und eine Mantille von schwarzem Seidentuch herbei.

Das Kleid schien gerade für Dolores Wuchs zu passen, und diese sagte daher: „Das ist mir recht.“

„Nun gut, Sennorita,“ entgegnete die Trödlerin. „Wie viel gebt Ihr mir heraus?“

Dolores riß die Augen groß auf und sah die Frau verwundert an. Ihr Anzug war wenigstens zehn Mal so viel werth, als der ihr gebotene.

[1] Manola, eine Frau des Volkes.

„Ja; wie viel gebt Ihr mir heraus?“ wiederholte das Weib.

„Ich kann Euch nichts herausgeben,“ entgegnete die arme Dolores. „Ich sagte Euch schon, daß ich kein Geld habe.“

„O, dann ist Das etwas Anderes! Wenn Ihr kein Geld habt, armes Kind, so nehmt nur immerhin den Anzug; Ihr bleibt mir das Uebrige schuldig. Gott behüte mich davor, einem so schönen Mädchen Kummer zu bereiten.“

„Aber wie mache ich es, um mich umzukleiden?“ fragte Dolores.

„Kommt! Kommt!“ antwortete die Trödlerin. „Mein Haus ist nicht weit von hier!“

In der That besaß die Frau ihrem Stande gerade gegenüber eine hölzerne Baracke, in welcher ihr Mann Fleischabfälle verkaufte. Hinter dem Verkaufsladen war ein viereckiger Raum, in welchem eine einzige Matratze auf dem Fußboden lag, und in dessen Ecke eine Kiste stand. Dies war die Wohnung der Trödlerin und dahin führte sie Dolores.

Als sie dieser half, sich zu entkleiden, bemerkte sie an ihr ein Tuch von den feinsten Spitzen.

„Sennorita,“ sagte sie, „da Ihr mir kein Geld herausgeben könnt, will ich mich mit diesem Tüchelchen begnügen.“

„Nehmt es,“ entgegnete Dolores voll Ekel. „Es würde ohnehin nicht zu meinem neuen Anzuge passen. Aber gebt mir wenigstens einen Unterkragen von Batist, damit ich die grobe Wolle nicht auf der Haut fühle.“

Das Weib brachte ihr ein Tuch, das zwar nicht neu, aber wenigstens rein war. Dolores begnügte sich damit, in Ermanglung von etwas Besserem.

Als sie sich umgekleidet hatte, besah sie sich in einer kleinen polirten Metallplatte, welche der Trödlerin als Spiegel diente, und war zufrieden mit ihrer Umwandlung. Ihr grober, schwerer Anzug verbarg so ziemlich ihren schlanken Wuchs und ihre elegante Haltung. — Sie hüllte sich in ihre Mantille und ging.

„Erhaltet mir Eure Kundschaft, Sennora!“ rief ihr die Trödlerin nach, aber Dolores hörte sie nicht, denn schon schritt sie rasch auf die calle de los Gitanos zu.

XIII.

Ein Wunder.

Man wird sich erinnern, daß Henriquez, durch die Gnade des Groß-Inquisitors Arbuez Gouverneur der sehr edlen Stadt Sevilla, die ersten Tage seines Amtes durch zahlreiche Verhaftungen bezeichnet hatte.

Einige ausgezeichnete Männer, gelehrte und fromme Doctoren der Theologie, geistreiche Frauen, liebenswürdig und von starkem Herzen, schmachteten unter dem bloßen Verdachte des Lutherthums in den Kerkern des heiligen Officiums.

Nicht für sich selbst, wohl aber für die, welche er liebte, durch diese neue Zunahme der Verfolgungen beunruhigt, hatte der Apostel Estevan aufgefordert, sich für einige Tage von Sevilla zu entfernen. Er selbst wünschte seine Armen zu besuchen; sie brachen daher mit einander auf und wendeten sich der Richtung von San Lucar zu.

Das war der Grund, weshalb Dolores in dem Hause des Franziscaners Niemanden gefunden hatte.

Es war die Gewohnheit dieses Mannes Gottes, von Zeit zu Zeit Ausflüge in die zahlreichen Dörfer Andalusiens zu machen. Hier vereinigte seine Toleranz alle Secten und er zeigte sich gleich freundlich gegen Christen, Juden, Maresken und Gitanos. Er tröstete die Einen, wendete die Anderen von dem Bösen ab, ermuthigte Alle, und ließ Alle gleichen Antheil nehmen an den Gaben seiner unerschöpflichen Barmherzigkeit.[1]

In ganz Andalusien war der Name des Apostels ein magischer Talisman; es genügte ihn auszusprechen, um sogleich das Lächeln auf alle Lippen treten, alle Augen sich mit dem Ausdrucke der Dankbarkeit gen Himmel richten zu sehen. Als daher das Gerücht sich verbreitete, er habe seine

[1] Einige fromme Mönche jener Zeit durchzogen Spanien, bettelten bei den Reichen, gaben den Armen, predigten Allen die heiligen Lehren des Evangeliums, und trösteten Die, welche Schmerzen hatten. Dieses wahrhaft apostolische Benehmen stand zu sehr im Widerspruche mit dem der gewöhnlichen Mönche und der Inquisitoren; Mönchspack und Inquisition verfolgten daher auch diese mildthätigen Mönche mit größter Erbitterung.

Wanderung durch die Dörfer angetreten, sah man an allen Wegen Weiber stehen, die ihm ihre Kinder entgegenhielten, damit sie die Ersten seien, welche seinen Segen empfingen; und wenn es ihnen dabei gelang, den Saum seines Gewandes zu berühren, so hielten sie sich gegen alle Uebel geschützt.

Mochte immerhin der Apostel ihnen mit sanft gebietendem Tone sagen: „Nicht mir müßt Ihr solche Huldigungen darbringen, denn ich bin nur ein wenig Staub gleich Euch. Es ist Gott, dort oben in der Höhe, der durch meinen Mund zu Euch spricht!“ so fand das Volk, stets etwas heidnisch in seiner Anbetung, es doch viel einfacher, sich vor dem Manne, der es mit Wohlthaten überhäufte und den es sah, niederzuwerfen, als vor Gott, den es nicht sah.

„Mein Sohn,“ sagte der Apostel zu Estevan, der sich über die Sanftmuth und Gefügigkeit der rohen Menschen wunderte, welche zu Lämmern wurden, sobald der heilige Mann zu ihnen gesprochen hatte, „mein Sohn, Ihr seht, wie leicht es wäre, diese Menschen rechtschaffen und fromm zu machen, wenn man, statt sie durch Schrecken zu verdummen und durch Martern zu erbittern, dahin strebte, sie durch Sanftmuth und Wohlthaten an Gott und dessen Gnade und Güte glauben zu lehren. Statt dessen füllt man ihr Hirn mit Aberglauben; man martert sie so sehr und thut ihnen so wenig Gutes, daß sie nur noch an Dämonen und an die Hölle glauben, von der man ihnen schon auf Erden einen Vorgeschmack gibt. Des Glückes, des Trostes und der Hoffnung beraubt, werden sie fanatisch, schwach und grausam.“

„Wie könnte es auch anders sein?“ entgegnete Estevan; „diese Menschen besitzen Nichts, die Mönche haben ihnen Alles genommen[1] und jeden Tag raubt die Inquisition

[1] Im 13. Jahrhunderte betrugen die Mönche und die Mitglieder der Geistlichkeit ein Zehntel der Bevölkerung Spaniens, welche damals 30 Millionen Seelen zählte, die Regierungsbeamten, die Truppen einbegriffen, stiegen bis auf ungefähr 1 Million; man konnte etwa 2 Millionen große und kleine Grundbesitzer zählen. Der ganze Rest der Bevölkerung bestand aus Proletariern und Bettlern. Die Mönche und die Geistlichkeit besaßen ein gutes Drittel von ganz Spanien. (Statistique de Belmonte et Baldiveo.) Die Mönche und die Geistlichkeit Spaniens haben durch ihre Intoleranz und ihre unersättliche Habgier die Bevölkerung Spaniens bis auf etwa 11 Millionen herabgebracht. Die Ungerechtigkeit und die Grausamkeit der Regierenden würde Spanien bald in eine Wüste verwandeln, wenn Gott sich dieses unglücklichen Landes nicht erbarmte.

diesen Unglücklichen das einzige Gut, welches ihnen noch blieb: die Gewissensfreiheit. Es wäre gleichwohl so leicht, dieses glühende und poetische Volk glücklich zu machen!“

„Es ist noch mehr als das,“ sagte der Apostel, „es ist intelligent und brav: sein Geist ist ein sonderbares Gemisch der Heiterkeit, der Freiheit und des natürlichen Verstandes, der ihm jedes ernste Nachdenken leicht macht; dieses Volk ist fähig, das Leben in seinem ausgedehntesten erhabensten Zwecke und die allgemeine Brüderschaft zu begreifen. Nun wohl! Aus diesen von Natur braven, rechtschaffenen und liebevollen Menschen hat man Feiglinge und Heuchler gemacht; ja, noch schlimmer als das: Angeber! Selbst ich verdanke meine Sicherheit nur dem Kleide, das ich trage. Als Laie möchte ich ihnen immerhin dasselbe Gute thun, ihnen dieselbe Moral gepredigt haben, und sie würden mich dennoch als einen Lutheraner oder einen Illuminaten betrachten und ich hätte schon längst mit meinem Leben den Eifer für ihr Glück und für die Wahrheit bezahlt; aber ich war Priester und war Mönch, und kann ein Mönch sich täuschen?“

„Seht Euch vor, mein Vater!“ erwiderte Estevan mit bitterem Lächeln, „Alphonso Manriquez und Herr Arbuez könnten Euer Gewand ebensowenig achten, als der Inquisitor Torrequamada, entsetzlichen Angedenkens, die bischöfliche Würde der Bischöfe von Callohorra und Segovia achtete.“ [1]

[1] Diese beiden Bischöfe waren die Söhne getaufter Juden, aber sie genossen die allgemeine Achtung. Der Inquisitor Torrequamada stellte sie vor sein Gericht, obgleich nach der apostolischen Bulle die Bischöfe der Inquisition nicht verantwortlich waren. Die beiden Prälaten begaben sich nach Rom, um bei dem Papste zu appelliren. Der Oberherr der Kirche verwies die Angelegenheit vor andere Bischöfe, deren Entscheidung den Angeklagten günstig war. Als Entschädigung der Verfolgungen, die sie zu erdulden gehabt hatten, ernannte der Papst den Bischof von Segovia für die Gesandtschaft in Neapel und den von Callohorra für die Gesandtschaft in Venedig. Der Inquisitor ließ sich dadurch nicht abschrecken; Torrequamada fand doch Mittel, einen neuen Proceß anhängig zu machen, durch welchen es ihm gelang, den Beweis zu führen, daß diese Bischöfe in die Ketzerei verfallen wären, worauf sie in einem Schlosse eingesperrt wurden, in welchem sie starben, nachdem sie ihrer Güter beraubt und der bischöflichen Würde entkleidet worden waren. (Llorente, Geschichte der Inquisition.)

„Torrequamada war ein grausamer Geist,“ sagte der Apostel mit einem Seufzer. „Allein mit seinem rohen Fanatismus, seiner unerbittlichen Grausamkeit, vereinigte sich wenigstens nicht die nichtswürdigste Ausschweifung.[1] Der Fanatismus hatte ihn wahnsinnig gemacht: denn könnte außerdem die Grausamkeit eines Menschn so weit gehen? Und nachdem der Groß-Inquisitor das Urtheil eines Ungläubigen ausgesprochen hatte, kniete der strenge Dominicaner Thomas von Torrequamada demüthig vor seinem Crucifix nieder, züchtigte sich selbst und schlug seinen Körper blutig, um alle Ketzereien des Königreichs Castilien zu büßen.“[2]

„Ach, mein Vater, wenn die Menschheit so vorwärts schritte, wie sie sollte, wird man dann in einigen Jahrhunderten an diese Abscheulichkeiten glauben, die mit so vielem Wahnsinn gemischt waren?“

„Ohne Zweifel, mein Sohn; aber um sie zu beweinen; die Irrthümer der Vergangenheit werden eine Lehre für die Zukunft sein. Es wird eine Zeit kommen, in welcher alle Menschen das Evangelium lesen, und dann werden Alle das Recht haben, einander zu sagen:

„Wir sind Brüder, weshalb behandelt ihr uns als Fremdlinge?

[1] Zu allen Zeiten haben die Spanier die Inquisitoren und die andern Beamten des heiligen Officiums beschuldigt, die Frauen, welche in den Kerkern der Inquisition eingesperrt waren, zu Opfern ihrer Lüste gemacht zu haben. Diese Anklage ist nicht so ungerecht, wie die Vertheidiger dieses abscheulichen Tribunals es behaupten. Nach der Empörung von Cordova und der Flucht des Inquisitors Deza, decretirte der Nachfolger dieses Letzteren, Ximenes Cisneros, daß nach diesen ärgerlichen Ausschweifungen, welche mit den in den Gefängnissen befindlichen Frauenzimmern vorgefallen wären, nach der Bestimmung des hohen Rathes alle Personen, die dem heiligen Officium angehörten und sich solcher Excesse schuldig machten, mit dem Tode bestraft werden sollten. An Gelegenheiten zur Anwendung dieses Gesetzes hat es in der Folge nicht gefehlt, gleichwohl ist es stets wirkungslos geblieben. (Llorente, Geschichte der Inquisition.)

[2] Der Fanatismus Torrequamada's kam seiner Grausamkeit gleich, oder richtiger gesagt, seine Grausamkeit war nur das Resultat seines Fanatismus. So oft der Beichtvater Ferdinands von Arragonien sich gezwungen sah, gegen irgend einen Ketzer einzuschreiten, bereitete er sich darauf durch Fasten und Bußübungen vor. Diese letzteren bestanden darin, daß er sich geißelte, bis sein Fleisch zerrissen war und sein Blut reichlich floß. (Leben Torrequamada's, von Ponce de Leon.)

„Wenn alle Individuen einer Nation das Gesetzbuch kennen, nach dem sie beherrscht werden, ist es schwer, daß sie einander gegenseitig schaden. Noch mehr, wenn dieses Gesetzbuch das Evangelium ist, dieser Führer der Seelen, dann ist die Seele gut geleitet und nur selten werden die Handlungen es nicht ebenfalls sein. Da, wo die Unwissenheit herrscht, herrschen auch Unordnung, Thorheit, alle diese Geißeln, welche aus der Erde eine Hölle machen, die von Dämonen und Verdammten bevölkert wird."

Während sie auf ihrem Wege ähnliche Gespräche mit einander führten, gelangten sie zu einem kleinen Dorfe, das auf dem Gipfel eines Berges erbaut war. Meistens niedrige Häuser, roth oder grün angestrichen, zogen sich in einer gewundenen Linie an dem Berge in zwei Reihen in die Höhe, und bildeten so eine unregelmäßige Straße, welche durch eine kleine Kirche beendigt wurde, deren spitzer Glockenthurm sich höchstens vierzig Fuß über die Dächer der Häuser erhob. Wenn die Glocke dieser Kirche läutete, hätte man die ihr zuziehende Bewohnerschaft des Dorfes für eine gewaltige Boa halten können, die ihren Kopf zögernd erhob, ihre spitze Zunge gegen den Himmel ausstreckend.

Als die beiden Reisenden das Dorf betraten, herrschte in demselben tiefe Ruhe. Es war beinahe Nacht und die von dem Felde zurückgekehrten Bewohner beschäftigten sich schweigend mit dem Abendessen. Einige halbnackte Kinder spielten vor den angelehnten Thüren; aus dem Innern der Häuser drang ein appetitlicher Geruch des Puchero[1] hervor und einige Hirten stiegen langsam von dem Berge herab, ihre Ziegen in den Stall zu bringen.

Der Apostel war erst zwei- oder dreimal in dieses Dorf gekommen und die kleinen Kinder, die gewöhnlich ein kurzes Gedächtniß haben, erkannten ihn nicht. Estevan und er durchschritten daher einen großen Theil der Straße, ohne daß Jemand sie bemerkte. Als sie aber an einem niedrigen Hause vorübergingen, dessen verfallenes Aussehen das äußerste Elend verrieth, blieben sie plötzlich stehen.

[1] Der Puchero ist ein Gericht, welches aus mehreren Sorten Fleisch, Gemüsen und getrockneten Bohnen besteht. Reiche fügen denselben noch Chorizo (Saucischen) und Morcillas (schwarzen Pudding) hinzu. Dann wird der Puchero mit dem bekannten Namen olla podrida bezeichnet.

überrascht durch ein eigenthümliches Gemisch frischer, kräftiger und alter, zitternder Stimmen. Es waren gewiß viele Menschen in dem Hause, und es mußte in demselben ein ungewöhnliches Ereigniß vorgehen.

Die Reisenden lauschten einige Augenblicke. Plötzlich hörten sie eine dünne helle Stimme, welche mit dem Ausdrucke weiblichen Mitleids rief! „Der arme Pablo! Diesen Morgen war er noch so gesund!“

„Es gibt hier Jemanden, der unserer bedarf!“ sagte der Apostel und öffnete die wurmstichige Thür, welche sogleich wich. Estevan trat mit ihm ein. In einer elenden Hütten in welche das Licht des Tages kaum hineinfiel, und derer, ungleicher Lehmboden mit Unrath aller Art bedeckt war umgaben einige zwanzig Gitanos, Männer, Weiber, Kinde, und junge Mädchen, einen Menschen, der in seinen Festtagskleidern in einer anmuthigen Haltung auf einem Stuhle saß. Er war sehr blaß und schien zu schlafen.

Der ganze Rancho,[1] der Gitanos, die Abuela,[2] die dieser Königin eigenthümlichen Corporation an der Spitze, umgab den Sitzenden im Kreise. Dieser öffnete sich nicht bei dem Eintritte des Apostels und seines Gefährten, aber die Altmutter, welche den Mönch hoch verehrte, ließ ihm einen kleinen hölzernen Schemel in der Gestalt eines Dreifußes bringen, den einzigen Stuhl, der sich in der Hütte befand. Estevan blieb neben ihm stehen.

„Was bedeutet das, mein Vater?“ fragte er den Apostel.

„Der Mann ist todt und sie begehen die Leichen-Ceremonie! Gebt Acht!“

Ein Gitano trat gegen den Todten vor und legte ihm eine Mandoline in die Arme. Dann klagte er sich schamlos aller Verbrechen an, die er seit dem Tode des letzten Bruders, der in dem Rancho gestorben war, begangent hatte.

Nachdem der Gitano diese sonderbare Beichte abgeleg hatte, redete er den Todten an: „Spiele, und wenn ich Unrecht that, mache Deine Musik mich taub; that ich aber Recht, dann rühre Dich nicht und ich werde mich für freigesprochen halten.“

[1] El rancho, das Zimmer.
[2] Die Abuela. So nannten die Zigeuner ihr Oberhaupt, welches stets ein altes Weib war.

Wie man sich denken kann, folgte der Todte der ersten Aufforderung nicht, und der Gitano trat zurück, so leicht von Gewissen, wie ein Wucherer, der soeben die Absolution unter dem Versprechen empfangen hat, alles Gestohlene wieder zu erstatten.

„Welche Barbarei!“ sagte Estevan leise zu dem Apostel.

„Wartet, mein Sohn,“ entgegnete dieser. „Das ist noch nicht Alles.“

In der That legten alle Mitglieder des Rancho der Reihe nach eine ähnliche Beichte ab, und Alle wurden auf gleiche Weise wegen ihrer Verbrechen beruhigt. Der Verstorbene hatte sie freigesprochen und sie hielten sich für so unschuldig, wie die Tauben.

Die Stube wurde jetzt durch Harzfackeln beleuchtet. Der Apostel besaß für die Zeit, in welcher er lebte, ausgezeichnete Kenntnisse in der Medicin; besonders aber war ihm jene Gabe des zweiten Gesichtes eigen, welche einigen Menschen von seltenem Geiste verliehen wird.

Er betrachtete den Todten sehr aufmerksam, und sagte dann leise zu Estevan: „Der Mensch hat sehr bewegliche Glieder und seine Gesichtsfarbe verändert sich nicht, ausgenommen, daß er sehr blaß ist.“

„Das ist wahr!“ bemerkte Estevan, der den Todten nun auch genauer betrachtete.

Doch bald war es ihnen nicht mehr möglich, sich diesen physiologischen Studien zu überlassen. Ein junges Mädchen begann vor dem Todten einen sehr lebhaften und üppigen Fandango zu tanzen. Nach und nach tanzten darauf alle Mitglieder des Rancho ebenfalls, und endlich faßten sich Alle in wilder Bewegung bei den Händen und tanzten eine Runde um den Todten. Anfangs bewegten sie sich langsam und abgemessen, als wollten sie sich erst mit dem Tacte vertraut machen; bald wurde der Tanz aber rascher, und endlich so wild, daß es schien, als würde eine Bande Dämonen durch eine unsichtbare, gewaltige Hand umhergewirbelt.[1]

Plötzlich hielt der wüthende Haufe unter lautem Geschrei an. Der Todte war von seinem Sitze herabgeworfen worden,

[1] Der Tanz, welchen der Verfasser in diesem Capitel beschreibt, bildet einen Theil der Ceremonien, welche bei der Todtenwache üblich sind. Diese Ceremonie hat viel Aehnlichkeit mit dem wake der Irländer.

und in der Mitte des Kreises auf ein junges Mädchen gefallen, das mit der Schärpe an einem von den Metallknöpfen des Verstorbenen hängen geblieben war. Die Gitana wich voll Entsetzen zurück und der Todte schlug mit dem Gesichte gegen den Fußboden.

„Jesus!“ rief die Abuela; „was für ein Unglück, arme Marica, daß Pablo auf Dich gefallen ist.“

„Ja,“ sagten die Andern, „es werden große Unglücksfälle sie treffen, vielleicht sogar der Tod, es sei denn, daß sie die Nacht bei Pablo wachen will.“

„Ich allein die ganze Nacht bei einem Todten zubringen?“ rief die Gitana erschrocken. „Ich die Nacht bei Pablo zubringen, um zu sehen, wie alle Teufel der Hölle ihn umtanzen und ihn mit sich fortnehmen?“ [1]

„Ich bliebe gern mit Dir bei ihm, arme Mariquilla!“ sagte ein großer junger Bursche, der auf die Gitana verliebte Augen machte; „aber das zählte dann nicht für Dich!“

„Ach, ich fürchte mich zu sehr,“ sagte das arme Mädchen weinend. „Lieber will ich sterben, wenn Pablo es verlangt.“

Während die Gitanos sich so mit einander stritten, war der Apostel zu dem Todten geeilt, und indem er sich bückte, um ihn aufzuheben, bemerkte er, daß Pablo sich in dem Falle eine Wunde geschlagen hatte, welche blutete.

[1] Die Gitanos bekennen sich zu keiner Religion; sie erheucheln stets die des Landes, in welchem sie sich befinden. Indeß sind sie die abergläubigsten Menschen auf der ganzen Erde. So wird z. B. ein Gitano, der gewöhnt ist, von Raub und Betrügereien aller Art zu leben, nie an dem Tage stehlen oder betrügen, an welchem er in der Nacht zuvor das Geschrei eines Käuzchens gehört hat. Denn nach dem Aberglauben seiner Kaste bedeutet dies Geschrei stets eine gerichtliche Verhaftung oder wenigstens Zwistigkeiten mit der Justiz. Der Gitano wird nie eine Flüssigkeit trinken, in welche eine Fliege gefallen ist; denn jeder Mensch, der von einer Flüssigkeit genießt, in welcher ein Geschöpf ertrank, wird ebenfalls ertrinken. Endlich muß der Gitano, welcher während der Todtenwache von einem Leichnam berührt wurde, die Nacht mit dem Todten zubringen und den Muth besitzen, die Teufel kommen und den Leichnam des Verstorbenen mit sich tragen zu sehen, nachdem sie ihn umtanzt haben; thut er dies nicht, so muß er in dem laufenden Jahre sterben. Es ist daher auch ein großes Unglück, wenn der Todte während des Tanzes fällt, den seine Verwandten und Freunde an dem Tage vor seiner Beerdigung bei ihm aufführen, um ihn gegen den Besuch der Dämonen zu schützen.

„Still, Kinder!“ rief er mit kräftiger Stimme; dieser Mensch ist nicht todt! — Wartet!“

Das Geschrei endete wie durch Zaubergewalt und alle Gitanos blieben regungslos auf ihrem Platze stehen. Ohne Furcht hatten sie einen Todten umtanzt; vor einem in das Leben Zurückkehrenden fürchteten sie sich.

Unterstützt durch Estevan, hob der Apostel Pablo wieder auf seinen Sitz, und aus der Tasche ein Fläschchen ziehend, das er beständig bei sich trug, ließ er den Kranken das flüchtige Salz einathmen, während Estevan ihm kräftig die Hände rieb, um die Lebenswärme in dieselben zurückzurufen.

Nach Verlauf einiger Minuten öffnete der Gitano die Augen; sein Gesicht röthete sich plötzlich; die Rückwirkung drohte einen Schlagfluß herbeizuführen. Der Mönch drückte deshalb die Wunde Pablo's, um sie zu stärkerer Blutung zu bringen und forderte Estevan auf, dem Kranken die unteren Gliedmassen derb zu reiben.

Bald athmete der Gitano freier, öffnete langsam wieder die Augen und ließ mit dem Ausdrucke einfältigen Staunens die Blicke umherschweifen. — Er war gerettet!

Er hatte an nichts weiter gelitten, als an einer Ohnmacht und Betäubung, in Folge übermäßiger Trunkenheit.

Aber als die Gitanos Den lebend erblickten, dessen Todtenfeier sie soeben begangen hatten, warfen sich die Zigeuner auf die Knie und die jüngeren liefen auf die Straße, um es auszurufen, daß der Heilige ein Wunder verrichtet hätte.

Der Auferstandene selbst, der noch sehr schwach war und sich kaum aufrecht erhalten konnte, küßte dem Apostel die Hände und sagte: „Ich war todt und Ihr habt mich von dem Orte der Finsterniß zurückgerufen.“

„Ich habe es nicht gethan,“ antwortete der Apostel, „sondern Gott allein.“

„Mein Vater,“ fragte Estevan in lateinischer Sprache, um von den Anwesenden nicht verstanden zu werden, „weshalb lasset Ihr diese Leute glauben, der Mensch sei todt gewesen und von den Todten erwecket worden?“

„Mein Sohn,“ entgegnete der Heilige, „dieses Volk ist noch nicht reif für die Wahrheit. Versuchte man es, ihm auf eine natürliche Weise das Ereigniß zu erklären, von dem es soeben Zeuge war, so würde es uns für Zauberer halten. Lassen wir ihm daher seinen unschuldigen Glauben; er ist sein einziger Trost. Glaubet mir, Estevan, ein Volk aufzuklären und es durch Kenntnisse besser zu machen, das ist das Werk mehr als eines Tages, besonders, wenn man es durch so lange Zeit irregeleitet hat. So bringt man leicht auf einem weißen Stoffe Eindrücke hervor, während man auf einem bereits gefärbten Stoffe zunächst die Farben auslöschen muß, um neue aufzudrucken."

„So soll also dies Volk in ewiger Unwissenheit bleiben?"

„Nein, mein Sohn; nein! Aber das Wasser träufele Tropfen bei Tropfen nieder, so wird es sicher sein Bett bahnen."

Bei dem Gerüchte von dem Wunder hatten indeß die Einwohner ihre Häuser verlassen; selbst die kleinen Kinder wurden ihres Hungers ungeachtet von dem Herde entfernt, auf welchem die olla podrida kochte, und waren herbeigeeilt, um den Heiligen zu sehen, der einen Todten erweckt hatte.

Nachdem der Apostel den Gitanos einige kleine Wohlthaten erwiesen und sie ermahnt hatte, auf den Raub und den Mord zu verzichten, Ermahnungen, die sie stets mit Ueberzeugung anhörten, aber ebenso sehr bald in Folge ihrer wilden Natur und ihrer eingewurzelten Gewohnheiten vergaßen, sowie wegen der Schwierigkeit, die es für sie hatte, auf eine andere Weise ihren Lebensunterhalt zu gewinnen, verließ er sie, um in dem Dorfe den Kranken und den Leidenden Trost und Hilfe zu bringen und ihnen einige Geldstücke zu schenken; eine kostbare Wohlthat für diese armen Knechte der Klöster, welche wohl Brot und Suppe hatten, doch niemals Geld. Oft bewahrten daher auch diese armen Leute die Maravedis, welche sie von dem Apostel empfangen, gleich Reliquien auf; sie durchbohrten sie und machten aus ihnen Knöpfe, mit denen sie ihre Sammtjacken schmückten.[1]

[1] Die Gitanos, wie viele andere Menschen des niederen Volkes in Andalusien, lieben es, Geldstücke zu Knöpfen zu benützen. Die Armen durchbohren die Ochavos und Wohlhabende die Realstücke, eine kleine Silbermünze; reiche Maulthiertreiber und Contrebandiers durchbohren auf gleiche Weise mehrere hundert Goldstücke von 5, 10 und 20 Francs, um sie zu Knöpfen einer einzigen Sammtjacke zu verwenden.

Die Reisenden brauchten sich nicht die Mühe zu nehmen, in die Häuser einzutreten, denn alle Bewohner kamen ihnen in dichtgedrängter Menge entgegen; aber ehrerbietig wichen sie vor dem Heiligen zurück, der vor Jedem stehen blieb, ihn nach seiner Familie fragte, tröstete, Rath ertheilte und weise Lehren gab, auch Geld Denen, die am abgerissensten waren, um sich neue Kleider zu kaufen. Aber er predigte ebenso Allen den Gehorsam und die Ergebung, denn, sagte er, das Murren und der Unwille der Seele nützen nichts; sie machen die Uebel nur schwerer.

Der ungestüme Estevan konnte sich ungeachtet seiner philosophischen Ansichten, welche ihn zu einer thätigeren Reform trieben, nicht enthalten, die tiefe Weisheit des Apostels zu bewundern.

„So," dachte er bei sich selbst, „müßten alle Reformatoren sein, nüchtern, ausdauernd in der Handlung, geduldig, das Resultat zu erwarten, denn nur so bewirkt man die Wiedergeburt eines Volkes."

Es war rührend, den Apostel unter dieser unwissenden, unterdrückten Bevölkerung zu sehen, die ihn enthusiastisch umdrängte und begierig die Sonnenstrahlen auffing, die er in ihre umnachteten Seelen fallen ließ.

„Francisca," sagte ein junger Mann zu seiner Frau; „unser Kind wird schön und stark werden. Der Apostel hat es angesehen und sein kleines Händchen geküßt."

„Die Ernte wird gut!" sagte ein Anderer. „Der Apostel hat uns zu eben der Zeit besucht, zu welcher die Körner in den Aehren ansetzen."

„Das Feuer des Himmels wird mein Haus verschonen!" rief ein Dritter. „Der Apostel ist im Vorübergehen an meiner Thür stehen geblieben."

„Gott wird Euch segnen, weil Ihr gut seid!" sagte der Heilige, „und ihr werdet glücklich sein, weil Ihr Niemandem Böses thut."

„Vater," rief weinend eine junge Frau, welche auf ihren Armen zwei kleine Zwillingskinder trug, „man hat meinen Mann in den Kerker des heiligen Officiums geworfen, weil er ein bekehrter Maure ist, und weil er die Messe an dem Tage versäumte, an welchem er mich pflegte, weil ich diese beiden Kinder gebar."

Der Apostel richtete einen trüben Blick gegen Himmel.

„Fasse Geduld, meine Tochter," sagte er zu der armen Frau. „Dein Mann wird Dir zurückgegeben werden. Vertraue auf Gott, der Dich trösten wird; und ich werde einstweilen für Dich sorgen; verstehst Du wohl?

„Das ist wahrhaft ein Heiliger!" sagte leise eine alte Frau. „Er fürchtet sich nicht vor der Inquisition!"

„Weib," sagte der Apostel, welcher ihre Worte verstanden hatte, „Die, welche wahrhaft an Gott glauben, fürchten sich vor nichts!"

So ging dieser Tag zu Ende.

Estevan und sein Führer nahmen einige Lebensmittel an, mit denen man ihren Reisesack füllte, und ergriffen diese Gelegenheit, um das Hundertfache zu bezahlen. Dann entfernten sie sich unter zahlreichen Segenswünschen, um die Nacht in einer jener Laubhütten zuzubringen, welche die Hirten auf den Bergen errichten, um in ihnen den Winter mit ihren Heerden zuzubringen.

XIV.

Wieder Joseph.

Kehren wir zu Dolores zurück, die wir auf dem Wege nach der Taverne verlassen haben. Als sie an das äußerste Ende der Zigeunerstraße gelangt war, erkannte sie leicht das Schild der Buena Ventura, welches mit großen Buchstaben an die Mauer geschrieben war. Ungeachtet der zunehmenden Dunkelheit, konnte Dolores sich darin nicht täuschen. Es waren erst wenige Menschen zugegen; einige Mönche leerten, mit einander plaudernd, ihren Krug Parajetewein und an einem Ende des Tisches aßen ein Mann und ein Weib, die ziemlich schlecht gekleidet waren, ein Stück schwarzes Brot und einige rohe Zwiebeln. Vor ihnen standen zwei zinnerne Becher und eine Maß von dem geringsten Weine.

Die kleinen, an der Wand brennenden Kerzen verbreiteten ihr zweifelhaftes Licht in dem Saale. Die Stille, welche herrschte, beruhigte die Tochter des Gouverneurs ein wenig. Gleichwohl zögerte sie einige Minuten, denn sie sah die Chapa nicht und wußte nicht, an wen sie sich wenden sollte; aber bald darauf erschien die Chapa in dem Eingange zu ihrer Küche und Dolores waffnete sich mit Muth, stieß die Thüre auf und ging gerade auf die junge Wirthin zu.

Als sie ihr nahe war, zog sie die Ränder ihrer Mantille zurück, und die Chapa erkannte sie auf der Stelle. Aber auch Dolores hatte das junge Mädchen erkannt, welches bei dem entsetzlichen Complot, dessen Opfer sie geworden war, als Botin diente, und sie wich mit einer Regung des Abscheues zurück. Die Chapa sah sie darauf, ohne zu sprechen, mit flehendem Blicke an, und mit einer ganz andalusischen Geistesgegenwart ergriff sie sie lebhaft bei der Hand und that, als küßte sie sie auf beide Wangen.

„Ei, Du bist es, meine arme Anna,“ sagte sie mit heiterem Tone. „Wer hätte mir wohl gesagt, daß ich noch heute so glücklich sein sollte, die gute Base zu sehen! — Komm doch,“ fügte sie dann hinzu, indem sie Dolores in den engen und finstern Ort zog, wo sie den Fuchero bereitete, „komm und laß uns von meiner guten Tante und Deinen Brüdern plaudern, meine liebe Annita. Wie freut es mich, Dich zu sehen!“

Während dieses Redestromes hatte Chapa Dolores den Blicken der Leute in der Taverne entzogen, und Dolores, die so aufgeregt war, daß sie sich kaum auf den Beinen erhalten konnte, setzte sich auf einen elenden Strohstuhl, der in einer Ecke stand.

„Beruhigt Euch, Sennora,“ sagte jetzt die Schwester Coco's leise, indem sie beinahe niederkniete, „beruhigt Euch und fürchtet nichts. Ich würde mein Leben geben, um Euch zu retten.“

„Aber,“ fügte sie hinzu, da sie sah, daß Dolores einiges Vertrauen zu gewinnen schien, „thut so, als plaudertet Ihr mit mir, und als wäret Ihr meine Base; wir müssen die Spione täuschen.“

Einer der Mönche rief jetzt nach einem Kruge Wein, und die Chapa beeilte sich, ihn zu bedienen.

„Die arme kleine Base!“ sagte sie zu der jungen Frau, die am Ende des Tisches ihr Abendessen verzehrte. „Wie hübsch ist es von ihr, daß sie mich besucht hat!“

Aber die Frau, zu der die Chapa so sprach, war die Einzige, welche Dolores kannte; es war nämlich die Culevrina, und in dem Augenblicke, als die Tochter des Gouverneurs die Taverne betrat, hatte die Serena sie erkannt. Manosina — denn er war der Mann, der mit ihr aß, besaß weniger Gedächtniß. Nur den Frauen ist jener scharfe Blick, schnell wie der Gedanke, eigen. Die Serena lächelte, doch ohne etwas zu sagen. Einige Augenblicke darauf wollte Manosina sich entfernen, und die Culevrina näherte sich jetzt der Wirthin, die vor die Thüre getreten war, um zu sehen, ob ihr Bruder noch nicht käme.

„Chapa," sagte sie, „achte wohl auf Deine Base, und wenn sie meiner oder Manosina's bedürfen sollte, so weißt Du uns zu finden."

Die Chapa starrte die Serena mit weit aufgerissenen Augen an.

„Ich kenne Deine Base," fügte leise die junge Zigeunerin hinzu, indem sie das Wort „Base" scharf betonte.

„Culevrina," entgegnete die Chapa, „so hüte Dich wenigstens, zu plaudern."

„Ei," sagte die Zigeunerin, indem sie anmuthig mit den Achseln zuckte, „hast Du Furcht! Ein Schützling des Apostels! Ich liebe sie ebenso sehr, wie Du. — Erinnere Dich nur an das, was ich Dir gesagt habe: Wenn sie unser bedarf, so komm uns zu holen; lebe wohl!"

Der Bravo und seine Gefährtin entfernten sich.

„Zeig' uns doch Deine Base, Chapa," sagte ein dicker Mönch, den der Weindunst lustig zu stimmen anfing. „Ist sie eben so hübsch wie Du, Kleine?"

„Ach, das arme Mädchen — laßt sie doch in Ruhe," entgegnete die Chapa. „Sie ist so schüchtern wie ein Schäfchen."

„Aber das hindert nicht, hübsch zu sein."

„Das werdet Ihr sehen, wenn sie ausgeschlafen hat," sagte die Chapa, indem sie die Küche ordnete. „Sie ist mehrere Stunden weit gegangen und sehr ermüdet."

Die Ankunft einer zahlreichen Menge von Arbeitern, welche kamen, ihr Abendessen hier zu verzehren, machte dem Gespräch ein Ende.

Der Mönch fuhr fort zu trinken. Die Chapa bediente alle Welt mit einer Raschheit und einer Geschicklichkeit, welche wahrhaft bemerkenswerth war, und benutzte dann die allgemeine Beschäftigung, welche stets auf den Beginn eines Mahles folgt, so wie den Lärm, den die Bewegung der Kinnbacken aller dieser Ausgehungerten machte, um sich leise mit der Tochter des Gouverneurs zu unterhalten.

„Chapa," sagte Dolores, die von ihrem früheren Mißtrauen etwas zurückgekommen war, „kennst Du den Mönch Joseph?"

„Jesus, ob ich ihn kenne!" sagte sie. „Der ist ein Heiliger, Sennora — obgleich er das Gewand der Inquisition trägt," fügte sie sehr leise hinzu. „Er kam gestern," fuhr die Tavernenwirthin fort, „und sagte mir, wenn Ihr mich nach ihm fragtet, so müßte ich ihn aufsuchen."

„Ach," sagte Dolores, indem sie freier aufathmete, „so hat er mich also nicht getäuscht!"

„Und habt Ihr mir auch verziehen?" fragte die Chapa beinahe weinend.

„Ja," erwiderte Dolores, „ich verzeihe Dir, obgleich Du mir sehr viel Böses zugefügt hast."

„Ach, ich wußte ja nicht, was ich that; ich gehorchte, das war Alles. Wenn Ihr wüßtet, was man Alles thun muß, um sein Leben zu erhalten!"

„Armes Kind! — Geh, Du wirst gerufen. Beschäftige Dich nicht mit mir, bediene Deine Leute und sorge dafür, daß man nichts bemerkt."

Die Chapa kehrte in den Saal zurück und gab Jedem, was er verlangte, dann ging sie wieder zu Dolores.

Die Tochter des Gouverneurs war außerordentlich blaß; sie hatte den ganzen Tag noch nichts genossen.

„Gib mir irgend etwas zu essen," sagte sie zu der Chapa; „ich sterbe vor Hunger."

„Jesus!" rief die Chapa, „weshalb sagtet ihr das nicht früher, Sennora? Alles, was ich hier habe, steht Euch zu Diensten."

Zugleich reichte sie ihr eine Tasse Chocolade, die sie stets bereit hielt, für den Fall, daß ein vorübergehender Mönch sich rasch erquicken wollte.

Dolores hatte kaum dies leichte Mahl beendigt, als ein ungewöhnliches Geräusch in dem Saale entstand; sie streckte ein wenig den Kopf vor.

Alle Gäste waren gleichzeitig, getrieben durch eine unterwürfige Ehrfurcht, aufgestanden: der Günstling des

Inquisitors hatte soeben die Taverne betreten. Selbst die Söhne des heiligen Franciscus scheuten sich nicht, dem jungen Dominicaner diesen Beweis öffentlicher Unterwerfung und Achtung zu gewähren.

Joseph ging stolz mitten zwischen den demüthig sich neigenden Menschen hindurch, und seine Unterlippe verzog sich geringschätzig. Sein Gesicht sprach die tiefste Verachtung aus.

Er ging gerade auf die Küche zu. Dolores erhob gegen ihn ihr schönes Gesicht, welches den Ausdruck der Traurigkeit und der Angst trug.

„Schon hier?“ fragte Joseph, indem er sie erkannte.

„Schon?“ erwiderte sie sanft. „Das Wort, mein Vater, gleicht einem Vorwurf. Solltet Ihr auch schon den Schutz bereuen, den Ihr mir gewährt habt?“

„Nein, wahrlich nicht, armes Kind,“ sagte der junge Mönch. „Was ich Dir versprochen habe, werde ich von Herzen gern halten. Aber wundere Dich nicht über mein Staunen; hattest Du mir nicht gestern gesagt, Du hättest eine Zufluchtsstätte?“

„Ich glaubte das, mein Vater; aber ich bin verflucht wie Kain. Der, den ich aufsuchte, war fort, todt vielleicht. Ich habe die Nacht im Rohr zugebracht, und diesen Abend habe ich mir mit großer Mühe diese bescheidenen Kleider verschafft, um nicht erkannt zu werden.“

„Und Du hast recht daran gethan, meine Tochter, denn mehr als je schwebst Du in Gefahr. Aber ich werde über Dich wachen und Niemand, hoffe ich,“ fügte er mit bitterem Lächeln hinzu, „wird den Dominicaner Joseph in den Verdacht ziehen, einem Weibe, das die Inquisition verfolgt, ein Obdach gewährt zu haben.“

„Mein Vater,“ sagte Dolores etwas beunruhigt, denn es begegneten ihr seit kurzer Zeit so außerordentliche Dinge, daß es ihr wohl gestattet war, zu zweifeln, „mein Vater, wohin wollt Ihr mich denn führen?“

„Du mißtraust mir, Dolores?“ sagte Joseph, indem er seinen glühenden, offenen Blick auf sie richtete.

„Ach, verzeiht mir,“ bat sie, die Hände faltend, „aber jeder Schritt, den ich im Leben thue, führt mich an einen Abgrund, und dennoch —! Ach, ich glaube Euch, ja ich glaube Euch,“ sagte sie; „denn wenn Ihr mich verrathen wolltet, so würdet Ihr mich nicht so ansehen.“

„Armes unschuldiges Kind!“ sagte er; „hast Du keine andere Bürgschaft meiner Aufrichtigkeit, als die Ehrlichkeit meines Blickes? Weißt Du, ob ich nicht zu Denen gehöre, welche das Herz eines Tigers unter den Zügen eines Engels verbergen? Sagt Dir nicht irgend eine geheime Ahnung, daß Deine Sache auch die meinige ist, und daß ich Dich vertheidigen würde, als ob Du meine eigene Schwester wärest, als ob wir unter demselben Herzen geruht hätten?“

„Macht mit mir, was Ihr wollt!“ sagte die Tochter des Gouverneurs, indem sie vor diesem sonderbaren Manne beinahe niederkniete.

Zwei bittere Thränen, zwei von jenen Thränen, die, lange zurückgehalten, dennoch endlich fließen müssen, und selbst gegen den Willen Dessen, der sie vergießt, und sogar aus dem kräftigsten Herzen, glitten langsam unter den langen Wimpern Josephs hervor, über seine bleichen und etwas abgemagerten Wangen.

„Ihr weint, mein Vater?“ sagte das junge Mädchen gerührt. „Ach, auch Ihr hättet in diesem eisernen Zeitalter nicht geboren werden sollen.

„Gott,“ erwiderte Joseph, „wirft uns auf diese Erde, wann er will und zu dem, was er will — um zu verfolgen oder zu dulden und aus Dem, welcher leidet, macht er zuweilen das Werkzeug seiner ewigen Rache. Das ist es vielleicht, weshalb Du und ich in diesem Jahrhunderte leben, Dolores.“

„Mein Gott,“ sagte sie, „Eure Traurigkeit erschreckt mich, und dennoch setze ich Vertrauen in Euch und würde überall hin gehen, wohin Ihr mich führen wollt. — Und dann,“ fügte sie mit einigem Zögern hinzu, „hätte ich Euch noch um Etwas Anderes zu bitten.“

„Sprich!“ sagte Joseph, der sie zu errathen schien.

„Ich bin die Verlobte des Don Estevan von Vargas.“

„Ich weiß es,“ erwiderte Joseph, indem er einen schmerzlichen Seufzer unterdrückte. „Sei ruhig; Don Estevan ist in Sicherheit.“

„Ihr habt auch ihn errettet?“ rief sie voll Freuden.

„Nein, nicht ich rettete ihn, sondern die göttliche Gerechtigkeit. Gott ist der Herr, der gebietet; ich bin die Hand, welche gehorcht.“

„O mein Vater, seid gesegnet dafür, daß Ihr mir meinen Estevan erhalten habt.“

Dies Alles wurde mit leiser Stimme in der Küche der Taverne gesprochen. Die Chapa ging ab und zu und vertheilte wechselweise an ihre Gäste Speisen oder Wein, Schnitte in Oel gebratenen Thunfisches, frische Sardinen und weißes Brot, weißer als in irgend einem andern Theile von Spanien, und die Ehrfurcht vor der heiligen Inquisition im Allgemeinen und den Inquisitoren insbesondere, war so groß, daß Niemand etwas Unpassendes an der langen Unterhaltung des jungen Mönches mit der Base der Chapa fand.

Während dieser Zeit trat Coco in die Taverne. Joseph zog ihn bei Seite. „Coco,“ sagte er ihm, „während Deine Schwester hier beschäftigt ist, folge mir mit diesem jungen Mädchen bis zum Ausgange der Stadt.“

„Es geschehe, wie Ihr gebietet, ehrwürdiger Herr,“ erwiderte Coco sich verbeugend. „Aber wollt Ihr denn Beide durch den Saal gehen, der voller Leute ist?“

„Du und ich, wir durchschreiten ihn allein,“ erwiderte Joseph; „das junge Mädchen wird durch die kleine Hinterthür gehen.“

Es gab in der That in dieser Art von Küche eine Thür, die zu einem andern Ausgange durch ein kleines niederes Gemach, ein Loch, in welchem der Alguazil schlief, zu einem Sackgäßchen führte.

Der Dominicaner verließ die Taverne, begleitet von den ehrfurchtsvollen Grüßen der edlen Versammlung. Coco trat einige Minuten später in der Straße zu ihm. Sie gingen mit einander um das Haus, und kehrten durch das Gäßchen zu demselben zurück. Dolores war bereit zum Aufbruche. Sie sagte der Chapa Lebewohl und folgte Joseph, der ihr zum Führer diente; denn selbst der Alguazil wußte nicht, wohin sie gehen würden.

„Du hast doch keine Furcht?“ sagte Joseph, in dem er die zitternde Hand der Dolores Argoso drückte.

„Seht!“ sagte sie, indem sie mit edlem Vertrauen ihre Hand fest auf seinen Arm legte.

Alle drei verließen so die Taverne, ohne daß irgend Jemand etwas davon bemerkte.

XV.

Die Aebtissin der Carmeliterinnen.

Während sich in der Taverne der Buena Ventura der Auftritt zutrug, der zwar an und für sich nicht sehr wichtig, zur Entwickelung unserer Geschichte aber unerläßlich ist, fand in der Abtei der Carmeliterinnen ein Auftritt anderer Art Statt.

Die Aebtissin, welche aus dem beinahe fürstlichen Hause der Herzoge von Lerma[1] stammte, und die aus dieser Rücksicht ihrer großen Jugend ungeachtet, zu dem hohen Posten erwählt worden war, thronte in diesem Augenblicke in der Mitte einiger ihrer Günstlinge. Thronte ist das richtige Wort, denn die demüthige Tochter des heiligen Franciscus saß auf einem großen Armsessel, der mit rothem Sammt überzogen war, auf einer Erhöhung von mehreren Stufen stand, und von einem Baldachin überragt wurde, den goldene Fransen verzierten.

Neben ihr stand ihr Krummstab, das Zeichen ihrer Würde als Aebtissin. Von ihrem Gürtel hing auf ihr Gewand von braunem Stoffe ein großer Rosenkranz von Filigran-Arbeit und Smaragden herab, an welchem jedes pater durch eine orientalische Perle von der Größe einer kleinen Nuß bezeichnet wurde. Auf ihrer Brust funkelte ein großes Kreuz von ciselirtem Golde und jede Bewegung ihrer weißen, zarten Hand ließ mit blendendem Glanze den großen Ring der Aebtissin-Würde funkeln, der einen einzigen großen Diamant von dem reinsten Wasser umfaßte. Es war ein unschätzbares Juwel aus den Minen von Golkonda oder Visapur.

Die Aebtissin war ungefähr vierundzwanzig Jahre alt. Sie war eine Frau von kaum Mittelgröße, sah aber groß aus, so stolz trug sie die Schultern, so gerade und fest saß ihr schöner Kopf auf dem reizendsten Halse von der Welt. Ihre Haut, von rosiger Blässe, und weißer wie gewöhnlich

[1] Francoise de Lerma ist keine historische Person, sondern nur ein Typus, eine Personificirung der Aebtissinnen jener Zeit, sowie der, einiger unserer Tage.

bei den Andalusierinnen, war unter dem Schatten des Klosters noch weißer geworden. Ihre dunkelblauen Augen blitzten unter langen, schwarzen Augenwimpern hervor. Die Züge der Aebtissin trugen weiter keinen Character, wie den eines großen Stolzes auf ihren Rang und einer starken Hinneigung zur Sinnlichkeit, eine Neigung, die durch ihre rothen wollüstigen Lippen angedeutet wurde, welche ein leichter Flaum beschattete, beinahe eben so schwarz, wie ihre Augenwimpern, obgleich außerordentlich fein. Die herrschende Leidenschaft der Aebtissin war indeß der Stolz. Vor Allem hielt sie auf die Würde ihres Ranges. Ihre Gunst gehörte besonders Denen, welche ihrer aristokratischen Eitelkeit am besten zu schmeicheln verstanden. Sie wollte Königin sein, selbst in einem Kloster.

Rings um sie her, auf sehr niedrigen Sesseln sitzend, plauderten ihre Günstlinge mit einander, indem sie sich mit Nadelarbeiten beschäftigten, zauberhaft schönen Stickereien, wie sie nur aus den Händen von Nonnen hervorgehen können. Einige hatten sich sogar aus größerer Demuth auf die untersten Stufen des Thrones gesetzt, beinahe zu den Füßen der Aebtissin. Das war eine stumme, aber sehr geschickte Schmeichelei. Die heilige Heerde kannte die Schwäche ihrer Hirtin.

Ein wichtiges Ereigniß beschäftigte in diesem Augenblicke die frommen Müßiggängerinnen: Dolores Verschwinden.

„Clara," sagte die Aebtissin zu einer jungen Nonne, die in ihrer Nähe saß, „begreift Ihr, weshalb das junge Mädchen aus dem Kloster entflohen ist, wo ich sie wie meine eigene Schwester behandelte?"

„Nein, wahrlich nicht, meine Mutter," erwiderte die Carmeliterin, „man müßte sie denn hier eingesperrt haben, um sie einer weltlichen Liebe zu entziehen, zu welcher sie zurückgekehrt ist."

„Sie war von musterhafter Bescheidenheit," sagte die Aebtissin, „und ungeachtet ihres etwas stolzen und zurückhaltenden Wesens, hatte sie einen vortrefflichen Character. Ich glaubte wahrlich, ich würde sie für unsere demüthige Heerde gewinnen können, und diese Hoffnung war um so begründeter, da sie mir durch einen heiligen Mann, den reinsten Mönch in ganz Spanien, zugeführt wurde."

„Wie schade, daß sie sich in das Verderben der Welt stürzt,“ sagte eine Novize, deren funkelnde Blicke weit entfernt waren, die vollkommene Ruhe der Sinne und der Seele auszusprechen. „Wo könnte sie so glücklich sein, wie in unserer Mitte?“

„Meine Tochter,“ sagte Francisca von Lerma, „segnet Gott, der Euch derselben Gefahr entriß, indem er Euch gestattete, hier Euer Leben friedlich zuzubringen.“

Die junge Nonne unterdrückte einen Seufzer, indem sie sich bemühte, ihrem Gesichte den Ausdruck der Zufriedenheit zu geben. Sie hätte indeß sehr gern den heiligen Genüßen des Klosters, die Unabhängigkeit und die heitere Freiheit des Weltlebens vorgezogen.

„Gestehet, meine Mutter,“ fuhr sie fort, indem sie auf ihren Knien einen breiten Streifen weißen Moire ausbreitete, der mit goldenen Blumen von der zartesten Arbeit, welche sie soeben beendigt hatte, besäet war, „gestehet, daß das ein schönes Vordertheil einer Altardecke ist, und daß kein Kloster in ganz Sevilla sich eines eben so schönen rühmen darf.“

„Bewundernswerth! In der That!“ entgegnete die Aebtissin. „Die Stickerei wird am Tage Eures Professes, meine Tochter, auf eine würdige Art unsere Capelle schmücken. — Aber was habt Ihr denn da, Katharina,“ wendete sie sich zu einer andern, noch sehr jungen Nonne, die unter ihrem Schleier in einem grob gedruckten Buche blätterte, dessen Text mit noch gröberen Kupferstichen geschmückt war.

Die Nonne erröthete und verbarg das Buch in die Tasche.

„Zeiget mir Das!“ sagte die Aebtissin sehr strenge.

„Gebet das Buch, Schwester!“ ermahnten die andern Nonnen, deren Neugier lebhaft erregt war.

Katharina war von der Aebtissin wegen ihres sanften Characters ein wenig verzogen, besonders aber wegen ihres großen Vermögens und der hohen Stellung ihrer Familie. Katharina reichte das Buch mit schmollender Miene und ihre Gefährtinnen konnten auf dem Deckel mit großen Buchstaben gedruckt, lesen: Die heilige Bibel.

Es war eine protestantische Bibel, in das Spanische übersetzt, und in Holland gedruckt.

„Das ist ein Gebetbuch,“ bemerkte Clara. „Da verlohnte es auch wohl der Mühe, so geheimnißvoll zu thun!“

„Ja; aber es ist eine lutherische Bibel,“ sagte die Aebtissin, welche weniger unwissend, aber eben so neugierig war, wie alle die Uebrigen. „Woher habt Ihr das Buch, Katharina?“

„Von einem Bruder meiner Mutter, Ehrwürdige! Er hat es aus Flandern mitgebracht, wo er ein Regiment commandirte. Mein Oheim war ein starker Anhänger der reformirten Religion. Als meine Mutter darauf bestand, daß ich Nonne werden sollte, hat mein Onkel sich dagegen lange widersetzt, und endlich gab er mir dies Buch, indem er sagte: „Meine Nichte, Du wirst nicht immer eingesperrt bleiben. Wenn die Reform des großen Luther nach Spanien gedrungen ist, werden die Nonnen frei werden und sich verheirathen dürfen, wie sie es in Deutschland gethan haben.“

„Ach Mutter, welche Gotteslästerung!“ riefen die Nonnen, die mit unbeschreiblicher Begier zugehört hatten.

„Still, Katharina,“ sagte Francisca. „Es ist unklug, so zu sprechen, meine Tochter.“

„Ist es sehr weit von hier bis Deutschland?“ fragte die unwissende Clara.

„O gewiß,“ entgegnete Katharina, „und wir sind todt, wenn Luther kömmt.“

„Schweig! Schweig!“ rief die ungestüme Francisca, deren Herz bei dem bloßen Gedanken an die Freiheit heftig klopfte, so glühend und lebenslustig war diese Frau, so wenig geschaffen für die Selbstverleugnung und die Unthätigkeit des Klosterlebens, welche eine Nahrung für ihre unglaubliche Thatkraft in der Ausübung des klösterlichen Despotismus gesucht hatten.

„Ach!“ dachte sie, „die Freiheit auch für uns. — Aber wir werden todt sein, bevor sie zu uns gelangt!“ flüsterte sie, die Worte Katharinens wiederholend.

„Unsere Mutter ist nachdenkend!“ flüsterte Clara.

Ein lauter Klingelzug tönte in die Ohren der Nonnen.

„Clara,“ sagte die Aebtissin, plötzlich zu sich selbst zurückgerufen, „sehet nach, wer es ist. Ich erwarte zu dieser Stunde keinen Besuch.“

„Was kann es denn sein?“ flüsterten die müßigen Geschöpfe, denen das geringste Ereigniß eine große Beschäftigung gewährte; unter solchen nichtssagenden Kleinlichkeiten fließt das Klosterleben dahin, in mystischem Geplauder und gehaltloser Aufregung; so sehr wird daselbst die Zeit und das Leben verschwendet.

Clara war aufgestanden; aber noch ehe sie mit ihren langsamen, abgemessenen Tritten die ganze Länge des Saales durchschritten hatte, schob eine Laienschwester den seidenen Thürvorhang zur Seite und trat ein, mit beiden Händen ein silbernes Bret tragend, auf welchem ein Brief lag.

Clara nahm das Bret aus den Händen der Laienschwester, und trug es ungeachtet der Bemerkungen der andern Nonnen, welche alle zugleich die Arme ausstreckten, um den vielbedeutenden Präsentirteller zu erreichen; aber Clara, welche größer war als die Uebrigen, erhob ihn über ihren Kopf, gelangte zu den Füßen des Thrones, erstieg mit leichtem Fuße die Stufen desselben bis zu der letzten, kniete hier vor der Aebtissin nieder und reichte ihr das Bret dar.[1]

Die Aebtissin nahm den Brief, erbrach das Siegel von grünem Wachs und kaum hatte sie die ersten Zeilen gelesen, als sie rasch von ihrem Sitze aufstand.

„Meine Schwestern,“ sagte sie, „gehen wir dem Herrn Groß-Inquisitor Arbuez entgegen, der uns die Ehre seines Besuches erzeigt.“

Auf ein Zeichen der Aebtissin entfernte sich die Laienschwester. Dann ergriff Francisca von Lerma ihren Krummstab, und schritt ihren Erwählten voran, Seine Eminenz an der äußern Klosterpforte zu empfangen.

Man sieht, daß sie den übrigen Theil ihrer Heerde keiner Benachrichtigung gewürdigt hatte. — Der König und seine Günstlinge sind unter einer despotischen Regierung der Staat!

An der Pforte des Klosters angelangt, ließ Francisca von Lerma beide Flügel derselben öffnen. Zu gleicher Zeit stieg Peter Arbuez aus seiner Sänfte. Er war allein (da er sich nur durch seine Diener hatte begleiten lassen). Joseph hatte sich unter dem Vorwande des Unwohlseins von diesem Besuche frei gemacht.

[1] Dieses ganz christliche Ceremoniel hat sich noch bis auf unsere Tage unter den Dienerinnen Jesu erhalten. Ein Knie zur Erde gebeugt, eine silberne oder Vermeilplatte in den Händen, bieten die Nonnen der Rue Saint Dominique der demüthigen Vorsteherin der Jesuitinnen die an sie gerichteten Botschaften dar.

Der Leser weiß, wohin er gegangen war.

Der Inquisitor schritt gegen die Nonnen vor, und als er den Fuß auf die Schwelle gesetzt hatte, kniete die Aebtissin vor ihm nieder, um seinen Segen zu empfangen. Alle Nonnen ahmten ihr Beispiel nach. Dann schlug Francisca von Lerma wieder den Weg nach dem großen Saale ein. Hier ließ sie zwei große Armsessel mit goldenen Fransen einander gegenüberstellen, ließ Arbuez auf dem einen derselben Platz nehmen, und setzte sich ihm gegenüber. Es war in der Abtei Gebrauch, daß die Aebtissin zu dem Groß-Inquisitor wie zu Ihresgleichen sprach. Peter Arbuez, der ebenfalls sehr strenge auf die Beobachtung der Etikette hielt, lächelte über diese Kleinlichkeit. Er hätte sich von der Aebtissin der Carmeliterinnen noch ganz andere Anmaßungen gefallen lassen und es gab sogar eine Zeit, zu welcher er sich gern auf die unterste Stufe des Thrones gesetzt hätte, den die schöne Francisca von Lerma mit solcher Würde einnahm.

Aber an diesem Tage war Peter Arbuez finster und strenge, und mit seinem hochmüthigen Blicke maß er die weibliche Versammlung mit dem Ausdrucke der Unzufriedenheit. Die Aebtissin erkannte, daß etwas Ungewöhnliches bevorstand.

„Meine Schwester,“ sagte endlich der Groß-Inquisitor, „ich habe mit Euch allein zu reden, und ich bitte Euch daher, die hier anwesenden Schwestern sich entfernen zu lassen.“

Die Aebtissin gab ein Zeichen, und die verschleierte Heerde verschwand gleich einem Schwarme von Vögeln.

Peter Arbuez überzeugte sich selbst, daß die Thüren fest geschlossen waren und kehrte dann zurück, sich an die Seite der Aebtissin zu setzen.

„Ehrwürdige Frau,“ sagte er mit eiskaltem Tone, „das letzte Mal, als ich diese Gemeinde besichtigte, fragte ich Euch, ob Ihr keine Nonne oder Novize hättet, die ich noch nicht kannte; und ich glaube, Ihr antwortetet mir darauf mit: Nein!“

„Und das war die Wahrheit, gnädigster Herr, denn Ihr kanntet alle meine Nonnen und Novizen.“

„Wohl; aber es war hier ein Mädchen, das Ihr vor mir verborgen hieltet.“

„Ich habe es nicht vor Euerer Eminenz verborgen,“ entgegnete Francisca von Lerma. „Sie befand sich nicht hier, als Ihr uns die Ehre erzeigtet, uns zu besuchen; das ist Alles. Da sie weder Nonne noch Novize war, hielt ich es nicht für nothwendig, Euer Eminenz von ihr zu sprechen."

„Und wenn es nun eben dieses Mädchen war, das ich suchte?"

„Das ahnte ich nicht im Geringsten," sagte die Aebtissin mit einem leisen Anklange der Ironie."

„Genug des Spottes, Sennora," entgegnete der Inquisitor rauh. — Seine Leidenschaften waren zu heftig, als daß er sie lange zu zügeln vermochte, um mit Gewandtheit an sein Ziel zu gelangen. „Dieses Mädchen ist hier und ich will es sehen."

„Das hättet ihr mir früher sagen müssen, gnädigster Herr; dieses junge Mädchen hat sich entfernt, ohne daß ich zu sagen weiß, weshalb, denn ich habe gegen sie alle möglichen Rücksichten beobachtet."

„Sie ist fort!" rief der Inquisitor erstarrt. „Fort! — Ha, Ihr betrügt mich. — Dolores Argoso ist hier und Ihr müßt sie mir auf der Stelle zeigen, versteht Ihr mich?"

„Dolores Argoso?" engegnete Francisca. „Das ist nicht der Name des jungen Mädchens, welches hier war, Eure Eminenz. Sie hieß ganz einfach Maria, und war eine Waise, welche mir durch einen frommen Predigermönch anvertraut wurde, Johann von Avila, mit dem Beinamen, der Apostel Andalusiens."[1]

„Johann von Avila!" sagte der Inquisitor mit bitterem Tone. „Jetzt wundere ich mich nicht mehr, wenn sich Alles gegen mich wendet. Johann von Avila gehört zu den unbeschuhten Carmelitern und alle diese Bettler des heiligen Franciscus sind unsere Feinde."

„Was hat Euch Johann von Avila gethan?" fragte die Aebtissin, die in weiblicher Laune ein Vergnügen darin fand, den Zorn des Inquisitors zu reizen.

„Was er mir gethan hat?" rief Arbuez heftig. „Ihr könnt noch fragen, was mir, dem Groß-Inquisitor der Provinz, alle diese Predigermönche thun, die zum Nachtheile Roms sich so stellen, als folgten sie dem Evangelium besser wie

[1] Ich werde zu seiner Zeit und an seinem Orte von Johann von Avila sprechen, einem Manne von edler, ergebungsvoller Seele, dessen Name in Spanien so volksthümlich und so beliebt ist.

wir? Diese demüthigen Stolzen, die dem Volke eine so umfassende Religion predigen, daß die heilige Inquisition ihm als Tyrannin erscheint und unser Eifer als Grausamkeit?"

„Und was kümmert das Euch, gnädigster Herr?" fragte die Aebtissin. „Sie haben das Wort und Ihr habt die Macht. Sie predigen in der Wüste und Ihr könnt mir glauben, daß Ihr die Verbreitung ihrer Lehren nicht zu fürchten braucht."

„Lasset aber jetzt das junge Mädchen kommen, sagte der wilde Inquisitor. „Ich wiederhole Euch, daß sie hier ist, und daß ich sie sehen will."

„Gnädigster Herr," entgegnete die Aebtissin mit einigem Unwillen, „ich gab Euch die Versicherung, daß das junge Mädchen verschwunden ist. — Wollen Eure Eminenz mir die Ehre erzeigen, meinen Worten zu glauben?"

„Francisca!" rief der Inquisitor, indem er auf die Aebtissin einen zornigen Blick richtete.

„Peter Arbuez," entgegnete sogleich Francisca von Lerma, deren Gesicht plötzlich ein Blitz des Zornes und der Eifersucht überflog, „hast Du etwa geglaubt, ich sollte die Hüterin Deiner Geliebten sein? — Das Mädchen ist fort, und was kümmert mich das? — Laß sie durch Deine Sbirren und Deine Familiaren suchen! — Fehlt es Dir denn in Sevilla an Spionen, um ein Weib wiederzufinden, das vor Dir flieht?"

„Dolores ist hier und ich will sie sehen!" schrie der Inquisitor mit donnernder Stimme.

„Dolores Argoso ist nicht hier," antwortete die Aebtissin mit kalter, unterdrückter Wuth. „Wenn sie aber hier wäre, so würde ich sie Euch nicht ausliefern! Hört Ihr, gnädigster Herr?"

„Bei Christus, das ist verwegen von Euch, Sennora, so mit der Inquisition zu spielen. — Weißt Du, was ich kann und wer ich bin, Francisca von Lerma? — Weißt Du das?"

„Ich weiß, daß Ihr ein verabscheuungswürdiger Priester seid!" rief Francisca außer sich. „Ein schamloser Mönch, der nach nichts strebt, als danach, um jeden Preis seine rohen Leidenschaften zu befriedigen."

„Holla, Francisca von Lerma, heilige Aebtissin der Carmeliterinnen, was glaubt Ihr wohl, daß Spanien denken würde, wenn es Eure Ausschweifungen erführe?"

„Oh, es ist wahr," rief sie mit einer Bewegung des Entsetzens, „es ist wahr! Ich bin ein elendes Weib, welches das Laster unter einem heiligen Gewande verbirgt; — ich habe unter dem Schutze der Klostermauern furchtlos die verzehrenden Leidenschaften befriedigt, welche Gott mir verlieh. — Aber wer machte, daß meine Seele entartet wurde? — Wer sagte mir, als ich zitternd und demüthig mich zu Deinen Füßen der Empörung meines Fleisches anklagte: „Gott erlaubt, daß man den Anforderungen der Sinne genügt, wenn dies mit mir geschieht?" [1]

„Wer hat mir Das gesagt, Peter Arbuez? Wer sprach seine strafbare und trügerische Moral aus, um meine Reue, meine Gewissensbisse zu beschwichtigen? Wer entzündete in meinem Busen jene glühenden Leidenschaften, die sich in der Zeit meiner Unschuld nur durch einzelne Blitze offenbarten, welche schnell durch mein Gewissen unterdrückt wurden? Du warst es, und immer Du, dessen zügellose Begierden die meinigen nährten, Du, den zu lieben ich so schwach war."

Während dieses heftigen Ausfalles der Aebtissin, bemerkte der Inquisitor auf einem Sessel die protestantische Bibel, welche Katharina mitzunehmen vergessen hatte. Er las flüchtig den auf dem Deckel gedruckten Titel. Bei dieser Entdeckung zuckte ein finsterer Blick aus seinem Auge, und durch einen höllischen Nebengedanken getrieben, nahm er das Buch und verbarg es unter seiner Kutte. Dann erhob er die Augen wieder auf Francisca, welche zu aufgeregt war, um diesen

[1] Nicht bloß im 16. Jahrhunderte und nicht bloß die Inquisitoren sagten zu ihren Beichtkindern: „Gott erlaubt die Bedürfnisse der Sinne zu befriedigen, wenn es nur mit einem seiner Diener und ohne Aergerniß zu erregen geschieht." Diese gotteslästerlichen Worte wurden in Toulouse vor noch nicht 5 Jahren zu einer Nonne des Klosters des heiligen Antonius von ihrem geistlichen Hirten gesprochen, gegen den sie sich später zu einer Klage der Schadloshaltung vor dem Civilgerichte von Agen und dem königlichen Gerichtshofe von Toulouse gezwungen sah. Dieser ärgerliche Proceß bewies, daß, wenn auch die Civilgesetze außer Gebrauch gekommen oder verändert worden sind, wenn auch die weltlichen Gebräuche sich läuterten, sowohl die geistlichen Gesetze, als auch die Sitten gewisser Mitglieder der Geistlichkeit, fortwährend heilige Dinge zur Befriedigung ihrer irdischen Leidenschaften benutzen. Beeilen wir uns, hinzuzufügen, daß im Allgemeinen die niedere Geistlichkeit diese Ausschweifungen beklagt. Steht es so mit unseren kirchlichen Würdenträgern?

Raub zu bemerken und betrachtete mit einem eigenthümlichen Ausdrucke der Lüsternheit und der Bewunderung das glühende und leidenschaftliche Weib, welches der Zorn nur noch schöner machte. Lebhaftes Roth färbte die zarten, weißen Wangen Francisca's, und ihre Augen funkelten so lebhaft, daß man hätte glauben können, sie sprühten wirklich Funken.

Der Zorn des Inquisitors verschwand einen Augenblick vor diesem blendenden Bilde. Nie war ihm Francisca von Lerma so schön erschienen. Der strenge Ausdruck in Dolores Gesicht, deren Unschuld und Keuschheit die Begierden beschwichtigten, statt sie anzustacheln, konnte in diesem Augenblicke mit der unvergleichlichen Schönheit der Aebtissin der Carmeliterinnen nicht ringen. Für einen fleischlich gesinnten Mann war der Vortheil ganz auf der Seite Francisca's; und überdies war Dolores abwesend. Die Männer, welche durch die Sinne leben, haben keine Augen der Seele; die Gegenwart übt unbedingte Herrschaft über sie aus, und Der gebietet ihnen, der die materiellen Fiebern ihres Wesens zu berühren weiß.

„O, wie schön Du bist, Francisca!" rief Peter Arbuez, der sie seit einigen Augenblicken mit stummer Bewunderung betrachtete.

Ihre überspannte Leidenschaftlichkeit sagte seiner wilden Natur zu, und die Beimischung der Reue, welche dabei durchleuchtete, bildete für ihn den anziehendsten Reiz.

„Schöne Sünderin!" fuhr er fort, indem er die weiße Hand der Aebtissin ergriff, welche der Zorn marmorkalt gemacht hatte.

„Peter!" sagte die Nonne, indem sie in Folge einer eigenthümlichen Rückwirkung bleich und erschöpft vor ihm auf die Knie sank, — „Peter, ich fürchte mich — ich fürchte mich — vor der Hölle!"

„Thörin!" entgegnete er; „fürchtet man die Hölle, wenn man in dem Himmel ist?"

Eine Wolke verdunkelte die Blicke der Aebtissin, die außer sich war.

Peter Arbuez hatte Dolores vergessen!

XVI.

Die Melopia.

Nachdem der Apostel in Begleitung Estevans die ärmsten Dörfer in der Umgegend von Sevilla besucht hatte, beschloß er, darauf für jetzt seine Reise zu beschränken. Er war um Dolores besorgt, und das Pfingstfest war nahe, eine Zeit, die man gewöhnlich durch ein Autodafé feierte. Er fürchtete daher, daß der Augenblick gekommen sei, die Befreiung des unglücklichen Gouverneurs von Sevilla wenigstens zu versuchen; denn daß sie ihm gelingen werde, wagte Johann von Avila kaum zu hoffen. Blieben seine Bemühungen aber erfolglos, dann mußte er dessen unglückliche Tochter trösten. Estevan theilte alle Besorgnisse des Apostels und die Gefahren, welche ihrer in Sevilla warteten, kamen in sehr geringen Betracht bei diesen beiden muthigen Männern. Sie befürchteten den Verlust ihrer Freiheit nur, weil diese für das Heil der Andern nützlich war.

Sie näherten sich, Beide zu Fuß gleich den Propheten Judea's der maurischen Stadt und suchten ihre Unruhe, ihre Besorgnisse durch ernste Gespräche zu beschwichtigen. Der ungestüme Estevan beugte sich unter der milden Herrschaft Johann von Avila's. Der junge Mann lernte von ihm mit Geduld und Ergebung zu kämpfen. Es war ungefähr sechs Uhr Abends, als sie Sevilla erreichten. Eine zahllose Menschenmenge wogte durch die Straßen. Es war die Stunde, zu welcher die Klöster die Melopia an die Bettler und die Vagabunden der Stadt austheilten. Nachdem die Mönche diesen Unglücklichen Alles genommen hatten, war es wohl das Wenigste, daß sie ihnen zu essen gaben.

Estevan und der Apostel befanden sich in diesem Augenblicke einem Kloster der barmherzigen Brüder gegenüber.[1] Die Menge war auch hier sehr zahlreich, denn es

[1] Die barmherzigen Brüder folgten, gleich den Dominicanern, der Regel des heiligen Augustin. Ursprünglich war dieser Orden sehr nützlich. Die Brüder desselben verbreiteten sich in der ganzen Christenheit, erbaten und erlangten zahlreiche Almosen, welche gewissenhaft dazu verwendet wurden, Christen aus der Gefangenschaft in der Barbarei loszukaufen. Einige Mönche dieses Ordens,

fehlte in Sevilla nicht an Bettlern, und in dem Eifer, zuerst versehen zu werden, trachtete Jeder, sich auf Kosten seines Nachbars einen Weg zu bahnen, so daß diese dichtgedrängte Masse den Weg vollkommen versperrte.

„Laßt uns einen Augenblick anhalten," sagte Johann von Avila. „Warten wir, bis diese armen Verhungerten gesättigt sind. Dann können wir unsern Weg verfolgen."

Sie gingen einige Schritte zurück und lehnten sich dann gegen eine Wand, so daß sie Alles sehen konnten, ohne Jemand im Wege zu sein.

Allmälig wurde der Haufe der Menschen immer dichter. Sie drängten sich hin und her und sprachen sehr laut und sehr lebhaft. Man hörte nichts, als einen dumpfen Lärm mißtönender Stimmen, bei denen der vorherrschende Ton der des Zornes war. Man hätte glauben können, bissige Hunde zu hören, die ihre Fütterung erwarteten.

Plötzlich verwandelte sich das zänkische Getöse in freudige, lebhafte und anhaltende Ausrufungen. Die dichtgedrängte Menschenmenge schien nur noch ein einziger, ungeheuerer Körper mit mehreren hundert Köpfen zu sein, die sämmtlich demselben Ziele zugewendet waren.

Die Pforte des Klosters hatte sich geöffnet, und zwei junge kräftige Laienbrüder trugen auf einem großen Stocke, der durch die beiden Henkel gesteckt war, einen gewaltigen kupfernen Kessel, in welchem die vielgeliebte Melopia noch brodelte.

Da wurden begierig alle die Hände mit den hölzernen Näpfen erhoben, welche zu der Aufnahme der Speise bestimmt waren. Rauhes Geschrei, wildes Geheul begrüßte die stärkende Nahrung, und es schien, als wollten alle die Verhungerten sich darüber herstürzen. Doch da erschien ein dritter Bruder,

die nach Algier geschickt worden waren, um Gefangene loszukaufen, sind selbst an der Stelle Derer zurückgeblieben, für welche sie kein Lösegeld bezahlen konnten. Es gibt unter ihnen selbst solche, welche das Märtyrerthum erduldeten; allein diese erhabene Selbstverleugnung währte nicht lange. Während des 18. Jahrhundertes erbaten die barmherzigen Brüder noch immer zahlreiche Almosen und erhielten dieselben auch. Statt sie indeß zu der Befreiung Gefangener zu verwenden, benutzten sie dieselben, ebenso wie die übrigen Mönche die ungeheueren Summen, die sie der öffentlichen Leichtgläubigkeit erpreßten, nur dazu, ihre Macht zu vergrößern, und ihre Herrschaft auszudehnen.

der einen gewaltigen Löffel schwang, und dessen Kutte so mit Fett besudelt war, daß sich die ursprüngliche Farbe derselben nicht mehr unterscheiden ließ.

„A las filas!“ (In die Reihe) gebot er mit donnernder Stimme, und sogleich stellten Alle sich murrend in Ordnung auf. Man hätte glauben können, das Knurren eines Hundes zu hören, dem ein Knochen fortgenommen wird.

„Es ist für Alle genug da! — Stille!“ ertönte auf's Neue die Stimme des Dispensero (Austheiler).

Diese Versicherung machte wie durch Zaubergewalt Alles verstummen und die Vertheilung begann. Da alle die Gaben von gleicher Größe waren, konnte Niemand sich beklagen; es fand eine vollständige Unparteilichkeit bei der Vertheilung der Melopia Statt, ein Wort, welches aus der Verstümmelung von mezclopia, Mischung, entstanden ist. In der That war die Melopia die schmutzigste Mischung des Abfalles von der Tafel der Mönche, beschmutzte und abgenagte Ueberbleibsel, welche in Salzwasser gekocht und mit etwas Oel oder Speckscheiben angemacht wurden. Man mußte ein Hund oder ein Gitano sein, um davon zu genießen.

Aber der Hunger! Der Hunger! — Und alle diese Menschen waren hungrig. Es gewährte daher auch Vergnügen, sie ihre Portion mit ebenso wenig Ekel verzehren zu sehen, wie wir vor einer vortrefflichen Suppe empfinden; für den, welcher den wahren Sachverhalt kannte, war es indessen auch ein mitleiderregender Anblick, dieses arme Volk Spaniens so zu der entwürdigendsten Stufe des Elendes gebracht zu sehen.

„Welch ein sonderbares Ragout!“ rief plötzlich Estevan, der vergebens zu errathen suchte, aus was dieses Gemisch von allen Farben bestand, die keine bestimmte Gestalt hatten, und einen stinkenden Geruch von verbranntem Fett und ranzigem Oel aushauchten.

„Ja, sonderbar!“ erwiderte Johann von Avila traurig. „Wenn Ihr wüßtet, woraus es besteht!“

„Woraus denn, mein Vater! wißt Ihr es?

„Wenn die Mönche gegessen haben,“ fuhr der Apostel fort, „werfen sie diesem armen Volke die Knochen, die sie nicht mehr mögen, vor, wie den Hunden. Die Laienbrüder sammeln in diesem Kessel, den Ihr dort sehet, Alles, was die Leckerhaftigkeit der Mönche sie an den Rand ihrer Teller schieben läßt, abgenagte Knochen, Fischköpfe, Füße von Geflügel, Spargelstengel, von denen sie nur die Spitze abgebissen haben, mit Einem Worte Alles, was sie selbst nicht essen mögen. Unter diesen Ueberbleibseln findet sich immer noch irgend Etwas, was sich abnagen läßt; dann schneidet man Brot in den Kessel, gießt Wasser und ein wenig Oel dazu, und dies Alles eine Viertelstunde lang über dem Feuer gekocht, wird Melopia genannt; davon lebt wenigstens der vierte Theil der ganzen Bevölkerung Spaniens."

„Welche Unwürdigkeit!" rief Estevan.

„Das ist noch nicht Alles!" fuhr Johann von Avila fort. „Die Mönche begnügen sich nicht damit, das Elend der Armen auszubeuten, denn die Armen haben ihnen nichts mehr zu geben, und diese schmutzige Nahrung, die sie ihnen so täglich zuwerfen, ist nichts, als scheinbare Rückerstattung für alle die Güter, die sie ihnen geraubt haben. Die Reichen lassen sich mit größerem Vortheil ausbeuten, und für diese haben die Mönche die innere Melopia erfunden."

„Was ist das?" fragte Estevan.

„Mein Sohn, wenn ein Reicher krank wird, läßt er seinen Arzt holen, aber noch häufiger zieht er seinen Beichtvater zu Rathe."

„Ich leide," sagt der Kranke.

„Thut ein Gelübde," erwidert der Beichtvater.

„Dieses Gelübde besteht für gewöhnlich darin, für eine gewisse Zeit von Almosen zu leben. Nun wohl! In den Klöstern Spaniens gibt es eine Tafel, die mit gesunder und reichlicher Kost für Die versorgt wird, welche hier umsonst die Melopia essen, weil sie ein Gelübde darauf abgelegt haben. Gesunde und regelmäßige Kost bringt für gewöhnlich sehr heilsame Wirkungen hervor. Die Gesundheit des Reichen verbessert sich, und bei Beendigung seines Gelübdes läßt er dem Kloster eine reiche Gabe zurück, indem er Gott für seine Genesung dankt. So beutet man die Religion aus, mein Sohn.[1] So verkaufen diese Pharisäer die

[1] Das Kloster der Kapuziner in Madrid war zu meiner Zeit das berühmteste, hinsichtlich der innern Melopia. Ein Gericht besonders, Chanfaïna genannt, ein Ragout von Gänsefleisch und Kalbslunge und Lammherzen mit Knoblauch, war von den Feinschmeckern der Hauptstadt sehr gesucht. Ich habe oft von diesem Gerichte in zahlreicher und guter Gesellschaft gegessen. Männer und Frauen, große Herren und vornehme Damen, aßen die Chanfaïna bei den Kapuzinern,

Gnade Gottes, die man nur durch Gebet, durch Reinheit des Herzens oder durch Thränen der Reue gewinnt. So leiten sie den Geist eines edlen, enthusiastischen, das Wunderbare liebenden Volkes irre, indem sie überall Wunder zeigen, die nur durch Hilfe grober Täuschungen möglich sind; als ob nicht die ganze Schöpfung ein Wunder wäre! Als ob die unsichtbare Hand, welche Alles lenkt, menschlicher Mittel bedürfte, um ihren höchsten Willen zu erfüllen."

Während dessen kam ein Bettler herbei, in der Hand seinen hölzernen Napf, um seinen Antheil an dem allgemeinen Abendessen zu empfangen.

in buntem Gemisch mit guten Bürgern und verschämten Armen: die Einen aus Frömmigkeit, die Andern aus Wohlgeschmack; Einige aus Nothwendigkeit; da diese Letzteren aber in geringer Zahl vorhanden waren und die Andern nie das Kloster verließen, ohne wenigstens zwei gute Messen zu bestellen, das heißt, ohne 5 oder 6 Francs in der Hand des Bruders Almosenier zurückzulassen, wurde dieses mildthätige Refectorium eine wahre table d'hôte, an welcher man für das Platz nehmen konnte, was man über 5 Francs zahlte.

1816 erblickte ein schöner Toreador, Namens Zapata, sich zwischen den Hörnern eines Stieres; es geschah ihm kein Unglück, und dies rührte daher, weil eine junge und schöne Herzogin in demselben Augenblicke das Gelübde that, 8 Tage lang bei den Kapuzinern die Melopia zu essen, wenn Gott den schönen Zapata schützen wollte. Die Excellenz aß in der That die Chanfaïna der Kapuziner 8 Tage lang und der Bruder Almosenier empfing dafür eine Summe, die rund genug war, um eine Rente von 1800 Francs zu begründen, oder zwei Messen zu $2^1/_2$ Francs täglich.

Die Hieronymiten machten es noch besser. Außer ihrer inneren Melopia, die mit allen Melopias des ganzen Königreiches rivalisiren konnte, hatten diese guten Väter eine Taverne errichtet, in welcher man vortrefflichen Valdepeñas-Wein schenkte und sehr guten gepfefferten Fettdarm bereitete. Jeden Sonntag begaben sich die Arbeiter und die Bürger von Madrid zu Tausenden nach einem großen grünen Platze, der sich zwischen dem Prado und dem Buen Retiro vor der Anstalt der Mönche ausbreitete. Dieses Wirthshaus, in welchem Laienbrüder in Tunika, Scapulier und Schürze den Dienst versahen, machte während des Winters nur wenig Geschäfte, dagegen aber sehr gute während der 9 Monate, die man in Madrid die Sommermonate nennen kann.

1824, bei der Rückkehr Ferdinand VII. von Cadix, hat die Taverne der Hieronymiten 65,798 Realen (16,449 Fr. 50 Cts.) reinen Gewinn getragen. Ich erfuhr diese Zahl durch den Bruder Wirth jener Zeit. Dieser gute Bruder, der 1832 auswanderte, setzte sein Geschäft als Garkoch in Rouen auf dem Pariser Quai fort, wo er die gepfefferten Fettdärme unter dem Namen Kaldaunen à la mode de Caen verkaufte.

„Es gibt nichts mehr!“ rief ihm ein junger Bursche zu, der seine Portion mit einer Gefräßigkeit hinunterschlang, welche eines Andalusiers unwürdig war.[1]

„Desto schlimmer für die Melopia!“ entgegnete stolz der Vagabund, indem er einen Blick der höchsten Geringschätzung über die Versammlung gleiten ließ. Dann entfernte er sich singend, als hätte er die beste Mahlzeit gehalten.

„Der arme Mensch!“ sagte Estevan. „Er wird nun heute Abends nichts essen. — Man muß doch gestehen, daß das Volk sehr unglücklich ist.“

„Nicht so unglücklich, wie Ihr glaubt,“ entgegnete der Apostel. „Der Andalusier ist wesentlich poetisch, aber träge und nachlässig, wie alle Menschen, bei denen die Einbildungskraft vorherrscht. Für ihn sind die Bedürfnisse des Körpers nichtsbedeutend; die Materie wird durch den Geist beherrscht. In Ermanglung der Nahrung für seine geistigen Fähigkeiten stürzt er sich daher auch in eine gewaltige Trägheit oder überläßt sich einem unerhörten Vagabundiren, je nach der Alternative der Gluth oder der Apathie, welche einander bei reichen Organisationen gewöhnlich folgen. Dabei hat er einen übermäßigen Stolz, der aus dem Bewußtsein erwächst, welches er von seinem eigenen Verdienst besitzt. Schlechte Behandlung bezwingt ihn nicht, sondern unterwirft nur die Materie in ihm. — Diese Menschen erwarten die Herrschaft des Geistes; die einzige, welche ihre guten Neigungen und ihre natürlichen Tugenden entwickeln kann.“

„Wie schade,“ sagte Estevan, „daß man diese kräftigen Geister so in Rohheit und Dummheit versinken läßt!“

„Ohne Zweifel, mein Sohn,“ erwiderte der Apostel, „und das ist ein Verbrechen der göttlichen Majestätsbeleidigung. Es heißt die Größe Gottes in den Wesen verkennen, die nach seinem Bilde geschaffen sind. Ein Volk verdummen, heißt eine Nation untergraben und unbedacht die Mine anlegen, welche eines Tages in Empörungen und Bürgerkriegen auffliegen wird.“

[1] Von allen Bewohnern Spaniens ist nach dem Galizier der genügsamste der Andalusier. Dieser lebt so zu sagen von Sonnenschein und Wohlgerüchen; man kann nicht begreifen, wie viel Poesie und Sorglosigkeit gegen die Dinge dieser Welt bei ihm herrschen. Ein Stück Brot, eine Cigarette und viel Nachdenken oder vielmehr Träumerei, ist Alles, dessen der Andalusier bedarf, um sich vollkommen glücklich zu fühlen.

„Mein Vater," rief plötzlich Estevan, indem er das schöne, schmerzerfüllte Gesicht des Apostels betrachtete, „weshalb seid Ihr Mönch geworden?"

„Um zu kämpfen!" entgegnete Johann von Avila. „Um gründlich die geheimen Wunden kennen zu lernen, an welchen Spanien leidet, und meinen Stein zu dem neuen Gebäude beizutragen, das sich einst auf den Trümmern des Fanatismus und der Verfolgung erheben wird.[1] Aber diese Zeit ist noch nicht gekommen," fügte er voll Trauer und Schmerz hinzu, „und noch zu viele Wolken verhüllen die Sonne der Freiheit, als daß sie über Spanien leuchten könnte. — Doch gleich viel!" fuhr er nach einer kurzen Pause voll Enthusiasmus fort, „die Wiedergeburt eines Volkes ist das langsame Werk der Jahrhunderte und der Mensch erntet nicht immer die Früchte des Baumes, den er gepflanzt hat. Wehe dem, der nur für sich säet und seinen Lohn schon hienieden erwartet!"

„Mein Vater," sagte der junge Mann, „Ihr gleicht nicht der Mehrzahl der Reformatoren, welche gewöhnlich für sich und ihren Ruhm arbeiten, ohne ernstlich an das Glück Derer zu denken, für deren Wiedergeburt sie wirken."

„Mein Sohn, nur der ist würdig, ein Reformator genannt zu werden, welcher von sich selbst absieht und den Menschen das Glück nur auf Kosten seines eigenen Glückes, und, wenn es sein muß, auf Kosten seines Lebens bringt; ich kenne nur einen Reformator, der dieses Namens würdig ist; dieser nennt sich Christus. Alle, die wir daran arbeiten, seine heiligen Lehren zu verbreiten oder sie wieder herzu-

[1] Die Zeit ist für Spanien gekommen, dieses neue Gebäude aufzuführen. Seit länger als einem halben Jahrhunderte kämpfen die Spanier und arbeiten daran, ein neues Spanien auf den Trümmern des mönchischen Fanatismus und des königlichen Despotismus zu erbauen. Wird es ihnen gelingen, vorwärts zu kommen? Werden sie endlich alle die Hindernisse überwinden, welche die macchiavellistische Politik Englands und die Schwäche des französischen Cabinetes der Wiedergeburt Spaniens entgegengestellt haben? Die Spanier werden noch viel Blut vergießen, noch viel Elend ertragen müssen, aber sie werden deshalb nicht zurückweichen. Ein Volk, das acht Jahrhunderte lang gegen die Mauren kämpfte, und das endlich seine Unabhängigkeit erlangte, ist nicht so bald zu entmuthigen. Es ist freilich wahr, daß bei dem Kampfe gegen die Mauren die Religion den Spaniern Kräfte verlieh und ihren Muth aufstachelte. Ist aber nicht die Freiheit die Religion der Völker? Ist sie nicht die Erbschaft, welche Christus der Welt hinterließ?

stellen, wo sie verfälscht wurden, wir sind nur seine Bevollmächtigten."

Während dieses Gespräches hatte das Volk sein Abendessen beendigt. Allmälig war die Straße leer geworden und Johann von Avila verfolgte mit Estevan seinen Weg. Als sie sich einer Gruppe von Bettlern näherten, welche einige Seguidillas improvisirten [1] fühlte der Apostel sich am Aermel gezupft und als er sich umsah, erkannte er die Serena.

„Euer Ehrwürden mögen mir verzeihen," sagte das junge Weib; „aber ich war bei Euch und fand Niemand."

„Was gibt es denn?" fragte Estevan, dem es ahnete, daß es sich um Dolores handelte.

„Euer Ehrwürden müßt wissen," fuhr die Culevrina, noch immer zu dem Apostel sich wendend, fort, „daß die junge Dame, die Ihr unter Euren Schutz genommen habt, vor einigen Tagen nach der Taverne der Chapa gekommen ist."

„Wie!" rief der Apostel verwundert. „Dolores hätte das Kloster der Carmeliterinnen verlassen?"

„Ich weiß das nicht," entgegnete die Serena. „So viel aber ist gewiß, daß ich sie mit meinen eigenen Augen in der Taverne gesehen habe."

„Bist Du dessen auch ganz gewiß?" fragte Estevan voll Besorgniß.

„Wie meines Todes, Sennor. Ich habe sie sehr gut wiedererkannt, obgleich sie als Manola gekleidet und außerordentlich blaß war."

„O mein Gott, welches neue Unglück hat sie denn getroffen? Lasset uns eilen, mein Vater!" rief Estevan.

„Unbesonnener!" sagte der Apostel. „Wißt Ihr denn nicht, daß die Taverne ein Sammelplatz für die Familiaren der Inquisition ist? Ich werde allein gehen oder wir werden vielmehr zuerst dieses junge Weib hinschicken."

„Culevrina," sagte er dann, sich zu der Serena wendend, „geh' sogleich zu Coco und kehre dann zu mir zurück, um mir zu sagen, was aus der Sennora Dolores geworden ist."

„Wo finde ich Eure Ehrwürden?"

[1] Es gibt keinen Spanier, und wenn er auch ungekehrt wäre, der nicht die Fähigkeit besitzt, die Couplets zu improvisiren, welche man Seguidillas nennt. Diese poetische Gabe ist eine Erbschaft der Mauren.

„In meinem Hause," entgegnete Johann von Avila. „Geh', meine Tochter und Gott geleite Dich."

Die Serena flog wie ein Pfeil davon.

Estevan und der Apostel beeilten ihre Schritte, um desto eher nach dem Hause des Letzteren zu gelangen.

XVII.

Die Cavalcade.

Nahe dem großen Platze Sevilla's, in einer kleinen Straße, welche an einer Seite der Kathedrale hinlief, bemerkte man ein kleines, niedriges Haus, dessen Mauern von rothen Ziegelsteinen, so wie gewisse architectonische Verzierungen zeigten, daß es zu gleicher Zeit mit der Alhambra erbaut sein mußte.[1]

Man trat in dieses Haus durch eine schmale und niedrige Spitzthür ein und von der Straßenseite empfing es durch keine sichtbare Oeffnung Licht. Indeß war einige Fuß hoch über der Thür eine viereckte Oeffnung angebracht, groß genug, um den Kopf hindurchstecken zu können, von außen aber durch einen Block von Ziegelsteinen geschlossen, der genau in die Oeffnung paßte, und sich so dicht an die Mauer anschloß, daß er mit dieser Eins zu sein schien, wenn er vorgeschoben war und daß dann Niemand die Oeffnung zu bemerken vermocht hätte, die sich schloß, wie ein Grab.

Das Haus hatte nur ein Geschoß, eine Terrasse, auf welcher man nie einen Menschen sah und dahinter einen kleinen Garten, umgeben mit so hohen Mauern, daß aus den benachbarten Häusern kein Blick hineindringen konnte. Dieser Garten, oder vielmehr diese Art von Brunnen, war mit Laubwerk und Blumen angefüllt, die hier wuchsen, obgleich sie der Sonnenstrahlen, welche von den hohen

[1] Alhambra ist ein Wort, welches aus zwei arabischen Wörtern zusammengesetzt wurde, die rothes Schloß oder rother Palast bedeuten. In der That ist auch die Alhambra von rothen Ziegelsteinen erbaut.

Mauren aufgefangen wurden, entbehrten. Die Luft ist so warm, und fruchtbar der Boden Andalusiens.

Man sagte, dies Häuschen hätte zur Zeit der Mauren einem Santon gehört. Zu der Zeit, in welcher sich unsere Geschichte zutrug, wurde es von einer schon bejahrten Frau bewohnt, die sehr fromm war, die Kirche sehr eifrig besuchte, bei sich aber niemanden empfing, ausgenommen einen jungen Dominicaner-Mönch, welcher, wie man sagte, ihr Beichtvater war.

Man hatte sich anfangs über ein so auffallend einsames Leben gewundert; da diese Frau aber der Inquisition gegenüber in Ordnung war, schrieb man zuletzt ihre Menschenscheu einem Uebermaß der Frömmigkeit zu und Niemand dachte daran, sie deshalb zu tadeln. Man wußte nicht, aus welchem Lande sie gekommen sei und sie bewohnte das Haus des Santons schon seit mehreren Jahren. Indeß schloß man aus ihrer Kleidung und ihrem Wesen, daß sie eine Spanierin von dem reinsten Blute sei.

Es war Mittag.

In einem kleinen Gemache nach dem Garten hinaus saßen zwei Frauen plaudernd mit einander und mit Nadelarbeit beschäftigt.

Eine derselben, über fünfzig Jahre alt, hatte ein mildes, ernstes Gesicht, welches die Spuren tiefer Traurigkeit trug. Ein peinliches, schmerzliches Geheimniß schien auf ihrer sehr blassen Stirn zu lasten, die von weißen Haaren umgeben war. Ein langer und grausamer Kampf hatte das Gesicht, das einst schön gewesen sein mußte, gefurcht und ihre hohe Gestalt gebeugt. Diese Frau hieß Juana; sie war die Herrin des Hauses. Die Andere, in der Blüthe der ersten Jugend, war ebenfalls traurig und niedergeschlagen: Es war Dolores.

Dies war das Asyl, in welchem Joseph sie verborgen hatte.

Juana war die Amme des jungen Dominicaners.

„Ich habe meinen Sohn gestern nicht gesehen;“ sagte plötzlich die alte Frau. „Sollte mein armer Joseph krank sein?“

„Er wird ohne Zweifel heute kommen,“ entgegnete die Tochter des Gouverneurs. „Hat er nicht versprochen, mir Nachricht von dem Apostel zu bringen?“

„Und er wird es thun, seid ganz ruhig;“ sagte Juana. „Mein Joseph hat das Herz eines Engels. Er that nie etwas Anderes, als Gutes.

Indem Juana so sprach, trocknete sie zwei Thränen, welche über ihre eingefallenen Wangen rannen.

„Kommt, meine Tochter,“ fuhr sie fort, indem sie ihre Arbeit zusammenfaltete und auf den Tisch legte. „Es ist Zeit zum Mittagsessen. Hört daher auf zu sticken und kommt zur Mahlzeit.“

„Ich habe keinen Hunger,“ sagte Dolores traurig.

„Aber man muß essen, um zu leben, — um die Kraft zum Leben zu behalten,“ entgegnete bitter die Alte. Zugleich setzte sie auf einen schmalen Tisch verschiedene einfache Speisen, aber in reicher Menge, in Wasser gekochten Reis, geröstetes Hammelfleisch und Früchte.

Dolores stand langsam auf und setzte sich an den Tisch, mehr aus Gehorsam, wie aus Bedürfniß.

Es war heiß. Alles war still in der Nähe des Hauses und in der Einsamkeit desselben hätte man glauben können, weit von der Stadt entfernt zu sein. Plötzlich ertönte in der Ferne lautes Trompetengeschmetter. Dolores erbebte auf ihrem Sessel, und schob die Speisen zurück, die vor sie hingestellt worden waren.

„Was ist Euch? fragte Juana theilnahmsvoll. „Was ist Euch, mein Kind?“

„Hört!“ rief Dolores erschreckt, indem sie ihre Augen mit dem Ausdrucke der höchsten Angst auf Juana's Gesicht richtete. „Hört, meine Mutter; vernehmt Ihr nichts?“

Die Fanfare ertönte auf's Neue, lauter und lebhafter, als zuvor, denn sie war jetzt näher und in die schmetternden Klänge mischte sich der Hufschlag von Pferden.

„Nun! fragte Juana, welche sich stellte, als begriffe sie nichts; „was kümmert Euch dieser Lärm mein Kind?“

„Dieser Lärm, meine Mutter, verkündet den Triumphzug der Inquisition. Begreift Ihr denn nicht? Der König der Henker[1] zieht durch die Straßen und verkündet der Stadt, daß seine Hand nicht unthätig geblieben ist, daß er

[1] Seit Deza nannten die Spanier den General-Inquisitor den König der Henker.

Seite 163.

Schanritt des Gross-Inquisitors.

seine Ernte an Opfern für das nächste Autodafé gehalten hat. — Hört Ihr nicht meine Mutter?“

„Ihr täuscht Euch, glaube ich;“ sagte Juana zitternd.

„O nein, ich täusche mich nicht! — Höret nur!“

Die Cavalcade war schon zu dem großen Platze gelangt und der Klang der Fanfaren drang jetzt noch lauter und deutlicher zu ihren Ohren.

„Kommt! Kommt! rief Dolores, indem sie die alte Frau mit sich fortzog und sie zwang, ihr nach dem oberen Stockwerke des Hauses zu folgen. „Ihr werdet sehen!“

Zu dem Zimmer gelangt, welches nach der Straße hinausging, und aus dem man einen Theil des Platzes übersehen konnte, zog Dolores hastig den Steinblock heraus, der die Oeffnung verschloß.

„Was thut Ihr? großer Gott!“ rief die alte Frau erschrocken.

„Fürchtet nichts, meine Mutter! Niemand wird etwas bemerken. Alle sind viel zu sehr damit beschäftigt, den Zug des Groß-Inquisitors anzustaunen.“

Juana, die jetzt ebenfalls von Neugier ergriffen wurde, blickte durch die Oeffnung. Der Platz war mit Menschen bedeckt. Der Groß-Inquisitor Peter Arbuez, gekleidet in ein violettes Gewand und auf einem schneeweißen Pferde von reinstem Blute sitzend, welches unter seinem Reiter mit den Hufen stampfte, kam mit seinem Gefolge daher.

Das schöne, stolze und leidenschaftliche Gesicht des Inquisitors, sein hoher Wuchs, den zu beugen er verschmähte, imponirten dem Volke eben so sehr, wie seine hohe Würde.

Peter Arbuez war offen und eingestanden Despot durch seine Verwegenheit, denn es gab auf Erden keine tükischere Seele als die seinige, sobald der Vortheil seiner Leidenschaft es heischte. Aber im gewöhnlichen Leben verachtete er die Menschen zu sehr, betrachtete er sich zu sehr für ihren Gebieter, um sich bis zur Heuchelei zu erniedrigen.

Hinter Peter Arbuez folgten die andern Inquisitoren, ebenfalls zu Pferde, aber schwarz gekleidet.

Eine Abtheilung Leibwächter (bewaffnete Familiare) begleiteten diese Cavalcade.

Bei dem Vorüberkommen des heiligen Zuges verbeugte sich das Volk oder es kniete nieder. Die Gesichter wurden blaß und Todtenstille herrschte unter der Menge.

Auf der Mitte des Platzes angelangt, hielt der Inquisitor sein Pferd an. Dann sagte er mit lauter Stimme, der er den Klang frommer Ueberzeugung zu geben strebte: „Meine Brüder, in einem Monat, an dem gleichen Tage, wird die heilige Inquisition Gerechtigkeit an den Ketzern üben, welche die göttliche Religion unseres Heilandes entehren. — Ein großes Autodafé wird begangen werden, um die Siege unseres großen Königs Carl V. in Flandern, so wie seinen Eifer gegen die Ketzerei, zu feiern. Betet, meine Brüder, daß Gott uns alle Ketzer offenbare, selbst die, welche es nur in der Tiefe ihrer Herzen sind und zeiget Ihr selbst alle Die an, die Ihr kennt, wenn Ihr den Ablaß verdienen wollt, der dafür von Seiner Heiligkeit, dem Papste, verheißen worden ist."

„O mein Gott" rief Dolores. „Was wird aus meinem Vater werden?"

Das Volk antwortete dem Ausrufe des Inquisitors nur dadurch, daß es sich eifrig bekreuzte.

Die Fanfaren ertönten auf's Neue.

„Mein Vater!" schrie die Tochter des Gouverneurs, indem sie sich in der Mitte des Gemaches, wie außer sich, niederwarf.

„Beruhigt Euch!" bat Juana. „Joseph wird kommen. Fürchtet nichts."

Dolores kehrte zu der Oeffnung zurück. Der Zug verließ den Platz und näherte sich dem Hause.

„Geht doch da fort!" rief Juana voll Angst. „Sie kommen hier vorbei und werden Euch sehen. Dolores! Dolores! Hört mich doch!"

Aber Dolores hörte sie nicht.

Die Augen unwiderstehlich auf den Inquisitor gerichtet, schien es, als wollte sie auf dessen Gesicht das Geschick ihres Vaters und ihr eigenes lesen.

Der Zug war beinahe an dem Hause und noch immer hatte Dolores ihr Gesicht der Straße zugewendet. Das Zimmer war sehr finster, allein in dem Halbdunkel des Rahmens, der den Kopf des jungen Mädchens umschloß, traten dessen Züge undeutlich aus der Mauer hervor. In dem Vorüberreiten erhob Peter Arbuez zufällig den Kopf, aber in eben diesem Augenblicke umfaßte Juana Dolores, zog dieselbe von der Oeffnung zurück und verschloß diese mit der Steinmasse.

Der Inquisitor machte auf seinem Pferde einen Satz. Er richtete seine Augen auf's Neue nach dem Puncte, auf welchem sich ihm die Erscheinung gezeigt hatte, die ihn blendete; aber statt derselben sah er nichts, als eine glatte Mauer ohne Fenster.

Er glaubte das Spielwerk eines Traumes zu sein, und sich zu einem Familiaren wendend, welcher einige Schritte hinter ihm ging, fragte er: „Weißt Du, wem dieses Haus gehört?"

Die Familiaren wußten Alles! Der Mann antwortete daher auf der Stelle: „Eminenz, es gehört einer armen Witwe, die von den Wohlthaten Eures Almoseniers, Don Joseph lebt."

Ich bin wahnsinnig!" dachte der Inquisitor. „Aber überall erblicke ich dieses Weib."

Der Zug ging weiter. Juana setzte die ohnmächtige Dolores auf einen Stuhl. Schon ertönte der Lärm der Fanfaren nur noch aus weiter Ferne und noch immer war Dolores ohne Besinnung, vor ihr knieend rieb Juana ihr lebhaft die Hände und benetzte ihr dann das Gesicht mit frischem Wasser.

Allein und es nicht wagend, irgend Jemand herbeizurufen, empfand Juana schon die lebhaftesten Besorgnisse, als die äußere Thür des Hauses mit einem Geräusch geöffnet wurde und rasche Tritte die Treppe heraufkamen.

„Gott sei gesegnet!" rief Juana. „Das kann nur Joseph sein."

Es war in der That Joseph. In dem Augenblicke, als er in das Zimmer trat, öffnete Dolores die Augen und stieß einen langen Seufzer aus.

„Was gibt es denn Amme?" fragte Joseph.

„Mein Vater! Mein Vater!" rief Dolores, als sie den jungen Dominicanermönch erblickte. „Don Joseph, Ihr seht wohl, daß sie meinen Vater morden wollen!"

„Beruhigt Euch, Dolores," sagte Joseph sanft. „Wer sagt Euch, daß man Euren Vater tödten will?"

„Habe ich nicht soeben den Todesruf gehört? Wird nicht ein baldiges Autodafé verkündet?“

„Was beweist das?“ entgegnete der junge Dominicaner. „Wenn Euer Vater dazu bezeichnet wird, bin ich dann nicht da, um über ihn zu wachen?“

„Oh, Ihr täuscht mich, Don Joseph. Euer grausames Mitleid treibt Euch an, mir die Wahrheit zu verhehlen. Weiß ich denn nicht, daß dem Inquisitor nach dem Blute meines Vaters dürstet, und daß er ihn tödten wird?“

„Beruhigt Euch und höret mich an!“ sagte Joseph, indem er sich dem jungen Mädchen näherte.

„Nein, ich will Euch nicht glauben!“ rief sie mit steigender Aufregung. „Traget nicht auch Ihr das Gewand der Inquisition?“ — Nun wohl! Lasset mich! Ich bedarf Eurer nicht, um meinen Vater zu retten. Ich werde mich dem Herrn Arbuez zu Füßen werfen, ich werde seine Knie umarmen; ich werde so sehr bitten und weinen, daß er sich erweichen läßt und mir meinen Vater zurückgibt, seine Seele müßte denn so hart sein, wie ein Fels!“

„Arme Wahnsinnige!“ sagte Joseph mit bitterem Tone, und indem er die weinende Juana ansah. „Haben denn die Inquisitoren etwa eine Seele? Wissen sie, was es heißt, einen Vater, eine Mutter, eine Geliebte oder eine Schwester haben? Hat jemals irgend ein Gefühl ihr Marmorherz gerührt? Kennen sie denn andere Regungen, als die der lüsternen Sinne, der Grausamkeit und der Unbarmherzigkeit; — die Genüße zügelloser Ausschweifung, des Blutdurstes und des Schauspieles der Todesqualen?

„Ich werde gehen! Ich werde gehen!“ rief Dolores, durch dieses entsetzliche aber wahrheitsgetreue Bild noch mehr aufgeregt.

Zugleich sprang sie auf und Juana zurückstoßend, die sie mit ihren Armen umschlingen wollte, um sie zu trösten und zu beruhigen, sagte sie: Lasset mich! Ihr habet Euch Alle verbündet, um mich zu hintergehen. Ihr habt mich hier eingesperrt, wie in ein Gefängniß, damit das Gerücht der Ereignisse nicht bis zu mir dringen könnte. Aber Gott hat Eure Pläne vereitelt und ich habe erfahren, was Ihr mir verbergen wolltet. Lasset mich daher; laßt mich frei; mit welchem Rechte haltet Ihr mich hier gefangen zurück?“

Sie rief dies mit großer Heftigkeit und richtete auf den Dominicaner einen stolzen und zornigen Blick.

Joseph schwieg; er war ergriffen nnd sehr blaß. Juana sah ihn mit einem Blicke an, welcher zu sagen schien: „Das arme Mädchen wird wahnsinnig!"

„Sie ist glücklicher, als ich!" murmelte Joseph leise.

Juana öffnete jetze ihre Arme, mit denen sie Dolores zurückzuhalten bemüht gewesen war und setzte sich an dem äußersten Ende des Gemaches nieder.

Als das junge Mädchen sich frei sah, blieb sie stehen und betrachtete Joseph, dessen schönes blasses Gesicht in Mitleid zitterte.

Juana weinte. Diese beiden leidenden Geschöpfe glichen weit eher Opfern, als Henkern. Dolores Auge verlor plötzlich den flammenden Ausdruck. Sie warf sich erschöpft auf einen Sessel. Ihr heftiger Zorn hatte sich gelegt.

Joseph näherte sich ihr nun.

„Verzeiht mir," sagte sie, indem sie ihm die Hand reichte, „ich war ungerecht gegen Euch. Der Schmerz raubt die Vernunft. Verzeihet mir, Don Joseph. Aber ich erkläre es Euch jetzt mit aller Ruhe, daß mein Entschluß unerschütterlich feststeht. — Ich will mich zu den Füßeu des Groß-Inquisitors werfen; ich will, ich muß es, denn ich muß Alles versuchen, um meinen Vater zu retten und man soll nicht von mir sagen, daß ich feig gewesen sei."

„Ihr werdet das nicht thun, Dolores!" sagte sehr entschieden der junge Dominicaner.

„Ach," bat Juana, „habet doch Mitleid mit Euch selbst!"

„Ich fürchte nichts," entgegnete das junge Mädchen voll Adel. „Scheue ich etwa den Tod?"

„Aber fürchtet Ihr denn nicht die Entehrung?" rief entschlossen Joseph. „Kennt Ihr denn den Groß-Inquisitor von Sevilla nicht?"

„Ach, das ist wahr!" sagte Dolores entmuthigt. „Daran hatte ich nicht gedacht!"

„Nun wohl," fuhr Joseph fort, „so befolgt meinen Rath. — Befolgt ihn, Dolores oder — bei meiner Seele — Ihr seid verloren! — Lasset Eure Freunde handeln. Es ist genug an einem Opfer. Ihr würdet Euch fruchtlos in das Verderben stürzen und Euer Opfer würde Dem nichts nützen, den Ihr retten wollt."

„Ach, wenn ich wenigstens wüßte, wo Estevan ist!“ sagte die Tochter des Gouverneurs mit einem unbeschreiblichen Ausdrucke der Verzweiflung.

„Ich werde es erfahren, das verspreche ich Euch,“ versicherte Joseph. „Estevan ist, ebenso wie ich, nur mit Euch beschäftigt. Seid also ruhig, und rechnet auf uns. Ihr seid hier in Sicherheit,“ fuhr er fort; „gehet daher nicht von hier weg. Dies ist der einzige Ort in ganz Sevilla, wo die Inquisition Euch nicht suchen wird.“

Dieser Trostgründe Josephs ungeachtet blieb Dolores die Beute einer tiefen Niedergeschlagenheit.

„Ich kehre bald zurück,“ sagte ihr der junge Dominicaner, indem er sie verließ.

Juana begleitete ihn bis zu der Hausthür.

„Meine gute Juana,“ sagte Joseph, „wache genau über das junge Mädchen und sorge dafür, daß sie nie ausgeht. — Es hat schon genug Opfer gegeben!“ setzte er voll Bitterkeit hinzu.

„O mein edles Kind!“ sagte die Amme, indem sie ihn heftig an ihre Brust preßte; „Gott segne Euren Muth!“

„Scheint es Dir denn, als wäre ich schwach geworden?“ fragte rasch der junge Mönch.

Juana antwortete nicht, aber sie wendete den Kopf ab, um ihre Thränen zu verbergen.

„Fürchte nichts!“ rief Joseph, indem er ihr kräftig die Hand drückte. „Fürchte nichts, Juana! — Ich werde mein Ziel erreichen.

XVIII.

Der Unwille des Volkes.

Die Nacht war angebrochen.

Als Joseph Dolores verließ, schlug er die Richtung nach dem Inquisitionspalaste ein. Um diesen zu erreichen, mußte er durch die Straße gehen, in welcher der Gouverneur von Sevilla wohnte. Als er sich dieser Straße näherte, wurde er dadurch überrascht, daß zu einer solchen Stunde eine zahlreiche Menschenmenge die Zugänge zu dem Palaste des Gouverneurs belagerte.

Ein unbestimmter Lärm, Verwünschungen und Drohungen, die mit rauher, dumpfer, furchtbarer Stimme ausgestoßen wurden, streifte gleich dem Hauche des Sturmes durch die aufgeregten Gruppen hin.

Der Lärm glich dem heftigen Rauschen des Windes in einem Eichenwalde. Es ertönte kein gellendes, mißtönendes Geschrei, wie es in Frankreich bei Emeuten entsteht und sogleich den Zorn des Volkes ausströmt, der ebenso schnell verdampft, wie Pulverrauch. Das spanische Volk, so unterdrückt, so geduldig und so ruhig, ließ unter dem stärkeren Drucke das dumpfe Krachen eins Astes ertönen, den man zerbrechen will und der dem widersteht. Und nicht einmal für sich selbst verlangte das Volk in diesem Augenblicke die Rechte der Menschlichkeit und der Gerechtigkeit. Es wußte zu dulden und zu sterben, ohne sich zu beklagen; aber es leistete Widerspruch gegen eine ungerechte Handlung der Inquisition. Es hegte im Herzen das Gefühl des Gerechten und des Ungerechten, und wenn es so lange das Joch des Despotismus ertrug, so geschah es, weil man ihm über der menschlichen Gewalt, durch die es verfolgt wurde, eine andere, höhere Macht zeigte: Die Gottes; und in seinem unschuldvollen Glauben verehrte das Volk, welches von Gott nichts weiter wußte, als was seine Verfolger selbst es gelehrt hatten, dieses höchste Wesen so, wie man es ihm gezeigt hatte, und unterwarf sich, ohne zu murren, Denen, welche es als die Diener dieses Gottes betrachtete.

Es war nicht der Verstand, der den Spaniern mangelte, sondern das Licht der Aufklärung, die man nicht bis zu dem Volke gelangen ließ. Deshalb hat Spanien so lange in den Banden der Unwissenheit und der Vorurtheile gerungen. Indeß lebte in der spanischen Nation beständig der Geist, welcher der Wahrheit zustrebt und der selbst durch die Torturen der Inquisition und den Despotismus der Könige nicht ganz unterdrückt werden konnte, so daß er zuweilen in einzelnen Funken aufsprühte, welche Spanien von Zeit zu Zeit mit einem flüchtigen Scheine der Zukunft beleuchteten, göttliche Ausflüße, Fragmente des großen Ganzen, welche sich auf der Erde unter der Gestalt und dem Namen von Menschen zeigen; gleich wachsamen Schildwachen, aufgestellt in dem Leben der Nationen durch Den, welcher die Welt regieret, um ein großes Volk davor zu bewahren, unterzugehen und sich in den Uebeln der Unwissenheit zu verirren.

Ein Trupp von Männern und Weibern, die außer sich waren, drang gegen den Palast des Gouverneurs von Sevilla vor, welcher durch eine einzige Straßenlaterne erleuchtet wurde. Die Straße war in Dunkelheit gehüllt. Die lebende Masse schritt langsam vorwärts und wurde da plötzlich durch eine andere, aus entgegegesetzter Richtung kommende Masse zurückgedrängt. Darauf strömten die beiden Menschenwogen vereint gegen den Palast des neuen Gouverneurs.

Das Volk von Sevilla, der ungerechten Verwaltung des Henriquez überdrüßig, hatte endlich das Verlangen empfunden, sich zu rächen. Es war in der That etwas Entsetzliches, diesen dumpfen, unterdrückten, aber ausdauernden und unerbittlichen Zorn des Volkes zu sehen.

Der Aufstand war so wenig lärmend gewesen, daß man nicht die Zeit gefunden hatte, ihm die bewaffnete Macht entgegen zu stellen. Er drang gegen den Palast des Gouverneurs vor, gleich jenen Windhosen, die mit der Schnelligkeit des Gedankens auf die Erde herabstürzen. Indessen eilten doch einige Alguazils von verschiedenen Seiten herbei, und hie und da sahen finstere Gardunnios dem Aufstande zu, ohne daran Theil zu nehmen, bereit, dem Meistbietenden ihren Beistand zu leihen.

„Woher rührt dieser Auflauf?" fragte Joseph einen Familiar, der in aller Hast herbeikam, da seine Eminenz ihn abgeschickt hatte, Erkundigungen einzuziehen.

„Reverenz," sagte er, „es ist nur eine alte Jüdin, die man verhaftet hat."

„Reverenz," rief eine muthige Manola, welche die Antwort des Familiars gehört hatte, „diese Jüdin war eine so gute Katholikin, wie Ihr und ich; aber sie hatte einen ungetreuen Diener, und als sie denselben mit Schimpf und Schande fortjagte, hat er sie als Judaistin[1] angeklagt."

„Wie heißt diese Dame?" fragte Joseph.

„Marie von Burgund, Reverenz. Sie ist über 80 Jahre alt und eine Heilige, die ihr Gut den Armen vertheilte.

[1] Die, welche ehemals der jüdischen Religion anhingen.

Wir nannten sie unsere Mutter; deshalb hat man auch einstimmig den Zug gegen den Palast des Gouverneurs beschlossen, als man erfuhr, daß sie in den Gefängnissen des heiligen Officiums ist, denn der Gouverrneur war es, der sie verhaften ließ."

Der Familiar wollte Befehle gegen die Manola ertheilen lassen, doch Joseph gab ihm ein Zeichen, sich zurückzuziehen. Es war nicht der Augenblick dazu, Gewaltthaten zu üben.

Der Familiar wendete sich nach einer anderen Seite, und versuchte hier die dichtgedrängte Menge zu durchbrechen, die ihm einen beinahe unwiderstehlichen Willen entgegenstellte; aber er gab sich selbst das Versprechen, das Gesicht der unbesonnenen Frau, welche sich so kühn ausgesprochen hatte, nicht zu vergessen.

„Ich rathe Euch sehr stark," sagte Joseph mit leiser Stimme zu der muthigen Andalusierin, „Sevilla so bald als möglich zu verlassen; die Worte, die Ihr soeben sprachet, könnten Euch theuer zu stehen kommen."

„Ich glaube es," sagte sie, indem sie den jungen Dominicaner ansah und bitter lächelte, „Ihr seid auch ein Inquisitor!"

„Ich bin nachsichtig, und liebe das leidende Volk," entgegnete Joseph. „Geht, armes Weib! Von mir habt Ihr nichts zu fürchten."

Die Menge drängte sich wüthender und dichter zu dem Palaste des Gouverneurs. Einige, die mit eisernen Brechstangen bewaffnet waren, versuchten es, die sorgfältig verschlossene Thür zu erschüttern, während Andere, ihre furchtbaren Abacette-Messer schwingend, sich auf einen tödtlichen Widerstand vorbereiteten. Selbst die jungen Mädchen faßten mit der rechten Hand ihre scharfen Dolche und drangen wüthend vorwärts, belebt von einem Gefühle des Unwillens, der sich unmöglich schildern läßt. Es war ein zugleich schöner und entsetzlicher Anblick, alle diese braunen Gesichter, deren funkelde Augen Blitze sprühten, deren Lippen bei jedem Zornesworte weiße Zähne zeigten, scharf und glänzend wie die des Tiegers. Der afrikanische Character war erwacht. Das glühende Blut der Barbaresken der Wüste, welches durch acht Jahrhunderte in den Adern der Andalusier noch nicht gekühlt war, siedete gleich einer Lava. Der Haß, der glühende, bittere, verzehrende Haß, trieb sie unwiderstehlich zu dem Aufruhr. Sie hatten endlich gesagt: Es ist genug! und sie stürmten in Verzweiflung gegen den ungerechten Gouverneur an, den die Laune des Groß-Inquisitors ihrer Stadt aufgezwungen hatte; gegen diesen Menschen, der aus den Reihen des Volkes hervorging, und der das Volk bedrückte und zermalmte.

Henriquez, der sich in den entlegensten Theil seines Palastes zurückgezogen hatte und im Augenblicke der Gefahr ebenso feig war, wie er sich in dem Glück grausam gezeigt hatte, wartete zitternd auf die Hilfe, die nicht kommen wollte. Bei jedem Stoße der Brecheisen, welche die Thür des Palastes erschütterten, durchrieselte die Kälte des Todes das Herz des Elenden. In seinem Gemache knieend vor dem Bilde einer Mutter Gottes, der bewundernswerthen Statuette, welche das jungfräuliche Oratorium Dolores geschmückt hatte, murmelte der Fanatiker der Inquisition, der elende Knecht des Peter Arbuez, unverständliche Worte, gleich allen Denen, welche Gott nur mit den Lippen verehren. Er schlug sich die Brust, indem er sich kindischer Sünden anklagte, ohne in diesem äußersten und fürchterlichen Augenblicke daran za denken, Gott um Verzeihung seiner Verbrechen anzuflehen.

Gleich den Heiden älterer Zeiten gelobte Henriquez in einem Anfalle der Frömmigkeit, welche die Todesfurcht in ihm erweckte, der Mutter des Heilandes hundert Opfer mehr jährlich zu dem Autodafé der Inquisition. Das war der einzige Ausdruck seiner Reue.

Die Thüre des Palastes, eine schwere, mit eisernen Nägeln beschlagene Holzmasse, war nahe daran, den verdoppelten Streichen der tausend Arme zu weichen, und da man nicht die Zeit gehabt hatte, die Lärmglocke zu ziehen, um die Truppen zu benachrichtigen, standen fünf- bis sechshundert kühne und entschlossene Männer des Volkes fünfzig Familiaren oder Sbirren entgegen, die nacheinander von verschiedenen Seiten herbeigeeilt waren.

Plötzlich ertönte ein lautes Krachen; die Thüre war den Angriffen gewichen und stürzte mit furchtbarem Geräusch auf das Pflaster der Straße herab. In diesem Augenblicke folgte wie durch Zauber ein dumpfes Schweigen dem Geschrei des Triumphes, den das Volk bei dem Anblicke der stürzenden Thür ausgestoßen hatte. Die eben noch so erbitterten Menschen blieben regungslos vor der niedergeworfenen Schranke stehen; keiner wagte es, die Schwelle des Gouvernementspalastes zu überschreiten.

Woher dieses Wunder, welches mit solcher Leichtigkeit bewirkt wurde? Daher, weil an dem äußersten Ende der Straße, in welcher die Zusammenrottung begann, plötzlich Johann von Avila erschienen war.

„Was thut Ihr?“ rief er mit seiner kräftigen, tiefen Stimme. „Wohin wollt Ihr Unsinnige? Haltet ein!“

Diese Worte waren von Mund zu Mund gelaufen, und bei dem Namen des Apostels legte sich die Wuth des Volkes, wie der Sturmwind vor der Stimme des Ewigen, und verwandelte sich in Anbetung. Das Volk erinnerte sich, daß Johann von Avila es zur Geduld ermahnt und ihm dafür den Himmel versprochen hatte.

Das edle, tapfere Volk Spaniens empörte sich nicht in Folge seines unruhigen Geistes, aus dem Bedürfniß der Unruhe, oder aus eitler Prahlerei; nein, es war ernst und ruhig; Großmuth und Ausdauer beherrschten die muthigen Seelen. Das Volk hatte einen Augenblick den Zorn des Löwen empfunden, den man martert, und hatte sich wuthschäumend gegen die Hand gewendet, die nicht aufhörte, es zu quälen; aber bei dem ersten sanften Worte war es zu dem Gehorsam zurückgekehrt, der kräftig in Erfüllung einer Pflicht sich zeigt. Das kam daher, weil Spanien jederzeit außerordentlich christlich gesinnt war, und wenn man ihm nicht durch Strenge und Verfolgungen den Fanatismus eingeimpft hätte, so würde es vielleicht die Nation der Erde sein, welche am religiösesten den heiligen Geist des Evangeliums bewahrte.

Wenn man den Spanier nur einigermaßen studirt hat, so kann man das leicht begreifen; die Grundlage des spanischen Characters ist Einfachheit, voll Größe. Was gibt es aber Einfacheres und zugleich Größeres, als das Evangelium?

Johann von Avila schritt ohne Hinderniß in der bisher so undurchdringlichen Masse vorwärts, Alle wichen bei seiner Annäherung zur Seite.

„Meine Kinder,“ sagte er, „weshalb empört Ihr Euch? Welcher Vortheil soll Euch dadurch werden?

„Vater,“ sagte Einer, „man hat Maria von Burgund verhaftet, die unsere kleinen Kinder ernährte.“

„Gott wird sie Euch zurückgeben,“ erwiderte der Heilige; „hofft Ihr, sie durch Eure Empörung zu retten?“

Ein Mensch, der mit einem gewaltigen eisernen Hebebaume bewaffnet war, trat in diesem Augenblick auf den Apostel zu. Dieser Mann schien einer von den Anführern zu sein. Johann von Avila erkannte Manosina.

„Was machst Du hier?“ fragte er ihn voll Sanftmuth.

„Ich wollte ein Opfer rächen,“ erwiderte der Bravo, ohne in Verwirrung zu gerathen. Wir kamen, um den elenden Henriquez zu tödten, den man uns zum Gouverneur gegeben hat.“

„Man muß Niemand tödten,“ sagte Johann von Avila.

„Was den betrifft, so wäre daran kein großes Uebel,“ erwiderte der Bravo, „ein Schelm solcher Art — aber da Ew. Heiligkeit es nicht wollen —“

„Gott will es nicht, meine Kinder; entfernt Euch und überlasset Gott die Sorge, Euch zu rächen.“

Diese Menschen, eben noch so wild, waren sanft geworden wie die Lämmer. Während sie sich schweigend entfernten, ohne irgend eine weitere feindliche Aeußerung, traten die Sbirren näher, um irgend einen von ihnen zu verhaften.

„Was thut Ihr?“ rief der Heilige. „Wollt Ihr etwa den Löwen bestrafen, weil er großmüthig war? Ihr bedürft der Waffen nicht mehr, denn wie Ihr seht, ist alle Welt ruhig.“

Die Diener der Inquisition, welche unwillkürlich dem Einfluße dieses außerordentlichen Menschen erlagen, zögerten einen Augenblick.

Joseph trat jetzt aus der Menge hervor und machte ein Zeichen gegen die Alguazils. Bei diesem stummen Befehl entfernten die Leute sich, gleich Schatten verschwindend.

Ungeachtet seiner großen Milde warf Johann von Avila einen Blick der Unzufriedenheit und des Mißtrauens auf den Günstling des Inquisitors. Um diese Zeit hatten die Dominicaner und Franciscaner sich noch nicht verbündet.[1] Aber Joseph näherte sich ihm und sagte mit dem Tone ruhigen Vertrauens:

„Mein Vater, die, welche Ihr sucht, ist in Sicherheit.“

Johann von Avila erbebte; er glaubte, Dolores sei durch die Inquisition verhaftet worden.

„Mein Vater,“ wiederholte Joseph, indem er ihn sanft anblickte, „seht Ihr nicht auf meinem Gesichte, daß ich Euch die Wahrheit sagte?“

„So gebt mir denn dies arme Kind zurück,“ entgegnete Johann von Avila. „Wir haben sie schmerzlich beweint, Estevan und ich.“

Die Serena hatte ihnen nichts mitzutheilen vermocht, denn die Capa weigerte sich, zu sagen, was aus Dolores geworden war.

„Morgen um Mitternacht,“ entgegnete Joseph, „werde ich Euch an der Esplanade in der Nähe des Brunnens erwarten. Trefft mich dort, und ich werde Euch zu Dolores führen.“

„Still!“ sagte der Apostel, indem er Estevan sich nähern sah, „Morgen um Mitternacht bei dem Brunnen.“

[1] Man kennt den ewigen Streit der Franziscaner und der Dominicaner über die unbefleckte Empfängniß der heiligen Jungfrau; die Dominicaner haben stets behauptet, daß sie in der Sünde empfangen hätte; und um dies zu beweisen, hätten sie alle Söhne des heiligen Franziscus verbrannt, welche die Mutter Gottes für unbefleckt erklärten. Diese ernsten Streitigkeiten, welche die Gelehrten des Conciliums von Trient so lebhaft beschäftigten, sind noch immer nicht beendigt. In Italien, besonders in Rom, bieten sie noch gegenwärtig den Text zu den Predigten der beiden mit einander rivalisirenden Orden; aber da es in jedem Kriege einen Waffenstillstand gibt, endigen diese theologischen Declamationen von beiden Seiten an dem zweiten Weihnachtsfeiertage.

An diesem Tage vereinigten sich beide feindlichen Lager zu einem prachtvollen Male und vergaßen bei den Ausschweifungen der Tafel ihre Feindseligkeiten des ganzen Jahres. Während der Mahlzeit, welche die ganze Nacht hindurch dauert, sind die stolzen Söhne des heiligen Dominik die besten Freunde der demüthigen Söhne des heiligen Franciscus, um am nächsten Tage ihre Schmähungen und ihre unversiegbaren Argumentationen über die fromme Kleinlichkeit zu erneuern, welche den Gegenstand ihres ewigen Streites bildet. Sie waren im Allgemeinen grausame Feinde, und ungeachtet seiner Heiligkeit konnte Johann von Avila sich vielleicht nicht ganz eines unwillkürlichen Gefühles der Abneigung und des Widerwillens bei dem Anblicke des jungen Dominicaners erwehren.

Joseph verschwand, allein nach einigen Schritten wendete er sich zurück, um Estevan zu betrachten, dessen edles Profil sich in dem Halbdunkel einer schönen Sommernacht deutlich gegen den Hintergrund abzeichnete. Bei diesem Anblick hob ein tiefer Seufzer die Brust des jungen Dominicaners, und zwei brennende Thränen glänzten in seinen Augen.

Johann von Avila sagte Estevan nichts von diesem Zusammentreffen; er wollte allein zu dem Rendezvous gehen, indem er vielleicht irgend eine Schlinge fürchtete.

Henriquez konnte den Rest dieser Nacht noch ruhig verschlafen.

XIX.

Das Amulet des Groß-Inquisitors Torrequamada.

Als Joseph nach dem Palaste der Inquisition zurückkehrte, begab er sich zu dem Groß-Inquisitor.

Peter Arbuez befand sich allein in seinem Zimmer; aber vor demselben hatte man die Wachen verdoppelt, denn das Gerücht von dem Aufstande, der so schnell beschwichtigt war, daß der Ruf desselben kaum bis zu ihm gelangte, hatte ihn so erschreckt, daß er mit jedem Augenblicke erwartete, die Thüre seines Gemaches durch die Mörder gesprengt zu sehen.

Er besaß die Feigheit der Hyäne, welche das helle Tageslicht flieht und sich nur von Leichen sättigt.

Vor einem kleinen, mit Perlmutter ausgelegten Tische von Ebenholz sitzend, einem kostbaren Werke von dem Anfange der Renaissance, betrachtete Peter Arbuez, den Kopf in beide Hände gestützt, mit großer Aufmerksamkeit einen eigenthümlichen Schmuckgegenstand, der in ciselirtes Gold gefaßt war, das Horn eines Einhorns, welches Thomas Torrequamada gehört hatte, dem Begründer der neueren Inquisition in Spanien, jenem wilden Mönche, dessen Grausamkeit so alle Gränzen überschritt, daß sogar der Papst Alexander Borgia dadurch erschreckt wurde. Diese

Reliquie, welche auf unbekannte Weise in die Hände Peter Arbuez's gelangt war, besaß, wie man sagte, die Eigenschaft, alle Gifte erkennen zu lassen und unschädlich zu machen.[1]

Peter Arbuez hatte Torrequamada in seinen Grausamkeiten nachgeahmt und glich ihm auch in seiner abergläubischen Vorsicht. Dieses Einhorn kam nie aus seinem Zimmer.

Bei der Annäherung Josephs erhob der Inquisitor den Kopf.

„Nun, Joseph," sagte er, „was gibt es Neues?"

„Alles ist ruhig, gnädigster Herr; die Sbirren haben Wunder gethan, und die Anführer sind bald auseinander gejagt worden."

„Gott sei gelobt!" rief der Inquisitor. „Und dem armen Henriquez ist nichts geschehen?"

„Durchaus nichts, Ew. Eminenz. Man hat nur die Thür seines Palastes erbrochen; Henriquez ist in diesem Augenblicke ebenso sehr in Sicherheit, wie Ew. Eminenz."

„Sie haben also nicht die Absicht gehabt, den Inquisitionspalast zu stürmen?"

„Keineswegs, gnädigster Herr; wer sollte es auch wagen, den Groß-Inquisitor von Sevilla anzugreifen?"

„Ich bin in keiner Gefahr, nicht wahr, Joseph? Sie würden sich so hoch hinauf nicht wagen. — Vielleicht," fuhr Arbuez fort, „that ich Unrecht, Henriquez zu dem schwierigen Posten des Gouverneurs zu befördern? Diesem Menschen mangelt es an Kraft und Entschlossenheit."

„Nicht so sehr als Ew. Eminenz glauben."

„Aber er ist ein niedriger, unwissender, roher Mensch."

„Was thut das, gnädigster Herr? Er ist Euch ergeben und Ihr dürft mir glauben, daß das Gewand des Gouverneurs auf seine Schultern ebenso gut paßt, wie auf die irgend eines Andern."

„Das Volk beklagt den Verlust des Manuel Argoso," sagte Peter Arbuez. „Dieser Mensch hatte eine strafbare Nachsicht gegen alle Ketzer und lauen Christen. Daher war er auch allgemein beliebt."

[1] Der Inquisitor Torrequamada besaß in der That das Horn eines Einhorns und glaubte wirklich, daß es die Eigenschaft besäße, die Gifte zu entdecken und unschädlich zu machen (Llorente, Geschichte der Inquisition). Die Inquisitoren Spaniens hatten dieses Vorurtheil von den Mauren geerbt.

„Deshalb empört man sich gegen Henriquez, gnädigster Herr. Es gibt nur ein Mittel, dem abzuhelfen: die Strenge zu verdoppeln.“

„Ja, diese Aufstände müssen ein Ende nehmen; die Inquisition Spaniens muß ihre Herrschaft über die ganze Welt ausdehnen und sich selbst über die Macht der Päpste erheben. Der Aussatz der Ketzerei muß für immer von der Oberfläche des Erdballs verschwinden.“

„Und der ganze Erdball der Inquisition angehören,“ fügte Joseph halb ernst halb spottend hinzu.

„Die Asche der Ketzer,“ fuhr der Inquisitor fort, „muß die Erde befruchten, daß sie für uns voller Genüße wird. Die Güter dieser Erde wie die des Himmels gehören von Rechtswegen den wahren Katholiken; sie allein sind würdig, dieselben zu genießen. Sie werden dahin nur durch Ausdauer und heilsame Strenge gelangen.“

„Gnädigster Herr, je mehr Ketzer oder schlechte Katholiken die Inquisition vernichtet, desto stärker und mächtiger wird sie werden.

„Ohne Zweifel,“ sagte der Inquisitor mit wildem Lachen. „Deshalb bin ich auch darauf bedacht gewesen, Joseph. Wir werden bei dem nächsten Autodafé etwa 118 Verurtheilte haben.“

„Fünfzig mehr, als bei dem letztern, gnädigster Herr. — Was werdet Ihr mit dem ehemaligen Gouverneur von Sevilla anfangen?“ fragte Joseph darauf nachlässig.

„Ich werde ihn behandeln, wie er verdient, als lutherischen Ketzer,“ rief der Inquisitor außer sich bei der Erinnerung an seine vergeblichen Angriffe auf Dolores.

Joseph schmeichelte, wie man sieht, geschickt den Leidenschaften Arbuez's und man sieht ebenso, daß die Inquisition keineswegs blos durch Fantismus geleitet wurde. Ihre unglaubliche Grausamkeit, unerbittlich wie das Schicksal, war in der That nicht das Resultat eines übertriebenen blinden Eifers für den Ruhm des Katholicismus; es gab bei derselben auch noch viele andere persönliche Hebel und das Interesse der Religion diente vielmehr als Maske und Vorwand für den zügellosen Ehrgeiz und die Sucht nach Reichthum bei den Inquisitoren. Es ist nicht erlaubt, den blinden Glauben bei Anderen anzunehmen, als bei den Wahnsinnigen oder den Geistesschwachen. Die Inquisitoren waren gewiß weder verrückt noch einfältig. Sie wollten erobern, das war alles; sie wollten herrschen und in ihrer arglistigen Politik hatten sie erkannt, daß die einzige Krone, welche nie zerbrechen wird, die Dornenkrone des Gottmenschen ist; deshalb schützten sie mit derselben ihr despotisches Königthum; deshalb hatten sie sich eine Aegide aus dem göttlichen Namen Christi gebildet, indem sie ihn solidarisch mit ihrer Ungerechtigkeit machten.

„Es ist Zeit," fuhr Peter Arbuez nach einer Pause fort, „die Erbschaft in Empfang zu nehmen, die unser heiliger Begründer Thomas Torrequamada uns hinterlassen hat."

In diesem Augenblicke bemerkte der Inquisitor, daß Joseph gleich einem Kinde mit dem Horn des Einhornes spielte, welches auf dem Tische stand.

„Hüte Dich, das zu berühren, mein Sohn," sagte Peter Arbuez, indem er es sanft seinen Häuden entzog. „Es ist eine kostbare Reliquie, die wir nicht profaniren dürfen. Sie ist es, welche beständig das Leben des seligen Torrequamada beschützt hat und die gegenwärtig auch das meinige beschützt!"

„Wie ist dieses Spielwerk in Eure Hände gerathen, gnädigster Herr?"

„Durch Erbschaft. Ich stamme durch meine Mutter, obgleich in mittelbarer Linie, von derselben Familie ab, wie der erste Groß-Inquisitor Castiliens."

Joseph schwieg und beeilte sich, das Einhorn wieder an den Platz zu stellen, von dem er es genommen hatte. Der junge Mönch war nicht frei von Aberglauben; er besaß noch zu viel von der glühenden Einbildungskraft der Mauren, um nicht an die schützenden Eigenschaften eines Amulets zu glauben.

„Joseph," fuhr der Inquisitor fort, „da jetzt in Sevilla Alles ruhig ist, bin ich der Meinung, daß wir ein leichtes Mahl einnehmen, um den vortrefflichen Lacrymä-Christi-Wein zu kosten, den mir der päpstische Nuntius geschickt hat."

„Ich habe keinen Hunger," entgegnete nachlässig Joseph.

„Gleichviel; mein Kind; dieser kostbare Wein wird Deinen Appetit reizen. Klingle also und befiehl, daß man uns bediene."

Joseph hatte nicht die Zeit, den Befehl des Inquisitors zu erfüllen. Ein Familiar trat unangemeldet in das Zimmer und übergab Seiner Eminenz einen Brief.

„Von wem?“ fragte Peter Arbuez.

„Von dem Gouverneur von Sevilla,“ erwiderte der Familiar.

Peter Arbuez erbrach das Siegel und las hastig den Brief.

„Gnädigster Herr,“ schrieb Henriquez, „die Aebtissin der Carmeliterinnen ist sehr krank und hat einen Franciscaner rufen lassen, um ihre Beichte zu vernehmen. Ich hielt es für meine Pflicht, Eure Eminenz davon zu benachrichtigen. Der Mönch soll sich noch diesen Abend in das Kloster begeben, denn es scheint, daß Eile Noth thut. Dies ist Alles, was ich erfahren konnte. Mein Brief, der seit zwei Stunden geschrieben ist, konnte Eurer Eminenz wegen des Aufstandes, der die Stadt beunruhigte und mein Leben bedrohte, nicht früher überschickt werden.“

„Der arme Henriquez!“ rief der Inquisitor, dessen Gesicht während des Lesens den heftigsten Zorn ausgedrückt hatte, „welcher Eifer für meinen Dienst!“

„Ihr seht wohl, gnädigster Herr,“ sagte Joseph, ohne zu wissen, um was es sich handelte.

„Bei Christus!“ rief Arbuez, „Dieses Weib ist kühn. Einen elenden Franciscaner berufen zu lassen, während ich ihr Beichtvater bin! Durfte sie zu einem Andern ihre Zuflucht nehmen, als zu mir? Ja, ich begreife es,“ murmelte er mit leiser Stimme, „sie fürchtet den Tod — aber noch ist es Zeit. — Diese Thörin könnte mich bloßstellen; ich muß sie augenblicklich sehen.“

„Holla!“ rief er seinen Familiaren zu; „meine Sänfte soll bereit gehalten werden. Ich muß sogleich fort.“

Darauf wendete er sich zu Joseph, der vergebens zu erforschen bemüht war, was in der Seele des Peter Arbuez vorging.

„Joseph,“ sagte er, „eine wichtige Angelegenheit ruft mich. Die Aebtissin der Carmeliterinnen stirbt; sie erbittet von mir den Beistand der Religion und ich muß Dich daher verlassen. Lebe wohl.“

Peter Arbuez eilte aus dem Zimmer, ging rasch die Marmortreppe seines Palastes hinab, bestieg seine Sänfte und entfernte sich.

Als er zu der Thür des Klosters gelangte, überschritt ein Franciscanermönch die Schwelle desselben und kam auf den Inquisitor zu.

Als sie einander nahe gegenüber waren, richtete Peter Arbuez einen neugierigen Blick auf das Gesicht des Mönches; ungeachtet der Dunkelheit erkannten sich die beiden Männer. Peter Arbuez sah den Mönch starr an und fragte ihn dann in strengem Tone: „Was habt Ihr hier gemacht?“

„Eine Seele gerettet,“ erwiderte der Franciscaner.

Dieser Mönch war Johann von Avila. Der Inquisitor warf ihm einen Blick des Hasses zu und schritt dann rasch durch die Klosterpforte. Als er zu dem Krankenlager der Aebtissin trat, schien Francisca von Lerma, welche durch die sanften Worte des Apostels beruhigt war, einige Augenblicke des Schlafes zu genießen. Sie war nicht ernsthaft krank, aber die leidenschaftliche und starke Frau, die sich plötzlich von einem Uebel ergriffen fühlte, welches ihre Kraft brach, hatte Furcht vor dem Tode und Entsetzen vor ihrem zügellosen Leben empfunden.

Sie konnte sich dem Mitschuldigen ihrer Fehltritte, dessen Heftigkeit sie fürchtete, nicht anvertrauen und ließ daher Johann von Avila rufen, dessen Heiligkeit ihr ein unbegränztes Vertrauen einflößte. In einer aufrichtigen Beichte hatte das unglückliche Weib gegen diesen Apostel der Wahrheit die ganze Reue ausgesprochen, die ihre Seele verzehrte. Wie mußte dieser Mann Gottes durch die Geständnisse erschüttert werden, welche den Lippen der hochmüthigen Aebtissin der Carmeliterinnen entschlüpften. Die Krankheit hatte diesen unbezähmbaren Character gebeugt und die Reue, die einzige Tugend, welche denen bleibt, die viel gesündigt haben, die Reue führte sie der Buße entgegen. Ungeachtet der heuchlerischen Reden durch die Peter Arbuez ihr Gewissen zu beschwichtigen gesucht hatte, fühlte Francisca sich nie beruhigt und sie mußte sich sagen, daß sie mit Bewußtsein gesündigt hatte.

„Weshalb habt Ihr einen andern Beichtiger rufen lassen, als mich?“ fragte der Inquisitor, als er allein mit der Kranken war.

Bei dieser wohlbekannten Stimme wendete Francisca von Lerma sich schnell um, und indem sie den Inquisitor vom Kopf bis zu den Füßen mit ihrem Blicke maß, machte sie, ohne zu antworten, eine Bewegung spöttischer Geringschätzung.

„Wußtet Ihr nicht meine Schwester,“ fuhr Peter Arbuez mit süßlicher Stimme fort, „daß ich die Macht besitze, Euch zu absolviren?“

„Ehe Ihr Andere absolvirt,“ antwortete langsam Francisca von Lerma, „streuet Asche auf Euer eigenes Haupt; beugt Euren Stolz in den Staub und betet mit beiden Knien auf nackter Erde liegend, daß Gott Euch Eure Verbrechen verzeihe. Mit welchem Rechte sprecht Ihr davon, Andere zu absolviren? Ihr, der Ihr so viel gesündigt habt?“

„Arme verirrte Seele!“ entgegnete der Inquisitor; „gibt es eine Gränze für unsere Rechte und unsere geistliche Vollmacht? Sind wir nicht die Gesalbten des Herrn und gibt es auf Erden irgend etwas, das diesen heiligen Character verwischen könnte?[1] Habe ich denn nicht mehr das Recht, die Seelen von den Banden der Sünde zu entledigen? Der Priester, wie unwürdig er auch sein möge,“ fuhr er mit erheuchelter Demuth fort, „ist deshalb nicht minder der Stellvertreter Jesu Christi und habt Ihr nicht dem Wohle der Kirche entgegengehandelt, indem Ihr zu Eurem Beichtiger einen Mönch unter den Franciscanern wähltet, die unsere Todfeinde sind?“

„Dieser Mönch ist ein Heiliger,“ entgegnete Francisca. „Er hat mich getröstet und mit Gott versöhnt. Laßt mich daher in Frieden sterben und kümmert Euch nicht mehr um meine Seele.“

Dann wendete sie sich auf die andere Seite und zog die Decke über den Kopf, als wollte sie dieselbe gleich einem Leichentuche zwischen sich und dem Inquisitor breiten.

Peter Arbuez sah wohl, daß diese Seele aufrichtig zurückgekehrt war, und daß seine Herrschaft über dieselbe beendigt sei. Aber als gewandter Inquisitor warf er über seinen Zorn den Mantel der Sanftmuth und der Demuth

[1] „Nichts kann unsern heiligen Character verwischen; unsere geistliche Macht ist so ausgedehnt, daß ein Büßender nicht sündigen kann, indem er uns gehorcht, was wir ihm auch zu thun befehlen mögen.“ — Diese Art, ihre Macht auszulegen, ist jederzeit mit günstigem Erfolge von den schlechten Priestern angewendet worden, wenn sie ein Weib verführen wollten. Wir werden später eine merkwürdige Geschichte zur Unterstützung dieser Behauptung anführen.

und entfernte sich, ohne seine Unzufriedenheit sich merken zu lassen; aber da er glaubte, daß die Krankheit Francisca's durchaus nicht tödtlich sei, gab er sich selbst das Versprechen, daß sie Johann von Avila nicht wiedersehen sollte. Die Bekehrung Francisca's von Lerma war für sie eine unerbittliche Verurtheilung geworden.

XX.

Das Zusammentreffen.

Die Stunde, welche Joseph dem Johann von Avila zu ihrem Zusammentreffen bezeichnet hatte, nahte.

Estevan hatte die Abendmahlzeit mit dem Apostel eingenommen, und unwillkürlich konnte der Letztere eine gewisse peinliche Unruhe nicht verbergen, seiner Physiognomie fremd, die für gewöhnlich ernst, obgleich nachdenkend war. Schon besorgt um das Los Derjenigen, die er liebte, fürchtete Estevan, daß Johann von Avila ihm irgend ein schmerzliches Geheimniß zu verbergen hätte. Er wagte indeß nicht, ihn zu befragen, vielleicht in Folge der menschlichen Schwäche, welche uns zugleich wünschen läßt, ein Unglück zu kennen, und dennoch fürchten, es zu erfahren.

Johann von Avila bewahrte ein ihm nicht gewöhnliches Schweigen. Estevan folgte mit besorgtem Blicke den geringsten Bewegungen seiner Züge.

„Mein Vater," wagte er endlich zu sagen, „habt Ihr denn nichts von dem unglücklichen Gouverneur von Sevilla erfahren? Hat man seinen Proceß noch nicht begonnen und können wir nichts thun, um ihn zu retten?"

„Nein," sagte Johann von Avila, „der Proceß Manuel Argoso's ist noch nicht begonnen, und Ihr wißt, daß ich Euch benachrichtigen werde, wenn es Zeit ist. Bis dahin haltet Euch still und zurückgezogen. Wißt Ihr nicht, welche Gefahr es Euch brächte, wolltet Ihr der Inquisition trotzen?"

„Ich werde es dennoch thun, wenn es sein muß," erwiderte Estevan mit ruhiger Stimme.

„Nun wohl, dann bewahrt Eure Kräfte für den Tag des Kampfes; Ihr werdet derselben bedürfen.“

Johann von Avila, der jetzt sah, daß der Sand der Uhr, die auf dem Tische stand, beinahe ganz abgelaufen war, verließ das Zimmer, ohne ein Wort zu sprechen, wie dies oft seine Gewohnheit war.

Obgleich an diesem Tage nichts Ungewöhnliches vorgefallen war, fühlte Estevan sich doch unruhig und besorgt, und als der Apostel sich einige Schritte entfernt hatte, verließ auch er das Haus, schloß die Thür hinter sich und folgte unter Begünstigung der Dunkelheit Johann von Avila in einer solchen Entfernung, daß er ihn nicht aus den Augen verlor, ohne selbst bemerkt zu werden.

Bei dem Springbrunnen, der Kathedrale gegenüber, blieb Johann von Avila stehen. Joseph wartete seiner dort. Auf dem Rande des Brunnens sitzend, das Gesicht in eine seiner weißen zarten Hände gestützt, zeigte der junge Dominicaner in seiner melancholischen Haltung eine unbeschreibliche Anmuth.

Allein, mitten auf der geräumigen Esplanade, die von buschigen Orangenbäumen beschattet wurde, während das Wasser murmelnd in ein großes Marmorbecken fiel, hatte Joseph sich einen Augenblick einer geheimnißvollen und tiefen Träumerei hingegeben. Es war für ihn ohne Zweifel einer jener Augenblicke, in denen die Ereignisse des Lebens, die eitlen Träume, welche schon der Vergangenheit angehören, sich gleich einer lebenden Wirklichkeit vor uns erheben, oder unbestimmt und verworren eine nach der andern vor unsern Augen vorüberziehen, als eine Phantasmagorie, und lachend oder fürchterlich uns mit Widerwillen erfüllen, so daß wir den Kopf abwenden, weil wir die Leere der Seele erkennen. Wer ist denn Der von uns, der selbst um den Preis derselben Prüfungen das Leben von vorne beginnen möchte?

Johann von Avila hatte wenig Geräusch gemacht, als er sich dem Brunnen näherte; gleichwohl hörte ihn Joseph und, von dem Steinrande herabgleitend, ging er dem Apostel entgegen.

Einige Schritte von ihnen hatte Estevan, durch das dichte Orangengebüsch, welches den Brunnen umgab, verdeckt, sich ihnen genähert, ohne gehört zu werden. Wie groß war seine Ueberraschung, als er Johann von Avila einen Dominicaner begrüßen sah. Er lauschte aufmerksam.

„Mein Vater,“ sagte Joseph, indem er sich vor dem Apostel Andalusiens verneigte, „gern hätte ich Euch diesen Schritt erspart, aber ich konnte nicht zu Euch kommen, wenn ich nicht verdächtigt werden wollte — der Inquisition,“ fügte er mit leiserer Stimme hinzu, „und das hätte Euch geschadet, indem es mich verhinderte, Euch zu dienen.“

Joseph sprach mit so vieler Offenheit, es lag so viel Enthusiasmus und Adel in seiner Stimme und auf seiner schönen, bleichen, jugendlichen, ungefurchten Stirn, welche unter dem silbernen Scheine der Nacht glänzte, wie aus Marmor gemeißelt, daß Johann von Avila, der ebenfalls die Offenheit aller Männer von Genie besaß, beinahe alles Mißtrauen verlor, welches das Gewand des Dominicaners ihm einflößte.

Zwischen diesen beiden erwählten Seelen hatte der magnetische Funke gezündet.

„Nun! Dolores?“ fragte lebhaft der Apostel.

Bei dem Namen Dolores rauschte das Laubwerk der Orangenbäume leise, als hätte der Abendhauch es bewegt.

„Werdet Ihr wagen, mir zu folgen?“ fragte der junge Dominicaner mit sanfter Stimme.

„Weshalb sollte ich es nicht wagen?“ antwortete Johann von Avila, dessen großes Herz der Furcht unzugänglich war. „Ich folge Euch,“ fügte er mit fester Stimme hinzu, „führt mich, mein Bruder.“

„Nein, Euer Sohn, mein Vater,“ sagte Joseph, indem er sich mit einer Bewegung voll Hast und Anmuth erhob, und er beide Hände gegen den Apostel faltete. „Euer Sohn, der Euerer Gebete bedarf.“

Johann von Avila fühlte sich ergriffen. Joseph flößte ihm ein unerklärliches Gefühl ein; er übte auf ihn jenen unwiderstehlichen Zauber schöner, edler und erhabener Wesen aus.

„Folgt mir, mein Vater,“ sagte abermals der junge Dominicaner, indem er voranschritt. „Wir haben nicht weit zu gehen.“

In der That waren sie nach wenigen Minuten bei der Thür des maurischen Hauses, in welchem Juana wohnte. Joseph zog einen Schlüssel aus der Tasche, öffnete diese

Thür und trat zuerst hinein. Aber als Johann von Avila ebenfalls über die Schwelle schreiten wollte, trat Estevan, der nicht bemerkt worden war, schnell zu ihm und sagte mit beinahe flehender Stimme: „Mein Vater, wenn hier Gefahren zu bestehen sind, so laßt mich sie theilen; ist es aber wahr, daß sie uns zurückgegeben wurde, so laßt mich sie wiedersehen.“

„Ich hoffe es wenigstens,“ erwiderte Johann von Avila. „Ich hätte Euch eine Täuschung, die vielleicht stattfindet, zu ersparen gewünscht; aber da Ihr doch einmal Alles wißt, so kommt.“

Zugleich wendete er sich gegen Joseph, der im Innern des Hauses wartete und den Kopf allmälig vorgestreckt hatte, um zu sehen, welches Hinderniß Johann von Avila zurückhielt.

„Ich werde nicht ohne meinen Sohn Estevan eintreten,“ sagte der Apostel.

„Estevan!“ flüsterte Joseph. „Ja, er trete ein, mein Vater, und er sehe sie wieder.“

Als sie eingetreten waren, schloß Joseph sorgfältig die Thüre.

Dolores und Juana warteten in dem untern Saale. Dolores, welche durch Joseph schon benachrichtigt war, eilte ihrem Befreier entgegen, aber als sie Estevan bemerkte, den sie nicht erwartet hatte, überzog Leichenblässe ihr Gesicht und sie sank auf den Divan nieder, von dem sie aufgestanden war, von einer so großen Aufregung wurde sie ergriffen.

„Dolores,“ sagte Johann von Avila, indem er sich dem jungen Mädchen näherte, „man muß in der Freude ebenso stark sein, wie in dem Schmerz. In dieser schlechten Zeit ist Der, welcher sich durch entgegenströmende Winde beugen läßt, bald niedergeworfen und zerbrogen.“

Bei der sanften Stimme des Apostels kam Dolores wieder zu sich, und Joseph ansehend, danke sie ihm mit dem Blicke.

Joseph wendete den Kopf ab, um eine Thräne zu verbergen, welche gegen seinen Willen in sein Auge trat.

Nach den ersten Aeußerungen ihrer Freude schämte Dolores sich, daß nicht wie immer ihr ungücklicher Vater ihr nächster Gedanke gewesen war, und Joseph voll Besorgniß anblickend, sagte sie: „Wann beginnt der Proceß meines Vaters?“

„Uebermorgen,“ entgegnete Joseph, denn er wollte Dolores nicht täuschen.

„Seid Ihr dessen gewiß?“ fragte Johann von Avila. „Ich glaubte, es sollte erst in einigen Tagen geschehen.“

„Uebermorgen,“ wiederholte Joseph. „Ich habe es von dem Groß-Inquisitor selbst gehört, der vor mir nichts geheim hält.“

„Was muß geschehen, um meinen Vater zu retten?“ rief Dolores angstbeklommen. „Wir haben dazu noch nichts gethan.“

„Weil es nichts zu thun gab,“ entgegnete der Dominicaner.

„Und jetzt?“ fragte das junge Mädchen.

„Jetzt wollen wir uns damit beschäftigen, ihm Zeugen ausfindig zu machen; dies ist das einzige Mittel, ihn zu retten.“

Dolores antwortete nichts; aber sie überlegte einen Augenblick bei sich selbst, und schien dann einen Entschluß zu fassen. „Mein Vater,“ sagte sie hierauf zu Johann von Avila, „Ihr werdet ihm als Zeuge dienen, nicht wahr?“

„Ohne Zweifel,“ erwiderte Johann von Avila. „Martert Euch deshalb nicht, sondern seid so ruhig, als Ihr könnt, denn Jeder von uns bedarf seines ganzen Muthes. Laßt daher Eure Freunde mit voller Freiheit handeln, ohne sie durch Euren Kummer zu betrüben.“

Während Dolores ihre ganze Aufmerksamkeit den Worten des Apostels widmete, trat Joseph in den Garten, als wollte er eine der Blumen betrachten, und gab dabei Estevan ein Zeichen, worauf dieser ihm ohne Aufsehen folgte. Als sie weit genug entfernt waren, um nicht gehört zu werden, sagte Joseph: „Don Estevan, wir werden den Gouverneur nimmermehr durch Zeugen retten; suchen wir daher nach einem wirksameren Mittel.“

„Ich kenne kein anderes,“ erwiderte ernst der junge Mann, der zu klug war, um seine innersten Gedanken einem Menschen zu verrathen, den er nicht kannte.

„Wenn indeß dies Mittel scheitert, was ist dann zu thun?“ sagte lebhaft der Dominicaner.

„Ich hoffe auf die Gerechtigkeit Gottes,“ erwiderte Estevan.

Joseph lächelte bitter, nahm die Hand des jungen Vargas, die er heftig in der seinigen drückte, und sagte: „Don Estevan, Ihr mißtraut mir. Was that ich, um diese Ungerechtigkeit zu verdienen? Ich fand eines Tages auf meinem Wege Eure junge Verlobte, welche außer sich nach dem Palaste des Inquisitors lief, von ihm die Begnadigung ihres Vaters zu erbitten; ich entriß sie einem sichern Tode, ja, was noch mehr ist, wahrscheinlich der Schande. Ich brachte sie in meinem eigenen Hause unter, behütet und beschützt, wie eine Schwester. Ich will jetzt ihren Vater retten. Was kann ich noch mehr thun, damit Ihr Vertrauen in mich setzt? — Weshalb mißtraut Ihr mir?“

„Ihr seid ein Dominicaner,“ erwiderte Estevan offen.

„Ich trage nur das Gewand,“ entgegnete Joseph.

„Ich gestehe,“ sagte Estevan, „daß Alles an Euch Vertrauen einflößt; Euer Gesicht athmet Aufrichtigkeit, Eure Worte tragen den Stempel der Wahrheit, aber ist es meine Schuld, wenn man gegenwärtig in Spanien selbst seinem treuesten Freunde mißtrauen muß?“

„Johann von Avila hat mir vertraut,“ erwiderte einfach Joseph.

„Ich thue es auch,“ sagte Estevan und reichte ihm die Hand.

„Nun wohl, so beweist es mir, Don Estevan; antwortet mir aufrichtig: wenn es uns nicht gelingt, den Gouverneur durch Zeugen zu retten, welches Mittel wollt Ihr dann anwenden?“

„Ich weiß es nicht, erwiderte Estevan zögernd.

Joseph erkannte, daß er seinen Gedanken zurückhielt, und sagte lebhaft: „Das Volk aufregen, den Gouverneur während des Autodafé's entführen — den Groß-Inquisitor tödten.“

Estevan sah ihn mißtrauisch an, und Joseph erkannte, daß er die geheimen Gedanken des jungen Vargas richtig errathen hatte.

„Dieses Mittel wäre nur in einem verzweifelten Falle gut,“ sagte Estevan; aber sein Gesicht strafte die Klugheit seiner Worte Lügen. Joseph erkannte dies, aber er drang nicht weiter in ihn, sondern führte ihn zu seiner Verlobten zurück und sagte mit innigem Tone: „Don Estevan, was auch geschehen möge, rechnet auf mich, im Leben wie im Tode.“

„Ich danke Euch, Don Joseph,“ entgegnete Estevan, „aber Freunde erkennt man nur durch die Prüfung.“

„Die Prüfung wird kommen,“ sagte Joseph traurig. „Ach, Estevan, Ihr habt keinen treueren Verbündeten als mich, und ich werde vielleicht in diesem Kampfe mein Leben lassen. — Dann werdet Ihr an mich glauben.“

Estevan war jung; er wurde gerührt, erschüttert; er hätte vielleicht seine ganzen Gedanken ausgesprochen und sich dem sonderbaren Menschen vertraut, der ihn zugleich mit Staunen erfüllte und bezauberte; aber als sie in den Saal zurückkehrten, wurde heftig an die Thür geklopft.

„Wir sind verrathen!“ dachte Estevan, Johann von Avila sah Joseph an, als wollte er in seiner Seele lesen, doch weder der Dominicaner noch Dolores zeigten die geringste Ueberraschung.

Juana ging, um zu öffnen.

Es war Coco, der jeden Abend zu derselben Stunde kam, um die Befehle Joseph's in Empfang zu nehmen und ihm Rechenschaft über die am Abend zuvor empfangenen abzulegen.

Bei dem Anblicke dieses befreundeten Gesichtes verschwand jede Furcht.

„Was gibt es Neues, mein braver Coco?“ fragte der junge Dominicaner.

„Reverenz,“ erwiderte der Alguazil zögernd, „der Gouverneur von Sevilla —“

„Wird binnen zwei Tagen vor dem Tribunal erscheinen; ich weiß das. — Weiter?“

„Ich werde an der Thür seines Kerkers auf Posten sein,“ sagte Coco.

„Ha!“ rief Dolores, „Ihr könntet also —“

„Ich bin nicht allein,“ erwiderte Coco, der ihren Gedanken errieth.

„Nun wohl,“ dachte Dolores, „da Niemand etwas für ihn thun kann, muß ich allein ihn retten.“

Johann von Avila stand auf, um sich zu entfernen.

„Dolores,“ sagte Estevan mit leiser Stimme, „ich sterbe, oder ich rette Euren Vater.“

„Seid dafür gesegnet, Estevan,“ erwiderte sie.

„Meine Tochter,“ sagte Johann von Avila, „seid klug, rechnet auf Eure Freunde und verlaßt dies Haus unter keinem Vorwande.“

Dolores senkte den Kopf, ohne zu antworten, denn sie wollte weder lügen, noch irgend etwas versprechen. Ihre Augen verließen die Estevans erst, als die Straßenthür sich hinter ihm schloß.

Estevan, Joseph und der Apostel entfernten sich mit einander; Joseph begleitete sie bis zu der Brücke von Triana. Dort trennte er sich von ihnen. Coco war ihnen in geringer Entfernung gefolgt, Joseph wendete sich um und näherte sich dem Alguazil.

„Coco,“ sagte er, „überwache mit der größten Sorgfalt alle Schritte des Don Estevan von Vargas und benachrichtige mich sofort davon, welcher Art sie auch sein mögen.“

„Reverenz,“ entgegnete Coco zögernd, „Ihr verlangt dies ohne Zweifel zu seinem Besten? Ein Freund des Apostels —“

„Sei ruhig, mein guter Coco; habe ich jemals irgend Jemand etwas Böses gethan? Sprich!“

„Oh, Ihr seid gut wie die Engel Gottes!“ antwortete der Algnazil, „ich werde Alles thun, was Eure Reverenz verlangen.“

XXI.

El Puerto de Despenaperros.

Die Sonne war eben aufgegangen; ihre ersten mattgelben Srahlen, gemischt mit Rosenroth, durchdrangen den leichten Nebel, der noch die Gipfel der Sierra Morena bedeckte. Man hätte glauben können, tausend glänzende Plättchen auf einem weißen Florschleier geworfen zu sehen. Zwei Reisende verfolgten langsam einen steilen Weg, der durch die Felsen der Berge gehauen war und zuweilen so schmal wurde, daß es schien, als könnte kaum eine Ziege darauf festen Fuß fassen, und der sich meistens an steilen

Abgründen hinzog, bei denen es Einem schwindelte. Hier und dort vermischten einige verkrüppelte Fichten ihr trauriges Grün mit dem Grau der Granitfelsen oder in einem grellen Gegensatze zeigte sich ein mit seinen rothen Blumen bedeckter wilder Rosenstrauch an dem Rande des Abgrundes, dessen Tiefe das Auge nicht zu messen wagte.

Die Reisenden waren in diesem Augenblicke zu einem der höchsten Gipfel der Sierra Morena gelangt.

Sie wendeten sich jetzt der östlichen Küste zu und die Sonne beschien hell ihre Gesichter. Der älteste von beiden war nicht über 30 Jahre, aber seine Stirne zeigte sich so ernst, sie trug so sehr den Ausdruck milder Strenge, welcher auf dem Gesichte des Gottmenschen glänzte, daß man bei dem ersten Blicke hätte glauben können, er wäre schon zu der vollen Reife des Alters gediehen. Betrachtete man ihn aufmerksamer, so sah man, daß wahrscheinlich arbeitsame Nachtwachen, die Verzichtleistung auf die irdischen Dinge und die Gewohnheit des Nachdenkens allein dem Gesichte dieses Mannes ein besonderes Siegel der Tiefe und der Weisheit aufgeprägt hatten.

Der andere Reisende, viel jünger, war höchstens 20 Jahre alt und bot gegen seinen Gefährten einen um so bemerkenswertheren Contrast, als diese beiden Männer, so verschieden an Physiognomie. Sitten und Character, dennoch durch gleiche Redlichkeit einander angenähert wurden. Außerdem bekannten sie sich zu derselben Lehre, und wenn die Neigungen des Einen sich oft nach einer Seite wendeten, welche den des Andern entgegengesetzt war, so handelten sie wenigstens stets zu demselben Zwecke und für dieselbe Sache.

Sie hatten soeben den Puerto de Despenaperros, einen der höchsten Gipfel dieser hohen und unzugänglichen Sierra Morena, erstiegen. Beide waren erschöpft und setzten sich nieder. Nachdem sie sich einige Augenblicke ausgeruht hatten, fühlten sie ihren Athem freier werden und mit der Kraft kehrte auch der Muth zurück; sie warfen zugleich jenen Blick tiefen Forschens umher, der dem Philosophen eigenthümlich ist, welcher in der Mitte der Wunder der Schöpfung beständig bei den Wirkungen nach der Ursache sucht und, indem er die Werke Gottes bewundert, so zu sagen Gott selbst erblickt, so lebendig und klar werden dann die Auffassungen der Seele, welche uns allein befähigen, mit dem Geiste zu verkehren.

Hinter ihnen erhob die eigentliche Sierra Morena ihr stolzes Haupt, weiß unter dem Schnee aller Jahrhunderte.

Vor ihnen dehnten sich die öden Ebenen der Mancha aus; etwas links rückwärts zeigte das wohllüstige Andalusien, als stolzer Contrast, seine Olivenfelder, seine grünenden Weinberge und seine blühenden Citronenbäume.

Weiterhin zur Rechten lagen die Sierra Elvira und die Alpuxarras, die Kette jener unersteiglichen Berge fortsetzend, welche die beiden Castilien gleich einer ungeheuren Granitwand umgeben.

Endlich in Gedanken den weiten Raum duchschreitend, der sie noch davon trennte, glaubten sie Castilien zu sehen, dieses Sanctum Spaniens, welches nie durch Fremde erobert wurde; das Castilien mit dem sonderbaren und wechselvollen Anblicke, durchschlängelt von dem gelbfluthenden Tajo und dem silberhellen Manzanares.

Von diesem hohen Orte übersahen die Reisenden ganz Spanien. Indem sie das reiche und schöne Land betrachteten, mischte ein bitteres Gefühl sich mit ihrer Bewunderung. Dort unter ihren Füßen, auf jener fruchtbaren Ebene, geschmückt durch die Hand Gottes, raubte eine ungerechte und rohe Macht den Menschen den freien Gebrauch der Güter der Erde und ihrer selbst, dieses Glück, welches ein Recht des Lebens ist.

„Dort ist das Ziel unserer Reise,“ sagte plötzlich der Geistliche, indem er die Hand gegen den Horizont ausstreckte, als deutete er auf einen Punct, den jedoch nur der Gedanke allein zu erreichen vermochte.

„Mein Gott! Mein Gott!“ rief schmerzlich der junge Laie, „werden wir zeitig genug hinkommen? Besonders aber — wird es uns gelingen, das Herz des Königs zu rühren?“

„Habt Vertrauen,“ entgegnete der Geistliche. „Weshalb wolltet Ihr Euch im Voraus wegen einer unsicheren Sache quälen? Der Ungestüm schadet stets dem Erfolge der Unternehmungen; mit Ruhe allein gelangt man zu Allem; das große Geheimniß des Lebens besteht darin, warten zu können und aus der ungewissen Zukunft nicht eine gewisse Qual für die Gegenwart zu schöpfen. Die Seele wird unter diesen beständigen Besorgnissen und vorzeitigen Aengstlichkeiten ermüdet und entkräftet. Der starke Mensch erwartet festen Fußes die Ereignisse, ohne sie zu fürchten; er gilt oft für fühllos, während er nur muthig ist.“

„Ach mein Vater,“ sagte der junge Mann voll Bitterkeit, „man sieht wohl, daß keine Sorge bis zu Euch gelangt, und daß Ihr, auf die irdischen Freuden verzichtend, zugleich auch auf das Elend der Menschheit verzichtet habt; — daß Ihr in Euren Ordensregeln isolirt steht, wie in einer Wüste, daß Ihr das gemeinsame Leben nicht mehr theilt, und daher auch dessen Schmerz nicht begreifen könnt.“

„Kind!“ entgegnete sanft der Franciscaner, „glaubt Ihr, meine Sendung sei die der Selbstsucht und der Härte? Haben wir nicht freiwillig uns dem Elende gewidmet, um desto besser das Elend der andern Menschen verstehen zu können? Wehe Dem, der die Sendung des Priesters anders versteht! Dem, welcher aus der evangelischen Gewalt eine weltliche macht, die er zum Nutzen seiner eigenen Leidenschaften ausbeutet, statt sie zum Wohlsein und zum Troste Aller anzuwenden; das Apostolat hat keinen andern Zweck. Der, welcher es zu anderem verwendet, kennt nicht die Pflichten seines Amtes. Wie muß in der That unser Leben sein? Stets bereit, unser Blut für unsere Brüder zu vergießen, ihnen beizustehen, sie bei ihren Wiederwärtigkeiten zu trösten, ihnen das Leben süßer zu machen, indem man bei ihnen die Hoffnung auf ein besseres erweckt. Glaubt mir, mein Sohn, Der, welcher auf die Süßigkeiten des eigenen Familienlebens verzichtet, um sich dem Glücke der großen menschlichen Familie zu widmen, der ist kein selbstsüchtiger Mensch, kein Feigling! Nein, nein, denket das nicht. Die Ergebung ist eine Tugend, die nur von Gott allein kommt und er allein verleiht dazu die Kraft.“

„Ach mein Vater,“ entgegnete der junge Mann, „verzeihet mir. Ich bin undankbar und ungerecht. Ich verdanke Euch Alles und ich beleidige Euch! Der Schmerz verwirrt meinen Verstand. Ihr seid eine erhabene Ausnahme. Aber sagt mir,“ fuhr er mit bitterem Lächeln des Unglaubens fort, welcher zuweilen aus großem Unglück entsteht, „wo sind die Nachkommen der Apostel? Mag ich auch rings um mich her suchen, so erblicke ich doch in ganz Spanien, welches von Mönchen wimmelt, nur knechtische Bettler oder feige Bedrücker.“

„Mein Sohn,“ sagte der Franciscaner mit strengem Tone, „Ihr seid zu jung und habt zu wenig Erfahrung, um auf solche Weise zu urtheilen. Ich erkenne mit Euch die Mißbräuche, welche in Spanien herrschen; ich weine täglich über die Uebel, die daraus hervorgehen; ich kämpfe mit allen meinen Kräften dagegen, aber wenn ich in mich selbst einkehre, werfe ich mich nieder zu den Füßen des Ewigen und unter Gebeten und Thränen sage ich oft mit Schmerz, doch auch mit Ergebung: Es liegt vielleicht so in den Absichten Gottes.“

„Nein, nein, das kann nicht sein,“ rief ungestüm der junge Mann. „Gott ist groß und edel, er ist das Wesen der göttlichen Liebe und er kann nicht zugeben, daß man in seinem Namen Die unterdrücke, denen er eine unsterbliche Seele verliehen hat!“

„Mein Sohn,“ sagte der Geistliche in einiger Verlegenheit, was er auf diese Aeußerungen antworten sollte, während er doch in seinem Glauben zu unerschütterlich fest war, um wo möglich die Mysterien zu ergründen, welche sein Verstand nicht begreifen konnte, „mein Sohn, Eines ist gewiß: Gott hat den Menschen zum Glück geschaffen und das Glück liegt in der Vollkommenheit. Diesem Ziele streben wir unabläßig zu. Vielleicht gelangt man dahin nur durch den Schmerz, vielleicht bedürfen die Generationen, welche kommen werden, des Blutes und der Thränen ihrer Väter, wie wir des Blutes Jesu Christi bedurften; vielleicht auch hält Gott, der die Quelle der ewigen Gerechtigkeit ist, für Die, welche leiden, selbst in diesem Leben schon unbegreiflichen Ersatz bereit.

„In den Zeiten der Verfolgung klammert der Mensch, welcher beständig dem Märthyrerthume gegenübersteht und nur von einem Tage zum andern lebt, sich nicht sehr an die irdischen Dinge; er gewöhnt sich daran, mehr von dem Geiste zu leben und aus diesem großen Nachdenken der Völker entspringen zuweilen jene hohen Lehren, welche die Nationen zu ihrer Wiedergeburt führen.

„Hören wir daher auf zu murren; kämpfen wir mit Ausdauer; die freiwillige Unterwerfung unter die Urtheilssprüche eines allmächtigen Wesens, das aber zugleich unendlich gut ist, trägt einen hochherzigen Trost in sich. Nicht einem blinden Geschicke gehorcht man, sondern einem geistigen

Wesen voll Liebe, welches stets das Gute neben das Böse stellt und oft sogar das Gute in das Böse selbst legt, durch Berechnungen, die zuweilen für unseren beschränkten Verstand zu erhaben sind, die aber, dessen darf man gewiß sein, jederzeit zu einem Ziele führen, welches im Voraus durch den ewigen Willen bestimmt wurde."

Der junge Mann, antwortete nichts. Er betrachtete schweigend den jungen, schönen und ernsten Mann, der, begabt mit den seltensten Eigenschaften des Geistes und des Glückes, auf die eitlen Ehren dieser Welt verzichtet hatte, um nur ein geistiges Leben zu führen und mit allen seinen Kräften, mit allen seinen Fähigkeiten an dem Gebäude des socialen Glückes zu arbeiten; nicht jenes vergänglichen Glückes, das auf ein parodoxes Utopien gegründet ist, sondern des gewissen, ewigen, unfehlbaren Glückes, welches trotz Widerwärtigkeiten, Leiden und Tod in dem Herzen des Menschen entspringt, der mit Eifer einen trostreichen Glauben umfaßt und der so zu sagen schon hienieden ein Leben von jenseits des Grabes kennt.

Obgleich dieser junge Mann mit sehr reinen und sehr christlichen Gesinnungen genährt worden war, hatten dennoch die Gluth seines jungen und spanischen Blutes und die ritterliche Existenz, welche die großen Herren um jene Zeit führten, ungeachtet seiner natürlichen Neigung für die philosophischen Betrachtungen, dem Ausdrucke seiner Ansichten und seiner Meinungen eine lebhafte und kriegerische Wendung verliehen. Dazu geschaffen, um alle großen, religiösen und humanitarischen Gedanken zu erfassen, mangelte es dem jungen Philosophen noch an der Geduld, welche zu ertragen weiß, und dem die natürliche Ordnung der Dinge voraneilt. Als Edelmann war er in moralischer Beziehung ein kühner und unerschrockener Kämpfer, der stets, seiner Kraft gewiß, seine Feinde von vorn angreift, und statt Einen nach dem Andern zu bekämpfen und sich den Sieg durch die Langsamkeit des Kampfes selbst zu sichern, stolz der Möglichkeit einer durch seinen Ungestüm hebeigeführten Niederlage entgegen geht.

„Dies erklärt vielleicht die in allen Jahrhunderten erfolgte Niederlage des philosophischen und liberalen Spaniens in seinen Kämpfen gegen ein ultramontanes Spanien.

„Nicht der Muth, nicht die Ausdauer haben den Vertheidigern der Gewissensfreiheit gemangelt; es waren die

Klugheit des Ulysses, das Mißtrauen gegen Menschen und Ereignisse, die List, welche beinahe an die Verschlagenheit grenzt. Sie besaßen die Tapferkeit der echten Ritter, sie kämpften am hellen Tage und mit offener Brust gegen versteckte Feinde, verschanzt hinter der Unwissenheit und dem Fanatismus des Volkes, wie der Bandit in den Gesträuchen am Wege; gegen Feinde, welche sich während des Kampfes nicht vertheidigten, die aber feig ihre Gegner von hinten angriffen, sobald diese des vergeblichen Kampfes müde waren.

„Diese Gewohnheit des Verrathes liegt seit langer Zeit schon in den Sitten der römischen Kirche; sie kämpft nie in Legionen; sie bietet dem Feinde nur Scharmützel, sie läßt ihn seine Kraft dabei erschöpfen, zahllose, unsichtbare Antagonisten zu verfolgen, welche zu fliehen und sich unter seiner Verfolgung zu vervielfältigen scheinen, und wenn sie ihn für ermattet hält, erhebt sie sich in Masse gleich einem einzigen Meschen und stößt ihr furchtbares Triumphgeschrei aus, welches dann bis zu den letzten Grenzen der Welt ertönt.“

„Seit fünf Tagen haben wir Sevilla verlassen; wir können nicht mehr weit von Madrid entfernt sein,“ sagte jetzt der Jüngere.

„Wenigstens noch acht Tagereisen,“ erwiderte der Franciscaner.

„Und während dieser Zeit zerreißt der inquisitorische Geier seine Beute, und vielleicht ist es schon zu spät, wenn wir zurückkehren.“

„Beruhigt Euch,“ erwiederte der Geistliche. Die Inquisition eilt nicht so sehr. Sie saugt ihren Opfern den letzten Tropfen Blutes aus, bevor sie dieselben dem Henker überliefert. — Muth,“ fuhr er fort, indem er die Führer mit den Maulthieren kommen sah, die sie hinter sich gelassen hatten, um den Berg zu ersteigen.

Die Reisenden standen auf, schritten den schmalen Fußpfad an der südlichen Seite des Berges hinab und gelangten zu ihren Führern, die mühsam auf dem Feldpfad fortschritten, der zu der Straße nach Castilien führte, welche kaum durch eine schmale Spur angedeutet wurde, da wo jetzt eine prachtvolle Landstraße sich hinzieht, welche sich schlangenförmig bis zu dem Gipfel des Berges emporwindet und auf Umwegen und Schlangenlinien aus Castilien nach Andalusien und aus Andalusien nach Castilien führt.

Zu der Zeit, zu welcher diese Geschichte sich ereignete, war der Weg ungleich rauher; aber der Muth mangelte unseren Reisenden nicht.

Sie machten sich wieder auf den Weg, und bald auf ihren Maulthieren sitzend, bald zu Fuß, stiegen sie den Berg hinab und erreichten an eben diesem Abende La Carolina.

Unsere Leser haben ohne Zweifel in diesen beiden Reisenden Estevan von Vargas und Johann von Avila erkannt.

XXII.

Das Tribunal.

Es war ein trüber finsterer Tag, der Tag einer Inquisitorialsitzung. Der große Saal des Tribunals war soeben geöffnet worden. Dieser Saal bestand in einem großen, schwarz ausgeschlagenen länglichen Viereck. Im Hintergrunde erhob sich von der einen Seite bis zu der andern ein halbrunder Tisch. Hinter diesem Tische, der ganz mit einem langen schwarzwollenen Tuche bedeckt war, sah man einen Armsessel von schwarzem Sammt, darüber mit einem Baldachin von gleichem Stoffe.

Dies war der Sitz des Präsidenten oder Groß-Inquisitors.

Ueber dem Baldachin hing an der Wand ein großes elfenbeinernes Crucifix auf einem schwarzen Hintergrunde. Zwei andere Sessel von gleicher Farbe standen zu beiden Seiten des Präsidentenstuhles; sie waren für die Inquisitionsräthe bestimmt, die das Tribunal bildeten.

Auf dem Tische stand rechts die Klingel. Auf der entgegengesetzten Seite lag ein großes Evangelienbuch aufgeschlagen und in der Mitte vor dem Präsidenten ein weißes Blatt Papier, auf welchem er seine besonderen Bemerkungen niederschrieb.

Dem Crucifix gegenüber, vor dem Tische, stand eine Bank, oder vielmehr ein dreieckiger Balken, der auf 4 auseinandergesperrten Füßen lag und dem Angeklagten zum Sitze diente.

Endlich rechts von dem Präsidenten, ebenfalls vor dem Tische, standen die Sbirren und vier schwarzverlarvte Menschen in langen schwarzen Gewändern, den Kopf bedeckt mit einer Kaputze von gleichem Stoffe, an den Orten der Augen, der Nase und des Mundes mit Löchern versehen, vier Menschen von entsetzlichem Aeußern. Dann zur Linken endlich saßen an einem kleinen Tische zwei Schreiber, welche nach den Dictaten des Präsidenten, oder nach dessen Befehlen, die Aussagen der Zeugen niederschrieben.

Peter Arbuez in seinem Staatsgewande, geschmückt mit dem weißen Kreuze, welches auf der Brust der Söhne des heiligen Dominik glänzte, saß auf dem Präsidentenstuhle und ließ finstere Blicke umherschweifen.

Seine beiden Beisitzer, gleichgültig gegen die Stürme, die in der Seele dieses wilden Menschen tobten, doch ergriffen von demselben Geiste der Herrschsucht, erwarteten mit heuchlerischer Ruhe die Ankunft des Angeklagten. Keine innere Aufregung durchdrang ihre eherne Maske. Sie kannten nicht die Kämpfe und die Ungewißheiten des Richters, der zwischen der Verpflichtung, einen Schuldigen zu strafen und der Furcht, einen Unschuldigen zu treffen, schwankt..

Ihre Urtheilssprüche waren im Voraus dictirt. Strafen, ohne Unterlaß strafen, das war ihr Wahlspruch; sie fürchteten nichts, als die Freisprechung und sprachen nie aus eigenem Willen frei.

Im Hintergrunde des Saales standen Mönche verschiedener Orden, die gewöhnlichen Zeugen dieser Feierlichkeiten und einige der Inquisition ergebene Granden Spaniens, welche Peter Arbuez schriftlich eingeladen hatte; denn es war kein gemeiner Angeklagter, der auf der Bank sitzen sollte, sondern ein edler und mächtiger Herr, ein guter Katholik, angeklagt der Ketzerei und seine Standesgenossen sollten ihn vielleicht verurtheilen sehen, ohne es zu wagen, ein einziges Wort zu seiner Vertheidigung zu sprechen.

Ein grauenhaftes Stillschweigen herrschte in dieser finsteren Versammlung; man hätte glauben sollen, sie sei zu einem Leichenbegängnisse gekommen, so sehr trugen alle diese Gesichter den gleichmäßigen Ausdruck der Trauer und des Todes. Bald jedoch entstand eine leise Bewegung in dieser stillen Versammlung. Die Blicke richteten sich langsam auf die Thür; der Angeklagte war, von zwei Sbirren geführt, in den Saal getreten. Es war ein großer bleicher Mann, ungefähr 50 Jahre alt. Seine Haare, glänzend schwarz, doch mehr als zur Hälfte ergraut, umgaben eine hohe Stirne, auf welcher mehr die Redlichkeit, als der Geist thronte; sein offenes ehrliches Auge trug den treuen ritterlichen Ausdruck des echten Sohnes Castiliens und eine religiöse Ergebung milderte den Ausdruck der Bitterkeit und des Kummers, der das Gesicht dieses Mannes verschleierte. Er war matt und abgemagert durch einen Aufenthalt von mehr als zwei Monaten in den Kerkern der Inquisition.

Mit langsamen Schritten trat er in der Mitte seiner Hüter vorwärts, und als er dem Präsidenten gegenüber angelangt war, sah er sich nach einem Sitze um, darauf ruhen zu können. Als er nichts erblickte, wie den dreieckigen Balken, auf den das Tribunal seine Opfer sich niedersetzen ließ, umspielte ein bitteres, hönisches Lächeln seine bleichen Lippen und er nahm, so gut er es vermochte, auf diesem eigenthümlichen Sitze von inquisitorischer Erfindung Platz.[1] Dann erhob er den Kopf ohne Prahlerei, doch mit einer unglaublichen Würde, und richtete auf Peter Arbuez einen hellen durchbohrenden Blick, vor dem jeder Andere als ein Inquisitor die Augen hätte senken müssen.

Peter Arbuez hielt diesen Blick ohne zu zucken aus und sagte dann: „Angeklagter, stehet auf und schwöret auf das Evangelium, die Wahrheit zu sagen.“

Der Angeklagte erhob sich langsam, näherte sich dem Tische, legte die Hände auf das heilige Buch und sagte mit fester klangvoller Stimme:

„Ich schwöre im Namen Jesu Christi und auf sein heiliges Evangelium, die ganze Wahrheit zu sagen.“

[1] Wenn die Angeklagten vor dem Tribunal der Inquisition erschienen, durften sie sich nicht auf eine Bank setzen, sondern auf die schneidende Kante eines dreieckigen Stockes, der auf zwei X X ruhte, welcher Potro genannt wurde. Oft, wenn ein Angeklagter sich weigerte, die Geständnisse abzulegen, die man von ihm forderte, hielt man ihn sitzend, oder selbst auf den Knien, zwei bis drei Stunden auf der schneidenden Kante des Potro. War das nicht vorbereitende Tortur? Ich sage vorbereitende, weil die Inquisitoren noch Besseres hatten.

„Wie ist Euer Name?“ fuhr der Inquisitor fort.

„Paul Joachim Manuel Argoso, Graf von Cevallos, Grand von Spanien zweiter Classe und durch den Willen unseres vielgeliebten Königs Don Carlos V. Gouverneur der Stadt Sevilla.“

„Laßt Eure Tittel,“ sagte der Inquisitor; „sie kommen Euch nicht mehr zu.“[1]

Manuel Argoso antwortete nicht, aber seine Unterlippe zuckte geringschätzig; das reine, castilische Blut empörte sich in ihm.

„Euer Alter?“ fragte der Präsident.

„50 Jahre,“ erwiderte der Gouverneur.

„Manuel Argoso,“ fuhr Peter Arbuez mit langsamer, klangvoller, harter Stimme fort, „Manuel Argoso, Ihr seid angeklagt, bei Euch einen jungen Mann aufgenommen zu haben, der von einem ketzerischen Stamme sproßt; einen jungen Mann, der sich zu Gesinnungen bekennt, welche den Lehren der heiligen, römisch-katholischen Kirche widersprechen, und denselben nicht angeklagt zu haben.“

„Ich weiß nicht, was Ihr sagen wollt,“ entgegnete ernst Manuel Argoso.

„Die Ketzerei nicht anzeigen, heißt sie ermuthigen,“ fuhr der Inquisitor fort. „Es kann Euch nicht unbekannt gewesen sein, daß Estevan von Vargas, der Abkömmling einer maurischen Familie, von dem reinen Katholicismus weit entfernt ist und gleichwohl habt Ihr ihn nicht nur in Euer Haus aufgenommen, sondern ihm auch Eure Tochter verlobt.“

Bei diesen Worten hob ein schmerzlicher Seufzer die Brust des unglücklichen Gouverneurs; eine Thräne rann über seine bleiche Wange, aber er faßte sich sogleich wieder und antwortete:

„Eure Eminenz, der junge Estevan von Vargas stammt von einem jener edlen Abenceragenritter, welche freiwillig

[1] Jede Person, welche auf Befehl des heiligen Officiums verhaftet wurde, verlor durch diese Thatsache schon allein alle ihre Titel und Würden, sowie ihre Civilrechte und empfing sie erst wieder, nachdem sie die definitive Absolution erhalten hatte; dies geschah indeß sehr selten. Die erste Wirkung der Verfolgungen durch die Inquisition war daher das Verderben und die Schmach der Familie! — Und die Inquisitoren nannten sich die Vertheidiger des katholischen Glaubens!

Seite 200.

Das Inquisitionsgericht

die Religion Jesu Christi annahmen, und sich zu Unterthanen des Königs Ferdinand von Aragonien und der großen Isabella, unserer glorreichen Herrscherin, bekannten.[1]

„Diese Ritter empfingen von unseren Königen dieselben Vorrechte, deren die castilianischen Großen genießen. Weshalb sollten wir ihnen jetzt ein Recht verweigern, das sie seit dem letzten Jahrhunderte gesetzmäßig erworben haben?"

„Wer ein Recht empfängt, übernimmt dagegen eine Pflicht" bemerkte der Inquisitor „und sobald er diese Pflicht vernachlässigt, erlischt sein Recht. Don Estevan von Vargas verlor seinen Schutz, den er als guter Katholik genoß, dadurch, daß er sich zu Lehren bekennt, welche den heiligen Canons der Kirche widersprechen. Er ist von Ketzerei angesteckt, und wer sich mit ihm verbindet, wird dadurch ebenfalls der Ketzerei schuldig und verdient die für dieses Verbrechen bestimmten Strafen."

„Gnädigster Herr," entgegnete sehr ernst Argoso, „ich schwöre Euch auf meine Ehre, daß Don Esttvan von Vargas in meiner Gegenwart nie ein einziges Wort ausgesprochen hat, welches nicht eines frommen Christen und eines ehrenhaften Ritters würdig gewesen wäre. Wie kann ich also Mitschuldiger eines Verbrechens sein, das nicht besteht?"

„Er leugnet!" sagte der Inquisitor mit dem Scheine der Theilnahme, indem er sich gegen seine Beisitzer wendete, als wollte er sie durch seinen Blick um Rath fragen.

Die Räthe machten eine Bewegung des Abscheues, indem sie mit heuchlerischem Wesen die Augen gegen Himmel erhoben. Diese Bewegung war ihnen vertraut, und ersetzte bei ihnen das richtige Urtheil und die Logik der Worte, welche keinem von ihnen zu Theil geworden waren.

Die Schreiber schrieben die Fragen und die Antworten nieder.

Peter Arbuez schien nachzudenken.

[1] Don Estevan von Vargas stammte in der That aus einer maureskischen Familie, welche dem Stamme der Venegas angehörte, ein Wort, aus welchem man Vargas gebildet hatte. Der Vater des Don Estevan wurde 1506 durch Philipp I. zum Mitgliede des Rathes von Castilien ernannt. Don Estevan hatte einen Bruder, welcher Inquisitor war und Don Pedro de Vargas de la Santa Cruz hieß und sein grausamster Verfolger war. Don Estevan entging der Inquisition nur dadurch, daß er Spanien verließ.

Es entstand ein langes Schweigen, während dessen diese ungestüme und leidenschaftliche Seele sich sammelte, um den milden Ton, den frommen und gerührten Blick, die Worte voll evangelischer Sanftmuth wieder zu finden, welche die einzige bei den Inquisitoren übliche Sprache sind, und von denen nie und unter keinem Vorwande abzuweichen, sogar zu den Statuten ihres Ordens gehört.[1] Sei es, daß diese heuchlerische Sanftmuth nur eine Verfeinerung der Grausamkeit war, denn vergeblich wollte man sich überreden, daß sie das Böse mit Ueberzeugung thaten, und daß diese gesuchte Sanftmuth, vereint mit so viel Barbarei, das Resultat ihres Eifers für die Religion und eines zarten Mitleids für das Opfer war, das sie so zu martern sich für verpflichtet glaubten.

Ihre Sittenlosigkeit gibt eine siegreiche Antwort auf alle Vertheidigungsreden, die man über diesen Gegenstand versuchen könnte. Die vollkommene Reinheit des Herzen ist die einzige Bürgschaft für dessen Güte.

Endlich sah Peter Arbuez den Gouverneur von Sevilla mit theilnahmsvollem Blicke an und sagte:

„Mein Sohn, Ihr seht mich wahrhaft betrübt über die Hartnäckigkeit, zu welcher der Feind des Guten Euch treibt. Ich habe Euch in Gott geliebt und in meinem Eifer für die heilige Sache der Kirche und meiner aufrichtigen Freundschaft für Eure Person bete ich zu dem Herrn, daß er Euch den Geist der Reue und Buße sende, damit Ihr Eure

[1] Hier eine Note, die man Seite 100 des Ultramontanismus von Herrn Edgar Quinet liest, in der ersten Ausgabe in 8. Seite 282: „Wie man die Tortur des Seiles dem Angeklagten gibt, der sich zu antworten weigert, oder der nicht mit Bestimmtheit (precisimente) antworten will.

„Oft will der Angeklagte nicht genau antworten, sondern thut dies mit ausweichenden Worten: ich weiß nicht, ich erinnere mich nicht; es kann sein, aber ich glaube nicht; ich werde dieses Verbrechens nicht schuldig sein ꝛc. Er muß mit deutlichen Worten antworten: ich sagte, ich sagte nicht; ich that, ich that nicht; in diesem Falle ist es nothwendig, gegen ihn zu der strengeren Frage der Tortur vorzuschreiten, um von ihm eine unbedingte, bestimmte, genaue und befriedigende Antwort zu erlangen. Aber zunächst muß man ihn gebührend ermahnen und darauf ihn mit dem Seile bedrohen. Der Notar hat diese Ermahnungen und Bedrohungen einzuregistriren. Die Formel ist folgende:

Fromm ermahnt (benigne monitus) ꝛc.“

Fehler erkennt, sie feierlich abschwört und auf den rechten Pfad zurückkehrt, der zu dem Himmel führt."

„Mein Vater," erwiderte Manuel Argoso mit ruhigem Tone, Gott ist mein Zeuge, daß ich nie einen einzigen Gedanken gehegt habe, der den Gesetzen seines heiligen Evangeliums widerspricht, und daß ich ihm stets voll Liebe und Vertrauen diente."

„Aber Ihr gesteht, daß Ihr im Verkehr mit einem Maresken gestanden habt?" fügte der Inquisitor tückisch hinzu.

„Don Estevan von Vargas ist kein Mareske," erwiderte der Gouverneur: „er ist ein eben so guter Katholik, als Ihr und ich, gnädigster Herr."

„Gott des Himmels! rief der Inquisitor, „der böse Geist verblendet ihn und er schmäht unsere heilige Religion."

„Eure Eminenz," bemerkte leise einer der Räthe, „er gesteht seinen Verkehr mit Don Estevan von Vargas."

Peter Arbuez machte mit dem Kopfe eine Bewegung, welche zu sagen schien. „Gut; ich werde mich dessen bedienen."

Mein Bruder," fuhr er dann, sich wieder zu dem Angeklagten wendend, fort, solltet Ihr auch leugnen, daß Ihr Eure Tochter in Gesinnungen erzogen habt, welche dem wahren Geiste der katholischen Religion widersprechen, und daß sie sich mit jenen verderblichen Studien beschäftigte, die aus dem Norden zu uns kamen, und die man Philosophie nennt?"

„Ich leugne es!" antwortete der Gouverneur.

„Könnt Ihr es beweisen?" fragte der Inquisitor.

Manuel Argoso wendete sich gegen die Versammlung in dem Hintergrunde des Saales, und als er dort mehrere Herren bemerkte, die in den Zeiten seines Glückes regelmäßig sein Haus besuchten, rief er:

„Ihr Herren, wer von Euch will Zeugniß für die Wahrheit ablegen und bestätigen, daß weder ich, Manuel Argoso, noch meine Tochter, die edle Dolores, jemals sich zu andern Grundsätzen bekannt haben, als denen des Evangeliums? Ihr wißt das Alle, meine Herren; den meine Seele war Euch in meinem Hause geöffnet."

Der Gouverneur erwartete vergebens eine Antwort; jeder Mund blieb stumm, und die zu Boden gerichteten

Blicke scheuten sich, die geringste Regung der Rührung oder des Mitleids erkennen zu lassen.

Manuel Argoso ließ die Arme mit einem Ausdrucke der Entmuthigung, der sich nicht beschreiben läßt, an seinem Leib herabfallen. Dann wendete er sich wie von einer plötzlichen Eingebung ergriffen, rasch zu dem Inquisitor und sagte:

„Eure Eminenz, ich rufe Euch selbst zum Zeugen auf! Ihr kamt täglich in mein Haus und in Eurer doppelten Eigenschaft als Freund und als Diener Gottes müßt Ihr besser als irgend Jemand meine wahren Gesinnungen kennen und besonders die meiner Tochter.“

„Ich war nicht ihr Beichtvater,“ erwiederte mit eisiger Kälte der Dominicaner.

„Ach gnädigster Herr,“ rief Manuel Argoso mit einem Tone, der einen Fels hätte rühren müssen, „gnädigster Herr, so ist also Dolores auch der Ketzerei angeklagt? Dolores ist gleich mir eine Gefangene?“

„Es ist in diesem Augenblicke nicht die Rede von Eurer Tochter,“ erwiderte der Inquisitor, welcher absichtlich die Ungewißheit des unglücklichen Vaters verlängern wollte; „Ihr seid der Angeklagte, Manuel Argoso; bekennet Eure Verbrechen, wenn Ihr die Verzeihung des Himmels und die der heiligen Kirche verdienen wollt.“

Der Gouveneur antwortete nicht; sein fieberhaft glühender Blick befragte das Auge des Peter Arbuez. Er suchte in dessen Zügen das Loos zu lesen, das er seiner Tochter bestimmte; doch es war vergeblich; das Gesicht des Inquisitors trug keinen andern Ausdruck, als den einer entsetzlichen Härte des Herzens, verknöchert in einem Heiligenscheine heuchlerischer Sanftmuth.

„Meine Tochter! Was habt Ihr mit meiner Tochter angefangen? rief der Gouverneur, indem er flehend die Hände faltete. „Antwortet mir, gnädigster Herr; ich beschwöre Euch. Sagt mir, daß nichts ihr droht und ich kann Alles erdulden.“

Manuel Argoso,“ sagte der Inquisitor mit heuchlerischem Tone, „es ist jetzt nicht der Augenblick dazu, Euch mit irdischen Neigungen zu beschäftigen. Denket an Gott und an Euer ewiges Heil und überlaßt es der Vorsehung, über Die zu wachen, die Euch theuer sind.

Ungeachtet der scheinbaren Sanftmuth dieser Worte verrieth das Gesicht des Inquisitors einen unbeugsamen Willen. Dolores' Vater erkannte, daß er von dieser ehernen Seele nichts hoffen durfte. Er ließ den Kopf auf die Brust sinken, ergab sich mit einem Heldenmuthe, welcher der ersten Märtyrer würdig war in sein Schicksal, dachte, der Wille Gottes geschehe und schwieg.

„Mein Bruder," sagte der Inquisitor mit seiner sanftesten Stimme, gesteht wenigstens, daß Ihr durch den bösen Geist versucht worden seid. Unserer besten Absichten ungeachtet können wir schwachen Geschöpfe nicht immer seinen Schlingen entgehen. Nun wohl, mein Bruder, sagt uns, daß eine verhängnißvolle Macht Euch versuchte, daß Ihr mehr verblendet als strafbar waret, und indem wir für Euch die Strenge der irdischen Strafen mildern, werden wir trachten, zugleich Eure Seele vor dem ewigen Verderben zu retten."

Der Gouverneur antwortete nichts.

„Gesteht wenigstens, daß Ihr mit Vergnügen die antichristlichen Lehren anhörtet, durch welche der Lutheranismus Europa verpestet."

„Ich weiß nicht, was Lutheranismus ist," erwiderte der Gouverneur. Ich habe mich niemals damit beschäftigt, indeß muß Luther wirklich ein großer Mann sein, wenn er so die Welt in Aufregung versetzen kann."

Bei dieser kühnen Antwort erbebte die ganze Versammlung vor Schrecken, denn sie sah einen finstern Blitz aus den großen Augen des Inquisitors zucken; es war sehr viel weniger als das nöthig, um die Verurtheilung eines Menschen durch die Inquisition herbeizuführen.

„Der Unglückselige! Er lästert Gott!" rief Peter Arbuez und bei sich selbst fügte er hinzu: „Er liefert sich uns aus!"

Die beiden andern Inquisitoren wechselten einen Blick des Einverständnisses.

„Es ist also wahr," fuhr Peter Arbuez fort, „daß man Euch mit Grund anklagt, insgeheim Euch zu den Grundsätzen des Feindes Gottes zu bekennen und ein Bewunderer Luthers zu sein?"

„Wie kann ich einen Menschen bewundern, den ich nich kenne, und seinen Grundsätzen folgen?" erwiderte der Gouverneur. „Sind sie denn besser, als die Eurigen und die meinigen? Steht seine Religion höher, als die in welcher ich unterrichtet worden bin? Und überdies — wer klagt mich denn an? Nennt mir meinen Ankläger, damit ich ihn Lügen strafen kann."[1]

„Die christliche Barmherzigkeit gestattet dies nicht," erwiderte der Präsident. „Bekennet, mein Sohn, bekennet und bereuet, das ist das einzige Mittel des Heiles, welches Euch für das andere Leben bleibt."

„Ich habe weiter nichts zu sagen," entgegnete der Gouverneur. „Zu Gott, der meine Unschuld kennt, flehe ich, sie zu enthüllen und meine Richter zu überzeugen. Wer auch der Feind sei, der mich anklagt," fuhr er dann fort, „ich schwöre hier im Angesichte Gottes, der mich sieht und hört, daß er ein Nichtswürdiger und ein Verleumder ist. Ich erkläre, daß meine Tochter Dolores ein Engel ist. Verflucht also der, welcher es wagt, die Reinheit ihres Lebens anzutasten! — Und jetzt," sagte er dann, „möge der Wille des Himmels sich an ihr erfüllen und an mir; ich vertraue auf Den, der die Unschuldigen schützt."

Darauf bewahrte Manuel Argoso ein unverbrüchliches Schweigen, mochte man ihn auch noch so mit tückischen Fragen überhäufen. Es war nicht möglich, ihn zum Sprechen zu bringen.

„Der Unglückliche! Er will es!" sagte Peter Arbuez mit dem Tone heuchlerischer Theilnahme. Dann wendete er sich zu den verlarvten Männern, die regungslos wie Geister an der rechten Seite des Tribunals standen, streckte die Hand aus und deutete auf den Angeklagten. Ein eisiges Frösteln durchlief die Versammlung; bald herrschte in derselben ein entsetzliches Schweigen. Kein Athemzug war mehr zu hören in dem weiten Raume des Saales. Man hätte glauben können, alle diese lebenden Geschöpfe waren plötzlich zu Marmor erstarrt.

Nur allein die vier Verlarvten glitten gleich Phantomen geräuschlos über den Boden dahin, und zu dem Angeklagten gelangt, ergriffen sie ihn, hoben ihn auf ihre Arme, ohne daß er eine einzige Bewegung machte und verschwanden mit ihm durch eine Seitenthür.

[1] Die Inquisition nannte niemals ihre Zeugen und dadurch ermuthigte sie zu der Angeberei. (Annalen des heiligen Officiums.)

XXIII.

Die Marterkammer.

In der Mitte eines großen runden Gemaches, in einem tiefen Keller, beleuchtet durch zwei Fackeln, umgaben vier verlarvte Männer einen andern Mann, der traurig und schwach war, so daß er sich kaum aufrecht zu erhalten vermochte, und dessen geschwächte Augen ihm das zweifelhafte Licht dieses entsetzlichen Ortes peinlich machten.

Feuchte, dicke Luft erfüllte gleich einem ungesunden Nebel diesen unterirdischen Raum, welcher Grabesdünste aushauchte.

In dieser Art von Höhle hingen rings herum an den ungleichen Mauern, an denen das Wasser durch die Ritzen des weichen Steines rieselte, Marterwerkzeuge, die höllische Erfindung der ascetischen und wilden Einbildungskraft der Mönche, deren Anblick allein schon hinreichte um erbeben zu machen.

Es waren spanische Stiefel, Nägel von gewaltiger Länge, Stricke von allen Dicken und in einer Ecke neben einer Folterbank stand ein brennendes Kohlenbecken, das mit seinen rothen und blauen Flammen aus der Finsterniß dieses Winkels hervorleuchtete.

Das Alles war gräßlich anzusehen.

Man stieg zu diesem höllischen Orte auf einer Menge kleiner gewundener Treppen hinab, deren feuchte Stufen mit Moos bedeckt waren und auf denen man mit jedem Schritte ausglitt; aber die Diener der Inquisition hatten einen *festen* Fuß. Sie kannten die geringsten Biegungen dieses fürchterlichen Labyrinthes, in welches sie Manuel Argoso hinabgeführt hatten, als sie den Sitzungssaal des Tribunals verließen, und wo wir sie jetzt mit dem unglücklichen Angeklagten wiederfinden, die Ankunft des Groß-Inquisitors erwartend.[1]

Der ehemalige Gouverneur von Sevilla hatte sich führen oder vielmehr tragen lassen, indem er die Augen schloß, um

[1] Die Beschreibung der Marterkammer ist nach der entworfen, welche man in der Geschichte der Inquisition lesen kann.

den Weg nicht zu sehen, den er zurücklegen mußte. Aber die Henker waren in der Mitte der Marterkammer stehen geblieben, und jetzt öffnete der Angeklagte die Augen und ließ die besorgten Blicke umherschweifen. Als er nichts weiter sah, wie das vermummte Gesicht der finstern Männer, die in dieser irdischen Hölle das Amt der Dämonen versahen und die man Marterknechte nannte; als er die gräßlichen Marterwerkzeuge, die ihn umgaben, eines nach dem andern betrachtet hatte, wurde seine, durch die lange Einkerkerung und das Fasten geschwächte Einbildungskraft die Beute eines augenblicklichen Wahnsinns. In seinem frommen Christenglauben wähnte er, diese Welt verlassen zu haben und sich an dem furchtbaren Orte zu befinden, an welchem nach dem Evangelium Heulen und Zähneklappern ist. Darf man sich danach wundern, daß in solchen Augenblicken und unter einer solchen Phantasmagorie die Inquisition die sonderbarsten Abschwörungen und Geständnisse erlangte, dem ganzen Character der Menschen widersprechend, aus denen sie ihre Opfer machte?

Peter Arbuez erschien endlich, begleitet von einem zweiten Inquisitor und dem apostolischen Notar. Der Angeklagte stand in der Mitte der Marterkammer. Bei dem Anblicke seines Richters kehrte er zu einem schmerzlichen Gefühle der Wirklichkeit zurück. Er erhob die Augen zum Himmel, als wollte er denselben anflehen und bemerkte, daß über seinem Kopfe in der Decke eine starke Rolle angebracht war, durch welche ein fester Hanfstrick lief, der zu seinen Füßen niederfiel. Unwillkürlich erbebte er. Die vier verlarvten Männer standen schweigend neben ihm.

Peter Arbuez und der ihn begleitende Inquisitor setzten sich auf Stühle, um Zeugen des finsteren Auftrittes zu sein, und erfüllten so den 18. Artikel des Codex der Inquisition, welcher vorschrieb, daß ein oder zwei Inquisitoren nebst dem apostolischen Notar stets bei der Tortur zugegen sein sollten, um die Aussagen der Angeklagten zu registriren.

Manuel Argoso besaß zwar den Muth kräftiger Seelen, aber er konnte sich dennoch eines tiefen Schreckens nicht erwehren. Er dachte an seine Tochter, welche vielleicht dieselben Martern zu erdulden haben sollte und sein ganzer Muth verließ ihn. Hätte er Dolores den Schmerz ersparen können, indem er eingebildete Verbrechen gestand, so würde er nicht

Seite 208.

Die Strickfolter.

einen Augenblick gezögert haben; aber er wußte wohl, daß ein solches Geständniß sie verderben würde, statt sie zu retten. Er rief daher seine ganze Entschlossenheit wach und bereitete sich darauf vor, zu leiden.

Auf ein Zeichen des Groß-Inquisitors entkleideten die Marterknechte den Angeklagten bis auf das Hemd. Dann trat Peter Arbuez auf ihn zu, und sagte mit evangelischer Sanftmuth: „Mein Sohn, bekennet Eure Verbrechen und betrübt unsere Seele nicht dadurch, daß ihr in dem Irrthum und in der Ketzerei verharrt. Erspart uns den Schmerz, den gerechten und strengen Gesetzen der heiligen Inquisition zu gehorchen, indem wir Euch so behandeln, wie diese Gesetze es vorschreiben.“

Manuel Argoso antwortete nicht, aber er richtete auf den Inquisitor einen festen, kalten, stechenden Blick, einen Blick, welcher der Tortur zu trotzen schien.

„Gesteht und bekennt,“ fuhr Peter Arbuez mit unglaublicher Ausdauer fort, aber noch immer mit sanfter milder Stimme. „Wir sind Eure Väter in Gott und nur der Wunsch, Eure Seele zu retten, leitet uns. Auf, mein Sohn; ein aufrichtiges Geständniß kann allein Euch in jener Welt retten und Euch in dieser die gerechte Strafe Gottes ersparen. Bekennet daher Eure Sünde.“

„Ich kann nicht ein Verbrechen gestehen, das ich nicht beging,“ erwiderte der Gouverneur.

„Mein Sohn,“ fuhr der Richter fort, „ich betrübe mich über Eure Unbußfertigkeit und flehe den Herrn an, Euer Seele zu rühren, welche ohne seine Gnade unfehlbar verloren sein würde; denn der Dämon hält sie in seiner Gewalt, und er ist es, der Euch diese strafbare Hartnäckigkeit einflößt. Betet mit mir, wenn es Euch möglich ist, daß Gott sich Eurer erbarme und Euch durch seinen heiligen Geist erleuchte.“

Zugleich kniete Peter Arbuez neben dem Angeklagten nieder, und murmelte mit leiser Stimme und frommem Wesen ein unverständliches Gebet. Dann machte er mehrmals hinter einander das Kreuz, schlug sich voll Demuth auf die Brust und blieb einige Minuten knien, das Gesicht in beide Hände gedrückt.

In diesem Augenblicke war der grausame Inquisitor von Sevilla nichts weiter, als ein demüthiger Dominicaner, der für die Sünden Anderer betete und weinte.

Endlich stand er auf.

„Unglücklicher Sclave des Bösen," sagte er nun zu dem Angeklagten, „hat Gott meine demüthigen Gebete der Erhörung gewürdigt und Deine dem Lichte unseres heiligen Glaubens verschlossenen Augen entsiegelt?"

„Mein Glaube ist stets derselbe," erwiderte Argoso. „Er hat sich nie einen Augenblick verläugnet, und wie ich ihn von meinem Vater empfing, der ein frommer Christ war, werde ich ihn auch mit mir in das Grab nehmen."

„Gott ist mein Zeuge, daß ich unschuldig daran bin!" sagte der Richter, indem er die Augen zum Himmel erhob. — Man gebe ihm die Frage des Seiles!" wendete er sich zu den Marterknechten.

Bei diesen Worten schloß der Angeklagte die Augen. Ein dumpfes Brausen ertönte vor seinen Ohren; kalter Schweiß rieselte durch seine Glieder und er bebte bis in das Innere seiner Knochen. Die Marterknechte zogen das Seil an sich, welches von der Decke herabhing.

„Ihr setzt die Frage fort, bis wir es für zweckmäßig erachten, sie aufhören zu lassen," sagte der Inquisitor, „und wenn während dessen dem Angeklagten ein Glied ausgerengt oder gebrochen wird, oder selbst wenn ihn der Tod erfaßt, erkläre ich hier in Gegenwart Aller, daß die Schuld nur ihm allein beigemessen werden darf. — Und jetzt möge sich der Wille Gottes erfüllen!" fügte er hinzu, indem er die Hand gegen die Marterknechte ausstreckte.

Sogleich bemächtigten sich die vier verlarvten Männer des unglücklichen Gouverneurs, banden ihm mit dem einen Ende des Seiles, das über seinem Kopfe herabhing, die Hände auf den Rücken, ergriffen dann das andere Ende, zogen den Angeklagten mit Hilfe der Rolle bis zu der Decke hinauf und ließen ihn dann plötzlich bis auf einen halben Fuß vom Boden entfernt, herabstürzen.

Der Unglückliche war halb ohnmächtig vou dieser entsetzlichen Erschütterung. Die Marterknechte warteten einige Minuten, bis er wieder zu sich gekommen war und sobald er die Augen geöffnet hatte, erneuerten sie den Sturz, heftiger, als das erste Mal. Diese Marter dauerte eine ganze Stunde![1]

[1] Ich entlehne wieder dem Herrn Quinet einen Theil der Note pag. 101. „Nachdem man den Angeklagten hatte aufhängen lassen, befragte

Der unglückliche Gouverneur hatte nicht eine einzige Klage ausgestoßen, aber seine keuchende Brust ließ rauhe Töne vernehmen, die dem Röcheln der Todesqual glichen. Seine Augen, welche gläsern wurden, wie die Sterbender, schienen sich nur noch zu dem letzten Schlafe schließen zu sollen. Das Seil, welches seine Handgelenke zusammenhielt, war so tief in das Fleisch eingedrungen, daß das Blut des Gemarterten an seinem Körper herabrieselte und sein Hemd, das einzige Kleidungsstück, welches man ihm gelassen hatte, von oben bis unten mit blutigem Kothe besudelt war. Als die Frage ihr Ende erreicht hatte, und man den unglücklichen Gouverneur losband, stürzte er wie eine leblose Masse nieder auf den feuchten schmutzigen Boden. Seine ausgerenkten Glieder und seine zerrissenen Muskeln vermochten nicht mehr, ihn aufrecht zu halten.

Es war ein gräßliches, herzzerreißendes Schauspiel, diesen kräftigen, großen, starken Mann, der noch in der Vollkraft des Alters stand, durch eine grausame Marter vernichtet und gerichtet zu sehen, ehe er verurtheilt war.

Was ließ sich von einer Gerechtigkeitspflege erwarten, welche den Angeklagten solchen Prüfungen unterwarf!

Aber die Inquisitoren hatten keine Eingeweide; sie herrschten durch die Tortur und sie erquickten sich durch den Anblick der Todesqualen.

man ihn unter der Tortur nur über die erwähnte Thatsache und hielt ihn längere oder kürzere Zeit ad arbitrio (hängend), je nach der Eigenschaft der Sache, der Wichtigkeit der Anzeigen, der Lage der gemarterten Person und anderer ähnlicher Umstände, welche der Richter in Erwägung zu ziehen hatte, (und die er nicht immer berücksichtigte, wenigstens in Spanien), damit die Justiz ihre Wirkung hatte, ohne daß Jemand ungerechtfertigt verletzt wurde (Art, die Frage des Seiles anzuwenden rc., S. 286 und 287)." Wenn während der Tortur der Angeklagte bei der Verneinung bleibt, wird man das Verhör (die Tortur) auf die folgende Weise beendigen: Die Herren Inquisitoren, welche von ihm (dem Angeklagten) nichts weiter erfahren können, befehlen, daß der Beschuldigte leise von dem Seile herab genommen werde, an welchem er hängt, daß man ihn losbinde, man die Gelenke des Armes wieder einrenke, daß man ihn bekleide und an seinen Ort zurückführe, nachdem man ihn in der Tortur eine halbe Stunde lang nach der Sanduhr aufgehangen gehalten hat. Und der Notar hat das Protokoll zu unterzeichnen."

Diese Marter, welche in Rom nur eine halbe Stunde dauerte, wurde nach l'Lorente in Spanien bis auf eine Stunde ausgedehnt. („Von den Strafen, welche die Inquisition auferlegt.")

„Man führe diesen Menschen in sein Gefängniß zurück!“ sagte Peter Arbuez mit dem Tone der Betrübniß. „Für heute ist es genug.“ Dann sich zu dem zweiten Inquisitor wendend, fügte er hinzu: „Mein Bruder, vergesset diesen Unglücklichen nicht in Euren Gebeten.“

Dies war die Art der Inquisitoren ihren Opfern gegenüber: sie verschleuerten die verabscheuungswürdige Härte ihres Herzens unter dem heuchlerischen Aeußern eines innigen Mitleids.

Zwei Sbirren hoben den unglücklichen Gouverneur auf. Manuel Argoso gab kein Zeichen des Lebens mehr.

XXIV.

Die Kerker der Inquisition.

Es war Mitternacht. Ganz Sevilla schlief, ausgenommen vielleicht die unglücklichen Gefangenen in den unterirdischen Kerkern der Inquisition. In der Nähe dieses finstern Gebäudes, welches das Glaubensgefängniß genannt wurde, erhellte Nichts die Dunkelheit der Nacht. Es herrschte das Schweigen des Todes, denn diese Gräber, welche Lebende in sich schlossen, waren zu tief, als daß das Angstgeschrei der Opfer bis nach Außen dringen konnte.

Zwei Menschen gingen mit flüchtigen Schritten auf das Gefängniß zu, ein Mönch und ein Weib. Die Nacht war so finster und ihre Kleider so dunkel, daß selbst ein Spion sie nicht von der schwarzen Mauer zu unterscheiden vermocht hätte, an der sie sich hintasteten, um in der Dunkelheit ihren Weg zu finden. Bald gelangten sie zu der Thür des Gefängnisses. Der Mönch klopfte scharf, doch leise mit einem Schlüssel an, den er in der Hand hielt, und beinahe augenblicklich drehte die Thüre sich wie durch Zauberkraft in ihren Angeln.

Der Geistliche und das Weib traten in das Innere ein. Kein Licht erhellte ihren Weg, und sobald sie über die Schwelle geschritten waren, schloß die Thür sich leise wieder, ohne in den Angeln zu kreischen, denn sie war im Voraus sorgfältig eingeölt.

„Ach, ich fürchte mich," flüsterte die Gefährtin des Mönches.

„Beruhigt Euch, Dolores," entgegnete Joseph; „beruhigt Euch. Mit mir habt Ihr nichts zu fürchten."

Das junge Mädchen stützte sich auf den Arm des Dominicaners, um sich aufrecht zu erhalten, denn ihr Herz klopfte gewaltsam.

Der Schließer hatte während dessen eine Blendlaterne angezündet.

„Reverenz," sagte er, sich zu dem Geistlichen wendend, „wohin soll ich Euch führen?"

„Nach dem Gefängniß des Gouverneurs von Sevilla; geh' voran."

Der Schließer zögerte einen Augenblick. Er wußte, mit welcher Grausamkeit er von der Inquisition behandelt werden würde, wenn man entdeckte, daß er ein Weib in den Kerker eines Gefangenen eingelassen hatte.

„Nun, Du zögerst?" sagte Joseph.

„Reverenz!"

Ohne zu sprechen, machte der Günstling des Groß-Inquisitors ein gebieterisches Zeichen, und der Schließer schritt voran, ohne weiter ein Wort zu wagen. Der Mönch und das junge Mädchen folgten ihm. Ehe sie zu der unterirdischen Region gelangten, in welcher das heilige Officium seine Opfer bewahrte, stiegen sie eine Treppe von etwa 50 Stufen hinab. Ein unerträglicher stinkender Qualm wurde von diesem ungesunden Orte ausgehaucht. Der Geistliche und seine Gefährtin fühlten sich erstickt und einer Ohnmacht nahe; ihre feinen Organe machten ihnen diesen Geruch unerträglich.[1] Indeß stützte Joseph, der muthiger war, Dolores, die sich nur mit Mühe aufrecht erhielt, und beinahe ohnmächtig wurde.

„Ach," rief das junge Mädchen voll Qual, indem es auf der letzten Stufe der Treppe stehen blieb, „hier also befindet sich mein Vater!"

„Muth!" sagte leise der Dominicaner; „Muth! Ihr bedürft dessen."

[1] Annalen der Inquisition.

In diesem Augenblicke wurde eine schwere Eisenthür langsam geöffnet, und es kam dabei aus dem Inneren eine Wolke so dicker, stinkender Luft, daß sie dem Rauche glich.

„Hier ist es, Reverenz,“ sagte der Schließer, indem er dem jungen Mönch die Blendlaterne übergab, welche er in den Händen hielt.

„Tretet ein, aber um des Himmels willen macht kein Geräusch und bleibt nicht lange.“

„Entferne Dich,“ sagte gebieterisch Joseph, indem er die Laterne aus den Händen des Schließers nahm, „von Dir habe ich keine Bemerkungen anzuhören.“

Der Schließer gehorchte, und zog sich in eine dunkle Ecke des unterirdischen Ganges zurück. Joseph versuchte jetzt, bei dem unsicheren flackernden Licht der Laterne, Dolores durch die tiefe Finsterniß zu geleiten. Sie traten über die Schwelle der schmalen Thür, und nachdem ihre Augen sich ein wenig an das zweifelhafte Licht gewöhnt hatten, erblickten sie im Hintergrunde des Kerkers, der zehn Fuß lang und zwölf Fuß breit war, auf einem Tritte, welcher beinahe die Hälfte des Raumes einnahm, einen Menschen, der zu schlafen schien.

Dieser Mensch war der ehemalige Gouverneur von Sevilla. Er war allein. Die fünf andern Gefangenen, welche für gewöhnlich dieses Loch bewohnten, das kaum für drei groß genug gewesen wäre, waren Einer nach dem Andern während oder nach der Tortur gestorben. Der unglückliche Argoso, kräftiger oder muthiger, hatte die fürchterlichen Stürze überstanden; einige Stunden, nachdem man ihn in seinen Kerker zurückgetragen hatte, war er zu dem Leben und zu dem Schmerze erwacht. In dem Augenblicke als seine Tochter in seinen Kerker trat, hatte ein leiser Schlaf ihn den Martern dieses schmutzigen Ortes entzogen. Einige irdene Gefäße, welche für die natürlichen Bedürfnisse bestimmt waren, nnd jede Woche nur einmal geleert wurden, hauchten einen unerträglichen Geruch aus. Dieses entsetzliche Loch empfing sein Licht nur durch eine Art von Luftloch, welches hoch oben in der Mauer in gleicher Höhe mit der Straße angebracht war, und es herrschte hier eine solche Feuchtigkeit, daß die Matte, auf welcher der Gefangene schlief, ganz verfault war. Hatte der Kerker seine volle Zahl der Gefangenen, dann reichte die Bank für dieselben nicht hin, und die mindest Schwachen schliefen dann auf dem feuchten, kothigen Boden.

So waren die Orte beschaffen, an denen die Inquisition ihre Opfer einsperrte.[1]

Dolores näherte sich leise der Bank, auf welcher ihr Vater schlief, faltete die Hände mit dem Ausdrucke herzzerreißenden Schmerzes und betrachtete ihn einige Augenblicke. Indeß konnte sie sein Gesicht nicht sehen, da es der Mauer zugewendet auf einem seiner Arme lag. Er schien so ruhig zu sein, daß sie es nicht wagte, ihn zu wecken; aber Joseph, der jetzt ebenfalls näher trat, stieß an ein irdenes Geräth, und bei dem Geräusch, das dadurch entstand, erhob der Gouverneur den Kopf. Er war so bleich und so verändert, daß seine Tochter allein ihn erkennen konnte.

„Mein Vater!“ rief Dolores mit einem Schmerzensseufzer, warf sich schluchzend an seine Brust und umschlang ihn mit beiden Armen voll inniger Zärtlichkeit.

Aber der unglückliche Vater antwortete nicht auf diese Umarmung; unwillkürlich entrang eine herzzerreißende Klage sich seinen Lippen. Seine Tochter hatte, indem sie ihn umarmte, die brennenden Schmerzen seiner gemarterten Glieder neu erweckt.

„Was ist Dir? Ach was ist Dir?“ rief sie, indem sie es versuchte, ihn mit ihren schwachen Armen aufzuheben.

„Nichts, meine geliebte Dolores, nichts,“ sagte er, indem er zu lächeln versuchte. „Ich bin glücklich, Dich wieder zu sehen!“

Joseph errieth Alles, er runzelte die Stirn und machte eine Bewegung heftigen Unwillens, indem er zugleich mit leiser Stimme murmelte: Ha, wenn ich das gewußt hätte! O mein Gott!“

[1] Die Gefängnisse der Inquisition waren tiefe Keller, wahre Gräber, etwas mehr, als 30 Fuß unter der Erde. In jedem Kerker, welcher ungefähr 12 Fuß lang und 8 Fuß breit war, befand sich ein Feldbett, 4 Fuß breit und 12 Fuß lang. Jeder Kerker enthielt gewöhnlich 6 und oft sogar 8 Personen, von denen 3 oder 4, die Stärksten auf dem feuchten Boden schliefen und die Andern auf der Pritsche. Ein Gefäß, zu den natürlichen Bedürfnissen bestimmt und welches nur alle 8 Tage, oft sogar nur alle 14 Tage geleert wurde, stand in einer Ecke und verdarb vollends die Luft, welche schon zum Theile durch den Athem der Unglücklichen, die zu der Bewohnung dieses Ortes verdammt waren, der Kohlensäure beraubt wurde. (Geschichte der Inquisition.)

Manuel Argoso machte vergebliche Anstrengungen, sich aufzurichten; seine durch die Martern gelähmten Arme, seine ausgerenkten Glieder, seine zerrissenen Muskeln verweigerten dem Gebote seines Willens den Gehorsam.

Seine Tochter, das einzige Wesen, welches er auf Erden liebte, seine Tochter, die er nie mehr wiederzusehen glaubte, stand vor ihm in seinem Gefängnisse, in welches sie wie durch ein Wunder hinabgestiegen war, und er konnte sie nicht voll Liebe an sein Herz drücken; er konnte nur unzusammenhängende Worte stammeln, unterbrochen durch Schluchzen und Thränen.

Dieser äußere Tod, der ihn lebend ergriffen hatte, war für ihn eine unaussprechliche Tortur. Seine Augen allein konnten sich an dem Anblicke seiner Tochter sättigen, und er betrachtete sie mit einer leidenschaftlichen Liebe, mit einer heiligen Zärtlichkeit, aber ohne zu sprechen. Schwere Seufzer hoben seine Brust; sein großes, dunkles, im Fieber glänzendes Auge, das tief in die Höhlen zurückgesunken war, verschleierte sich durch Thränen, und seine zitternden Lippen machten krampfhafte Bewegungen.

„O, Du bist also frei!“ rief er endlich mit einem Ausdrucke so wahrer Freude, daß das Herz Joseph's davon ergriffen wurde und er mit einer unwillkürlichen Bewegung neben dem Gouverneur auf die Knie sank.

„Wer ist dieser Mönch?“ fragte Manuel Argoso.

„Ein Engel, mein Vater,“ entgegnete Dolores, „ein Engel, der uns vereinigt hat.“

„Zu spät!“ murmelte dumpf der Gouverneur.

„Weshalb zu spät?“ erwiderte das junge Mädchen. „Du leidest, aber wir werden Dich retten.“

Sie begriff nicht, daß die Inquisition aus diesem kräftigen Menschen eine Leiche gemacht hatte.

Joseph hielt sich nicht mehr. Bittere Thränen schwellten seine Brust; sein Unwille tödtete ihn. „Unglückliches Kind!“ rief er heftig, „seht Ihr denn nicht, daß sie seine Glieder zerbrochen haben?“

„Schweigt! Schweigt!“ sagte lebhaft der Vater.

Es war nicht mehr Zeit; Dolores hatte Alles begriffen. Vernichtet, gebrochen, warf sie sich auf die Knie vor dem Lager, auf dem ihr unglücklicher Vater ruhte. Sie erhob sanft seine gemarterten Glieder, bedeckte sie mit Küssen und

Thränen, und es schien ihr, als könnte sie durch ihre Zärtlichkeit dem geliebten Vater das Leben zurückgeben, das man ihm entrissen hatte.

Als sie aber endlich sah, daß ihre Anstrengungen fruchtlos blieben und daß der unglückliche Gouverneur, der sich nicht zu regen vermochte, nur noch durch den Schmerz lebte, wendete sie sich voll Zorn zu dem Dominicaner und sagte: „Ihr wußtet das und Ihr habt mich nicht davon benachrichtigt!“

„Hätte ich es gewußt,“ entgegnete Joseph, „so würde ich Euch nicht hierher geführt haben. Ich bin ebenso getäuscht worden, wie Ihr, Dolores: man hat die Tortur unmittelbar nach dem Verhöre angewendet, was beinahe nie geschieht, und Ihr wußtet, daß ich gestern gezwungen war, mich von Sevilla zu entfernen.“

„O mein Gott, sie haben ihn getödtet! murmelte das junge Mädchen schmerzlich, bedeckte dann die Hände ihres Vaters mit krampfhaften Küssen und sagte: „Seht, Don Joseph, er kann keine Bewegung machen, und so haben sie ihn in diesem ungesunden Kerker liegen lassen, ohne auch nur seine Wunden zu verbinden. O mein Vater, wie konntest Du hier leben? Ach dieses Gefängniß ist ja ein Grab!“

„Beruhige Dich, mein Kind,“ sagte sanft der Gouverneur, „meine Uebel sind nicht unheilbar; ich werde genesen; beruhige Dich.“

„Ja, Du wirst genesen,“ sagte entschlossen Dolores, „denn ich bleibe hier, um Dich zu pflegen. Wer kann es wagen, mich hier fortzureißen?“ rief das edle Mädchen, indem es einen erhabenen Blick umherwarf.

„Ich,“ entgegnete Joseph, „ich, der ich Euch Beide retten will.“

„Ihr habt mir das schon einmal gesagt,“ entgegnete sie, „und seht gleichwohl, in welchen Zustand man ihn versetzt hat. Ihr täuschet mich Alle; ich will nur auf mich selbst hören und hier bleiben.“

„Dolores,“ sagte der junge Mönch, „glaubt mir und gebt dieser nutzlosen Aufregung nicht nach; bleibet frei, um Euren Vater zu retten. Man wird die Fortsetzung seines Processes so bald nicht aufnehmen. Wißt Ihr nicht, daß Estevan und Johann von Avila sich mit den Mitteln beschäftigen, ihn der Inquisition zu entreißen?“

„Hat man mir denn schon Zeugen gesucht?“ fragte Manuel Argoso mit matter Stimme.

Bei diesem Worte der Zeugen sammelte sich die Tochter des Gouverneurs und erinnerte sich an den Plan, mit dem sie sich bereits beschäftigt hatte.

„Don Joseph,“ sagte sie, indem sie sich zu dem jungen Dminicaner wendete, „Ihr gebt mir die Versicherung, daß die Wunden meines Vaters geheilt werden können?

Joseph, der einige Kenntniß der Chirurgie besaß, befühlte die Glieder des Gefangenen und entgegnete dann: „Ich schwöre es Euch, daß Euer Vater in einigen Tagen wird gehen können.“

„Nun wohl,“ fuhr Dolores fort, indem sie ihren Gedanken verbarg, weil sie fürchtete, Joseph werde sie an der Ausführung desselben verhindern, „so werde ich die Rückkehr Johann's von Avila erwarten.“

„Don Manuel,“ sagte der junge Mönch, indem er sich an den Gouverneur weudete, „beeilt Euch nicht, Eure Genesung blicken zu lassen; verzögert so viel als möglich ein zweites Verhör; gewährt Euren Freunden die Zeit, zu handeln. — Gott wird Mitleid mit uns haben,“ fuhr er mit finsterer Exaltation fort, „und der Tag der Rache ist nicht fern!“

„Ich kann jetzt Alles erdulden,“ erwiderte der Gouverneur; „meine Tochter ist frei und Ihr verrathet uns nicht,“ fügte er hinzu, indem er mit einem unbeschreiblichen Blicke auf Joseph sah.

Manuel Argoso fürchtete diesen jungen Mann, der das Gewand der Inquisition trug.

„Ich verdanke ihm die Freiheit,“ sagte rasch Dolores, welche die Besorgniß ihres Vaters erkannte. „Er ist es, der mich vor Schmach und Tod bewahrte. Baue auf ihn! — Und Ihr, Don Joseph,“ fügte sie dann hinzu, „verzeiht mir meine Ungerechtigkeit und meinen Widerstand. Ach mein Gott, ich leide ja so sehr!“

„Auch ich habe gelitten,“ erwiderte bitter der junge Dominicaner; „deshalb nahm ich Theil an Euch und verzeihe Euch.“

In diesem Augenblicke ertönten Schritte auf der engen Treppe, die zu den Kerkern führte.

Joseph verbarg schnell die Blendlaterne unter seiner Kaputze, sah die Tochter des Gouverneurs an und sagte: „Kein Wort; wartet!“

Ein bitteres Gefühl des Zweifels durchzuckte das Herz Manuel Argoso's. Ungeachtet des Vertrauens seiner Tochter fürchtete er einen Verrath; indeß ließ er davon nichts merken. Das Geräusch währte noch einige Minuten fort. Die, welche die Treppe herabkamen, gingen an der Thüre des Kerkers vorüber, in welchem der Gouverneur eingeschlossen war. Dann entfernten sie sich eiuige Schritte, die Thüre eines benachbarten Kerkers öffnete sich, schloß sich wieder, Leute gingen die Treppe hinauf und man hörte nichts als krampfhaftes Schluchzen, welches selbst die dicken Mauern nicht ganz aufzufangen vermochten.

Die Sbirren des heiligen Officiums hatten eine nächtliche Sendung vollbracht.

„Wieder ein Opfer!“ sagte Joseph bitter.

„Ein Weib!“ fügte Dolores bebend hinzu, „ich habe es an der Stimme erkannt.“

„Geh! Geh! rief der Gouverneur. „Die Luft dieses Kerkers ist ansteckend. Kehre zur Freiheit zurück, meine Dolores; wir sehen uns wieder. Geh!“

„Ja, wir sehen uns wieder, mein Vater, denn ich kehre zurück,“ sagte das junge Mädchen, indem es Joseph mit dem Blicke befragte.

„Nicht hier,“ sagte lebhaft der Gouverneur, „nicht hier, ich verbiete es Dir; thue Alles, was Du vermagst, zu meiner Befreiung, aber um des Himmels willen kehre nicht hierher zurück.“

„Kommt, kommt,“ sagte Joseph, „er hat Recht. In den Kerkern des heiligen Officiums ist man nie sicher.“

„Noch nicht!“ Ach noch nicht!“ sagte Dolores, indem sie sich an ihren Vater klammerte, den sie nicht zu verlassen vermochte.

„Es muß sein,“ fuhr der junge Mönch fort, indem er beinahe Gewalt anwendete, um sie mit fortzuziehen. „Lebet wohl, Don Manuel, und hoffet. Ihr habt Freunde und sie werden Euch retten.“

In diesem Augenblicke öffnete der Schließer die Thüre des Kerkers und sagte zu Joseph:

„Reverenz, ich beschwöre Euch, führet das junge Mädchen fort; sie ist hier nicht mehr in Sicherheit und ich wage mein Leben. Ich beschwöre Euch, führt sie fort.“

„Gehen wir!“ sagte Dolores entschlossen. „Ich will kein Menschenleben in Gefahr bringen!

„Lebe wohl, mein Vater!“ fügte sie dann hinzu. „Wir dürfen unser Unglück auf keinen andern wälzen. Lebe wohl und hege Vertrauen.“

Und sie umarmte ihn zum letzten Male.

Dolores und Joseph gingen; die Thür des Kerkers schloß sich hinter ihnen.

XXV.

Ein großes Fest in Sevilla.

Es war ein großer Festtag für Sevilla.

Von den Balcons hingen helle Seidengewebe oder schöne Teppiche von Granada herab. Man hatte das Volk freigebig bewirthet; seit Sonnenaufgang floß der Wein von Pajareta in Strömen aus dem Brunnen der Esplanade.

Die Gitanos, die Bettler und die Mönche sammelten reichlich ein, denn in Spanien war an Festtagen das gute Volk, wie man im gewöhnlichen Leben zu sagen pflegte, eine melkende Kuh für die Mönche und die Gitanos. Beide wußten auf ihre Weise die Leichtgläubigkeit oder Gutmüthigkeit desselben auszubeuten: die Mönche, indem sie Reliquien zu küssen gaben und die Gitanos, indem sie wahrsagten und den jungen Mädchen Talismans gaben und all' diese wichtigen Dinge blieben nie ohne Belohnung.

Zu diesem außergewöhnlichen Festtage hatte die schöne andalusische Stadt für einen Tag die Trauer abgelegt, in die sie für gewöhnlich gehüllt war. Ohne Zweifel bluteten viele Herzen, und tiefer Kummer oder bittere Gefühle lebten in der Seele der Andalusier; aber diese sorglosen Kinder des schönsten Landes der Erde waren ihre Trauer vergessend, in thörichter Lust zu ihrem theuren Canna, ihrem wollüstigen

Fandango zurückgekehrt. Die Inquisition, die Todten, die Sbirren, das Schrecken, Alles war vergessen. Die Sevillaner waren wieder Poeten, Musiker und Liebende geworden; sie sangen und tanzten und lebten nur für den Augenblick und merkwürdig genug, dieses Fest, der Gegenstand einer so wilden Freude, war ein Fest zu Ehren der Inquisition.

Die edle Stadt Sevilla feierte die Ankunft des Herzogs von Medina-Cöli, des Großfahnenträgers des Glaubens,[1] der in ihre Mauern gekommen war, um seinen Platz bei dem königlichen Autodafé einzunehmen, welches stattfinden sollte, um einen jener zahllosen kleinen Triumphe, Carl V. zu feiern, Triumphe, denen oft Niederlagen folgten, seitdem der schmalkaldische Bund[2] Europa so lange in Erwartung erhielt, wer Sieger sein würde: Rom oder Luther?

Die Nacht war schön und sternenhell wie immer. Die frische würzige Luft, die Aufregung durch den Tanz und durch den Wein des Brunnens hatten die Exaltation des Volkes von Sevilla gesteigert. Nie war die Jacara so munter getanzt, nie die Cannia mit wollüstigeren Klängen gesungen worden. Freilich ist es wahr, daß der Herzog von Medina-Cöli, welcher das Fest bezahlte, sich als großer und freigebiger Herr gezeigt hatte. Reichlich lieferte er den Hidalgos, den Maresken und den Müßiggängern der Stadt das Getränk.

Aber während das Volk sich auf der Straße ergötzte, mußten die großen Herren und die Granden Spaniens auch ihren Theil an diesem Nationalfeste haben.

Die edlen Hidalgos Sevilla's, welche wohlgesinnt waren, d. h. die Diener der Inquisition, ergötzten sich daher

[1] Das Haus Medina-Cöli, eines der berühmtesten Spaniens, genoß noch 1820 des hohen Privilegiums, die Fahne des Glaubens aufzubewahren und sie bei den großen Festen der Autodafés und anderen Feierlichkeiten der Inquisition zu tragen.

[2] 1530, am 28. December versammelten die deutschen Fürsten, welche die Lehren Luthers angenommen hatten, da sie erfuhren, daß die katholischen Fürsten des Kaiserreiches sich verbündeten, um die bestehende Religion zu vertheidigen und an deren Spitze sich der Kaiser selbst befand; sich in aller Eile in Schmalkalden und schlossen dort ein Offensiv- und Defensiv-Bündniß gegen jeden Angriff. Nach den Bestimmungen dieser Ligue sollten alle protestantischen Staaten des Kaiserreiches nur ein Ganzes bilden. (W. Meiner, Geschichte der Reformation, Cap. 4.)

ihrerseits in den glänzenden Sälen des Grafen und Herzogs von Mondejar, Neffen und Schwiegersohnes des mächtigen und allervortrefflichsten Herzogs von Medina-Cöli.

Nach einem üppigen Bankett, welches bei dem Grafen von Mondejar stattgefunden hatte, sprachen die in einem der prachtvollen Säle versammelten Gäste, auf seidenen Divans ruhend, mit einander, indem sie köstliche Cigaritos rauchten, ein Luxus, der damals nur erst den Königen und den allergrößten Herrschaften gestattet war.[1]

Zahlreiche Kronleuchter von Bergkristall hingen von der Decke herab und verbreiteten in dem Saale eine blendende Helle, die sich in den seidenen Gewändern der edlen Herren wiederspiegelte.

Es war keine Dame zu dieser Gesellschaft zugelassen worden, welche man mit dem Namen eines katholischen und inquisitorischen Clubs hätte bezeichnen können, dessen Präsident der Graf von Mandejar war, ausgenommen indeß die seltenen Augenblicke, in welchen sein illustrissime Schwigervater diese heilige Versammlung mit seiner Gegenwart beehrte.

„Wißt Ihr wohl, Don Rodriguez, daß das wieder ein Triumph ist, den der Katholicismus über die Protestanten Deutschlands davon getragen hat, und den wir der bewundrungswürdigen Politik unseres vielgeliebten Herrschers Don Carlos V. verdanken?“

Diese Worte, welche mit der ganzen castilianischen Prahlerei von einem jungen Manne ausgesprochen wurden, welcher ein Günstling des Herzogs von Mondejar war, und den man bereits als dessen Schwiegersohn bezeichnete, wurden an einen Greis gerichtet, dessen unsaubere Kleidung auf eine eigenthümliche Weise mit der gesuchten Eleganz der vornehmen Herren abstach, welche die Gesellschaft bildeten.

Ungeachtet des ärmlichen und unsauberen Aussehens seiner Kleidung aber zeigte dieser Mann ein sehr gewandtes Benehmen, und diese äußere Unordnng schien weit mehr die Wirkung der Nachlässigkeit oder eines stolzen Cynismus zu sein, als die der Armuth. Sein derbes hochmüthiges Gesicht verrieth Genie, während die horizontalen Linien,

[1] Der erste in Spanien eingeführte Tabak wurde von Tabasco durch Ferdinand Cortez im Jahre 1519 an Carl V. gesendet.

die seine hohe Stirn durchfurchten, sowie ein beständiges Runzeln der Augenbrauen die Gewohnheit des Nachdenkens und der Herrschaft über ungestüme Leidenschaften bezeichneten. Dieses Gesicht mußte dieselben Umwandlungen erfahren haben, wie das des Socrates. Indem die Seele sich umgestaltete, hatte sie es derselben Metamorphose unterworfen, und wenn der glühende und ein wenig schiefe Blick dieses Menschen bewies, daß er die Beute eines beständigen Enthusiasmus sei, so verriethen die festen Umrisse seiner Züge, die feine Ironie seiner Lippen und die Strenge seiner Stirn, daß seine klaren und sicheren Gedanken nichts von der Unwandelbarkeit hatten, welche die Wahnsinnigen characterisirt, sondern daß im Gegentheil bei ihm die geistigen Fähigkeiten richtig und vollständig entwickelt waren. Der auf solche Weise angeredete ältere Mann wendete sich zu dem jüngeren und sah ihn an, ohne zu antworten.

„Wir werden jetzt einen ganzen Monat öffentlicher Feste und Lustbarkeiten haben," fuhr der junge Herr fort, ungerechnet noch das königliche Autodafé, welches gewiß eine große Wirkung hervorbringen wird, wenn das Programm sein Versprechen erfüllt."

„O beruhigt Euch, es wird daran nichts mangeln," erwiderte der Greis mit einem Tone, den der Andere für eine Billigung seiner Worte nahm, der aber voll Bitterkeit und Hohn war.

„Nein, in der That, nichts," fuhr der junge Mann fort, welcher sich Don Carlos nannte, „denn man versichert, daß der Groß-Inquisitor zu dieser Feierlichkeit Don Manuel Argoso aufbewahrt hat, den ehemaligen Gouvererneur von Sevilla."

„Einen echten Christen," sagte ernst der Greis.

„Hm!" entgegnete Don Carlos, „er war der vertraute Freund des Don Estevan von Vargas und dieser hat sich stets das Ansehen der Philosophie gegeben. Er riecht auf eine Stunde weit nach dem Scheiterhaufen, das müßt Ihr zugeben, Don Rodriguez von Valero."

„Don Estevan ist ein edles Herz," erwiderte Don Rodriguez, „aber er hat Feinde — er wollte nie in der Miliz Christi dienen. Und Ihr, Don Carlos," fuhr er mit spöttischem Tone fort, „Euch ist es endlich gelungen, den Santo zu erhalten?"

„Noch nicht,“ erwiderte traurig der zukünftige Schwiegersohn des Herzogs von Mondejar. „Aber ich hoffe, diesen Abend Seiner Excellenz dem Herrn Großfahnenträger davon ein Wort in das Ohr zu flüstern.“

„Die Gelegenheit ist wahrlich schön; ich rathe Euch, sie nicht entschlüpfen zu lassen.“

„Wie Don Carlos! Ihr wolltet Familiar werden?“ rief ein junger aragonischer Herr, der zum ersten Male in diese ausgezeichnete Versammlung gezogen war.

„Ohne Zweifel, Don Ximenes. Dürfte ich sonst wagen, Anspruch auf die Hand der Donna Isabella, der Tochter des Herzogs von Mondejar, zu machen?“

„Eine traurige Rolle für einen castilianischen Ritter,“ sagte der Arragonese, indem er den Kopf schüttelte.

„Eine schöne Rolle im Gegentheil!“ bemerkte Valero mit schneidender Simme; „eine schöne Rolle, Don Ximenes! Familiar der Inquisition zu sein — das heißt auf dem Glücksrad reiten. Unter der Kleidung die Insignien dieses Ordens tragen, heißt den Geleitsbrief zu dem höchsten Posten des Königreichs bei sich führen. Mit dem gelangt man zu Allem! Sagt mir, welche Häuser in Spanien vereinigen mehr Aemter, Reichthümer und Ehren, als die Häuser von Medina-Cöli und von Mondejar! Glaubt Ihr, daß, wenn Don Manuel Argoso und Don Estevan von Vargas dem heiligen Officium angehört hätten, der Eine heute auf dem Puncte wäre, lebendig verbrannt zu werden und der Andere in der Irre herumschweifte? — Wenn der Beichtvater der Gräfin Dolores sich Pedro Arbuez genannt hätte oder ganz einfach Don Joseph, würde dann diese reizende Ketzerin zu dieser Stunde arm sein, wie eine Gitana, ohne auch nur einen Stein zu ihrem Kopfkissen zu haben?“

„Still!“ ermahnte Don Ximenes; „Ihr stürzt Euch in das Verderben, Don Valero.“

„Seid ganz ruhig; sie halten mich für einen Wahnsinnigen.“

In der That schenkten die andern Herren der Versammlung, die mit sehr wichtigen Unbedeutendheiten beschäftigt waren, den Aeußerungen des Don Rodriguez von Valero keine Aufmerksamkeit, denn sie kümmerten sich nicht um ihn, weil sie seine tiefe Weisheit nicht begriffen.

„Glaubt mir, Herr," fuhr der Greis fort, „gegenwärtig gibt es in Spanien nur eine Art der Ehre: Dem Herrn anzugehören — und Ihr wißt wohl, der Herr, das ist die Inquisition.

„Ehedem," fuhr er fort, indem er sich allmälig ereiferte, „ehedem mußte man, um den Namen eines tapferen Ritters zu verdienen, eine Lanze brechen und ein wildes Pferd zügeln können. Man galt als ein treuer guter Diener des Königs, wenn man die Mauren auf dem Schlachtfelde bekämpft hatte. Damals gab es noch Ruhm! — Jetzt, Ihr Herren, gibt es keine Mauren mehr zu bekämpfen, sondern nur noch zu denunciren! Es gibt keine edle und schöne Königin mehr, es gibt jetzt nur noch Mönche, welche den mit schmutziger Hand segnen, der einen treuen Diener des Königs in das Verderben gestürzt hat. — Ehedem bildeten nach der Schlacht die Geschwader einen Kreis und ein Waffenherold verkündete dreimal die Namen derer, die tapfer gekämpft hatten, und sechs Mal die Namen derer, die mit den Waffen in der Hand gefallen waren. Jetzt wird der Name der Diener des heiligen Officiums von keinem Menschen genannt; die Diener des heiligen Officiums haben nicht einmal das Recht, ihre Nichtswürdigkeit öffentlich zu verkünden."

„Don Rodriguez," rief der junge Aragonese, entsetzt über die Worte, welche er vernahm, „bei meiner Seele, ich möchte jetzt für Euren Kopf nicht einen Maravedi geben."

„Don Rodriguez von Valero besitzt eine übermäßige Kühnheit und ein unverschämtes Glück," fügte Don Carlos hinzu! „man läßt ihn alles sagen was er will."

„Das ist ärgerlich, nicht wahr, Don Carlos?" erwiderte der Greis mit noch größerer Bitterkeit; „denn wenn ich nicht Don Rodriguez von Valero hieße und Ihr überbrächtet Peter Arbuez nur den vierten Theil von dem, was Ihr gehört habt, so dürftet Ihr versichert sein, die Hand der Donna Isabella zu erlangen, und Ihr würdet ohne alles Weitere in die Horde von Dämonen eingeschrieben, die man die Soldaten Christi nennt.[1] Unglücklicherweise lohne ich

[1] Das sicherste Mittel, um die Ehre zu erlangen, zu den Familiaren des heiligen Officiums gezählt zu werden, war, irgend eine hervorstechende Persönlichkeit zu denunciren, denn die Armen, welche nichts zu verlieren hatten, durften auch von der Inquisition nichts fürchten. Diese Thatsache, welche durch alle Werke, die über die Inquisition

nicht einmal die Mühe einer Anklage, und Ihr würdet dabei Eure Zeit verlieren."

Nach diesen Worten verließ der Greis rasch die Gesellschaft. Don Carlos erröthete bis zur Stirn und blieb mit niedergeschlagenen Augen stehen.

In diesem Augenblicke trat der Groß-Inquisitor in den Saal, begleitet von dem Herzog von Medina-Cöli. Dieser war ein kleiner hektischer Greis von kränklich-gelbem Aussehen. Sein etwas falscher Blick verrieth die ascetischen Sitten; sein Schritt war ungleich, und seine Stimme rauh und zu stark für ein so gebrechliches Wesen. Das brachte eine ziemlich komische Wirkung hervor, denn wenn er sprach, glaubte man die Stimme eines Bauchredners zu hören, so sehr stand dieses übermäßig entwickelte Organ im Widerspruche zu dem Aeußeren des Herzogs.

Der große Herr und der Priester grüßten die Versammlung. Dann wendete sich der Herzog an Don Carlos und sagte: „Junger Mann, mein Schwiegersohn hat mir von einem Wunsch gesagt, den Ihr gegen ihn ausgesprochen habt. Ich äußerte davon ein Wort gegen Seine Eminenz und ich hoffe, man wird Euch diese Gunst nicht verweigern."

„Sennor Don Carlos," fügte Peter Arbuez hinzu, „ich sehe mit Vergnügen Euren Eifer für den Dienst Gottes."

„Nicht so schüchtern," fügte der Herzog hinzu, Seine Eminenz kennen Euer Verdienst und wissen, wie rein Euer Blut ist."[1]

geschrieben wurden, bestätigt wird, beweist, daß es nicht der Ruhm Gottes, noch der Triumph des Glaubens war, auf den die Inquisitoren hielten, sondern daß diese nach nichts Anderem trachteten, als sich durch die Beraubung ihrer Opfer zu bereichern, und Macht zu erwerben, indem sie Reichthümer anhäuften.

[1] Durch eine ziemlich richtige Berechnung hielt die Inquisition darauf, zu ihren Familiaren Männer von edlem Blut und alte Christen zu gewinnen; durch dieses Mittel sicherte sie sich die Ehrfurcht des Volkes, welches in jenen Zeiten geneigt genug war, das für edel und groß zu halten, was die edlen Herren thaten und nicht zu begreifen, daß ein Edelmann eine niedrige oder nichtswürdige Handlung begehen könnte. Um zu der Ehre zugelassen zu werden, zu der Miliz Christi zu gehören, mußte man wenigstens die Reinheit des Blutes beweisen, d. h. darthun, daß man weder von einem Juden, noch von einem Mauren, noch von Eltern abstammte, welche durch die allerhöchste Inquisition verurtheilt oder bestraft worden waren, (Heiliges Reg-

Don Carlos antwortete nicht. Der junge Mann, der zwei Tage zuvor Alles in der Welt dafür gegeben haben würde, um Familiar des heiligen Officiums zu werden, ein Titel, den der Herzog von Mondejar von ihm verlangte, um ihm die Hand seiner Tochter zu gewähren, schämte sich in diesem Augenblicke, ein solches Verlangen ausgesprochen zu haben. Der Herzog von Medina-Cöli mißverstand sein Zögern und wendete sich zu dem Groß-Inquisitor mit den Worten: „Gnädigster Herr, dieser junge Ritter wird ein eifriger Vertheidiger unserer heiligen Religion sein."

Peter Arbuez reichte seine Hand dem Don Carlos zum Kuße und sagte mit süßlichem Tone: „Morgen nach der großen Messe findet Euch in der Kathedrale ein, um den Santo aus meiner eigenen Hand zu empfangen."

Don Carlos verneigte sich, ohne zu antworten.

In diesem Augenblicke hob ein Thürhüter den rothsammtenen Thürvorhang auf und meldete mit lauter Stimme: „Donna Dolores Argoso y Cevallos."

Der Inquisitor erbebte und ein offenes Cabinet erblickend, welches an den Saal stieß, zog er den Herzog von Medina-Cöli hinein.

In eben diesem Augenblicke trat Dolores in den Saal. Bei dem Anblicke so vieler Menschen blieb das junge Mädchen verwirrt stehen und suchte mit dem Blicke nach dem Herrn des Hauses. Der Herzog von Mondejar war bei der Nennung ihres Namens aufgestanden, als er aber den Inquisitor mit dem Herzoge von Medina-Cöli verschwinden sah, fürchtete er so sehr, Peter Arbuez zu beleidigen, daß er kaum die Kraft fühlte, einen Schritt gegen die Tochter seines ehemaligen Freundes zu thun. Er blieb wie angenagelt auf seinem Platze stehen und stammelte aus Gewohnheit einige Höflichkeitsäußerungen.

Dolores trat mit edlem, rührendem Wesen auf ihn zu. Ein Gemurmel der Bewunderung durchlief die Versammlung, ungeachtet des Schreckens, den man vor einer Ketzerin empfand; so groß war der Zauber,

lement über die wesentlichen Bedingungen, um an der Miliz Christi Theil nehmen zu können.) Eben dieses Reglement entband auch die Frauen, welche der Inquisition dienen wollten, die Reinheit des Blutes darzuthun, „in Betracht der großen Dienste, die sie der Sache Gottes leisten konnten."

den diese Schönheit, vereint mit der Größe der Seele, einflößte.

„Herr Herzog," sagte Dolores, indem sie den Herzog von Mondejar bei ihrer Annäherung erbleichen und zittern sah, „ist denn das Erscheinen einer Flüchtigen bei Euch so verhängnißvoll, daß es in Traurigkeit die Freude verwandelt, welche diese edle Versammlung belebte?

Der Herzog deutete, ohne zu antworten, auf einen Sessel, eines jener geschnitzten, so reichen und so harten Tabourets, jener bereits veralteten Möbel, welche dem Mittelalter angehören, allein in alten Familien noch als eine Tradition aufbewahrt werden. Nachdem die Tochter des Gouverneurs darauf Platz genommen hatte, vergingen einige Augenblicke, ohne daß sie sprach. Auch der Herzog bewahrte das Schweigen, ein gezwungenes und verlegenes Schweigen.

Ungeachtet ihres Muthes fühlte Dolores sich von der Schüchternheit eines jungen Mädchens ergriffen, und wenn sie auch nicht entmuthigt war, so fühlte sie doch eine drückende Verlegenheit. Ihre Stirn überzog sich mit brennender Röthe, sie hörte ihr Herz mit verdoppelten Schlägen in ihrer Brust klopfen und ihre bebenden Lippen versagten ihr die Sprache.

Die Zeugen dieses Auftrittes warteten in steigender Angst.

Als der Herzog von Mondejar Dolores in diesem Zustande erblickte, fühlte er sich von Mitleid für das junge schöne Geschöpf ergriffen, das unlängst noch so glänzend und jetzt so arm, so verlassen war, und das in dem bescheidenen Anzuge einer Tochter des Volkes vor ihm erschien. Aber der Groß-Inquisitor und der Herzog von Medina-Cöli konnten aus dem Cabinet, in welches sie sich zurückgezogen hatten, Alles sehen und hören, was hier vorging. Das Vermögen, das Leben eines jeden Spaniers hing gänzlich von der Inquisition ab, und der Herzog von Mondejar empfand jenen tiefen Schrecken, der wie man gestehen muß, den von Natur so edlen, so ritterlichen, so treuen Nationalcharacter entartete.

Dolores prüfte während einiger Augenblicke das Gesicht des Herzogs; sie täuschte sich nicht über die eisige Kälte, über die ehernen Züge, welche kein Gefühl der Seele durchblicken lassen wollten.

„Mein Vater ist verloren!“ dachte sie.

Entschlossen jedoch, Alles zu wagen, fand sie durch eine gewaltige Anstrengung ihre gewöhnliche Kraft wieder, und sich mit verführerischer Bescheidenheit und edlem Anstande von ihrem Sitze erhebend, sagte sie zu dem Herzoge von Mondejar:

„Gnädigster Herr, ich sehe, wie peinlich Euch meine Gegenwart ist und ich kann Euch deshalb nicht zürnen, denn ich weiß, wie gefährlich sie Euch sein kann. Das Unglück ist so ansteckend! — Aber man soll nicht von mir sagen dürfen, daß ich vor der Erfüllung einer Pflicht zurückgewichen bin. Mein Vater schmachtet in den Kerkern der Inquisition. Er ist ohne Zweifel verleumdet worden,“ fügte sie erröthend hinzu, denn sie wollte den wahren Grund seines Falles nicht enthüllen, „und er wird wie ein Strafbarer verurtheilt werden, wenn seine Freunde ihm nicht zu Hilfe kommen. Ihr habt ihn geliebt, gnädigster Herr,“ fuhr sie nach einer kurzen Pause fort, „und besser als irgend ein Anderer kennt Ihr die Reinheit seines Glaubens; seid Ihr sein Zeuge in dieser unglückseligen Sache. Das Zeugniß eines der reinsten Christen Spaniens vernichte die Verleumdung und den Betrug. Gebet einen Vater seiner Tochter zurück — ach, gnädigster Herr, gebt mir meinen Vater wieder und ich werde Euch segnen!“

„Wenn ich es auch wollte, so würde Ein Zeuge nicht genügen,“ erwiderte der Herzog von Mondejar, der sehr verlegen wegen des Eindruckes war, den diese Antwort auf die Gäste in dem Cabinete machen konnte.

Dolores wendete sich jetzt mit einer Bewegung voll Milde und Anmuth gegen die Versammlung und rief mit flehender, thränenzitternder Stimme: „Ihr Herren, Ihr habt Alle meinen Vater wohl gekannt!“

Das Schweigen des Todes war die einzige Antwort auf diese Aufforderung. Dolores faltete ihre Hände krampfhaft zusammen und erhob einen verzweiflungsvollen Blick zum Himmel.

In diesem Augenblicke trat Rodriguez von Valero wieder in den Saal; er hatte Alles angehört was vorgegangen war. Mit stolzem, ernstem Wesen trat er auf das junge Mädchen zu, grüßte es mit großer Artigkeit und sagte; „Sennora, ich werde der Zeuge Eures Vaters sein!“

„Ach ich danke Euch," entgegnete sie; indem sie die Hände faltete.

In diesem Augenblicke ertönte ein schneidendes, eisiges klangvolles Lachen, welches dem Tone einer Todtenglocke glich, aus dem Cabinete, in welches der Groß-Inquisitor sich geflüchtet hatte. Dann zog er den Thürvorhang zurück und zeigte sich der Versammlung, welche vor Entsetzen bleich und stumm war.

„Rodriguez von Valero," sagte Peter Arbuez, indem er sein entsetzliches Gelächter fortsetzte, „Rodriguez von Valero, das Zeugniß eines Verrückten wird nicht angenommen."

Bei dem Anblicke des Groß-Inquisitors stieß Dolores einen lauten Schrei aus und wurde ohnmächtig.

Der Herzog von Mondejar, der bleich und vernichtet war, wußte nicht mehr, was er thun sollte.

Peter Arbuez sah ihn auf eine eigenthümliche Weise an. Der Herzog schien sich zu beruhigen; er klingelte; zwei Diener eilten herbei.

„Man bringe dieses junge Mädchen in meiner Sänfte nach Hause," sagte der Herzog von Mondejar mit lauter Stimme.

Die Diener gehorchten; sie trugen auf ihren Armen die Tochter des Gouverneurs hinweg, die noch immer des Bewußtseins beraubt war. Der Herzog verlies den Saal durch eine andere Thür. Nach Verlauf einiger Minuten kehrte er mit freudestrahlendem Gesichte zurück. „Herzog von Mondejar," hatte der Groß-Inquisitor ihm mit leiser Stimme zugeflüstert, „wenn Gott den Herzog von Medina-Cöli zu sich beruft, werdet Ihr ihm in dem Amte als Großfahnenträger folgen."

„Gnädigster Herr," sagte Valero zu Peter Arbuez tretend, „Gott beschütze mich davor, in das Paradies zu kommen, wenn Eure Eminenz auch dort die Würde als Groß-Inquisitor bekleiden."

XXVI.

Die Gnadenkammer.

Das Gefängniß des heiligen Officiums von Sevilla lag in der Straße, welche jetzt Constitutionsstraße heißt, und damals Inquisitionsstraße genannt wurde.

In allen großen Städten Spaniens gab es eine Straße dieses Namens und ein Gebäude, welches Inquisitionspalast hieß.

In Sevilla war der Palast der Inquisition ein viereckiges Bauwerk, an den Ecken mit vier Thürmen aus rothen Backsteinen aufgeführt und mit glänzenden Ziegeln gedeckt. An der äußeren Front sah man eine große Menge regelmäßiger Fenster. Diese Fenster hatten auf der Außenseite keine Laden, aber jedes derselben war durch eine Mauer verdeckt, ungefähr nach Art der Bretterverschlüße, welche man noch jetzt vor die Fenster der Gefängnisse und Irrenhäuser legt, so daß das Auge der Bewohner der benachbarten Häuser nicht in das Innere des Palastes dringen konnte und daß die, welche den Palast bewohnten, ebenso wenig nach Außen irgend etwas Anders sehen konnten, als ein kleines Stückchen von dem Himmel, der ein schwaches Licht in die Gemächer fallen ließ.

In dem Palaste der Inquisition befanden sich der Saal des Tribunals, die Kanzleien, die Marterkammern, die Kammern der Barmherzigkeit, die Bußkammern und die Kerker. Diese letzteren waren verschiedenartige Gefängnisse, in welche man die Angeklagten je nach dem unterbrachte, was man von ihnen hoffte, oder welches Loos man ihnen bestimmte.

Ein sehr reicher Angeklagter kam zunächst in eine Kammer der Barmherzigkeit. Die Inquisition, eine schmeichelnde Viper, bekehrte ihn so weit, daß er, wenn er sich aller weltlichen Güter entäußerte und dem heiligen Officium freiwillig sein ganzes Vermögen übergab, nach einigen Monaten der Einsperrung, arm wie Hiob, aber reich durch alle Gaben der Gnade, freigelassen wurde und geradeswegs zum Himmel gehen konnte.

Zu anderen Zeiten vertraute man Bußkammern, die wir später beschreiben wollen, die Sorge einer widerspenstigen Bekehrung an. In den äußersten Fällen griff man zu den Kerkern, der Tortur, dem Tode.

Die Bußkammern lagen unter den Dächern in den Thürmen; die Kammern der Barmherzigkeit nahmen mit dem Saale des Tribunals den ganzen ersten Stock ein, im Erdgeschosse befanden sich die Kanzleien und die Wohnungen für die niederen Beamten des Tribunals. Die Kerker und die Marterkammern lagen unter der Erde, wie der Leser bereits gesehen hat.

Es war ungefähr zwei Uhr Morgens. Die Illumination, die zu dem Feste des vergangenen Tages stattgefunden hatte, erlosch allmälig. Auf die Tänze und die Gesänge der Freude war ein tiefes Schweigen gefolgt. Die Straßen zeigten sich vollkommen verödet und die einzelnen Lichter, die man noch hier und dort in dem Innern der Häuser brennen sah, bewiesen allein, daß die Stadt, die länger als gewöhnlich wach war, noch nicht ganz in dem Schlafe lag. Eine geschlossene Sänfte verließ den Palast des Herzogs von Mondejar, ging die nicht sehr fern liegende Inquisitionsstraße entlang und blieb hier vor dem Palaste der Inquisition stehen. Ein Lakei, welcher die Sänfte begleitete, ließ den schweren Hammer der Thür ertönen. Der Thürhüter öffnete. Der Lakai flüsterte ihm mit leiser Stimme einige Worte zu. Die beiden Männer näherten sich dann der Sänfte, nahmen aus derselben ein junges ohnmächtiges Mädchen und trugen es nach dem ersten Stocke hinauf, in eine der Barmherzigkeitskammern. Hier legten sie es auf ein Bett und der Lakai entfernte sich.

Der Thürhüter schloß darauf sorgfältig die Thür des Zimmers und ging die Treppe hinab.

„Teresa," sagte er zu seiner Frau, „gehe hinauf und sieh, was aus der Sennora wird, die mehr todt als lebendig zu sein scheint."

Teresa gehorchte und ging hinauf zu dem jungen Mädchen, das noch kein Zeichen des Lebens gab. Das Weib des Thürhüters, ein einfältiges, beinahe stumpfsinniges Geschöpf, setzte sich schweigend neben die Ohnmächtige und wartete darauf, daß es Gott gefällig sei, sie in das Leben zurückzurufen. Indeß schien die Betäubung, die beinahe drei Stunden gedauert hatte, ihrem Ende zu nahen. Die Gefangene machte eine Bewegung, dehnte die Arme wie Jemand, der aus einem tiefen Schlafe erwacht, öffnete langsam die Augen, stützte sich auf den Ellenbogen, und ließ den Blick verwundert im Zimmer umhergleiten, ohne indeß erkennen zu können, was sie umgab.

Das Bett, auf welchem sie lag, hatte einen großen weißen Vorhang. Ein elfenbeinernes Crucifix hing an einem schwarzen Kreuze an der Wand. Einige einfache, doch bequeme Sessel, ein geschnitztes Betpult, ein Tisch mit gewundenen Füßen und eine Decke bildeten das ganze Möblement. Einige Bücher standen auf einem Bücherbrete von Ebenholz über dem Betpulte, und in einer irdenen Vase auf der Mitte des Tisches dufteten einige frisch gepflückte Blumen. Außerdem befanden sich hier und dort einige jener Spielwerke für große Kinder, wie die Damen jener Zeit sie liebten, und die sie oft den nützlichsten Dingen vorzogen. Alle diese näheren Umstände entgingen dem jungen Mädchen; nur das Ganze fiel ihr auf, weil es ihr so fremd war, denn noch hatten die Gedanken sich nicht wieder geklärt.

„Juana!“ sagte sie mit sanfter, trauriger Stimme.

„Ich heiße nicht Juana,“ erwiderte die alte, welche an ihrem Bette saß; „ich nenne mich Teresa.“

Das junge Mädchen sah jetzt das Weib an, und stieß einen lauten Schreckensschrei aus.

„Wo bin ich denn?“ rief sie plötzlich von Angst ergriffen.

„Im Gefängnisse,“ erwiderte das einfältige Geschöpf.

„Im Gefängnisse! Aber was that ich denn, um im Gefängnisse zu sein?

„Ich weiß es nicht, das geht mich nichts an.“

„O mein Gott,“ sagte das junge Mädchen, indem es mit der Hand über die Stirne fuhr, um ihre Gedanken zu sammeln. „Was ist mir denn heute begegnet, und weshalb bin ich hier? Ach ja, jetzt erinnere ich mich. Ich bin Abends aus dem Hause Juana's gegangen — man tanzte auf den Straßen — alle Welt war so froh, nur ich betrübt, und in Verzweiflung! — Ich hatte meinen Vater sterbend gesehen und konnte nichts für ihn thun! Nichts!“ wiederholte sie mit bitterer Verzweiflung! — „Ich wollte es aber dennoch versuchen und erschien vor seinen Freunden — vor Denen, die er seine Freunde nannte! Ich überraschte sie mitten in der Trunkenheit eines Festes — ich erschien plötzlich unter ihnen in meiner Trauer und Betrübniß — ich betete und weinte — ich forderte mit lautem Geschrei, daß man mir meinen Vater zurückgäbe, doch sie hörten mich nicht und versteckten ihren Verräther; der Groß-Inquisitor belauschte meine Worte. Dann haben sie mich dem Henker überliefert und in dem Hause dieses edlen Herzogs fand ich nicht einmal den Schutz der Gastfreundschaft. — Ja," fuhr sie fort, indem sie sich allmälig an alle näheren Umstände erinnerte, „der Herzog von Mondejar hat mit meinem Leben ein Lächeln des Peter Arbuez bezahlt."

„Wie spät ist es?" fragte sie plötzlich die Frau des Schließers.

„Ich weiß es nicht, Sennora; aber schon seit langer Zeit ist es Nacht. Ich schlief bei Eurer Ankunft, weil ich sehr müde war, denn es ist heute ein Festtag und da haben wir viele Gefangene bekommen."

„Ein Fest in der That!" sagte das junge Mädchen bitter. „Ein denkwürdiges Fest, glorreich durch einen nichtswürdigen Verrath geschlossen. Dolores Argoso war ein würdiges Opfer für den Gott, der bei dieser Feierlichkeit den Vorsitz führte!"

Dolores täuschte sich nicht, denn sie war in der That auf die schmachvollste Weise der Gewalt des Inquisitors überliefert worden. Man erinnere sich des Befehles, den der Herzog von Mondejar seinen Leuten gegeben hatte, sie nach Hause zu bringen. Dieser mit lauter Stimme ertheilte Befehl war nur dazu bestimmt, die Versammlung zu täuschen.

Während der wenigen Augenblicke, während welcher der edle Herzog den Saal verlassen hatte, begriff er auf ein einfaches Zeichen vollkommen den Befehl des Groß-Inquisitors und gab seinen Dienern, Familiaren niederen Ranges, neue Instructionen, worauf die Tochter des Gouverneurs unmittelbar nach dem Inquisitionspalaste gebracht wurde. Statt sie als echter Ritter zu vertheidigen, hatte der Herzog von Mondejar sie dem heiligen Officium ausgeantwortet und gleichwohl war er weder ein feiger Krieger;

noch ein böser Mensch, noch treuloser Freund: er hatte ganz einfach Furcht vor der Inquisition.

Wer kann aber die Gefühle beschreiben, weche die edle Braut Estevan's über einen solchen nichtswürdigen Verrath empfand, dieses edlen und rechtschaffenen jungen Mädchens, welches sich eher dem Märtyrerthume überliefert, als einen Freund verrathen haben würde? Wer könnte den bitteren, tiefen, herzzerreißenden Schmerz schildern? Ihre erste Bewegung war großmüthiger Zorn und stolze Geringschätzung; aber allmälig wich die Aufregung eines gerechten Stolzes dem schmerzlichen Gefühle der Gegenwart und der physischen Schwäche, eine Fähigkeit, welche bei den stolzen und leidenschaftlichen Weibern um so schmerzhafter ist, wenn sie sich bei ihnen mit physischer Schwäche vereinigt, welche sie meistens zur Unthätigkeit verdammt; die Reizbarkeit erlangt dann die Oberhand, und gibt sie ganz dem Gefühle ihrer Leiden hin, und Dolores erkannte ihre neue Lage mit tödtlichem Schrecken.

Die Schließerin schloß halb schlafend ihre einfältigen Augen, ohne sich um die Gefangene weiter zu bekümmern, als hätte sie gar nicht existirt. Dieses stumpfsinnige Wesen hatte nicht den geringsten Begriff von moralischen Schmerzen.

Einige Augenblicke blieb Dolores wie vernichtet unter der fürchterlichen Gewißheit, daß sie nicht frei war. Stumm, den Kopf auf die Brust herabgesunken, vertiefte sie sich in diesen verzweiflungsvollen Gedanken. Dann brach sie plötzlich in unsinnige Verzweiflung aus und ließ herzzerreißendes Geschrei und krampfhaftes Schluchzen ertönen.

Die Schließerin fuhr erschrocken aus dem Schlafe empor, dem sie in die Arme gesunken war und sagte: „Sennora, schreit nicht so laut, Ihr seid gar nicht so unglücklich, denn man hat Euch das hübscheste Zimmer des Inquisitionspalastes angewiesen.“

Bei diesem fürchterlichen Namen fuhr die Tochter des Gouverneurs krampfhaft empor und ihr Schluchzen verstummte. Ihr Entsetzen war so groß geworden, daß sie selbst nicht mehr wagte, zu seufzen oder sich zu beklagen. Die Erinnerung an ihren Vater, den sie den Tag zuvor gesehen hatte, den man gebrochen und getödtet hatte, ohne daß er starb, stieg in ihrem ganzen Entsetzen vor ihr empor.

Vielleicht bestimmte man für sie dieselbe Tortur, und der Tod war dann das Ziel der Leiden Beider.

Unter diesen grausamen Gedanken war ihr nur der eine tröstlich, daß sie als Märtyrerin ihrer kindlichen Liebe sterben würde und fromm sich in ihr Schicksal ergebend, betete sie. Die fromme und großherzige Vergebung dieser wahrhaft christlichen Seele trug jetzt den Sieg über alle Todesschrecken davon. Ihrer irdischen Gedanken entledigt, schwang sie sich höher auf bis zu der erhabenen Hoffnung der Herrschaft des Gottmenschen, des ewigen Trösters Derer, welche da leiden. Gleich Christi hatte sie gesagt, indem sie ihren bitteren Kelch leerte: „Mein Vater, Dein Wille geschehe," und der Tod erschreckte sie nicht mehr; sie ging, ihn als ein Pfand des ewigen Lebens zu empfangen.

Ihr schönes, eben noch so blasses Gesicht röthete sich und wurde plötzlich durch einen himmlischen Strahl erheitert. Eine göttliche Flamme schien aus ihren Augen zu leuchten, und ihre beiden weißen durchsichtigen Hände auf der Brust gekreuzt, gaben ihr das Ansehen einer jener heldenmüthigen Jungfrauen, welche in Rom für den Glauben Christi starben.

„Sennora," sagte plötzlich die Schließerin, „da Ihr nicht todt seid, bedürft Ihr meiner nicht und ich will daher schlafen gehen."

Sie ging.

Dolores hatte sie nicht gehört. Ihr Geist schwebte in höheren Regionen und ihre Lippen bewegten sich krampfhaft unter einem leisen Gebete zu Dem, welcher auf die Erde kam, um zu retten, zu dulden und zu sterben.

XXVII.

El Santo.

Die Glocken der alten Kathedrale von Sevilla ließen laut ihr eintöniges Läuten erschallen, um der Bevölkerung zu verkünden, daß das Hochamt beginnen sollte. Diese Messe, welche der Erzbischof von Sevilla lesen sollte, war eine der zahlreichen Episoden des großen Festes, welches bei Gelegenheit des königlichen Autodafé gegeben werden sollte, von dem sich am Abend zuvor in der Gesellschaft des Grafen von Mondejar der junge Don Carlos von Herrera mit so viel Wohlwollen unterhalten hatte. Es war eine glänzende, religiöse Feierlichkeit, denn nach dem Evangelium sollte der Groß-Inquisitor Peter Arbuez mit eigener Hand den Santo an eine große Menge von Personen überreichen, welche ohne Unterschied des Ranges vor ihm knieten, um in die heilige Miliz Christi eingereiht zu werden.[1]

Wahrlich, eine erhabene Gleichheit! Gemeine Menschen und Edelleute wurden mit demselben Siegel bezeichnet, denselben Pflichten unterworfen, mit denselben Namen genannt: Soldaten Christi. Indem die Inquisition ihre mächtige Hand auf ihre Häupter legte, machte sie Alle einander gleich. Sie bezeichnete mit ihrem Makel ohne Unterschied des Ranges und des Alters, wie der Schäfer in der Hürde sein Vieh bezeichnete.

Die alte mächtige Basilika, deren hohes Schiff durch vier Säulenreihen getragen wurde, glich einem Granitwalde und hatte sich mit ihrem prachtvollsten Schmucke behangen. Tausende von Kerzen brannten von dem Altare bis unter die Decke und ergossen Ströme von Licht durch den heiligen Raum. Die Riesenschatten der Säulen bildeten schwarze Streifen auf den weißen Marmorfliesen des Fußbodens; durch zahllose farbige Fensterscheiben drang das äußere Licht so schwach und gedämpft herein, daß es gänzlich vor dem blendenden Scheine, welcher unter der hohen Geistlichkeit herrschte, verschwand.

[1] Wenn die Inquisition eine Anwerbung von Familiaren vornahm, was beinahe alle Jahre einige Tage vor dem feierlichen Autodafé geschah, so ermahnte der Groß-Inquisitor, in sein großes Staatsgewand gekleidet, und nachdem eine Messe gelesen und eine lange Rede gehalten worden war, die Bewerber dazu, dem heiligen Officium gut zu dienen und empfing von ihnen den abscheulichen Eid, welchen der Verfasser in diesem Capitel erwähnt. Jeder neue Familiar erhielt ein Pergamentblatt, welches die heiligen Worte enthielt, sowie die genaue Beschreibung der Zeichen und Berührungen, mittelst deren er die Agenten des heiligen Officiums erkennen und von ihnen erkannt werden konnte. Diese Zeichen, diese Worte und diese Berührungen bildeten zusammen den Santo oder das Feldgeschrei der Miliz Christi.

Auf dem Chor hinter dem Hochaltare saßen in weiten Sesseln von geschnitztem Eichenholz die Canonici der Kathedrale, die beinahe sämmtlich dem Orden des heiligen Dominik angehörten.

Von der Mitte des Hochaltars sendete eine große Monstranz von massivem Golde ihre blitzenden Strahlen der Edelsteine umher und blendete die Augen, als wollte sie Gott vor profanen Augen schützen.

Gold, Diamanten und Kristall waren überall in solchen Massen vertheilt, wie in einem Mährchen von Tausend und einer Nacht. Die Armleuchter waren von massivem Golde, das Tabernakel von Gold, die Kelche von Gold, die Meßkannen von Gold; die Engel, welche zu beiden Seiten des Hauptaltares sich das Gesicht durch ihre Flügel verschleierten, waren ebenfalls von Gold.

Große Bildsäulen von Silber, welche die verschiedenen Heiligen darstellten, die in Spanien verehrt wurden, schmückten rings umher die Kirche und zahllose Capellen waren zwischen den Vertiefungen der Säulen angebracht. Es waren hier mehr Reichthümer aufgehäuft, als in dem alten Tabernakel der Juden, nur hatte die ganze jüdische Nation blos eine einzige Bundeslade, während Spanien Hunderte von Kirchen oder Capellen besaß, in denen sich unter verschiedenen Formen die Reichthümer der neuen Welt anhäuften.

Es war ein wahrhaft feenhafter Anblick und wohl geeignet, die Einbildungskraft des Volkes zu entflammen, des armen Volkes, welches man mit Weihrauch, Licht und Musik sättigte, um es seine Sclaverei und sein Elend vergessen zu machen. Es eilte daher auch in Masse zu allen Eingängen der Kirche herbei, so oft ein religiöses Fest seiner poetischen Trägheit, seinem unerläßlichen Bedürfnisse nach Aufregung, seiner glühenden und kindischen Neugier, Nahrung bot.

Man sehe nur in den Basiliken die manolas, die auf ihren Hacken kauerten, umhüllt mit ihren weiten schwarzen Mänteln! Man sehe, wie sie sich wiederholt die Brust schlagen, indem sie mit beinahe krampfhafter Bewegung die Perlen des glänzenden Rosenkranzes, der an ihrem Gürtel hing, durch die Finger gleiten ließen! Man sehe nur die kleinen andalusischen Füße, welche unter der kurzen Basquine hervorkommen, die schwachen, braunen, aber so anmuthigen Hände und die schwarzen Augen, glänzend wie Schmelz unter dem durchsichtigen Netze der Spitzen, welches ihr Gesicht bedeckt.

Liegt nicht ein eigenthümlicher und geheimnißvoller Contrast zwischen dieser ungeheuren Kathedrale, funkelnd wie ein Ballsaal, und den demüthig knienden, in Trauer gekleideten Weibern? Diesen Weibern, die von Natur so heiter und so thöricht sind, an diesem Ort aber jetzt büßenden Seelen gleichen, welche beten, daß man sie bis zu jenen strahlenden Wundern gelangen lasse, die über ihren Köpfen funkeln?

Man sehe noch im Hintergrunde der Kirche auf einer ungeheuren Tribüne diese Menschen, welche mit demüthigem, andächtigem Wesen und mit leiser Stimme beten. Sie haben ihre Liebe zum Vergnügen und ihre Tanzlust vor der Pforte gelassen; sie neigen sich mit Gefühlen der Sammlung vor der Majestät des lebenden Gottes, den man mit weltlicher Macht bekleidet hat! Man gewöhnt sie daran, nur die Materie anzubeten: die Gottheit ist für sie nichts, als ein Altar von Marmor und Gold.

Man bewundere endlich noch an dem großen Thore die dichtgedrängte Menge der Bettler und Gitanos, welche sich drängen und stoßen, um einzudringen; diese musikalische und Wohlgerüche duftende Messe ist ihr glänzendstes Schauspiel. Ei, so öffnet doch beide Flügel der Thür! Lasset das in Lumpen gekleidete Volk herein; lasset es mit voller Brust den berauschenden Geruch des Weihrauches einathmen! Lasset es seine Augen an all' der Pracht sättigen! Das ist sein Brot, das Brot des Volkes, welches heute Abend nüchtern, in einem durchlöcherten Mantel auf einem kalten Steine schlafen wird; lasset alle diese Leute eintreten, die kein anderes Dach haben, als das Gewölbe des Himmels! Auch sie müssen ihren Theil haben an den Genüssen und den Gütern dieser Welt und der Tempel Gottes ist der Festsaal der Armen!

Doch still. Jeder hält sich jetzt ruhig an dem Platze, den er zu erlangen vermochte, denn die Stunde der Sammlung und des Gebetes war gekommen, der Priester stand am Fuße des Altares. Es war der erwähnte Erbischof von Sevilla selbst; zwei Diaconen in gestickten Chorröcken standen zu beiden Seiten neben ihm. Rechts von dem Altare, in der Abside, hatte Arbuez, in sein violettes Festgewand gekleidet, seinen Sitz auf dem Throne von Gold und Sammt, der auf zwölf Stufen stand, die mit einem reichen Teppiche belegt waren. Er befand sich so einige Fuß hoch über der Monstranz, und der Stellvertreter Gottes thronte auf diese Weise höher als sein Herr.[1]

Rechts neben dem Throne um zwei Stufen niedriger, stand der Armsessel des Erzbischofs.

Auf der linken Seite hatte Joseph, der Almosenier und Günstling Seiner Eminenz, einen ähnlichen Sessel eingenommen.

Eine große Menge von Priestern und Mönchen, in weißen, goldenen oder gestickten Meßgewändern, erhöhten noch den Glanz dieser Feierlichkeit, und ein weiter Mantel von Goldbrocat und von einem fürchterlichen Gewichte, bedeckte die Schultern des Officianten.

Nicht weit von dem Hochaltare, in vorbehaltenen Stühlen, hatten die vornehmen Damen und Herren die für sie bestimmten Plätze eingenommen. Bald erhob sich ein Gemisch ernster, rauher, dem Ohre mißtönender Stimmen, in einem vollkommen kunstgerechten Gesange zu dem Gewölbe der Kathedrale. Dieser Gesang, dessen Monotonie der Stimme nie gestattet sich zu dem Feuer der Leidenschaft zu erhitzen, dieser Verein methodischer Noten, die mit voller Brust ohne Kunst und ohne Gluth gesungen werden, hatte etwas Ergreifendes und Finsteres, welches die Seele wie ein Leichentuch einhüllte. Es herrschte ein eigenthümlicher Widerspruch zwischen der heiteren Ausschmückung des Altars und der kalten und finstern Har-

[1] Bei allen Feierlichkeiten, bei denen ein Inquisitor sich zugleich mit dem Könige oder Gott befand, hatte er den Vortritt. Bei den großen Autodafés stand der Thron der Inquisitoren stets höher, als der des Königs; in der Kirche erhob sich der inquisitorische Thron zu der Rechten des Hauptaltars und zu viel größerer Höhe. Der Inquisitor Tabera ließ zwei Jahre lang in den Kerkern des heiligen Officiums den Erzpriester der Kathedrale von Malaga schmachten, welcher der Verletzung der Ehrerbietung gegen das heilige Officium angeklagt worden war, weil dieser Geistliche, der zu einem Sterbenden das heilige Viaticum trug, nicht stehen geblieben war, um ihn, den Inquisitor vorüber gehen zu lassen. (Von den Rechten der Inquisitoren gegen die anderen Mitglieder der Geistlichkeit.)

monie. Es fehlten hier die himmlische Melodie der Italiener, die köstlichen und kräftigen Stimmen, welche dem theatralischen Pomp der Ceremonien des römischen Cultus einen so göttlichen Zauber verleihen.

Indeß, das spanische Volk, welches für die gelehrte Musik nicht sehr empfänglich, oder besser zu sagen, nicht daran gewöhnt ist, ergötzte mit Entzücken seine Augen, wenn nicht die Ohren, und die vollständigste Sammlung herrschte in der knienden Menge. Bald folgte dieser eine große Bewegung in der Kirche. Alle Welt stand auf und machte das Zeichen des Kreuzes. Man war bei dem Evangelium der Messe angelangt. Der Erzbischof las es langsam und setzte sich dann neben den Groß-Inquisitor auf den für ihn bestimmten Sessel. Die Diaconen traten an den Fuß des Thrones.

Jetzt entstand eine breite Straße in der Menge, und man sah auf dem freien Raume eine Gruppe von Leuten aller Art näher kommen, die sämmtlich nach der gleichen Ehre strebten; diese Gruppe schritt auf den Thron des Inquisitors zu.

Unten, etwas außerhalb des Schiffes, hätte man jetzt unter dem Volke, das keinen passenden Platz gewonnen hatte, um die Ceremonie des Santo mit aller Bequemlichkeit sehen zu können, die sonderbarsten Aeußerungen hören können.

„Heiligste Jungfrau!“ sagte ein alter Gitano mit weißem Barte, „seht Ihr den ungläubigen Juanito, wie schnell er auf sein Glück zugeht? Die Gesellschaft der Gardunnia hat ihn nicht haben wollen, um aus ihm einen Gaucho zu machen, so einfältig und träge ist er, und nun gelang es ihm doch, in die Miliz Christi eingereiht zu werden.“

„Wirklich Tio?„[1] rief eine junge Castagnettentänzerin, so braun wie eine Olive im November. „Wirklich? Juanito soll den Santo mit all den federgeschmückten, vornehmen Herrn dort bekommen?“

„Weshalb nicht, Conchica?“[2] erwiderte der alte Gitano. „Ist er nicht der Sohn des guten Gottes, ebenso wie alle die schönen Herren, die Gott behüten möge?“

[1] Tio, Onkel. So nennen sich die Leute des niederen Volkes unter einander.

[2] Die Mutter Maria von der Empfängniß.

„Sieh! Sieh!" sagte ein Anderer; da ist ein Ramon Zocato.[1] Wie es scheint, hat er seine Zeit in Melilla[2] überstanden, weil er mit da ist."

„Wo denn?" fragte ein Vierter.

„Dort unten, seht, der junge Mann mit der orangegelben Jacke neben Sr. Excellenz dem Herrn Marquis von La Ronca, der eben auch vortritt, um den Santo zu empfangen."

„Wie viel sind ihrer denn?" fragte die Gitana.

„Zu viele, um sie zu zählen," erwiderte der Greis. „Santa Maria, was für Rekruten!"

„Die sind wie die Soldaten des Papstes," brummte ein altes Weib; „sie marschiren nie bei hellem Sonnenschein."

„Wer ist denn der Papst?" fragte die Zigeunerin.

„Es ist der Haushofmeister des Herrn Groß-Inquisitors," erwiderte das alte Weib, welches von dem Stellvertreter Christi keinen höheren und keinen deutlicheren Begriff hatte.

„Schweigt, Ihr Weiber!" rief ein alter Soldat der flandrischen Feldzüge. Ihr habt eine zu lange Zunge, und wenn man das Feuer berührt, verbrennt man sich."

„Nehmt doch Euren Helm ein wenig ab, Sennor Caballero, damit ich etwas sehen kann," sagte ein junger Bursche von etwa 15 Jahren, der dem Soldaten nicht bis zu der Schulter reichte.

„Du wirst noch immer genug davon sehen, Taugenichts!" erwiderte dieser.

Während dessen waren die Bewerber um den Santo bis zu dem Fuße des Thrones vorgeschritten, und auf der Tribüne des Herzogs von Mondejar fand ein sehr lebhafter Auftritt statt, wenn auch mit leiser Stimme, und obgleich die verschiedenen Theilnehmer desselben die Kunst besaßen, mitten unter einem heftigen Streite ein gleichgültiges Gesicht zu bewahren, so daß Niemand den Sinn der kurzen, schneidenden, schnellen Worte ahnen konnte, die sie mit leiser Stimme wechselten.

[1] Zocato, ein Linkhand.

[2] Melilla ist ein kleiner Hafen in Afrika, welcher den Spaniern gehört; dort ist das Bagno, in welchem die zu mehr als 10 Jahren Strafe Verurtheilten diese abbüßen.

Es waren ihrer vier: der Herzog von Medina-Cöli, der Herzog von Mondejar, die junge Isabella, dessen Tochter, und Don Carlos von Herrera.

Man erinnert sich, daß dieser Letztere durch Peter Arbuez aufgefordert worden war, an eben diesem Tage vor ihm zu erscheinen, um den Santo zu empfangen und in seine Hände den Eid zu leisten. Man erinnert sich ebenfalls, daß Don Carlos, der für die Sache der Inquisition begeistert war, wie jeder junge Mann, der Alles gut findet, was seine Liebe begünstigen kann, dringend um die Ehre nachgesucht hatte, in die heilige Miliz aufgenommen zu werden, daß aber dann diese junge glühende Seele, zu dem Gefühle der wahren Ehre durch den edlen Unwillen des jungen Aragonesers Don Ximenes und die strengen Worte des Don Rodriguez de Valero zurückgeführt, mit einem Gefühle unbeschreiblicher Scham die freundlichen Aeußerungen des Inquisitors und dessen Versprechungen der Protection empfangen hatte. Hingerissen indeß durch glühende Liebe und überzeugt, daß das einzige Mittel, die Geliebte zu erlangen, sein würde, den Wünschen des Herzogs von Mondejar zu entsprechen, war Don Carlos in die Messe gekommen, unfähig, dem Verlangen zu widerstehen, einige Stunden an der Seite Isabella's zuzubringen.

Er befand sich dabei in einem heftigen inneren Kampfe der Leidenschaft, denn während die Liebe ihn fortriß, zog die in seiner Gegenwart gethane Aeußerung: „Eine schmachvolle Rolle für einen Castilianer," ihn mit Gewalt zurück. Dieses Wort hatte in der jungen glühenden und zuweilen unüberlegten Seele einen Abgrund ernster und tiefer Betrachtungen erweckt.

Als Christ sagte man zu ihm: „Du wirst ein Streiter Christi sein, ein Glaubenskämpfer."

Als Ritter fügte seine Ueberlegung hinzu: „Dein ehrenhaftes Schlachtschwert wird der Knecht einer Stola und einer viereckten Mütze werden. Du hast Deine Freiheit verkauft und Dein Gewissen selbst gehört Dir nicht mehr an." In seinem unaussprechlichen Verlangen, der Geliebten zu dienen, sagte er dann wieder bei sich selbst, wie um sich zu ermuthigen: „Die größten Herren Spaniens sind Familiaren des heiligen Officiums geworden." Aber sogleich fragte er sich auch wieder: „Thaten sie daran gut oder übel?“

Don Carlos war weder genug Theolog, noch hinlänglich tiefer Denker, um sich diese schwierige Frage zu beantworten. In seinem Zweifel benachrichtigte nur ein Instinct, der Instinct dessen, was recht und gut ist, ihn allein davon, daß Don Ximenes recht gehabt hätte, seinen ersten Entschluß zu tadeln; denn er konnte sich nicht verhehlen, daß er als Familiar des heiligen Officiums blindlings gehorchen mußte, daß er das willenlose Werkzeug der entsetzlichen Institution wurde, welche man Inquisition nannte, und er wußte sehr gut, daß sie nicht immer das Gerechte befahl.

Noch war der Kampf in seinem Innern nicht beendigt, als der Zug der Bewerber um den Santo vor dem Throne des Inquisitors anlangte. Mit jenem durchbohrenden Blicke, der zum Sprichworte geworden ist,[1] zählte Peter Arbuez mit dem Auge die vor ihm stehenden Männer, und da er Don Carlos nicht unter ihnen erblickte, wendete er langsam den Kopf gegen die Tribüne des Herzogs von Mondejar. In diesem Augenblicke stieß der alte Herzog den jungen Mann mit dem Ellenbogen an und sagte lebhaft: „Nun, Don Carlos zeigt Ihr so Euren Eifer für den Dienst Gottes? Wollt Ihr denn der Letzte sein, der vor dem Herrn Inquisitor erscheint?

„Sennor,“ erwiderte der junge Mann mit zitternder Stimme, „ich weiß wahrlich nicht, ob ich würdig bin —“

„Ei, was für ein sonderbarer Zweifel! Seid Ihr nicht ein Edelmann von reinem Stamme? Hat jemals die geringste Beimischung von Maureskenblut Euer adeliges Wappenschild befleckt?

„Junger Mann,“ fügte der Herzog von Medina-Cöli hinzu, indem er so leise sprach, wie sein schreiendes Organ es möglich machte, „junger Mann, entsprecht Ihr so meiner Güte?“

„Und ich?“ fragte der beredte Blick Isabella's, „werdet Ihr für mich nichts thun?“

Don Carlos erbebte vor Scham, Unentschlossenheit und Zorn. Ungeachtet der Liebe, die sein Herz erfüllte, ver-

[1] Inquisitorblick. Um einen Blick zu bezeichnen, der bis in das Innerste der Seele drang.

wünschte er sich innerlich, daß er der Versuchung nachgegeben hatte, zu dieser Ceremonie zu kommen.

Der Herzog von Medina-Cöli und dessen Schwiegersohn, welche durch diese Unentschlossenheit gereizt wurden, die ihnen in den Augen des Inquisitors schaden konnte, ballten die Fäuste und sagten leise: „Don Carlos, geht augenblicklich und nehmt den Platz ein, der für Euch bestimmt ist, oder wir verleugnen Euch für immer."

„Ach geht, ich bitte Euch," flüsterte leise die Tochter des Grafen von Mondejar mit einem flehenden Blicke. Zugleich stieß der Herzog von Medina-Cöli den jungen Mann bei dem Arme vorwärts.

Außer sich, halb wahnsinnig, verließ Don Carlos wankend die Tribüne, schritt durch die Menge, die sich vor ihm öffnete, und gelangte zu dem Fuße des inquisitorischen Thrones. Peter Arbuez hatte Alles errathen; sein Blick funkelte in der Freude des Triumphes. Mit gesenkten Augen und gerötheter Stirn hielt Don Carlos sich hinter den Uebrigen, der Letzte in dieser Menge, die nach der inquisitorischen Nichtswürdigkeit begierig war.

Joseph erhob sich jetzt in seiner Eigenschaft als Almosenier des Inquisitors von seinem Sessel, empfing aus den Händen eines Diaconus ein Päckchen gedruckter Blätter und ein Kästchen, welches eine große Menge Metallplatten enthielt, auf denen ein umgekehrter Christus, umgeben von einer Sonne, eingegraben war.

Darauf traten die Bewerber, Einer nach dem Andern, vor, erstiegen die Stufen des Thrones, knieten zu den Füßen des Inquisitors Arbuez nieder und empfingen einzeln aus dessen Händen eine jener Platten und ein Exemplar jener Schrift, welche Joseph ihm überreichte, wie es erforderlich war.

Dieses Papier enthielt die nöthigen Instructionen für die Familiare, damit sie bei jeder Gelegenheit nach den Vorschriften oder Absichten der Gewalt handeln konnten, der sie sich gewidmet hatten. Die Metallplatte war ein Erkennungszeichen, mittelst dessen sie sich überall finden und zu einem gemeinsamen Zwecke vereinigen konnten, wie groß auch ihre persönliche Feindschaft gegen einander sein mochte.

Während dieser Vertheilung, die etwa 20 Minuten dauerte, hatte der Inquisitor nicht aufgehört, seine Augen bald auf den jungen Don Carlos zu richten, der sich noch immer hinter den Andern hielt, bald auf die Tribüne des Herzogs von Mondejar, wo dieser in ziemlich verlegener Haltung stand, während der Herzog von Medina=Cöli seine flammenden Blicke auf seine Enkelin richtete, als wollte er sagen: „Das ist der Mann, den Du gewählt hast!“

Don Carlos wagte nicht mehr, die Augen nach der Seite seiner Verlobten zu richten. Als aber Niemand mehr vor ihm stand und endlich die Reihe an ihn kam, den Santo zu empfangen, trat er taumelnd wie ein Betrunkener bis zu den Füßen des Groß=Inquisitors vor, und empfing mit zitternder Hand die Insignien seines neuen Amtes.

„Don Carlos von Herrera,“ sagte der Inquisitor mit leiser Simme, „solltet Ihr Euch irgend einen Vorwurf zu machen haben?“

Don Carlos verneigte sich, ohne zu antworten; er hätte hundert Fuß tief unter der Erde zu sein gewünscht.

Langsam stieg er die Stufen des Thrones wieder hinab und mischte sich unter die Menge der neuen Familiare, die sich im Halbkreis um den inquisitorischen Thron aufgestellt hatten.

Das tiefste Schweigen herrschte in der Kirche.

Dieses eigenthümliche Schauspiel war für das Volk Sevilla's von ungemeinem Interesse und fruchtbar an verschiedenartigen Aufregungen. Alle Augen richteten sich unwiderstehlich nach dem Hauptaltare. Mit seiner Anmuth und seiner gewöhnlichen Majestät erhob sich Arbuez von seinem vergoldeten Sessel, stieg stolz die Stufen des Thrones hinab, wie es sich für einen Kirchenfürsten geziemt und gefolgt von Joseph, der stets an seiner Linken blieb, trat er vor Don Carlos hin, welcher den Kreis auf der rechten Seite schloß.

Don Carlos erröthete und senkte die Augen; er konnte den feurigen Blick, den Arbuez durchbohrend auf ihn richtete, nicht ertragen.

Mit der vollen, kurzen, gebieterischen Stimme, die er bei gewissen Augenblicken so gut anzuwenden wußte, sagte nun der wilde Dominicaner: „Don Carlos von Herrera, schwöret Ihr, Euch mit Leib und Seele dem Dienste un=

serer allerheiligsten, apostolischen, römisch-katholischen Kirche zu weihen?

„Ich schwöre es!“ erwiderte mit fester Stimme der junge edle Castilianer, denn er sah in diesem Eide nichts, was sein Gewissen als ehrenhafter Ritter beunruhigen konnte.

„Schwöret Ihr, nie Euer Ohr den verführerischen und verpesteten Lehren der Gottlosen im Norden zu leihen, die man Philosophen und Reformatoren nennt, und sie nie und auf keine Weise zu ermuthigen?“

„Ich schwöre es!“ sagte wieder Don Carlos.

„Schwöret Ihr, niemals Schutz oder Zuflucht einem Ketzer zu leihen, oder irgend einem Menschen, der als solcher von dem heiligen Tribunal der Inquisition verfolgt wird?“

Don Carlos richtete, ohne zu antworten, seine großen Augen voll Schrecken auf das strenge Gesicht des Inquisitors; dieser Eid erschien ihm als unbarmherzig. Peter Arbuez runzelte die Stirn und der junge Mann, der durch diesen Ausdruck des Despotismus und der Herrschaft eingeschüchtert wurde, stammelte mit kaum verständlicher Stimme: „Ich schwöre es!“

Der Inquisitor schien zufrieden zu sein. Dann fügte er mit kurzem, scharfem Tone hinzu: „Schwöret Ihr, mit Wort und Schwert jeden Marrano, Mauresken, jeden Juden, judäischen oder lutherischen Christen zu verfolgen; sie dem heiligen Tribunal zum Ruhme Gottes anzuzeigen, und sie demselben auszuliefern, wären sie auch Eure Gäste, sei es, daß Eure Ohren sie Ketzereien aussprechen hörten, sei es, daß Eure Augen sie Handlungen begehen sahen, welche andeuteten, daß sie nicht auf dem wahren Wege des Heiles sind, sei es, daß Ihr sie nur in dem Verdacht haltet, nicht mit Herz und Seele unserer heiligen Religion anzuhängen, oder daß Ihr bemerktet, wie sie irgend einen Gebrauch derselben vernachlässigten; sei es endlich, daß sie in ihrem Hause eine solche Nachlässigkeit von einem der Ihrigen duldeten?“

„Gnädigster Herr!“ sagte leise der junge Ritter in unaussprechlicher Angst, „was Ihr da von mir verlangt, ist Sache eines Spions und eines —“

Ein furchtbarer Blick des Groß-Inquisitors machte das Wort in der Kehle des jungen Mannes ersticken, seine

Lippen blieben halb geöffnet und das Wort wurde nicht ausgesprochen. Man hätte glauben können, er sage etwas leise, aber sein Mund hatte nur ein krampfhaftes Zucken.

Der Inquisitor schien sich indessen damit zu begnügen und fuhr in demselben Tone fort:

„Schwöret Ihr, stets bereit zu sein bei dem ersten Rufe der Diener Gottes, zum Dienst der heiligen Kirche herbei zu eilen, wäret Ihr auch bei einem sterbenden Freunde, ständet Ihr auch an dem Lager Eurer sterbenden Mutter?“

Die Augen des jungen Mannes waren starr und entsetzt und seine Haare sträubten sich ihm auf dem Kopfe vor Abscheu.

„Gnade, Gnade, gnädigster Herr!“ murmelte er mit ersterbender Stimme.

Der Inquisitor und Joseph allein hörten diese Worte. Peter Arbuez that, als verstände er sie nicht, aber er fügte jedes einzelne Wort scharf betonend hinzu:

„Schwöret Ihr, auf jedes Band der Freundschaft oder der Familie zu verzichten, wenn es sich um die Sache Gottes handelt — und ohne Rückhalt Eure Brüder, Eure Schwestern, Eure Mutter, Euer Weib, Euren Vater und selbst Eure Kinder anzuklagen, wenn Ihr bei Ihnen Gesinnungen entdecken solltet, die unserem heiligen, katholischen Glauben zuwider sind?“

Bei diesen letzten Worten fühlte Don Carlos sich durch eine Regung des Unwillens sich selbst zurückgegeben; er erhob stolz den Kopf und sagte mit fester Stimme und ohne alle Heftigkeit:

„Gnädigster Herr, das schwöre ich nicht; ich will nicht zu gleicher Zeit ein Angeber und ein Nichtswürdiger sein. Nehmt,“ fügte er mit bitterem Spotte hinzu, indem er den Santo und das Christusbild, welches er empfangen hatte, zurückgab, „ich bin einer solchen Ehre nicht würdig. Behaltet dies für einen ergebungsvolleren Diener, als ich sein würde.“

Zugleich eilte er hinweg von dem Platze, den er eingenommen hatte, schritt durch den Kreis der Männer, die den Thron umgaben, ging mitten durch die kniende Menge hin und verließ die Kirche, ohne sich umzusehen, als hätte er gefürchtet, sie möchte über ihn zusammenstürzen.

Der Herzog von Mondejar und sein Schwiegervater erbebten vor Entsetzen und Zorn. Isabella weinte, ohne zu begreifen, was vorgegangen war, und die Menge erwartete mit offenem Munde die Erklärung dieses Räthsels. Joseph allein schien bei dem allgemeinen Entsetzen gleichgültig zu bleiben; indeß ein unmerkliches hönisches Lächeln verzog seine Oberlippe.

Peter Arbuez erhob zu dem Himmel einen begeisterten Blick, richtete sich an die Versammlung und sagte:

Meine Brüder, dieser junge Mann befand sich im Zustande der Todsünde und er ließ sich selbst Gerechtigkeit widerfahren, indem er sich für unwürdig erkannte, heute an dieser heiligen Ceremonie Theil zu nehmen. — Beten wir für ihn, meine Brüder," fügte er hinzu indem er niederkniete.

Alle Welt folgte dem Beispiele des Inquisitors. So betete die ganze Versammlung zehn Minuten lang, während welcher Peter Arbuez die Zeit fand, seine Wuth zu zügeln und sein Gesicht in ruhige Falten zu legen.

Als er sich wieder erhob, zeigten seine Züge nicht die geringste Spur von Aufregung oder Zorn; er war würdevoll, ruhig, gelassen. Man hätte glauben können, einen gemeißelten Kopf zu sehen.

Der Groß-Inquisitor begann hierauf die übliche Eidesformel und Alle antworteten darauf mit Freude und ohne Rückhalt.

An diesem Tage bereicherte sich die Miliz Christi durch mehr als zweihundert Mitglieder.

An dem Abende desselben Tages zählten die Kerker des heiligen Officiums einen Gefangenen mehr.

XXVIII.

Offenheit und Heuchelei.

Ungeachtet der Anstrengung dieser langen Ceremonie, welche bis zwei Uhr Nachmittags gedauert hatte, konnte Peter Arbuez, der sich in seinen Inquisitionspalast zurückgezogen hatte, keinen einzigen Augenblick der Ruhe finden.

Die unauslöschliche Gluth dieser despotischen und leidenschaftlichen Seele zwang seinen Körper zu beständiger Bewegung und Thätigkeit, eine entsetzliche Unersättlichkeit. Diese Seele glich dem Schlunde, von welchem der Ecclesiast sagt: „nie gesättigt!"

So beschaffene Menschen werden unvermeidlich zu der Vorsehung oder zu der Geißel der Menschheit. Gleichwohl war eine innere Befriedigung auf dem Gesichte des Inquisitors zu lesen. Die Gewißheit, daß Dolores jetzt in seiner Gewalt sei, prägte seinen Zügen den Stempel einer höllischen Freude auf, und gleich dem Geiste der Finsterniß, wenn eine reine Seele in seine Gewalt fällt, genoß er seines Triumphes.

Joseph blätterte schweigend und traurig in einer lateinischen Bibel. Eine finstere Ahnung schien ihn zu bewegen. Er wußte noch nicht, daß die Tochter des Gouverneurs aus dem Hause Juana's verschwunden sei, aber die Freude des Inquisitors hatte für ihn etwas Finsteres, Verhängnißvolles und Joseph wurde dadurch erschreckt, wie durch ein Unglück. Zum ersten Male fühlte sich der Inquisitor wie durch einen geheimen Instinct zum Mißtrauen gegen seinen Günstling geneigt. Nicht etwa, daß er sich seiner nicht vollkommen sicher gehalten hätte; aber er fand einen unaussprechlichen Reiz darin, seiner Befriedigung, die noch Niemand kannte, zu genießen und hatte so viel Mühe gehabt, zur Erfüllung seiner Wünsche zu gelangen, daß es ihm schien, als würde sein Glück vermindert, wenn er selbst mit einem verschwiegenen Vertrauten darüber spräche; deshalb schwieg er. Indeß von Zeit zu Zeit umspielte ein unwillkürliches Lächeln seine Lippen, sein Auge funkelte in eigenthümlichem Glanze und Röthe überflog seine gewöhnlich so bleiche Stirn. Dann und wann erhob Joseph langsam seine großen schwarzen Augen von dem Buche, um das Gesicht seines Meisters zu betrachten. Er sah, daß dies Gesicht ungewöhnliche Aufregung verrieth, aber er konnte die Ursache davon nicht entdecken.

Es war nach der Abendmahlzeit. Obgleich Mitternacht nahe war, konnte Peter Arbuez sich nicht entschließen, das Glück, Dolores zu sehen, bis zu dem nächsten Tage zu verschieben. Er wartete darauf, daß Joseph sich entfernt haben sollte; Joseph aber beeilte sich dazu als wahrer

Günstling um so weniger, da er erkannte, daß seine Gegenwart dem Inquisitor lästig fiel. Er setzte eine wahre Hartnäckigkeit darin, die Augen auf die Bibel geheftet zu halten, obgleich er kein Wort in derselben las.

Endlich verlor Peter Arbuez die Geduld. Er näherte sich ihm lachend, riß ihm das Buch aus der Hand und sagte: „Laß doch das, mein kleiner Joseph; Du kannst ein anderes Mal mehr lesen. Ich möchte schlafen und Du gewiß auch, darauf wette ich, denn Du bist so blaß wie ein junges Mädchen am Morgen nach einem Ball."

„Und gleichwohl kann ich Eurer Eminenz schwören, daß ich mich nicht im Geringsten ermüdet fühle."

„Dein Eifer ist so groß, mein guter Joseph! Ich hoffe daher auch, wenn Du das Alter hast und der Tod des Don Alphons Manriquez mir gestattet, nach der Würde des General-Inquisitors zu streben, ich hoffe, sage ich, Dich dann an meiner Stelle zum Groß-Inquisitor von Sevilla ernennen lassen zu können."

„Ich mag davon nichts hören, denn ich müßte dann Eure Eminenz verlassen," erwiderte Joseph mit einem allerliebsten Schmollen.

„Armes Kind! Du hast Recht, Du würdest Dich noch besser dabei befinden, wenn Du mich nicht verließest. Aber für den Augenblick gehe schlafen; wir müssen unsere Kräfte ergänzen, um unsere harten apostolischen Arbeiten fortsetzen zu können."

„Er hat ganz gewiß irgend einen Plan im Sinne," dachte Joseph, indem er aufstand, um sich zu entfernen.

„Das königliche Autodafé ist nahe," fügte der Inquisitor hinzu; „die Gefängnisse sind mit Ketzern überfüllt, die verurtheilt wurden oder verurtheilt werden sollen, und wir müssen uns bei unserem großen Könige Carl V. auszeichnen, ein Monarch, der für die Religion des Königreiches so eifrig besorgt war!" Es war indeß leicht zu sehen, daß Peter Arbuez diese Worte nur mit den Lippen sprach, und daß seine Seele sich mit ganz anderen Dingen beschäftigte. Joseph, der mit einem außerordentlichen Scharfsinne begabt war, begriff, daß Carl V. in diesem Augenblicke das sei, was den Inquisitor am allerwenigsten beschäftigte; er verhehlte indeß klug seine Meinung und sagte, indem er sich die Augen rieb: „Ich glaube, gnädigster Herr, die Schlafsucht ergreift auch mich. Geben Eure Eminenz mir den Segen und ich ziehe mich zurück."

Der Günstling senkte sein schönes, mit schwarzen Haaren bedecktes Haupt, auf welchem nur die kleine Stelle der Tonsur sich frei zeigte. Peter Arbuez streckte seine beiden Hände darüber aus und sprach die üblichen Worte. Dann fügte er hinzu: „Auf morgen, mein Kind; suche mich vor der Stunde der Tortur auf."

Er eilte hierauf durch eine Thür, die zu seinem Schlafzimmer und von hier über eine geheime Treppe auf die Straße führte. Statt nach seinem Zimmer zu gehen, eilte Joseph die Treppe des Palastes hinab und versteckte sich auf dem Hofe hinter einem großen Rosenlorbeerbaum. Es war die Stunde, zu welcher Peter Arbuez sehr oft ausging, begleitet von vier Familiaren, ein Gebrauch, den Thomas Torrequamada, der Begründer der Miliz Christi, eingeführt hatte, da sein Leben wegen seiner unerhörten Grausamkeiten häufig bedroht war, und er sich daher zu einer solchen Vorsichtsmaßregel genöthigt sah.

Für gewöhnlich begleitete Joseph den Inquisitor auf solchen geheimnißvollen Pilgerfahrten; er sagte daher auch, sich in den dichten Zweigen versteckend: „Ich muß sehen, wohin er ohne mich gehen will."

Bald darauf erschien Peter Arbuez, in einem weiten Mantel gehüllt und den Kopf bedeckt mit einem breitkrämpigen Hute: Vorsichtsmaßregeln, die er gewöhnlich anwendete um nicht erkannt zu werden.

Peter Arbuez ging voran, und in geringer Entfernung folgten ihm die vier Familiaren, bereit, bei der geringsten Gefahr ihr Leben für diese Citadelle des Glaubens einzusetzen.

Kaum hatte die Thür des Palastes sich hinter ihnen geschlossen, als Joseph, der stets einen Schlüssel derselben bei sich trug, sie geräuschlos öffnete, und wie eine Eidechse durch die halbgeöffnete Thür auf die Straße hinausschlüpfte. Er sah jetzt Peter Arbuez sich nach der Inquisitionsstraße wenden und folgte langsam seinen Schritten, indem er sich von den Familiaren fern hielt und jedes Geräusch sorgfältig vermied. Nach zehn Minuten befanden sie sich an der Gefängnißthür des heiligen Officiums. Peter Arbuez klopfte auf eine eigenthümliche Weise an. Joseph hatte sich ihm jetzt auf eine geringe Entfernung genähert, denn es war hier sehr dunkel. Kaum war der Inquisitor über die Schwelle des Gefängnisses getreten, als der Günstling hinter ihm hinein schlüpfte, selbst auf die Gefahr hin, bemerkt zu werden. Doch Peter Arbuez dachte an etwas ganz Anderes. Er ging hastig auf die Treppe zu, die nach dem ersten Stockwerke führte; und da man gewohnt war, Joseph ihn überall begleiten zu sehen, ließ der Schließer ihn ohne das geringste Hinderniß eintreten. Dann verschloß er sorgfältig wieder seine Thür, nahm die Laterne und das Schlüsselbund und schritt hastig die Treppe hinauf, um dem Inquisitor die Thüre zu öffnen, die ihm derselbe bezeichnen würde und ihm Licht zu geben.

Der junge Dominicaner setzte sich auf eine Bank in dem Gange. Die Familiaren waren außerhalb des Gefängnisses geblieben. Einige Augenblicke darauf kehrte der Schließer zurück und ohne sich um den jungen Mönch zu bekümmern, trat er in seine Loge, wo er sich auf eine eichene Bank ausstreckte, um zu schlafen, bis es der heiligen Inquisition gefällig sein würde, ihn wieder zu wecken.

Joseph ging nun die Treppe ebenfalls hinauf, und da er im ersten Stocke eine Thür hatte öffnen und schließen hören, dachte er, daß er hier entdecken würde, was er zu wissen wünschte. In der That hatte er kaum einige Schritte tastend auf dem Gange zurückgelegt, als er einen Lichtstrahl bemerkte, der durch das Schlüsselloch einer der Zellen fiel. Zugleich hörte er zwei Stimmen, die er nicht verkennen konnte: die eine war die des Inquisitors, die andere die von Dolores.

Joseph erbebte vor Schrecken bei dem Tone dieser wohlbekannten Stimme. Er begriff nicht, welches Verhängniß Dolores der Zufluchtsstätte entrissen hatte, die er für sie wählte.

„Ich täusche mich,“ dachte er bei sich selbst; aber dieselbe Stimme wurde noch hörbarer und machte ihn auf's Neue erbeben. Ergriffen von tödtlicher Angst, versuchte er durch das Schlüsselloch zu blicken, aus dem der Lichtstrahl fiel. Der Schlüssel, der inwendig stecken geblieben war, gestattete ihm nicht, die Gegenstände zu unterscheiden. Ueberdies schien das Licht der Thür geradeüber zu stehen und die Stimmen aus einem entfernteren Puncte zu ertönen.

Er schloß, daß sie sich zu seiner Rechten befanden, an der Seite des Bettes.

Bei der Unmöglichkeit etwas zu sehen, lauschte er, und erfuhr so, was in dem Zimmer vorging.

In dem Augenblicke, als Peter Arbuez eintrat, saß die Tochter des Gouverneurs auf dem Rande ihres Bettes, den Kopf auf das Kopfkissen gestützt. Seit ihrem Eintritt in das Gefängniß hatte sie ihre Kleider nicht abgelegt; aber nach einer Nacht und einem ganzen Tage, die sie unter Angst und Qual verlebt hatte, wurde ihre Erschöpfung unbesieglich und sie war in einen leichten Schlummer gesunken. So auf dem Bette ruhend, zeigte das junge Mädchen eine unaussprechlich rührende Anmuth. Der Saum ihres Kleides war keusch über ihre kleinen Füße hinabgezogen, von denen man nichts sah, als die äußersten Spitzen. Eine ihrer Hände und der Arm preßten sich gegen ihren Leib; der andere Arm war auf das Kissen ausgestreckt und stützte ihren schönen, bleichen, ermatteten Kopf. Ihre Stirn, so schön und so rein, daß sie einem blendenden Marmor glich, zeigte sich von durchsichtigen blauen Adern durchfurcht. Der Schatten ihrer langen Wimpern gab dem edlen Gesichte einen noch tieferen Ausdruck der Trauer und der Entmuthigung. Es schien, als sei sie unter Gedanken an den Tod entschlummert, die Augen voll Widerwillen von dieser Welt abwendend, in der sie so viel zu leiden hatte.

Als der grausame Inquisitor sie so liegen sah, schöner noch in ihrer Trauer, als sie ihm je in den Tagen ihres Glückes erschienen war, blieb er zitternd und aufgeregt stehen, als fürchte er sich, eine Gotteslästerung zu begehen. Eine unerklärliche Rührung, vielleicht ein Gewissensbiß, machte, daß dieser unbezähmbare Mensch, der keinen andern Herrn, als seine Leidenschaft kannte, taumelte. Er blickte mit einer Art von Entsetzen umher, als wollte er sich überzeugen, daß in der Luft keine unsichtbaren Zeugen waren, die ihn anklagen konnten.

Das tiefste Schweigen herrschte in dem Zimmer; man hörte nichts, als die ruhigen gleichmäßigen Athemzüge des schlafenden, jungen Mädchens.

Peter Arbuez schüttelte gewaltsam den Schrecken ab, der ihn erfaßt hatte. „Ich bin wahnsinnig!“ sagte er zu sich selbst und setzte sich dann auf einen Armsessel am Kopfende der Gefangenen. Dolores war noch nicht erwacht. Peter Arbuez hatte Zeit, sie noch während einiger Minuten zu betrachten und seine Seele durch ihren Anblick zu sättigen. Aber indem er sie so mit lüsternen Augen ansah und schamlos in Gedanken die Reize dieses keuschen, jungen Mädchens enthüllte, veränderten seine Eindrücke ihre Natur. Auf den unbestimmten Schrecken, von dem er sich überrascht gefühlt hatte, folgte ein Anfall rasender Leidenschaft. Allein ungeachtet seiner unglaublichen Keckheit und seiner Gewißheit der Ungestraftheit wagte er es nicht, das Verbrechen in seinem ganzen Entsetzen zu begehen. War es die Wirkung einer geheimen Reue, war es die Furcht, eine neue Missethat der schon so ungeheuren Menge seiner Verbrechen hinzuzufügen, oder war es eine Verfeinerung der Ausschweifung, daß dieser Mensch mit den zügellosen Leidenschaften zu wenig Reize bei einem so leichten Siege zu finden fürchtete? Die menschliche Seele ist ein unergründlicher Abgrund; wir enthalten uns deshalb auch der Lösung dieser Frage.

Indeß ist so viel gewiß, daß der innere Kampf in diesem Augenblicke die Tochter des Gouverneurs rettete.

Wir sagten, daß sie leicht entschlummert war. Der Inquisitor, welcher in eine tiefe Extase versank, betrachtete sie mit Begier, aber er wagte es nicht, sie zu erwecken. In seiner Raserei neigte er sich nieder auf die Hand, die auf dem Kopfkissen ruhte und preßte seine brennenden Lippen auf dieselbe.

Bei dieser Berührung erbebte Dolores am ganzen Körper, öffnete halb ihre schweren Augenlieder und bei dem Anblicke der finsteren Gestalt, die sich vor ihr erhob, stieß sie einen Angstschrei aus, und bedeckte das Gesicht mit beiden Händen.

„Ihr fürchtet Euch vor mir?“ sagte Peter Arbuez sanft.

„Ach, gnädigster Herr, weshalb verfolgt Ihr mich so?“ rief das Mädchen mit zitternder Stimme.

In eben diesem Augenblicke hörte Joseph sie sprechen.

„Meine Tochter,“ erwiderte Peter Arbuez, welchen der Schrecken, den er einflößte, zu seiner Rolle als Inquisitor zurückführte, „der Hirte sucht stets das verirrte Lamm auf, bis er es gefunden hat.“

Dolores, die sich aufrecht gesetzt hatte, sah den Inquisitor voll Mißtrauen an; ein bitteres Lächeln umspielte ihre Lippen und sie sagte langsam: „Auch der Wolf sucht das Schaf, um es zu zerreißen.“

„Dolores!“ sagte Peter Arbuez, den es verdroß, seine Heuchelei vor der Geradheit und Unschuld eines Kindes scheitern zu sehen, „Dolores, ich erkenne mit Schmerz, daß Eure Seele durch die verabscheuungswerthen Lehren der Reform verblendet und verderbt ist. Wer an Gott glaubt, glaubt auch an dessen Diener, Ihr aber glaubt nicht mehr an mich.“

„Seid gerecht und gut wie Gott,“ erwiderte das muthige junge Mädchen. „Ich werde dem Diener gehorchen, wenn er die Vorschriften des Herrn befolgt. Aber was verlangt Ihr von mir, gnädigster Herr? Die Hand anzubeten, die, um ihre Streiche zu führen, stets die Stelle sucht, an der sie einen unschuldigen Kopf findet? Ihr wollt, daß ich Den segnen soll, der aus meinem Vater, meinem edlen Vater, eine lebendige Leiche gemacht hat?“

„Arme Unsinnige, seid Ihr schon so weit auf dem Wege des Verderbnisses fortgeschritten, daß die Wahrheit Eure dichten Nebel nicht zu durchdringen vermag? Wißt Ihr, daß wir den vergänglichen Leib nur treffen, um die unsterbliche Seele zu retten?“

„Ach, gnädigster Herr, wenn das Eure Mittel sind, die Seele zu retten, so verzichtet schnell darauf, denn sie führen nur dahin, die Gerechtigkeit Gottes bezweifeln zu lassen!“

„Ja, Das ist es! Das ist es!“ fuhr der Inquisitor fort, „stets dieser Eigensinn, diese Unfolgsamkeit gegen die Gesetze der Kirche, geschöpft aus der Lehre des abtrünnigen Mönches. Wißt Ihr denn nicht, junges Mädchen, daß Gott selbst gesagt hat: Jeder Baum, der nicht gute Früchte trägt, wird gefällt und in das Feuer geworfen werden? und daß er ebenso sagte: Verstoße das räudige Schaf aus der Herde? Deshalb schneidet die heilige Inquisition, um den Geboten ihres Herrn zu gehorchen, alle die schlechten Glieder des Katholicismus ab, da dieselben die große christliche Familie anzustecken drohen.“

„Gnädigster Herr, das hat Gott gesagt, aber auch: Reißt das Unkraut nicht aus, es sei denn zur Zeit der

Ernte. — Weshalb wendet Ihr gegen mich Verfolgungen, und Gewaltthat an? Weshalb habt Ihr mir meinen Vater geraubt? Was that er Euch, daß Ihr ihn so martert?"

„Er hat Eure Seele durch seine strafbare Nachsicht verderbt. Die Inquisition hat Gerechtigkeit geübt, indem sie ihn bestrafte; denn durch die Väter kommt die Verderbtheit auf die Kinder."

Indem der Inquisitor so sprach, zeigte er eine biblische Majestät; die Heuchelei selbst war großartig bei ihm; sein strenges Wort, sein ernstes und gemessenes Benehmen, sein kräftiger tiefer Ton; die scheinbare Wichtigkeit seiner Argumente, übten eine bezaubernde Macht aus, aber ihrer Jugend und ihrer Unerfahrenheit ungeachtet, besaß Dolores einen zu richtigen Sinn, um sich durch ihn überzeugen zu lassen. Der verabscheuenswerthe Gebrauch, den Peter Arbuez von seinen hohen Geistesgaben machte, flößte ihr die größte Verachtung ein und dieses Gefühl war in ihren Zügen zu lesen. Dann hegte sie auch Furcht davor, sich allein mit ihm in diesem Gefängnisse zu befinden, in welchem er als König gebot. Zu stolz und zu aufrichtig, um ihre Gefühle zu verhehlen, fürchtete sie gleichwohl, den Mann zu verletzen, von welchem das Leben ihres Vaters abhing und in dem strengen Gesichte, über welches die Intoleranz ihre eherne Maske gebreitet hatte, suchte sie nach der Spur von irgend einem Ueberbleibsel des Gefühles, ob dieser wilde Inquisitor, für den der Tod eines Menschen nur ein Spiel war, im Herzen nicht noch irgend eine Saite hätte, die man erklingen machen könnte. Aber die Züge des Inquisitors sprachen nichts aus, als unerbittliche Härte. Nur die Leidenschaft, die ihn verzehrte, sprühte in hellen Funken aus seinen Augen. Die Gefangene senkte davor ihre Blicke und wagte nichts zu sagen.

„Dolores," nahm der Inquisitor mit ruhigem, sanftem Tone wieder das Wort, „Ihr wollt Euch also nicht bekehren?"

„Ich bin Christin mit Herz und Seele, gnädigster Herr; weshalb verfolgt Ihr mich also?"

„Ach mein Kind, wie sehr täuschest Du Dich über meine wahren Gesinnungen," sagte Peter Arbuez, indem er sich dem jungen Mädchen näherte, welches ihr Kleid, das von der Kutte des Inquisitors gestreift wurde; fest an sich zog. „Du hassest mich also sehr?“ sagte er voll Unwillen.

„Gnade, gnädigster Herr! Gnade und Barmherzigkeit!“ rief sie, indem sie entsetzt die Hände faltete. „Gebt mir meinen Vater zurück, gebt mich der Freiheit wieder; ich fordere dies im Namen des Gottes, den ich anbete, im Namen des großen Märtyrers, der an dem Kreuze starb, um unsere Sünden zu sühnen.“

„Ach, wenn Du wolltest!“ fuhr er fort, indem er sie mit leidenschaftlicher Bewunderung betrachtete.

Dolores erbebte und wurde sehr blaß. Sie erinnerte sich an den Auftritt, der einige Monate zuvor in ihrem Oratorium stattgefunden hatte, und jetzt war sie in der Gewalt des Inquisitors!

Joseph hörte von draußen dieses ganze Gespräch; auch er fürchtete für Dolores. Indem er sein Ohr an das Schlüsselloch preßte, um sich keine Silbe entgehen zu lassen, öffnete sich die Thür leise und er bemerkte so, daß man vergessen hatte, sie zu schließen. Er trat ein wenig zurück, damit sie nicht noch weiter aufgehen sollte, und war innerlich froh über seine Entdeckung.

Der Inquisitor fuhr fort zu sprechen, indem er die äußerste Anstrengung machte, um ruhig zu bleiben, während er von der ganzen Gluth der Leidenschaft verzehrt wurde.

„Wer hat Euch gesagt, mein Kind, daß ich nicht so gegen Euch handelte, um Euch zu dem wahren Glauben zurückzuführen, von dem Ihr Euch entfernt hattet, und Euch dann die Barmherzigkeit und die Nachsicht des guten Hirten zu zeigen? Begreift doch, wie theuer Ihr mir seid, und daß ich Euch kein Leid zufügen will.“

Eine beinahe unmerkliche Bewegung der Lippen war die einzige Antwort, welche die Tochter des Gouverneurs ihm gab.

„Ach Dolores,“ fuhr der Dominicaner fort, „Ihr könnt nicht begreifen, wie schwer und ermüdend die Aufgabe ist, die Gott uns verliehen hat, die Menschen zu leiten und sie auf die rechte Bahn zurückzuführen. Oft zieht unser Eifer uns den Haß und den Zorn der Ketzer zu und unser Lohn hienieden ist, unablässig ein schweres Kreuz zu tragen. Aber,“ fuhr er mit eindringlichem und heuchlerischem Tone fort, „zuweilen bewahrt uns Gott in seiner

Gnade einen unerwarteten Trost. Es gibt auserlesene Seelen, die Eurige z. B., denen wir nicht nur eine geistige Zuneigung gewähren dürfen, sondern auch jenen Theil irdischer Liebe, der die majestätische Eifersucht Gottes nicht verletzt, sondern ihn im Gegentheile in seinem Geschöpfe glorificirt. Diese auserwählten Seelen besonders müssen wir dem Irrthume entreißen, denn sie sind dazu geschaffen, den Andern als Beispiel zu dienen, und da die Mittel der Sanftmuth, der Zärtlichkeit und der Ueberredung die sichersten sind, um zu diesem Ziele zu gelangen, heftet sich unsere Seele mit glühender Liebe ganz dieser glorreichen Eroberung an. Deshalb liebe ich Euch, Dolores, deshalb möchte ich auch in Euch die innige Zärtlichkeit entzünden, von der mein Herz erfüllt ist."

Peter Arbuez sprach mit Salbung, mit einer hinreißenden Wärme und das unschuldige junge Mädchen, welches eine so tiefe Schwärze nicht begreifen konnte, zweifelte einen Augenblick, ob sie diesen Mann auch nicht zu schnell verurtheilt hätte. „Wäre es möglich," dachte sie, „daß er wirklich nur das Heil der Religion im Auge hätte? In einem solchen Falle sich zu täuschen, ist ehrenwerth." Sie hörte auf, den Inquisitor mit Mißtrauen zu betrachten, sah ihn mit ihren schönen, stolzen und offenen Augen an und sagte voll Adel: „Gnädigster Herr, ich glaube Euch, ich will Euch glauben; welches Interesse hättet Ihr auch dabei, ein armes Mädchen, das Euch nichts zu Leide that, zu betrügen? Nun wohl, wenn Ihr glaubt, daß ich im Irrthum wandle, so unterrichtet mich, ich werde gelehrig sein und verlange nur nach der Wahrheit. Ich will voll Liebe die Lehren unseres göttlichen Heilandes erfüllen. Wenn ich mich von diesem Wege entfernte, so führt Ihr mich darauf zurück und ich verspreche Euch, ihm zu folgen; aber setzt meinen Vater in Freiheit und gebt ihn meiner Zärtlichkeit zurück."

„Dolores," rief der Inquisitor triumphirend, „meine schöne Dolores, ich sehe Dich voll Freuden so fügsam und reizend. Ja, ich werde Dir Deinen Vater zurückgeben, ich werde Dir die Freiheit verleihen. Ha, welches Weib wird glücklicher und geliebter sein! Dir will ich meine ganze Neigung widmen."

Indem der schamlose Mönch so sprach, war er aufgestanden; sein großes finsteres Auge, welches auf das junge

Mädchen geheftet war, funkelte in einem grellen, tückischen Lichte.

In einem geheimen Instincte der beunruhigten Keuschheit, war Dolores von dem Bette herabgeglitten und ihre Füße berührten den Boden. Der Inquisitor sprach nicht mehr, aber seine von Begierden geschwellte Brust, hob sich unter lauten raschen Athemzügen. Nur die edle Unbefangenheit des jungen Mädchens hielt noch den Strom seiner zügellosen Leidenschaft in Schranken. Es fand in ihm ein grausamer Kampf statt.

Einige Secunden lang stand er wie erschrocken da; er wagte nicht, ein neues Verbrechen zu begehen. Seine aufgeregte Einbildungskraft sah alle die Opfer, die er hingeschlachtet hatte, sich umtanzen; sie grinsten ihn wie Gespenster an und schrien heulend: Rache! Rache! Bald erfaßte die Leidenschaft ihn wie mit glühenden Zangen und gleich einem Menschen, der von einem Taumel ergriffen, sich in einen offenen Abgrund stürzt, streckte der Inquisitor beide Arme aus, stürzte auf das junge Mädchen zu und rief: „Ich muß! Ich muß!"

Dolores stieß einen gellenden Schrei aus.

„Eure Eminenz," sagte Joseph, indem er die Thür des Gefängnisses öffnete.

Peter Arbuez, der durch dieses plötzliche Erscheinen sich selbst zurückgegeben wurde, erhob stolz den Kopf und sagte mit finsterem, zornigem Tone: „Was macht Ihr hier?"

„Gnädigster Herr," entgegnete Joseph, „ich kam gleich Eurer Eminenz den Versuch zu machen, einige Ketzer zu bekehren."

„Bei Christus, seid Ihr Eures Lebens überdrüssig, daß Ihr mir so in den Weg tretet?

„Gnädigster Herr, Ihr kennt den Eifer Eures treuesten Dieners," erwiderte der Günstling mit spöttischem, demüthigem Tone; „aber der Diener hat nichts von einem gnädigen Herrn zu fürchten und Joseph der Inquisitor scheut die Inquisition nicht."[1]

[1] Obgleich der allgemeinen Regel nach alle Welt der Jurisdiction der Inquisitoren unterworfen war, fand doch eine Ausnahme für die Päpste, deren Legaten und Nuntien, die Beamten und die Familiaren des heiligen Officiums statt, so daß, selbst wenn sie förmlich als Ketzer angeklagt waren, die Inquisition doch kein anderes

Dolores blickte voll Staunen auf den jungen Dominicaner, aber durch ein Zeichen gebot er ihr, ihn nicht zu erkennen.

„Geht!“ sagte gebieterisch der Inquisitor.

„Ich gehe nicht ohne Eure Eminenz,“ erwiderte der Günstling. „Es gehen Gerüchte von einem Aufstande in der Stadt umher; man spricht von einer Verschwörung gegen Euer kostbares Leben.“

„Wirklich?“ fragte der Inquisitor etwas beunruhigt.

„Ganz gewiß, gnädigster Herr. Ich werde Euch daher begleiten, denn im Falle der Noth kann diese gute Toleder Klinge Eure Eminenz vertheidigen,“ fügte er hinzu, indem er einen spitzen Dolch zeigte, den er unter seiner Kutte trug. „Es ist eine vortreffliche Waffe, gnädigster Herr und nie wird sie ihren Herrn verrathen!“

Joseph strich mit dem Nagel des Daumens über die Klinge des scharfen, dreischneidigen Dolches, der funkelte, wie ein heller Spiegel. „Kommt also, gnädigster Herr, und fürchtet nichts,“ sagte er dann.

Gegen seinen Willen folgte Peter Arbuez dem Einflusse, den Josepf über ihn ausübte, welchen er gleichwohl in diesem Augenblicke von ganzem Herzen verabscheute. Er näherte sich indeß, ehe er ging, Dolores und sagte sanft: „Ich hoffe Euch morgen in unterwürfigeren Gefühlen zu finden, meine Tochter!“

„Ich hasse Euch!“ rief sie, indem sie den Kopf voll Widerwillen von ihm abwendete. Laßt mich mit meinem Vater sterben; das ist die einzige Gnade, die ich von Euch will.“

Joseph zog den Inquisitor mit sich hinweg.

„Ha! Mich an Ihr zu rächen!“ rief Peter Arbuez, indem er wüthend die Zähne auf einander biß. „Was soll ich thun, um diesen widerspänstigen Geist zu bezwingen?“

„Gnädigster Herr,“ erwiderte der Günstling, „sendet sie in die Bußkammer.“

Recht hatte, als ihre geheimen Aussagen zu empfangen und sie dann an den Papst zu schicken. Dieselbe Ausnahme fand auch bei den Bischöfen statt; allein die Könige und die Prinzen waren der Jurisdiction der Inquisitoren unterworfen. (Geschichte der Inquisition, Cap. 2, 2. Theil, von den Gebrechen, von welchen die alte Inquisition Kenntniß nahm.)

XXIX.

Tortur des Wassers.

Man würde sich nur schwer einen richtigen Begriff von der Wuth und der Täuschung des Inquisitors Arbuez machen, als er so seine geheimsten Machinationen, seine am besten angelegten Pläne, durch ein unglückliches Verhängniß gestört sah.

Ungeachtet seiner Schwäche für Joseph, den er mit jener Hartnäckigkeit liebte, die herzlose Menschen gegen irgend ein Spielwerk ihrer Leidenschaften oder ihrer Launen empfinden, verzieh er ihm nicht, daß er ihn in Dolores Gefängniß überrascht hatte. Zwar ahnte und begriff er die Theilnahme nicht, die sein Günstling für dieses junge Mädchen hegte, denn Niemand ist minder hellsehend, als die Menschen, die daran gewöhnt sind, sich der List und der Betrügerei zu bedienen; der Inquisitor hegte daher auch nicht den geringsten Verdacht gegen Joseph. Er betrachtete ihn nur wie ein verzogenes Kind, das wechselsweise unverschämt gegen seinen Herrn war, oder sich durch reizende Schmeicheleien die Verzeihung für seine Keckheit erwarb, aber es kam ihm nicht in den Sinn, daß Joseph, dieser schöne junge Mann, Joseph, sein Geschöpf, ihn verrathen könnte und man muß gestehen, daß der junge Dominicaner ihm noch lieber war, als Dolores. Diese reizte seine Begierden, Joseph aber war stets gegenwärtig, um seinen Launen zu dienen, seinen ungerechtesten Handlungen Beifall zu zollen, ihn zu dem Bösen anzuspornen, wenn seine stolze Seele zuweilen unter der Last so vieler Ungerechtigkeiten zu erliegen drohte und er sich vielleicht insgeheim fragte, ob der Gott, dessen Namen er so profanirte, ihn nicht einst durch ewige Rache strafen würde.

Deshalb warf dieser Mensch, der zuweilen verzweifelte, weil er sich den Himmel durch seine Verbrechen verschlossen hatte, sich voll Wuth zügellosen Genüssen der Ausschweifung in die Arme.

Man wird sich erinnern, daß es ein Tag der Tortur war. Das Autodafé nahte. Eine große Anzahl Angeklagter sollte einen Auftritt jenes langen und fürchterlichen Drama's vollziehen, welches drei Jahrhunderte währte.

Mit seiner gewohnten Keckheit trat Joseph bei dem Inquisitor ein, als dieser noch im Bette war, erschöpft durch eine schlaflose Nacht.

Bei dem Anblicke seines Günstlings runzelte Peter Arbuez die Stirn; der junge Dominicaner schien dies nicht zu beachten und trat bis zu der letzten Stufe der Estrade vor, welche das üppige königliche Bett trug.

„Haben Eure Emminenz mir irgend etwas zu befehlen?" sagte er mit sanfter und unterwürfiger Stimme, deren bezaubernder Klang unwiderstehlich war.

„Eure Verwegenheit ist wahrlich groß," entgegnete Peter Arbuez. „Nach dem Auftritte dieser Nacht wagt Ihr es noch, vor mir zu erscheinen?"

„Eure Eminenz haben mir befohlen, vor der Stunde der Tortur zu Euch zu kommen," erwiderte unterwürfig der Günstling.

„Ich hielt Joseph für treu, aber Joseph ist es nicht," entgegnete der Inquisitor, der selbst kein Wort von dem glaubte, was er sagte. Sein ganzer Zorn war bei dem Lächeln dieses jungen, schönen, excentrischen Menschen verschwunden, der sich zu einer Nothwendigkeit seiner Existenz gemacht hatte.

„Joseph hat sich dem Zorne Eurer Eminenz ausgesetzt, um über Eure Sicherheit zu wachen. Der demüthige Dominicaner sammelt die Gerüchte, welche im Umlauf sind, sieht den Sturm kommen und will ihn beschwören: das ist Alles, dessen er straffällig ist, gnädigster Herr."

„Sind wir denn so schwach, daß wir vor einigen Juden und Marranos, die sich empören, zittern müssen?" erwiderte Peter Arbuez mit hochmüthigem Tone.

„Gnädigster Herr," entgegnete der Günstling, „die Schlange, die sich kriechend über die Erde fortschleicht, sticht zuweilen den Löwen, welcher der König der Wälder ist. Jeder kleine Feind ist zu fürchten, und um ihn sicher zu zertreten, muß man ihn sich vor allen Dingen nicht nahe kommen lassen. Die Klugheit ist die Mutter der Sicherheit. Wachen wir, gnädigster Herr; es ist nicht der Augenblick dazu, um uns durch irdische Genüsse einschläfern zu lassen. Der Feind ist nahe; bereiten wir uns darauf vor, ihn zu bekämpfen."

Gleich allen glühenden und leidenschaftlichen Seelen war Peter Arbuez nicht frei von einer Neigung zum Aberglauben; eine Krankheit, welche übrigens der Zeit, in welcher er lebte, sehr eigenthümlich war. Der Ton inniger Ueberzeugung, mit welchem Joseph sprach, brachte auf den Inquisitor die Wirkung hervor, die der Günstling davon erwartete. In den Händen dieses Kindes wurde der wilde Arbuez zu weichem Wachs.

„Dolores Argoso soll also das einzige Weib sein, das mir widerstanden hat?" sagte er bald voll Unwillen, durch diesen Gedanken verfolgt.

„Dolores Argoso ist kein Weib, wie die andern, gnädigster Herr; sie sieht es ein, daß sie die nicht retten würde, die sie liebt, wenn sie sich auch mit Körper und Seele aufopferte, und daß es daher besser ist, mit ihnen zu sterben, als sie zu überleben."

Dies wurde mit einem Tone der Bitterkeit gesagt, der einen lebhaften Eindruck auf den Inquisitor machte. Er erbebte unwillkürlich, als würde er durch eine furchtbare Erinnerung ergriffen. Joseph betrachtete ihn mit forschendem Blicke, es schien, als gewahre er mit Entzücken die Martern dieser Seele, die er nach Willkür lenkte.

„Ich bin bereit, Joseph," sagte Peter Arbuez plötzlich, wie durch einen raschen Entschluß wieder belebt. — Gehen wir; man darf die Marterknechte, unsere braven Gehilfen, nicht warten lassen. — Wie viele sind heute zur Tortur verzeichnet?"

Und als ob er seine Qualen und seine Wuth durch die entsetzliche Wollust der Tortur ersticken wollte, zählte er mit lauter Stimme die Opfer, die er vor Augen zu haben gedachte. Gleich einem, in den Circus eingelassenen Tiger genoß er im Voraus die Schmerzen der Beute, die er zerreißen wollte. Einige Minuten darauf stand er aufrecht da.

„Komm, mein Sohn," sagte er dann zu Joseph. „Unser Eifer für die Sache des Himmels möge uns für die irdischen Täuschungen trösten und uns den Schutz Gottes gewinnen."

Die Geisselung.

Seite 265.

Als sie zu dem Gefängnisse gelangten, waren die Gänge überfüllt. Zwei Marterknechte, in ihre finsteren Gewänder gehüllt, peitschten vor sich her sechs Gefangene, unter denen sich drei Weiber befanden. Das eine derselben, jung, groß und schön, obgleich entstellt durch die Leiden des Kerkers, trug zwischen den zwei Reihen ihrer blendend weißen Zähne einen Knebel, der sie am Schreien verhinderte.

Diese Unglücklichen waren nackt bis zu dem Gürtel, die Weiber ebenso wie die Männer; ihre Schultern und ihr Rücken, zerfleischt durch die Peitsche, waren mit rothen und blauen Flecken bedeckt, aber ungeachtet dieser entsetzlichen Marter, stieß keine derselben die leiseste Klage aus.

Der Inquisitor ging gleichgültig an ihnen vorüber; nur Joseph erbebte innerlich in schmerzlichem Mitleid.

Das geknebelte Weib ging zuletzt; als es zu Peter Arbuez gelangte, sah es denselben starr an und in Ermanglung der Sprache hefteten ihre schwarzen, großen, durch die Blässe und die Magerkeit ihres Gesichtes noch vergrößerten Augen sich voll Haß, Verzweiflung und Rachgier auf die des Inquisitors, als wollte sie ihm sagen: „Erkennst Du mich nicht?"

Peter Arbuez hatte sie in der That, ungeachtet der entsetzlichen Veränderung ihrer Züge, erkannt.

„Francisca!" murmelte er mit leiser Stimme, indem er die Augen vor ihrem niederschmetternden Blicke senkte. Die Aebtissin der Carmeliterinnen konnte nicht sprechen, aber sie erhob die Augen zum Himmel, als wollte sie ihren Henker vor das Tribunal des ewigen Richters fordern. Der Inquisitor ging vorüber und die Henker setzten ihre grausame Treiberei fort. Peter Arbuez und sein Günstling sollten ein noch weit aufregenderes und an gewaltigen Gefühlen furchtbareres Schauspiel vor Augen bekommen, als die elende Ceremonie der Peitsche.[1]

[1] Den Gefangenen der Inquisition war jede Klage verboten. Wenn ein Unglücklicher einen Seufzer hören ließ, steckte man ihm mehrere Stunden lang einen Knebel in den Mund, und wenn dies nicht genügte, peitschte man ihn grausam die Gänge entlang. Die Strafe der Peitsche wurde auch denen zu Theil, welche in den Gefängnissen Lärm machten oder sich unter einander zankten. In einem solchen Falle wurde das ganze Gefängniß solidarisch bestraft und man peitschte alle die, welche sich darin befanden, ohne Unterschied des

Als sie in die Marterkammer hinabgestigen waren, führten die Sbirren eine junge reizende Frau herbei, die entsetzlich blaß und so schwach und krank war, daß sie sich kaum aufrecht erhalten konnte. Ihr erloschenes Auge von engelgleicher Sanftmuth schien um Gnade zu flehen. Als sie dem Inquisitor gegenüber stand, machte sie eine Anstrengung, um ihre beiden abgemagerten Hände zu falten und flüsterte mit einer kaum hörbaren Stimme: „Mein Kind!"

„Meine Tochter," sagte der Inquisitor mit dem süßlichen Tone, den er so gut anzunehmen verstand, „Eure Schwester ist eine Lutheranerin und man beschuldigt Euch, sie in ihrer Ketzerei bestärkt zu haben."

„Das ist falsch! Das ist falsch!" erwiderte die unglückliche Mutter mit der ganzen Kraft, welche ihr erschöpfter Zustand ihr ließ.

„Habt Ihr nichts anzugeben, was dieses Leugnen unterstützen könnte?"

„Mein Kind! Man gebe mir mein Kind wieder!" wiederholte die Bedauernswerthe mit herzzerreißendem Tone.

Das Kind, welches sie mit solcher Todesqual zurückforderte, war kaum acht Tage alt, denn die arme Mutter, welche eingekerkert wurde, während sie es unter ihrem Herzen trug, war der Tortur beinahe unmittelbar nach ihrer Entbindung überliefert worden, wie ihre zerrissenen Handgelenke dies zeigten. Aber unter dem Gewichte einer so schweren Anklage, wie die, ihre Schwester ermuthigt zu haben, welche offen den lutherischen Glauben angenommen hatte und nach Deutschland gegangen war — konnte man da gegen sie zu viel Strenge anwenden? Weder ihre Thränen, noch ihr Flehen, so rührend, daß sie einen Fels zu erweichen vermocht hätten, machten einen Eindruck auf den unerbittlichen Arbuez. Joseph allein verbarg unter seinem theilnahmlosen Aeußern eine furchtbare, tiefe, innere Aufregung. Sein Herz erbebte, zusammengepreßt durch ein unendliches Mitleid. Er bedurfte der ganzen Kraft, welche er durch lange Jahre der Verstellung erlangt hatte,

Alters oder des Geschlechtes, so daß junge Mädchen, Nonnen und Damen der höheren Stände, oft ihrer Kleider entledigt und zugleich mit jungen Männern und Greisen unbarmherzig gepeitscht wurden. (Geschichte der Inquisition, Cap. 5, III. Theil. Von den Strafen ꝛc.)

um nicht in Schluchzen und Verwünschungen auszubrechen.

Arbuez dagegen zeigte sich gleichgültig gegen den Schmerz und die Thränen, welche seine ewige Nahrung zu sein schienen, da er überdies eifersüchtig war, seinen Eifer für den katholischen Glauben zu zeigen, indem er auf das Aeußerste den Lutheranismus verfolgte, von dem er wußte, daß er das Schreckgespenst Carl V. sei. Arbuez gab den Marterknechten einen Wink, und sie ergriffen ihr Opfer. Sie bedurften keines weiteren Befehles, um zu wissen, was sie zu thun hatten, denn sie wurde der Tortur zum zweiten Male unterworfen. Zwei kräftige Männer trugen eine Marterbank in die Mitte des Raumes. Dieses entsetzliche Geräth, welches von Holz in Gestalt einer Dachtraufe ist, breit genug, um den Körper eines Menschen aufzunehmen, hatte keinen andern Boden, als einen Stab, über den der Körper so weggelegt wurde, daß der Kopf niedriger lag, als die Füße.

Die Marterknechte erhoben das halbtodte Weib und banden es mit Stricken fest. Das unglückliche Opfer ließ dies geschehen, ohne einen Schrei auszustoßen. Der Inquisitor näherte sich Ihr, um sie auf's Neue aufzufordern, das Verbrechen zu bekennen, dessen sie angeklagt war; und die Unglückliche betheuerte auf's Neue ihre Unschuld, so laut ihre erschöpften Kräfte dies gestatteten.

„Unbußfertig! Unbußfertig!“ rief der Groß-Inquisitor mit dem Tone der Trauer, sogar der Verzweiflung.

Bei diesen Worten drehten zwei kräftige Männer an einer hölzernen Winde und zerrten dadurch die Stricke, mit denen das Opfer gebunden war, scharf an, so daß das Blut aus den Gliedern bis auf die Henker spritzte. Die Bejammernswerthe stieß einen Angstschrei aus, schwach, aber herzzerreißend. Man mußte glauben, ihre ganze Kraft zu leiden, sei in diesem einzigen Schrei zusammengepreßt. Die Marterknechte wischten kalt mit dem Aermel ihrer schwarzen Kutten das Blut ab, mit welchem sie befleckt waren. Peter Arbuez trat wieder hinzu.

„Bekennet, meine Schwester!“ sagte er mit schmeichelndem Tone.

Das arme Weib, welches nicht mehr die Kraft hatte, zu sprechen, machte mit dem Kopfe eine verneinende Bewegung; in der Lage, in welcher sie sich befand, konnte sie kaum athmen.

„Unbußfertig!“ wiederholte der Inquisitor.

Die Marterknechte breiteten hierauf über das Gesicht der Duldenden eine feine, mit Wasser getränkte Leinwand, von der sie einen Theil in den Mund stopften, während das Uebrige ihr die Nasenlöcher bedeckte. Darauf gossen sie ihr langsam Wasser in den Mund und in die Nase. Das Wasser drang Tropfen bei Tropfen durch die angefeuchtete Leinwand und in dem Grade, wie es in die Gurgel und in die Nasenlöcher träufelte, machte das Opfer, dessen Athmen immer schwieriger und schwieriger wurde, entsetzliche Anstrengungen, um die Feuchtigkeit hinunter zu schlucken und ein wenig Luft einzuathmen, aber bei jeder solchen Anstrengung, wobei ihr Körper eine krampfhafte Bewegung machte, zogen die Marterknechte die Stricke fester an, so daß sie bis auf die Knochen drangen. Es war etwas Entsetzliches.

Joseph, der in der Stellung tiefen Nachdenkens, das Gesicht auf die Hände niedergebeugt hatte, trocknete verstohlen bittere Thränen. Sein Herz war bis zum Zerspringen angeschwollen, und wenn er zuweilen den Kopf erhob, zeigten seine Wangen, bei dem ungewissen Scheine der Fackeln, welche dieses Pandemonium beleuchteten, die leichenhafte Blässe eines Todten.

Beinahe eine Stunde lang träufelten die Marterknechte so Tropfen bei Tropfen das Wasser in die Kehle der Duldenden und riefen sie zuweilen dadurch in das Leben zurück, daß sie die Stricke um ihre Glieder fester anzogen. Bei jeder neuen Drehung der Winde stieß das bejammernswerthe Geschöpf einen schwächeren, einen klagenderen Schrei aus, und mit jedem solchen Schrei entfloh ein Theil ihrer Seele. Endlich wurde das Klagegeschrei so schwach, daß der Arzt der Inquisition, der für gewöhnlich diesen finsteren Trauerspielen beiwohnte, den Finger auf den Puls der Unglücklichen legend, sich zu dem Groß-Inquisitor wendete und sagte: „Eure Eminenz, das Weib kann mehr nicht ertragen, ohne zu sterben.“ [1]

[1] Die Frage des Wassers wurde unter den entsetzlichen Umständen welche der Verfasser beschreibt, unter Philipp II. bei der Donna Johanna Bohorquez angewendet. Das Andenken an diese Märtyrerin

Seite 268.

Die Wasserfolter.

„Man binde sie los," sagte Peter Arbuez. „Die Frage ist bis auf neuen Befehl unterbrochen." [1]

Die Marterknechte nahmen sogleich die Leinwand von dem Gesichte der Gemarterten. Joseph trat, von unbeschreiblichem Entsetzen ergriffen, vor, und nachdem er das Gesicht des Opfers betrachtet hatte, sagte er: „Gnädigster Herr, die Frage ist zu Ende; die Frau ist todt."

„Glaubt Ihr?" sagte der Inquisitor.

Die Marterknechte hatten jetzt die Unglückliche aufgerichtet, und als sie so da saß, wurde sie von einem krampfhaften Schlucken befallen und Ströme von schwarzem Blute stürzten ihr aus dem Munde. Ohne die Kraft, noch einmal die Augen zu öffnen, murmelte sie beinahe unverständlich: „Mein Kind!" Ihr schöner bleicher Kopf sank auf den Arm eines der Henker und ihre Seele entfloh.

„Gott sei ihr gnädig!" murmelte Peter Arbuez.

„Gnädigster Herr," flüsterte Joseph dem Inquisitor in das Ohr, „wenn diese Frau nun unschuldig gewesen wäre?"

„Dann ist sie jetzt im Himmel," erwiderte jetzt der Groß-Inquisitor. „Weshalb also ihren Tod beklagen?" [2]

Zwei Sbirren trugen die Leiche hinweg und ein neues Opfer erschien vor Sr. Eminenz. Es war eine alte würdige Frau, deren Haar unter der Ausübung der erhabensten Christentugend weiß geworden war. Es war die edle Maria

wurde bei dem allgemeinen Autodafé, welches in Valladolid 1554 gefeiert wurde, wieder zu Ehren gebracht.

[1] Die Grausamkeit der Inquisitoren wurde so weit getrieben, daß der oberste Gerichtshof (der königliche Rath der Inquisition, welchen Ferdinand von Arragonien begründet hatte) sich gezwungen sah, das Verbot zu erlassen, die Tortur öfter als einmal an derselben Person auszuüben; aber diese kalt-grausamen Mönche fanden bald einen Ausweg, um sich diesem Verbote zu entziehen. Wenn sie einen Unglücklichen längere Zeit gemartert hatten, schickten sie ihn in den Kerker zurück, indem sie erklärten, die Tortur sei unterbrochen, bis sie es für zweckmäßig erachten würden, dieselbe fortzusetzen. (Geschichte der Inquisition, Cap. 5, III. Theil.)

[2] Indem die Inquisitoren zugaben, daß durch die Tortur ebenso viele Unschuldige als Schuldige getödtet werden könnten, behaupteten sie dennoch, daß man sie anwenden müßte, indem, wenn einige vorwurfsfreie Katholiken durch dieselbe umkämen, sie geradewegs in das Paradies gingen. Das ist ein Urtheil, welches der Priester eines Gottes des Friedens würdig ist! (Führer des Inquisitors von Ximenes Cisneros.)

von Burgund, mit dem Beinamen, die Mutter der Armen.[1] Sie wurde an dem Tage des oben erwähnten Aufstandes auf die Anklage eines bestochenen Dieners verhaftet, der behauptete, sie sagen gehört zu haben: „Die Christen haben weder Treue noch Glauben.“ Maria von Burgund war 90 Jahre alt, und obgleich der oberste Rath ausdrücklich verbot,[2] zu bejahrte Personen der Tortur zu unterwerfen, hatte die muthige Greisin dennoch schon die Tortur des Seiles und die des Wassers überstanden. Es schien, als hielte eine göttliche Kraft diesen schwachen, gebrechlichen Körper aufrecht, dem nur wenige Tage zu leben blieben. Ihre großen Reichthümer hatten den Fiscus gereizt und da man nicht wußte, wessen man sie anklagen sollte, war sie des heimlichen Judenthums beschuldigt worden.

„Meine Schwester,“ sagte der Groß-Inquisitor mit seiner evangelischen Sanftmuth, „wollt Ihr endlich Euer Verbrechen bekennen und Verzeihung dafür erlangen?“

[1] Maria von Burgund war 85 Jahre alt, als sie durch einen Knecht denuncirt wurde, welcher behauptet hatte, sie sagen gehört zu haben: Die Christen haben weder Treue noch Glauben. Sie wurde, als des Judaismus verdächtig, verhaftet. In Ermanglung der Beweise behielten die Inquisitoren sie fünf Jahre im Gefängniß, indem sie hofften, hinlängliche Beweise zu finden, um sie zu verurtheilen und sich der großen Reichthümer zu bemächtigen, welche sie besaß. Des Wartens überdrüssig, unterwarfen die Richter des heiligen Officiums diese unglückliche, 90jährige Frau mehrmals der Tortur, ungeachtet der hohe Rath ausdrücklich verboten hatte, die Tortur bei Personen anzuwenden, die über 60 Jahre alt wären. Maria ertrug ohne Klage alle Torturen, denen man sie unterwarf und erklärte beständig, daß sie katholisch-apostolisch und römisch sei. Sie starb in ihrem Gefängniß unter der Betheuerung ihrer Unschuld. Gleichwohl setzten die Inquisitoren ihren Proceß fort und verurtheilten sie zum Feuertode; ihre Gebeine und ihr Bild wurden in das Feuer geworfen! Ihre sehr beträchtlichen Güter wurden die Beute der Inquisition und des Fiscus, und ihre Kinder, sowie die Kinder ihrer Kinder, verfielen einer ewigen Schande! — Dieser gotteslästerliche Mord wurde durch die Inquisitoren von Murcia vollzogen, in eben dem Jahre, in welchem Kaiser Carl V. abdankte und unter der Regierung des Inquisitors Valdez. Maria von Burgund wurde wegen ihrer großen Wohlthätigkeit die Mutter der Armen genannt. Sie erduldete die drei Fragen des Seiles, des Wassers und des Feuers. (Geschichte der Inquisition.)

[2] Die Tortur darf unter keinem Vorwande weder an Kindern unter zehn Jahren noch an Personen über 60 Jahren vollzogen werden. (Vorschriften des Verfahrens Artikel 7: Von den Fällen, in welchen die Tortur bei den Angeklagten angewendet werden darf.)

„Ich bin unschuldig!“ entgegnete stolz die Mutter der Armen. „Geschehe mit mir, was Gott will!“

„O du heilige Religion Jesu des Gekreuzigten!“ rief der Dominicaner, „werden wir denn nie dahin gelangen, Deinen Triumph auf Erden zu erringen?“

„Geht,“ sagte er zu den Marterknechten und deutete auf ein glühendes Kohlenbecken, welches die finstere Ecke des Gewölbes erhellte.

„Peter Arbuez,“ rief die alte Frau mit einem begeisterten Tone, „Du bist verflucht von Dem, welcher auf die Erde herabstieg, um zu segnen.“

„Sie ist eine Jüdin! Sie ist eine Jüdin! riefen die Sbirren und die Marterknechte, indem sie sich voll Schrecken bekreuzigten, und indem sie so sprachen, rissen sie der alten Frau die Kleider vom Leibe. Als sie beinahe nackt war, wollten sie sie auf ihren Armen emporheben, aber sie stieß sie mit einer Bewegung voll Würde zurück und sagte: „Ich werde gehen; wohin muß ich?“

Die Marterknechte deuteten mit der Hand auf das Kohlenbecken, welches an dem äußersten Ende der Marterkammer brannte. Maria von Burgund ging mit festem Schritte nach jener Gegend, betrachtete ohne zu erbleichen die glühenden Kohlen, welche tausendzüngig in die Dunkelheit emporleckten, als wären sie begierig nach dem ihnen bestimmten Opfer. Die Marterknechte streckten hierauf die Angeklagte auf eine hölzerne Bank neben dem Kohlenbecken, banden sie mit Stricken fest, so daß sie nicht die leiseste Bewegung machen konnte. Maria von Burgund ließ dies ohne Widerstand geschehen. Darauf wurde die Bank herumgedreht, so daß das äußerste Ende, über welches die bloßen Füße der Unglücklichen hervorragten, beinahe unmittelbar die Kohlen berührte. Bei den ersten Wirkungen des Feuers stieß Maria von Burgund einen tiefen Seufzer aus, die einzige Aeußerung des Schmerzes, durch die sie ihren entsetzlichen Leiden Luft machte.

„Wir haben etwas vergessen,“ sagte plötzlich einer der Henker, indem er sah, daß die Füße des Opfers außerordentlich roth wurden, und dann bleich, wie verbrennendes Pergament.

„Das ist wahr, ich hatte nicht daran gedacht,“ entgegnete der Andere, holte dann aus einer Ecke einen Topf mit

Oel, tauchte in dasselbe einen Schwamm, den er an dem Ende eines Stockes befestigt hatte, und rieb damit die Füße der Dulderin ein. Die Wirkung des Feuers, welche durch diese Fettigkeit sich steigerte, wurde nach einigen Minuten so groß, daß die Haut sprang; das Fleisch zerriß und zeigte die Sehnen, die Flechsen und die Knochen. Die Inquisition besaß einen verabscheuungswürdigen Erfindungsgeist. Dennoch setzte Maria von Burgund dieser unglaublichen Marter eine wahrhaft heldenmüthige Festigkeit entgegen, und als der Schmerz so unerträglich wurde, daß er ihr eine unwillkürliche Klage entriß, rief sie gleich dem sterbenden Heilande: „Mein Gott, verzeihe ihnen, denn sie wissen nicht, was sie thun.“ Ja wahrlich, die Inquisition hatte blinde fanatisirte und eben dadurch zu entschuldigende Werkzeuge, welche nicht wußten, was sie thaten. Welche religiöse oder geheime Gesellschaft hätte nicht die ihrigen? Es sind daher auch nicht sie, die man anklagt, sondern Die, bei denen der Geist waltet, Die, welche befehlen und eine heilige Religion im Dienste der schlechtesten Leidenschaften herabwürdigen. Die Andern sind nur theilnamlose Werkzeuge der Gesellschaft, unfähig, Theil an den Erfolgen und an den Gütern zu nehmen, die daraus entspringen, schützende Schanzkörbe, hinter denen die Führer sich während der Schlacht verbergen.

Der fromme Ausruf Maria's von Burgund war der einer christlichen Märtyrerin und nicht der einer Jüdin. Gleichwohl wurde die Marter so lange fortgesetzt, wie ihre erschöpften Kräfte es gestatteten. Als man sie darauf in ihren Kerker zurücktrug, hatte die muthige und heilige Christin noch so viel Kraft, um Peter Arbuez zu sagen: „Gott, unser Heiland verzeihe Euch, wie ich Euch verzeihe!“

Die Aussage eines einzigen Zeugen hatte zu der Verurtheilung Maria's von Burgund geführt und dieser Zeuge war noch überdies ein elender Knecht von schlechtem Rufe. Aber Maria von Burgund war zu reich, um vor dem heiligen Tribunal Gnade zu finden. Joseph war so erschüttert, daß er sich kaum aufrecht zu erhalten vermochte. Er neigte sich zu dem Ohre Peter Arbuez's und flüsterte: „Gnädigster Herr, ich fühle mich sehr unwohl. Der Kohlengeruch verursacht mir Schwindel und mein Herz zieht sich zusammen, als sollte ich sterben.“

Seite 272.

Die Fussfolter.

„Du mußt Dich aber gleichwohl daran gewöhnen," entgegnete Peter Arbuez; „noch eine einzige Tortur und Alles ist vorbei."

Indem er diese Worte sprach, traten die Sbirren in die Marterkammer. „Eure Eminenz," sagten sie zögernd.

„Nun, was gibt es? Sprecht!"

„Gnädigster Herr, die Gefangene ist todt."

„Todt!" wiederholte Peter Arbuez.

„Sie hat sich die Kehle mit einer Scheere durchgestoßen."

„Weshalb ist sie ihr gelassen worden?" sagte streng der Inquisitor. Dann fügte der heuchlerische Mönch mit dem Tone des Bedauerns hinzu: „Unbußfertig! Unbußfertig gestorben!"

Die Gefangene, von welcher hier die Rede war, hieß Johanna Sanchez und gehörte dem halb religiösen, halb weltlichen Orden an, welcher unter dem Namen der Beaten bekannt war. Sie war zum Lutherthum übergetreten, und gestorben, ohne darauf zu verzichten.[1]

„Jedes Gebet für die Verstorbene wäre nutzlos," fuhr der Inquisitor fort, indem er aufstand; „ihre Seele gehört dem Bösen."

Damit war die Sitzung beendet. Peter Arbuez und sein Günstling verließen den Palast der Inquisition.

„Ach," sagte Joseph, indem er mit aller Kraft die freie Luft einathmete und mit der Hand über die Stirne fuhr, wie ein Mensch, der aus dem Schlafe erwacht.

„Du bist wahrlich zartsinniger, wie ein Weib," sagte Peter Arbuez mit schmeichelndem Tone.

„Nein, gnädigster Herr, ich habe wohl den Muth eines Mannes, das dürft Ihr mir glauben," erwiderte der junge Mönch mit ernstem Tone.

„Das wollen wir sehen, wenn die Zeit der Prüfung gekommen ist," fuhr der Inquisitor fort.

„Ja, wir werden es sehen, wenn die Zeit gekommen ist. Seid dessen gewiß."

[1] Johanna Sanchez, aus der Classe jener Frauen, welche man Beaten nennt, wurde als Lutheranerin zum Tode verurtheilt. Als sie ihre Verurtheilung erfuhr, schnitt sie sich mit einer Scheere die Kehle ab und starb unbußfertig in ihrem Gefängniß. Ihre Leiche wurde im Jahre 1559 zu Valladolid verbrannt.

XXX.

Die Bußkammer.

Der Rathschlag Josephs war nicht verloren gegangen. Eines Abends, acht Tage später, lag die Tochter des Gouverneurs in einem der Thürme, welche die vier Ecken des Inquisitionspalastes bildeten, auf den Knien. Ein kleiner hölzerner Schemel stand neben ihr; sie stützte sich darauf mit dem Ellenbogen und in ihre bleiche Hand lehnte sie den matten Kopf. Die Zelle, in welcher sich Dolores befand, hatte nicht mehr, als 10 Fuß im Durchmesser. Sie war vollkommen rund und die gewölbte Decke ebenso wie die Mauern weiß angestrichen. Eine kleine, in der Höhe der Mauer angebrachte Oeffnung ließ allein ein zweifelhaftes Licht ein, welches das ganze Gemach erhellte. Dolores, welche erschöpft war, kniete auf dem Boden nieder, um durch eine Veränderung ihrer physischen Lage die finstere Verzweiflung zu verbannen, in welche sie die entsetzliche Monotonie dieses abscheulichen Aufenthaltes versenkte. Gebrochen durch unablässige Prüfungen flehte das arme Mädchen, die so jung und dennoch so stark war, zu Gott, ihr Muth zu verleihen, um nicht zu erliegen. Die Liebe, diese heilige Nahrung der Seele, hielt sie noch aufrecht. Die Liebe, deren unaussprechliche Wonne sie nur von fern erblickt hatte, flößte ihr das Verlangen ein, zu leben, um die Freude voll zu genießen. Allein in dem Herzen dieses muthigen Mädchens trennte die Liebe für Estevan sich nicht von der Zärtlichkeit für ihren Vater. War nicht Estevan der Adoptivsohn Manuel Argoso's? Und da die, welche lieben, nie ganz verzweifeln, schien es ihr, als sei für sie noch nicht Alles verloren, so lange Estevan lebte. Die Nacht überraschte sie bei diesem Sinnen der Zärtlichkeit und des Schmerzes. Allmälig wurde es dunkler und dunkler, bis zuletzt Dolores nicht mehr die Umrisse ihrer Zelle unterscheiden konnte.

„Ach, welch ein Glück,“ rief sie, indem sie aufstand, „nicht mehr diese ewig weißen Wände zu sehen! Diese endlose runde Wand, die mich blind macht!“

Indem sie diese Worte sprach, drang ein heller Lichtschein in ihre Zelle und auf's Neue geblendet, schlossen sich unwillkürlich die Augen des jungen Mädchens.

„Fürchtet nichts; ich bin es;“ sagte eine befreundete Stimme.

Dolores öffnete die Augenlieder und erblickte Joseph.

„Ach ich danke Euch, mein guter Joseph, daß Ihr gekommen seid,“ sagte sie, indem sie sich weinend an den Busen des jungen Mönches warf.

„Ich konnte nicht früher kommen,“ erwiderte der Dominicaner; „ich fürchtete den Argwohn des Inquisitors zu erwecken.“

„Ach,“ rief Dolores mit einer Bewegung des Abscheues, „wie ist es Euch möglich, diesem Menschen zu dienen?“

„Es muß sein,“ entgegnete Joseph mit dem Ausdrucke tiefer Ueberzeugung.

„Ja, ich begreife,“ erwiderte das junge Mädchen nach einigen Augenblicken der Ueberlegung, „eine verhängnißvolle Nothwendigkeit muß Euch an das Geschick dieses Peter Arbuez fesseln. Ihr, so gut, so edel, so großmüthig, würdet sonst nicht eingewilligt haben, dem Anscheine nach der Mitschuldige dieses Ungeheuers zu werden!“

„Ihr glaubt das, Dolores, nicht wahr? sagte der Günstling mit bitterem Lächeln.

„Ach ja, so muß es sein,“ entgegnete sie, „Ihr müßt wichtige Beweggründe haben und ein entsetzliches Unglück muß auf Eurem Leben lasten. Wenn ich an Euch denke, Don Joseph, an Euch, der Ihr mit so vielem Muthe das schwere Kreuz tragt, das Euch auferlegt ist, finde ich mich daher auch sehr klein und elend, denn ich muß Euch gestehen, daß ich zuweilen meinen Leiden erliege, und daß es mir scheint, als wollte meine Vernunft mich verlassen. Die Gefangenschaft tödtet mich, oder sie ist vielleicht eine gerechte Strafe für meinen Stolz, der in mir den Wahn erweckt hatte, Allem widerstehen zu können.“

„Armes Kind!“ sagte Joseph, indem er einen traurigen Blick umhergleiten ließ.

„Ja, das ist es, Don Joseph; dieser Ort tödtet mich! Eben nur genug Luft zu haben, um nicht zu sterben! Nicht drei Schritte thun zu können, ohne gegen eine unübersteigliche Scheidewand zu stoßen; und dann rings um mich her ewig diese glatte weiße Mauer zu sehen! Schwindel zu haben, als ob man auf einer bezauberten Schaukel in der Luft hin- und hergeworfen würde. — Die Augen zu schließen, um nicht mehr zu sehen und in Gedanken noch immer zu wirbeln, zu wirbeln — den Fußboden unter unsern Füßen weichen zu fühlen, wie in einem Traume, in den weiten Raum geschleudert zu werden und keinen Haltpunct zu finden, an den man sich anklammern kann — schlafen zu wollen und unablässig vor den Ohren ein abscheuliches Summen und Klingen zu hören, durch welches man wach gehalten wird; — nach der Nacht zu rufen, wie Andere nach dem Lichte rufen und endlich zu fürchten, daß die Sonne aufgeht, deren heller Schein jeden Morgen diese endlose Pein erneuert. Ach, Don Joseph, es ist, um wahnsinnig zu werden! — Und seht nur, seht," fuhr sie mit großer Hast fort, „sie fürchten, ich litte noch nicht genug, ich könnte einen Augenblick meinen brennenden Kopf ausruhen. — Sobald der Tag erscheint, nimmt man mir mein Bett und gibt es mir erst am Abend zurück."

Die Aufregung, die sich in Dolores' Gesicht aussprach, ihre große Heftigkeit erschreckten den jungen Mönch. Der Aufenthalt in dieser Zelle mußte in der That etwas Entsetzliches für sie haben, da er das für gewöhnlich so sanfte und so ergebungsvolle Mädchen so außer sich brachte. Joseph bereute es lebhaft, dem Inquisitor den Rath gegeben zu haben, sie an diesen traurigen Ort bringen zu lassen, obleich seine Absicht dabei nur war, dadurch das Entkommen der Gefangenen zu erleichtern, da der Thurm der Straße näher lag und überdies einen besonderen und wenig gebrauchten Ausgang hatte. Da er die Sache nicht zu ändern vermochte, versuchte er es, die arme Gefangene durch Worte zu ermuthigen und ihre Hoffnung zu erwecken.

„Ich werde Euch so oft besuchen, als ich kann," sagte er, „und überdies hoffe ich, bald ein Ende herbeizuführen. Bis dahin sammelt Eure Kraft und wartet voll Muth der Dinge. Gott wird Euch nicht verlassen."

„Ach, es ist nicht der Muth, der mir mangelt, sagte sie, „aber mein Wille erliegt gegen den vernichtenden Einfluß dieser abscheulichen Zelle, die so verderblich auf meine geistigen Kräfte wirkt. Abends, wenn ich ruhend auf meinem

Bette liege, nachdem ich den ganzen Tag über gegen die zahllosen Hallucinationen gekämpft hatte, und die Nacht meinen Nerven einige Ruhe gewährt, denke ich ernst über meine Lage nach, und sage mir gefaßt, daß das wahrscheinliche Ende von dem Allen die Tortur und die Verurtheilung zum Tode ist."

„Nein," sagte Joseph, „glaubt das nicht."

„O, ich habe mich an diesen Gedanken gewöhnt," entgegnete sie lebhaft, „und bin fest entschlossen, lieber Alles voll Muth zu dulden, als mich feig zu zeigen und aus Furcht vor dem Tode meinen Glauben zu verleugnen, lieber zu sterben, als auf meinen edlen Estevan zu verzichten. Aber ehe ich zum Tode gehe, werde ich, das schwache Mädchen, gegen diesen Bedrücker des unglücklichen Spaniens protestiren, und wenn ich vor dem ungerechten Inquisitor von Sevilla erscheine, der sich durch die Schmach der Weiber und das Verderben der Familien mästet, werde ich ihm seine ganze Nichtswürdigkeit in das Gesicht schleudern und wir wollen dann sehen, ob das Blut eines unschuldigen Opfers unfruchtbar für die Freiheit Spaniens bleibt."

„Heiliges, muthiges Mädchen!" sagte Joseph, „man wird Euch nicht einmal diese letzte Hilfe lassen. Eure Sache gelangt nie zur Untersuchung und Ihr werdet in den Kerkern der Inquisition sterben, wie Francisca von Lerma, die in eben der Nacht hierher gebracht wurde, in welcher Ihr Euren Vater sahet."

„O mein Gott, mein Gott!" rief das junge Mädchen mit einem Schrei des Abscheues, „ist es denn möglich, daß ich so lebendig begraben werde? Was sagt Ihr mir da, Joseph? Aber das ist unmöglich! Ihr seht wohl, daß jedes Gefühl der Gerechtigkeit sich dem widersetzt. Man verurtheile mich, unschuldig oder nicht, so ist das doch wenigstens in den Augen der Welt eine Handlung der Gerechtigkeit, durch welche das Gewissen meiner Richter freigesprochen werden kann. Aber daß man durch die abscheulichste Willkür meine Freiheit ewig mir raube — daß man mich langsam vor Verzweiflung sterben lasse — ach, Don Joseph, das ist nicht, das kann nicht sein und Ihr verleumdet die Inquisition."

„Francisca von Lerma war die Geliebte des Peter Arbuez," erwiderte kalt der junge Mönch, „und da sie sich bekehren wollte, hat er sie hier einkerkern lassen."

„Die Aebtissin der Carmeliterinnen! — Wessen klagt man sie an?“

„An Gründen zur Anklage fehlt es den sinnreichen Erfindern des heiligen Officiums nie, allein da ein Proceß den Inquisitor bloßstellen könnte, wird man Francisca keinen Proceß machen und sie wird sterben, ohne in Untersuchung gezogen zu sein. Glaubt mir Dolores, ich verleumde nicht.“

„Ach, das ist entsetzlich, Don Joseph! Wie kann der König Carl V., den man so groß nennt, solche Mißbräuche dulden?“

„Die Inquisition ist stärker, als der König,“ erwiderte der Dominicaner. „Die Macht eines Einzigen, sei sie noch so groß, zerschellt an der vereinigten Macht Vieler. Gleichwohl ist unser König gerecht, und wenn er alle Mißbräuche kennte, die begangen werden, würde er ohne Zweifel versuchen, sie zu unterdrücken. Er kennt sie aber nicht und überdies sind die Inquisitoren, welche das Recht haben, die Fürsten und die Könige anzuklagen und zu richten, nur dem Papst verantwortlich.“

„Ach,“ sagte die Tochter des Gouverneurs mit unbeschreiblicher Niedergeschlagenheit, „ich sehe wohl, daß ich mich ergeben muß!“

„Das sagte ich nicht,“ erwiderte lebhaft Joseph. „Sollte ich es auch mit meinem Leben bezahlen, so würde ich Euch doch der Freiheit zurückgeben, Dolores; aber der Augenblick dazu ist noch nicht gekommen. Estevan und Johann von Avila sind in Madrid.“

„Ich weiß es, Don Joseph, ich weiß Alles, was sie für mich gethan haben.“

„Vielleicht werden sie von dem Könige die Begnadigung Eures Vaters erlangen.“

„Seine Begnadigung sagt Ihr? Ach, welche Gnade kann der König einem Manne gewähren, den die Inquisition verurtheilt hat? Sagtet Ihr mir nicht selbst, daß er nichts vermag?“

„Um sich dem Könige gefällig zu beweisen, läßt die Inquisition zuweilen von ihrer gewöhnlichen Strenge nach,“ erwiderte Joseph. „Es ist wohl das Wenigste, daß man dem Herrscher Spaniens, dem großen Kaiser Carl V. das Recht der Bitte läßt.“[1]

[1] Das Recht der Bitte. Dies war in der That Alles, was die Inquisition den Königen und sogar dem Papste gelassen hatte. Die Päpste und die Könige besaßen wohl das Recht, die Bestimmungen

„Ach mein Gott,“ sagte die Tochter des Gouverneurs, „als ich noch Kind war und auf den Knien meines Vaters spielte, wenn ich da den Namen des Königs aussprechen hörte, diesen Namen, der für mich zu strahlen schien, wie ein Heiligenschein, dann stellte ich mir einen schönen Mann vor, mächtig und großmüthig, der durch ein Wort Hütten in Paläste, die Thränen des Volkes in Freudengeschrei verwandeln könnte, und der überall auf seinem Wege Glück, Wohlstand und Hoffnung verbreitete. König! Kaiser! Diese beiden Zauberworte sind also nichts als trügerische Symbole, mit denen man einen Menschen bekleidet, der sterblich und vergänglich ist, wie wir, ebenso schwach, wie wir und hundertmal unglücklicher, denn er ist nicht nur seinen Leidenschaften unterworfen, sondern auch allen Dingen und allen Menschen, die durch irgend einen Einfluß seine Macht lähmen, seine Autorität hindern können. Heißt das herrschen, o mein Gott? Wozu dient es, daß man sagt: Sire; und die Knie beugt, wenn Der, dem man diese Ehrfurcht bezeugt, nicht einmal das Recht hat, Gerechtigkeit zu üben?“

„Gerechtigkeit! Ein leeres, hohltönendes Wort!“ murmelte Joseph. „Dies Wort ist nur eine Larve, Dolores, wie viele andere Wörter, die man häufig gebraucht. Ich kümmere mich darum nicht. Was sind für mich diese tausend so ernsten Nichtigkeiten, durch welche sich das religiöse und politische Leben der Menschen nährt, und welche selbst bis zu dem häuslichen Herde vordringen? Was kümmern mich die Kämpfe des einen Dogmas gegen das andere? Die Reizbarkeit einer Secte, der unsinnige Stolz einer andern, die Grausamkeit Derer, welchen der Sieg bleibt? Mein Weg ist mir vorgezeichnet und um an mein Ziel zu gelangen, brauche ich nur geradeaus zu gehen, ohne rechts oder

der Inquisition zu cassiren, allein die Inquisition besaß die Gewandtheit, ihre Verfolgungen wieder zu beginnen und auf's Neue Processe anzufangen, so daß sie stets damit endigte, sich der Opfer zu bemächtigen, welche die Gerechtigkeit des Papstes oder die des Königs, ihr für einige Zeit entzogen hatte. Ein Beweis sind die Bischöfe von Segovia und von Colahorra, von denen weiter oben gesprochen wurde und selbst diese Bitten der Könige waren in den meisten Fällen ohnmächtig. Die Inquisition leistete ihnen offenen Widerstand, unter dem Vorwande, die Interessen der Religion zu vertheidigen und die Ketzerei zu vernichten. (Geschichte der Inquisition und Geschichte Spaniens von Mariana. pag. 717.)

links zu blicken, denn an diesem Mönchsgewande gleiten alle Dolche ab, wie an einem Panzer."

Als Dolores den jungen Dominicaner so sprechen hörte, sah sie ihn fest an. Sie suchte das eigenthümliche Gemisch der Bitterkeit und des Zartgefühles zu erforschen, welches ihn zu einem außergewöhnlichen Wesen machte. Joseph zeigte in seinen Reden zugleich die Thatkraft des entschlossensten Mannes und das gefühlvolle Wesen des zärtlichsten Weibes. Seine Seele wie sein Körper zeigten das eigenthümlichste Gemisch der entgegengesetztesten Eigenschaften. Indem man Joseph sah und ihm zuhörte, vergaß man, daß er ein Mönch war und zu den Beamten der Inquisition gehörte; man erblickte in ihm nur einen verführerischen, unwiderstehlichen Menschen; sei es, daß sein bleiches und schönes Gesicht den Eindruck eines tiefen Schmerzes trug, sei es, daß sein glänzendes und reines Auge, erhellt durch ein sanftes Licht, mit voller Kraft die leidenschaftliche Zärtlichkeit dieser geheimnißvollen Seele aussprach, die wechselvoll war, wie die Fluthen des Meeres. Er besaß eine Gabe, welche wenigen Menschen eigenthümlich ist: die der Bezauberung.

Vielleicht erwirbt auch Der allein, welcher gegen alle Stürme kämpft, die Beweglichkeit der Physiognomie, die Hingebung des Wesens, die Leichtigkeit der Sprache, besonders aber den leidenschaftlichen Trübsinn, welche unwiderstehlich jede Sympathie erwecken, so sehr neigt das menschliche Herz sich von Natur Allem zu, was sonderbar ist. Vielleicht ist auch diese Anziehungskraft gewisser Wesen ein physiologisches Geheimniß, welches jeder Analyse sich entzieht. Man definirt es allerdings durch das Wort Magnetismus. — Wir geben den Magnetismus zu, aber man erkläre ihn uns. Wer versteht und begreift ihn?

Uns scheint es, daß man, um die rationelle Ursache desselben aufzufinden, bis zu Gott zurückkehren müßte.

Zu der Zeit, zu welcher unsere Geschichte sich zuträgt, existirte das Wort Magnetismus noch nicht. Man fand es viel kürzer, Magie alles das zu nennen, was nicht unter die unmittelbare Auffassung der äußeren Sinne fiel. Die Geister jener Zeit waren ungleich spiritualistischer, als die der unsrigen. Sie hatten nicht die Materie der Wunder, welche der höhere Geist, der die Welt regiert, rings um uns her verschwendet. Sie hatten die Sachen ein wenig weit getrieben, das ist wahr, denn sie glaubten nicht nur an einen wohlthätigen und ewigen Geist, sondern sie anerkannten auch noch den Einfluß des Geistes der Finsterniß auf den Menschen, und wenn ein Wesen, das mit höherem Verstand oder mit einem großen Genie begabt war, unter diesen unwissenden und beschränkten Menschen auftauchte, die ihn nicht zu begreifen vermochten, nannte man ihn Zauberer, denn man glaubte, daß er durch den Dämon begeistert sei und bedient werde. Zuweilen unterstützte dieser Volksaberglaube vortrefflich den Ehrgeiz und die Politik der Inquisitoren, welche alle Die fürchteten, deren Wissenschaft oder Philantropie den öffentlichen Geist aufzuklären vermocht hätten. So wurde der heilige Johannes von Gott, der berühmte Gründer des Ordens der Hospitaliter, den wir in diesem Buche auftreten sahen, einige Jahre später durch das Tribunal der Inquisition der Nekromantie beschuldigt und dadurch gezwungen, zu dem Papste seine Zuflucht zu nehmen, um seine Freisprechung zu erlangen.[1] Aber zu allen Zeiten haben die starken Geister sich von diesem kindischen Aberglauben frei gemacht.

Die Sympathie, welche Dolores zu Joseph hinzog, und für welche sie nach keiner natürlichen Ursache suchte, hatte etwas Süßes und Trostreiches, frei von jeder Art Zwang. Etwas, das der Freundschaft eines Weibes für ein anderes glich. Joseph verlor in ihrer Nähe die Härte, den Ernst, die Strenge des Geistlichen. Dolores legte ein wenig die Zurückhaltung ab, welche einem jungen Mädchen ein Mann einflößt, der mit dem Priestergewande bekleidet ist. Daraus entsprang für Beide ein unaussprechlicher Zauber.

[1] Man liest in der Geschichte der Inquisition, Cap. 6, 4. Theil: „Der heilige Johannes von Gott, der Begründer eines Ordens der Hospitaliter, welcher sich der Pflege und dem Beistande armer Kranken widmete, wurde zugleich mit dem gelehrten Bischofe von Toledo, Bartholomäus Caranza, gegen welchen der Inquisitor Valdez seine Erbitterung zeigte, welche mehr aus Eifersucht als Eifer für die Religion entsprang, verhaftet, als der Ketzerei und der Nekromantie verdächtig und seine fromme Philantropie wäre vielleicht Ursache gewesen, daß er lange in den Kerkern der Inquisition schmachten mußte, wenn sich der Papst dem nicht lebhaft wiedersetzt hätte."

„Mein guter Joseph,“ sagte sie, als sie bemerkte, wie er traurig und nachdenkend wurde, „Ihr thut mir weh, indem Ihr von Euch sprecht. Der Gegenstand ist Euch selbst peinlich und Ihr kommt nie darauf zurück, ohne daß er in Euch eine tiefe Traurigkeit erweckt.“

„Ihr täuscht Euch, theure Dolores; es ist keine Traurigkeit. Worüber sollte ich mich auch jetzt betrüben? Ich sagte Euch schon, meine Lebensbahn ist vorgezeichnet und ich folge einem unerbittlichen Geschicke. Um was soll ich mich also beunruhigen?“

„Joseph, Ihr flößt mir Furcht ein; das sind nicht die Gefühle eines Christen.“

„Sprechen wir nicht von mir,“ entgegnete der junge Dominicaner, „sondern denken wir an Euch, Dolores, an Euch allein. Der Wille Gottes ist, daß ich das Werkzeug zu Eurer Befreiung werden soll. Ist meine Sendung erfüllt, dann darf ich zu Gott zurückkehren, die Hände beladen mit Segenswünschen meiner Brüder und habe ich gesündiget, so habe ich dann auch das Recht, ihm zuzurufen: Gnade, Gnade! denn auch ich bin ein Märtyrer gewesen und das Märtyrerthum ist eine Taufe, welche jede Sünde abwäscht.“

Indem Joseph so sprach, schien er von einer finsteren Begeisterung ergriffen zu sein. Es war, abgesehen von der Tracht, der schöne Kopf der Medusa. Dolores, die am Boden saß, beide Hände auf ihre Knie gelegt, hörte ihm schweigend zu, und während ihre großen feuchten Augen mit aufmerksamem Blicke allen Wechseln in der Physiognomie Joseph's folgten, rannen die Thränen schweigend über ihre Wangen. Jetzt ergriff sie die Hand des jungen Mönches, die weiß, weich und fein war, wie ihre eigene, drückte sie innig mit den ihrigen und sagte: „Joseph, mein guter Joseph, was ist Euch?“

„Nichts,“ erwiderte er, durch diese Worte zu sich selbst zurückgerufen. „Ich denke an meine Sendung auf Erden: Die zu befreien, welche leiden. Das ist Alles.“

„Wird Estevan bald zurückkehren?“ fragte das junge Mädchen, indem es den jungen Mönch von seinen traurigen Gedanken abzuwenden suchte, indem sie von sich selbst redete.“

„Vielleicht in acht Tagen,“ erwiderte Joseph. „Ich erfahre seine Rückkehr sogleich und werde Euch ohne Zweifel gute Nachricht zu melden haben. Ich hoffe viel von dem Einflusse Johannes von Avila bei dem Könige."

Es ist vielleicht hier der Ort dazu, zu erklären, wie Joseph die Reise Estevans und des Apostels erfahren hatte. Man erinnert sich, daß bei ihrer letzten Zusammenkunft in dem kleinen maureskischen Hause Joseph Coco empfohlen hatte, über die Schritte Estevans zu wachen und ihm von denselben Rechenschaft zu erstatten. Durch den Tavernenwirth der Buena Ventura war Joseph in Kenntniß gesetzt worden, ebenso wurde Coco auch durch Johann von Avila damit beauftragt, Dolores durch die Mittheilung ihrer Reise zu beruhigen. Unglücklicherweise hatte sie in ihrem Verlangen, ihren Vater zu retten, nicht die Geduld gehabt, zu warten, und diese Ungeduld lieferte sie dem heiligen Officium aus.

„Aber jetzt," fügte er dann hinzu, indem er sah, daß die Gefangene ein wenig beruhigt war, „müssen wir uns trennen. Seid klug und bleibet stark."

„Ach noch nicht," rief sie, indem sie sich an die Kleider des jungen Dominicaner klammerte; „noch nicht, Don Joseph; Ihr seht wohl, daß ich in meine entsetzliche Angst zurückfalle und wieder unsinnig werde."

Die Worte: wir müssen uns trennen, hatten plötzlich das bittere Gefühl ihrer Einsamkeit wieder wach gerufen. Ihre Nerven, welche sich einen Augenblick durch die Trostesworte der Freundschaft beruhigt hatten, erlitten eine schmerzhafte Reaction. Ihre Einbildungskraft zeigte ihr auf's Neue die Phantome, von denen sie in ihrer grausamen Gefangenschaft bestürmt wurde, und sie flehte mit erstickter Stimme: „Joseph, Joseph, verlaßt mich nicht! Ihr seht wohl, daß ich hier sterben muß! Ach, nehmt mich mit Euch, nehmt mich mit Euch! Bringt mich in einen Kerker, wenn Ihr wollt, nur nicht hier — nur nicht hier!"

Sie schleppte sich, außer sich, auf den Knien zu Joseph. Die kräftige, moralische Organisation des jungen reinen Mädchens, das so fromm und so gottesfürchtig war, erlag den fürchterlichen Wirkungen des Zellensystems. Joseph hob sie sanft empor, träufelte ihr einige Tropfen Wasser, die in dem Trinkgefäße geblieben waren, auf die Stirne und strich ihr mit seiner frischen Hand liebkosend mehrmals von einem Schlafe zum andern, ohne Zweifel durch eine Wirkung des Magnetismus. Diese Berührung schien die arme Gefangene zu beruhigen. „Geht jetzt," sagte sie gelassen, indem sie die Augen schloß, denn sie fürchtete die Blicke umher zu werfen. „Geht, ich werde ruhig sein."

In diesem Augenblicke wurde an die Thür der Zelle geklopft.

„Tretet ein," sagte der junge Mönch, indem er neben der Gefangenen die Haltung eines Beichtvaters neben der Beichtenden einnahm. Es war der Schließer, welcher die Matratze brachte, auf der Dolores schlief.

„Die Gefangene ist unterwürfig," sagte der Dominicaner. „Ihr könnt ihr das Bett während des Tages lassen."

„Ich werde den Befehl Eurer Reverenz befolgen," erwiderte der Schließer.

„Lebet wohl, meine Schwester," fuhr Joseph fort, und sich zu dem jungen Mädchen beugend, fügte er leise hinzu: „Bald kehre ich zurück."

Er ging. Dolores blieb kniend in der Dunkelheit, den Kopf auf die Brust herabgesunken.

Jetzt möge uns der Leser nach Madrid in den Palast Carl V. folgen.

XXXI.

Madrid.

An einem heiteren, frischen Maimorgen verfolgten zwei Reisende die Straße von La Mancha nach Madrid. Auf dem sich senkenden Wege erschien ihnen bereits die königliche Stadt gleich einem Mastenwalde, ihre tausend spitzigen Kirchthürme überragt von den hohen Kuppeln von St. Isidor und St. Franciscus in die Lüfte tragend. Schon bemerkten sie östlich von Madrid die Einsiedelei des heiligen Arbeiters, eine kleine Capelle, die von den Madridern wegen der zahlreichen Wunder, die daselbst geschahen, sehr hoch geehrt wurde.[1] Ein poetisches Gebäude, welches schon

[1] Die Einsiedelei des heiligen Isidor liegt auf einer Höhe, im Westen der Hauptstadt. Diese Einsiedelei ist der ehemalige Pachthof, auf welchem der Heilige als Knecht beschäftigt war, und welchen die

von weit her auf dem dunklen Azur des Himmels seine anmuthigen und luftigen Linien abzeichnete, und mehr einer Laune der Einbildungskraft oder einer optischen Phantasie glich, als einer ehemaligen Wohnung von Arbeitern, welche durch die öffentliche Frömmigkeit in eine Capelle verwandelt worden war.

Bald darauf überschritten sie die Brücke von Toledo, das bewundernswerthe römische Bauwerk, welches über den Manzanares führt, jenen traurigen Fluß, der sich durch eine noch traurigere Ebene schlängelt. Dann die etwas steile Straße absteigend, gelangten sie zu der Schule des Toreadores. Hier hielten sie einige Minuten an, um die

Geistlichkeit auf Kosten der öffentlichen Frömmigkeit in eine prachtvolle Capelle verwandelte. Der heilige Isidor muß jährlich eine große Menge von Wundern vollbringen, auf die Gefahr hin, sonst seinen Ruf zu verlieren, der ungeheuer groß ist und der dem Collegial-Capitel von Madrid, welches ihn ausbeutet, gewaltige Summen einträgt. Aber diese Wunder lassen sich leicht ausführen und sind auf den beschränkten Verstand eines Bauern berechnet. Der heilige Isidor, welcher jetzt Schutzpatron von Madrid ist, war nichts als ein sehr roher Bauer, der zuweilen seine Frau, die heilige Maria de la Cabeza, aus bloßer Eifersucht schlug. Die Wunder, welche der heilige Isidorus bewirkt, beschränken sich darauf, entzweite Freunde und Liebende zu versöhnen, eine Versöhnung, welche sie erlangen, indem sie Wasser aus dem Brunnen trinken, aus welchem der Heilige seine Thiere tränkte, während er Knecht auf dem Pachthofe war. Das Wasser dieses Brunnens, welcher jetzt in einen Springbrunnen verwandelt ist, heilt auch die Migraine, das heißt, wenn man sich, nachdem man es getrunken hat, gut unterhält; man unterhält sich aber stets gut in der Einsiedelei des heiligen Isidorus am 15. Mai, dem Festtage dieses Schutzheiligen. An diesem Tage begeben sich mehr als zweimalhunderttausend Seelen, von 20 Stunden in der Runde, an diesen Ort, um das Versöhnungswasser zu trinken, auf dem Rasen gute Mahlzeiten zu halten, Kuchen zu essen und mit den hübschesten Mädchen des Landes zu tanzen. An diesem Tage sind die Freiheiten der Freude groß in der Umgebung der Einsiedelei.

Es versteht sich von selbst, daß das Wasser des Springbrunnens nur dann die Feinde mit einander versöhnt, wenn sie dasselbe gemeinschaftlich trinken, was sehr leicht ist, wenn man im Voraus die Stunde bestimmt hat, zu welcher man sich zu dem Wunderbrunnen begeben will. Ebenso ist es selbstverständlich, daß zur Bewirkung dieser Wunder der Glaube gehört, besitzt man diesen, so tritt man in die Einsiedelei ein, küßt die Reliquie des Heiligen, bringt einige Maravedis zum Geschenk und geht, um zu trinken. Das Wunder wird dann nicht auf sich warten lassen. Die Capelle des heiligen Isidorus hat noch nichts von ihrem Rufe eingebüßt; das Wasser des Springbrunnens ist kräftiger als je.

Aussicht zu genießen; aber sie erblickten rings um die Hauptstadt Castiliens her nichts als einen öden nackten Gürtel, einen röthlichen oder weißlichen Boden, bedeckt mit spitzen Steinen, die sich unter den brennenden Strahlen der Sonne in Staub aufzulösen schienen.

„Ach, welche Trauer und Nacktheit!“ rief der ältere der beiden Reisenden, in welchem der Leser Johann von Avila bereits erkannt haben wird. „Sollte man nicht sagen, das sei hier ein weiter Gottesacker, der seine zahllosen Gebeine aus dem Boden emporstreckt?“ [1]

„Ja,“ erwiderte Estevan, „der Tod herrscht hier, wo das Leben pulsiren sollte.[2] Die Trägheit der Arme ist ebenso groß, wie die des Geistes.“

„Nein,“ fuhr der Apostel fort, „das Leben, welches sich dem Rande des Grabes naht, um die Last zu heben, die es bedeckt; das Leben, welches, seiner selbst unbewußt, stets danach strebt, sich nach außen zu zeigen, denn es verabscheut die Finsterniß.“

„Und die Finsterniß hat es besiegt, mein Vater; Ihr seht es überall hinschwinden, verzweifelnd an sich selbst, wie Andere an ihm verzweifeln. Ihr seht es wohl, überall dasselbe Schweigen, in Madrid wie in Sevilla, eine dumpfe Traurigkeit, ein erschrecklicher Mangel an jedem Geräusch, an jedem Leben, nichts als das dumpfe Nagen der Würmer in einem Grabe, der erstickten Seufzer, welche peinlich aus

[1] Sollte man nicht glauben, einen ungeheuren Gottesacker zu sehen, welcher zahllose Gebeine aus seinem Schooße wirft? Um die Richtigkeit und die Schönheit dieses Vergleiches zu begreifen, den der Verfasser aufstellt, indem er von den Feldern spricht, welche Madrid umgeben, muß man diesen trockenen, zerrissenen Boden gesehen haben, der fast jedes Grüne entbehrt, und mit Steinen besäet ist, welche durch die Strahlen der Sonne verkalkt sind.

[2] Der Tod da, wo das Leben athmen sollte! Unter allen Völkern ist das spanische mehr als jedes andere allem Anscheine nach zu großen edlen Handlungen geschaffen. Begabt mit einem seltenen Verstande, mit einem großen Scharfsinne und richtigen Urtheile, besitzt der Spanier die Fähigkeit für alle Wissenschaften, für alle Künste. — Und gleichwohl kennen die Spanier im Allgemeinen nur wenig von der Wissenschaft und seit langer Zeit schon werden die Künste in Spanien kaum gepflegt. Indem man die Geschichte dieses Volkes liest, sieht man sich gezwungen, die Inquisition anzuklagen oder richtiger gesagt, Rom, Rom, welches die Inquisition erschuf und sie noch 1844 erhielt. Rom ist schuld an der Trägheit und der Nullität, welche aus Spanien einen ungeheuren Leichnam gemacht haben.

dem tiefen Grunde der Herzen hervordringen und auf der Oberfläche — stumme Verzweiflung! Ist denn dies das Leben einer großen Nation?

„Estevan,“ sagte der Geistliche, „wenn Ihr mitten im Winter einen nackten, dürren Baum betrachtet, der todt zu sein scheint, sagt Ihr Euch dann nicht, daß unter der rauhen, geschwärzten Rinde, die kein Zeichen der Vegetation verräth, ein kräftiger Saft circulirt, der bei den ersten Strahlen der Sonne die entlaubten Zweige mit reichem Grün bekleiden wird? Ebenso ist es auch mit Spanien. Wartet, daß die Sonne der Wissenschaft und der Freiheit es erwärme und beleuchte, und Ihr werdet sehen, welcher Reichthum des Saftes und des Lebens unter dieser Hülle des Todes verborgen liegt, und wie werden dann diese glühenden Herzen, die jetzt so bedrückt sind, bei den ersten Strahlen einer neuen Aera, einer vollkommenen Wiedergeburt, vor Freude hüpfen.“

„Möge Gott Euch erhören!“ erwiderte Estevan.

Sie gelangten zu dem Thore von Toledo. Dieser Haupteingang von Madrid, welcher gegenwärtig ein schönes steinernes Bauwerk ist, bestand damals nur aus einem großen hölzernen Thore mit zwei Flügeln, geschlossen durch einen schweren Querbalken; es glich der Thür eines Fruchtbodens. Die Reisenden durchschritten das Thor und betraten die Straße von Toledo, eine der schönsten Straßen der Stadt in jener Zeit. Sie führte zu dem Platze der Cebada (Kornmarkt), welcher auf eine würdige Weise die beiden Reihen langer Gebäude schloß, die beinahe ausschließlich aus Mesones (Herbergen für Maulthiertreiber) bestanden.[1] Zu diesem Platze gelangt, staunte Estevan

[1] Die plaça de la Cebada ist auch der Ort der Hinrichtungen; auf diesem Platze wurde der Vertheidiger der Freiheit, der unsterbliche Riego, im Jahre 1813 schmerzvoll gehängt, nachdem er unter dem lauten Jubel des Pöbels, welcher durch die Hetzereien der Mönche aufgeregt war, auf einer Schleife, an dem Schwanze eines Esels befestigt, nach dem Richtplatze geschleppt worden war. Ehe der edle Riego starb, wurde er noch durch den Henker selbst beschimpft. „Ich habe Dich, Freimaurer, Teufelssohn! Diesmal sollst Du mir Alles bezahlen, was Du gethan hast!“ — Dies waren die Worte, welche Der, dessen die Gerechtigkeit sich als eines Schwertes bedient, an den Mann richtete, welchen 1820 ganz Europa als den Befreier Spaniens begrüßt hatte.

über die große Menge von Menschen beiderlei Geschlechtes und jedes Alters, welche alle diese Zugänge erfüllten. Der Menge ungeachtet, hörte man nicht jenes laute, mißtönende Schreien, welches gewöhnlich die Volksversammlungen zu begleiten pflegt. Vielmehr war ein dumpfes Gemurmel hörbar, eine Art von Ausdruck des Schreckens und des Mitleids, gemischt mit einem gewissen Gefühle der Frömmigkeit.

„Was bedeutet dieser Volksauflauf?“ fragte Don Estevan überrascht.

„Es findet ohne Zweifel eine Hinrichtung Statt,“ sagte Johann von Avila, „ein Unglücklicher, welcher die menschliche Gerechtigkeit anruft.“

In der That bot sich ihnen in dem Augenblicke, als sie auf den Platz traten, ein eigenthümliches und zugleich furchtbares Schauspiel. Ein Mensch, der auf einem Esel ritt, welchem die Ohren abgeschnitten waren,[1] kam aus der entgegengesetzten Richtung daher. Der Mensch war bekleidet mit einer weißen Tunica, und trug auf dem Kopfe eine grüne Mütze mit einem weißen Kreuze. Er ritt in der Mitte einer doppelten Reihe von Soldaten und Mitgliedern der Brüderschaft des Friedens und der Barmherzigkeit. Vor ihm schritten langsam der Almosenier des Gefängnisses und einige Mönche vom Orden der Sterbenden, denen ein Sacristan ein Kreuz vortrug. Einige der Mönche, die sich wechselnd ablösten, blieben beständig an der Seite des Verurtheilten und ermahnten ihn dazu, gut zu sterben. Die andern wiederholten mit trüber, eintöniger Stimme die Sterbegebete, während zwei Brüder des Friedens und der Barmherzigkeit, jeder mit einem

[1] Ein Esel ohne Ohren. In Spanien werden die zum Galgen oder al garrote (zur Erwürgung) Verurtheilten zu dem Orte der Hinrichtung auf einem Esel geführt, der dem Henker gehört. Früher verkaufte der Vollstrecker der hohen Gerichtsbarkeit seine Esel an dem Tage nach der Hinrichtung, um erst am Tage vor einer neuen sich andere zu kaufen. Mehrere der von den Henkern verkauften Esel waren als die erkannt worden, welche einem Gefangenen gedient hatten und zogen ihren Besitzern blutige Spöttereien zu. Es hat selbst Beispiele gegeben, daß achtungswerthe junge Mädchen sich nicht verheirathen konnten, weil Einer ihrer Familie diese Thiere gekauft hatte. Diese Uebelstände gaben Veranlassung zu einem spanischen Gesetze, welches dem Henker befiehlt, allen Eseln, deren er sich bedient hat, und die auf Kosten des Staates gekauft und unterhalten werden, die Ohren abzuschneiden.

Glöckchen versehen, die Verse und die Responsen mit traurigem Geklingel begleiteten. Das Volk drängte in Masse nach dem Platze und streckte den Hals aus, um besser sehen zu können. Aus einer anstoßenden Straße kamen aus anderer Richtung eine große Menge Brüder des Friedens und der Barmherzigkeit, um sich Denen anzuschließen, die den Verurtheilten begleiteten. Diese hatten seit dem Morgen die Stadt durchzogen, begleitet von einem Ausrufer, der unter Glockenschall beständig mit kläglicher Stimme wiederholte: „Bringet Gaben, Ihr Brüder, um Messen zu lesen, für das Wohl der Seele Dessen, der hingerichtet werden soll.“

Diese fromme Pilgerfahrt der Brüder des Friedens und der Barmherzigkeit war frei von jeder Art der Heuchelei, welche in lächerlichen Mummereien gewöhnlich diese Art von Einrichtungen begleitet. Es lag so viele wahre Frömmigkeit und ein so hoher philantropischer Gedanke in dieser Verbrüderung von Männern der höchsten Stände, die letzten Augenblicke Derer zu erleichtern, die das Gesetz strafte, und gewissermaßen die menschliche und die göttliche Gerechtigkeit in Parallele zu stellen, daß man sich in Gegenwart dieser frommen Hidalgos, die sämmtlich den besten oder reichsten Häusern Spaniens angehörten, so vereinigt, um das höchste Werk der christlichen Barmherzigkeit zu üben, die Tröstung Derer, welche von allen Andern verlassen sind, von Ehrfurcht ergriffen fühlte.

„Erhabene Frömmigkeit!“ sagte Johann von Avila. „Das beweist uns, mein Sohn, daß der Keim des Lebens in dem Herzen Spaniens liegt, und daß ein so edles Volk nicht untergehen kann.“

„Gehören diese Männer einem geistlichen Orden an?“ fragte Estevan.

„Nein, mein Sohn, es sind nur Christen, beseelt von dem reinen Geiste des Evangeliums. Sie heben aus dem Kothe der Straßen die Aussätzigen auf, welche alle Welt verwirft; sie sprechen Worte des Friedens über Den, der bereut, und durch sanfte Worte und aufrichtige Theilnahme rühren sie das Herz des verhärteten Sünders. Selten kehrt bei dem Anblicke einer so wahren, so vollständigen, so rührenden Barmherzigkeit der Unglückliche, dessen Leben die menschliche Gerechtigkeit zur Sühne seiner Verbrechen fordert, nicht aufrichtig zu Gott zurück, um durch einen heiligen Tod alle Besudelungen seiner Seele auszulöschen. Er zweifelt nicht an ihm, weil man ihm begreiflich macht, daß über der menschlichen Gerechtigkeit ein Gesetz der Verzeihung und Liebe herrscht, welches die Reuigen schützt und Denen, die von den Menschen nichts mehr zu erwarten haben, eine Hoffnung auf den Himmel läßt. Diese Brüder des Friedens und der Barmherzigkeit sind wahrhaft die Apostel Dessen, welcher der Ehebrecherin verzieh und die wahren Missionäre des christlichen Glaubens."

„Befolgen sie keine Regel?" fragte Estevan mit lebhafter Theilnahme.

„Nicht eben genau," sagte der Apostel, „aber gleichwohl ist die Brüderschaft des Friedens und der Barmherzigkeit ungleich strenger, als viele geistliche Orden. Um in ihren Schooß aufgenommen zu werden, darf man z. B. nie durch die Gerechtigkeit bestraft worden sein und muß einen fleckenlosen Ruf besitzen, denn diese ehrenwerthe Corporation war in keiner Absicht des Fanatismus oder der Berechnung begründet worden, sondern lediglich nur durch den Geist der Mildthätigkeit und Die, welche sie bildeten, hielten vor allen Dingen darauf, sie in ihrer ursprünglichen Reinheit zu bewahren, deshalb hielten es auch die größten Herren Spaniens für eine Ehre, dieser Körperschaft anzugehören. Indem man in die Gesellschaft trat, mußte man zunächst in die Casse die Summe von 500 Frcs. zahlen und sich noch außerdem dazu verpflichten, an den bevorstehenden Ausgaben Theil zu nehmen, welche sämmtlich zu Gunsten der Verurtheilten gemacht wurden."

„Ich bitte Euch, laßt mich ein wenig näher treten, Sennores," unterbrach sie ein altes Weib, welches sich auf eine Krücke stützte, indem sie sich, so gut es ging, zwischen Estevan und Johann von Avila drängte, um das Schauspiel mehr in der Nähe zu sehen und sich durch die kräftige Gestalt der beiden Männer gegen die drängende Volksmenge zu schützen. „Ihr seht ja wohl, daß der Verurtheilte an dem Fuße des Galgens angelangt ist."

In der That füllten sich rings um den Platz her die Balcons jetzt schnell mit Zuschauern. Junge und hübsche Frauen, sorglose und heitere Kinder scheuten sich nicht, dem entsetzlichen Schauspiel, einen Menschen hängen zu sehen, beizuwohnen.

„Was macht denn die Brüderschaft mit all dem Gelde, das in ihre Casse fließt?“ fragte Estevan, dem seine Unterredung mit dem Apostel wichtiger war, als die Hinrichtung.

„Dieses Geld wird nicht schlecht angewendet. Zunächst lesen während des Morgens der Hinrichtung alle Priester in Madrid Messen für die Seele Dessen, der sterben soll und beten für ihn. Dann gibt die Brüderschaft dem Verurtheilten während der drei Tage, die dem letzten seines Lebens vorangehen, und die er in der öffentlichen Ausstellung in einer brennenden Capelle zubringt, Alles, was er verlangt, indem sie bemüht ist, so seine letzten Tage durch die Befriedigung seiner geringsten Launen zu versüßen. Noch nützlicher und löblicher aber ist es, daß, wenn der Verurtheilte Kinder, eine Mutter oder eine Witwe hinterläßt, diese Unglücklichen darauf rechnen dürfen, daß ihre Zukunft gesichert wird und daß sie nie die Qualen eines entehrten Lebens zu erdulden haben, welches durch das Elend noch unerträglicher wird.“

„Ach ja, das ist in der That eine edle, eine heilige Einrichtung,“ rief der junge Mann, dessen Herz für jeden großen Gedanken mächtig schlug. „Ja, das heißt seine Religion ehren und ihr würdig dienen, wenn man sie zum Beweggrund der großmüthigsten Handlungen macht.“

„Und man beschränkt sich gegen die Verwandten des Verurtheilten nicht auf die kleinliche Wohlthat; sie durch Geldgeschenke zu demüthigen,“ fuhr der Apostel fort. „Man sorgt neben ihrem leiblichen Leben auch für ihr geistiges. Die Kinder der Verurtheilten werden mit Sorgfalt erzogen und die Gesellschaft des Friedens und der Barmherzigkeit verläßt sie nicht eher, als bis sie im Stande sind, für ihre Bedürfnisse selbst auf reichliche und ehrenhafte Weise zu sorgen.“

Indem Johann von Avila diese Worte beendigte, entstand eine große Bewegung unter dem Volke. Alles erhob sich auf die Spitzen der Füße; der Verurtheilte befand sich in den Händen des Henkers, der ihn die Leiter hinaufschleppte, welche an dem Galgen lehnte. Die Blinden und die Bettler plärrten mit kreischender Stimme endlose Klagelieder und in allen Tönen wurde das Paternoster und das Ave Maria wiederholt, wie dies in Spanien gebräuchlich war. Alle Seelen schwebten in Erwartung.

„Maria santissima!“ rief ein junges Mädchen. „Da hat er den Strick schon um den Hals. Der Henker tritt ihm auf die Schultern.“

„Mein Gott, mein Gott,“ sagte ein alter weißbärtiger Bettler, „da beginnt der Mönch das Credo.“

Ein Frösteln durchlief die Versammlung und in dieser zahllosen Volksmenge ertönte nur eine Stimme, sich der des betenden Mönches anschließend, der mit finsterer, abgesetzter Stimme die symbolischen Worte des Glaubens hersagte: „Creo en Dios padre todo poderoso, criador del cileo y de la tierra; y en Jesus-Christo su único hijo.“

Bei den beiden letzten Worten stellte der Henker, der bisher auf den Schultern des Verurtheilten gesessen hatte, mit einer raschen Bewegung beide Füße auf die zusammengebundenen Hände des Verbrechers und sprang mit ihm in den freien Raum hinab. In demselben Augenblicke erschallten die Sterbeglocken von San Milan. Der Henker und der Gehenkte schwebten drei oder vier Minuten lang mit einander in der Luft. Da ertönte plötzlich von der Menge der Ausruf: „Virgen santissima!“ Der kann wohl sagen, daß der gute Gott ihn beschützt!“

Der Strick war gerissen und Henker und Gehenkter stürzten mit einander zu Boden. In demselben Augenblicke streckte der Aelteste der Brüder des Friedens und der Barmherzigkeit gegen den Verurtheilten einen langen Stab aus, den er in der Hand hielt.

„Gerettet! Gerettet!“ schrie das Volk.

Die Brüder des Friedens und der Barmherzigkeit hoben sogleich den Unglücklichen vom Boden auf; er athmete noch.

Während dieser Zeit hatte ein junges Weib ihrem fünfjährigen Kinde die Jacke zurückgestreift und peitschte es bis auf das Blut.

„Was hat denn der arme Kleine gethan?“ fragte Estevan.

„Nichts,“ sagte die Mutter; „es geschieht nur, daß er sich dieses Tages erinnere und nicht ein Räuber werde, wenn er groß ist. — Der Strick reißt nicht immer," fügte sie wie in einer Selbstbetrachtung hinzu.

„Was wird nun aus diesem so wunderbar geretteten Menschen?" fragte Estevan.

„Er gehört der Brüderschaft an," erwiderte Johann von Avila, „denn er entging den Händen des Henkers. Jedem aber, dem ein solches Glück widerfährt, wird das Leben geschenkt, nur dadurch allein, daß er von dem Stabe des Aeltesten der Brüderschaft des Friedens und der Barmherzigkeit berührt wird. Dies ist ein Vorrecht, welches der Gesellschaft durch mehrere Gesetze und Ordonnanzen des Königs Ferdinand von Aragonien, bestätigt durch Carl V., gesichert wurde. Glaubt Ihr, Estevan, daß ein König solche Verbrüderungen genügend ermuthigen kann?"

„Und was wird nun aus dem Menschen?"

„Die Brüderschaft wird sich seiner annehmen, und wenn er nicht ehrlich und rechtschaffen wird, so ist es sicher nur seine Schuld. Wäre er gestorben, so würde sieben Stunden nach seinem Tode die Brüderschaft seine Leiche in Anspruch genommen und glänzend beerdigt haben."

Eine Art von Gitano, der sie hörte, lachte spöttisch und murmelte zwischen den Zähnen: „Diese Beerdigung würde ihm nicht viel genützt haben. Wie schade, wenn dem Matteo sein Streich nicht mißglückt wäre! Was für ein stolzer Gaucho[1] weniger für uns!"

An diesen Worten erkannte Johann von Avila in dem Gitano ein Mitglied der Gardunnia.

„Welch ein Contrast!" rief er aus. „Dort die Elite der Bevölkerung, die reinsten Herzen, der aufgeklärteste Glaube, und hier Männer, die in das Laster versunken, von Fanatismus beseelt und bereit sind, Alles für Geld zu thun. Auf der einen Seite das Werk der wahren Religion Christi, auf der andern die verhängnißvollen Resultate einer entstellten Religion, die nicht mehr ein Zügel und ein Tröster ist, sondern ein Mittel der Verderbniß, eine Stufe, um die Macht zu ersteigen, ein Werkzeug des Despotismus."

„Der Mensch, der auf so wunderbare Weise gerettet wurde, ist also ein Missethäter und wird es bleiben, weil er dieser

[1] Gancho, Haken: so nannten die Gardunnios ihre Diebe.

schmutzigen Gesellschaft der Gardunnia angehört?" fragte Estevan.

„Vielleicht," erwiderte Johann von Avila. „Indeß," fügte er seufzend hinzu, „ist die Zeit noch nicht gekommen, in welcher das Gute über das Böse herrscht, und auf dem mit Dornen und Steinen bestreuten Pfade, welchen Die verfolgen, die dem Guten zustreben, lassen Die sich entmuthigen, welche nicht genug Kraft besitzen, um zu dulden."

„Gleichviel," rief Estevan. „Ruhm Denen, die vorwärts schreiten, und Ruhm auch Denen, die dabei untergehen. Sie werden wenigstens Denen, die ihnen folgen, den Weg gebahnt haben."

„So laßt uns denn vorwärts gehen!" sagte der Apostel. „Die Krone des Märtyrers ist wohl ebenso viel werth, wie die des Triumphators."

Es entstand in ihrer Nähe ein leerer Raum. Johann von Avila deutete mit der Hand nach der entgegengesetzten Seite der Straße von Toledo.

„Dorthin," sagte er; „das ist der Weg, der zu dem Palaste des Königs führt."

XXXII.

Die Rundfahrt des Königs.

Estevan und Johann von Avila folgten der Toledostraße bis zu der Plaza mayor. Diese überschritten sie ihrer ganzen Länge nach, schlugen dann links den Weg durch die Goldschmiedestraße ein und gelangten zu der Kirche Santa Maria mayora, der ältesten Kirche von Madrid. Von dort gingen sie unter der Arkade des Palastes hindurch und blieben in der Mitte eines gewaltigen langen Viereckes stehen, von wo aus der Blick westlich von dem Palaste bis nach dem Ventas de Alcorcon[1] reichte. Sie

[1] Auf dieser Ebene, las Ventas de Alcorcon genannt, schlugen sich am 7. Juli 1822, gegenseitig 8000 Spanier, von denen 3000 Nationalgarden von Madrid oder Soldatenregimenter von Almansa und Ferdinands VII. waren, und 5000 königliche Garden, welche der

befanden sich auf der Plaza de Palazio — dem Schloßplatze. Zu ihrer Linken dehnte sich das Lager der Mauren aus, ein tiefes grünes Thal, welches der Manzanares von Madrid trennt, und das sich von dem St. Vincenzthore bis nach dem Thore von Segovia erstreckt. Zu ihrer Rechten hatten sie El Pertil, einen ziemlich hohen Hügel, an dessen Fuß sich die großen Seitengebäude des Palastes lehnen, und endlich sich gerade gegenüber den Palast selbst, ein großes prachtvolles Gebäude, welches seine Flügel weithin streckt, und von der Höhe des Gipfels die Hauptstadt Spaniens beherrscht. Das gewaltige Granitquadrat, in seinen vier Stockwerken mit hohen und zahllosen Fenstern versehen, bot einen zugleich einfachen, edlen und imposanten Anblick. Lange, in Stein gehauene Balcons schmückten die ganze obere Façade. Man trat durch drei große Bogenthore hinein, verziert mit Säulen von korinthischer Ordnung und von der schönsten Wirkung. Das flache Dach bildete eine gesenkte Terrasse, umgeben mit einer steinernen Brüstung. Das Ganze hatte ein wahrhaft königliches Ansehen.

„Endlich sind wir am Ziele,“ sagte Estevan, indem er stehen blieb, um das prachtvolle Gebäude zu bewundern. „Hier ist das Ende unserer Reise, der Ort, an welchem wir unsere letzte Hoffnung finden sollen.“

„Beruhigt Euch, beruhigt Euch, mein Sohn,“ sagte Johann von Avila, welcher stets die Neigung zur Ueberspanntheit zu unterdrücken strebte, die er bei dem jungen Manne bemerkte; denn er hielt sich überzeugt, daß eine solche fortwährende Aufregung die Kräfte unnütz aufreibt, und dem Geiste die ruhige Ueberlegung, die Kaltblütigkeit raubt, deren der Mensch bei allen großen Ereignissen des Lebens bedarf.

König Ferdinand VII. dazu anreizte, sich gegen die Constitution von 1812, die damals in Giltigkeit stand, aufzulehnen, um sie am nächsten Tage zu verlassen, sobald sie besiegt waren. Wegen dieser Schlacht, in welcher die königliche Garde über 4000 Mann verlor, sämmtlich alte Streiter des Unabhängigkeitskrieges, schuf der königliche Tieger einen Orden, der später zu einem Zeichen der Proscription wurde. Was konnten die Spanier von einem Könige erwarten, der, nachdem er Spanien an Napoleon verkauft hatte. Die, welche ihn von 1808—1815 vertheidigt hatten, verfolgte, hinrichten ließ oder auf die Galeeren schickte, und der sterbend seinem Vaterlande den Bürgerkrieg als Erbtheil hinterließ?

Estevan lächelte sanft, wie ein gehorsames Kind dem geliebten Wesen zulächelt, von dem es Vorwürfe empfängt; die unwandelbare Ruhe des Apostels übte auf ihn die größte Herrschaft aus. Sie schritten dann weiter bis zu dem Hauptthore des königlichen Hauses. Es war von zahlreichen Schildwachen bewacht und im Innern herrschte eine große Bewegung; das Volk ging frei ab und zu, wie an dem Tage großer Feierlichkeiten.

„Treten wir ein," sagte Johann von Avila, „und sehen wir, was vorgeht."

Nachdem sie die erste Thür durchschritten hatten, sahen sie auf der großen Treppe zur rechten Hand eine zahlreiche Volksmenge, Männer, Weiber und Kinder, längs der Brüstung oder der Mauer aufgestellt und so zwei Reihen von Köpfen bildend, welche den Ausdruck der Neugier oder der Erwartung zeigten.

„Der König wird zu der Rundfahrt ausfahren," sagte der Apostel, „aber noch nicht so bald, denn die Truppen sind noch nicht aufgestellt. Kommt; wir wollen den Hof besichtigen, der wohl einige Aufmerksamkeit verdient."

Indem er so sprach, defilirten zwei Regimenter wallonischer und spanischer Garde in Paradeuniform über den Schloßplatz und stellten sich, mit ihrer Musik an der Spitze, in zwei parallelen Linien zu beiden Seiten des Hauptthores auf. Estevan und Avila hatten den Ehrenhof betreten. Dies war ein großes Viereck, belegt mit gewaltigen Granitplatten, in welche gleich einem Netz Furchen eingeschnitten waren, damit die Hufe der Pferde auf der glatten schlüpfrigen Fläche einen Halt finden konnten. Hohe Steinbogen, getragen durch zierliche Säulen, bildeten rings herum einen breiten Peristyl; in der Mitte jeder der vier inneren Seiten erhoben sich auf großen Sockeln zwei kolossale Bildsäulen der berühmtesten römischen Kaiser. Das Innere dieses prachtvollen Palastes entsprach dem Aeußern. Es war eine glänzende Wohnung, würdig des großen Kaisers Carl V.

Während die Reisenden diese großartige Architectur bewunderten, steigerte sich der Lärm auf dem Platze und in dem Palaste. Die Trommeln wirbelten und die Musik spielte den Königsmarsch. Schnelles Wagenrollen wurde hörbar; die Dienstwagen, bespannt mit sechs reich geschmückten prachtvollen Maulthieren,[1] gelenkt von einem Kutscher und einem Vorreiter in der königlichen Livrée, fuhren majestätisch auf den Ehrenhof und in langsamem Schritte rings um denselben her, bis der erste am Fuße der großen Treppe halten blieb. Die Menge war noch zahlreicher geworden. Estevan und Johann von Avila hatten viel Mühe, sich einen Weg bis zu den untersten Stufen der Treppe zu bahnen. All dies Volk streckte die Hände gegen die Treppe zu dem ersten Stockwerke aus, welche aus 23 Stufen bestand. Einige hatten sich auf die breite Granitrampe derselben gehängt; Andere saßen auf dem Rücken und selbst auf dem Kopfe der beiden riesigen Löwen, welche in ihrer stolzen und ruhigen Haltung zwei regungslosen Schildwachen glichen, welche ewig die Aufsicht über die Wache der königlichen Majestät führten. Alle diese jungen oder alten, zum Theil bleichen und verwitterten Gesichter, die in Hoffnung und Glück strahlten, indem sie Den erwarteten, welcher erscheinen sollte, bildeten ein schönes Schauspiel. Der König war das wahrhaftige Bild der Gottheit für dieses so enthusiastische und so gute, so sanfte und ungeachtet seines unbezähmbaren Stolzes so geduldige Volk; das Bild der Gerechtigkeit, der Kraft und der Allmacht; das Bild Dessen, in welchem zugleich die Macht und die Güte ruht, Dessen, der kann und will, denn alles Gute geht von ihm aus und sein Glück besteht darin, es zu verbreiten. Wahrlich, eine schöne Rolle hatte damals ein König, der Schützer und Richter war! Er schien das Volk, so zu sagen, in seiner Hand zu haben, denn er warf es durch einen Hauch nieder, machte durch ein Wort, daß es den Kopf beugte, und durch ein Lächeln, daß es ihn freudig erhob, denn dieses Volk betete in ihm noch mehr die Majestät des Vaters, als die des Königs an; sein Gehorsam hatte nichts Knechtisches, denn, wenn der Gehorsam sich durch die beiden Worte ausdrücken läßt: Ehrfurcht, Liebe, dann ehrt er den Menschen, statt ihn zu erniedrigen und ist nur noch eine Handlung der Unabhängigkeit und des freien Willens. Diese spanische Bevölkerung, die damals so unterdrückt wurde, wartete athemlos auf Den, in welchem alle Macht

[1] Die Wagen des Königs von Spanien werden nur an Sonn- und Feiertagen von Pferden gezogen.

sich concentrirte, um sich bei ihm zu beklagen und von ihm Gerechtigkeit zu erlangen.

Um jene Zeit war Spanien das patriarchalischeste Land der Welt, und um bis zu dem Könige zu gelangen, brauchte das Volk sich nicht an dessen Minister zu wenden. Der König umgab sich nicht mit bewaffneten Regimentern und unübersteiglichen Schranken; er ließ das Volk frei sich seiner Person nahen, wie ein Vater seine Kinder und aus dieser freien und vertraulichen Mittheilung entsprang jene ungeheure und unvergängliche Liebe, welche das Volk und den König mit einem moralischen, unzerreißbaren Bande vereinigte; es ist daher auch nie auf irgend einen König von Spanien ein Mordanfall gemacht worden.

Ungeachtet des Ausdruckes der Hoffnung, der an diesem Tage auf allen Gesichtern zu lesen war, bemerkte man gleichwohl nicht ohne ein Gefühl des Mitleids die tiefe Traurigkeit, welche sich auf diesen von Natur ernsten Physiognomien zeigte. Man sah, daß dies Volk, welches in Beziehung auf die Bedürfnisse des materiellen Lebens so wenig Ansprüche machte, dieses Volk, das so wenig bedurft hätte, um glücklich zu sein, im Herzen eine ätzende Wunde trug; es zeigte sich auf der Stirn das Stigma entsetzlicher Kämpfe der Unthätigkeit kräftiger Wesen, welche dadurch wie von einem Blitzstrahle getödtet werden, ohne daß es scheint, als wären sie getroffen.

Plötzlich aber erbebten alle Herzen unter einem gemeinschaftlichen Gefühle; eine große, kunstvoll geschnitzte Thür öffnete sich auf der ersten Stufe und ein Thürhüter klatschte dreimal in die Hände: das Signal, daß der König nahe. Umgeben von seinem Gefolge zeigte sich hierauf der große König Carl V., vor dem die Welt zitterte. Er trug die anmuthige Kleidung jener Zeit, und obgleich er nicht von hohem Wuchse war, zeigte er in seiner Haltung viel Adel und sein Gesicht, jung und stolz, hatte den eigenthümlichen Zauber, der durch einen feurigen Blick geübt wird, welcher die Flamme des Genies verräth. Der Schnitt seiner Züge war überdies fein und ausgezeichnet, und wenn die Güte nicht immer auf dieser etwas hochmüthigen Physiognomie vorherrschte, so wurde sie wenigstens beinahe durch das Wesen der äußersten Höflichkeit ersetzt, welches viele Leute täuscht, so daß sie ihm einen andern Namen geben.

Johann von Avila richtete auf den König einen forschenden Blick. Zum ersten Male sah er ihn so in der Nähe.

„Der König sieht gut aus,“ flüsterte Estevan, der ihn ebenfalls aufmerksam betrachtete.

Johann von Avila antwortete nicht; er war erfahrener in der Deutung der Physiognomie, wie Estevan. Carl V. hatte gleich allen Menschen von ausgezeichnetem Genie gute Regungen, aber davon ist bis zur vollständigen Güte sehr weit. Der König schritt langsam vorwärts, um die Stufen herabzusteigen und bei jedem Schritte blieb er stehen, um mit eigenen Händen die Bittschriften in Empfang zu nehmen, die ihm dargereicht wurden, und die er dann seinem Capitän der Leibgarden, der neben ihm ging, einhändigte. Denen, welche keine Bittschriften zu überreichen hatten, bot der König seine Hand zum Kuße, und selbst in dieser unbedeutenden Handlung zeigte er ein edles und väterliches Wesen voll königlicher Majestät; er war Spanier selbst bis in die kleinsten Dinge. So stieg er die ganze Treppe herunter, blieb auf jeder Stufe längere Zeit stehen und blickte mit demselben freundlichen Lächeln auf den armen zerlumpten Teufel und auf den reichen Bürger, sprach mit Mehreren, als ob er sie persönlich kennte, und fällte zuweilen auf der Stelle seine Entscheidungen. Wie oft verschob nicht dieser stolze Eroberer seine Spaziergänge, um mit einem Bittsteller, der Gerechtigkeit von ihm forderte, in seine Gemächer zurückzukehren. Diese Herablassung gegen Alle, welche sich beklagten, dieser Eifer, die Mißbräuche zu unterdrücken und einer dringenden Bitte Befriedigung zu gewähren, war edel und groß. Wer durch eine Erpressung oder durch Unglück litt, brauchte sich nur zu beklagen und man ließ ihn nicht warten, es war nicht erforderlich, daß seine methodisch formulirte Klage von Stufe zu Stufe, von dem ersten Schreiber eines Ministeriums bis zu dem höchsten Beamten ging; er hatte nicht die unverschämten Launen dieser Schreiberhierarchie zu ertragen, nein, er ging geradewegs zu seinem Könige, ohne Hinderniß, ohne aufgehalten zu werden, denn der König war König für alle Welt, und auf der Stelle wurde Genugthuung gewährt. Der sich Beklagende brauchte nicht die Marter einer langen unsicheren Erwartung zu ertragen, welche noch überdies häufig durch eine grausame Verweigerung der Gerechtigkeit beendigt wird.

„Das ist das schönste Attribut des Königs,“ sagte Johann von Avila, „die Vorsehung in der Ausübung der Gerechtigkeit und der Milde zu vertreten.“

„Möchte dies auch für uns der Fall sein!“ entgegnete Estevan.

Carl V. stieg immer weiter herab. Die Musik der königlichen Leibwachen spielte den Königsmarsch mit verdoppelter Lebhaftigkeit und die Maulthiere der königlichen Kutsche stampften, ungeachtet ihres sanften Charakters, ungeduldig den Boden. Was von dem Volke auf der Treppe keinen Platz hatte finden können, drängte sich zu der Thür, um so seinen Antheil an dem Küssen der Hand zu erhalten. Der Tag war heiß und sonnenhell; es lag ein Lächeln der Freude in dem blendenden Lichte, welches die Sonne gleich einem Schleier über die Traurigkeit und die Blässe der Gesichter zu breiten schien. Das Gedränge war so groß, daß Johann von Avila fürchtete, nicht bis zu dem Könige gelangen zu können. Er zog Estevan mit sich fort und suchte sich einen Weg durch die Menge zu bahnen, um dem Monarchen nahe zu kommen. Aber bei jedem Halt, den der König machte, hoben zahllose Hände Bittschriften in die Luft und Alle wurden mit gleicher Güte empfangen und dem Capitän der Garden übergeben. Carl V. zeigte nicht die geringste Ungeduld; er schien durchaus nicht ermüdet zu werden durch die Bitten, die ihn so lange zurückhielten; nur verrieth sein edles Gesicht zuweilen ernstes Nachdenken und die Gluth jenes rastlosen Genies, dessen fieberhaftes und verzehrendes Feuer den Mönch von St. Just tödtete, weil er aufgehört hatte, König zu sein.[1] Endlich erreichte

[1] Welche den Mönch von St. Just tödtete, weil er aufgehört hatte, König sein zu wollen. Man weiß, daß der Kaiser Carl V. dem Throne entsagte, um sich in eine Zelle des Klosters St. Just einzuschließen; was indessen nur wenige Personen wissen, ist, daß nach seinem Tode die Inquisition Castiliens es wagte, gegen das Andenken des Vaters Philipps II. einen Proceß zu führen. Nach den Angaben von Thou, d'Aubigné und Labouceur wurde Carl V. nach seinem Tode angeschuldet und überführt, in einem beständigen Verkehr mit den Protestanten Deutschlands gestanden und sich nur deshalb nach St. Just zurückgezogen zu haben, um in dieser Einsamkeit die Freiheit zu genießen, seine

er die letzte Stufe. Die Thürhüter hatten die Menge ein wenig zurückgedrängt, und gleichwohl war sie noch immer zu dicht, als daß Johann von Avila sich dem Könige zu nähern vermocht hätte. Da er sah, daß es ihm unmöglich war, vorwärts zu kommen, erhob er beide Arme in die Luft und streckte sie flehend gegen Carl V. aus. Bei dem Anblicke dieses Mönches, dessen schönes Gesicht und dessen

Tage in den Uebungen der Frömmigkeit zu beschließen, welche mit seinen geheimen Neigungen übereinstimmte und Buße zu thun, um die schlechte Behandlung zu sühnen, welcher er die Fürsten der protestantischen Partei unterworfen hatte.

Zur Unterstützung dieser Anklage machte man geltend, daß er den Dr. Cazalla, Canonicus in Salamanca, zu seinem Prediger gewählt hatte, und Constantin Ponce, Bischof von Dresden, zu seinem Beichtvater, zwei Personen, welche der Ketzerei verdächtig waren. Ein anderer Beweis, dessen sich die Inquisition bediente, um das Andenken Carl V. zu besudeln, waren die zahlreichen Inschriften, die man in seiner Zelle zu St. Just fand, Inschriften, welche von der Hand des Monarchen selbst herrührten und über die Rechtfertigung und die Gnade in dem Sinne der neuen Doctrinen sprachen. Endlich diente noch das Testament Carl V. der Inquisition dazu, sein Andenken zu beschimpfen; dieses Testament enthielt fast gar keine frommen Vermächtnisse, noch Stiftungen zur Abhaltung von Gebeten. Es war in einer Art geschrieben, welche so sehr von der abwich, welche bei eifrigen Katholiken üblich war, daß die Inquisition das Recht zu haben glaubte, daran Anstoß zu nehmen. Sobald die Inquisition glaubte, sich streng zeigen zu dürfen, ohne Philipp II. zu sehr zu verletzen, begann sie daher auch damit, den Erzbischof von Toledo, Primas von Spanien, in Cazalla, Prediger des Kaisers und Constantin Ponce, seinen Beichtvater, anzugreifen, welche Philipp II. einkerkern ließ. Diese drei Personen wurden ebenso wie das Testament des Kaisers zu dem Scheiterhaufen verurtheilt. König Philipp II., der durch das Aufsehen, welches dieser ärgerliche Proceß in Spanien machte, aufgerüttelt wurde, freute sich anfangs über den Gedanken, den Ruhm seines Vaters herabgesetzt zu sehen; bald aber empfand er Furcht vor den Consequenzen eines so entsetzlichen Attentates und durch Niedrigkeiten und Zugeständnisse erlangte er es von der Inquisition, daß Carl V. aus dieser Angelegenheit fortgelassen wurde. Die Inquisition wagte es nicht, dem Könige Alles zu verweigern. Allein, da sie ihre Opfer verlangte, ließ sie im Jahre 1559 den Dr. Cazalla lebendig verbrennen und mit ihm das Bild Constantin Ponce's, der einige Tage zuvor in dem Kerker des heiligen Officiums gestorben war. Der Erzbischof von Toledo appellirte nach Rom, wo er in Folge guter Freunde, besonders aber des Geldes für einen guten Katholiken erklärt wurde. Um diesen Preis willigte die Inquisition von Castilien ein, das Andenken Carl V. unangetastet zu lassen!

heilige Kleidung[1] Ehrfurcht einflößten, wich das Volk von selbst zurück; der Capitän der Leibwache gab dem Mönche ein Zeichen, näher zu treten und Johann von Avila wollte, die Hände noch immer erhoben, auf die Knie niedersinken. Carl V. hielt ihn voll Güte davon ab.

„Was kann ich für Euch thun, mein Vater?“ fragte er ihn.

„Gnade üben, Sire, Gnade gegen einen Eurer besten Diener; aber dies zu sagen, würde hier zu lange dauern,“ fügte der Apostel hinzu, indem er einen Blick auf die umgebende Menge richtete. „Ich wünsche mit Ew. Majestät ohne Zeugen zu sprechen.“

„Kommt morgen,“ entgegnete Carl V., indem er Estevan, der ebenfalls herangetreten war, seine Hand zum Kuße reichte.

„Dieser junge Mann ist mein Begleiter,“ sagte Johann von Avila.

„So komme er morgen mit Euch, mein Vater. Wir werden Eurem Wunsche Gerechtigkeit widerfahren lassen.“

„Gott wird Euch segnen, Sire!“ erwiderte demüthig Johann von Avila.

„Zur Audienz für morgen!“ wiederholte der König voll Güte.

Ein Lakei öffnete hierauf die Thür der königlichen Carosse; Carl V. stieg mit leichtem, gefälligem Schritt hinein und der Wagen fuhr im Galopp davon, gefolgt von den übrigen Wagen mit dem dienstthuenden Hofstaate des Königs.

In diesem Augenblicke präsentirten die Regimenter der Leibwache das Gewehr und das Volk entfernte sich langsam, glücklich, Den gesehen zu haben, der in seinen Augen das Bild Gottes auf Erden darstellet.

[1] Man weiß, daß in Spanien das Mönchsgewand alle Thüren öffnete, und Dem, welcher es trug, den Zutritt zu den ersten Würdenträgern des Königreichs erleichterte. Hatte dieses Gewand nicht in dem schönen Königreiche Frankreich beinahe noch ganz dasselbe Privilegium?

XXXIII.

Carl V.

Die königlichen Audienzen waren in Spanien nicht so, wie man sich dies in einem Lande denken sollte, in welchem die Etiquette am Hofe mit so imposanter Strenge ausgeübt wurde. Diese Etiquette war nichts als eine Form der kindlichen und beinahe fanatischen Ehrfurcht, welche die Spanier für ihren König hegten, war ganz einfach eine Tradition, welche der ausdauernde Character dieses liebevollen, ernsten und nachdenkenden Volkes bewahrte, das von Natur jeder Neuerung in seinen Gewohnheiten Feind ist; es war eine Huldigung, welche einem Vater von seinen Kindern dargebracht wurde: aber es wurde dadurch das Volk nicht von dem Herrscher entfernt, sondern im Gegentheil angenähert durch das Gefühl der Sicherheit, welches es dem Könige einflößte; ein Gefühl der Sicherheit, welches so groß war, daß täglich und zu jeder Stunde der Erste Beste den königlichen Palast betreten und Audienz erlangen konnte, selbst während der großen Tage des Handkußes.[1] Der König empfing gewöhnlich von 10 Uhr Morgens bis 2 Uhr Nachmittags. Estevan und Johann von Avila stellten sich pünktlich ein, und kaum hatte es an dem Tage nach ihrer Ankunft in Madrid zehn geschlagen, als sie mit einander die große Treppe des Palastes hinaufstiegen. Ihnen gerade gegenüber öffnete sich die Thür des ersten Vorzimmers. Sie traten ein, ohne daß die beiden Hellebardirer, welche Schildwache standen, ihnen den geringsten Widerstand entgegensetzten. Es war noch Niemand anwesend. Der Thürhüter des Vorhangs übergab ihnen eine Karte mit

[1] Die Audienzen, welche der König gewährt, sind jetzt nicht schwerer zu erlangen, wie zu der Zeit Carl's V. Wer den König von Spanien sprechen will, braucht sich nur um zehn Uhr nach dem Palaste zu begeben und in dem königlichen Vorzimmer zu warten, bis die Reihe an ihn kommt. Diese Leichtigkeit, mit dem Monarchen zu sprechen, hat selbst während der Zeit der Revolution oder an den Tagen der Aufstände nicht aufgehört. Die Könige von Spanien würden ebenso wenig wie die Spanier wagen, an die Möglichkeit eines Königsmordes zu denken.

Nummer Eins, und die beiden Reisenden setzten sich auf eine der mit rothem Tuche bedeckten Bänke, welche an den Wänden des Vorzimmers hinliefen. Dieses Vorgemach hatte drei Thüren, die nur durch große Sammtvorhänge geschlossen waren. Die dem Eingang gerade gegenüber führte zu dem Thronsaal, die rechts zu den Gemächern des Königs, die links zu denen der Prinzen. Der Apostel und sein junger Gefährte konnten einige schöne Gemälde aus der flammändischen und italienischen Schule, mit denen die Eroberungen Carl V. den Palast bereichert hatten, bewundern. Bald nach dem Apostel und seinem jungen Gefährten kamen auch andere Personen und empfingen in der Reihe ihres Eintrittes numerirte Karten von dem Thürhüter.

Der Thronsaal blieb noch immer geschlossen und man vernahm aus demselben ein lebhaftes Gespräch, ohne die Worte verstehen zu können. Der Kaiser hatte eine Conferenz mit einem Gesandten von Tunis. Diese Audienz verlängerte sich etwa eine halbe Stunde, während welcher beständig die Stimme Carl's V. vorherrschte, bald einschmeichelnd und überredend, bald kurz, scharf betont, gebieterisch. Es wäre unmöglich gewesen, aus diesen verschiedenen Biegungen der Stimme die wahren Gefühle des Königs zu erkennen. Sie trugen denselben Character, wie seine Worte, zweideutig, arglistig, tief berechnet und so gewandt, daß sie ihm stets das Mittel ließen, seine Gegner zu widerlegen, welche Auffassung sie auch seinen Handlungen, seinen Worten oder seinen Schriften gegeben haben mochten. Der Geist Carl's V. war ein so fein gesponnenes Netz, daß selbst die gewandtesten sich darein fingen. Endlich entfernte sich der tunesische Gesandte und der Thürhüter schob den Vorhang bei Seite und rief mit lauter Stimme: „Nummer 1." Estevan und Johann von Avila wurden in den Thronsaal eingeführt. Dieses Gemach zeigte eine unglaubliche Pracht. Rechts und links in gleichen Entfernungen führten vier große Oeffnungen, die mit Vorhängen von rothem Sammt bedeckt waren, nach den Gemächern des Königs und denen der Prinzen. In den Zwischenräumen, zwischen den Thüren, welche mit geschnitztem Täfelwerk bedeckt waren, trug eine vergoldete Console ungeheure Candelaber von massivem Silber, einige Statuetten oder prachtvoll ciselirte Vasen. Der Fußboden, von bewundernswerther Zeichnung, bestand aus hartem und polirtem Holz, welches ohne die Hilfe des Wachses glänzte.

Die ungeheuren Kronleuchter von Bergkrystall hingen an der leicht gewölbten Decke, welche mit zahllosen Vergoldungen von ausgezeichneter Feinheit und bewunderswerthem Geschmack bedeckt war. Ueber den Thüren lief rings um den Saal her ein breiter vergoldeter Sims herum, dessen Gebälk reiche Trophäen trug; und auf den obern Wandfeldern, einem breiten Raume, der den Sims von der Decke trennte, zeigten Fresken von dem Pinsel der besten Maler eine Menge Personen, welche die verschiedenen Trachten aller Nationen der Welt trugen. Spanien hatte so seine Eroberungen, welche die vier Theile der Welt umfaßten, personificirt. Am oberen Ende des Saales endlich erhob sich ein Thron von Sammt und Gold unter einem prachtvollen Baldachin, geschmückt mit Emblemen aller Art, unter denen das bemerkenswertheste ein Pelikan war, der sich die Brust mit dem Schnabel aufriß, um seine Jungen zu füttern; dazwischen glänzte das Wapen Spaniens. Zwei ruhende Löwen, die prachtvollen Löwen der spanischen Monarchie, lagen wachend als regungslose Satelliten an den Stufen des kaiserlichen Thrones. Breite und hohe Fenster ließen ein helles Licht auf all diese Pracht fallen.

Einige Granden Spaniens, nach der Mode der Zeit gekleidet, flüsterten hier und dort mit leiser Stimme. Der König, der in Gedanken vertieft zu sein schien, ging mit langsamen Schritten auf und nieder. Er erkannte Johann von Avila auf der Stelle, trat ihm sogleich entgegen, betrachtete ihn aber gleichwohl mit argwöhnischem Blicke.

„Was willst Du?“ fragte er endlich in wohlwollendem Tone.

„Gerechtigkeit, Sire!“ erwiderte Johann von Avila, indem er ein Knie beugte und die Hand des Kaisers küßte. „Gerechtigkeit gegen die Inquisition, welche ihre Rechte mißbraucht und Ew. Majestät durch ihre unerhörten Grausamkeiten bloßstellt.“

Bei dem Worte Inquisition konnte Carl V., dieser stolze Despot, sich einer leisen Aufregung nicht erwehren und da er erkannte, daß die Unterhaltung ernster sein würde, als er anfangs geglaubt hatte, gab er den Edelleuten seines Gefolges mit der Hand ein Zeichen, sich zu entfernen. Als er darauf mit Johann von Avila und dem jungen Vargas allein war, nahm er den strengen despotischen Ton, der ihm gewöhnlich war, wieder an und sagte zu dem Franciscaner: „Wißt Ihr wohl, mein Vater, daß viel Muth dazu erforderlich ist, um es zu wagen, sich so offen über die Inquisition zu beklagen?“

„Nein, Sire,“ erwiderte der Apostel. „Es ist dazu nur eine große Gerechtigkeitsliebe nöthig.“

„Diese Liebe ist in unseren Zeiten selten und gefährlich,“ erwiderte der König.

„Deshalb, Sire, sucht man sie am Fuße des Thrones, da man sie sonst nirgends findet.“

„Nun wohl, laßt hören, um was es sich handelt! Sprecht offen, ohne Furcht. Ich wünsche vor Allem, Gerechtigkeit zu üben. — Was hat man Dir gethan?“

„Mir? Nichts, Sire,“ entgegnete Johann von Avila, „aber Ihr hattet einen treuen Diener, der sich Manuel Argoso nannte —“

„Gouverneur von Sevilla, glaube ich,“ unterbrach ihn lebhaft Carl V.

„Eben Der, Sire. Ew. Majestät hatten demselben aus freiem Antriebe diesen Ehrenposten übertragen und nie war ein Mann dessen würdiger. Aber der Inquisitor Peter Arbuez wollte eines seiner Geschöpfe belohnen. Er ließ daher Manuel Argoso in die Kerker der Inquisition werfen und erhob zu dessen Posten einen Menschen von der niedrigsten Herkunft, einen verächtlichen Menschen, der für Alles käuflich ist.“

„In der That — ich erinnere mich,“ sagte der König nach kurzem Nachdenken. „Ich selbst unterzeichnete die Ernennung dieses Menschen, der mir durch den Inquisitor von Sevilla empfohlen worden war. — Man gab mir die Versicherung, er hätte der Religion die wichtigsten Dienste geleistet. Aber,“ fuhr Carl V. fort, „wißt Ihr wohl, daß diese Sache außerordentlich ernst ist? Der ehemalige Gouverneur von Sevilla ist, wie es scheint, der Ketzerei schuldig. Zahlreiche Zeugen haben gegen ihn ausgesagt; er ist des Lutherthums überwiesen und ich kann den Gang eines Processes nicht hemmen, den das heilige Officium begonnen hat. Bei dem wahren Gotte,“ fuhr er fort, „ich konnte meinen armen Benedictiner Viruez, dessen

Predigten mir die angenehmste Zerstreuung gewährten, nicht retten!“ [1]

„Zeugen! Sire,“ sagte Johann von Avila voll Bitterkeit, „kennen denn Eure Majestät das verhängnißvolle Recht der Inquisition nicht, die Namen der Zeugen zu verschweigen, die gegen einen Angeklagten ausgesagt haben? Ein Recht, durch welches täglich die abscheulichsten Mißbräuche herbeigeführt werden. Ist ein Mensch der Feind eines andern, so genügt dies, um das Leben des Letzteren zu gefährden und ihn vor das Inquisitionstribunal zu bringen.“

„Hatte Manuel Argoso Feinde?“ fragte der König.

„Keinen, Sire, Manuel Argoso war allgemein beliebt; ein einziger Mann in Sevilla hatte vielleicht Gründe —“

„Wer war dieser Mann?“

„Dieser Mann, Sire, ist der Groß-Inquisitor von Sevilla.“

„Mein Vater,“ sagte Carl V. strenge, „um so leichtfertig einen Großwürdenträger der Inquisition anzuklagen, vergeßt Ihr, welche Ehrfurcht wir den Inquisitoren schuldig sind, so wie Allem, was mit dem heiligen Officium zusammenhängt, dem Institute meiner edlen Ahnherrin, Isabella der Katholischen.“

„Sire,“ entgegnete der Geistliche, „ich vergesse nicht die Ehrfurcht, die man den Priestern des Herrn schuldig ist, denn ich bin selbst einer seiner Diener. Ich billige und verehre Alles, was dazu dient, bei uns die heilige Religion Jesu Christi zu verbreiten und zu befestigen, aber ich eifere gegen die Heuchelei der unwürdigen Diener der Religion, welche Gotteslästerer werden und die heilige Lehre entweihen,

[1] Alphons Viruez war ein Benedictiner, der die orientalischen Sprachen gründlich kannte, Verfasser mehrerer Werke und ein ausgezeichneter Prediger. Carl V. hörte ihn mit so vielem Vergnügen, daß er sich von ihm bei einer seiner Unternehmungen in Deutschland begleiten ließ und bei seiner Rückkehr nach Spanien nie einen anderen Prediger hören wollte. Der Ketzerei verdächtig, wurde Viruez 1534 durch das heilige Officium verhaftet und in den Gefängnissen der Inquisition von Sevilla eingesperrt. Der Kaiser bezweifelte nicht, daß Viruez das Opfer irgend eines eifersüchtigen Mönches sei und befahl, ihn in Freiheit zu setzen, allein er fand keinen Gehorsam. Vergebens verbannte Carl V. Alphons Manriquez, welcher damal Inquisitor des Königreiches war; Viruez blieb dessen ungeachtet vier Jahre als Gefangener in strenger Haft in den Kerkern der Inquisition. (Geschichte der Inquisition, Cap. 4, IV. Theil.)

indem sie dieselbe zu dem Werkzeuge ihrer niedrigen Leidenschaften machen und zu einem Mantel, um ihre Ungerechtigkeit, ihre Habgier und ihre Wollust zu bedecken."

Carl V. war ein Mann von Genie. Er liebte den Muth und die Kühnheit; Alles, was den Stempel der Größe trug, erregte in ihm eine lebhafte Sympathie, und obgleich sein Schrecken vor der Inquisition groß war, sah er mit aufrichtiger Bewunderung auf den redlichen und muthigen Mann, der es wagte, in Gegenwart des Königs so das Anathema gegen ein Institut zu schleudern, dessen Namen der König selbst nur zitternd aussprach.

„Mein Vater," sagte er endlich mit ruhiger Stimme, „welchen Beweis habt Ihr für die Feindschaft des Peter Arbuez gegen den Gouverneur von Sevilla und die Ungerechtigkeit seiner Verfolgungen gegen denselben?"

„Sire," erwiderte Johann von Avila, indem er auf die Mittheilungen anspielte, welche Dolores ihm gemacht hatte, „es gibt Dinge, welche dem Geheimnisse des Beichtstuhls angehören und deren Mittheilung nicht erlaubt ist; ich kann daher diese Dinge nicht sagen, denn sie wurden mir unter dem Siegel des Geheimnisses anvertraut; wenn aber das Leben und die Ehre eines Menschen in Gefahr schweben, dann muß man, ohne seine Pflicht dadurch zu verletzen, um ihn zu retten, Alles sagen, was möglich ist. Ich betheure und schwöre hier vor Ew. Majestät, daß der Inquisitor von Sevilla gegen Manuel Argoso nur aus persönlicher Rachgier gehandelt hat, daß er ihn fälschlich der Ketzerei anklagte und —"

„Wer wird beweisen, daß es fälschlich geschah?" fiel Carl V. ihm lebhaft in das Wort. „Die Ketzerei! Das ist die wahre Wunde des Reiches. Die Lehren Luthers haben überall Eingang gefunden und dieser unsinnige Mönch, der sich für gelehrter hält, als die Kirchenväter, für heiliger als den Papst selbst, hat auf das ganze katholische Europa einen ungeheuren Brand der Uneinigkeit geschleudert. Seine Lehre ist verabscheuungswürdig und verderblich und ich kann nicht genug den Eifer billigen, den die Inquisitoren meines Reiches gegen die Unsinnigen zeigen, die sich dadurch verführen lassen. — So sind die Menschen," fuhr Carl V. fort, „Alles Neue reizt sie; ein klagvolles Wort bringt sie in Aufregung. Unabhängigkeit, religiöse Freiheit, das sind leere Worte, welche den Haß gegen das kirchliche Joch erwecken; die Menschen lassen sich verführen wie die Kinder, um der Gewalt ihrer Lehrer und Aufseher zu entrinnen und wollen nicht begreifen, daß das Glück in dem Gehorsam liegt, daß die Sicherheit, das Gedeihen der Staaten und der Familien keine bessere Bürgschaft haben können, als die allgemeine Uebereinstimmung der Regierenden und Regierten. Doch sie wollen sich der rechtmäßigen Obergewalt der Kirche entziehen; sie urtheilen über die Dinge, welche blind geglaubt werden müssen und aus solchem Urtheile entspringen Aufstände und Empörung. Sie haben die Autorität des Papstes geleugnet und wer weiß, ob sie zuletzt nicht auch die des Königs leugnen werden? Folgt meinem Rathe, mein Vater, und vertheidigt nicht die Anhänger Luthers; sie sind eine verabscheuungswerthe Race.“

Johann von Avila hatte schweigend diesen langen Ausfall Carl's V. angehört; er ließ ihn ohne Unterbrechung seinen Haß gegen die Protestanten aussprechen; als aber die Aufregung des Königs sich ein wenig gelegt hatte, da sie auf kein Hinderniß stieß, nahm Johann von Avila Estevan bei der Hand, stellte ihn dem Könige vor und sagte: „Sire, hier ist meine Antwort an Ew. Majestät. Ich mißbillige gleich Euch, was dazu dient, die Religion Jesu Christi zu entstellen. Aber eben deshalb kämpfe ich gegen die Inquisitoren, welche ihr Haß zuziehen, indem sie behaupten, sie zu vertheidigen. Dieser junge Mann heißt Estevan von Vargas. Sein Vater war Mitglied des Rathes von Castilien durch König Philipp I.; er war stets ein frommer Christ, ein eifriger Vertheidiger der Monarchie. Estevan folgte dem Beispiele seines Vaters. — Nun wohl. Da der Inquisitor Arbuez ihn nicht gerichtlich verfolgen konnte, strebte er ihm nach dem Leben.“

„Was sagt Ihr, mein Vater?“ rief Carl V. streng.

„Ich habe den überzeugenden Beweis dessen, was ich sage,“ erwiderte der Geistliche, „und kann ihn Ew. Majestät liefern.“

„Schweigt, mein Vater,“ murmelte der König. „Ihr habt genug gesagt, um die Hälfte Spaniens nach dem Quemadero zu schicken.“

„Ew. Majestät sind verschwiegen,“ erwiderte Johann von Avila mit feinem Lächeln.

„Bei dem wahren Gotte, mein Vater, können wir auf Eure Verschwiegenheit ebenso rechnen, wie Ihr auf die unsrige? Sagt uns Euren Namen, wenn es Euch gefällig ist, denn noch wissen wir nicht, mit wem wir sprechen.“

„Johann von Avila,“ entgegnete einfach der Apostel.

Bei diesem in ganz Spanien hochgeehrten Namen, welcher den Begriff aller Tugenden in sich schloß, wurde Carl V. unwillkürlich von jener Ehrfurcht ergriffen, welche jede wahre Größe einflößt und betrachtete den Apostel mit dem lebhaftesten Gefühle der Bewunderung.

„Jetzt staune ich nicht mehr über Euren Muth, mein Vater,“ sagte er endlich, „und ich erkenne mit Schmerz die Mißbräuche der Inquisition, denn ich darf nun nicht länger daran zweifeln.“

Der Kaiser hätte hinzufügen sollen: „In Eurer Gegenwart kann ich ohne Zwang reden.“

Das that er auch wirklich, versichert, daß er von einem solchen Zeugen nichts zu fürchten hätte. Die scheinbare Liebe Carl's V. für die Inquisition war weit entfernt, aufrichtig zu sein. Sie richtete sich wie alle Gefühle dieses Herrschers nur nach den Anforderungen seiner Politik. Weit entfernt, aus Ueberzeugung fromm zu sein und voll aufrichtiger Anhänglichkeit an die Doctrinen Roms würde Carl V. dieselben, ohne sich zu besinnen, zu Gunsten der Lehren Luthers geopfert haben, wenn nicht die Begriffe der Unabhängigkeit der Reformation seinen Despotismus erschreckt hätten.

In seiner Jugend war er Feind der Inquisition, in seinem reiferen Alter beschützte er dieselbe, und indem er sie verabscheute, pflegte er sie doch wie den mächtigsten Verbündeten seiner Erpressungen, seiner Herrschbegier, seiner Habsucht und seiner Eroberungssucht. Gleichwohl lehnte er sich in seinem Innern öfters gegen dieselbe auf, denn er hatte sich mehr als einmal über sie zu beklagen. Carl V. war der König von Spanien, die Inquisition war der König Carl's V. Dem Genie dieses großen Kaisers hat nur Eines gemangelt: zu begreifen, daß der schönste Ruhm eines Königs darin besteht, die Fortschritte des Lichtes zu begünstigen, statt danach zu streben, es unter den Scheffel zu stellen; daß es leichter ist, glorreicher und schöner, über freie Menschen zu herrschen, als über ein Volk von Sclaven, und daß dies außerdem noch in dem wahren Geiste des Evangeliums liegt. Die Reformation strebte danach, die Massen zu unterrichten und überall die Schätze der Wissenschaft zu verbreiten und Carl V. verstand wahrlich seine eigenen Interessen schlecht, indem er ihr feindlich gesinnt wurde; er würde eine sicherere Stütze in der aufgeklärten Philosophie und der Treue der Protestanten gefunden haben, als in dem despotischen und ehrgeizigen Fanatismus der Mönche. Aber er erkannte dies nicht und ließ die Wagschale nach der Seite sinken, nach welcher, wie er glaubte, sein Vortheil sie zog.

„Mein Vater," sagte Carl V. zu Johann von Avila, „wir beklagen lebhaft die Mißbräuche der Inquisition und wünschten sie unterdrücken zu können; aber bedenkt, daß diese furchtbare Institution, die in einer nützlichen und frommen Absicht begründet wurde, jetzt mächtiger ist, als Rom selbst, und daß sogar der heilige Vater nicht wagt, gegen dieselbe zu kämpfen." [1]

„Der Kaiser Carl V. hat es gewagt, gegen den Papst zu kämpfen," erwiderte Johann von Avila, indem er auf die Antwort anspielte, welche Carl V. auf ein Breve des Papstes Clemens VII. ertheilt hatte, welches derselbe einige Jahre vorher gegen den Kaiser erließ, „und der Kaiser wird auch gegen die Inquisition kämpfen, denn es handelt sich um die Rechte der Gerechtigkeit und der Menschlichkeit."

Ein Lächeln der Befriedigung umspielte die Lippen des Monarchen. Er erinnerte sich nicht ohne ein lebhaftes Gefühl des Stolzes an das kräftige Manifest, welches in Deutschland verkündet wurde, ein Meisterwerk der Entschiedenheit, der Bitterkeit und der Diplomatie, welches ihm die Geister wiedergewann, die durch seine früheren Widersprüche gegen die Lehren Luthers erbittert waren. Johann von Avila hatte die empfänglichste Seite berührt, indem er

[1] Im 16. Jahrhunderte trotzte die Inquisition der Gewalt Rom's, so daß mehrere Cardinäle in Rom selbst eingekerkert und zu verschiedenen Strafen verurtheilt wurden, obgleich die Person eines Cardinals selbst für die Könige geheiligt war. Man weiß, daß Heinrich III. durch Sixtus V. excommunicirt wurde, weil er es gewagt hatte, den Cardinal von Guise zu bestrafen, welcher des Aufruhrs und des Hochverrathes gegen den Staat überführt war. War indeß nicht die Inquisition König der Könige und ein Schrecken selbst für die Päpste?

den Kaiser an diese Handlung der höchsten Politik erinnerte, die einer Handlung der Unabhängigkeit glich und seinen Interessen im Norden so gute Dienste leistete. Carl V. sah daher voll Wohlwollen auf den Geistlichen und sagte mit dem anmuthigsten und königlichsten Tone von der Welt: „Laßt hören, mein Vater, wie können wir Euch beweisen, daß wir das aufrichtige Verlangen empfinden, Euch gefällig zu sein? Trachten wir besonders, die Gerechtigkeit mit den Interessen des Königthums in Einklang zu bringen. Hindern wir die Mißbräuche der Inquisition, aber schlagen wir diese nicht; sie ist eine Schlange, die sich umwendet, um zu stechen, sobald man sie berührt und alle ihre Bisse sind tödtlich."

„Der Löwe fürchtet die Bisse der Schlange nicht und Eure Majestät sind König, um zu befehlen," entgegnete der Apostel. „Nur durch die Festigkeit des Wollens werdet Ihr die Verwegenheit Derer bezwingen, welche die Religion der Liebe entstellen und durch unerhörte Grausamkeiten Spanien entvölkert und arm gemacht haben. — Was hatten die mauresklschen Familien verbrochen, die durch den General-Inquisitor Adrian so wüthend verfolgt wurden, daß sie zu Tausenden das Land verließen und unter einen fremden Himmel ihre Reichthümer und ihre Industrie mitnahmen, die Quellen von dem Wohlstande des Reiches?"

„Die Maresken hatten sich empört," sagte Carl V.

„Die Maresken ahmten dem Kameel der Wüste nach, welches seine Last abwirft, wenn sie zu schwer wird," erwiderte Johann von Avila.

„Adrian Florencio war von sanftem, friedlichem Character," erwiderte der König; „was er that, geschah aus guter Absicht."

„Adrian Florencio war schwach, Sire; er ließ das Böse geschehen, ohne es zu unterdrücken und täuschte Ew. Majestät über das wahre Benehmen der Inquisitoren."[1]

[1] Adrian Florencio, der dritte General-Inquisitor von Spanien war, wie man sagte, weniger grausam als seine Vorgänger und seine Nachfolger. Adrian Florencio war vielleicht der schwächste der Inquisitoren, vielleicht aber auch der Gewandteste derselben. Während seiner Regierung, welche beinahe fünf Jahre dauerte, verurtheilte die Inquisition 2400 Personen, von denen 1620 lebendig und 560 in effigie verbrannt wurden. Adrian Florencio war es, der das zweite Inquisitionstribunal in Amerika begründete und

„Mönch, Du bist sehr kühn, daß Du so zu sprechen wagst!" rief der König, dessen unbezähmbarer Stolz nicht duldete, für fähig gehalten zu werden, sich zu täuschen oder durch andere getäuscht zu werden.

„Ich sage Ew. Majestät die Wahrheit, Sire," erwiderte der Geistliche, „und die Wahrheit hat das Recht, gehört zu werden. Die Inquisitoren Spaniens sind keine Priester, sondern Henker; sie unterdrücken das Volk und der König ist der Vertheidiger des Volkes."

Indem Johann von Avila so sprach, sah er den König fest an, ohne Keckheit, ohne Prahlerei; heilige Majestät strahlte auf seiner Stirn. Carl V. fühlte sich unterjocht durch diese Mischung der Einfachheit und des Adels des Genie's und der Heiligkeit, welche aus dem Apostel einen so seltenen Menschen machte.

„Fahret fort," sagte einfach der Kaiser.

„Sire," nahm der Geistliche wieder das Wort, „ein Mann ist fälschlich angeklagt und ungerecht der Tortur unterworfen worden. Der Inquisitor von Sevilla hat dieses Verbrechen begangen und an ihm ist es daher, es gut zu machen. Ew. Majestät möge daher Peter Arbuez befehlen, Don Manuel Argoso in Freiheit zu setzen."

„Das kann ich nicht," sagte der König gedankenvoll.

„Ach, Sire," rief Johann von Avila, „sollte denn Euer schönes Königreich Spanien Eure Thronbesteigung vergebens mit so vielen Freudenrufen begrüßt haben? Sollten Ew. Majestät vergebens den Cortes versprochen haben, daß die Verfolgungen, die Martern, ein Ende nehmen würden, und daß die Scheiterhaufen erlöschen sollten?[1] Nein, Sire, Ihr

seine Jurisdiction über Indien und den Ocean erstreckte. Ebenso war er es, welcher Carl V. hinderte, die Inquisition zu reformiren, wie der Kaiser es den Castilianern, den Aragonesen und den Cataloniern 1518 versprochen hatte. Er that dies, indem er den Kaiser über das Betragen der Inquisitoren täuschte. (Geschichte der Inquisition, Cap. 3, IV. Theil.)

Ungeachtet des Bösen, welches er den Spaniern zugefügt hatte, und vielleicht sogar eben wegen dieses Bösen, wurde Adrian am 9. Januar 1522 zum Papste erwählt. (Geschichte der Päpste.)

[1] Bei seiner Ankunft in Spanien war Kaiser Carl V. nach den Rathschlägen seines Lehrers Wilhelm von Croy und seines Großkanzlers Selvagio sehr geneigt, die Inquisition aufzuheben, oder wenigstens das Verfahren des heiligen Officiums nach den Regeln des

werdet Eure Versprechungen nicht verletzen wollen und mit gutem Grunde setze ich meine Hoffnungen auf Euch. Manuel Argoso ist unschuldig und Ihr werdet ihn beschützen, Sire; Ihr werdet das Leben eines der treuesten Diener Eures Reiches retten. Ein Wort von Ew. Majestät genügt," fuhr der Geistliche voll Eifer fort; „sprecht dieses Wort und Euer Name wird in ganz Spanien gesegnet werden, denn die Gerechtigkeit der Könige ist die Schutzwache für das Glück der Völker."

„Ist dieser junge Mann ein Verwandter des Don Manuel Argoso?" fragte Carl V., indem er auf Estevan von Vargas deutete.

„Ich sollte sein Sohn werden," entgegnete Estevan bescheiden und fest.

„Manuel Argoso hat also eine Tochter?"

„Einen Engel," erwiderte Johann von Avila. „Das schönste und das keuscheste Mädchen ganz Spaniens. — Begreift Ihr jetzt, Sire, weshalb der Gouverneur von Sevilla der Ketzerei angeklagt ist?"

natürlichen Rechtes und nach dem Muster aller anderen Tribunale zu organisiren. Die Cortes von Castilien, welche glaubten, daß der Augenblick, Spanien von dem Joche der Inquisition zu befreien, gekommen sei, versammelten sich gleich denen Aragoniens und Cataloniens zu Anfang des Jahres 1518, um von dem Könige die Aufhebung des heiligen Officiums oder wenigstens die Reformen zu verlangen, welche das Betragen der Inquisitoren unerläßlich gemacht hatte. Carl V. ließ einen neuen Codex durch Selvagio im Verein mit den Deputirten entwerfen und versprach den Cortes, den Inquisitoren die Ausführung desselben zu befehlen. Aber in dem Augenblicke, in welchem die Gerechtigkeit triumphiren sollte, starb der Kanzler Selvagio und Adrian Florencio wußte die Ansichten des Königs durch Lügen so umzuwandeln, daß er ihn unmerklich zum leidenschaftlichen Beschützer der Inquisition machte. Gleichwohl versprach Carl V. den Cortes feierlich, daß er die Inquisition zwingen würde, die Privilegien und Gebräuche Castiliens, Aragoniens und Cataloniens zu ehren und deren heilige Canons zu beachten. Die Cortes glaubten an die Aufrichtigkeit Carl's V. und bewiesen ihm ihre Dankbarkeit durch ein Geldgeschenk. Aber die Castilianer, die Aragonier und die Catalonier erkannten bald, daß die Versprechungen Carl's V. ebenso trügerisch waren, wie die aller seiner Vorgänger. (Geschichte der Inquisition, Cap. 3. IV. Theil; — Annalen Aragoniens; Sitzungen der Cortes 1518; — Geschichte des Fürstenthums Catalonien und der von den Cortes ausgesprochenen Wünsche 1518; — Geschichte Spaniens von Fernando de Higuera. I. Theil.)

Carl V. biß sich auf die Lippen. Nicht zum ersten Male erhob man eine solche Anklage gegen die Inquisitoren Spaniens. Rasch schritt der König auf einen Tisch zu, auf welchem Schreibgeräth lag.

„Diese Dinge müssen unter uns bleiben," sagte er zu dem jungen Vargas. „Willst Du mir diesmal als Schreiber dienen?"

„Ich stehe Eurer Majestät zu Befehl," erwiderte Estevan, indem er sich dem Tische näherte.

„Schreib!" gebot der König.

Estevan nahm eine Feder und ein Blatt Papier. Der König dictirte sehr schnell, ohne sich, wie es seine Gewohnheit war, um den Schreiber zu bekümmern:

„Eminenz! Don Manuel Argoso, Graf von Cevallos, in diesem Augenblicke in den Gefängnissen des heiligen Officiums von Sevilla, ist jederzeit unser treuer Diener gewesen und wir haben ihn stets für einen guten und eifrigen Katholiken gehalten. Die Anklage der Ketzerei, die auf ihm lastet, scheint uns übertrieben zu sein und es ist wohl möglich, daß diese Anklage das Werk irgend eines Feindes des Grafen sei, der sein Verderben wünscht. Deshalb wagen wir zu hoffen, daß Eure Eminenz suchen werden, die Wahrheit zu entdecken und unserem treuen Diener Gerechtigkeit widerfahren zu lassen. Wir rechnen selbst darauf, daß Eure Eminenz seinen Proceß so schnell als möglich beendigen werden und auf die Art und Weise, welche am besten mit der Gerechtigkeit und der christlichen Barmherzigkeit übereinstimmt.

„Gegeben in unserem Palaste zu Madrid, den 20. Mai 1534. „Carl."[1]

[1] Dieser Brief ist erfunden in Beziehung auf den Text, das Datum und den Gegenstand, aber er ist getreu als Typus und als Thatsache. Carl V. hat mehrere in gleichem Sinne geschrieben; diese Briefe wurden mehrmals von den Inquisitoren als nicht erlassen betrachtet. Dafür ist ein Zeuge Alphons Virnez, der trotz der Ermahnungen des Kaisers und selbst seiner Befehle, vier Jahre lang in den Kerkern des heiligen Officiums von Sevilla schmachtete. Dann müssen wir auch noch hinzufügen, daß sehr oft die Briefe, welche der Kaiser zu Gunsten einiger Opfer der Inquisition schrieb, durch andere Briefe wieder aufgehoben wurden, welche der Kaiser ihnen folgen ließ. Uebrigens ist die Doppelzüngigkeit Carl's V. hinlänglich bekannt. Wer kennt nicht den Streich, den er Kaiser Franz I. spielte, während

Als der Brief geschrieben war, versiegelte der König ihn selbst mit seinem königlichen Siegel und übergab ihn Johann von Avila, indem er sagte: „Wir sind entzückt, mein Vater, den Apostel Andalusiens bei uns gesehen zu haben Und Ihr, junger Mann," fügte er hinzu, indem er sich an Estevan wendete, „wenn Ihr der Schwiegersohn Don Manuel Argoso's seid, kehrt an unseren Hof zurück und wir werden Euch eine Stellung anweisen, wie sie des Namens würdig ist, den Ihr führt."

„Ich danke Ew. Majestät, Sire," erwiderte der junge Vargas; „mein Herz, mein Arm und mein Leben gehören Euch."

Der König dankte Estevan durch ein anmuthiges Lächeln und trat in seine Gemächer.

An demselben Tage verließen Estevan und Johann von Avila Madrid.

XXXIV.

Rodriguez von Valero.

Vierzehn Tage waren seit der Audienz verflossen, in welcher wir Johann von Avila Carl V. gegenüber erblickten. Nach Sevilla zurückgekehrt, war es Estevan's erste Sorge, sich nach Dolores zu erkundigen. Joseph hatte ihm empfohlen,

dieser Monarch in Madrid gefangen war? Franz I. fühlte sich sehr krank über den Kummer, den der Verlust seiner Freiheit ihm verursachte und Carl V. besuchte ihn. — „Kommt Ihr, um zu sehen, ob der Tod Euch bald von Eurem Gefangenen befreien wird?" fragte ihn der König von Frankreich. — „Ihr seid nicht mein Gefangener," entgegnete Carl, „sondern mein Bruder und mein Freund; ich habe keine andere Absicht, als Euch die Freiheit zurückzugeben und Euch die ganze Genugthuung zu geben, die Ihr von mir erwarten dürft. —" Darauf umarmte er ihn!

Die Versprechungen des Kaisers brachten eine heilsame Wirkung hervor und Franz I. wurde nach einer langen Genesung wieder gesund. Als der Kaiser erfuhr, daß sein Gefangener hergestellt sei, wurde er gegen ihn wieder kalt und streng. Vergebens rief Franz I. Carl V. das Versprechen zurück, das er ihm während seiner Krankheit gegeben hatte. Carl V. ließ seine Beute nicht eher los, als bis er am 15. Januar 1520 den Vertrag erlangt hatte, welcher dem Könige von Frankreich gegen einen für die Nation so kostspieligen Preis die Freiheit gewährte.

nie ohne ihn nach dem Hause Juana's zu gehen, und da er nicht in dem Inquisitionspalaste sich zeigen durfte, wo der Günstling des Peter Arbuez wohnte, begab sich Estevan mit Anbruch der Nacht nach der Taverne Buena Ventura, indem er dachte, daß der Alguazil oder dessen Schwester ihn von dem Schicksale der Geliebten und von dem, was bei der Inquisition vorging, in Kenntniß setzen könnte. Als der junge Vargas nach der Taverne kam, war dort kein Gast zugegen, denn die Stunde zum Abendessen hatte noch nicht geschlagen. Die Chapa war daher allein in ihrer Küche, um mit geübter Hand die verschiedenen Gerüchte zu bereiten, die für ihre Gäste bestimmt waren. Von Zeit zu Zeit verließ sie den Herd, um auf die Straße zu sehen, ob Niemand käme; dann kehrte sie zu ihrer Chanfaïna zurück und murmelte zwischen den Zähnen: „Es ist aber doch jetzt die Zeit, wo die Arbeiter ihr Tagewerk und die Mönche ihre Predigt beendigt haben. Nun ich muß nur machen, daß ich fertig werde, denn sie werden gleich hier einfallen, wie ein Schwarm verhungerter Vögel.“

Indem sie diese Worte beendigte, bemerkte sie einen jungen Cavalier, der, dicht in einen Mantel gehüllt, auf die Taverne zukam. Die Chapa trat zurück, um ihm den Weg freizulassen. Der Cavalier trat ein, und nachdem er sich umgesehen hatte, schien er sehr erfreut, allein zu sein. Er zog eine Bank hervor und setzte sich mit dem Rücken gegen die Thür an einen der langen Tische.

„Was wünschen Ew. Herrlichkeit?“ fragte die Chapa mit der milden, wohlklingenden Stimme, welche die Weiber Andalusiens auszeichnet und deren Reiz durch das schöne Aussehen des Cavaliers, zu dem sie sprechen, wächst.

„Gebt mir eine Tasse Chocolade,“ erwiderte Estevan, indem er den breitkrämpigen Hut abnahm, der seinen schönen Kopf bedeckte und ihn neben sich legte.

„Welch ein schöner Cavalier!“ dachte die Andalusierin und bemühte sich, ihn auf das Beste zu bedienen.

Als sie die Tasse, das Glas Wasser und die Acucarillos,[1] die nothwendigen Theile jedes spanischen Refresco,

[1] Die acucarillos sind kleine, sehr feine und sehr lockere Zuckerbrode, welche auf verschiedene Weise aromatisirt werden. In Spanien, besonders in Andalusien, wird das Wasser nie anders als durch acucarillos gezuckert.

vor ihn hingestellt hatte, blickte Estevan das Wirthsmädchen voll Vertrauen und Freundlichkeit an und sagte, indem er sie bei ihrem Namen nannte: „Setze Dich zu mir, Chapa, ich bedarf Deiner heute sehr."

„Meiner, Sennor?" fragte sie verwundert. „Wie ist Das möglich und was kann ich für Ew. Gnaden thun?"

„Du kennst die Sennora Dolores, die Tochter des Gouverneurs von Sevilla."

Die Schwester Coco's sah Estevan mit großen, verwunderten Augen an. „Ich weiß nicht, was Ihr sagen wollt, Sennor," entgegnete sie dann. „Ich kenne die Person nicht, von der Ihr redet."

„Du kennst sie und auch den Apostel," sagte Estevan, welcher wohl sah, daß nur das Mißtrauen allein die Antwort der Gastwirthin verursachte. „Nun wohl, Chapa, fürchte nichts, denn mich schickt der Apostel, welcher zu wissen wünscht, ob die Sennora Dolores noch immer in dem Hause ist, in welchem Don Joseph sie verborgen hatte. — Aber sprich doch," fuhr Estevan fort, indem er die Blässe bemerkte, welche plötzlich die braunen und frischen Wangen der jungen Andalusierin überzog. Die Schwester Coco's stand hastig auf und statt zu antworten lief sie nach ihrer Küche und rief: „Ach mein Gott, mein Kessel kocht über! Ich stehe Euch sogleich zu Befehl, Sennor."

In diesem Augenblicke öffnete sich die Thür der Taverne und Coco selbst, in seiner Kleidung als Alguazil, blieb überrascht stehen, nur einen einzigen Gast zu erblicken. Aber nachdem er Estevan, der sich gegen ihn umgewendet hatte, erkannte, verbreitete sich ein trauriger und bekümmerter Ausdruck über sein Gesicht.

„Ihr werdet mir antworten," sagte der junge Cavalier. „Eure Schwester habe ich vergebens befragt. Setzt Euch zu mir, Sennor Coco und sagt mir, was seit dem Tage, an welchem ich Sevilla verließ, vorgegangen ist."

Die Chapa war neugierig in die Thür ihrer Küche getreten. Der Alguazil näherte sich Estevan und blieb mit ziemlich verlegenem Wesen neben ihm stehen.

„Aber sprecht doch, ich beschwöre Euch!" rief der junge Vargas. „Sollte meine Braut krank sein?"

„Sennor," erwiderte der Alguazil verlegen, „ich wage in der That nicht —"

„Was gibt es denn, o mein Gott?“ fragte der junge Mann ungestüm.

Der Alguazil senkte den Kopf und antwortete nicht. Estevan sprang mit dem Ausdrucke der Verzweiflung empor, eilte auf die Schwester Coco's zu, ergriff sie bei beiden Händen, drückte diese heftig und rief angstbeklommen: „Sprich Du, Chapa; was ist aus der Tochter des Gouverneurs geworden? Ist sie todt oder lebt sie? Was es auch sei — sprich — ich will Alles wissen.“

Die Chapa, welche vor Verlangen brannte, Alles zu sagen, sah ihren Bruder an, als wollte sie ihn um Rath fragen.

„Du kannst sprechen,“ sagte Coco, welcher diesen Blick verstand, „ich hätte nicht die Kraft dazu; sprich, Schwester, er ist der Verlobte der jungen Sennora.“

„Sennor,“ sagte nun die Chapa von Ernst ergriffen über den Schmerz, den sie erwecken mußte, „verspricht mir wenigstens, Euch nicht allzusehr zu betrüben.“

„Aber was gibt es denn?“ rief Estevan in unaussprechlicher Angst.

„Sennor, Eure Verlobte —“

„Nun wohl?“

„Sie ist —“

„Was denn! Um des Himmels Willen, kommt zu Ende!“

„In den Gefängnissen der Inquisition,“ sagte die Chapa, indem sie die Stimme dämpfte und am ganzen Leibe zitterte.

„Ha!“ rief Estevan, indem er sich mit der Faust vor die Stirn schlug, „das hätte ich erwarten sollen! Ein Dominicaner! —“

„Sennor,“ rief lebhaft der Alguazil, „hütet Euch davor, Don Joseph anzuklagen; er ist daran unschuldig!“

Aber die Betheuerungen Coco's waren nicht genügend, um die Vorurtheile Estevan's zu besiegen. Er machte sich lebhafte Vorwürfe darüber, dem jungen Mönche vertraut zu haben und da wir stets bereit sind, die Schuld des Unglückes, das uns trifft, auf Andere zu wälzen, tadelte er bei sich selbst bitter das, was er das unbedachte Vertrauen Johann's von Avila nannte.

„Du hast also meine Braut gesehen,“ fragte er Coco, „da Du oft in dem abscheulichen Gefängnisse den Dienst hast?“

„Nein, Herr,“ erwiderte der Alguazil. „Aber Se. Ehrwürden, Don Joseph, hat sie mehrmals besucht und ich bin überzeugt,“ fügte er mit leiser Stimme hinzu, „daß er sich mit den Mitteln zu ihrer Befreiung beschäftigt.“

Ein bitteres, spöttisches Lächeln verzog die Lippen Estevan's; ein entsetzlicher Gedanke bemächtigte sich seiner Seele. Er kannte die Moralität der Mönche und in diesem Augenblicke wäre ihm vielleicht die Kunde von dem Tode seiner Dolores minder schmerzlich gewesen, als die Furcht, die er empfand. Unter dem Gewichte so vieler auf ihn einstürmenden Gefühle erliegend, sank er nieder auf den Sitz, stützte beide Ellbogen auf den Tisch und ließ den Kopf in die Hände sinken.

Der Ton zweier laut sprechenden Stimmen machte, daß er wieder aufblickte. Zwei Männer waren soeben in die Taverne der Buena Ventura eingetreten. Der Eine trug das elegante Costum der Caballeros jener Zeit, der Andere aber war mit großer Nachlässigkeit gekleidet. „Ihr hier, Estevan?“ sagte dieser Letztere, indem er dem jungen Vargas die Hand reichte.

„Ich selbst, Don Rodriguez.“

„Seit einem Jahrhundert habe ich Euch nicht gesehen,“ sagte Rodriguez von Valero, den der Leser bereits kennt. „Ich bin entzückt, Euch zu treffen. Ich bitte Euch um die Erlaubniß, Euch einen meiner Freunde vorzustellen, Don Ximenes von Herrera, einen edlen Herrn Aragoniens, der erfreut sein wird, Eure Bekanntschaft zu machen.“

Indem Don Rodriguez so sprach, stellte er Estevan eben jenen aragonischen Edelmann vor, den wir bereits in der Abendgesellschaft des Grafen von Mondejar kennen lernten. Die beiden jungen Männer tauschten nun alle üblichen Höflichkeiten jener Zeit ritterlicher Sitten, welche noch den Character von der ausgesuchten Höflichkeit der Mauren trug, mit einander aus, aber Valero, der bald die außerordentliche Blässe Estevans und das finstere Feuer bemerkte, das aus dessen Augen blitzte, sagte mit väterlichem Tone zu ihm: „Was ist Euch, Don Estevan, Ihr scheint zu leiden?“

„Mir ist nichts, Don Rodriguez,“ erwiderte der junge Mann mit einem Tone, der seine Worte Lügen strafte.

„Ihr täuscht mich,“ entgegnete Valero. „Ihr wißt aber doch, daß Ihr in mich volles Vertrauen setzen könnt.“

„Ich weiß es," sagte Estevan, „und ich weiß auch, daß Ihr der größte Feind der Inquisition seid; aber dieser junge Herr —" fügte er hinzu, indem er mit dem Blicke auf Ximenes deutete.

„Dieser junge Herr ist ein edler Ritter und eine unabhängige Seele," erwiderte Valero. „Würde ich ihn Euch sonst als meinen Freund vorgestellt haben? Sprecht! Sagt uns, was Euch betrübt, wir sind Beide bereit, mit Euch gemeinschaftliche Sache zu machen."

„Ach, Don Rodriguez," rief Don Estevan, glücklich, endlich ein Herz zu finden, in welches er die gange Bitterkeit des seinigen ausschütten konnte, „wir leben in einem abscheulichen Jahrhundert; die Gerechtigkeit ist von der Erde verbannt!"

„Das kommt daher, weil sie in die Hände der Mönche gefallen ist," erwiderte Valero mit beißendem Tone.

„Solltet Ihr glauben, Ihr Herren," fuhr Estevan fort, „daß Peter Arbuez, nicht damit zufrieden, den Gouverneur von Sevilla in die Kerker der Inquisition geworfen zu haben, auch dessen Tochter verhaften ließ, das edelste Mädchen von ganz Spanien?"

„Seine Tochter!" rief Don Ximenes von Herrera, indem er auf Valero einen Blick des Einverständnisses richtete.

„Ei," sagte Valero lebhaft, „ich hatte Euch wohl gesagt, Don Ximenes, daß dieser Tag nicht ohne einige Anklagen oder noch Schlimmeres vorübergehen würde."

„Ihr wißt also, was vorgegangen ist, Don Rodriguez?" fragte Estevan voll Angst.

„Beruhigt Euch," erwiderte der alte Ritter. „Ich will Euch Alles mittheilen, was wir darüber wissen."

Don Rodriguez von Valero erzählte Dolores Verlobten in der Kürze alle die Ereignisse, welche während der Abendgesellschaft des Grafen von Mondejar sich zugetragen hatten, ausgenommen jedoch den Verrath des Letzteren, der allen Gästen ein Geheimniß geblieben war, nur nicht dem Groß-Inquisitor. Estevan hörte die Erzählung mit der innigsten Bewunderung für Dolores an und mit der höchsten Verachtung für deren Henker. Aber sein Schrecken wuchs dadurch nur noch mehr, denn er mißtraute Joseph und kannte Peter Arbuez.

„Wißt Ihr wohl, Ihr Herren," sagte er endlich mit ausbrechender Heftigkeit, „daß man sich nicht über die dumpfe Gährung wundern darf, welche unter dem scheinbaren Gehorsam und der Gleichgültigkeit, der Spanier kocht?"

„Die Spanier," entgegnete Valero, „sind nur noch ein Körper, dem der Kopf mangelt. Sie dulden und winden sich in krampfhaften Zuckungen unter dem Griffe des Despotismus, aber sie haben nicht den Verstand, welcher die Mittel, die Fesseln zu brechen, ersinnt, zusammensetzt und anwendet. Es ist nicht Alles zu sagen: „Ich leide!" indem man sich in seinen Ketten windet," fuhr der alte Ritter fort; „man drückt sie sich oft noch in das Fleisch hinein. Es bedarf der Ausdauer, welche die Ketten Glied für Glied durchfeilt, oder der Kühnheit und Verwegenheit, welche mit einem Schlage den Scepter des Despotismus zertrümmert."

Indem der Greis, begeistert von der heiligen Liebe zur Freiheit, so sprach, nahm sein Gesicht einen erhabenen Ausdruck an und seine hohe Stirn schien von seinem weißen Haar umgeben zu sein, wie von einer Glorie. „Don Rodriguez," sagte Estevan, bis in das Innerste erschüttert durch diese edlen Gedanken, welche auch die seinigen waren, „Don Rodriguez, es ist nicht der Kopf, welcher dem Körper mangelt, sondern es sind vielmehr die Streiter, deren der Führer bedarf. Unser Heer freier Männer ist noch zu schwach, um mit Erfolg gegen die zahllosen Truppen der Mönche und der Familiaren zu kämpfen."

„Ja wohl," erwiderte spöttisch Valero, „man könnte beinahe ganz Spanien in eine ungeheure Kapuze stecken."

„Ach, Don Rodriguez," rief Estevan, „es ist jetzt nicht der Augenblick zum scherzen. Meine Braut liegt in den Kerkern des heiligen Officiums und ihr Vater ist vielleicht schon verurtheilt."

„Es wird Euch freilich schwer werden, sie zu retten, mein armer Estevan."

„Den Gouverneur werde ich retten, wenigstens hoffe ich es," erwiderte der junge Mann. „Aber Dolores, mein Gott, Dolores!"

„Und durch welches Mittel," fragte der Greis, „hofft Ihr den Klauen des Inquisitions-Geiers, den man Peter Arbuez nennt, die Beute zu entreißen, die er gefaßt hat?"

„O,“ sagte der junge Mann voll Vertrauen, „es gibt in Spanien eine Macht, welche größer ist, als die der Inquisition.“

„Wo wollt Ihr diese finden?“

„Auf dem Throne, Don Valero, der König —“

„Der König ist der erste Knecht der Inquisition,“ erwiderte trocken der alte Herr. „Glaubt mir, sucht Eure Stütze anderwärts.“

„Gleichwohl sagte Don Ximenes, „scheint es mir, als stände die Macht des Königs über der eines Mönches und nach Allem —“

„Ihr müßt wissen, Ihr Herren,“ unterbrach ihn Estevan, „daß ich eben heute von Madrid anlangte, und daß Se. Majestät Kaiser Carl V. mir einen Brief an den Inquisitor von Sevilla zu geben geruhte.“

„Und nach Eurer Abreise,“ sagte geringschätzig Rodriguez, „hat der große Kaiser Carl V. ohne Zweifel einen Courier mit einem zweiten Briefe abgeschickt, der vor dem Eurigen ankommen wird, Don Estevan.“

„Ha, welch' ein Verrath!“ riefen zugleich die beiden jungen Cavaliere.

„Wäre das möglich?“ fragte der stolze und redliche Estevan. „Ich weiß, daß der König ehrgeizig und habgierig ist; aber daß er in solchem Grade heimtückisch sei, kann ich nicht glauben.“

„Woher wißt Ihr das, Don Rodriguez?“ fügte der Aragonier hinzu.

„Weshalb haben meine weißen Haare mehr gesehen, als Eure schönen schwarzen Locken, Ihr Herren? Folgt meinem Rathe und vertraut stets nur auf Euch selbst oder auf ein zweites Ich selbst, wenn der Himmel Euch dieser großen Gnade würdigte. Vor allen Dingen aber vertraut nie der Freundschaft eines Mönches oder dem königlichen Schutze. Er ist ein leichter Schleier, der sich nach dem Winde des persönlichen Vortheiles bewegt. Wer demselben sich vertraut, scheitert meistens an einer Klippe!“

„Die Erfahrung ist etwas sehr Bitteres,“ bemerkte Estevan mit bekümmertem Tone.

„Deshalb ist das Alter traurig,“ erwiderte Valero. „Indeß macht das Alter nicht alle Greise egoistisch, hart und gleichgültig gegen die Leiden Anderer; sie dient zuweilen dazu, sie weiser zu machen — oder muthiger," fügte er hinzu, „denn der wahre Muth ist auch das Ergebniß der Weisheit."

Während dieses lebhaften Gespräches hatten die drei Herren, ganz darin vertieft, nicht bemerkt, daß ein junger Mönchskopf sich aus der Küchenthür hervorstreckte. Es war Joseph, der durch die Hinterthür eingetreten war und regungslos stehen blieb, als er die drei Herren in einem so eifrigen Gespräche erblickte; denn es war ihm von Wichtigkeit, Alles zu erfahren, was Estevan oder Dolores betraf. Don Rodriguez von Valero's Worte gewannen für ihn einen Sinn, den Estevan nicht hineingelegt hatte. Joseph wußte aus einem Worte Folgerungen zu ziehen und blieb erst an den äußersten Gränzen dieser Folgerungen in seinen Schlüssen stehen. Er wendete sich daher an Coco, der in einer Ecke der Küche saß und sagte leise: „Coco, siehst Du die beiden Herren, die mit Don Estevan von Vargas sprechen?"

„Ja, Reverenz."

„Betrachte sie Dir genau, um sie wieder zu erkennen."

„Ich kenne sie," erwiderte der Alguazil.

„Du wirst sie beobachten und mir Bericht von allen ihren Handlungen erstatten."

„Auch dem Herrn Groß-Inquisitor?"

„Nein, nur mir, mir allein!" erwiderte Joseph streng.

„Gut! Ich habe verstanden!" erwiderte Coco, der von Bewunderung für Joseph ergriffen war und blindlings dem Zauber gehorchte, welchen die bewundernswerthe Güte des jungen Mönches auf Alle ausübte, die ihm nahe kamen. Die drei Herren setzten ihre Unterhaltung fort.

„Ihr hofft also viel von diesem Briefe Carl's V.," fragte Ximenes von Herrera.

„Wenn ich Don Rodriguez glauben darf, so ist darauf eben nicht viel zu bauen, aber ich werde es dennoch versuchen. Ich muß alle möglichen Mittel aufbieten, und wenn dieses nicht gelingt —"

Die Ankunft eines Schwarmes von Gitanos und Mönchen aller Farben unterbrach in diesem Augenblicke Estevan. Der junge Graf wünschte eben nicht, sich in solcher Gesellschaft zu befinden, obgleich zu allen Zeiten in Spanien wie in Frankreich die Edelleute gern die niedrigen Tavernen besuchten. Er zog daher Valero und dessen Freund mit sich auf die Straße.

„Lebt wohl,“ sagte er, „ich muß Euch verlassen.“

„Wo treffen wir uns wieder?“ fragte Valero.

„Weiß ich es?“ entgegnete Estevan.

„Hört,“ sagte Valero mit ernstem Tone, „ich zweifle, daß Euer Brief Carl's V. viel nützen wird; scheitert Ihr, so sucht mich am Guadalquivir al muelle[1] auf. Ich mache jeden Abend vor meinem Abendessen dort einen Spaziergang. — Vielleicht machen wir ein Mittel ausfindig, den Gouverneur von Sevilla und dessen Tochter zu befreien.“

„Was wollt Ihr sagen?“ fragte Estevan.

„Ich werde Euch das erklären, wenn Ihr kein anderes Mittel des Heiles mehr für Die habt, welche Ihr liebt. Lebt wohl, auf baldiges Wiedersehen.“

Estevan entfernte sich voll Schmerz und Furcht. Valero und Don Ximenes kehrten in die Taverne zurück. Es war ein ganz besonderer Genuß für den sarkastischen Beobachter Rodriguez, die verschiedenen Physiognomien der Gäste der Taverne zu studiren, der Mönche sowohl, wie der Männer aus dem Volke, welche gegenseitig in ihren Gesichtern die verschiedenen Gefühle verriethen, die sie einander einflößten. Der Egoismus und die Habgier der Mönche, ihre ungeheure Verachtung gegen das menschliche Geschlecht, waren deshalb auch in hohlen Zügen auf die vergelbten und leidenden Gesichter des Volkes oder auf die verschlagene Physiognomie der Schelme geschrieben, während auf den vollen Gesichtern der Mönche und in ihrer fabelhaften Körperfülle selbst bis in ihrer demüthigen Heuchelei sich die tiefe und blinde Ehrfurcht eines Volkes zeigte, das getäuscht war und ein verdienstliches Werk zu thun glaubte, indem es sich bis auf die Haut ausplünderte, um diese frommen Müßiggänger zu mästen.

„Setzen wir uns,“ sagte Valero zu seinem jungen Freunde. „Hier sammle ich meine Ernte von Verachtung und Muth.“

In dem Augenblicke, als sie sich setzen wollten, ließ der helle Ton eines Glöckchens in einer benachbarten Kirche langsam das Angelus ertönen. Die Mönche, die in der Ta-

[1] Auf dem Quai, an den Ufern des Guadalquivir, liegen alle Spaziergänge Sevilla's, welche bis neun Uhr Abends im Sommer am häufigsten besucht werden; nach dieser Stunde begeben sich die Spaziergänger nach der Alameda; die Quais bleiben dann verödet.

verne zu Abend aßen, erhoben sich ernst und sprachen das Angelus mit einer rauhen Nasenstimme, die Augen heuchlerisch gesenkt, dennoch aber mit großem Wohlgefallen über die bloßen Füße oder die braunen Schultern einiger Gitanillas hinschweifend, welche ebenfalls gekommen waren, ihr Abendessen hier zu verzehren. Während dessen hatte Joseph sich dem Tische genähert, an welchem Valero und Don Ximenes saßen. Das Volk antwortete im Chor auf die Gebete der Mönche. Valero allein blieb mit geschlossenen Lippen sitzen und machte nicht einmal das Zeichen des Kreuzes. Kaum war das letzte Amen gesprochen, als ein Hieronimit, der neben ihm stand, ihn mit zornigem Tone anredete: „Bist Du denn ein Ketzer, daß Du nicht mit uns betest?“

„Euch geziemt es, öffentlich zu beten und in dem Tempel niederzuknien,“ erwiderte ernst Valero. „Ihr habt so viel Nichtswürdigkeiten zu büßen, daß es nicht zu viel wäre, wenn Ihr Euer ganzes Leben auf den Knien zubrächtet und Gott um Gnade anflehtet.“

„Was sagt dieser Bettler?“ rief ein anderer Mönch, indem er verächtlich die mehr als vernachlässigte Kleidung des alten Edelmannes mit den Blicken maß.

„Ich sage,“ entgegnete Valero, „daß Du mehr Boden mit dem Golde der Gläubigen bezahlt, als Gefangene freigekauft hast.“

Der Beschuldigte sprang auf, seine Augen funkelten vor Zorn und mit einer drohenden Bewegung schritt er auf den Mann zu, der ihm so zu trotzen wagte. Die Gitanos und die Leute aus dem Volke senkten die Köpfe auf ihre Teller herab, um die innere Zufriedenheit zu verbergen, die ihnen diese Zwistigkeit verursachte. Joseph betrachtete Valero mit forschendem Blicke. Der alte Edelmann blieb fest auf seinem Platze sitzen und mit dem ruhigsten und kältesten Wesen sah er den Mönch an, dessen Gesicht vor Wuth purpurroth war.

„Was wollt Ihr von mir?“ fragte er ihn.

„Ich will Dich lehren, wie man die Diener des Herrn ehren muß!“ erwiderte der Mönch mit zornerstickter Stimme.

„Die wahren Diener des Herrn sind sanft, wie ihr Meister,“ entgegnete Valero, ohne sich irre machen zu lassen. „Sie sind gut und theilnahmvoll gegen die Schwachen und dienen ihnen, statt sie zu unterdrücken.“

„Wohl geantwortet," sagte mit leiser Stimme ein Guapo von der besten Art, welcher kein anderer war, als Cuerpo de Hierro.

Der Mönch erhob heftig eine Hand gegen den alten Herrn, um ihn zu schlagen. Joseph warf sich hastig dazwischen und sagte: „Laßt diesen Mann, ehrwürdiger Vater; Ihr seht wohl, daß es ein Wahnsinniger ist."

„Ja wohl, es ist Valero," rief ein junger Carmeliter, der noch nicht gesprochen hatte. „Erkennt Ihr ihn denn nicht, mein Vater?"

„Verrückt oder nicht, so soll er doch beten und vor dem heiligen Bilde niederknien," erwiderte rauh der Mönch.

„Ohne Zweifel, entgegnete Valero, „gleich Euch das Holz und den Stein anbeten und durch die Werke den König des Himmels beschimpfen; nicht wahr, so betet Ihr Gott an?"

„Er ist ein Ketzer!" schrie der Hieronimit, indem er den Zorn des barmherzigen Bruders zu entflammen suchte.

„Er ist ein Wahnsinniger, sage ich Euch," wiederholte Joseph kalt.

„Die Wahnsinnigen sagen zuweilen sehr verständige Dinge," erwiderte Valero, indem er Joseph ansah. Joseph zuckte leicht mit den Achseln und blickte Valero an, als wollte er sagen: „Es ist besser, für verrückt zu gelten, als verbrannt zu werden."

„Er ist ein Lutheraner!" fuhr der Carmeliter fort.

„Ehrwürdiger Herr," wagte Coco zu sagen, der einen heftigeren Streit fürchtete, „der alte Herr ist wahnsinnig, ich gebe Euch die Versicherung; unser heiligster Inquisitor hat ihn deshalb niemals verhaften lassen wollen."

„Der Verrückte spricht sehr gut," sagte leise eine alte Gitana zu Cuerpo de Hierro.

„Abuella!" entgegnete der Guapo. „Glücklich sind die Wahnsinnigen, welche Alles sagen dürfen."

Ein ausdrucksvolles Run Run durchlief die Versammlung,[1] ähnlich dem Geräusche, welches die Wogen des Meeres hervorbringen, indem sie auf den Sand des Strandes rollen. Die Worte des Wahnsinnigen waren voll Wahrheit

[1] Dieses Wort, welches man durch Gemurmel übersetzen kann, ist viel bedeutungsvoller.

und fanden ein gewaltiges Echo in der Seele des unterdrückten Volkes, welches durch den Fanatismus und das Elend herabgewürdigt war. Die Gitanos allein fuhren mit jener stolzen Gleichgültigkeit der Nomaden gegen Alles, was die Fragen der Moral betrifft, ruhig fort, ihr Abendessen zu verzehren. Indessen ertönten für diese ungebildeten, erniedrigten, aber von wilder Poesie erfüllten Seelen die Worte Dessen, den man einen Wahnsinnigen nannte, auf kräftige und wohlklingende Weise, denn sie erweckten unbewußt die lebhafteste Sympathie dieser wilden Menschen; sie waren der Ausdruck eines hochmüthigen Stolzes und einer gewaltigen Liebe für die Freiheit.

Wenn der Streit zwischen Valero und den Mönchen ernster geworden wäre, so würden die Letzteren, ungeachtet der Ehrfurcht, welche ihre Kleidung einflößte, nicht die meiste Unterstützung gefunden haben. Das spanische Volk hatte sich hinlänglich über sie zu beklagen, um mit Freuden Repressalien zu nehmen, wenn die Gelegenheit sich dazu bot. Dies war aber hier nicht der Fall, denn als kluge Männer — und man ist immer klug, wenn es Einem an Muth mangelt — gelang es den Mönchen, ihren Genossen zu beschwichtigen, indem sie ihnen den Wahnsinn des Sprechenden vorstellten; das Volk aber wollte sich von diesem Wahnsinn nicht überzeugen. Es besitzt einen Instinct, der selten täuscht und sein Urtheil ist zuweilen sicherer, als das der Wissenschaft. Es gibt eine ganz eigenthümliche Philosophie, an die man zuweilen zu denken gut thun würde. Dieses Ereigniß gewann Valero unter den Gästen der Taverne viel Verehrung. Als er sich entfernte, folgten ihm Alle mit einem verstohlenen Blicke, denn man wagte es nicht, ihm in Gegenwart der Mönche offen die Theilnahme zu zeigen, die er eingeflößt hatte. Aber keine der verschiedenen Stimmungen entging dem scharfen Auge Valero's, der eine bewundernswerthe Menschenkenntniß besaß.

Als er mit Don Ximenes von Herrera auf der Straße war, sagte er: „Don Ximenes, das Abenteuer dieses Tages kann uns nützlich werden; diese Menschen werden jetzt thun, was ich von ihnen verlange.“

XXXV.

Die Zeugenaussage.

Die Sitzungen des Inquisitions-Tribunals waren täglich geworden; das Autodafé nahte; jeden Tag vermehrten neue Verurtheilungen die Zahl der Opfer, die dabei eine Rolle spielen sollten. Das unersättliche Ungeheuer ermüdete nicht; es mußte seine volle Ernte haben, ein königlicher Zehnten, dem Sieger Franz I. bestimmt, mochte es Schuldige oder Unschuldige treffen.

Jeden Morgen begaben sich Estevan und Johann von Avila nach dem Audienzsaale, indem sie hofften, den Gouverneur dort zu sehen. Allein das heilige Officium hatte so viel zu thun, daß jeder seine Reihe abwarten mußte. Endlich am dritten Tage erschien Manuel Argoso. Die Sitzung war zahlreich und feierlich; Angeklagte von dem höchsten Stande sollten darin erscheinen. Estevan und Johann von Avila hatten sich zu guter Zeit in den Sitzungssaal begeben und Dank seiner Kleidung als Geistlicher, gelangte der Apostel ohne Schwierigkeit hinein. Ein unbestimmtes Gerücht hatte sich den Tag zuvor in der Stadt verbreitet, daß der Gouverneur an diesem Tage gerichtet werden sollte und außerdem hatte Coco, durch Joseph abgesendet, Johann von Avila benachrichtigt. Estevan und er setzten sich daher auf die für die Zeugen bestimmte Bank.[1] Hier warteten sie. Allmälig füllte

[1] Während die Inquisition das Ungerechteste aller Tribunale war und nicht nach den Regeln der Gerechtigkeit und des gemeinen Rechtes verfuhr, sondern nur nach ihrer Laune, wollte sie gleichwohl für unparteiisch und besonders für barmherzig gelten. Man weiß, was man von ihrer Barmherzigkeit zu halten hat. Was ihre Unparteilichkeit betrifft, so ist dieselbe in Spanien sprichwörtlich geworden, indem man noch heute, wenn man von einem Untersuchungsrichter spricht, sagt: er ist gerecht und unparteiisch wie ein Inquisitor. — Indeß stand in allen inquisitorischen Verhörssälen eine Bank für die Entlastungszeugen. Wenn aber ein Zeuge es wagte, sich darauf niederzulassen, fand die Inquisition stets ein Mittel, ihn zu beschuldigen, und ihn an den Strafen Theil nehmen zu lassen, die sie dem Angeklagten selbst auferlegte. — Die Belastungszeugen machte die Inquisition niemals bekannt; was hätten sie also auf der Zeugenbank zu thun gehabt.

sich der Saal mit Menschen, die Sbirren und die Familiaren gingen ab und zu und vollzogen verschiedene Aufträge. Ihre Schritte dröhnten wie ein finsteres Echo im Hintergrunde dieses ungeheuren Saales. Die Marterknechte hielten sich ihrer Gewohnheit nach regungslos wie Geister zur Linken des Tribunals. Endlich schlug die Stunde. Die Inquisitoren traten durch die Thür hinter dem Tribunal ein und nahmen ernst auf ihren Sitzen Platz. Die Escribanos hatten die ihrigen bereits eingenommen. Der Saal war in diesem Augenblicke von Mönchen und Familiaren höheren Standes erfüllt. Der Thürvorhang zur Linken des Präsidenten wurde zurückgeschoben und die Angeklagten erschienen, geführt durch die Sbirren und begleitet von den Marterknechten.

Das erste Opfer, welches auf den dreieckigen Klotz zuschritt, der ihm als Sitz dienen sollte, war ein Weib; sie trug das Gewand der beschuhten Carmeliterinnen. Der zweite Angeklagte war ein Dominicanerpriester. Die Versammlung sah ihn voll Staunen unter den Angeklagten. Zwei andere Angeklagte folgten: zwei junge Männer in der Blüthe des Lebens. Der Eine trug auf seinem ernsten Gesichte den Stempel des Nachdenkens und tiefer Studien; der andere hatte ein freies offenes Gesicht, auf welchem sich jene schmerzliche Niedergeschlagenheit zeigte, welche sich so leicht der von Natur heiteren Gemüther bemächtigt, wenn sie von einem großen Kummer getroffen werden. Diese beiden Angeklagten setzten sich neben der Carmeliterin auf das Dreieck. Der Fünfte war Manuel Argoso. Wie Joseph es Dolores vorausgesagt hatte, ging der Gouverneur, von seinen Wunden genesen, beinahe ohne Schwierigkeit. Aber sein Gesicht trug so tiefe Spuren der überstandenen Leiden, daß Estevan ihn nicht erkannte.

„Da ist der Gouverneur," sagte Johann von Avila mit leiser Stimme.

„O mein Gott, ist es möglich!" rief Estevan. Er suchte in den abgemagerten Zügen, in der bleichen Gesichtsfarbe, in den beinahe erloschenen Augen, welche kaum das Licht des Tages ertragen konnten, die edlen Züge des Grafen von Cevallos. Dieser aber hatte den stolzen und ritterlichen Ausdruck verloren, der ihn unter den größten Herren jener Zeit auszeichnete. Ein unglaublicher Ausdruck der Bitterkeit verzerrte seine bleichen Lippen. Er setzte sich. Die Sbirren und die Marterknechte nahmen ihre gewöhnlichen Plätze ein. Peter Arbuez blickte hierauf die Angeklagten der Reihe nach an und sagte dann zu der Nonne: „Steht auf!“

Die Carmeliterin gehorchte und auf einen Befehl des Inquisitors erhob sie den Schleier, der bisher ihr Gesicht bedeckt hatte. Johann von Avila erbebte; er erkannte Francisca von Lerma. Ungeachtet der Leiden des Kerkers zeigte das Gesicht der Aebtissin der Carmeliterinnen noch eine unvergleichliche Schönheit. Ihre kräftige, frische Jugend hatte der ungesunden Luft und der erbärmlichen Kost der Inquisition widerstanden, obgleich ihr beinahe jede Bewegung entzogen war; ihre bewegliche Physiognomie hatte nichts von ihrem hochmüthigen Ausdrucke verloren. Sie richtete ihr schwarzes durchbohrendes Auge auf das Gesicht des Inquisitors und versuchte dessen Gewissen zu verwirren. Aber der Schauspieler war vorbereitet auf seine Rolle; Peter Arbuez blieb gleichgültig. Ohne die üblichen Fragen zu erwarten, sagte hierauf die Aebtissin der Carmeliterinnen mit stolz erhobener Stimme: „Wessen klagt man mich an?“

„Des Lutherthums,“ erwiderte kalt der Inquisitor. „Ihr hättet meine Fragen abwarten sollen, meine Schwester,“ fügte er mit süßlichem Tone hinzu.

Francisca lächelte geringschätzig. „Des Lutherthums!“ wiederholte sie; „und wie wollt Ihr das beweisen?“

„Meine Schwester, Gott enthüllt jederzeit die verborgenen Verbrechen, damit sie erkannt und nach seiner Gerechtigkeit bestraft werden.“

„Gott kann kein Verbrechen entdeckt haben, das ich nie beging,“ erwiderte die Carmeliterin mit herausforderndem Tone.

„Meine Schwester,“ fuhr Peter Arbuez fort, „es wäre dem Geiste unserer heiligen Religion angemessener, Euer Verbrechen zu gestehen und es zu bereuen.“

„Diese Anklage ist abgeschmackt,“ erwiderte Francisca mit einem leichten Achselzucken. „Wer hat je daran gedacht, mich für eine Ketzerin zu halten? Wer klagt mich an?“

„Dieses bei Euch gefundene Buch,“ erwiderte Peter Arbuez, indem er die lutherische Bibel zeigte, welche er in dem Zimmer Francisca's an dem Tage ihrer vorletzten Zusammenkunft mit fortgenommen hatte.

Francisca erkannte sogleich den Einband dieses Buches, welches sie mit so vielem Vergnügen in Gesellschaft ihrer

Günstlinge durchblättert hatte; sie errieth auf der Stelle, durch welchen nichtswürdigen Verrath Peter Arbuez sich dieses Buches bemächtigte, welches Katharina vergessen hatte und in der Verwirrung, in welche dieser Anblick sie versetzte, bewahrte sie einen Augenblick das Schweigen, verlegen um eine Antwort auf einen so überführenden Beweis, daß derselbe alle möglichen Zeugenaussagen überbot. Von diesem Augenblicke an verzweifelte sie an ihrer Rettung. Sie erkannte, daß Peter Arbuez sich nicht eines so unwiderleglichen Beweises bedient haben würde, hätte er nicht die Absicht gehabt, sie sterben zu lassen. Da sie sich verloren sah, fügte sie sich mit großem Muthe in ihr Schicksal. Dieses sinnliche Weib, welches das Leben so sehr geliebt und so wenig an die Ewigkeit gedacht hatte, entriß sich plötzlich, und wie durch eine göttliche Begeisterung, dieser Welt, in der sie ihr Leben nur durch Fehltritte bezeichnete. Ihre abergläubische und phantastische Religion läuterte sich so zu sagen am Rande des Grabes; ein Strahl von oben sank auf sie nieder und sie wollte ihr Leben durch eine Handlung der Resignation und des Muthes beschließen. Langsam erhob sie ihre Augen, die einige Minuten auf den Boden gesenkt geblieben waren, sah den Inquisitor mit einem zugleich stolzen und begeisterten Ausdruck an und sagte, jedes ihrer Worte scharf betonend: „Ich bin eine große Sünderin und alle Strafen, mit welchen die Inquisition die Rückfälligen, die Ungläubigen und die Ketzer belegt, würden noch nicht genügen, alle meine Verbrechen zu sühnen. — Ist das nicht wahr, gnädigster Herr?“ fügte sie mit hellem, durchbohrendem Blick auf das bleiche Gesicht des Peter Arbuez hinzu. „Bestraft mich daher,“ fuhr sie fort, „bestraft mich durch die entsetzlichsten Martern, aber bei dieser Handlung der Gerechtigkeit vergeßt nicht, alle Strafbaren zu treffen. Erinnert Euch, daß Der, welcher zu dem Verbrechen Anlaß gibt, noch mehr sündigt, als Der, welcher es begeht. Ich habe nicht allein gesündiget, strafet also auch meine Mitschuldigen und die ewige Gerechtigkeit erfülle sich.“

„Ihr seid allein angeklagt,“ erwiderte der Richter, ohne Francisca anzusehen.

„Gnädigster Herr,“ rief sie mit lauter Stimme, „ich weiß, daß ich allein die Strafe meiner Verbrechen tragen werde, denn wer wagt es, Die anzuklagen, Denen es gegeben ist, über die Anderen zu richten? Ich werde daher in dieser Welt das büßende Opfer sein, aber dort oben —"

„Man führe dieses Weib in das Gefängniß zurück," unterbrach sie kalt der Inquisitor. „Sie hat nicht ihren vollen Verstand — wir werden sie ein anderes Mal hören."

„Herr!" rief Francisca, indem sie mit entschlossener Bewegung gegen Himmel deutete, „es gibt dort oben ein höchstes Tribunal, welches die ungetreuen Richter bestrafen wird. Peter Arbuez, Du bist ein nichtswürdiger Priester und Du wirst nie das Angesicht Gottes schauen! Laß mich jetzt sterben," fügte sie hinzu, „die himmlische Gerechtigkeit wird den schamlosen Mönch und den inquisitorischen Henker zu strafen wissen!"

Francisca konnte nichts weiter sagen. Auf ein Zeichen des Inquisitors knebelten sie die Marterknechte und banden ihr die Hände. Sie ließ sich fortführen, ohne den geringsten Widerstand zu leisten. Aber indem sie Johann von Avila bemerkte, richtete sie auf ihn ein trauriges Lächeln der Zuneigung und des Lebewohls. Dann durchschritt sie den Saal mit ebenso viel Würde, als befände sie sich unter den Nonnen ihrer Abtei. Dieses Ereigniß erweckte eine lebhafte Aufregung in der Seele Derer unter den Anwesenden, welche nicht dem heiligen Officium verkauft waren.[1] Der Inquisitor war durchaus nicht beliebt und ein solcher Auftritt war nicht geeignet, die Verehrung der Bewohner Sevilla's für Se. Eminenz zu steigern.

„Ich habe Unrecht gethan, dieses Weib vorführen zu lassen," dachte der Inquisitor. „Joseph rieth es mir; ein anderes Mal werde ich nur auf meinen eigenen Rath hören."

Peter Arbuez rief hierauf den ersten der beiden jungen Angeklagten vor, die auf der Anklagebank saßen.

„Wie nennt Ihr Euch?" fragte er ihn.

„Antonio Herrezuelo."

[1] Selten urtheilte die Inquisition über die Angeklagten bei verschlossenen Thüren. Um den Verhandlungen einen Schein der Oeffentlichkeit zu geben, war der Saal des Tribunals für alle Die geöffnet, welche eine Einladung empfangen hatten; nur wurden diese Einladungen bloß den Familiaren der Inquisition ertheilt, sehr selten und in sehr geringer Anzahl den geprüften Katholiken, d. h. den einfältigen Seelen, welche an die Reinheit des Eifers bei den Inquisitoren, sowie an die Nothwendigkeit glaubten, die Ketzer zum größeren Ruhme Gottes zu vernichten.

„Euer Stand?“

„Advocat.“

„Antonio Herrezuelo, man beschuldigt Euch, ein Anhänger der reformirten Religion geworden zu sein.“

Antonio Herrezuelo antwortete nicht.

„Was habt Ihr zu Eurer Vertheidigung zu sagen?“ fuhr der Inquisitor fort.

Dasselbe Schweigen von Seite des Licenciaten.

„Antonio Herrezuelo, ist es wahr, daß Ihr die Religion Luthers angenommen habt?“

„Ich bekenne mich zu der wahren Religion Christi,“ erwiderte der Angeklagte.

„Die Religion, welche Ihr die Religion Christi nennt, ist die der Apostaten und nicht die der Kirche,“ erwiderte der Inquisitor.

„Wenn die Kirche die evangelischen Traditionen entstellt und unsauberen Händen die Obhut über die Herde Jesu anvertraut, dann müssen die Weisen und die Gelehrten sich selbst zu den Stellvertretern des Gesetzes machen und mit dem Evangelium in der Hand Die verdammen, welche aus dem Evangelium ein Gesetzbuch der Ausschweifung und der Räuberei gemacht haben.“

Vielleicht nie war im Angesichte der Inquisiton ein so kühnes Wort gesprochen worden. Man erkannte darin wohl den todesverachtenden Muth der Anhänger Luthers, die heldenmüthige Verachtung des irdischen Lebens, die unglaubliche Festigkeit der ernsten strengen Männer, welche jede Weichheit, jede Hingebung an die Freuden des Lebens, als eine Verletzung der Gesetze Christi betrachteten und es versuchten, die Menschen zu der mit Größe gepaarten Einfachheit der ersten Jahrhunderte des Christenthums zurückzuführen. Der Inquisitor wollte weiter nichts hören. Er fürchtete den electrischen Funken, der sich so leicht durch das Wort eines muthigen Mannes mittheilt, daß er zuweilen hinreicht, einen ungeheuren Brand zu entzünden.

„Es ist genug,“ sagte er. „Dieser Mann bekennt sein Verbrechen und beharrt dabei. Man führe ihn in das Gefängniß zurück.“

„Sage, man führe ihn zum Märtyrerthum!“ rief der Gelehrte mit finsterem Enthusiasmus. „Ich danke Dir, mein Gott! Ich werde für Deine Sache sterben! Das vergossene

Blut wird nicht unfruchtbar bleiben; die Wahrheit wird eines Tages über die Welt leuchten."

Ein Marterknecht näherte sich Herrezuelo, um ihn zu knebeln; doch der Angeklagte stieß ihn voll Würde zurück. „Es ist unnöthig," sagte er; ich habe nichts mehr zu sprechen; ich werde schweigen."

Darauf wendete er sich zu dem andern jungen Manne, der sein Kerkergenosse war und machte, ohne zu sprechen, eine freundschaftliche Bewegung, um ihn zu ermuthigen. Man führte Antonio Herrezuelo fort. Das andere Opfer stand auf, noch ehe es ihm befohlen war."

„Euer Name?" sagte der Inquisitor.

„Wilhelm Franco, Hidalgo." [1]

„Wilhelm Franco, Ihr seid angeklagt, eine Gotteslästerung begangen zu haben, indem Ihr einen Priester des Herrn schluget."

„Ich schlug einen Nichtswürdigen, der mich entehrt hatte," erwiderte Franco mit wildem und trübem Tone, „einen unwürdigen Geistlichen, der unter dem Schutze seines heiligen Gewandes in mein Haus Verzweiflung und Schmach brachte, meine Frau verführte, die ich liebte und von der ich Kinder hatte, ein Ungeheuer, das meine Ehe eingesegnet hatte und selbst die Bande derselben zerriß. Ich sollte ihn tödten und habe ihn nur aus meinem Hause verjagt. Aber ich war in meinem Rechte und er ist der Gotteslästerer, ich war nur der Richter."

[1] Die Namen Herrezuelo und Franco sind historisch. Ich werde von dem Ersteren zu seiner Zeit und am gehörigen Orte reden. Was den Zweiten betrifft, so erzählt l'Lorente seine Geschichte, die er aus den Acten der Inquisition entnahm, wie folgt: „Wilhelm Franco, Bürger in Sevilla, lebte in dieser Stadt unter der Regierung des Inquisitors Valdez, und besaß einen heiteren Character, große Rechtschaffenheit, und richtigen Verstand. Ein Priester verführte seine Frau und störte sein häusliches Glück. Franco, welcher diese Intrigue nicht verhindern konnte, beklagte sich über sein Unglück gegen seine Freunde in einer Gesellschaft. Man sprach von dem Fegefeuer und Franco rief aus: „Ich habe genug von dem Fegefeuer in der Gesellschaft meiner Frau; ich bedarf keines andern!" Diese Aeußerung wurde der Inquisition hinterbracht, welche Franco in den Kerkern des heiligen Officiums, als des Lutherthums verdächtig, einsperren ließ und ihn wegen dieser Worte allein zu ewigem Gefängniß verurtheilte. So beschützte die heilige Inquisition das schöne Geschlecht, so purificirte sie die Sitten des katholischen Clerus!!!

Der Inquisitor biß sich auf die Lippen; es schien, als ob an diesem Tage alle Angeklagten, die vor den Schranken erschienen, sich gegen die Inquisition verschworen hätten und mit jenem Muthe begabt wären, der aus einer langen und grausamen Unterdrückung entspringt und eine stolze Verachtung des Lebens einflößt. Es war, als ob Spanien erwache; die Erschütterungen blieben indeß ohnmächtig, es aus der tiefen Betäubung zu reißen, in welche seine Henker es gestürzt hatten. Der Inquisitor war gewandt genug, um auch diesmal noch die Wirkung der muthvollen Empörer unschädlich zu machen.

„Wilhelm Franco,“ sagte er mit Sanftmuth, „es ist für uns sehr schmerzlich, aus Eurem Munde solche Lästerungen zu vernehmen. Der Geist der Finsterniß verblendet Euch, mein Sohn; wer flößte Euch diese unlauteren Gefühle ein? Eure Gattin ist eine Frau voll Tugend und wahrer Frömmigkeit; sie genießt oft die Sacramente, was ist also außergewöhnliches daran, daß sie sich oft mit ihrem heiligen Beistande unterhielt? Ihr waret im Gegentheil gleichgültig und kalt für die religiösen Gebräuche; Ihr habt es vernachlässigt, Eure Seele durch das Gebet und die Uebungen der Frömmigkeit zu kräftigen; der Dämon, welcher den Platz schlecht vertheidigt sah, ergriff einen Augenblick, sich desselben zu bemächtigen; er flößte Euch eine wilde Eifersucht ein, ein verabscheuungswerthes Gefühl, mein Sohn, und statt Eure keusche Gattin zu bewundern, welche mit so festem Fuße auf dem Wege zum Himmel wandelte, wurdet Ihr von verbrecherischem Wahnsinn ergriffen und schluget den Gesalbten des Herrn, indem Ihr zugleich Mörder und Gotteslästerer wurdet. Bereuet, mein Sohn, folget meinem Rathe; man wird Euch in Euer Gefängniß zurückführen und unser geliebter Bruder und Almosenier, Don Joseph, wird Euch fromm unterhalten und dahin trachten, Eure Seele dem Dämon und den Flammen der Hölle zu entreißen.“

„O mein Gott,“ rief Franco, „ich fürchte die Hölle jener Welt nicht mehr; ich habe schon hier Hölle genug gehabt.“ [1]

[1] Während das heilige Officium den rechtschaffenen Franco der Sinnlichkeit eines Priesters opferte, um das zu wahren, was der Clerus die Ehre der Religion nannte, als ob die Religion irgend etwas mit den ausschweifenden und mit allen Arten von Ungerechtigkeiten

Der Inquisitor machte ein großes Zeichen des Kreuzes, während die Marterknechte den Angeklagten fortführten. Darauf wendete Peter Arbuez sich zu der Versammlung und sagte: „Meine Brüder, lasset uns beten für die Seele dieses armen Unsinnigen, der von dem bösen Geiste besessen ist.“

Und zuerst niederknieend, um das Beispiel zu geben, murmelte er mit leiser Stimme einige lateinische Gebete. Dann erhob er sich wieder und rief den vierten Angeklagten vor. Dieser war ein alter Dominicanerpriester.[1]

besudelten Priestern gemein hätte; während man, sage ich, Franco in den Kerker warf, weil er sich darüber beklagt hatte, daß seine Frau ihn mit einem unwürdigen Diener der Religion Christi entehrte, empfand die Inquisition Mitleid mit dem Schicksal eines Elenden, der es gewagt hatte, seinen Vater fälschlich anzuklagen, ein Kind beschnitten zu haben. Dieser Unglückliche, welcher Antonio Sanchez hieß, gestand, seinen Vater in der Absicht angeklagt zu haben, daß er verbrannt werde! — Die Inquisition begnügte sich damit, diesem Nichtswürdigen als einzige Strafe 100 Peitschenhiebe zuzuerkennen! — Das kam daher, weil die Inquisition zur Erreichung ihrer Zwecke nöthig hatte, die Angeberei zu ermuthigen.

[1] Dieser Priester hieß Franz Dominik von Boxas; er war Dominicaner, aber er hatte nie der Inquisition angehören wollen. Dominik von Boxas erschien zum ersten Male am 13. Mai 1558 vor dem Inquisitionstribunal von Valladolid und erklärte, daß er sich zu den Lehren Luthers bekenne. Darauf nahm er seine Erklärung zurück. Er wurde mehreren Verhören unterworfen und widerrief stets in dem einen das, was er in den vorhergehenden ausgesagt hatte. Aber bei allen seinen Erklärungen, suchte er den Katechismus und die verschiedenen Predigten, die er gehalten hatte zu vertheidigen. Wegen seiner Widerrufungen der Turtur unterworfen, bat Dominik von Boxas, man möchte ihm diese Marter ersparen, die er mehr fürchte, als den Tod und diese Gnade wurde ihm unter der Bedingung gewährt, daß er nichts mehr verhehlen wollte. Dominik von Boxas erklärte und bestätigte Alles, was man von ihm verlangte und forderte danach, freigesprochen zu werden. Ungeachtet der Gesetze der Inquisition, welche Denen das Leben gewährte, die gestanden, theilte man Dominik mit, daß er sich für den nächsten Tag auf den Tod vorzubereiten hätte. Am Tage der Hinrichtung weigerte sich Boxas, zu beichten, und als er von dem Blutgerüste herabstieg, auf das er geführt worden war, um die Vorlesung des Urtheilsspruches anzuhören, der ihn dazu verdammte, lebendig verbrannt zu werden, wendete er sich gegen den König und rief: „Ich soll für die Vertheidigung des wahren Glaubens des Evangeliums sterben!“ — Philipp II. befahl, ihm einen Knebel in den Mund zu stecken. In dem Augenblicke, als der Scheiterhaufen angezündet werden sollte, gebrach Dominik der Muth; er verlangte zu beichten, erhielt die Absolution und wurde erwürgt. (Llorente, Geschichte der Inquisition, Cap. 1, V. Theil.)

„Mein Bruder,“ sagte Peter Arbuez, „es ist außerordentlich schmerzlich, einen Mann mit dem heiligen Gewande, das auch wir die Ehre haben zu tragen, auf der Bank der Angeklagten zu erblicken. Zu einer Zeit, in welcher die Ketzerei, die Tochter der Hölle, gleich einer Prostituirten an den Pforten der römischen Kirche weilt, Alle, welche in dieselbe eintreten oder sie verlassen, mit Worten der Verführung oder der Zügellosigkeit zu sich rufend und so die schwachen Herzen gewinnend, müßten wir, die wachsamen Schildwachen Roms, wir, die ewigen Säulen des katholischen Glaubens, auch den Eifer und unsere Thätigkeit verdoppeln, um unsere bedrohte Religion zu bewahren, statt uns durch den Irrthum verführen zu lassen und ihn den Anderen zu predigen.“

„Gnädigster Herr,“ erwiderte der Dominicaner, welcher diese Rede mit augenscheinlicher Gleichgültigkeit angehört hatte, „ich begreife besser als irgend Jemand, wie wichtig es zur Erhaltung einer Religion nöthig ist, daß die, welche sich zu ihr bekennen, dies muthig gestehen und sie bis zum Tode vertheidigen. Ich gestehe also hier in Gegenwart Gottes, daß ich, zum ersten Male vor diesem Tribunale erscheinend, feig und treulos gewesen bin, indem ich eine Lehre verleugnete, welche die meinige ist. Ja, ich habe die neue Religion angenommen und gepredigt, weil sie mir als die einzige erscheint, welche mit der der Apostel und der ersten Christen übereinstimmt und durch Jesus Christus selbst gelehrt wurde. Ich erkläre außerdem, daß ich bei meiner Abschwörung keine Mitschuldigen hatte, daß ich nun mit Herz und Seele, und durch die Ueberzeugung meines Verstandes, Lutheraner bin. Es werde daher meinetwegen Niemand verfolgt. — Ich habe bekannt, lasset mich nun sterben, aber erspart mir die Tortur, denn ich fürchte sie tausend Mal mehr, als den Tod.“

„Mein Bruder,“ entgegnete der Inquisitor, „Euer Geist ist heute verwirrt; vielleicht haben die Büßungen, die ihr Euch auferlegtet —“

„Ich bin bei vollem Verstande,“ unterbrach ihn Boxas, der Priester.

„Ihr habt gleichwohl hier vor uns erklärt, daß aus Irrthum und ohne Absicht sicherlich sich einige Lästerungen in Eure Predigten eingeschlichen haben, und da Ihr stets ein treuer Anhänger der Lehren der katholischen Kirche waret, wollen wir glauben, daß Ihr nur verirrt seid, mein Bruder. Wir werden Euch selbst in Eurem Gefängniß besuchen und vielleicht erhört Gott unsere schwachen Gebete und sendet Euch seinen heiligen Geist. Gehet, mein Bruder und geht in Euch; beichtet und betet! Wer da betet, geräth nicht in Versuchung.“

Dominicus von Boxas stand auf, ohne zu antworten. Er begriff vollkommen den trügerischen Sinn der Worte des Inquisitors.

„Was für ein heiliger Mann ist Peter Arbuez!“ sagten einige Personen, welche nicht viel von dem wußten, was außerhalb des Saales vorging.

„Peter Arbuez wird ihn vielleicht wegen seines Gewandes begnadigen,“ flüsterte Estevan dem Apostel zu.

„Dieser und die Andern werden ohne weitere Form verbrannt werden,“ erwiderte Johann von Avila. „Die Inquisition besitzt ein wunderbares Talent, die Processe abzukürzen, durch die sie bloßgestellt werden könnte.“

Dies wurde mit sehr leiser Stimme gesagt, indeß doch nicht leise genug, um den Ohren eines Familiars zu entgehen, der einige Schritte von ihnen entfernt stand! — Die Familiaren hatten Luchsaugen und ein fabelhaftes Gehör.

Es blieb nur noch der Gouverneur übrig. Das Herz Estevan's klopfte heftig und unter den Anwesenden entstand ein noch tieferes Schweigen. Manuel Argoso hatte Alles, was bisher vorgegangen war, mit vollständiger Gleichgültigkeit angehört. Bei denen, welche die Inquisition kannten, brachten diese Sitzungen nur ein Gefühl hervor, das bloß aus dem Abscheu, der Ungerechtigkeit und einem tiefen Mitleid für die unschuldig Verurtheilten entspringt. Hier wurde die Seele nicht durch die finstere und dramatische Poesie einer richterlichen Verhandlung aufgeregt. Hier gab es keinen Vertheidiger, um dem Schwerte des Gesetzes einen unschuldigen oder strafbaren Kopf streitig zu machen; hier gab es nur Henker und Opfer; wozu hätte es genützt, sich zu vertheidigen? Gegen die Inquisition zu kämpfen, hieß gegen das Schicksal kämpfen! Gleich dem Schicksal machte die Inquisition ihre Urtheilssprüche im Voraus unwiderruflich, und blind und unerbittlich, wie das Schicksal, traf sie ihre Opfer ohne Unterlaß, ohne Mitleid. Ja, es war wirklich etwas Lächerliches, diese schwarzgekleideten Männer zu sehen, die ihre abgeschmackten und willkürlichen Handlungen mit einer feierlichen Phantasmagorie bekleideten; aber es war auch schön, das edle spanische Volk zu sehen, in Schlachtreihe aufgestellt gegen diese finstere Fahne, sich so zu sagen von Generation zu Generation vorzudrängen und zu folgen, um festen Fußes diesen Coloß zu bekämpfen und mehrere Male in jedem Jahrhunderte die ungeheure Leere auszufüllen, welche in den Reihen durch den Tod der zahllosen Opfer entstand, die auf dem Schlachtfelde fielen und so allmälig das Gebäude des Todes zu untergraben, welches so lange in Spanien aufrecht gestanden hatte.

Für den philosophischen Geschichtsschreiber ist dies ein Gegenstand von der höchsten Wichtigkeit. Seit dem Ende der Regierung Philipps II. haben die Triumphe der Inquisition sich unter den ausdauernden Anstrengungen der heldenmüthigen Spanier stets, wenn auch auf eine kaum merkliche Weise, verringert, und als sie endlich 1820 unter den letzten Streichen der Patrioten zusammenbrach, fiel sie wie ein altes Gebäude, das langsam untergraben wurde und dessen Fundamente allmälig durch Tausende von Armen erschüttert wurden, welche Jahrhunderte lang damit beschäftigt waren, ein Sandkorn nach dem andern zu entfernen.[1]

[1] Als wir 1820 die Pforten der Inquisition zum letzten Male geöffnet hatten, war die Zahl der Gefangenen in den Gefängnissen desselben noch sehr beträchtlich: in Madrid allein zählte man über 200 Personen. Allein ich beeile mich, hinzuzufügen, daß im Jahre 1820 das Inquisitionsgefängniß nicht mehr einem religiösen Tribunale angehörte, sondern daß es ein Staatsgefängniß war. Seit 1801 wurde Niemand mehr in Spanien verbrannt. Gleichwohl war das Verfahren der Inquisition noch immer dasselbe; fortwährend umhüllte das größte Geheimniß ihre geringsten Handlungen; noch immer dictirte dieselbe Willkür die Urtheilssprüche der Inquisition, Sprüche, welche übrigens durch Ferdinand VII. dictirt oder befohlen wurden und die einige Tage darauf zur Verkündigung gelangten, nicht gegen Ketzer, Mauresken oder Juden, sondern gegen alle Die, welche an der Befreiung des Landes arbeiteten. Man sieht hieraus, daß die Inquisition, welche ohnmächtig geworden war und sich durch Grausamkeit und Ungerechtigkeit, besonders aber durch die Fortschritte der Aufklärung abgenützt hatte, so wie durch den unablässigen Kampf, den sie gegen das spanische Volk bestehen mußte — daß die Inquisition, sagen wir, welche nicht mehr Richter zu sein vermochte, sich zum Henker im Dienste der Könige gemacht hatte; da sie Spanien nicht mehr fanatisiren konnte, wollte sie dasselbe wenigstens in der

Dieser Tag war ein Tag des Kampfes, aber der Inquisitor, der tapfere Kämpfer des Obscurantismus, erkannte sich wegen der auf ihn geschehenen Angriffe noch nicht für geschlagen. Er besaß gelegentlich die boshafte Geduld des kriechenden Gewürmes, das wartet, bis sein Feind sich umkehrt, um ihn dann von hinten zu stechen.[1] Von den Angeklagten befreit, deren Muth ihn hätte bloßstellen können, richtete er sich in seiner ganzen Höhe empor und sagte mit scheinbarer Mäßigung, diesen Worten den Stolz paarend, welcher aus dem Bewußtsein seiner Kraft entsprang und ihn innerlich aufblähte: „Steht auf, mein Bruder.“

Sclaverei erhalten, denn, geknechtet oder fanatisirt, gehörte Spanien den Priestern oder den Königen. Das aber war es, was Rom wollte: herrschen! Wie hätte es sich um die Mittel zu diesem Zwecke gekümmert?

Jetzt hat Rom in Spanien keine Inquisition mehr, aber es besitzt die Königin Mutter, Marie Christine, welche Muñoz geheirathet hat, den Herzog irgend eines fabelhaften Landes. Und man bedenke es wohl, dieser Muñoz, dieser Gemal der Königin Mutter, der so gut verstand, während mehrerer Jahre zu verschwinden, dieser treu ergebene Mann, welcher nur die geliebte Frau in der Witwe Ferdinands VII. erblickte, hat einen Bruder, der ein sehr hübscher Mensch war und vor noch nicht gar langer Zeit die Salons von Paris besuchte; dieser Bruder gehört, wie man sagt, dem Orden der Jesuiten an und ist vor achtzehn Monaten oder zwei Jahren von Freiburg, auf Kosten und unter den Befehlen der Congregation, mit einem geheimen Auftrage nach Paris gereist. Wenn alle diese Dinge wahr sind, und wir haben gute Gründe dies zu glauben, so erklären sie die Reaction, welche in diesem Augenblicke in Spanien stattgefunden hat, die Güte des Papstes für die neuen Regierenden der Halbinsel und die dringenden Vorstellungen gewisser Cabinete, welche die unschuldige Isabella II. mit dem Grafen von Trapani vermählen wollten, dem Zöglinge der Jesuiten und dessen Beichtvater und geistlicher Leiter, ein Mitglied der Gesellschaft Jesu ist.

[1] Wann hat Rom je Angesicht in Angesicht kämpfen wollen? Der Tag, an welchem Rom wagen würde, das zu sagen, was es will, der Tag, an welchem der römische Clerus die Larve abnähme und sich so sehen ließe, wie er ist, das heißt als Profanator und Plünderer der göttlichen Religion Christi, der Tag würde das Volk sich in Massen erheben sehen, um aus der Kirche die falschen Apostel zu vertreiben, wie einst Jesus die Verkäufer aus dem Tempel trieb. An diesem Tage müßte man zu den römischen Priestern sagen: wehe Euch, Ihr heuchlerischen Schreiber und Pharisäer, denn Ihr verschlinget die Häuser der Witwen, selbst unter dem Vorwande langer Gebete. Deshalb werdet Ihr eine um so längere Strafe zu erdulden haben. (Matth. 23, 14.)

Der Gouverneur stand mit vollkommen gleichgültigem Wesen auf, wie ein Mensch, dem jede Hoffnung geraubt ist und der sich durch keinen Reiz mehr an dieses Leben gefesselt fühlt.

„Mein Sohn,“ fuhr der Inquisitor fort, indem er einen Seitenblick auf die Bank der Zeugen richtete, wo Estevan und Johann von Avila saßen, „mein Sohn, Ihr seht, daß die katholische Religion, diese heilige Religion, welche zugleich die Spaniens ist, schwer bedroht wird. Strafbarer noch sind daher Die, welche an diesen Tagen religiöser Streitigkeiten nicht die Macht, die sie besitzen, anwenden, um die Fortschritte der Ketzerei zu hemmen. Nicht etwa, daß die Kirche untergehen könnte, denn sie stützt sich auf ewige Grundlagen, allein um unendliche Uebel zu vermeiden und dem Verderben Tausende von Seelen zu entreißen, welche sich täglich in den Abgrund der Hölle stürzen. Ihr, mein Sohn, der Ihr durch Eure hohe Stellung eine große Gewalt in Sevilla ausübtet, Ihr habt Euch nicht nur eine persönliche Nachsicht gegen die verpesteten Lehren Luthers vorzuwerfen, sondern auch noch eine verbrecherische Milde gegen Die, welche sich zu ihnen bekannten — für Ketzer, welche dem heiligen Officium anzuzeigen Eure Pflicht gewesen wäre.“

„War ich der Spion oder der Gouverneur der Stadt?“ erwiderte Manuel Argoso, indem er stolz den Kopf erhob.

„Stets dieselbe Verhärtung,“ murmelte Peter Arbuez mit heuchlerischer Trauer. „Ihr gesteht also endlich,“ fuhr er mit scharfem Tone fort, „daß Ihr nicht nur Umgang mit Ketzern hattet, sondern daß Ihr auch selbst Ketzer seid?“

„Ich gestehe nichts von Alle dem,“ entgegnete Manuel. „Ich habe schon auf ähnliche Fragen geantwortet. Ich habe die Tortur ausgehalten, ohne zu bekennen, denn ich hätte dazu lügen müssen und das werde ich nimmermehr, selbst nicht, um dem Scheiterhaufen zu entgehen.“

„Gleichwohl, mein Sohn, klagen Zeugen Euch an und Niemand ergreift Eure Vertheidigung, Niemand kommt, um diese Aussagen zu widerlegen. Laßt hören, welches sind Eure Zeugen?“

„Hier sind sie,“ sagte Johann von Avila, und er und Estevan standen auf.

Peter Arbuez betrachtete den Franciscaner und den jungen Cavalier mit geringschätzigem Mitleid.

„Wir sind hier, um die Unschuld des Don Manuel Argoso, des Grafen von Cevallos, zu betheuern,“ fuhr der ungestüme Estevan auf.

„Wie heißet Ihr?“ fragte der Inquisitor.

„Estevan Graf von Vargas,“ erwiderte der junge Mann voll Stolz.

„Don Estevan,“ entgegnete Peter Arbuez, „wir können Euch nicht als Zeugen annehmen. Euer Großvater hieß nicht Vargas, sondern Venegas, er war nicht Katholik, sondern Muhamedaner. Er wechselte den Namen, indem er die Religion wechselte. Wir können als Entlastungszeugen nur Männer von reinem katholischen und spanischen Blute annehmen.“

„Gnädigster Herr,“ entgegnete Estevan voll Unwillen, „der König Don Philipp I. war minder schwierig, als Ew. Eminenz. Er meinte, daß der Abkömmling eines Geschlechtes, welches Granada Könige gegeben hatte, der Nachkomme eines tapferen und treuen Geschlechtes, welches sich freiwillig der Sache der Könige Spaniens widmete, wohl eine Belohnung verdiente. Er ernannte meinen Vater zum Mitglied des Rathes von Castilien. Hat der Sohn eines Rathes des Hofes von Castilien nicht das Recht, als Zeuge vor dem heiligen Officium zu erscheinen?“

„So schreiben es unsere Statuten vor, mein Sohn; ich kann diese nicht verletzen. Setzet Euch daher; wir werden diesen heiligen Mann befragen.“

Während dieses Gespräches zwischen dem Inquisitor und Estevan hatte Manuel Argoso, ergriffen von Bewunderung und Dankbarkeit für die treue Anhänglichkeit des jungen Mannes, nicht aufgehört, ihm durch seine Blicke den Kummer auszudrücken, den er darüber empfand, daß er sich seinetwegen so in Gefahr brachte. Er schien ihm zu sagen: „Wozu nützt Das? Ihr werdet mich nicht retten.“ Als indeß auch Johann von Avila aufstand, um auf die Fragen des Inquisitors zu antworten, zuckte ein flüchtiger Blitz der Hoffnung in den Augen des unglücklichen Gouverneurs auf.

„Euer Name, mein Vater?“ sagte Peter Arbuez.

„Johann von Avila,“ erwiderte der Apostel.

Dieser in ganz Andalusien verehrte Name brachte eine große Wirkung unter den Anwesenden hervor.

„Was habt Ihr zur Vertheidigung des Angeklagten zu sagen?“

„Ich bin gekommen, um hier vor Allem zu betheuern, daß Manuel Argoso sich stets als wahrer Christ und rechtschaffener Ritter betragen hat; daß er nie etwas that, um die Verfolgung Rom's zu verdienen. Ich erkläre ihn daher für unschuldig an allen den Vergehungen, deren man ihn anklagt.“

„Mein Vater,“ entgegnete Peter Arbucz mit so demüthigem Tone als möglich, „Euer Zeugniß ist von großem Gewicht und es ist mir daher peinlich, Euch zu sagen, daß wir uns ungeachtet unserer tiefen Ehrfurcht für Eure Person nicht mit Eurem Zeugniß allein begnügen können. Die Statuten der heiligen Inquisition fordern die Aussagen von 12 Zeugen,[1] um den Angeklagten freizusprechen. Wo sind die andern Zeugen, mein Vater?“

„Ich bin allein,“ erwiderte Johann von Avila, „aber da mein Zeugniß nicht genügt, wird Ew. Eminenz sich vielleicht nicht weigern, diesem hier zu glauben.“ Mit diesen Worten überreichte Johann von Avila dem Groß-Inquisitor den mit dem königlichen Siegel verschlossenen Brief Carl's V. Dieses Ereigniß erregte eine große Ueberraschung unter den Anwesenden. Ohne in Verwirrung zu gerathen, wie Jemand, der auf Das, was ihm widerfährt, vorbereitet ist, entfaltete

[1] Wenn ein Angeklagter durch zwölf Zeugen von reinem katholischen Blut für unschuldig erklärt wurde, sah die Inquisition sich nach ihren Statuten gezwungen, ihn augenblicklich in Freiheit zu setzen. Diese Entlassung aus dem Kerker, welche durch die Erklärung von 12 Zeugen erlangt wurde, hieß entscheidende Absolution. Aber nur selten geschah es, daß 12 Personen von reinem katholischen Blut zu erscheinen wagten, um einen Angeklagten zu vertheidigen. Denn wie ich dies in einer andern Anmerkung sagte, wurde Jeder, der es wagte, einen Angeklagten zu vertheidigen, selbst durch das heil. Officium verfolgt und des gleichen Verbrechens schuldig erachtet, wie das, dessen der von ihm Vertheidigte angeklagt worden war. Wozu hätte es auch einem Angeklagten genützt, die entscheidene Absolution zu erlangen, wenn die Inquisition sich seiner einmal bemächtigt hatte? Zu nichts! denn die Inquisition verstand es wohl, neue Gründe aufzufinden, um ihn abermals zu verfolgen und es gelang ihr stets, ihn zu vernichten oder wenigstens seine Existenz zu Grunde zu richten.

Peter Arbuez langsam den königlichen Brief,[2] las ihn von einem Ende zum andern und wog jeden Ausdruck desselben ab. Dann richtete er die Augen auf einen zweiten Brief, der offen auf dem Tische lag. Es war eine Schrift Carl's V., welche nichts enthielt, als die Worte: „Don Manuel Argoso, Graf von Cevallos, in diesem Augenblicke in den Gefängnissen des heiligen Officiums, ist, wie man sagt, unschuldig an den Verbrechen, deren man ihn anklagt. Don Manuel Argoso hat mir stets treu gedient und ich wünsche, daß er gnädig durch das heilige Tribunal beurtheilt werde, dessen Oberhaupt Ew. Eminenz sind. Da indeß die Sache Gottes der meinigen vorgeht und das heilige Tribunal in diesen harten Dingen allein competenter Richter ist, wünsche ich, daß der Triumph unserer heiligen Religion und der größere Ruhm Gottes aus dieser Sache hervorgehe. Dieser Brief allein soll bei dem heiligen Tribunal und bei Ew. Eminenz, der Gott seinen Schutz und viele glückliche Jahre verleihen möge, gültig sein.

„Gegeben im Palaste zu Madrid, den — Mai 15—

„Don Estevan von Vargas darf nicht verfolgt werden."

Der Inquisitor verglich einen Augenblick die beiden Unterschriften sie waren vollkommen gleich, auch das Format der Briefe war ganz dasselbe. Peter Arbuez faltete beide zusammen, schob sie in den Aermel seines Gewandes und Johann von Avila und den jungen Vargas anschauend, sagte er: „Wir werden darüber nachdenken, was zu thun ist. Don Estevan von Vargas und Ihr, mein Vater, könnet Euch entfernen. Die Sitzung ist aufgehoben," fügte der Inquisitor dann hinzu, indem er aufstand.

Die Wirkung dieser letzten Worte war schnell wie der Blitz; er machte alle Anwesenden vor Schrecken erstarren. Der unglückliche Argoso richtete einen verzweifelten Blick auf seine Vertheidiger, als wollte er ihnen ein letztes Lebewohl sagen. Johann von Avila beeilte sich, Estevan fortzuziehen, der von Unwillen und Ueberraschung ergriffen war, denn er fürchtete, derselbe möchte, sich von seiner Betäubung erholend, sich selbst durch ein unbesonnenes Wort in das Verderben stürzen. Als Peter Arbuez den schwarzseidenen

[2] Man sehe den Brief Carl's V., dessen wir weiter oben erwähnten und die Anmerkung auf der dort folgenden Seite.

Thürvorhang hinter seinem Sessel erhoben hatte, blieb er einen Augenblick auf der Schwelle stehen. Dann streckte er mit einer Bewegung der Drohung den Arm gegen Johann von Avila aus und murmelte zwischen den zornig zusammengepreßten Zähnen hindurch: „Jetzt haben wir Beide es mit einander zu thun, wahnsinniger Mönch!“

XXXVI.

Verschwörung.

Es war am Abend; die Gegenstände hüllten sich in jenes Halbdunkel, welches in den südlichen Gegenden so schnell durch die Nacht verdrängt wird. Das Angelus hatte geläutet. Einige verspätete Spaziergänger verließen langsam die Muelle, um sich nach der Alameda[1] zu begeben. Die Nacht brach mit ungeheurer Schnelligkeit herein; kaum hätten zwei Liebende sich gegenseitig erkennen können. Zwei Caballeros begegneten sich und obgleich sie physisch ihre Züge unmöglich erkennen konnten, blieben sie beinahe zu gleicher Zeit stehen.

„Seid Ihr es, Don Valero?“ fragte der, welcher von der Stadtseite herkam.

„Ich selbst, Don Estevan. Ihr habt nicht gezögert, zu dem Zusammentreffen zu kommen, welches ich neulich in der Taverne bestimmte.“

„Drei Tage nur,“ entgegnete der junge Graf mit finsterem Wesen.

„Nun wohl,“ fuhr Valero fort, indem er die Stimme dämpfte, um nicht gehört zu werden, denn die Familiaren der Inquisition glitten überall gleich unsichtbaren Gnomen umher; „nun wohl, mein junger Freund, ist Eure Unternehmung gelungen —?“

„Der Gouverneur wird binnen acht Tagen verbrannt, wenn es uns bis dahin nicht gelingt, ihn zu befreien.“

[1] El Muelle, der Quai, die Alameda, das Gebüsch.

„Ich sagte es Euch ja, daß der König der erste Knecht der Inquisition ist. Bei dem Inquisitor wäre der Schutz eines Gardunnio besser gewesen, als der des Kaisers.“

„Ach, Valero, Valero,“ sagte Estevan wüthend, „wenn Ihr wüßtet, welch' ein Abgrund der Nichtswürdigkeit die Seele dieses Peter Arbuez ist.“

„Ich kenne ihn besser, als Ihr,“ erwiderte der alte Herr, „aber Ihr werdet ihn nicht besser machen, als er ist und jetzt handelt es sich um die Mittel, den Gouverneur zu befreien.“

„Ihr versprachet mir dazu Euren Beistand, Don Valero. Sprecht, was muß geschehen? „Ich bin zu Allem bereit.“

„Zu Allem? Ist das wirklich wahr, Don Estevan?“

„Zu Allem, ich schwöre es Euch,“ erwiderte der junge Graf, durch den nichtswürdigen Betrug des Inquisitors auf das Aeußerste gebracht. „Höret, Don Rodriguez. Mein Vater war Mitglied des Rathes von Castilien und hat stets für die Freiheit und das Wohl Spaniens gekämpft. Die Belohnung für seinen Sohn war gänzliches Vergessen seiner Verdienste. Man hat sich nicht einmal daran erinnert, daß der Graf von Vargas einen Erben seines Namens hinterließ. Aber das ist nicht, was meinen Zorn erregt, denn ich achte wenig auf die eitlen Ehren der Erde und ich verachte die Gunst der Höfe. Daher rührt deshalb nicht mein Haß gegen die barbarische Macht der Inquisition, welche die Urtheilssprüche der königlichen Macht dictirt, und so zu sagen den Besieger der Welt unter Vormundschaft hält; ich habe zu diesem Gefühl ganz andere Gründe. — Ich war der vertraute Freund des Gouverneurs von Sevilla, des edelsten Herzens von ganz Spanien; ich war der Verlobte seiner Tochter, die ich anbete. Sie haben den Vater verstümmelt und Dolores eingekerkert. Vielleicht hat sogar Peter Arbuez, oder einer seiner unwürdigen Mönche, sich gegen sie nichtswürdige Gewaltthaten erlaubt. Ich bot mich zum Zeugen für den Gouverneur an, aber da man einen Unschuldigen angeklagt hatte, mußte man nothwendigerweise in ihm einen Strafbaren finden; man wies daher mein Zeugniß zurück und die Beleidigung der Ungerechtigkeit hinzufügend, machte man mir meinen edlen Ursprung wie einen Flecken zum Vorwurf. Ich unternahm die Reise nach Madrid, um die Gerechtigkeit Carl's V. anzuflehen und der Kaiser selbst dictirte mir einen Brief an den Inquisitor, den er ermahnte, den Grafen von Cevallos nicht zu verurtheilen. Mit Verachtung dieses Briefes hat der Inquisitor uns fortgeschickt, ohne Gerechtigkeit zu üben."

„Ich sagte es Euch ja wohl, mein armer Estevan!"

„Ach, Don Rodriguez, alle diese Nichtswürdigkeiten erbittern die Seele und erfüllen sie mit Haß und Galle. Man kommt zuletzt dahin, die ganze Menschheit zu verachten, welche solche Ungeheuer hervorbringt."

„Es gibt keine anderen Ungeheuer, als die Inquisitoren," sagte Valero. „Sie sind es, welche man treffen muß!"

„Wie ist Das möglich?"

„Hört mich an, junger Mann. Ihr seid nicht der Einzige in Spanien, dessen Herz durch die Ungerechtigkeit und die Verfolgung empört ist. Tausende von Opfern, ebenso grausam und ebenso ungerecht verfolgt wie Ihr, bewahren auf dem Grunde ihrer Seele einen dumpfen Haß, der nur des Funkens bedarf, um auszubrechen. Die Inquisition hat Spanien mit Witwen, mit kinderlosen Vätern, mit vaterlosen Waisen angefüllt; sie säete Ungerechtigkeit und muß dafür Rache ernten! Das Volk unzufrieden und unterdrückt, beginnt zu begreifen, daß es sich nur aufzulehnen braucht, um sein Joch zu zerbrechen; die Aufklärung, aus der Ferne gedrungen, erleuchtet die Geister. Das Volk ist bereit; es fehlt ihm nur an Führern. Seien wir diese. Zwei andere Cavaliere, die Ihr kennt, werden mit uns diesen Ruhm theilen. Don Ximenes von Herrera und der junge Don Carlos."

„Der Schwiegersohn des Grafen von Mondejar?" fragte Estevan lebhaft.

„Er sollte es werden," erwiderte Valero, „aber die Dinge haben sich seit einigen Tagen sehr geändert und die Gefühle des Don Carlos ebenfalls. Er ist jetzt mehr Feind der Inquisition, als er früher in die Tochter des Grafen von Mondejar verliebt war."

„Ich mißtraue dergleichen plötzlichen Bekehrungen," warf Estevan ein.

„Ihr habt Unrecht; diese ist aufrichtig oder vielmehr, die natürliche Redlichkeit des jungen Don Carlos hat sich gegen die Bedingungen empört, die man für seine Verbindung stellte und er wollte lieber auf Donna Isabella verzichten, als nichtswürdig werden, um sie zu gewinnen."

„Das ist etwas Anderes," entgegnete Vargas, „und ich achte ihn jetzt ebenso sehr, wie ich ihn früher verachtete."

„Nun wohl," fuhr Valero fort, „so laßt uns denn die Führer einer Verschwörung gegen den Inquisitor Arbuez, den Henker Sevilla's, sein."

„Was wollt Ihr sagen?"

„Ich will sagen," fuhr Valero fort, „daß es Zeit ist, Spanien aus seiner Betäubung zu erwecken, es von einem Ungeheuer zu befreien, welches seine reinsten Kinder verschlingt."

„Aber was wollt Ihr?"

„Begreift Ihr mich denn nicht? Das Autodafé ist nahe. Laßt uns bis dahin ein Heer freier Männer bilden, wie die Inquisition ihr Heer von Familiaren hat. Ihr, Don Ximenes, Don Carlos und ich, wir werden dessen Führer sein. Wir haben schon mehrere Vertraute. Ich übernehme es, das Volk aufzuregen. Am Tage des Autodafé's, wenn die Procession auf dem Platze von Sevilla versammelt ist und während man den Richterspruch der Verurtheilten vorliest, geben wir das erste Signal, indem wir uns auf die Inquisitoren stürzen; das Volk wird das Uebrige thun und wir befreien die Opfer."

„Ich danke Euch, Don Valero," sagte Estevan, indem er lebhaft die Hand des Greises drückte. „Ich danke Euch! Ihr kommt einem Gedanken entgegen, den ich schon längere Zeit hegte."

„Ist der Inquisitor todt," fuhr Don Rodriguez fort, „so wird das Uebrige leicht."

„Todt! Ihr wollt den Inquisitor tödten?"

„Der Tod des Boshaften ist eine Gerechtigkeit," entgegnete Valero.

„Don Rodriguez," sagte Estevan, „unter dieser Bedingung kann ich nicht der Eurige sein."

„Weshalb nicht?" sagte der Greis. „Will nicht Peter Arbuez zahllose Opfer schlachten? Wenn man ihn tödtet, um sie zu retten, ist denn das ein so großes Verbrechen?"

„Sein Verbrechen wird wenigstens durch richterliche Formen gedeckt," entgegnete Estevan; „das unsrige wäre ein Mord und in diesen kann ich nicht willigen."

„Es gibt aber kein anderes Mittel,“ erwiderte finster Valero.

„Wenn wir die Uebermacht haben,“ sagte Estevan, „können wir dann nicht die Gefangenen befreien und uns des Inquisitors bemächtigen, ohne sein Leben anzutasten?“

„Die Schlange, die man am Leben läßt, sticht früher oder später,“ sagte Valero.

„Das Blut besudelt Den, der es vergießt,“ entgegnete Estevan, dessen ritterlicher Muth den Gedanken nicht fassen konnte, anders als auf einem Schlachtfelde oder in rechtmäßiger Selbstvertheidigung Blut zu vergießen. Ersinnet ein anderes Mittel, Don Rodriguez; das, welches Ihr mir bietet, kann ich nicht annehmen.“

Don Valero entgegnete: „Die Familiaren, die Sbirren, sind sehr zahlreich. Wir dürfen uns nicht schmeicheln, stark genug zu sein, ihnen die Gefangenen und den Inquisitor selbst zu entreißen, ohne viele Leute zu verlieren, und dann würde unser Unternehmen zu nichts gedient haben. Gelingt es aber, Arbuez zu tödten, dann hat man Spanien von einem Ungeheuer befreit, welches ganz Andalusien decimirt.“

„Von einem Ungeheuer, an dessen Stelle bald ein anderes treten wird,“ erwiderte Estevan. „Glaubt mir, Don Valero, es genügt nicht, einen Ast abzuhauen, um einen Baum zu entwurzeln. Wenn wir auch Peter Arbuez tödten, haben wir deshalb die Inquisition vernichtet? Um diesen fürchterlichen Coloß zu stürzen, muß man langsam den Boden unterhöhlen, in den er eines Tages hinabstürzen soll. Aber nicht uns ist dieser Ruhm vorbehalten. Es handelt sich hier nur darum, den Gouverneur von Sevilla zu befreien. Entführen wir Manuel Argoso, ohne das Leben irgend eines Menschen zu gefährden.“

„Wir werden dazu nie zahlreich genug sein,“ sagte Valero.

„Wir werden mehr sein, als Ihr denkt. Seid Ihr reich, Don Rodriguez?“

„Wie ein Edelmann, der stets mehr Stolz als Einkünfte gehabt hat,“ erwiderte der alte Herr. „Meine Jugend war sehr verschwenderisch, und wenn es nicht Nacht wäre, würdet Ihr diese Frage nicht an mich gerichtet haben,“ fügte er hinzu, indem er auf die mehr als nachlässige Einfachheit seiner Kleidung anspielte.

„Nun wohl," sagte Vargas, „ich habe das Glück, es zu sein und mit Geld läßt sich Alles machen. Laßt mich gewähren, Don Valero. Ich werde mehr Arme schaffen, als dazu nöthig sind."

„Oh, ich begreife," sagte Valero, „Ihr werdet Euch ohne Zweifel an die verfluchte Gesellschaft der Gardunnia wenden. Aber mein Lieber, diese Menschen sind der Inquisition verkauft."

„Diese Menschen verkaufen sich Dem, der sie bezahlt, und ich kann Euch dafür haften, daß sie die Sache nicht zurückweisen werden. Laßt mich daher handeln und diese heldenmüthige Auflehnung gegen die Henker unseres Vaterlandes nicht mit Blut beflecken."

Indem sie so plaudernd gingen, kamen sie zu einem Hause von ziemlich schönem Aussehen. Rodriguez klopfte an die Thür.

„Was thut Ihr?" fragte Estevan.

„Ich trete bei mir ein," erwiderte Valero, „oder vielmehr bei meinem Freunde, Don Ximenes von Herrera, der mir in seinem Hause ein Asyl gibt, denn ich selbst habe, wie man sagt, weder Dach noch Fach."

Die Thür war geöffnet worden, Estevan und Valero gingen nach dem ersten Stock hinauf. Don Ximenes war allein. Er schien durch den Anblick Estevans überrascht zu werden.

„Don Ximenes," sagte der alte Herr, „wir haben endlich einen würdigen Theilnehmer an unserem heiligen Bündnisse gegen die Bedrücker. Don Estevan von Vargas gehört zu den Unseren." Ximenes reichte dem jungen Grafen die Hand und sagte: „So laßt uns denn Freunde sein. Vereinigen wir unsere Herzen und unseren Willen zu dieser heiligen Sache."

„Habt Ihr Don Carlos benachrichtigt?" fragte Rodriguez.

„Don Carlos ist nicht mehr frei," erwiderte Don Ximenes traurig. „Er wurde an dem Tage des Santo verhaftet und in die Kerker der Inquisition geworfen."

„Wieder ein Opfer!" rief Rodriguez unwillig. „Und wie habt Ihr das erfahren?" fügte er hinzu.

„Durch die junge Isabella, die ihn anbetet, und welche, ungeachtet ihrer fanatischen Frömmigkeit, mit Vergnügen alle Inquisitoren verbrennen würde, um ihren Geliebten zu befreien."

„Drei Führer genügen," sagte Estevan, „und mit dem Beistande, dessen ich so eben gegen Don Rodriguez erwähnte —"

„Welchen Beistand?" fragte Don Ximenes von Herrera.

Estevan erklärte hierauf Don Ximenes, was er von der Gardunnia hoffte, und durch welches Mittel er dieselbe zu gewinnen dachte. „Es widerstrebt mir," fügte er hinzu, „zu solchen Menschen meine Zuflucht zu nehmen. Wären aber diese Menschen nicht für uns, so würden sie gegen uns sein und Gott weiß, was dann aus unserer Unternehmung werden müßte."

„Ihr kennt sie also?" fragte Don Ximenes mit leisem Lächeln.

„Spottet nicht, Don Ximenes; unglückliche Umstände haben mich gezwungen, mich ihrer zu bedienen. Schon einmal befreiten sie Dolores aus den Händen der Inquisition; unglücklicher Weise stürzte ihre kindliche Frömmigkeit sie auf's Neue in das Verderben."

„Ja, ja, ich weiß," sagte der junge Aragonier. „Ich sah sie an dem Abend, an welchem sie ohne Zweifel verhaftet worden ist."

„Nun wohl, Ihr Herren, diese Menschen können mir dazu beistehen, sie zum zweiten Male zu befreien. Ich übernehme es, sie aufzusuchen und für unsere Pläne zu gewinnen."

„Ich, die Massen aufzuregen," sagte Valero.[1]

[1] Rodriguez von Valero ist eine historische Person, deren wirklichen Character der Verfasser beibewahrt hat. Nur lebte dieser Mann nicht in Sevilla. Rodriguez von Valero war ein aragonesischer Edelmann, ein Zeitgenosse Carl's V. und Johann's von Avila. Während seiner Jugend war seine Aufführung sehr ungeregelt, aber plötzlich verwandelte sie sich und Rodriguez von Valero überließ sich mit Eifer dem Studium der heiligen Schrift. Aus einem Wüstling, der er gewesen war, wurde er einer der eifrigsten Apostel des Lutherthumes und trieb die Verwegenheit so weit, daß er überall, wo er Mönche oder Priester fand, sie anredete und ihnen Vorwürfe darüber machte, sich von den reinen Lehren des Evangeliums entfernt zu haben. Zum Glück hielt die Inquisition ihn für verrückt und verfolgte ihn nicht. Längere Zeit benützte er diesen Glauben der Inquisition, um auf den Straßen und den öffentlichen Plätzen zu predigen, wo das Volk ihm mit Vergnügen zuhörte und sich um ihn sammelte, um

„Ich, sie im Falle der Noth zu leiten," fügte Don Ximenes hinzu.

„Ich," ergänzte Valero, „wollte den Tod des Inquisitors, denn es wäre gerecht gewesen, ihn zu bestrafen; aber Don Estevan sprach wie Ihr, Don Ximenes: er wollte kein Blut vergießen."

„Es wird vielleicht noch allzu viel dessen geben," entgegneten die beiden jungen Männer zu gleicher Zeit und Estevan fügte dann hinzu: „Es ist spät und ich muß Euch verlassen."

„Wo finden wir Euch wieder?" fragte Don Ximenes.

„An dem Barrio de Triana," erwiderte Estevan, „an dem Orte, wo die Gardunnios ihre geheimen Versammlungen halten: ein einsames, verfallenes Haus an dem äußersten Ende der Vorstadt. Trefft mich dort morgen vor Mitternacht; das ist die Stunde der nächtlichen Berathungen der Gardunnia."

„Seid Ihr dieser Leute sicher?" fragte Don Ximenes.

„Wie meiner selbst," erwiderte Estevan. „Ein Gardunnio verräth nie Den, welcher ihm Geld gegeben hat."

Estevan ging. Wir werden bald sehen, welchen Erfolg seine Schritte bei der Gardunnia hatten.

seine Worte zu vernehmen. Aber die Inquisition wurde endlich seiner Predigten überdrüssig, ließ ihn verhaften und verurtheilte ihn als Ketzer, Apostaten und falschen Apostel zu immerwährendem Gefängnisse und zur Confiscation seiner Güter. Valero war sehr elend und ziemlich unsauber gekleidet; allein er bildete zahlreiche Schüler, unter Denen der bemerkenswertheste der Doctor Egidius war, ein Mann von musterhaftem Betragen und sehr reinen Sitten, ein beredter Prediger und gelehrter Theolog. Egidius wurde durch die Inquisition verhaftet und verurtheilt, als des Lutheranismus verdächtig Buße zu thun. Einige Zeit darauf ernannte Kaiser Carl V. ihn zum Bischof von Tortosa, eine Ernennung, welche ihm die Verfolgungen der Mönche und den Haß des heiligen Officiums eintrug. Dieses Letztere kerkerte Egidius auf's Neue in seine Gefängnisse ein. Der Kaiser, der ihn sehr lieb hatte, ergriff seine Vertheidigung und schrieb mehrmals zu seinen Gunsten an den Inquisitor Valdez, der ihn endlich in Freiheit setzte. Egidius starb beinahe unmittelbar nach seiner Entlassung. (Gesch. der Inquisition.)

XXXVII.

Zwei Einsiedler.

In einiger Entfernung von Sevilla, in der Gegend von dem Hause des Apostels, befand sich eine Art von Höhle, in den Stein gehauen, dessen waldbewachsener Gipfel sich über den Fels neigte. Der Eingang dieser Grotte, welcher die Höhe eines Menschen hatte, glich einem Blumenkranze, und die Aeste, Zweige und Wurzeln der verschiedenen Gewächse, die sich um diese Oeffuung rankten, verdeckten dieselbe, so daß sie nur schwer zu erkennen war. Es hatte an der Uhr der Kathedrale Zehn geschlagen und die Nacht war dunkel hereingebrochen. In einer Ecke dieser Grotte saßen ein Mann und ein Weib auf einer groben geflochtenen Matte, die ihnen zugleich zum Sitz und zum Lager diente. Gegen den Eingang, in einer andern Ecke, brannte ein helles Feuer von Olivenzweigen, und beleuchtete die Bewohner dieser eigenthümlichen Behausung, während es zugleich dazu diente, die Feuchtigkeit aus der Grotte zu verbannen, die ungeachtet der Hitze des Klima's und der Jahreszeit etwas kalt war. Das Weib, jung, schön und wohlgestaltet, saß anmuthig auf der Matte. Der Mann, bekleidet mit einer einfachen Leinwandhose und das Hemd auf der Brust offen, lag neben ihr und sein linker Arm stützte sich auf den Schooß seiner Gefährtin, während sein Kopf sich in die Hand lehnte.

Der Mann bewahrte tiefes Schweigen. Sein rauhes, aber entschlossenes Gesicht trug einen eigenthümlichen Ausdruck der Niedergeschlagenheit und Traurigkeit. Er erhob nicht einmal die Augen zu seiner Gefährtin, welche ihn mit einem innigen Ausdrucke der leidenschaftlichen Liebe und des Trübsinns betrachtete. Die Gesichter und die Haltung dieser beiden Personen standen in vollkommenem Einklange mit der melancholischen Einsamkeit ihrer Wohnung. Manofina und seine Genossin, die gegenwärtigen Besitzer dieser Höhle, hatten sich beinahe zu Eremiten gemacht, indem sie aufhörten, Gardunnios zu sein. Der wilde Guapo erlitt in diesem Augenblicke die grausame Rückwirkung seiner gänzlich veränderten Existenz. Die Trägheit der Seele und des Körpers lasteten mit vernichtender Gewalt auf dieser entschlossenen kräftigen Natur. Der physische Mensch herrschte bei einem so Aufgewachsenen, wie er es war, zu sehr vor, um sich mit einem reinen Spiritualismus begnügen zu können. Er besaß genug Poesie und instinctmäßige Redlichkeit, um durch die erhabene Milde das Apostels bekehrt werden zu können; aber er bedurfte der Thätigkeit in der Ausübung seiner Kraft und nicht der ergebungsvollen Ruhe der Betrachtung. Manofina würde das Märtyrerthum ertragen haben, denn auch in diesem liegt die Anwendung der moralischen Kraft, in Ermanglung des physischen Kampfes; aber so plötzlich auf sein abenteuerliches und an Ereignissen reiches Leben zu verzichten, den Dolch in seiner Scheide rosten zu lassen und ewig unthätig zu leben, das ging über die Kraft des Guapo. Selbst die Liebe der Serena genügte nicht mehr für die Bedürfnisse dieser glühenden und ungestümen Seele. Manofina litt an dem Fieber der Unthätigkeit. Einige Tage noch, und er wurde wahnsinnig oder stumpfsinnig. So viele Herrschaft hat die Materie über den Geist, wenn dieser nicht seit längerer Zeit daran gewöhnt wird, die Obergewalt zu gewinnen.

Die Serena, sanfter als er, hatte sich besser an diese negative Existenz gewöhnt. — Leere der Seele gab es für sie nicht, denn sie war Weib und liebte; deshalb litt sie auch durch seine Leiden, obgleich sie seine Gefühle nicht ganz theilte und ihre sinnreiche Zärtlichkeit kannte keinen andern Zweck, als die Beschäftigung, ihn zu trösten. Manofina lag schon länger als eine Stunde auf ihren Schooß gestützt, ohne ein einziges Wort an sie gerichtet zu haben, und die Culevrina fuhr liebkosend mit ihrer kleinen Hand durch das rauhe braune Haar des Guapo. Manofina erbebte und richtete langsam seine großen Augen traurig und finster auf seine Gefährtin.

„Was willst Du, alma mia?“ fragte er.

„Ich möchte Dich glücklich sehen,“ erwiderte traurig die Serena.

Der Guapo erbebte, als hätte man plötzlich die Hand auf eine offene Wunde gelegt, aber er antwortete nicht.

„Ach, siehst Du, Manofina,“ fuhr das junge Weib mit dem Ausdrucke inniger Leidenschaft fort, „Du magst mir immerhin sagen, daß ich mich täusche und Dich glücklich stellen, wenn wir alten Kameraden begegnen; ich sehe dennoch klar bei dem Allem, Du langweilst Dich, Du leidest und dieser Ort, der Dir während der ersten Tage, die wir darin zubrachten, so freundlich erschien, ist für Dich trauriger geworden, wie ein Gefängniß."

„Ach, Culevrina, tadle mich nicht," erwiderte der Guapo, der durch seine Liebe sanft wie ein Lamm gemacht wurde. „Ich that Alles, was Du verlangtest; ich gehorchte dem Apostel, aber siehst Du, selbst gegen meinen Willen ersticke ich, denn es kommt mir in manchen Augenblicken vor, als würde der Fels, der uns beschützt, auf uns herabstürzen. Siehst Du, alma mia, es liegt in mir etwas, das ich noch nicht verstehe, weil ich so unwissend bin und doch möchte ich es kennen. Denn dies Leben wird mir unerträglich und ich möchte damit ein Ende machen. Ich hatte dem Meister der Gardunnia den Eid geleistet, ihm Zeit meines Lebens gehorsam zu sein. Du weißt, daß ich meinem Versprechen lange Zeit treu blieb."

„Ach ja, Du warst der bravste unserer Brüder," rief die Serena, mit einem Blitz in ihren Augen. Der Instinct der Gitana erwachte in ihr. „Ja, die Gardunnia darf sich schmeicheln, Deine Stelle nie zu ersetzen."

„Nun wohl," fuhr der Guapo fort, „der Meister hatte mir befohlen, Don Estevan von Vargas zu verdunkeln —"

„Nun?" unterbrach ihn die Serena.

„Das ist kein Vorwurf, den ich Dir mache," fuhr Manofina fort, „aber Du batest mich, diesen jungen Cavalier nicht zu verdunkeln und heftetest Dich an meine Schritte, wie eine Löwin, um meinen Arm zu fesseln und mein Herz zu erweichen. Dann kam der Apostel hinzu und — kurz, ich habe meinen Eid verletzt — ich ließ Don Estevan am Leben. — Dann," fuhr der Guapo mit finsterem Wesen fort — „da ein Verbrechen stets ein anderes nach sich zieht, verleugnete ich die Gardunnia, verließ ich meine Brüder — und jetzt — ach! — jetzt bringe ich, der ich stets der Erste bei der Gefahr war, mein Leben hin, am Boden liegend, wie ein Hund; ich, der ich von der Spitze meines Dolches lebte, lebe jetzt von der Melopia der Mönche und in der Nacht — ja in der Nacht, siehst Du, während

Du an meiner Seite schläfst, kann ich die Augen nicht schließen, wenn der Wind die Zweige der Bäume schüttelt und es kommt mir vor, als hörte ich Todesklagen. — Fährt ein Blitz durch die Luft, so zeigt sich mir eine rothe blutige Gestalt und ich glaube einen Geist zu sehen, der vor mir vorübergleitet, um mich herauszufordern oder zu erschrecken — kurz — ich, der ich so oft dem Tode trotzte — ich zittere jetzt bei dem Schrei einer Grille, welche in ihrem Erdhügel kauert — ich bin feig geworden wie ein Huhn — ich fürchte mich —

Indem der Guapo diese Worte sprach, war er leichenblaß geworden und kalter Schweiß bedeckte seine braune Stirn; seine matten, glanzlosen Augen sprachen ein unbeschreibliches Leiden aus. Die Serena erhob den Kopf Manofina's mit ihren Armen, und ihn mit einer unbeschreiblichen Zärtlichkeit an ihre Brust drückend, wie eine Mutter ihr krankes Kind, küßte sie leise seine Stirn, als ob die Berührung ihrer Lippen die Kraft gehabt hätte, ihn zu beruhigen. Es war in der That ein trostreicher Balsam für das Herz des Guapo. Er schloß die Augen, um die Phantome, die ihn umlagerten, nicht mehr zu sehen und preßte den Kopf an den Busen der Serena, um die heftigen Schläge seiner Schläfe zu beschwichtigen.

„Theure Seele," sagte die Gitana, „weshalb leidest Du so? Weshalb machst Du Dir die schönste Handlung Deines Lebens wie ein Verbrechen zum Vorwurf?"

„Ich fürchte, daß Gott mich dafür bestrafen wird, den Eid verletzt zu haben, den ich der Brüderschaft leistete."

„Der Apostel hat Dich absolvirt; was fürchtest Du also?"

„Es ist wahr, der Apostel ist ein Heiliger und er kann uns nicht getäuscht haben," sagte der Guapo ein wenig beruhigt.

„War er es nicht, der Gott anflehte, Dir das Leben zu erhalten, als Du so krank warst, daß alle Welt Dich floh, um nicht durch Deine Krankheit angesteckt zu werden?"

„Ausgenommen Du, meine Culevrina, Du, die Du den Apostel aufsuchtest, um mich zum Leben zu erwecken, Du, die Du Dich nicht vor der Ansteckung fürchtetest."

„Mein Verdienst dabei war nicht groß," entgegnete sie achselzuckend. „Was hätte ich denn anfangen sollen, wenn Du todt gewesen wärest? Das Kürzeste wäre gewesen, auch krank zu werden und nach Dir zu sterben."

„Ach, ich sehe wohl, daß Du mich liebst," rief Manofina mit einer Mischung von Stolz und Freude. „Ich sehe wohl, daß Du mir stets die Wahrheit gesagt hast."

„Armer Unschuldiger," sagte sie, „ich liebe Dich so sehr, weil Gott es will, und auch auf seinen Willen haben wir die Gardunnia verlassen."

„Glaubst Du?" sagte mit kindlicher Unbefangenheit der Bravo.

„Der Apostel hat es mir gesagt und ich glaube Alles, was er spricht," erwiderte fromm das junge Weib.

„Du hast vielleicht Recht, Culevrina," murmelte der Guapo nachdenkend. — „Ach," fuhr er plötzlich mit leiser Bitterkeit fort, „aber so zu leben, ohne irgend etwas zu thun, ohne Abenteuer, ohne sein Leben Tag und Nacht Preis zu geben, ohne daß jemals irgend ein Mensch sagt: Das war wohlgethan, Manofina! — Siehst Du alma mia, das ist, um wüthend zu werden. Ja, wenn ich noch Opfer der Inquisition retten könnte, wie der Apostel sagt; — wenn ich mich gegen die Familiaren des heiligen Officiums schlagen könnte, wie an jenem Abende, an welchem wir die junge Sennora befreiten — weißt Du noch?"

„Das war wohlgethan," sagte die Serena. „Der Apostel hatte befohlen, sie zu befreien."

„Ach, und dennoch," fuhr Manofina fort, dessen Augen sich bei der Erinnerung an den nächtlichen Kampf belebten, „dennoch, Culevrina, wäre es ohne Dich um mich geschehen gewesen. Manofina hätte dann nie wieder sein Albacetemesser gebrauchen können." Indem der Guapo so sprach, streichelte er liebkosend den Elfenbeingriff seines spanischen Dolches, dessen breite damascirte Klinge in dem Scheine des Feuers funkelte.

„Beruhige Dich, corazon mio," sagte die Serena. „Sei ruhig, der Krieg ist noch nicht zu Ende; wir werden noch mehr als einen Feind zu bekämpfen haben. Dein Dolch wird nicht in der Scheide rosten. Es gibt in Sevilla so viele arme Leute, die durch die Inquisition verfolgt werden! — Erinnerst Du Dich nicht, daß der Apostel uns empfohlen hat, sie zu retten, so oft wir das vermögen?"

„Aber wo sollen wir sie finden?“ entgegnete Manofina. „Seitdem ich die Gardunnia verließ, ist mein Messer nur aus der Scheide gekommen, um das Rohr des Guadalquivir abzuschneiden, aus dem Du die Matten flichst, die uns zum Lager dienen.“

„Beruhige Dich,“ sagte zärtlich die Serena, „die Gelegenheit wird kommen, und bald.“ Indem sie ihm mit dem süßesten Wesen zulächelte, zeigte sie zwei Reihen weißer glänzender Zähne, rein, wie die eines Kindes.

In diesem Augenblicke bewegte ein Windstoß, der von außen kam, die Flamme des Herdes; die hängenden Zweige, welche vor dem Eingange der Höhle eine Art gestickter Draperie bildeten, wurden mit anhaltendem Geräusch auseinander gezogen.

„Wer da?“ rief der Guapo, indem er hastig aufsprang und die Hand an den Dolch legte.

„Willst Du mich etwa verdunkeln, Bruder?“ fragte der Ankommende mit heller, klarer Stimme.

„Virgen del carmen!“ rief die Serena, „wer sollte geglaubt haben, daß Coco uns zu dieser Stunde besuchen würde!“

„Bedarfst Du unser?“ fügte Manofino lebhaft hinzu.

„Gewiß, gewiß, Manofina!“ rief der Alguazil. „Immer derselbe, mein Tapferer; Du hast Deinen Muth nicht verloren, obgleich Du ein Einsiedler geworden bist.“

„Ach mein Gott,“ seufzte der Guapo, „wie lange ist es her, seitdem man mir dies gesagt hat! — Du bist sehr glücklich Coco,“ fuhr er fort. „Du kömmst, Du gehst, Du arbeitest, kurz, Du bist zu irgend etwas gut, während ich —“ Die Serena legte ihm sanft die Hand auf den Mund, um ihn abzuhalten, weiter zu sprechen. Aber der Alguazil bedurfte nicht so viel, um den moralischen Zustand der Seele des Guapo zu erkennen. Die Feinheit ist in Andalusien angeboren. Coco hatte bis zur letzten Silbe gelesen, was in der Seele seines ehemaligen Kameraden vorging. „Gut,“ dachte er; „er langweilt sich, wir haben ihn.“

„Was gibt's Neues in Sevilla?“ fragte die Culevrina, um dem Gespräche eine andere Wendung zn geben.

„O, vielerlei,“ entgegnete der Alguazil mit geheimnißvollem Tone.

„Erzähle es uns,“ riefen zugleich die Serena und der Guapo mit dem Ausdrucke lebhafter Neugier.

„Geduld!“ sagte der Alguazil; „die Erzählung ist etwas lang.“

„Nun wohl,“ entgegnete die Culevrina, „so setze Dich neben uns, Coco, und sage uns, was vorgeht.“

„Ja, setze Dich,“ fügte Manofina hinzu, dessen Augen vor Ungeduld funkelten. „Laß hören, Bruder Coco, was gibt es?“

Coco setzte sich. Die Serena rollte um ihre kleinen Finger einige Berberitzenbeerenzweige, die sie auf ihrer Schürze entblätterte. Manofina richtete auf ihn seine beiden großen Augen, welche funkelten, wie die des Löwen der Wüste.

„Ich muß Dir zunächst sagen, Manofina,“ begann der listige Coco, „daß die Gesellschaft der Gardunnia Dich noch nicht ersetzt hat.“

„Das glaube ich wohl,“ rief lebhaft die Serena. „Hoffte sie das etwa?“ fuhr sie dann mit der unbeschreiblichen Eitelkeit des Weibes und der Liebenden fort.

„Laß ihn doch sprechen, Culevrina,“ bat der Guapo.

„Ich sagte also,“ nahm der Alguazil wieder das Wort, „daß Deine Stelle in der Gardunnia noch unbesetzt ist.“

„Weiter! Laß hören,“ sagte Manofina.

„Gleichwohl ist die Gesellschaft fortwährend tapfer, redlich und treu gegen Die, welche sie verwenden.“

„Soll Das etwa ein Vorwurf für mich sein?“ murmelte dumpf der Guapo.

„Nein, Gott behüte mich! Ich wollte dadurch nur andeuten, daß die Geschäfte der Gardunnia von Tag zu Tage wichtiger werden, und daß —“

„Nun, was kümmert das mich?“ unterbrach ihn der Guapo barsch. „Du weißt, daß ich ihr nicht mehr angehöre.“

„Das ist Deine Schuld,“ sagte Coco.

„Der Apostel hat es mir verboten,“ erwiderte der Geliebte der Serena.

„Weshalb kommst Du, ihn zu versuchen, Coco?“ sagte die Culevrina ärgerlich. „So handelt kein guter Bruder.“

„Ließet Ihr mir die Zeit zu sprechen,“ brummte der junge Gastwirth, „so würdet Ihr die Eurige nicht zu unnützen Worten verschwenden.

„Nun gut, so sprich. Wir wollen nichts mehr sagen, sondern nur auf Dich hören.“

„Ihr bringt mich aber aus dem Zusammenhange. Schweigt also ein für allemal. — Wo war ich denn? Ach ja wohl! Die Gardunnia blüht mehr als je. Die Inquisitoren bezahlen sie, um die Ketzer zu verdunkeln und die Ketzer wollen sie bezahlen, um die Inquisitoren zu verdunkeln — nein, festzunehmen.“

„Wie Das?“ sagte Manofina, dessen Blicke sich bei jedem Worte des Alguazils durch ein eigenthümliches Feuer belebten.

„Ach, meine Freunde, wenn Ihr wüßtet, was vorgeht,“ fuhr Coco fort. „Der Gouverneur von Sevilla soll verbrannt werden und seine Tochter ist für Lebenszeit in dem Kerker.“

„Jesus mio!“ rief die Serena. „Und was wurde aus Don Estevan?“

„Still!“ sagte Coco, indem er den Finger auf die Lippen legte und den Kopf nach allen Seiten wendete, als fürchte er, gehört zu werden. „Von dem darf man nicht sprechen, denn er würde sonst vielleicht auch in den Kerker geworfen werden und —“

„Sei ruhig,“ fiel ihm die Culevrina in das Wort. „Es gibt hier keine Familiaren. Wir haben keine anderen Nachbarn, als die Geier und die Eidechsen, und Die sind nicht zu fürchten.“

„Ach meine Freunde,“ fuhr der Gastwirth fort, „wenn Ihr wüßtet, was vorbereitet wird.“

„Wirst Du Dich endlich erklären?“ rief Manofina ungeduldig.

„Ich komme schon,“ entgegnete Coco. „Don Estevan von Vargas, der um jeden Preis seinen Schwiegervater und seine Braut retten will, hat beschlossen, den Gouverneur und Donna Dolores an dem Tage des Autodafé's zu entführen und die Inquisitoren festzunehmen.“

„Ich bin dabei!“ rief Manofina.

„Warte; Du sollst das nicht allein thun. Deshalb ist es nothwendig, daß die Gesellschaft der Gardunnia, welche stets bereit ist sich zu schlagen und die Unschuldigen zu rächen, Theil an der Verschwörung nimmt, um den Erfolg derselben zu sichern.“

„Du weißt wohl, daß ich nicht mehr zu der Gesellschaft gehöre,“ warf Manofina finster ein.

„Eben deshalb kannst Du uns dienen, Bruder,“ sagte Coco, welcher sah, daß er schon drei Viertel seines Zweckes erreicht hatte und daß Manofina ihm gehörte.

„Erkläre Dich deutlicher, Bruder.“

„Ich sagte Dir schon, daß der Meister Deine Stelle noch nicht besetzen konnte, und daß er Deinen Verlust schmerzlich beklagt. Wir bedürfen aber der Unterstützung des Meisters, um unsere Unternehmung durchzuführen. Du sollst ihn daher aufsuchen, Manofina. Du bist stets sein Günstling gewesen und er wird sich nicht weigern, an der Sache Theil zu nehmen, wenn Du ihm versprichst, dies ebenfalls zu thun, denn in der Hoffnung, Dich für die Gesellschaft wieder zu gewinnen, wird er Alles unternehmen, was Du verlangst.“

„Wenn ich ihm diese Hoffnung lasse, betrüge ich ihn,“ erwiderte der Guapo, welcher einen heftigen Kampf zwischen seinen kriegerischen Instincten, seiner zügellosen Liebe für die Gefahr und dem Versprechen bestand, welches er dem Apostel gegeben hatte.

„Du hast nicht nöthig, ihn zu betrügen, erwiderte der Alguazil. „Macht er sich vergebliche Hoffnung, so ist das um so schlimmer für ihn; Du brauchst nicht zu halten, was Du nicht versprochen hast. Außerdem,“ fügte er hinzu, „ist Don Estevan sehr reich und ich glaube, daß die Belohnung, die ich in seinem Namen der Brüderschaft versprechen soll, wohl der Mühe werth ist, ihm zu dienen. Auf, mein Braver; folge mir, denn es ist Zeit. Komm und laß uns den Meister aufsuchen. Das Autodafé soll heute über acht Tage sein. Vorwärts auf den Weg!“

Wer in diesem Augenblicke das Gesicht des Guapo hätte studiren können, würde erschrocken sein, über das ungeheure Gewicht der Aufregungen, welches sich in seiner Seele entrollte, während der Alguazil sprach. Alle Lebenskräfte dieses energischen Mannes, die seit so langer Zeit geschlummert hatten, erwachten mit einem Male. Das Fieber des Enthusiasmus, die glühende Aufregung des lange unterdrückten Muthes, verliehen dem männlichen Gesichte einen großartigen Ausdruck. Der Augenblick war da, das Gebot des Apostels, den er wie den Gesandten Gottes betrachtete, zu erfüllen. Endlich sollte er für die Gerechtigkeit kämpfen, zu Gunsten der Unterdrückten, gegen die Unterdrücker, und während er seinen heftigsten Neigungen Gehör gab, das Paradies Jesu Christi gewinnen. — Der Guapo war einen Augenblick wie vernichtet unter dem Gewichte so vieler verschiedenartiger Gefühle, niedergebeugt durch das ungeheure Glück, welches sich ihm zeigte. Die Serena betrachtete ihn angstvoll und unruhig und erwartete mit großer Spannung die Entscheidung ihres Herrn und Meisters. Endlich stand Manofina auf, machte einen Satz wie ein wilder Stier, schnallte den rothen Gürtel, der seinen Dolch trug, um den Leib und rief mit heftiger Stimme: „Vorwärts!"

„Wohin willst Du?" fragte der Alguazil.

„Mit Euch," entgegnete stolz die Serena. „Kann es ein gutes Fest ohne mich geben?"

„Ohne Zweifel," sagte der Guapo, indem er sie zärtlich an seine Brust drückte. „Gehen wir, gehe Keines ohne das Andere."

Alle Drei verließen die Höhle.

XXXVIII.

Der Lampenball.[1]

Indem Manofina sich dem palacio de la Gardunnia näherte, sog er begierig die Luft ein. Seine Nasenlöcher dehnten sich aus und er schnaufte wie ein arabisches Pferd, wenn es das Zelt seines Herrn erkennt. Die Serena selbst konnte sich nicht jenes leisen Bebens erwehren, das man bei dem Anblicke von Orten empfindet, die man lange Zeit geliebt hat und nie wieder zu sehen glaubte.

Die Nacht war lau und dunkel; der Mond verschwand längst hinter Wolken. Es war eine köstliche Nacht für Liebende oder Verschwörer.

[1] Der Lampenball. So nannte man in Spanien die Bälle des niederen Volkes, Bälle, auf denen qualmende Lampen die einzige Beleuchtung bildeten, und auf welchen zwei oder drei kreischende und mißgestimmte Guitarren, mit der Stimme der Sänger oder Sängerinnen der Seguidillas im Verein, das ganze Orchester bildeten.

Als sie die erste Mauerumwallung durchschreiten wollten, welche den Palast umgab, blieben sie einige Augenblicke stehen, überrascht und entzückt zugleich über das Schauspiel, welches sich ihnen bot. Eine große Lichtmasse strahlte durch die halbgeöffnete Thüre und man hörte im Innern den Klang einer Guitarre begleitet von den grellen Tönen des Pandero.[1]

„Wie lustig sie sind!“ sagte die Serena mit einem Seufzer.

„Wer ist denn der Heilige dieses Tages?“ fragte Manofina.

„Es ist vielleicht das Ende einer Fastenzeit,“ erwiderte Coco.

„Treten wir ein,“ sagte die Serena, deren kleine Füße sich ungeduldig bei den Tönen der bekannten Musik bewegten.

Die Serena war die beste Fandangotänzerin in Sevilla. Sie sang außerdem die Canna auf eine solche Weise, daß ein Einsiedler darüber hätte wahnsinnig werden können.

Sie beeilten ihre Schritte, und als sie an einem Gebüsche vorüberkamen, erblickten sie in der Dunkelheit drei Männer, deren Züge und Kleidung sie nicht zu erkennen vermochten. Die drei Männer standen hinter dem Gesträuch und sprachen leise miteinander.

Der Guapo war zu sehr in Gedanken vertieft, um auf sie zu achten; Coco that, als ob er sie nicht sehe, und die Serena kümmerte sich in diesem Augenblicke nur um den Tanz. Sie erblickte schon von Ferne die mit Bändern

[1] Pandero. Man denke sich einen viereckigen Rahmen, über den ein Pergament straff gezogen und festgekerbt ist, und um welchen zahlreiche kupferne Glöckchen und eine Menge Bänder von grellen Farben herabhängen, und man hat einen ziemlich genauen Begriff von dem Pandero, diesem Instrumente, welches man so bezeichnen könnte: ein baskisches Tamborin mit zwei Seiten und von viereckiger Gestalt. Der Pandero ist das Lieblings-Instrument auf den meisten Lampenbällen und ersetzt die Guitarre. Dieses Instrument wird nur von weiblichen Händen gespielt und ist ein schönes Geschenk, welches man einer Frau des spanischen Volkes bieten kann. Ein solcher Pandero hat als Geschenk um so größeren Werth, wenn er mit Bändern und Glöckchen besetzt ist, besonders aber, wenn man auf der einen Seite des Pergamentes ein brennendes Herz, von Pfeilen durchbohrt, malen ließ und auf der andern das ähnliche Bild eines schönen Contrebandiers oder eines berühmten Banditen.

geschmückten Köpfe der Tänzer, welche bei den Pas flatterten, wie Banner im Winde, und allen Bewegungen folgten, welche ihnen wechselsweise die Leidenschaft oder die Laune einprägte.

Ach, es war in der That ein schönes Fest, der Lampenball, der lebhafteste und heiterste von Allen, die man seit langer Zeit in Sevilla gesehen hatte.

Ihrer Ungeduld ungeachtet blieben indeß der Guapo und die Serena stehen, als sie die Thür erreicht hatten. Ein Gefühl, welches stärker war, als ihr Verlangen, die Scham des Stolzes, wenn man so sagen darf, hielt sie auf der Schwelle dieser Wohnung zurück, die sie freiwillig verlassen hatten. Sie zögerten.

„Nun so geht doch,“ sagte der Alguazil.

„Tritt Du ein,“ sagte Manofina zu seiner Gefährtin.

„Geh Du voran, Coco,“ sagte die Serena, „Du mußt uns einführen.“

„O, ich werde damit nicht so viel Umstände machen,“ erwiderte der Gastwirth, indem er die Hand der Serena mit echt andalusischer Galanterie ergriff. „Komm daher mit mir, Culevrina, wenn Du es allein nicht wagst. — Und Du, Manofina, folge uns; Du wirst sehen, ob wir gut empfangen werden.“

Zugleich öffnete Coco die angelehnte Thür vollends und trat mit triumphirendem Wesen mitten in die Versammlung hinein. Dadurch ermuthigt, folgte Manofina ihm in geringer Entfernung.

„Gott beschütze, Ew. Herrlichkeiten,“ sagte der Alguazil, indem er höflich den Hut abnahm.

Bei dieser unerwarteten Erscheinung ertönte ein Schrei der Ueberraschung in dem Saale. Die Versammlung, welche einen Augenblick zuvor ihre ganze Aufmerksamkeit dem Tanze gewidmet hatte, drängte sich neugierig zusammen, gespannt, zu erfahren, welche Gründe den Guapo und seine Gefährtin in ihre Mitte zurückführten.

Kaum hatten sie den Fuß in den Palast gesetzt, als das durchbohrende Auge Mandamiento's, der Alles sah, sie erkannte. Er stand gleichwohl am äußersten Ende des Saales, ruhig, väterlich, mit gutmüthigem Ernst die Vergnügungen seiner Kinder überwachend, denn so streng und despotisch der Meister war, wenn es galt, seinen Willen durchzusetzen, ebenso gut verstand er es, durch eine berechnete Nachsicht und scheinbare Zugeständnisse Die zufrieden zu stellen und unterwürfig zu erhalten, die er beherrschte, ohne daß sie es wußten. Mandamiento würde ein sehr populärer König gewesen sein, wäre nicht in jener Zeit das Königthum eine geheiligte Sache gewesen, die sich nur durch Erbschaft übertragen ließ, und welche anzutasten sich Niemand einfallen ließ.

Die Serena ging schüchtern und mit niedergesenktem Blicke.

Blendendes Licht erfüllte den Saal. Jede Säule trug zwei große Harzfackeln, welche ein röthliches, flackerndes Licht verbreiteten und dicke Rauchwolken zur Decke sendeten.

Auf dem Boden rings um die Säulen aber waren eine Menge Matten ausgebreitet. Jedes Frauenzimmer hatte die ihrige, die ihr zum Sitze diente, und so gekauert bildeten sie einen Stützpunct eines ebenfalls am Boden sitzenden Mannes, der sich auf ihre Knie stützte, wie auf die Arme eines Sessels.

Die Versammlung war so in einer Doppelreihe von Männern und Weibern geordnet, und bot einen eigenthümlichen und malerischen Anblick. Die Sevillaner, braun, schlank und gewandt, gekleidet in ihre Festgewänder, boten in ihren originellen und wechselvollen Physiognomien ein Ganzes, welches einen pikanten Eindruck machte.

In der Mitte zwischen den Sitzenden befanden sich die Tänzer.

Der üppige Fandango, das Gedicht der Liebe, langsam entrollt in einer ausdrucksvollen Pantomime, war damals schon, wie noch heute, der Lieblingstanz der Andalusier, ihre köstlichste Unterhaltung; was mußte er erst für die Gardunnio's sein, Menschen ohne Zügel und Zurückhaltung, fieberhafte und leidenschaftliche Naturen, entstammt der Wüste, zu nahe noch ihrem Ursprung, um ihn vergessen zu haben. Tolle Trunkenheit führte den Vorsitz bei dem Feste.

Die anmuthigen Chivatos in der Kleidung der Majos, [1] die Hand stolz auf die Hüfte gestemmt, die Nase in

[1] Majos. Das Wort Majo hat keinen gleichbedeutenden Ausdruck in unserer Sprache, wenn es in der Ausdehnung gebraucht wird, welche die Spanier ihm geben. Der spanische Majo ist ein Typus, den man

die Luft gereckt, sich auf zwanzig Schritte durch das Geklingel ihrer silbernen Knöpfe anmeldend und bei dem

nur in Spanien, besonders in Andalusien, findet, wo er noch in seinem ursprünglichen Glanze existirt. Das Wort Majo bezeichnet nicht nur einen bis zum Uebermaße geputzten Mann, der sehr sorglos in Beziehung auf seine Ausgaben ist, sondern auch eine Art von Stand. Um den Namen Majo zu verdienen, genügt es nicht, die Tracht eines Figaro anzunehmen, welche charakteristisch bei den spanischen Majos ist, ausgenommen das Netz und die Schöße der mit Borden besetzten Jacke, eine alberne Erfindung der Opernschneider. Ein junger Mann, welcher nach dem Titel Majo strebt, muß eine Menge guter Eigenschaften und die dazu gehörigen Fehler besitzen. Er muß z. B. tapfer und prahlerisch sein, ein guter Reiter, ein guter Schütze und sehr gewandt in der Führung des cuchillo (des Messers), des punal (des Dolches), und des albacete (eines langen, sehr spitzen Messers mit einer Feder). Er muß mit Anmuth den Fandango, die Cachucha, die Mutruca, die Jerezona ꝛc. tanzen. Er muß ein tüchtiger Guitarrespieler sein und alle Volkslieder, die in der Mode sind, singen können, besonders aber im Stande sein, ein hundert Seguidillas oder eine Liebesromanze zu improvisiren. Endlich muß er, ohne torero zu sein (Stierkämpfer von Profession) es doch verstehen, zu capear (den Stier zu reizen), panderillar (die Banderoles auf den Hals des Stieres zu werfen) und matar (tödten) einen Stier nach allen Regeln der Kunst, d. h. mit Anmuth und Kaltblütigkeit, indem er den Degen ihm zwischen die Schulterblätter stößt. Wenn aber auch ein junger Spanier alle diese Dinge verstände, so würde er doch nicht den Titel Majo verdienen, wenn er nicht beständig wahnsinnig verliebt in ein einziges Weib wäre, und dabei galant gegen das ganze schöne Geschlecht im Allgemeinen, denn Unbeständigkeit und Gleichgültigkeit sind ihm gleich sehr verboten. Der Majo ist freigebig bis zur Verschwendung; handelt es sich darum, seiner Geliebten zu gefallen, so opfert er Alles deren geringsten Launen. Für sich selbst aber ist er nüchtern und abgehärtet gegen alle Anstrengungen, gewöhnt, alle Schmerzen zu ertragen, denn der spanische Majo hat nichts von jener sentimentalen, weibischen, verächtlichen und oft egoistischen Selbstgenügsamkeit unserer Lions. Der spanische Majo verabscheut die Orgie und alle Arten der Ausschweifung; er kennt die Excesse nur in Beziehung auf die Liebe, den Muth oder den Luxus. Der Geiz ist eine Sünde, deren kein Majo fähig wäre; ein geiziger Majo würde sich entehren. Ebenso ist es mit der Trunkenheit; auf einen betrunkenen Majo würde in Spanien mit Fingern gezeigt und man würde ihn noch mehr verachten, als den bettelnden oder diebischen Gitano. In seinem Verkehr mit den Männern zeigte der Majo eine Art geringschätziger Würde, die ihm köstlich steht. Er muß gegen Männer die höchste Reizbarkeit zeigen und stets bereit sein, bei der geringsten Beleidigung den Dolch spielen zu lassen, den größten Gefahren dabei trotzen, denn für ihn ist jeder Zweikampf, jeder Mord, ein Titel des Ruhmes bei dem schönen Geschlecht im Allgemeinen, und bei seiner Geliebten insbesondere, angenommen jedenfalls, daß er Niemanden perfidamente (auf tückische Weise) getödtet hat.

Gehen die Füße so setzend, daß sich mit Vortheil ihre gewandten und kräftigen Beine zeigten. Die jungen Mädchen tanzten oder coquettirten und reizten die elegantesten Majos durch die Stimme, die Bewegung und den Blick.

Die Coberteras plauderten unter einander und sprachen schlecht von den jungen Mädchen, indem sie zugleich Seitenblicke auf die jungen Männer warfen. Wie wir indeß sagten, machte die Erscheinung Manofina's und der Culevrina einen solchen Eindruck, daß der Tanz einen Augenblick langsamer wurde, und alle Köpfe sich nach ihnen wendeten.

Um den Tanz nicht zu stören, ging die Serena rings um den Kreis, um den Hintergrund des Saales zu erreichen. Aber der Meister ließ ihr dazu nicht die Zeit; er trat ihr mit so vieler Galanterie entgegen, wie man nur von einem Hidalgo hätte erwarten sollen, und indem er sie mit seinem anmuthigsten Lächeln betrachtete, sagte er mit höflichem Tone: „Welcher Heilige des Paradieses hat Dir den guten Gedanken eingegeben, uns zu besuchen, meine Tochter? Sei willkommen — und Manofina ebenfalls," fügte er hinzu, indem er dem Guapo seine breite schwielige Hand reichte.

Manofina war etwas verwirrt und legte nicht ohne Zögern seine Hand in die des Meisters. Es schien ihm, als hieße das beinahe, sich gegen denselben verpflichten; und das wollte er nicht.

Nach dem, was ich von dem Majo sagte, wird man leicht begreifen, daß die Majos beinahe beständig mit der Gerechtigkeit entzweit sind. Einige derselben haben mehrere Jahre in den presidios (Bagnos) von Afrika zugebracht, welches ebenfalls ein Ehrentitel für alle Vollblut-Majos ist, wenn diese Jahre des Bagno nicht die Strafe für einen Raub oder einen Mord waren.

Die Maja ist in dem weiblichen Geschlechte Das, was der Majo unter den Männern ist; sie handhabt den Dolch ebenso gewandt, wie ein Baratero, und mehr als ein ungetreuer Liebhaber, und mehr als eine Nebenbuhlerin, haben schon ihre kleine spitze Klinge gefühlt. Die Majas sind stets Weiber aus dem Volke; meistens zweideutiger Lage, während mehr als ein spanischer Edelmann Majo geworden ist. Um sich zum Majo zu machen, ist es unerläßlich, ein hübscher Bursche zu sein und nicht über 25 Jahre alt; nach diesem Alter fängt ein Majo an, abgenutzt zu sein und ist nur noch gut dazu, Seguedillas zu improvisiren oder den chulo zu machen, d. h. die jüngeren Majos bei ihren Liebschaften zu unterstützen.

Diesem wohlwollenden Empfange des Meisters gegen die Ex-Gardunnio's folgte ein allgemeines Hurrah der Zustimmung. Alle Gardunnio's, groß und klein, drängten sich zu ihren ehemaligen Kameraden und es folgten zahllose Umarmungen und Beglückwünschungen.

Einige kürzlich erst geworbene Serena's betrachteten mit eifersüchtigen Blicken die schöne und anmuthige Culevrina, die in ganz Sevilla nicht ihres Gleichen hatte. Gleich darauf aber wendete eine derselben sich zu einer der ältesten Cobertera's und sagte mit einem Lachen des Triumphes und der Befriedigung: „Seht doch Die da; sie hat nicht einmal eine neue Mona auf dem Kopfe. Ihr Wollenrock ist verblichen, als trüge sie seit ihrer Geburt keinen anderen, und ihre seidenen Schuhe fallen ihr von den Füßen, als wollten sie davonlaufen."

„Sie ist gelb geworden wie Saffranreis, seit sie uns verlassen," erwiderte die Alte, „und der Augenblick ist schlecht gewählt, sich in solcher Kleidung in so guter Gesellschaft zu zeigen. So geht es, wenn man die Stolzen spielen will und die Brüderschaft verläßt. Sie war wahrhaftig viel reizender, als sie verliebte Blicke auf den Prior richtete, den Manofina so gut auf dem linken Auge getauft hat."

„Schweig doch, alte Elster," sagte Garabato, der in diesem Augenblicke neben der Cobertera stand. „Culevrina ist noch immer das hübscheste Mädchen in ganz Sevilla. Sie ist schöner in Lumpen, als Alle die anderen mit Perlen und Bändern geschmückt!"

Die Ansicht des Garabato wurde allgemein von den Männern getheilt, und die, welche es nicht sagten, bewiesen es hinlänglich durch ihre Blicke.

Mandamiento seinerseits suchte seine Freude nicht zu verhehlen. Er führte die Serena zu einer leer gebliebenen Matte am oberen Ende des Saales, und nachdem er die Gefährtin des Guapo aufgefordert hatte, sich zu setzen, sagte er: „Unterhalte Dich gut, meine Tochter; ich will ein wenig mit meinem Bruder Manofina plaudern."

Indem er so sprach, nahm Mandamiento die Hand des Guapo, gab Coco ein Zeichen, ihnen zu folgen, und führte sie in einige Entfernung von der Menge in eine einsame Ecke.

Als er hier mit ihnen allein war, sagte er: Ich vermuthe, meine Kinder, daß Manofina's Anwesenheit hier nicht ohne Grund ist, und ich wünsche, diesen schnell zu erfahren. Vielleicht befindet sich unser theurer Manofina in einer gefährlichen Lage, welche unseren Beistand fordert. Obgleich er nicht mehr zu unserer ehrenwerthen Brüderschaft gehört und keine Pflicht uns gegen ihn als Brüder verbindet, sind wir doch stets geneigt, als alte Freunde und gute Kameraden ihm Beistand zu leisten, wenn es sein kann, ohne den Gesetzen der ehrenwerthen Brüderschaft entgegen zu handeln."

„Bruder Mandamiento," beeilte sich Coco zu antworten, „es handelt sich in diesem Augenblicke nicht darum, Manofina zu Hilfe zu kommen, sondern vielmehr ihn zu bewegen, daß er einwilligt, uns seinen Beistand zu leihen."

Mandamiento machte eine Bewegung der Ueberraschung.

„Ich habe Dir eine Unternehmung, und zwar eine höchst wichtige, vorzuschlagen," fuhr Coco fort. Deshalb bin ich mit Manofina hergekommen. Höre mich jetzt an; die Sache lohnt wohl der Mühe."

„Sprich!" sagte der Meister, der immer mehr erstaunte.

„Es gibt in Sevilla," fuhr der Alguazil fort, „einen sehr reichen jungen Herrn, der Deiner bedarf."

„Bei dem Barte des Königs," rief Mandamiento, „ich bin stets zum Dienste der jungen Herren bereit, die viel Geld besitzen!"

„Dieser junge Herr wird Dir viel geben, doch dagegen mußt Du auch viel thun."

„Seinen Nebenbuhler verdunkeln?" fragte der Meister.

„Wahrlich noch weit mehr," sagte der Alguazil, „eine Unternehmung, wie die Brüderschaft sie gewiß noch nie gemacht hat."

„Bei der heiligen Jungfrau del Pilar," rief der Meister, „was Du mir da sagst, fängt an mich zu beunruhigen. Um was handelt es sich denn? Erkläre Dich."

Coco blickte mit geheimnißvollem Wesen umher. Niemand konnte sie hören; sie waren mehr als 15 Schritte von dem Kreise entfernt, in welchem man tanzte. Im Uebermaße der Klugheit jedoch drängte der Alguazil Mandamiento und den Guapo bis zu der letzten Stufe, neigte sich dann zu dem Ohre des Meisters und sagte mit leiser Stimme: Du sollst uns beistehen, den Gouverneur von Sevilla am Tage des Autodafé zu befreien."

„Wie das?"

„Durch die Entführung des Großinquisitors, den Du gefangen zurückhalten mußt. Zwei Tage genügen für Don Estevan, den ersten Hafen Spaniens zu erreichen, um sich nach einem anderen Lande einzuschiffen."

„Bruder," entgegnete der Meister, „hast Du wohl bedacht, was Du verlangst? Weißt Du, daß wir bei einer solchen Unternehmung unser Leben auf das Spiel setzen?"

„Gegen zweimalhunderttausend Realen," erwiderte lebhaft der Gastwirth; „das ist die Summe, welche Estevan von Vargas Euch zur Belohnung anbietet."

„Zweimalhunderttausend Realen!" rief Mandamiento, geblendet durch die ungeheuere Größe der Summe; „zweimalhunderttausend Realen für —"

„Für die Entführung des Großinquisitors Arbuez, und dafür, ihn zwei Tage lang in den Kellern der Gardunnia gefangen zu halten," entgegnete Coco hastig.

„Ja," erwiderte der Meister, „und nachdem Arbuez wieder frei ist, wird er uns als Ketzer verbrennen lassen. Hältst Du mich denn für einen Dummkopf Coco? Verdunkeln, das mag sein; die Todten können keinen Schaden mehr thun; aber entführen? Nein, nein; ich entführe nur junge Mädchen."

„Se. Herrlichkeit will nicht, daß man ihn verdunkle."

„Se. Herrlichkeit ist unschuldig wie ein Lamm. Ohne die Gefälligkeit Manofina's und die Befehle — doch genug; ich weiß mich schon zurecht zu finden. Wenn Don Estevan noch lebt, so ist das nicht die Schuld des Inquisitors."

„O, ich halte nicht auf das Leben des Inquisitors," sagte Coco, „aber wenn Du gegen Don Estevan davon sprichst, ihn zu verdunkeln, willigt er nimmermehr ein und der Gouverneur von Sevilla wird dann verbrannt."

„Es ist gut! Es ist gut! Man wird verschwiegen sein!" sagte Mandamiento mit dem Lächeln eines Dämons.

„Zweimalhunderttausend Realen!" dachte er bei sich selbst, „um dafür das Vergnügen zu haben, diesen verfluchten Inquisitor zu erdolchen, der uns grollt, und mir nichts mehr zu thun gibt, seitdem ich Don Estevan verfehlte. Zweimalhunderttausend Realen! Das ist ein herrlicher Pfennig. — Ueberdies wird man die Stelle des Herrn Arbuez anders besetzen und der neue Inquisitor, der sich nicht über mich zu beklagen hat, gibt uns sicher wieder Arbeit. Alles ist daher für die Brüderschaft bei dieser Angelegenheit Gewinn."

Dies waren die Betrachtungen, welche der Meister der Gardunnia schnell anstellte, aber als gewandter Diplomat hüthete er sich wohl, sie Denen mitzutheilen, mit welchen er unterhandelte. Sich an Coco wendend, der seine Antwort erwartete, sagte er: „Und Manofina billigt diese Unternehmung?"

„Ohne Zweifel," entgegnete lebhaft der Guapo.

„Du findest also, daß die Gardunnia eine gute Mutter ist, und Du willst zu ihr zurückkehren?" fragte einschmeichelnd der Capataz.

„Meister, das habe ich nicht gesagt," erwiderte Manofina. „Diese Unternehmung gefällt mir, ich will Euch dabei helfen, wenn Ihr es für gut befindet, und die Serena auch," fügte er stolz hinzu. „Ihr wißt, Meister, daß die Serena durch Muth und Verwegenheit so viel werth ist, wie ein Guapo."

„Ich verstehe," sagte Mandamiento mit bedeutungsvollem Augenblinzeln, „ich verstehe; die Serena und Du, Ihr seid sehr zufrieden damit, an dieser Unternehmung wegen der versprochenen Belohnung Theil zu nehmen."

„Meister," sagte Manofina mit gereiztem Tone, „ich habe nie eine ehrlich verdiente Belohnung zurückgewiesen. Aber wenn Ihr es diesmals für passend erachtet, uns nichts zu geben, so kümmert mich das wenig. Ich theile aus freiem Willen die Gefahren der Unternehmung, ohne dafür Lohn zu fordern, wenn Ihr denkt, daß wir darauf keinen Anspruch haben, weil wir nicht mehr Mitglieder der Gesellschaft sind."

„Und weshalb solltest Du nicht Mitglied sein?" fuhr Mandamiento fort, denn das war es, wohin er wollte.

„Führe mich nicht in Versuchung, Meister," sagte Manofina. „Was geschehen ist, ist geschehen; ich kehre nicht um. Nur sage mir, ob Du meinen Beistand und den der Culevrina annimmst, das ist Alles, was ich verlange. Für diesen Fall werdet Ihr mir für einen Tag meine Autorität als Guapo wieder geben und eine Abtheilung unter meinen Befehl stellen; das Uebrige überlaßt mir."

„Nun wohl," sagte Coco, „es ist abgemacht, Meister? Kann ich Don Estevan und seine Freunde herbringen, damit Ihr Euch mit einander verständigt und das Geschäft verabredet?“

„Du kannst es,“ erwiderte Mandamiento, entzückt über die Entschlossenheit Manofina's und ohne auf dessen Zurückhaltung zu achten, denn er hoffte zuversichtlich, ihn wieder ganz an sich zu ziehen. Darauf wendete er sich an den Guapo und sagte: „Sieh, mein Sohn, ob die Brüderschaft und ich Freundschaft für Dich bewahren. Wir haben noch Keinen unserer tapfersten Postulanten würdig gefunden, Dein Nachfolger zu sein und Deine Stelle in der Gardunnia ist noch immer unbesetzt. Nimm sie daher für den Tag der vorgeschlagenen Unternehmung wieder ein, und Gott möge Dir dann einen guten Gedanken eingeben, mein Sohn. Möchtest Du einen weisen Entschluß fassen!“

„Ich,“ sagte Coco, „eile, Don Estevan zu benachrichtigen. Alles muß noch diesen Abend abgemacht werden.“

„Geh,“ sagte Mandamiento, „nichts ist für eine Unternehmung günstiger, als diese Art von Tumult eines Festes. Und Du, Manofina,“ fügte er hinzu, „willst Du einen Fandango mit Deiner schönen Culevrina tanzen?“

„Sicher!“ sagte der Guapo.

Dann holte er die Serena, um sie in den Kreis der Tänzer zu führen. Ungeachtet ihrer ärmlichen Kleidung traten Alle hinzu, die Serena tanzen zu sehen. Sie war so hübsch, so schön, sogar so herausfordernd und doch so melancholisch, daß es unmöglich war, sie zu sehen, ohne sie zu lieben. Und dann tanzte sie auch so ausgezeichnet!

Während dessen hatte Coco den Palast verlassen und war nach jenem Gebüsch gegangen, in welchem soeben die drei Männer miteinander flüsterten. Sie standen noch an derselben Stelle und schienen zu warten. Der Alguazil schritt auf sie zu, indem er etwas Geräusch machte.

Obgleich es dunkel war, erkannte ihn Estevan.

„Nun?“ fragte er ihn.

„Alles ist bereit, Sennor Caballero. Der Meister der Gardunnia wird Alles thun, was Ihr verlangt.“

„Ich hatte es Euch wohl gesagt,“ meinte Estevan, indem er sich zu seinen Gefährten, Don Rodriguez von Valero und Don Ximenes von Herrera, wendete. „Jetzt sind wir des Erfolges gewiß.“

„Don Estevan," flüsterte der alte Cavalier, „Ihr habt es für nützlich erachtet, Euch mit diesen Gitanos zu verbinden. Mag sein: Aber, mein junger Freund, Ihr begreift nicht die Hälfte Eurer Gewalt. Wenn ich in Eurem Alter stände, wenn ich so schön wäre wie Ihr, und Don Estevan von Vargas hieße, dann wollte ich durch mein alleiniges Wort das Volk von Sevilla wie einen Mann zum Aufstande bringen, und ganz Spanien über den Haufen werfen."

„Don Rodriguez," entgegnete Estevan, „Ihr sprecht in diesem Augenblicke wie ein junger Mann; lasset daher mich meinerseits wie einen Greis sprechen. — Ihr gesteht mir eine große Zaubermacht zu; ich will glauben, daß ich sie besitze, und daß ich mit Hilfe derselben sowie der Erinnerung an meinen Vater, die noch lebendig in den Herzen der Spanier ist, Sevilla gegen die Inquisition in Aufstand bringen könnte. Angenommen, es sei so, was würde daraus für Spanien Gutes erwachsen? Was würde es nützen, den Tod von Tausenden herbeizuziehen, ohne deshalb das Los der Ueberlebenden zu verbessern? Wißt Ihr denn, Valero, daß Spanien, um für ewige Zeiten das Joch der Inquisition zu brechen, sich zu einem einzigen Gefühle und Willen vereinigen müßte? Plötzliche Aufstände erzeugen den Bürgerkrieg, machen das Land arm, vernichten es, ändern es aber nicht. Sie gleichen wiederholten Aderlässen an einem kräftigen Körper und verlängern sein Leben um einen Tag, um ihn zuletzt zu Grunde zu richten. Nur die Wissenschaft, die Aufklärung allein kann die Wiedergeburt Spanien's herbeiführen und es frei machen, wir aber sind nicht dazu bestimmt, diese schönen Tage zu erleben."

„Weshalb verschwören wir uns dann?" sagte Valero.

„Wegen eines besonderen Interesses," entgegnete Estevan. „Ich, um Die zu befreien, die ich liebe, Ihr und Don Ximenes aus Freundschaft für mich; das ist, Ihr dürft es mir glauben, unser mächtigster Hebel."

„Estevan," sagte Don Ximenes, „Ihr verleumdet unsere Absichten, indem Ihr sie als einem Privatinteresse gewidmet schildert."

„Nein," entgegnete Estevan, „ich verleumde sie nicht. Wir haben eine große, glühende Seele; wir seufzen über die Leiden der Menschheit, und vor drei Monaten würde ich, gleich Euch, Don Rodriguez, gesagt haben, daß nur die Liebe zu unseren leidenden Brüdern, dem herabgewürdigten und verfolgten Volke, uns zu diesem Aufstande treibt; seit jener Zeit lernte ich die Gefühle der Menschen ergründen. Und ich sage mir, wenn uns Gott geschaffen hätte, um zu der Wiedergeburt Spaniens beizutragen, würde er uns andere Mittel des Handelns gewährt und uns vielleicht ein Jahrhundert später in das Leben gerufen haben, oder wir besäßen die Gabe der Apostel und wären demüthige und muthige Athleten, wie Johann von Avila, wie Johann von Gott und wie Euer gelehrter Schüler Egidius geworden; erhabene Seelen, welche so sehr von der heiligen Liebe zu den Menschen ergriffen sind, daß sie ganz von sich selbst absehen und zu Gunsten der großen menschlichen Familie auf jedes persönliche Gefühl verzichten. Solchen Männern gebührt das Recht, Spanien bis in seine innersten Eingeweide aufzuregen und es durch den Geist zur Wiedergeburt zu führen! Was die Wiedergeburt durch das Schwert betrifft, so ist das eine Wunde auf eine Narbe, und weiter nichts, und wenn ich heute mich mit Euch verschwöre, Ihr Herren, so geschieht es nicht, weil ich davon etwas Gutes für meine leidenden Brüder in Spanien erwarte, sondern weil ich liebe und weil ich die Geliebte retten will. — Ich denke, das ist Egoismus," fügte er mit bitterem Lächeln hinzu.

„Don Estevan," sagte Don Ximenes, „Ihr seid besser, wie wir, und bei Gelegenheit werdet Ihr Euch treuer zeigen, wie wir."

„Welches auch der Beweggrund unseres Aufstandes sei, ist er doch heilig!" rief Valero. „Laßt uns daher nicht zögern und seiet Ihr unser Führer, Estevan. Ihr seid beredter als Cicero und besitzt eine offene Freimüthigkeit, der man nicht widerstehen kann."

„Wohin sollen wir gehen?" fügte der alte Caballero hinzu, indem er sich an den Alguazil wendete.

„Folgt mir," sagte Coco, „und um keinen Argwohn zu erwecken, betretet den Ball ohne alle Umstände, unterhaltet Euch, plaudert mit den hübschen Mädchen. Euch, Sennor Don Estevan, rathe ich, mit der Serena zu tanzen."

„Wen soll ich zum Tanze führen?“ fragte der alte Rodriguez.

„Ew. Herrlichkeit mögen darüber ganz ruhig sein,“ entgegnete lächelnd der Alguazil. Es fehlt in der Gardunnia nicht an Tänzerinnen, es gibt derer von jedem Alter und von jeder Farbe.“

„Geht voraus,“ sagte Estevan.

Der Alguazil trat allein in den Saal der Gardunnia. Der Tanz war in diesem Augenblicke rasch und belebt. Ein munterer Bolero, den Manofina und die Serena tanzten, fesselte Alle. Vervielfältigtes Beifallsgeschrei belohnte jede anmuthige Stellung, jede leichte Pirouette der Tänzerin. Die leichte schlanke Gestalt der Serena, ihre flammenden Augen, ihre kleine mit Castagnetten bewaffneten Hände, ihre wiegenden Bewegungen — die kräftigen, männlichen Formen des Guapo, den die Neckereien der Culevrina reizten — Alles vereinigte sich, ein entzückendes Bild zu gewähren, und bei dem letzten Schritte des Bolero erhob sich ein einstimmiges und anhaltendes Hurrah in dem Saale. In diesem Augenblicke traten die drei Herren ein. Ihre Ankunft änderte nichts in der Lustigkeit der Gesellschaft. In Spanien mischen die höheren Stände sich gern unter das Volk, ohne daß die Ersteren dadurch ihre Würde zu beeinträchtigen glauben und ohne daß die Letzteren sich durch eine solche Herablassung besonders geehrt fühlen. Coco näherte sich dem Meister.

„Das ist der junge Herr, der bezahlt,“ sagte er, indem er auf Don Estevan von Vargas deutete.

„Eben der, den Manofina verdunkeln sollte?“ bemerkte Mandamiento. „Es scheint, als wenn zwischen dem jungen Herrn und dem Inquisitor von Sevilla ein Krieg auf Leben und Tod bestände. Gut!“ fuhr er fort, indem er sich die Hände rieb. „Wo es zerschlagene Eier gibt, macht man Eierkuchen. Es ist gut, Coco; sie mögen bleiben und nach dem Feste werden wir von Geschäften sprechen. Für den Augenblick wollen die Gardunnio's essen.“

In der That trugen eine Serena und zwei oder drei Chivatos, welche für diesen Tag den Küchendienst versahen, eine Mahlzeit in den Kreis der Tänzer. Auf eine große Matte, die auf den Boden gelegt wurde, stellte man ein herrliche Medianoche. Sie bestand aus mehreren irden

Flaschen, gefüllt mit Gazpacho,[1] einem gewaltigen Guisado[2] und vier gebratenen Cabritos. Löffel und Teller gab es nicht. Die Gardunnio's kannten durchaus nicht den Gebrauch dieser Gegenstände des Luxus. Sie aßen vertraulich aus der Schüssel und bedienten sich ihrer zehn Finger statt der Gabel. Der Meister ging hierauf zu den Verschworenen.

„Ihr Herren," sagte er mit großer Artigkeit, „wollen Ew. Herrlichkeiten geruhen, die Mahlzeit meiner Kinder zu theilen?"

„Sehr gern," erwiderten sie.

Sie setzten sich hierauf jeder auf eine Matte, an den Boden gleich den Uebrigen, ohne zu fürchten, ihre seidenen Kleider zu verderben. Mit gewandter Absichtlichkeit hatte Estevan neben der Serena Platz genommen. Die Geliebte des Guapo, die schon sehr zu Gunsten dieses schönen jungen Herrn eingenommen war, welchem sie das Leben gerettet hatte, betrachtete ihn mit milder Traurigkeit und Thränen traten ihr in die Augen, indem sie daran dachte, daß seine schöne Verlobte sich in den Kerkern der Inquisition befand, und der unglückliche Estevan gezwungen war, zu lächeln. Während die Versammlung die Gerichte mit echtem Gardunnio-Appetit verschwinden ließ, sagte Estevan zur Culevrina, die er für sich gewinnen wollte: „Du wirst mit mir tanzen, nicht wahr?"

[1] Der Gazpacho ist ein in Andalusien sehr beliebtes Gericht, nicht nur bei dem Volke, sondern auch bei den Leuten von Welt. Der Gazpacho besteht aus einigen Stücken Brot, die man in Wasser getaucht und dann mit rothem Pfeffer, Oel, Weinessig und Salz benetzt hat. Darauf fügt man wieder Wasser hinzu. So ist der Gazpacho des Volkes beschaffen. Wohlhabende fügen marinirte und in kleine Stücke geschnittene Saucischen von Estremadura hinzu und oft auch Scheiben von gesalzenem und geräuchertem Rindfleisch. Der Gazpacho gilt für ein sehr erfrischendes Gericht. Die Soldaten, welche in den verschiedenen Städten von Süd-Spanien in Garnison stehen, erhalten davon täglich, vom 1. April bis zum 30. September, eine Portion. Der Gazpacho ist, wie man behauptet, das beste Schutzmitel gegen die hitzigen Fieber, welche in den vier Königreichen Andalusiens oft epidemisch werden, d. h. in den Provinzen Sevilla, Malaga, Cordova und Granada.

[2] El guisado, buchstäblich übersetzt: das Ragout, ist in Spanien ein Gemisch von Rind- und Hammelfleisch, in kleine Stücke geschnitten, welche stark gewürzt werden. Der Guisado ist ein classisches Gericht, welches man bei jedem wahrhaft spanischen Abendessen anfträgt.

„Nein, Sennor," erwiderte sie mit theilnahmvoller Traurigkeit. „Ich liebe den Tanz und ich würde mich sehr geehrt fühlen, einen Fandango mit Ew. Herrlichkeit zu tanzen; aber, Gott sei Dank, Ihr werdet heute Abend diesen Frohndienst nicht zu leisten haben. Der Ball ist für heute zu Ende und nach dem Abendessen geht Jeder an sein Geschäft; auch müßt Ihr gar keine Lust haben, zu tanzen!"

„Gut, Culevrina!" entgegnete Estevan.

„Beruhigt Euch," sagte sie mit leiser Stimme, „wir werden einen andern Tanz heute über acht Tage aufführen, denn auch ich bin dabei. Aber esset doch," fuhr sie fort, „und laßt uns nicht mehr davon sprechen. Seht die Serenas dort; sie werden eifersüchtig."

Das Abendessen verschwand mit wunderbarer Schnelligkeit. Don Rodriguez aß wie ein Gitano und neckte die jungen Mädchen. Don Ximenes lachte herzlich über eine sehr hübsche Serena. Niemand ahnete, daß diese scheinbare Heiterkeit eine Verschwörung verbarg. Sobald Mandamiento das Mahl beendet sah, gab er ein Zeichen. Sein eben noch heiteres Gesicht wurde streng und ernst. Die Gardunnio's, Männer und Weiber, standen zu gleicher Zeit auf und nach den zuvor schon von dem Meister empfangenen Befehlen begab sich jeder auf den ihm bezeichneten Posten.

XXXIX.

Eine Verschwörung.

Es blieb in dem Palaste der Gardunnia Niemand zurück, als der Meister, der Alguazil, Manofina, dessen Gefährtin und die drei Herren. Einige der Fackeln erloschen allmälig, der gewaltige Saal wurde finsterer, und die weit vorgerückte Nacht verlieh der geheimnißvollen Versammlung noch mehr Feierliches. Es war zwei Uhr Morgens. Der Meister öffnete jetzt einen großen Eichenschrank, der in einer der Ecken des Saales stand, zog daraus ein vergilbtes und beschmutztes Pergamentregister hervor, einen bleiernen, mit Tinte gefüllten Becher und eine große, grobgeschnittene Adlerfeder. Darauf verschloß er den Schrank wieder, der ihm zugleich als Archiv und als Tafel diente, und nachdem er auf der Fläche die verschiedenen daraus hervorgenommenen Gegenstände ausbreitete, ging er zu der Thür, um sich zu überzeugen, daß sie fest verschlossen sei. Der Riegel des Schlosses hatte ohne Zweifel nicht gut eingegriffen, denn in dem Augenblicke, als Mandamiento mit seiner kräftigen Hand die schwere Eichenmasse rüttelte, um sie fest zu schließen, öffnete sie sich wie von selbst und eine neue Person betrat den Palast der Gardunnia. Es war Joseph. Durch Coco benachrichtigt, hatte er sich zu der Versammlung begeben. Bei dem Anblicke des jungen Dominicaners stieß Estevan einen Schrei der Wuth aus und sich gegen den Alguazil wendend, sagte er mit dumpfer Stimme: „Du hast mich verrathen, Elender!"

Der Alguazil gerieth keineswegs in Verwirrung, sondern antwortete mit ruhigem Tone: „Nein, Herr, ich habe Euch nicht verrathen."

Es lag ein solcher Ausdruck der Wahrheit in der Physiognomie Coco's, daß Estevan davon ergriffen wurde. Zugleich empfing Mandamiento, der den Beweggrund dieses nächtlichen Besuches nicht kannte, den Dominicaner mit all' der Ehrfurcht, welche er dem Günstlinge des Großinquisitors schuldig zu sein glaubte.

„Was wünschen Eure Reverenz?" fragte darauf der Meister etwas beunruhigt.

„Mit diesen drei Herren zu sprechen," erwiderte Joseph.

Mandamiento runzelte die Stirn.

„Was will der Mönch?" sagte Valero leise zu Estevan.

„Wir werden es erfahren," entgegnete der junge Graf. Dabei trat er auf den jungen Geistlichen zu, und Joseph reichte ihm freundschaftlich die Hand. Estevan nahm sie nicht, aber ihn fest ansehend, sagte er: „Es ist nicht genug, daß Ihr mich verrathen habt; Ihr wollt mich auch noch in das Verderben stürzen, nicht wahr?"

„Ich habe Euch nicht verrathen," erwiderte Joseph mit sanftem, trübem Tone. „Ich komme, Euch zu trösten und Euch beizustehen."

„Aber Dolores?" fuhr Estevan fort, dessen Eifersucht heftiger und grausamer in Gegenwart Dessen erwachte, den er im Verdacht hatte. „Dolores! Was habt Ihr mit Ihr gemacht?"

„Dolores wird Euch gesund und wohlbehalten zurückgegeben werden," entgegnete der Dominicaner.

„Ja, denn ich werde sie befreien, ich!" rief Estevan voll Ungestüm. „Eure Tücke täuscht mich nicht mehr, Don Joseph, und wenn ich in diesem Augenblick wollte," fuhr er voll Bitterkeit fort, „wenn ich wollte! — Seht Don Joseph, Ihr seid unbesonnen gewesen! — Wir sind hier unserer fünf gegen Euch, und diese Männer sind mir ergeben."

„Der Beweis, daß ich Euch nicht fürchte," erwiderte Joseph, „ist, daß ich gekommen bin, und zwar allein. Wenn ich Euch verrathen hätte, weshalb suchte ich Euch dann auf? Wozu bedarf ich Euer? Folgt meinem Rathe, Estevan und verkennt Eure wahren Freunde nicht; ihr Beistand ist Euch nothwendig, und sie bieten Euch denselben mit der ganzen Aufrichtigkeit ihrer Seele."

„Bei dem wahren Gotte," rief plötzlich Rodriguez, „das ist der junge Geistliche, der mich neulich vor der Wuth seiner Genossen gerettet hat. — Reverenz," fuhr er fort, indem er sich Joseph näherte, „gestattet mir, Euch für den Beistand zu danken, den Ihr mir vor zwei Tagen in der Taverne Buena Ventura leistetet. Ich habe meinen ganzen Verstand wieder gewonnen," fügte er lächelnd hinzu, „und ich wünschte Euch dies zu beweisen, mein Vater."

„Der Verstand besteht nicht darin, verständige Dinge zu sagen," erwiderte Joseph kalt, „sondern dies zu gehöriger Zeit und an gehörigem Orte zu thun. Wenn man auf Stein säet, so fressen die Vögel die Körner und der Säemann erntet nichts. Eure Reden werden Euch dahin bringen, lebendig verbrannt zu werden."

„Man wird es nicht wagen," entgegnete Valero. „Die Inquisition hält mich für verrückt."

„Die Inquisition könnte zuletzt wohl die Bemerkung machen, daß Ihr ein gefährlicher Verrückter seid und Euch ebenso behandeln, wie sie die Weisen behandelt."

„Nun wohl," rief Valero, „was kümmert mich Das? Das Märtyrerthum ist ein schöner Ruhm."

Zum zweiten Male, seitdem Estevan Joseph kannte, wurde er durch den Reiz der Anziehungskraft besiegt, der aus allen Zügen des jungen Geistlichen leuchtete. Er reichte ihm jetzt mit offenem, freundschaftlichem Wesen die Hand und Joseph schlug herzlich ein, indem er mit sanfter, bezaubernder Stimme sagte: „Laßt uns Freunde sein — Freunde bis zum Tode — ich verdiene es. — Eines Tages wird Euch Joseph vielleicht sehr theuer sein."

Noch ein grausamer Zweifel bestürmte Estevan. „Don Joseph," sagte er endlich nach einigen Augenblicken des Zögerns, „noch Eines: Wenn Ihr mich überzeugen wollt, so gebt mir Dolores und ihren guten Vater zurück; dann will ich Euch glauben."

„Glaubt Ihr," entgegnete Joseph, „daß das heilige Officium seine Opfer so leicht losläßt?"

„Nein, aber Joseph der Günstling des Inquisitors, macht bei dem heiligen Officium Alles, was er will."

„Joseph kann viel," erwiderte der Günstling, „aber er kann Euch nicht einen Menschen zurückgeben, dessen Glieder man zerbrochen und verbrannt hat."

„Was sagt Ihr?" rief Estevan erschrocken.

„Ich sage, daß Manuel Argoso gestern die Frage des Feuers und des Wassers erduldet hat; ich sage, daß es unmöglich ist, ihn zu retten, weil er nicht zu gehen vermag."

„Aber Dolores! Dolores!" rief der unglückliche junge Mann mit unaussprechlicher Angst.

„Ueber sie dürft Ihr ruhig sein. Dolores hat keine Tortur erlitten und ich werde sie befreien. Wenn Ihr sie nach dem Autodafé nicht in dem Hause Juana's findet, so macht mit mir, was Ihr wollt, Don Estevan. Ich bin kein sehr gefährlicher Gegner," fügte er mit dem Tone tiefer Traurigkeit hinzu, welche den Grundzug seines Characters zu bilden schien.

„Ihr schwöret, mir Dolores zurückzugeben?" fragte Estevan.

„Der Eid wurde durch die Betrüger erfunden," erwiderte Joseph. „Ich schwöre nicht, aber ich verspreche es Euch."

„Ihr Herren," rief der junge Vargas, „an das Werk und verabreden wir die Mittel. Es handelt sich darum, Don Manuel Argoso zu befreien oder unterzugehen. Hier ist ein Gehilfe, den der Himmel uns sendet," fügte er hinzu, indem er auf Joseph deutete.

„Ein Mönch!" rief Valero schneidend. „Zu was kann er in einer Verschwörung dienen."

„Ich höre täglich Beichte," erwiderte Joseph.

„Gut, gut," sagte Valero, „ich vergaß, daß Ihr im Dunkeln kämpft." [1]

„Gott verwandelt das Böse in Gutes," entgegnete Joseph.

„Seid Ihr wahnsinnig?" sagte Don Ximenes leise zu Estevan. „Wollt Ihr uns diesem Inquisitor überliefern?"

„Gott verwandelt das Böse in Gutes," wiederholte Estevan. „Nun wohl, es hat Gott gefallen, diesen Inquisitor in ein gutes und theilnehmendes Geschöpf zu verwandeln, das uns mit all' seiner Macht beistehen wird. — Fürchtet nichts, Don Ximenes. Laßt hören, Meister," fuhr er fort, indem er sich gegen Mandamiento wendete, der in einer Ecke den Erfolg dieser Berathungen erwartete, „seid Ihr bereit, alle Eure Kräfte zu meiner Verfügung zu stellen?"

„Je nachdem, Sennor," erwiderte der Meister; „unsere Kräfte können mehr oder minder bedeutend sein, je nach den Anforderungen der Vollmachtgeber und dem der Brüderschaft gebotenen Lohn."

„Es ist nicht die Rede von einem Lohne; ich werde freigebig bezahlen."

„Unser Bruder Coco sprach, glaube ich, von 200,000 Realen," entgegnete Mandamiento.

„Ist das nicht genug, Meister? Und könnt Ihr um diese Summe nicht 3- oder 400 Personen aufbringen?"

[1] Von allen Mitteln, welche der Clerus und die Mönche Spaniens während des Unabhängigkeitskrieges gegen die Franzosen angewendet haben, ist die Beichte stets das sicherste gewesen. — Der Beichtstuhl ist jederzeit für die Priester und die Mönche eine tückische Waffe, ein Mittel, die Leidenschaften des Volkes aufzuregen. Noch in unseren Tagen sind die Beichtstühle Das, was sich am meisten den Fortschritten der Vernunft und der Aufklärung widersetzt. Auf eine Predigt, auf eine Schrift, auf eine Rede, kann man durch eine andere Predigt, eine andere Schrift, eine andere Rede antworten. — Aber womit sollte man auf alle die finsteren Insinuationen antworten, welche so reichlich in den 500,000 Beichtstühlen Spaniens ausgearbeitet und verbreitet werden?

„Wo soll er die hernehmen?“ bemerkte Don Ximenes leise.

„Er würde im Falle der Noth über 20,000 zu gebieten haben,“ sagte Joseph.

„Nun wohl, Meister, kann es sein?“ wiederholte Estevan.

Der Meister überlegte einige Augenblicke und antwortete dann: „Es kann sein, Don Caballero; aber Ihr müßt 20,000 Realen für Reisekosten hinzufügen, denn ich werde gezwungen sein, aus den benachbarten Städten Brüder kommen zu lassen.“ [1]

„Die 20,000 Realen werde ich geben,“ rief Don Ximenes von Herrera.

„In diesem Falle,“ sagte Mandamiento, „wollen Eure Herrlichkeiten mir das Versprechen schriftlich geben? Ich trage dann den Befehl in das Register der Brüderschaft ein.“

„Daran soll es nicht fehlen,“ sagte Estevan.

Der Meister schlug hierauf in seinem Register ein Blatt auf, überreichte die Feder an Don Estevan, und sagte: Schreibt, Sennor Caballero.“

Estevan schrieb: „Ich, Estevan Graf von Vargas, verpflichte mich bei meiner Ehre, und verspreche, an Mandamiento, Meister der Brüderschaft der Gardunnia, die Summe von 200,000 Realen, am Tage nach dem königlichen Autodafé zu bezahlen, welches am 4. Juni dieses gegenwärtigen Jahres stattfinden soll.

„Gegeben in Sevilla, am 27. Mai des Jahres 1534.

„Estevan, Graf von Vargas.“

Darunter schrieb Don Ximenes: „Ich verpflichte mich, und verspreche bei meiner Ehre, die obengenannte Summe

[1] Ich sagte in einer früheren Anmerkung, daß die Gardunnia einen Chef hatte, welchem alle anderen Führer der Gardunnia gehorchten. Die Oberhäupter der Provinz selbst waren wieder dem Districts-Oberhaupte zum Gehorsam verpflichtet. Noch einmal sei es gesagt, die Gardunnia war viel besser organisirt, wie irgend eine Verwaltungsbehörde jener Zeit, und zwar so gut organisirt, daß sie, in Spanien 1822 vernichtet, sich in Süd-Amerika, wo sie in diesem Augenblicke noch existirt, wieder neu organisirte. In Columbia, in der argentischen Republik, in Peru, in Havanna und Mexiko kann man einen Menschen für einige Dollars ermorden lassen, nur sind die Helden der Gardunnia jenseits des Meeres Mulatten und freigelassene Neger und nicht, wie in Spanien, Gitanos oder Mauresken.

in Ermanglung des Don Estevan von Vargas, an den Sennor Mandamiento an dem Tage nach dem oben bezeichneten zu zahlen. „Ximenes von Herrera."

„Man weiß nicht, was geschehen kann," sagte er zu Estevan; „gestattet mir daher, Euer Bürge zu sein."

„Das genügt, Ihr Herren. Jetzt werde ich Euren Auftrag eintragen," fuhr der Meister fort. Und er schrieb in sein Register: „Auftrag, ertheilt der Brüderschaft der Gardunnia, durch den Sennor Estevan von Vargas, am 27. Mai 1534."

1. Zu Gunsten des genannten Herrn über 400 Personen der Gardunnia zu verfügen, sowohl Postulanten, als Chivatos und Guapos, Coberteras und Serenas, welche Alle in ihrer Art der Brüderschaft nützlich sind und zu ihrem Gedeihen beitragen.

2. Diese Leute am Tage des nächsten Autodafé so zu vertheilen, um den Großinquisitor zu verdunkeln —"

„Streicht das aus," unterbrach ihn Estevan. „Ich habe das nicht gesagt. Ihr sollt ihn nur entführen. Keinen Mord, Sennor Mandamiento."

„Nein, durchaus nicht," sagte auch Joseph. „Du entführst ihn, hörst Du wohl? und bringst ihn in die Gewölbe unter Deinem Palaste. Hüte Dich wohl davor, ihn zu tödten," fügte er lebhaft hinzu.

„Streicht das Wort „verdunkeln" aus!" wiederholte Estevan.

Der Meister that, als striche er das Wort „verdunkeln" mit der Spitze seiner Feder aus, aber er hatte, ohne daß es bemerkt wurde, an dem Aermel die Tinte abgewischt. Dann sagte er weiter: „Sie so aufzustellen, daß sie den Großinquisitor entführen und Se. Herrlichkeit, den ehemaligen Gouverneur, der ungerecht durch den Inquisitor verurtheilt wurde, befreien können. Nach der Befreiung den Gouverneur zu der Gardunnia bringen, um ihn in die Hände des Don Estevan von Vargas überliefern zu können."

„Oder in die meinigen," fiel Joseph ein.

„Se. Herrlichkeit haben zu befehlen," entgegnete der Meister.

„Ja, ja," sagte Estevan. „Schreibt: oder in die Hände Sr. Herrlichkeit, des Don Joseph, Almosenier Sr. Eminenz des Großinquisitors."

„Ist das Alles?“ fuhr Mandamiento fort.

„Ich glaube, es wird genügen,“ sagte Don Rodriguez, „wohlverstanden, Sennor Mandamiento, daß Ihr nichts vernachlässigt, den Erfolg dieser Unternehmung herbeizuführen.“

„Sennor Caballero,“ erwiderte der Capataz mit hochmüthigem Tone, „rechnet Ihr unsere Ehre, unseren Ruf, für nichts? Beide wären durch ein Mißlingen der Art gefährdet.“

„Fügt hinzu,“ sagte Joseph, „den Großinquisitor in den Kellern der Gardunnia gefangen zu halten, bis Don Joseph an Mandamiento die Erlaubniß ertheilt, ihn in Freiheit zu setzen.“

„Das ist überflüssig,“ erwiderte der Meister. „Wenn ich mit dem Inquisitor gemacht habe, was ich mit ihm machen soll, können Ew. Reverenz nach Belieben über ihn verfügen.“

„Ich übernehme ihn,“ sagte Manofina, der aus Achtung vor der edlen Versammlung bisher, ebenso wie seine Gefährtin, stumm geblieben war.

„Ich werde Dir darüber Instructionen ertheilen,“ sagte Mandamiento, indem er ihm einen bedeutungsvollen Blick zuwarf.

„Gut, gut, Meister; Eure Instructionen sollen befolgt werden.“

„Jetzt, Ihr Herren,“ sagte Valero, „betrifft das Uebrige uns.“

„Bis dahin,“ bemerkte Joseph seinerseits, „unbedingtes Schweigen und Geheimniß.“

„Am Tage des Autodafé,“ fügte Don Ximenes hinzu, „finden wir uns mit unsern Freunden an den Zugängen des Platzes.“

„Meine Gardunnio's haben mit Euch nichts zu schaffen,“ sagte Mandamiento. „Folgt meinem Rathe, Ihr Herren, und mischt Euch in nichts. Es handelt sich darum, den Gouverneur zu entführen, nicht wahr? Das übernehme ich. Meine Guapos und ich werden die Sache ausführen.“

„Indessen,“ sagte Estevan, „wenn ein Kampf entstehen sollte, müssen wir Euch im Falle der Noth Beistand leisten können.“

„Das ist überflüssig, Ihr Herren. Bearbeitet nur das Volk, nicht daß es uns beistehe, sondern, daß es uns gewähren lasse; das genügt.“

„Ein allgemeiner Aufstand hätte alle Opfer gerettet,“ bemerkte Valero.

„Ach, dieser Gardunnio hat vielleicht Recht,“ sagte der junge Vargas seufzend, „wir sollten ihn wohl gewähren lassen.“

„Ja, er hat Recht,“ sagte Joseph. „Ein offener Aufstand würde in diesem Augenblicke zu nichts führen, als die Grausamkeiten der Inquisition zu verdoppeln, und die Zahl ihrer Opfer zu vermehren. Glaubt mir, daß für den Fall der Noth Vertheidigungsmaßregeln getroffen worden sind. Zahlreiche Truppen stehen bereit, und es ist die Zeit noch nicht dazu erschienen, das arme Volk anzuspornen, das endlich jederzeit das Opfer einer Insurrection wird. Es handelt sich darum, den Gouverneur zu retten. Wenden wir List an, doch nicht Verwegenheit; der Augenblick dazu ist noch nicht gekommen. Vergesset Ihr, daß Kaiser Carl V. dem Autodafé beiwohnen wird, und daß eine zahlreiche Miliz ihn begleitet?“

„Don Joseph hat Recht,“ fügte Ximenes von Herrera hinzu. „Ein Aufstand an diesem Tage würde einer Verschwörung gegen den König gleichen, und nur die Inquisition allein wollen wir angreifen.“

„Nun wohl, Ihr Herren, was beschließen wir?“ fragte Valero.

In diesem Augenblicke wurde an der Thür des Saales geklopft. Alle erbebten. Mandamiento drückte, ohne in Verwirrung zu gerathen, an einer beweglichen Säule, die sich um sich selbst drehte und einen schmalen Eingang in ein kleines schwach beleuchtetes Gemach zeigte. „Tretet Alle dort hinein,“ sagte der Meister. Sie gehorchten. Mandamiento brachte die Säule wieder an ihre Stelle und eilte auf die Thür zu. Er öffnete. Die Chapa stürzte weinend in den Saal.

„Was gibt es denn, Chapica?“ sagte der Meister. „Brennt Dein Haus?“

„Wo ist mein Bruder?“ fragte sie zitternd.

Mandamiento öffnete den Versteck und rief hinein: „Ihr habt nichts zu fürchten; es gibt keine Gefahr; Ihr könnt wieder herauskommen.“

Alle traten in den Saal.

„Ach, Ihr Herren," rief die Chapa, „wenn Ihr wüßtet, was für ein Unglück geschehen ist."

Und von Thränen erstickt, vermochte die Gitana kaum zu sprechen.

„Was gibt es denn?" riefen Alle zugleich.

„Der Apostel! — der Vater Sevilla's —."

„Nun? Sprich!"

„Verhaftet! Verhaftet durch die Inquisition!" fuhr sie weinend fort.

„O, rächender Gott!" rief Estevan.

„Sie haben ihn verhaftet, als er aus der Predigt kam," fuhr die Schwester Coco's fort, „unter dem Vorwande er hätte Ketzereien gepredigt."

„Nun wohl, Don Estevan," sagte Valero bitter, „schont doch den sanften Peter Arbuez! Schont den König, welcher solche Nichtswürdigkeiten gestattet!"

„Don Rodriguez, auch an uns wird die Reihe kommen," entgegnete Estevan. „Die Kraft des Menschen besteht darin, daß er zu warten versteht. Meister," sagte er zu Mandamiento, „Ihr werdet mit Euren Gardunnios allein handeln, den Inquisitor und Don Manuel entführen. Wir, Ihr Herren," fügte er hinzu, „wir müssen daran denken, das Volk vorzubereiten; es wird leicht sein, es für eine solche Sache, die auch die seinige ist, zu gewinnen."

„Vergeßt nicht, Euch der Person des Peter Arbuez zu bemächtigen," fügte Joseph hinzu.

„Eure Reverenz können ganz ruhig sein," erwiderte Mandamiento; „Se. Eminenz sollen nicht entkommen."

Als Alles so verabredet war, verließen die drei Herren und Joseph mit einander den Palast der Gardunnia.

XL.

Die Predigt an den Straßenecken.

Es war am 4. Juni des Jahres 1534. Es hatte soeben fünf Uhr Morgens geschlagen. Die Bevölkerung Sevilla's war früher erwacht, als gewöhnlich, denn ein großes Ereigniß beschäftigte alle Seelen: es war der Tag des Autodafé, ein Tag des Festes, ein feierlicher und heiliger Tag, an welchem Niemand arbeiten durfte, sondern Jeder beten mußte. Um diese Stunde zog ein Haufe junger Edelleute, an ihrer Spitze Rodriguez von Valero, durch die Straßen von Sevilla. Die jungen Leute sprachen sehr geheimnißvoll mit einander, und hielten zuweilen die Leute des Volkes an, denen sie begegneten. Sie unterhielten sich einige Minuten mit ihnen und dann entfernten sich die Manolas mit nachdenkendem und ernstem Wesen, als hätten sie irgend eine wichtige Mittheilung empfangen. Die Physiognomie dieser Caballeros war finster und gedankenvoll; sie gingen zu zwei und zwei und traten zuweilen in einer Ecke zusammen, um sich irgend einen Gedanken mitzutheilen; darauf setzten sie ihren Weg fort, und ebenso auch ihre Volkspropaganda, den einzigen Zweck dieses Morgenspazierganges. Irgend etwas Geheimnißvoll-Fürchterliches, wie die dumpfen Zuckungen der Natur, welche dem Sturme vorangehen, bewegte das Volk von Sevilla. Der finstere Tag ging schwanger mit Tumult und Empörung. Im höchsten Grade aufgeregt durch die Mittheilungen Don Valero's, Estevan's und ihrer Freunde, selbst bis in das heilige Tribunal verführt durch die einschmeichelnde Beredsamkeit Joseph's, welcher seinerseits, wie Valero gesagt hatte, im dunkeln wirkte, erwartete das Volk von Sevilla, beinahe ganz aus Maranos, Maresken oder scheinbar bekehrten Juden bestehend, mit verbissenem Zorn den Tag des königlichen Autodafé. Ueberdrüssig der abscheulichen Verfolgungen, die auf ihm lasteten, müde der Langmuth, welche nur dazu gedient hatte, die Verwegenheit und Grausamkeit seiner Bedrücker zu steigern, befand es sich in dem Zustande der Verzweiflung, in welchem der leichteste Funke genügt, in Flammen zu setzen, und es furchtbar und wüthend gegen die es reizenden Gegenstände anzutreiben.

Dies war das Resultat, welches der gewandte Valero erreicht hatte. In diesem Augenblicke konnte sich für ihn die Prophezeiung verwirklichen, die er einige Tage zuvor ausgesprochen hatte, als er die Taverne verließ: „Dies Volk wird jetzt Alles thun, was ich will.“

Valero war bei seinen Unternehmungen durch die jungen Herren unterstützt worden, die ihn in diesem Augenblicke begleiteten, glühende, ritterliche Seelen, von dem erhabenen Gedanken ergriffen, den man die Freiheit nennt. Betet der Mensch nicht nur allzuoft an der Stelle der oft unverstandenen Tochter des Himmels ein hohles, geschminktes Idol an, das unvollkommene Werk seiner Hände? Aber diese großen spanischen Herzen beteten nicht ein eitles Wort, ein trügerisches Bild an; es war die echte Freiheit, die Tochter des Himmels, der ihr Streben und ihre Wünsche galten; die beschützende und nachsichtige Freiheit, die erhabene Jungfrau, die Schwester der christlichen Barmherzigkeit, welche gleich ihr die Armen, die Kleinen, mit den Falten ihrer weißen Tunika bedeckt, sie nährt, sie tröstet, mit ihrem heiligen Hauche auf die Fittige des Genius bläst, der niedergeschlagen und entmuthigt ist und ihm sagt: „Vorwärts! Vorwärts! Ich bin hier, um Dir den Weg zu bahnen und Dich zu stützen.“ Die himmlische Jungfrau, die Geliebte der großen Herzen aller Zeitalter, war es, welche die stolzen spanischen Ritter aneiferte, die so lange Zeit hindurch gegen den inquisitorischen Träger kämpften; erhabene Gestalten, Musterbilder des Adels, des Muthes, der Kraft, unsterblich gemacht durch den Pinsel eines Murillo und Velasguez!

„Muth, Muth, meine Freunde,“ sagte Valero, „wir gelangen an das Ziel; dieser Tag wird nicht unfruchtbar für das Glück Spaniens sein, was auch Don Estevan sagen möge.“

„Ach,“ entgegnete Estévan, „weshalb kann ich nicht in das Herz des Volkes die Ueberzeugung tragen, die mich beseelt, und es an einem einzigen Tage zu dem machen, was es, wie ich hoffe, in Jahrhunderten sein wird: frei und glücklich. — Nur Eines betrübt mich. Dieses Volk, gut, unbefangen, leichtgläubig und Dem man sagte, Ihr werdet heute Die beschützen, welche Euren ehemaligen Gouverneur befreien wollen, dieses Volk glaubt durch diese Thatsache allein schon einen großen Schritt zur Freiheit zu thun — und es dient doch nur einem persönlichen Interesse.“

„Den Haß des Volkes gegen seine Unterdrücker verdoppeln,“ sagte Don Ximenes, „heißt schon, ihm einen Dienst erweisen; es bereitet dasselbe auf den großen und allgemeinen Aufstand vor, der früher oder später gegen eine ungerechte und unbarmherzige Gewalt ausbrechen muß. In dem großen Proceß eines Volkes gegen seine Unterdrücker, ist jede einzelne Sache mit der allgemeinen verschlungen."

Wie sie so mit einander sprachen, sahen sie sich plötzlich in einer Straße durch einen Haufen halbbetrunkener Bettelmönche aufgehalten. Die Mönche kamen aus einer Taverne, in welcher sie die Nacht zugebracht hatten. Mehrere von ihnen waren jung, und ihre strahlenden Gesichter trugen die Spuren der Unmäßigkeit und der Befreiung von allen irdischen Sorgen. Um was hätten sie auch sorgen sollen? Alle Welt arbeitete ja für sie. Diese Mönche hatten eine braune Gesichtsfarbe; ihr nerviger Hals und ihr etwas ungleicher Gang verriethen die Kraft und die Freiheit der Stämme der Wüste, aus der häufig die Andalusier und Valencianer stammten. Dieser Typus hat sich noch bis auf unsere Tage erhalten; man hänge einem spanischen Mönch einen Burnus über, und man hat einen Beduinen. Sie hatten schmutzige Kleider, schmutzige Hände und Alles, was von ihrer Person sichtbar war, verrieth die gänzliche Vernachlässigung jeder äußeren Sorgfalt. Der Ausdruck ihrer Augen war zu gleicher Zeit keck und tückisch, setzte die Schamhaftigkeit in Schrecken und flößte Furcht ein. Ihr schwarzer oder grauer Bart glich einem wilden Gestrüpp; er war überdies bestreut mit Körnern von Nießwurz, einem feinen und röthlichen Pulver, dessen man sich in jener Zeit statt des Tabaks bediente, der erst später unter Katharina von Medicis bekannt wurde. Dieses Nießwurzpulver ist unter dem Namen Spaniol, oder spanischer Tabak, bekannt. Die spanischen Mönche verbrauchten davon ungeheuere Quantitäten. Indessen verstanden sie es, nach Bedürfniß auch das Aeußere zu retten, und einen dichten weiten Mantel der Heuchelei über die Nichtswürdigkeit ihrer Seele zu breiten. Obgleich sie ein wenig angetrunken waren, fanden sie doch ihre ganze Besinnung wieder, als die frische Luft ihre Gesichter berührte, und sie nahmen nun ein für die Umstände passendes Wesen an, denn es gab viele Menschen auf der Straße.

„Meine Brüder," sagte der älteste der Mönche, „es ist heute der Tag des Autodafé, und wir können keine bessere Gelegenheit zur Verbreitung des heiligen katholischen

Glaubens wählen. Bleiben wir hier stehen; ich will das Volk ermahnen."

Indem der Mönch so sprach, deutete er auf einen großen flachen Eckstein, der sich gegen ein Haus lehnte, und über welchem in einer Nische eine Bildsäule der heiligen Jungfrau stand, vor der ein ewiges Lämpchen brannte. Der Mönch stieg auf den Eckstein, machte das Zeichen des Kreuzes, betete einige Augenblicke vor dem Bilde, wendete sich dann zu der Menge, die sich um ihn gesammelt hatte, segnete sie und wollte seine Predigt in freier Luft beginnen, als Valero ihn unterbrach.

„Mönch," rief er ihm zu, „Du solltest zu Deiner Predigt warten, bis Du geschlafen hast, statt hier nach einer Nacht der Ausschweifung das Wort Gottes zu entweihen. Weißt Du nicht, daß Alles unsauber wird, was über unsaubere Lippen kommt?"

Der Mönch betrachtete mit unbeschreiblichem Zorne Den, welcher ihn so anzureden wagte.

„Achtet nicht auf ihn," sagte einer der andern Mönche. „Es ist Valero, der Narr. Er hat das Recht, alle Welt zu beschimpfen. — Was machst Du zu dieser Stunde hier?" fuhr er dann fort, sich an den alten Herrn wendend.

„Ich komme, um zu sehen, wie die Schriftgelehrten und die Pharisäer auf dem Stuhle Moses sitzen," erwiderte streng Valero.

„Elender Narr, wirst Du schweigen?" riefen die Mönche.

Valero fuhr mit prophetischem Tone fort, indem er das Volk, welches über so viel Kühnheit staunte, ansah: „Alle Dinge, die sie Euch sagen zu beobachten, beobachtet und thut sie, aber nicht ihre Werke, denn sie sprechen und thun sie nicht."

„Wirst Du schweigen?" widerholte der Prediger.

„Laßt ihn sprechen!" rief das Volk, und ohne sich irre machen zu lassen, fuhr Valero fort: „Sie häufen unerträgliche Lasten aufeinander und legen sie auf die Schultern der Menschen, aber sie selbst wollen sie nicht mit dem Finger anrühren."

„Meine Brüder," fuhr der Prediger fort, „an diesem Tage der Verherrlichung unseres Heilandes, an dem die triumphirende Kirche den Sieg über die Ketzer davon trägt, welche die Erde in Verzweiflung stürzen —"

„Ihr Schlangen, Ihr Ottergezüchte,“ unterbrach ihn Valero, „Ihr lasset sterben die Gerechten und die Propheten, und das Blut der Gerechten und Propheten wird über Euch kommen.“

Diese mächtigen Worte, dem Evangelium entlehnt, fanden ein ungeheures Echo in dem Volke. Es gab wenige Menschen unter der Menge, in deren Herzen nicht eine Wunde blutete, welche durch die Worte schmerzlich berührt wurde. Ein dumpfes Murren grollte um die Mönche her, und wenn man sie noch nicht verhöhnte, so kam dies daher, weil in diesem Augenblicke eine gewaltige Trauer sich mit der Verachtung und dem Zorn des Volkes mischte. Es fühlte das Bedürfniß, sich zu rächen, aber großartig, wie es dies zuweilen thut, wenn das Maß überfüllt ist.

„Rodriguez von Valero vergißt die Verirrungen seines vergangenen Lebens,“ sagte der Prediger spottend.

„Rogriguez von Valero hat bereut und Gott hat ihm verziehen,“ entgegnete der alte Herr, „Ihr aber habt das Bewußtsein des Bösen, und dennoch beharrt Ihr im Bösen. Seht Euch vor! Der Zorn Gottes läßt sich zuweilen erwarten, aber er kommt sicher, und Alle werdet Ihr dahin gehen, wo es nichts gibt, als Heulen und Zähneklappern!“

„Der Wein und die Weiber machen nie Ketzer,“ riefen die Mönche in schlechtem Lateinisch; „die Hölle ist aber für die Ketzer.“ [1]

„Gehet,“ rief Valero, „Ihr ungetreuen Verwalter des Gesetzes Christi, Ihr, deren Herz erfüllt ist von Habsucht und Unmäßigkeit; gehet und scheeret die Schafe, die der gute Hirt auf seinen Schultern trug, und bereichert Euch mit dem Raubgute. Gehet, Ihr Vampyren, im Dunkel das Blut Derer zu saugen, die im Schlafe liegen.“

„Der Verrückte ist der Vernünftigste von uns Allen,“ sagten einige Leute des Volkes.

„Die Mönche sind betrunken,“ fügten einige Andere hinzu; „gehen wir fort.“

Die Gruppe der Manolos und Manolas, die sich um den Redner gebildet hatte, lichtete sich plötzlich und vertheilte sich in den Straßen.

[1] Grundsätze der Mönche während der Streitigkeiten zwischen dem Katholicismus und dem Protestantismus. (Meiner. Geschichte der Reformation.)

Als die Mönche sich so ihres Auditoriums beraubt sahen, entfernten sie sich, zwischen den Zähnen brummend, und indem sie Blicke des Hasses auf Den richteten, den sie den Narren nannten. Die Uhr der Kathedrale schlug acht. Eine große Unruhe entstand unter der Menge, welche die Straßen erfüllte, und das Volk drängte sich nach dem Inquisitionspalaste. Man bemerkte viele Männer, die sich nicht aus den Augen verloren, obgleich sie das auf keine auffallende Weise thaten; nur wechselten sie untereinander Blicke des Einverständnisses. Einige flüsterten sich im Vorbeigehen leise die Worte zu: „Gott und Freiheit." Alle diese Leute gehörten zu der Verschwörung. Sie mischten sich unter die Anderen, und bahnten sich mit den Ellenbogen einen Weg, und als man zu dem Palaste der Inquisition kam, war es ihnen gelungen, sich an der Spitze der schaulustigen und neugierigen Menge zu befinden, die das finstere Trauerspiel sehen wollte, welches so oft erneuert wurde, und das man dem Volke als eine Lustbarkeit bot. Die Procession verließ in diesem Augenblicke den Inquisitionspalast. Die Kohlenbrenner eröffneten den Zug, diese Ehre damit bezahlend, daß sie alles Holz zu den Scheiterhaufen umsonst zu liefern hatten. Sie waren hundert an der Zahl, und jeder mit einer Pike und einer Muskete bewaffnet.[1] Dann folgte ein großes weißes Kreuz, das Banner der Söhne des heiligen Dominik von Guzmann, getragen von einem Geistlichen dieses Ordens; dann folgten die Dominicaner selbst, bekleidet mit ihren langen Tuniken und ihren groben Mänteln. Auf der Brust in der Mitte des schwarzen Scapuliers, welches bis zu ihren Füßen herabfiel, glänzte ein großes weißes Kreuz;[2] ein langer Rosen-

[1] Die Kohlenbrenner eröffneten den Marsch. Die Kohlenbrenner der Städte, in denen sich ein Inquisitionstribunal befand, hatten das Recht Theil an dem Zuge zu nehmen, welchen die Procession bei den Autodafés bildete. Aber dieses Recht legte ihnen auch eine Pflicht auf, oder um dies richtiger zu bezeichnen, war dies nur eine ganz inquisitorische Art, die Rechnungen für das Holz zu bezahlen, dessen das heilige Officium bedurfte, um die Ketzer zu verbrenuen. Die Kohlenbrenner aller der Städte, in denen die Inquisition ihre Scheiterhaufen errichtete, mußten „gratis" das Holz für alle Scheiterhaufen der Autodafés liefern. Man sieht, daß die Inqusition ihre Intressen sehr wohl verstand.

[2] Die Tracht der Dominicaner, welche vielfach mit der der Carmeliter und der Trinitarier verwechselt worden ist, bestand gleich der

kranz hing von ihrem Gürtel herab. Diese heilige Miliz war zahllos, denn die Dominicaner wuchsen in Spanien aus der Erde. Auf sie folgte der Herzog von Medina-Cöli. Er trug nach dem Vorrechte seiner Familie die große Glaubensfahne.[1] Dies war ein Banner von purpurrothem

dieser Orden in einer weißen Tunica, in einem schwarzen Scapulier und Mantel, und in einer runden, schwarzen, weißgefütterten Kapuze. Die Dominicaner zeichneten sich gleichwohl durch das Kreuz aus, welches Mehrere dieser Orden auf ihren Scapulieren tragen. Dieses Kreuz war von weißem und rothem Tuche für die Trinitarier; roth und weiß, d. h. der Stamm roth und die Arme weiß für die Mercenia-rier und weiß für die Dominicaner; die Carmeliter tragen kein Kreuz.

[1] Es war für die Inquisition nicht genug, das Volk zu verdummen, es zu der Bettelei herabzubringen, aus ihm eine Herde von Sclaven zu machen; sie begnügte sich nicht mit so Wenigem, sondern that Alles, um es nichtswürdig zu machen. Um dies zu erreichen, begann die Inquisition damit, im Namen Gottes zu sprechen und zu handeln; dann verlangte sie, daß jeder Bürger ein Spion werde. Aber die Spanier weigerten sich der Entwürdigung bis zu diesem Puncte; sie ließen sich lieber als Ketzer verbrennen, als daß sie die schmachvolle Rolle der Angeberei übernahmen. Die Inquisition, welche stets fruchtbar in der Erfindung von Mitteln war, wenn es sich darum handelte, Böses zu thun, machte nun auch das Mittel ausfindig, die Angeberei zu adeln und zu heiligen: sie ließ durch die Päpste eine Masse von Ablässen Denen bewilligen, welche sich der Tugend theilhaftig machten, dem heiligen Officium die Feinde des Glaubens anzuzeigen; voller Ablaß, und selbst der Himmel wurde Jedem geboten, welcher im eintretenden Falle ein so guter Christ war, seine Verwandten, seinen eigenen Sohn, seinen eigenen Bruder, und sogar seinen Vater und seine Mutter zu denunciren. Außer dem Ablasse, den die Inquisition von den Päpsten für die Denuncianten erlangte, forderte sie auch noch von den Königen, die ihr nichts zu verweigern wagten, Privilegien und Ehren für ihre Familiaren. So befreite Carl V. von jeder Municipal-Abgabe, von jedem Frohndienst, und zuletzt sogar von jeder Auflage Jeden, der zehn Ketzer, Mauresken, Protestanten oder Judaisten angeklagt hatte, oder der sich in die Miliz Christi eintragen ließ, d. h. Familiar wurde. So erschien endlich eine Zeit, in welcher ein großer Herr als verdächtig erschienen sein würde, hätte er nicht mittelbar oder unmittelbar der Inquisition angehört; der Inquition anzugehören war aber das sicherste Mittel, sein Vermögen zu bewahren. Die Inquisition trieb ihre Verwegenheit so weit, daß sie für das Haus Medina-Cöli von dem Papste Adrian, dem Exgeneral-Inquisitor Spaniens, den Ehrentitel eines Fahnenträgers des Glaubens forderte und erlangte, sowie das Privilegium, diese finstere Fahne bei allen feierlichen Autodafés zu tragen, d. h. bei denen, bei welchem der König sich die Ehre gab, ihnen beizuwohnen. Das Haus Medina-Cöli war und ist noch gegenwärtig das, welches dem Throne am nächsten steht; in Ermanglung der Prinzen von Geblüt würde dem Aeltesten des Hauses Medina-Cöli die Krone zufallen.

Damast, auf dessen einer Seite das spanische Wappen, und auf der andern ein nacktes Schwert mit einem Lorbeerkranze gestickt waren, letzteres von dem Spruche umgeben: Gerechtigkeit und Barmherzigkeit. Auf den edlen Herzog folgten die Granden Spaniens und die angestellten Familiaren der Inquisition. Diese letzteren waren sehr zahlreich.[1] Die ungerechteste Macht besitzt stets eine große Menge von Kreaturen, denn Schrecken und persönlicher Vortheil sind so große Hebel, und der Egoismus ist der Aussatz der Menschheit.

Die Menge sah schweigend den Zug vorübergehen. Die Mönche und die Familiaren gingen mit demüthig gesenktem Kopfe, mit den Lippen die erhabenen Gebete der christlichen Kirche murmelnd, die gemein und ausdruckslos wurden, indem sie über die unsaubern Lippen dieser Menschen mit erstorbenem Herzen kamen. Sie kannten die Formeln der Frömmigkeit genau, aber von der Anwendung der wahren Frömmigkeit nichts. Dies waren für sie verschlossene Briefe, um die sie sich nicht bekümmerten. Unwillkürlich blieb das Volk stumm und entsetzt bei dem Anbilcke dieses Prunkes des Todes. Bald erschienen die Verurtheilten, fünfzig an der Zahl. Sie gingen in buntem Gemisch, Männer und Frauen, Greise und Kinder, ohne Unterschied des Ranges oder des Geschlechts. An der Spitze befanden sich die zu geringeren Bußen verurtheilten Opfer; sie trugen ein San benito von Leinwand, mit einem großen Andreaskreuze aus gelbem Tuch geschnitten, auf der Brust. Ihr Kopf war unbedeckt und ihre nackten Füße wurden verletzt durch die scharfen Spitzen der Steine ihres Weges. Die Haltung dieser Unglücklichen

[1] Die Gerichtsfamiliaren waren für die Inquisition das, was gegenwärtig die Stadtsergeanten für die Polizei-Präfectur sind; die nicht rechtskundigen Familiaren, deren Zahl unendlich war, entsprachen in Beziehung auf ihre Functionen so ziemlich unseren gegenwärtigen geheimen Polizei-Agenten; die Soldaten Christi, die Bogenschützen der heiligen Hermandad und einige große Herren, welche aus Fanatismus oder aus Furcht sich der Inquisition gewidmet hatten, bildeten die von dem Verfasser sogenannten Gerichtsfamiliaren. Dann folgten die Sbirren, eine Art von Alguazils. Die Sbirren beschäftigten sich wenig damit, die Leute zu denunciren, allein sie verhafteten ohne Barmherzigkeit alle Die, welche die Inquisition ihnen bezeichnete. Die Sbirren waren, wie man sieht, die rechtschaffensten Leute der ganzen inquisitorischen Zucht.

wer traurig und niedergeschlagen. Sie fühlten, daß sie, wenn auch dem Tode entronnen, einer ewigen Schmach gewidmet waren. Da die Inquisition ihr materielles Leben nicht zu vernichten wagte, zerstörte sie ihr moralisches, und das nannte sie leichte Bußen.[1] Hinter den ersten Opfern folgten die zu den Galeeren, zur Auspeitschung, zur Einkerkerung Verurtheilten.[2] Auf diese folgten die zum Feuer Verdammten, die durch ein spätes Geständniß die Begünstigung der Erwürgung erlangt hatten. Sie trugen den San benito, auf welchem Teufel und Flammen in verkehrter Richtung gemalt waren. Ihren Kopf bedeckte eine drei Fuß hohe Coroza (spitze Mütze).

Die, welche lebendig verbrannt werden sollten, kamen zuletzt. Ihr San benito war ebenfalls mit Teufeln und Flammen bedeckt, aber die letzteren stiegen aufwärts; sie trugen ebenfalls die Coroza. Jeder Verurtheilte hatte in der Hand eine gelbe Wachskerze. Die dem Tode Geweihten wurden von zwei Familiaren und zwei Geistlichen begleitet. Alle waren mager, bleich, abgehärmt. Mehrere von ihnen konnten nur mit dem Beistande der Geistlichen und der Familiaren gehen, von denen sie mehr getragen als geführt

[1] Der Leser weiß bereits, daß Jeder, der dazu verurtheilt war, das San benito zu tragen, für alle Zeit unfähig wurde, irgend ein bürgerliches Amt oder einen öffentlichen Posten zu bekleiden, und daß diese Unfähigkeit sich sogar auf dessen ganze Nachkommenschaft erstreckte.

[2] Die, welche die Inquisition mit leichten Strafen belegte und zur Tragung des San benito verurtheilte, wurden nach dem Autodafé nach einem Hause oder einem Kloster geführt, in welchem man den Schein annahm, sie zu unterrichten, um sie in ihrem Glauben zu kräftigen; einige Monate darauf gab man ihnen dann die Freiheit, nachdem man sie auf das Evangelium hatte schwören lassen, nie, weder durch Schrift, noch durch Wort, noch durch Zeichen, zu verrathen, was sie in dem Innern der Inquisition gesehen und erfahren hatten. Dies fand aber nicht auch bei den Unglücklichen statt, die zur Auspeitschung oder zu den Galeeren verurtheilt wurden. Die Ersteren blieben oft bis zum Tode in den Gefängnissen des heiligen Officiums; die letzteren wurden gewöhnlich in den Presidios oder in den Bagnos vergessen, und selbst noch in den Letzteren machte der San benito, den sie tragen mußten, sie zu einem Gegenstande der Verachtung für ihre Unglücksgenossen; denn kein Mörder, kein Fälscher, Keiner von all' den Elenden, welche den Strick verdient hatten, und die, Dank der Bestechlichkeit eines Escribanos, auf die Galeeren gekommen waren, würde sich mit einem ensambenitado (einem, mit den San benito Bekleideten) haben zusammenschmieden lassen wollen.

wurden. Es war eine Procession von Sterbenden, die dem Tode entgegenschritten. Unter ihnen kam der unglückliche Manuel Argoso zuletzt. Mit zerbrochenen Gliedern, geschwächt durch die moralischen Schmerzen, durch die Kerkerkost, durch die Tortur des Wassers besonders, in Folge welcher mehrere Blutgefäße in seiner Brust gesprungen waren, und wiederholtes Blutbrechen stattgefunden hatte, konnte Manuel Argoso nicht gehen; seine bis auf die Zehen verbrannten Füße waren außer Stande, ihn zu tragen. Er wurde von zwei Familiaren unter den Armen gehalten, und zwei Dominicanermönche, welche ihn ebenfalls bei seinem peinlichen Gange unterstützten, ermahnten ihn mit süßlicher Stimme, sich zu bekehren; aber der unglückliche Graf von Cevallos schien selbst das Gefühl seines Daseins verloren zu haben. Sein erdfahles Gesicht trug bereits die Farbe des Todes; seine matten, stieren, ausdruckslosen Augen hatten die schräge Richtung der Sterbenden angenommen, welche in dem Augenblick, wo sie in dem Begriffe stehen, von der Erde zu scheiden, ihre Blicke zu einem andern Vaterlande emporrichten.

Bei dem Anblicke ihres ehemaligen Gouverneurs, dieses gerechten, sanften und mildthätigen Mannes, den sie geliebt hatten wie einen Vater, fühlten die Leute des Volkes sich ergriffen und bis zu Thränen gerührt; aber sie wagten es nicht, ihr Mitleid laut zu äußern. Mehrere senkten den Kopf in die Hände herab und schienen zu beten, um ihre unwillkürlichen Thränen zu verbergen. In dem Augenblicke, als die zum Feuer Verurtheilten das Gefängniß verließen, stellten die Gardunnio's, die unter der Menge vertheilt waren, und an deren Spitze sich Mandamiento befand, sich zu beiden Seiten der Opfer auf, und folgten dem Zuge in frommer Haltung und unter inbrünstiger Abbetung ihrer Rosenkränze von erbaulicher Länge. Zwei kräftige Guapo's hielten sich dicht neben dem Gouverneur. Mehrere Chivatos gingen vor und hinter ihnen betend und unter allen äußern Zeichen der tiefsten Frömmigkeit. Eine große Anzahl Gardunnio's war unter das Volk gemischt. Dieses, welches durch Estevan und dessen Freunde bearbeitet war, nahm unbewußt Theil an der geheimnißvollen Verschwörung. Von selbst, und ohne ein Wort zu sagen, wichen die Männer des Volkes zurück, so oft ein Gardunnio vor- oder rückwärts gehen wollte, um den ihm bestimmten Posten einzunehmen. Es schien eine stillschweigende Uebereinkunft stattzufinden.

Indem die Procession weiter ging, schlüpften immer neue Gardunnio's zu beiden Seiten durch und schlossen sich fromm dem Zuge an. Endlich kamen die letzten Opfer, die, welche der Tortur und den Flammen Trotz boten — die Todten.[1] Selbst diesen gewährte man nicht den Frieden des Grabes. Da man sie nicht lebend verbrennen konnte, verbrannte man ihre Gebeine und ihr Bild. Sie wurden in Kästen eingeschlossen, und Pappformen, die Bilder derer, welche nicht mehr lebten, wurden zu dem Orte der Hinrichtung getragen, um hier dem Scheiterhaufen überliefert zu werden. Die Inquisition würde ihre Opfer im Paradiese oder in der Hölle gesucht haben, um ihre heilige Rachgier zu befriedigen. Während der ganzen Dauer des Zuges der Märtyrer herrschte eine tiefe religiöse Stille unter der Menge. Sie folgte mit gespannten, gerührten Blicken dem langsamen und peinlichen Gange der Unglücklichen. Es war zugleich etwas Trauriges und etwas Fürchterliches, diese gottlosen oder fanatischen Mönche zu sehen, wie sie, ein Crucifix in den Händen und Worte des Friedens auf den Lippen, die Opfer ihrer Grausamkeit im Namen Dessen ermahnten, der am Kreuze noch seinen Henkern verzieh. Ach, wie wurden in jenen entsetzlichen Zeiten des Fanatismus und der religiösen Bedrückung die prophetischen Worte des Gottmenschen erfüllt: „Ich bin nicht auf die Erde gekommen, um den Frieden zu tragen, sondern das Schwert (Matthäi). Der göttliche Reformator wußte wohl, was seine Schüler aller Zeitalter von den Schreibern und Pharisäern zu erdulden haben würden, dem unsauberen Geschlechte, welches sich durch Affiliation fortpflanzt und nicht durch Zeugung, und das sich gleich den Würmern des Grabes von Leichen nährt.

Bald verkündete lauter Hufschlag die Annäherung der Inquisitoren. Die Räthe des höchsten Gerichts, die niedern Inquisitoren und die Mitglieder der Geistlichkeit bildeten einen ungeheuren berittenen Zug, der auf die

[1] Die Inquisition ließ die Gebeine Derer verbrennen, welche in ihren Kerkern gestorben waren.

Märtyrer folgte. Der Großinquisitor schloß diesen Zug, umgeben von seiner Leibwache. Joseph befand sich einige Schritte vor ihm. Während dieser Reiterzug vorwärts schritt, stellten einige Gardunnio's sich, immer noch Gebete murmelnd, zu beiden Seiten desselben auf. In dem Augenblick, als der Großinquisitor erschien, schritt Manofina, gefolgt von seiner treuen Culevrina, demüthig neben demselben her, mit noch größerer Inbrunst betend, als die Uebrigen. Einige Augenblicke darauf ließ ein verlängertes Gebell sich hören: das Signal, welches Mandamiento benachrichtigte, daß die ganze Procession den Inquisitionspalast verlassen hätte. Der Ordensmeister, der der Zielpunct für alle Gardunnio's war, machte hierauf ein großes Zeichen des Kreuzes und senkte seinen Rosenkranz. Kaum hatte er dies am Tage zuvor durch einen Tagesbefehl bekannt gemachte Zeichen gegeben, als die beiden Guapo's, die neben dem Gouverneur gingen, heftig die Familiaren, die ihn trugen, zurückstießen, Manuel Argoso auf ihre Eisenarme nahmen, und sich mit der Schnelligkeit des Blitzes entfernten, während die Chivatos die Familiaren zurückhielten. Die Menge wich von selbst auseinander, um die Flucht zu begünstigen, und die Gardunnio's verschwanden wie durch Zauberei in den gewundenen Straßen Sevilla's. Die Geistlichen, die den Gouverneur begleiteten, sowie die, welche den Streich mit ansahen, erschraken heftig, fürchteten einen allgemeinen Aufstand, warfen das Crucifix fort und wollten entfliehen,[1] aber die Menge hatte sich um sie her wieder dicht geschlossen, und sie konnten nicht durchdringen.

Die Gardunnio's waren glücklich Einer nach dem Andern davon geschlichen, der übrige Theil der Bande aber fuhr fort zu beten und der Procession zu folgen. Der Großinquisitor, der zu weit entfernt war, hatte nichts bemerkt. Ein neues Gebell ließ sich wenige Schritte von Manofina hören und augenblicklich sprang der Guapo mit der Behendigkeit des Schakals auf die Croupe des Pferdes, welches den Großinquisitor trug, und versetzte Peter Arbuez mit seinem Dolche einen heftigen Stoß in den Rücken,

[1] Spanische Mönche, welche 1821 die Procession des Gottesfestes bildeten, warfen Kreuz und Banner von sich und entflohen, als sie den Ruf vernahmen: „Rette sich wer kann! — ein wüthender Stier!" den einige Straßenbuben ausstießen.

sprang dann leichtfüßig wieder hinab und verschwand mit so großer Schnelligkeit, daß es unmöglich war, zu bemerken, wer den Stoß geführt hatte.[1] Die Menge war auch hier bei Seite getreten, um die Flucht des Guapo zu begünstigen; aber in eben dem Augenblicke, als Manofina von dem Pferde herabglitt, ergriff die Serena den Arm eines Sbirren und schrie laut: „Er ist es! Er ist der Mörder! Er wollte den Großinquisitor ermorden!“ — und mit der ganzen Kraft ihrer kleinen Hände hielt sie den Sbirren fest, um Manofina Zeit zum Entkommen zu geben. Das ganze Ereigniß hatte so schnell stattgefunden, daß kaum Die, welche unmittelbar vor dem Großinquisitor ritten, etwas davon gewahrten. Joseph allein, der auf Alles, was vorging, aufmerksam war, runzelte mit dem Ausdrucke der Unzufriedenheit die Stirn in eben dem Augenblick, als Manofina den Großinquisitor traf. Peter Arbuez, von einem Stoß getroffen, der tödtlich sein mußte, wankte nicht einmal im Sattel. Die Inquisitoren und die Geistlichkeit wendeten sich erst auf das Geschrei der Serena um, und umgaben dann Peter Arbuez voll ängstlicher Sorge, er aber sah sie stolz und kalt mit triumphirendem Lächeln an und sagte Denen, die ihn hastig befragten: „Es ist nichts; ein Gottloser wollte mich tödten; aber Gott beschützt mich,“ fügte er mit heuchlerischem Wesen hinzu; „der Dolch hat nur mein Gewand verletzt,“ und er zeugte auf ein unbedeutendes Loch in seinem violetten Talar, das einzige Zeichen von dem Attentate Manofina's. Bei diesem Augenblicke zuckte ein Blitz der Freude in dem Auge Joseph's.

„Gott hat ein Wunder zu Gunsten Sr. Eminenz vollbracht!“ riefen einige Mönche und das Volk, das arme unschuldige und leichtgläubige Volk wurde von Verehrung für eben den erfüllt, den es kurz zuvor in dem Innersten seiner Seele verfluchte, denn es glaubte an eine göttliche Einmischung zu Gunsten seines Henkers. Freilich war es dem Volke unbekannt, daß Peter Arbuez unter seinen Kleidern ein Panzerhemd trug.[2] Inzwischen hatten die Sbirren

[1] Dies Verfahren des Guapo war dasselbe, welches die Andalusier während des Unabhängigkeitskrieges anwendeten, um die französischen Kürassiere zu tödten.

[2] Arbuez ist eine durchaus historische Person, von welcher wir zu seiner Zeit und an der gehörigen Stelle ausführlicher sprechen werden.

Seite 400.

Der Ueberfall

Den verhaftet, den die Culevrina ihnen als den Mörder bezeichnete, und die Geliebte Manofina's mischte sich unter die Menge der anderen Weiber, welche betend dem Reiterzuge folgten. Niemand dachte daran, sie anzuklagen, obgleich man wohl vermuthete, daß sie dem mörderischen Angriffe auf die geheiligte Person des Großinquisitors von Sevilla nicht fremd sei. Dann war auch die That Manofina's mit einer solchen Schnelligkeit vollbracht worden, daß Niemand dem Zeugniß seiner eigenen Augen glauben mochte, und daß Viele zu sich selbst sagten: „Der, welchen dieses Weib beschuldigt, ist doch vielleicht der Strafbare."

Das Ereigniß ging mit solcher Schnelligkeit vorüber, daß die Ordnung der Procession dadurch nicht gestört wurde; nur wurde ein Familiar an Se. Eminenz den Großinquisitor abgesendet, um ihm die Entführung des Gouverneurs zu melden. Bei dieser Nachricht runzelte Peter Arbuez die Stirn, aber das war auch Alles.

„Es ist gut," sagte er kalt; „nichts darf diese erhabene Feierlichkeit hemmen oder stören. Vorwärts; wir dürfen Se. Majestät nicht warten lassen. Nach dem Autodafé sollen die Strafbaren aufgesucht und verfolgt werden."

Die Procession setzte ihren, keinen einzigen Augenblick unterbrochenen Marsch fort. Während dies alles geschah, hatte ein Dominicanermönch mit den andern den Palast der Inquisition verlassen; aber statt der Procession zu folgen, glitt er zwischen die Volksmenge hinein und erreichte die Straße, in welcher Juana wohnte. Vor der Thür des mauresfischen Hauses angelangt, öffnete er dieselbe mit dem Schlüssel, den er bei sich trug, trat ein und schloß die Thür hinter sich zu.

Dieser Mönch war Dolores. Joseph hatte sein Versprechen gehalten.

Seine Grausamkeiten haben mehrfach das Volk gegen ihn in Aufstand gebracht. Da er fürchtete, ermordet zu werden, trug er in der That ein Panzerhemd unter seinem Gewande und eine Art von eisernem Helm unter seinem Barett. (Gesch. der Inquis. III. Cap. 12.)

XLI.

Das Autodafé.

Während die Procession aus dem Palaste des heiligen Officiums zog, füllte sich die Plaza mayor, auf der das Autodafé stattfinden sollte, allmälig mit Menschen. Auf der längsten Seite des Platzes, vor dem Palaste, oder vielmehr vor dem Hause, welches dem Herzog von Medina-Cöli gehörte, und von dem König und seinem Gefolge eingenommen war, hatte man ein Gerüst von 50' Fuß Länge bis zur Höhe des königlichen Balcons errichtet. Rechts von diesem Gerüste und in der ganzen Länge desselben erhob sich ein Amphitheater, welches für die Räthe des höchsten Gerichtes und für die anderen Räthe Spaniens bestimmt war. Ueber den Stufen sah man den für den Großinquisitor bestimmten Sessel. Er stand viel höher, als der Balcon des Königs, denn der Inquisitor vertrat die päpstliche Gewalt, welche über jeder irdischen steht. Ein zweites Amphitheater, für die Verurtheilten bestimmt, erhob sich links, dem ersten gegenüber. In der Mitte, dem Balcon des Königs gerade gegenüber, war ein drittes, sehr kleines Gerüst errichtet, auf welchem sich zwei Käfige befanden, in welche die Verurtheilten nach und nach eingesperrt wurden, während man ihnen ihr Urtheil vorlas. Diesen Käfigen gegenüber erblickte man zwei Kanzeln und am Fuße des ersten Amphitheaters einen Altar. Neben dem Altare stand ein grünes Kreuz, umgeben von einem schwarzen Flor.[1] Balcons, welche für die Gesandten und

[1] An dem Tage vor einem Autodafé zog eine Procession von Kohlenbrennern, Dominicanern und Familiaren von der Inquisitionskirche aus und begab sich nach dem Platze, auf welchem am nächsten Tage die Feierlichkeit stattfinden sollte. Hier angelangt, näherten sie sich einem Altar, der errichtet worden war, damit die Mönche hier Messen für die Seelen Derer lesen könnten, welche den Flammen überliefert werden sollten. Links von diesem Altare wurde dann ein grünes Kreuz umwunden mit einem schwarzen Krepp, aufgepflanzt. Dieses Kreuz, war ein Zeichen, welches den Vorübergehenden die Trauer verkündete, die die Kirche über den Verlust der Seelen der hartnäckigen Ketzer empfand, die sie verbrennen würde. War das Kreuz aufgepflanzt, so kehrte die Procession, ohne die Dominicaner jedoch,

die Granden bestimmt waren, sowie Gerüste zur Aufnahme des Volkes, umgaben den übrigen Platz. Zahlreiche Dominicaner, auf der Schaubühne knieend, beteten mit inbrünstiger Demuth; Andere lasen Messen, indem sie sich fortwährend ablösten, so daß das heilige Amt ohne Unterbrechung gefeiert wurde. Diese Mönche befanden sich hier seit dem vergangenen Abende, betend und fastend für das Seelenheil ihrer Opfer.[1] Welchen Namen soll man bei einem solchen Fanatismus Denen geben, welche aufrichtigen Glaubens waren, deren Anzahl aber gewiß außerordentlich gering ist? In der Mitte des Platzes, auf einem großen stehenden Blutgerüste, von Steinen aufgeführt, bemerkte man 15 Scheiterhaufen von harzigem Holze, untermischt mit fetten Substanzen und mit Stroh, um desto schneller verzehrt zu werden. Jeder Verurtheilte hatte seinen eigenen Scheiterhaufen: das war das brennende Bett, auf dem seine fürchterliche Todesqual ein Ende finden sollte. An den vier Ecken dieses Blutgerüstes standen vier große Gypsfiguren, gleich regungslosen Schildwachen. Um jede dieser Bildsäulen waren leicht entzündliche Holzhaufen aufgeschichtet. Diese Vorbereitungen der Vernichtung waren

nach ihrem Ausgangspuncte zurück. Die Mönche brachten die Nacht auf dem Platze unter dem Absingen von Psalmen und dem Lesen von Messen zu.

[1] Einige Geschichtsschreiber, und unter diesen Edgar Quinet, behaupten, die Inquisitoren wären mehr fanatisch als verworfen gewesen. Dieses Urtheil ist ein Lobspruch für das Herz Derer, welche es fällten; für mich indeß, der ich in Spanien geboren bin, und der ich dadurch im Stande war, die Mönche und die Inquisitoren nach ihrem wahren Werthe zu würdigen, für mich, der ich mich mit der Geschichte meines Vaterlandes vertraut machte, und der ich die alten Chroniken durchforschte, die jetzt Niemand mehr liest, ist das Mitleid, welches die Inquisitoren für ihre Opfer heuchelten und die Sorgfalt, die sie für das Heil der Seelen Derer zu hegen schienen, welche sie dem Ehrgeize und der unersättlichen Habgier opferten, nichts als eine schmachvolle Berechnung, grausamer noch, als die verübten Grausamkeiten selbst. Indem die Inquisitoren so handelten, verblendeten sie die Menge des Volkes und hielten es ab, Mitleid für die Unglücklichen zu empfinden, die sie zu Tausenden hinopferten. Die Inquisitoren und die spanischen Mönche sind schändliche und grausame Heuchler gewesen und keineswegs Fanatiker. Fanatiker haben im Allgemeinen reine Sitten; man sage mir indeß, ob es jemals in der Welt ausschweifendere und wollüstigere, verderbtere Menschen gab, als die Inquisitoren, die spanischen Mönche und der römische Clerus?

entsetzlich anzusehen. Der dazu bestimmte Ort hieß Quemadero.

Kaiser Carl V. hatte bereits den königlichen Balcon eingenommen. Die Haltung des Königs war einfach und streng, aber elegant. Er unterschied sich in nichts von den Herren seines Hofes. Man erkannte ihn indeß leicht an der falben Farbe seines Bartes, einer Eigenthümlichkeit, welche den katholischen König Spaniens auszeichnete, den Sohn des Hauses Oesterreich, und welche er gemein hatte mit dem letzten Beherrscher Granada's, Boabdil, König des Alhambra, der so bittere Thränen vergoß, als er, seines Königthumes beraubt und aus Granada verwiesen, noch einen letzten Blick des Abschiedes auf seine theure Stadt richtete.[1] Auch Carl V. liebte Granada; man erblickt noch jetzt neben dem Alhambra den prachtvollen Palast, welchen der Sieger von Fez begann. Eine große Anzahl reich geschmückter Damen nahm den königlichen Balcon ein. Die für das Volk bestimmten Gerüste füllten sich schnell. Nach der Entführung des Gouverneurs eilte die Menge, welche keinen Zweck mehr hatte, bei der Procession zu bleiben, sogleich nach dem Orte, wo sie hoffen durfte, ihren natürlichen Geschmack für Schauspiele und Hinrichtungen zu befriedigen, einen entarteten Geschmack, der allen Völkern gemeinschaftlich ist, und den nur eine wahrhafte Civilisation vertilgen könnte, indem sie bei den ursprünglich etwas wilden Naturen die moralischen Gefühle auf Kosten der physischen Instincte entwickelte.

In dem Augenblicke, als die Procession auf die Plaza mayor gelangte, runzelte Carl V. ungeachtet seiner Ehrfurcht für das heilige Officium, mit dem Ausdrucke der Unzufriedenheit die Stirn. Seine unglaubliche Geistesthätigkeit duldete keine Zögerung. Endlich athmete er hoch

[1] Der Verfasser spielt hier auf Boabdil el Chico an, den letzten maurischen König Granada's, in dem Augenblicke, als dieser auf einem Hügel der Stadt gegenüber anhielt und Thränen vergoß, eine Handlung, welche seine Mutter ihm mit den Worten zum Vorwurf machte. „Beweine wie ein Weib das Gut, das Du nicht wie ein Mann zu vertheidigen wußtest!“ — Der Ort, an welchem Boabdil weinte, heißt noch jetzt: El ultimo suspiro del Moro (der letzte Seufzer des Mauren). Von diesem Puncte aus ist die Ansicht des Alhambra und Granada's aufgenommen, welche die große Vignette unter dem Titel Alhambra, zeigt.

auf, denn die Ceremonie sollte beginnen. Die Kohlenbrenner stellten sich links von dem königlichen Balcon auf. Die Räthe des Staates nahmen nach der hierarchischen Ordnung die für sie bestimmten Stufen ein. Während dieser Zeit schritten die Verurtheilten rings um das Blutgerüst her, unter dem Balcon des Königs vorüber, und nahmen auf dem Amphitheater links ihre Plätze ein. Die Geistlichen und die Familiaren, die sie begleiteten, blieben bei ihnen und fuhren fort, sie zu unterstützen und zu ermahnen. Der Herzog von Medina-Cöli nahm zufolge seines Rechtes seinen Platz auf dem königlichen Balcon ein. Sein Schwiegersohn der Herzog von Mondejar, Mitglied des Rathes von Castilien, setzte sich zu den übrigen Räthen. Seine Tochter Isabella befand sich unter den Damen, in der Nähe des Königs. Die Haltung dieses jungen Mädchens war traurig und gedrückt; — schwerer Kummer verzehrte sie. Endlich erstieg auch der Großinquisitor die Stufen, die zu seinem Throne führten und setzte sich mit triumphirender Demuth auf den großen, mit goldenen Fransen geschmückten Armsessel, der für ihn bestimmt war. Er überragte so die größten Würdenträger des Reiches und sogar den König selbst, der die Güte hatte, ihn zu dulden.

Bald darauf herrschte tiefe, dumpfe Stille unter der zahllosen Menge. Ein Dominicanerpriester begann das Meßopfer. Es war ein eigenthümliches Schauspiel. Mönche aller Orden und eine zahllose Miliz, welche beinahe den vierten Theil der Bevölkerung bildeten, beteten demüthig kniend; die Menge, welche in diesem Augenblicke unter der Herrschaft eines unbeschreiblichen Gefühles stand, das aus abergläubischem Schrecken und fanatischer Devotion gemischt war, die Menge senkte den Kopf und schlug sich die Brust. Jeder Einzelne suchte seinen Eifer und seine Frömmigkeit bemerkbar zu machen; es war so viel Gefahr dabei, dies nicht zu thun!

Die Messe währte so bis zu dem Evangelium fort. In diesem Augenblicke erhoben sich Alle. Ein Dominicanermönch bestieg eine der Kanzeln zu beiden Seiten der hölzernen Käfige in der Mitte des Schauplatzes. Auf die zweite stellte sich der Relator des heiligen Officiums oder der Vorleser der Urtheilssprüche. Der Inquisitor stieg hierauf von seinem Armsessel herab, und als er an den Fuß des Amphitheaters gelangt war, setzte Joseph, sein Almosenier, ihm eine goldene Mitra auf den Kopf und bekleidete ihn mit einem Chormantel. Darauf schritt der Inquisitor bis zu dem Balcon des Königs vor. Einige Beamte des heiligen Officiums folgten ihm, das Kreuz, das Evangeliumsbuch und ein anderes Buch tragend, welches die Formel des Eides enthielt, den der König zu leisten hatte. Peter Arbuez erstieg die Stufen des Amphitheaters bis zu der vierten, so daß er sich noch immer höher befand, als der Monarch. Hier blieb er stehen und sagte, indem er sich an den katholischen Kaiser wendete, mit kräftiger, wohltönender Stimme: „Sire, schwören Eure Majestät, den römisch-katholischen Glauben zu beschützen, die Ketzerei zu vertilgen und mit all Ihrer königlichen Macht die Unternehmungen der Inquisition zu fördern?"

Der stolze Kaiser stand auf, entblößte seine königliche Stirn, vor der alle andern Stirnen sich entblößen mußten, und antwortete mit fester, deutlicher Stimme: „Ich schwöre es!" Der Großinquisitor wendete sich hierauf zu der Versammlung, rief sie im Ganzen auf und sagte so laut, daß er bis zu den äußersten Enden des Platzes gehört werden konnte: „Ihr Alle, Kinder der Kirche Roms, die Ihr hier gegenwärtig seid, schwöret Ihr, Jeder nach seiner Fähigkeit und seiner Macht, den römisch-apostolisch-katholischen Glauben zu vertheidigen und zu beschützen, die Ketzer zu verfolgen und anzuzeigen, und allen Handlungen der Inquisition Eure Hilfe angedeihen zu lassen?"

„Wir schwören es! Wir schwören es!" antworteten im Chore Tausende von Stimmen.

„Es ist gut!" sagte der Inquisitor, indem er mit der Hand ein Zeichen gab. „Still jetzt und höret."

Peter Arbuez stieg langsam die Stufen des Amphitheaters wieder hinauf und nahm seinen Platz auf dem Armsessel ein. Der Dominicaner, welcher predigen sollte, machte das Zeichen des Kreuzes und begann also seine Rede; „Meine Brüder, inquisitio superior regibus. Die Inquisition steht über den Königen, denn die Macht des Himmels ist höher, als die der Erde. Die Inquisition ist die Pforte des Paradieses. Das Lebenswasser entströmt ihr, und wir Alle müssen damit unsere Herzen gleich ausgedörrtem Boden begießen, sonst wird der heilige Geist uns den Mund nicht öffnen wie Balaam und Kaiphas. In der That, meine Brüder, die Inquisition ist heilig und steht über den Königen, superior regibus, denn sie geht zurück bis zu der Schöpfung der Welt und zu dem Ursprunge des Thurmes von Babel."[1]

Bei diesen Worten runzelte der Kaiser die Stirn und hatte große Mühe, den Unwillen zu verbergen, den diese lächerliche Rede in ihm erweckte. Er sagte indeß nichts, da er sich das heilige Officium nicht verfeinden wollte. Er zählte in diesem Augenblicke genug Feinde unter den Reformirten, und wollte sich nicht noch neue unter den Katholiken schaffen. Es war nicht mehr die Zeit, in welcher er den Ueberhebungen des Papstes durch noch größere Ueberhebungen antwortete. Er ließ daher den Prediger nach Gefallen die sonderbare Lobrede auf die Inquisition fortsetzen, welche ungefähr 20 Minuten währte. Dann, nach Beendigung der Messe, begann man die Vorlesung der Urtheilssprüche. Die beiden ersten Verurtheilten, die in die Käfige zwischen die beiden Kanzeln gesperrt wurden, waren Francisca von Lerma, die ehemalige Aebtissin der

[1] Die Predigt, oder das Bruchstück einer Predigt, welches hier der Verfasser dem Dominicanermönch bei Gelegenheit des Autodafés in den Mund legt, wird den Lesern unglaublich erscheinen, so komisch und unpassend ist es. Indessen sagten die Mönche noch viel komischere und unpassendere Dinge bei sehr feierlichen Gelegenheiten, wo Ernst, Wissenschaft und besonders gesunder Verstand hätten stattfinden sollen. So führte 1546 in der Eröffnungssitzung des Concils von Trient der Bischof von Bitonto, um die Nothwendigkeit der Concilien zu beweisen, an, daß mehrere derselben Könige und Kaiser abgesetzt hätten. „In der Aeneide," sagte der Bischof, „hat Jupiter das Concil der Götter versammelt; im Augenblicke der Schöpfung des Menschen und der Erbauung des Thurmes von Babel hat Gott sich darin der Form des Concils bedient." Daraus zog der Hochwürdige den folgenden Schluß: „daß alle Prälaten sich nach Trient begeben sollten, wie in das Pferd von Troja." — Endlich in Gestalt einer Ermahnung fügte der Bischof hinzu: „daß die Pforte des Concils und die des Paradieses eine und dieselbe wären; daß das Lebenswasser derselben entströmte; daß die Väter ihre Herzen damit begießen sollten, wie ausgetrockneten Boden, sonst würde der heilge Geist ihnen den Mund nicht öffnen, wie Balaam und Kaiphas." Dieser Bischof von Bitonto, Namens Fra Cornelia Muße, war ein Mönch aus dem Mailändischen, dessen komische Rede, wie man sieht, keineswegs das Wiedererwachen der Wissenschaft verrieth. (Meiner, Geschichte der Reformation.)

Carmeliterinnen und der unglückliche Herrezuelo, den wir mit Francisca zugleich in derselben Sitzung kennen lernten. Herrezuelo, der bis zum Tode kräftig und muthig blieb, wies fortwährend die Ermahnungen des Beichtvaters zurück, den man ihm gegeben hatte, und als er sich in dem Käfige befand, in dem er seinen Urtheilsspruch vernehmen sollte, und der Priester neue Ermahnungen an ihn richtete, wies er ihn sanft zurück, indem er voll Bitterkeit sagte: „Ich überlasse Euch den Körper, gönnt wenigstens meiner Seele Ruhe.“ Dann hörte er, ohne zu erblassen, seine Verurtheilung an und kehrte muthig auf seinen Platz zurück.

Nicht so war es auch mit Francisca. Das arme Mädchen fühlte seinen Muth der Strafe gegenüber schwinden, und da sie so unwissend war, daß sie das Wahre und das Falsche einer Religion nicht von einander zu unterscheiden vermochte, gewannen die ersten Eindrücke ihrer Jugend die Oberhand oder vielleicht empfand diese weiche und sinnlich-physische Natur einen zu großen Schrecken vor der Marter, welche man ihr bestimmte, und als sie sich in ihrem hölzernen Käfige befand, rief sie in dem Augenblicke, als der Relator die Worte aussprach: „Lebendig verbrannt!“ — „Nein, nein, nicht lebendig! Ich bereue! Ich will als gute Christin sterben.“

„Gott sei gelobt!“ rief der Inquisitor, die Hände faltend, „eine Seele ist gerettet!“ Er fühlte sich nicht gerührt durch die Todesqual des unglücklichen Weibes, das er selbst in das Verderben gestürzt hatte.

Zwei neue Verurtheilte folgten den beiden ersten. Einer derselben war ein schöner, edler, junger Mann aus Verona. Einer der ersten Familien Italiens entsprossen, hatte er dem Kaiser Carl V. ausgezeichnete Dienste geleistet; gelehrt und weise und überdies sehr reich, war er ein geborener Feind der Inquisition. Er hieß Don Carlos de Seso. Als er vor dem königlichen Balcon vorüberging, warf er dem Kaiser einen Blick zu, in welchem Vorwurf und Mitleid sich mischten. Dieser Blick schien zu sagen: „Das ist der Mann, den man groß nennt.“ Als er in dem Käfige kniete, verlangte er Feder und Papier, um seine Beichte nieder zu schreiben. Man beeilte sich, seinen Wunsch zu erfüllen. Ein Sergeant der Inquisition brachte ihm,

Seite 409.

Die Nagelfolter.

was er verlangte.[1] Nachdem Don Carlos geschrieben hatte, las er es mit lauter Stimme vor, doch zur großen Täuschung der Inquisitoren war diese Beichte nach der berühmten Beichte zu Augsburg abgefaßt.[2]

„Genug! Genug!“ rief der Inquisitor, um den muthigen Reformirten zum Schweigen zu zwingen; aber Don Carlos fuhr mit laut tönender Stimme fort: „Ich erkläre, daß ich in der Religion Luther's sterben will, welche der wahre Glaube des Evangeliums ist und nicht in der römischen Religion, einer entstellten Lehre, welche der katholische Clerus nach seinen Lastern gemodelt hat.“

„Man knebele diesen Menschen!“ sagte Peter Arbuez; „er schändet die Kirche Jesu Christi.“ Man gehorchte, und Don Carlos von Seso, der auf solche Weise gezwungen war, zu schweigen, hörte den Urtheilsspruch an, ohne zu erblassen.

Während dieses Auftrittes bewahrte in dem andern Käfig Franz Dominik von Boxas, der greise Dominicanerpriester, den wir in seinem Verhör so viel Muth beweisen sahen, ein hartnäckiges Schweigen, indem er sich weigerte, dem Priester, der ihn ermahnte, zu antworten. Als ihm sein Urtheilsspruch vorgelesen wurde, hörte er ihn bis zu Ende an, ohne etwas zu sagen und ohne die geringste Todesfurcht zu äußern. Als er aber von dem Gerüste herabstieg, wendete er sich zu dem Könige und schrie ihm zu: „Ich sterbe in der Vertheidigung des wahren evangelischen Glaubens, welcher der Luther's ist.“

Während Don Carlos von Seso und Dominik von Boxas die Stufen des Gerüstes herabstiegen, um sich nach dem Quemadero zu begeben, näherten sich die Marterknechte, mit großen Nägeln und einem Hammer bewaffnet, einem gewaltigen hölzernen Kreuze, welches auf dem Gerüste, gegen zwei rohe Bänke gelehnt, stand. In diesem Augenblicke führte man zu dem Kreuze zehn zu dem Flammentode verurtheilte Judenketzer. Jeder der Unglücklichen legte eine

[1] Sergeanten der Inquisition nannte man die Vorsteher der Marterknechte.

[2] Die Augsburger Confession ist ein Glaubensbekenntniß, welches die deutschen Protestanten auf dem Reichstage von Augsburg am 15. Juni 1530 ablegten. Diese Confession wurde durch Melanchton, Zeitgenossen und Schüler Martin Luthers, entworfen.

Hand auf das Kreuz und diese Hand wurde unbarmherzig daran festgenagelt, „zur Sühne,“ sagten die Inquisitoren, „für die Kreuzigung Christi.“ [1] Wenn der Nagel in das Fleisch eindrang, stießen die Unglücklichen ein fürchterliches Geheul aus, aber die Marterknechte wurden dadurch nicht gerührt, sondern schlugen mit der größten Kaltblütigkeit den Nagel tiefer ein. In diesem Zustande hörten die armen Opfer ihren Urtheilsspruch an; dann machte man sie los und führte sie zum Tode.

Darauf folgten ein Priester und sein Diener, und dann zwei Nonnen, [2] zu den Flammen und zur Erwürgung verurtheilt. Darauf kamen die zu den Galeeren, zu lebenslänglichem Kerker oder einfach zur Auspeitschung Verurtheilten. Unter diesen bemerkte man Wilhelm Franco, den unglücklichen Gatten, der zu ewigem Gefängnisse verdammt war, weil er in seinem Hause einen Priester nicht hatte dulden wollen, der seine Frau verführte. Während man den Letzteren ihre Urtheile vorlas, wurden die zum Feuer Verdammten auf ihre Plätze zurückgeführt. Bei der Menge verdoppelte sich die Aufmerksamkeit und die Sammlung. Carl V. blieb finster und gedankenvoll; ein großer Gedanke schien in diesem Augenblicke diesen tiefen Geist zu beschäftigen, diesen kühnen Genius, der vielleicht nur das eine Unrecht beging, die Menschen und die Dinge zu sehr seinem persönlichen Interesse zu unterwerfen; das Uebermaß seines Despotismus und seines Ehrgeizes machten ihn fort-

[1] Bei dem Autodafé, welches 1636 in Valladolid stattfand, boten die Inquisitoren Philipp IV., welcher demselben mit seiner ganzen Familie beiwohnte, eine bis dahin ganz neue Art der Hinrichtung als Schauspiel. Diese Strafe, welcher die Henker von Rom zehn unglückliche Israeliten unterwarfen, bestand darin, ihnen die Hand, auf ein großes Andreaskreuz festzunageln und sie während der Vorlesung des Urtheils, das sie verdammte, in dieser Stellung zu lassen.

[2] Die Inquisition verfolgte nicht blos die Weltlichen. Jeder Geistliche, der ihre Handlungen der Ungerechtigkeit nicht unterstützte oder der sich weigerte, die Lehren der Inquisition zu verbreiten, welche dahin strebten, das Menschengeschlecht zu verdummen und die Völker zum Vortheile Rom's auszuplündern, mit Einem Worte, jeder rechtschaffene Geistliche, wurde durch diese Thatsache allein Gegenstand der Verfolgung des heiligen Officiums. Die Inquisition hat Hunderte von Priestern und Nonnen lebendig verbrennen lassen. Man kann sich von der Wahrheit unserer Versicherungen überzeugen, wenn man liest, was über die Inquisition geschrieben worden ist.

während zum Sclaven. Geboren mit einem umfassenden Geiste und mit dem Gefühle des Rechtes und der Gerechtigkeit, unterwarf Carl V. sich dennoch beinahe immer den Anforderungen Rom's, weil er die Mitwirkung Rom's zur Aufrechterhaltung seiner Macht für nothwendig hielt. Ein gewaltiger Irrthum der Könige, welcher diese zu allen Zeiten in das Verderben gestürzt hat. Dem entsetzlichen Schauspiel eines großen Autodafé's wohnte Carl V. zum ersten Male bei, und es erwachte bei dem Schauspiel in ihm das Erkenntniß eines großen Theiles der verabscheuenswerthen Mißbräuche der Inquisition, über die man ihn bisher getäuscht hatte.[1] Vielleicht erwachte in eben diesem Augenblicke in seiner Seele der Plan, den er ein Jahr später ausführte, und zwar, dem heiligen Officium die königliche Gerichtsbarkeit zu entziehen und den General-Inquisitor von Castilien, Alphons Manriquez, zu verbannen.[2] Einige behaupten, daß dieser große Monarch sich während der letzten Jahre seines Lebens zu den von ihm so heftig bekämpften Lehren der Reformation neigte, und daß man nach seinem Tode in der Zelle des Mönches von St. Just eine Menge Inschriften gefunden habe, welche sämmtlich eine starke Neigung zu der lutherischen Religion bewiesen.

Endlich hatte der Relator die Vorlesung der Urtheile beendigt. Der Priester fuhr mit dem Lesen der Messe fort. Sobald diese zu Ende war, erhob sich Peter Arbuez von seinem Sitze und sprach laut die Absolution aller Derer aus, welche bereuet hatten.[3] Hierauf kehrten alle Die,

[1] Adrian Florencio, von dem wir bereits gesprochen und nach ihm Alphons Manriquez, haben Carl V. in Beziehung auf die Inquisition auffallend mißbraucht; übrigens läßt sich annehmen, daß die Inquisitoren die Könige in dieser Beziehung betrogen haben. Wie sollte man sonst die Herrscher nennen, welche auf solche Weise Spanien, Italien, Portugal, Indien und Amerika decimiren ließen, und welche, weit entfernt, sich dem zu widersetzen, wie sie es gekannt hätten, im Gegentheil das heilige Officium mit ihrer ganzen Macht unterstützten? Nero wäre im Vergleiche mit diesen katholischen Herrschern ein sehr gutmüthiger König gewesen.

[2] Alphons Manriquez wurde 1535 durch Carl V. verbannt, da der Kaiser dem Groß-Inquisitor die Einkerkerung Viruez, seines Lieblingspredigers, nicht verzeihen wollte.

[3] Die Absolution. Bei dem Autodafé sprach der General-Inquisitor der Provinz, in welcher das Autodafé stattfand, die Absolution

welche zu leichteren Büßungen verdammt worden waren, begleitet von den Bogenschützen der heiligen Hermandad, in das Gefängniß des heiligen Officiums zurück, denn an diesen sollte das Urtheil erst am nächsten Tage, oder einige Tage später, vollstreckt werden. Inzwischen waren die unglücklichen, zu den Flammen verurtheilten Opfer, an den Ort der Hinrichtung gelangt. Peter Arbuez, stolz und hochmüthig unter dem Anscheine priesterlicher Demuth, sah weit mehr als König aus, wie der König selbst. Er genoß in diesem Augenblicke eines doppelten Triumphes: der Eitelkeit und der Grausamkeit. Gleichwohl beschäftigte ihn die Entführung des Gouverneurs von Sevilla auf die peinlichste Weise. Seine Rache entging ihm in eben dem Augenblicke, in welchem sie befriedigt werden sollte. Der wilde Dominicaner träumte schon von neuen Martern für das muthige junge Mädchen, welches ihm Widerstand geleistet hatte, und sein ganzer Zorn wendete sich auf Dolores. Der Unsinnige wußte freilich nicht, daß in eben diesem Augenblicke sein Opfer ihm entschlüpfte.

Joseph erforschte mit dem Blicke die Physiognomie, in der zu lesen er sich seit so langer Zeit gewöhnt hatte. Joseph, der finster und gleichgiltig schien, verbarg unter dem ruhigen Aeußeren das heftige Klopfen seines Herzens; aber wer ihn aufmerksamer beobachtet hätte, der würde in den großen flammenden Augen das innere Feuer erkannt haben, welches ihn verzehrte. Als thätiger Theilnehmer eines langen und fürchterlichen Drama's ging er mit großen Schritten der Entwicklung desselben zu, und bei der Annäherung des entscheidenden Augenblickes nahm sein so schönes, aber so eigenthümliches Gesicht einen tragischen, verhängnißvollen und begeisterten Ausdruck an. Die Augen des jungen Dominicaners folgten mit unglaublicher Aufmerksamkeit allen Einzelnheiten des Autodafé's. In dem Augenblicke, als die Opfer mit einander den Quemadero

aller der Verurtheilten aus, welche gestanden hatten und in den Schooß der Kirche zurückgekehrt waren. Aber diese Absolution zog nicht die Begnadigung nach sich; sie diente nur dazu, die Excommunication aufzuheben, welche jeden Ketzer oder der Ketzerei Angeklagten traf, und die Pforten des Himmels Denen zu öffnen, welche als gute Katholiken starben, allen Denen, welche man erwürgte ehe man sie den Flammen überlieferte.

bestiegen, hob eine Art krampfhaftes Schluchzen die Brust des Günstlings; seine bisher so funkelnden Augen verschleierten sich und Joseph kniete nieder, das Gesicht in die Hände pressend um eine unwillkürliche Thräne unter dem Scheine der Frömmigkeit zu verbergen.

Der König verließ jetzt den königlichen Balcon. Als er sich in seine Gemächer zurück begab, warf die Tochter des Herzogs von Mondejar sich ihm zu Füßen, und weinend erhob sie die Hände flehend zu ihm.

„Was willst Du, mein Kind?“ fragte der König überrascht.

„Gnade, Sire, Gnade für meinen Verlobten, der in den Kerkern des heiligen Officiums schmachtet.“

„Meine Tochter,“ sagte der König, gerührt durch den so wahren Schmerz, „meine Macht bei der heiligen Inquisition ist sehr gering. Ich glaube, daß Dein bester Vermittler in dieser Angelegenheit Dein Großvater ist, der Herzog von Medina-Cöli, den Du hier siehst.“

„Sire,“ erwiderte der alte Herr, „Der, welcher mein Schwiegersohn werden sollte, hat seinen Titel als Ritter, als Edelmann und als Christ entehrt; das heilige Officium schritt gegen ihn ein, und Don Carlos übte Gerechtigkeit an sich selbst, indem er sich dem entehrenden Tode der Hinrichtung entzog: er hat sich den Schädel an den Mauern seines Kerkers zerschmettert.“[1] Bei dieser grausamen

[1] Wir erwähnten bereits, daß eine jener Frauen, welche man Beaten nannte, sich in den Kerkern des heiligen Officiums umbrachte, indem sie sich die Kehle mit ihrer Scheere durchschnitt. Dieser Selbstmord ist nicht der einzige, welcher in den Gefängnissen der Inquisition stattfand. Viele Unglückliche zerschmetterten sich den Schädel an der Wand, um der Schmach des San benito oder der Torturen zu entgehen; Andere erstickten sich, indem sie mit langen Zügen das mephitische Gas einhauchten, welches die Gefäße mit den Excrementen, die in jedem Gefängnisse standen, und die man acht Tage darin ließ, ausströmten. 1819 befanden sich sechs Angeklagte in den Kerkern der Inquisition von Valencia. Ein Aufseher, welcher abgeschickt wurde, einen derselben zu prüfen, d. h. zu versuchen, von ihm eine Enthüllung zu erlangen, sagte ihm unter anderen Dingen, wenn er nicht gestände und seine Mitschuldigen angäbe, würde man ihn der Tortur unterwerfen. Der Angeklagte gestand nichts; aber am nächsten Tage waren die sechs Gefangenen todt; sie hatten sich einer den andern erwürgt und der Letzte hatte sich durch das weiter oben angegebene Mittel erstickt. Die sechs Gefangenen waren der Freimaurerei beschuldigt.

Antwort des Großfahnenträgers konnte Carl V. einen Ausruf des Abscheues und des Mitleids nicht unterdrücken. Das unglückliche junge Mädchen stürzte ohnmächtig, mit dem Gesicht gegen den Boden, nieder. Medina-Cöli gab ein Zeichen und zwei Frauen trugen die unglückliche Isabella fort. Der König entfernte sich schweigend, mit tief ergriffenem Wesen. Die Hinrichtungen sollten beginnen. Alle Augen wendeten sich gegen den Quemadero. Es war ein ergreifendes, herzzerreißendes Schauspiel, welches sich hier bot. Jeder der Verurtheilten kniete an dem Fuße des Scheiterhaufens, der ihn verzehren sollte. Die Mönche, ein Crucifix in der Hand, beteten und ermahnten die Opfer mit unerhörter Ausdauer. Noch hatte Niemand gebeichtet. Die Zehn, des Judenthums beschuldigten Ketzer bestiegen den Scheiterhaufen zuerst. Vier derselben wurden in den Bildsäulen an den Ecken des Quemadero eingeschlossen[1] und die sechs übrigen ließen sich mit großem Muthe binden. Die der jüdischen Nation eigenthümliche Hartnäckigkeit, im Vereine mit ihrer unverletzlichen Anhänglichkeit an den Glauben ihrer Väter, flößten ihnen in diesem äußersten Augenblicke den Heldenmuth der Märtyrer ein. Bald erhob sich ein dichter schwarzer Rauch rings um die zehn Opfer; die mit einer Fackel bewaffneten Henker hatten die Scheiterhaufen in Brand gesteckt. Bei dem Anblicke der Flammen, welche zu züngeln begannen, wendeten sich die beiden jungen Nonnen, die verurtheilt waren, als Lutheranerinnen zu sterben, voll Todesangst zu ihrem Beichtvater: „Mein Vater, mein Vater,“ schrien sie, „hört meine Beichte; ich will mich bekehren.“

[1] In ihren Statuen. Hier, was man im L'lorente liest: Die große Menge der Verurtheilten, welche man durch das Feuer tödtete, war Ursache, daß der Präfect von Sevilla sich genöthigt sah, außerhalb der Stadt ein permanentes steinernes Schaffot erbauen zu lassen, auf welchem man vier große Gypsfiguren aufstellte; diese Statuen waren im Innern hohl; in diese Höhlung schloß man lebend die neuen rückfälligen Ketzer ein, um sie hier langsam auf eine fürchterliche Weise verbrennen zu lassen. Dieses Schaffot, welches Quemadero (Brander) genannt wurde, existirte unlängst noch. Was konnte man von einem Tribunal erwarten, welches so begann? (Geschichte der Inquisition III., Capitel 1.)

Der Quemadero von Sevilla wurde zu Anfang des 15. Jahrhundertes erbaut. Die Trümmer desselben existirten noch 1823!

Der Geistliche kniete neben ihnen nieder, hörte ihre gezwungene Beichte an, welche durch Furcht und Gewalt entrissen wurde und sprach dann die Worte des Friedens über die Häupter der beiden Opfer, von denen die älteste kaum zwanzig Jahre zählte. Die Marterknechte führten sie darauf zu Francisca von Lerma, welche ebenfalls erwürgt werden sollte. Die Aebtissin der Carmeliterinnen war bläulich weiß; ihre sonst so weiße, so reine Haut zeigte Blutflecken und ihre großen blauen Augen, sonst so stolz und so schön, hatten jenen Glanz verloren, der sie funkeln machte, wie zwei prachtvolle Saphire. Die beiden anderen jungen Opfer, welche neben ihr sterben sollten, waren schon bleich und kalt und ein krampfhaftes Zittern bewegte ihre Glieder. Der Todeskampf hatte begonnen; es blieb dem Henker nur noch wenig zu thun übrig. Zwei Marterknechte näherten sich ihnen, setzten sie auf den dreieckigen Schemel, banden sie fest, legten ihnen die Schnur um den weißen schlanken Hals — dann drehte der Henker heftig an der Schraube, welche hinter dem Pfeiler angebracht war. — Die Erwürgten ließen den Kopf mit heftigen Zuckungen des ganzen Körpers nach vorne sinken, ihre Augen wurden gläsern, ihr Gesicht purpurroth, dann blau, dann leichenblaß. — Man hörte ein leises Röcheln und Alles war vorbei. Sie hatten aufgehört zu leiden. Der Todeskampf Francisca's währte länger. In dem Augenblicke, als der Henker ihr die Schnur um den Hals legte, fand die Aebtissin ihre Kraft plötzlich wieder; sie streckte die Hand gegen das Amphitheater aus, ihr erloschenes Auge belebte sich einen Augenblick, funkelte in wilder Energie und die Blicke auf den Großinquisitor gerichtet, schrie sie mit lauter Stimme: „Unwürdiger Priester! sei ver—"

Die letzte Silbe dieses Wortes erstarb mit dem letzten Hauche Francisca's. Der Henker hatte die Schraube so heftig gedreht, daß das Opfer auf der Stelle das Leben endete. Nicht weit von dem Scheiterhaufen, welcher die Leichen der drei Nonnen verzehrte, wiesen Don Carlos von Seso und der muthige Herrezuelo mit unbesieglicher Entschlossenheit ihre drängenden Beichtväter zurück. Don Carlos, bereits an den verhängnißvollen Pfahl gebunden, war der Knebel abgenommen worden. Der Priester kniete auf dem Scheiterhaufen selbst vor ihm nieder, hielt ihm das

Crucifix entgegen und wiederholte mehrmals: „Mein Sohn, beichtet, um Absolution zu erlangen.“

„Laßt mich in Ruhe,“ erwiderte Don Carlos, und darauf sich zu den Marterknechten wendend, rief er ihnen mit lauter Stimme zu: „Legt das Feuer an! Legt das Feuer an!“ [1]

Die Henker gehorchten und Don Carlos verschwand in den Wirbeln des Rauches. Einige Schritte von ihm entfernt, erwürgte man Dominik von Boxas und zwei andere Priester, welche in dem Augenblicke, als sie verbrannt werden sollten, den Muth verloren und gebeichtet hatten.

Als Don Carlos die Feigheit Dominik's sah, der gleich ihm das Lutherthum angenommen hatte, machte er, von den Flammen bereits erreicht, eine Bewegung der Verachtung, als wollte er ihm sagen: „Du bist ein Feigling! Man muß den Muth seiner Ueberzeugung haben.“

In diesem Augenblicke sprang der Diener eines der Priester, der an den Pfahl gebunden und bereits von den Flammen erreicht war, welche die Stricke, die seine Hände fesselten, verbrannt hatten, von dem Scheiterhaufen herunter; als er aber seinen Herrn erblickte, den man erwürgt hatte und Don Carlos, der sich mit Heldenmuth verbrennen

[1] Nach Llorente war Don Carlos von Seso ein Edelmann aus Verona, Sohn des Bischofs von Piacenza in Italien. Einer der ersten Familien des Landes entsprossen, war Carlos nach jenem Geschichtsschreiber ein gewandter und gelehrter Mann; er hatte Carl V. große Dienste geleistet. Er wurde in Logroño verhaftet und in die geheimen Kerker der Inquisition von Valladolid gebracht, wo man ihm ein Jahr darauf sagte, daß er sich auf den Tod vorbereiten sollte. Don Carlos, welcher wußte, daß er sterben müsse, verlangte Feder und Papier und schrieb seine Beichte, die ganz lutherisch war. Er behauptete darin, daß die Lehre Luthers und nicht die, welche die katholische Religion bekennt, der wirkliche Glaube des Evangeliums sei. Die Mönche ermahnten vergeblich Don Carlos während der ganzen Nacht vor dem Autodafé; man steckte ihm einen Knebel in den Mund, den man ihm ließ, auch während er sich an den Ort der Hinrichtung begab, damit er seine Lehre nicht predigen möchte; der Knebel wurde ihm abgenommen, als man ihn an den Pfahl auf dem Scheiterhaufen befestigt hatte, und die Mönche ermahnten ihn auf's Neue, zu beichten. Allein weit entfernt, den Ermahnungen der Mönche zu folgen, verlangte er mit lautem Rufe, daß man das Holz, welches ihn verzehren sollte, anzünde. Don Carlos wurde in Valladolid im October 1559 unter der Regierung Philipp II. verbrannt.

Seite 417.

Der Ofen.

ließ, stieg er entschlossen wieder auf den Scheiterhaufen zurück, und rief den Henkern laut zu: „Holz! Holz! Legt mehr Holz an! Ich will so sterben, wie Don Carlos von Seso.“

In diesem Augenblicke bestieg Herrezuelo den Scheiterhaufen. Vergebens ermahnte ihn sein Beichtiger, sich zu bekehren. Herrezuelo, der muthig und spottsüchtig war, antwortete nur mit einem bitteren Hohne. Schon begannen die Flammen ihn zu erreichen; aber er schien fühllos gegen dieselben zu sein, und sein Gesicht verrieth nichts von seinen grausamen Schmerzen. Einer der Bogenschützen, welche den Scheiterhaufen umgaben, wurde erbittert über so vielen Muth, und stieß dem Licentiaten seine Lanze durch den Leib. Das Blut floß in Strömen aus der tiefen Wunde, und der edle Herrezuelo endete mit heldenmüthiger Ruhe.[1]

[1] Der Licentiat Antonio Herrezuelo, Advocat der Stadt Toro in Alt-Castilien, wurde als Lutheraner verurtheilt, und starb auf dem Scheiterhaufen, ohne die geringste Reue zu zeigen. Während man ihn zur Hinrichtung führte, richtete der Doctor Cazalla, ein anderer Verurtheilter, an ihn einige Ermahnungen, die er am Fuße des Schaffots verdoppelte, aber es war vergeblich. Antonio verspottete die Worte des Doctors, selbst nachdem er an den Pfahl, umgeben von dem Holze, das zu brennen begann, befestigt worden war. Einer der Diener der Inquisition, welcher wüthend über so viel Muth war, stieß Herrezuelo seine Lanze in den Leib, dem das Blut noch entrann, als er von den Flammen erreicht wurde. (Gesch. der Inquisition.)

Don Antonio Herrezuelo starb, ohne eine einzige Klage auszustoßen, bei dem Autodafé, welches 1559 Valladolid unter den Augen des Infanten Don Carlos und der Infantin Johanna stattfand. Eine bedeutende Anzahl Granden Spaniens, Herren jeden Standes und Damen der höheren Classen, hatten die ersten Plätze in dem ganzen Glanze des Luxus inne, während diese fürchterliche Ceremonie stattfand, fügt unser Geschichtsschreiber hinzu. Bei eben diesem Autodafé starb auch der Doctor Augustin Cazalla von Vibero, Priester und Canonicus von Salamanca, Almosenier und Prediger Carl's V., welcher vor dem Verbrennen erwürgt wurde. — Franz Cazalla, der Bruder des Vorigen, Pfarrer des Dorfes Lorengo, wurde lebendig verbrannt; — Donna Beatrix von Vibero y Cazalla, Schwester der beiden vorhergehenden Opfer, erwürgt, ehe sie verbrannt wurde. — Alphons Perez, Priester aus Valencia, Doctor der Theologie, degradirt und erwürgt vor der Verbrennung; und neun andere Personen, unter denen sich keine falschen Religionslehren verbreitet hatten und von denen Mehrere sich bekehrten und nichts verlangten, wie als gute Katholiken leben zu können. Die Inquisition nahm aber lieber an, ihre Reue hätte nur die Todesfurcht verursacht; außer den zum Scheiterhaufen verurtheilten Opfern gab es noch Mehrere, die aus-

Einige, welche begnadigt, aber dennoch dazu verurtheilt waren, für immer den San benito mit dem Andreaskreuze zu tragen, schlugen traurig den Weg nach ihren Wohnungen ein. Sie waren von jetzt an bürgerlich todt, lebende Leichen, dazu bestimmt, den Schrecken zu nähren, welchen das heilige Officium einflößte, ein stummes Zeugniß seines verabscheuenswerthen Despotismus. Hohe Feuerstrahlen erhoben sich jetzt in röthlichen Garben zum Himmel, umhüllt von dicken stinkenden Rauchsäulen. Der fette Geruch der verbrennenden Körper mischte sich mit dem harzigen Geruche des Holzes, das die Scheiterhaufen nährte. Die Priester und die Mönche, die auf dem Platze umherknieten, beteten mit leiser Stimme und schlugen sich die Brust, und das Volk, ebenfalls knieend, senkte die Köpfe unter einem gewaltigen Eindrucke des Schreckens und des Mitleids. Zuweilen stiegen lautes und anhaltendes Schmerzensgeschrei, Todesröcheln, Klagelaute aus der Mitte der finsteren Hecatomben empor; aus den brennenden Bildsäulen, in welche die unglücklichen Juden eingeschlossen waren, ertönte von Zeit zu Zeit dumpfes Geheul, ähnlich dem Geschrei der Todesqual, welches aus den Eingeweiden der Hölle aufsteigen soll. Todesstille herrschte unter dem Volke. Dann und wann ließ die strenge Stimme der Priester sich in einem Verse des De profundis oder des Miserere vernehmen, eine finstere Psalmodie, welche sich gleich einer entsetzlichen Parodie in die menschlichen Klagen, in das Geröchel der Sterbenden und in das Geprassel der Flammen mischte.

Allmälig erloschen die Flammen; die Seufzer, die Klagen, die Schmerzensrufe wurden schwächer und seltener; das Volk verließ langsam den Platz — die Würdenträger des Staates entfernten sich. Alles war zu Ende. Die Nacht war angebrochen. Die Geistlichen und die Mönche blieben bis zuletzt. Da konnte von der Höhe seines mehr als

geführt wurden, d. h. dazu verurtheilt, ihre Güter und ihre Freiheit zu verlieren (das Wenigste, was die Inquisition ihnen nahm). Unter diesen Letzteren befanden sich zwei Mitglieder der Familie Cazalla's, Johann Vibero Cazalla, als Ketzer verurtheilt, fortwährend den San benito zu tragen und Donna Constance Vibero y Cazalla, zu derselben Strafe verdammt. Diese Letztere ließ vierzehn Kinder als Waisen zurück!!!

königlichen Thrones herab Peter Arbuez den Quemadero betrachten, der in diesem Augenblicke einem gewaltigen Kohlenbecken glich, in welchem hier und dort schwarze Flecken sich zeigten. Rauchwölkchen kreuzten sich in der Luft und von den Scheiterhaufen her warfen einzelne noch brennende Holzstücke matte Blitze in die tiefe Finsterniß. Peter Arbuez betrachtete mit höllischem Entzücken diese weite Arena der Vernichtung. Als König des Todes thronte er über dem Nichts. Dann murmelte er, die Augen zum Himmel erhebend, die fürchterlichen Worte des Psalmisten: „Gott erhebt sich und seine Feinde werden zerstreut werden und Die, welche ihn hassen, werden vor ihm entfliehen. — Du wirst sie jagen, wie der Rauch gejagt wird durch den Wind, wie das Wachs schmilzt in dem Feuer. — So werden die Boshaften vergehen vor Gott."

Und mit ruhiger Seele entfernten der Großinquisitor und der Clerus sich von dem Schauplatze ihrer Verbrechen. So endete dieser denkwürdige Tag.

XLII.

Ein Märtyrer.

Als die beiden Guapos den Gouverneur entführt hatten, vertieften sie sich schnell in die unentwirrbaren Windungen der Straßen Sevilla's, der engsten und gewundensten der ganzen Welt. Das Volk unterstützte ihre Flucht, so daß sie die Thür Juana's bereits erreicht hatten, noch ehe die Sbirren der heiligen Hermandad sie einzuholen vermochten. Die Thür öffnete sich vor ihnen wie von selbst und von den Guapos, sowie von dem Gouverneur, war keine Spur mehr zu entdecken. Niemand war im Stande gewesen, ihnen zu folgen, noch zu sehen, wohin sie sich flüchteten und dann hatte man auch an dem Tage eines Autodafé zu viel zu thun, um sich hartnäckig mit ihrer Verfolgung zu befassen.

Estevan, Dolores und Juana erwarteten mit einander den Ausgang des Ereignisses; es war Juana gewesen, welche den Guapos die Thür öffnete, als sie dieselben mit ihrer kostbaren Last herankommen sah. Sie hatte durch die verborgene Oeffnung ihres Hauses ihre Ankunft erspäht. Die Guapos legten mit der sorgfältigsten Vorsicht Dolores' Vater auf einen großen Divan in dem Saale. Manuel Argoso gab kein Zeichen des Lebens mehr. Seine Arme und seine Beine hingen regungslos von seinem beinahe eiskalten Körper herab; seine Augen waren geschlossen, sein Gesicht farblos, und seine an mehreren Stellen zerbrochenen Glieder zeigten blutende Wunden und halbgeschlossene Narben. Seine Stirne, vor Kurzem noch bedeckt mit einer reichen Menge schwarzen Haares, war beinahe ganz kahl, und die wenigen gebliebenen Haare hatten jene matte, krankhafte Farbe angenommen, welche noch nicht die Weiße des Alters ist. Die Nägel dagegen waren bis zu übermäßiger Länge gewachsen, aber sie zeigten eine gelblich matte Farbe, wie die eines Menschen, der aus dem Bade kommt.

Als Dolores ihren Vater in diesem Zustande erblickte, konnte sie einen Schmerzensschrei nicht unterdrücken. Sie war selbst so blaß und durch die Leiden des Körpers so geschwächt, daß sie diesem letzten Schlage nicht zu widerstehen vermochte. Sie sank auf die Knie vor dem Divan, auf welchem ihr Vater ausgestreckt lag und mit ihren trockenen entfärbten Lippen küßte sie die schon leichenblasse Hand ihres Vaters, die theure, verehrte Hand, die sie so oft gesegnet hatte. Aber der unglückliche Gouverneur antwortete nicht auf diese kindliche Liebkosung. Die Hand, welche Dolores drückte, ruhte regungslos und kalt in der des jungen Mädchens.

„Ach, Estevan! Estevan!“ rief sie mit wachsendem Schrecken, „seht, er erwidert nicht einmal meine Liebkosungen! — Sein Herz klopft nicht mehr — Estevan, sagt mir doch, daß mein Vater noch lebt!“

Estevan, der durch diesen neuen und unerwarteten Schmerz, durch die Verzweiflung seiner Geliebten, tief betrübt war, schien zu erstarren bei dem Anblicke des leichenblassen und entstellten Gesichtes des Gouverneurs. Zögernd und ängstlich trat er näher und legte die Hand auf das Herz Manuel Argoso's. Es klopfte noch, aber so schwach und mit solchen Unterbrechungen, daß man wohl erkannte, es seien seine letzten Pulsschläge. Dolores folgte allen Bewegungen Estevan's mit Blicken der Angst und getrübt durch Thränen. Er aber wagte nicht, zu sprechen; er schwieg schüchtern und angstvoll; er fürchtete die ungeheure Verzweiflung, den heiligen Schmerz einer Tochter, welche nach so vielen Anstrengungen, nach so vielen Qualen, ihren Vater nur wiederfand, um ihn als Leiche in die Arme zu schließen.

„Nun wohl?“ fragte sie endlich zitternd. „Nun? Antwortet mir, Estevan — sprecht — was darf ich hoffen?

„Das Herz schlägt noch,“ sagte der junge Mann, „man müßte ihm etwas Stärkendes einzuathmen geben.“

„Nehmt, nehmt,“ sagte Juana, indem sie aus der Tasche ein Fläschchen von Bergkrystall zog, welches mit einem zierlich gearbeiteten goldenen Schlosse versehen und mit arabischen Wohlgerüchen angefüllt war, den belebenden und heilsamen Erzeugnissen der Alchemie jener Zeit, welche besonders bei den Orientalen viel weiter vorgerückt war, als man dies jetzt allgemein glaubt. Dolores ergriff hastig das Fläschchen und ließ ihren Vater den Duft einathmen. Manuel Argoso machte eine leise Bewegung mit dem Kopfe, und seine bisher geschlossenen Augen öffneten sich halb. Dolores stieß einen Freudenruf aus, erhob den Kopf ihres angebeteten Vaters mit ihren Armen und stützte ihn bequemer auf die Sammtkissen.

„Ach, Estevan, er lebt!“ sagte sie voll Hoffnung.

Manuel Argoso hatte in der That die Augen geöffnet, aber gleich den Blindgebornen sahen diese Augen nichts; der Schatten des Todes verschleierte sie. Indeß schien diese Wolke allmälig zu verschwinden. Manuel Argoso schien einen leisen Begriff von dem zu haben, was um ihn her vorging; das Gehör war das einzige seiner Organe, welches keine Veränderung erlitten hatte; es war daher auch das, welches zuerst bei dieser ersterbenden Natur wieder erwachte. Er wendete den Kopf nach der Seite, wo gesprochen wurde und suchte ohne Zweifel seine Gedanken zu sammeln und sich Rechenschaft von dem Orte zu geben, wo er sich befand. Die Lippen öffneten sich und er murmelte leise: „Das Feuer —“

Er glaubte bei dem Autodafé zu sein. Alle schwiegen und man lauschte ängstlich auf seine Worte.

„Meine Tochter — Estevan —“ sagte der Gouverneur sehr leise, während seine Blicke, auf seine vor ihm knieenden Kinder gerichtet, von einem zum andern schweiften, ohne daß er sie erkannte.

„Mein Vater!“ rief Dolores.

„Still!“ ermahnte Estevan. „Schweigt. Laßt ihn ungestört, denn das Leben kehrt zurück.“

„Nehmt,“ sagte Juana, „lasset ihn diese Herzstärkung genießen.“ Und sie reichte Dolores eine silberne Schale mit zehn Jahre altem Alicantewein, dem man eine leichte Beimischung von Aloë gegeben hatte. Dolores benetzte die Lippen ihres Vaters und träufelte ihm dann mit großer Mühe einige Tropfen in den Mund. Die wohlthätige Mischung schien dem beinahe erstarrten Blute einige Wärme wiederzugeben. Das bisher so bleiche Gesicht des Gouverneurs färbte sich mit einem flüchtigen Roth; seine erloschenen, matten Augen hafteten auf dem Gesichte seiner Tochter mit einem unbeschreiblichen Ausdrucke der Liebe, des Schmerzes, und der Trauer. Er hatte seine Tochter erkannt. Er lächelte ihr mit der innigsten Zärtlichkeit matt zu; dann wendete sein Blick sich langsam von Dolores auf Estevan und Juana.

„Wo bin ich?“ flüsterte er endlich.

„Bei Freunden, bei wahren Freunden,“ erwiderte Dolores. „Ihr seid gerettet mein Vater, und bald werden wir Spanien verlassen.“

„Ja, ja — verlaßt es so schnell als möglich,“ sagte Manuel, mit immer matter werdender Stimme.

„Mit Euch, mein Vater,“ sagte Estevan, indem er neben seiner geliebten Dolores niederkniete.

Als Manuel Argoso Beide so sah, schien er eine unendliche Freude zu empfinden. Ungeachtet der Schwäche seiner Glieder, welche durch die Tortur gebrochen und schon durch den Tod gelähmt waren, erhob er mit großer Anstrengung seine beiden Arme, nahm die Hand seiner Tochter, legte sie in die Estevan's und murmelte mit dem Ausdrucke himmlischer Freude: „Ich segne Euch; trennt Euch nie und flieht — flieht —“

„Mit Euch! Mit Euch!“ wiederholte Dolores weinend.

„Ja! — Nehmt meine Gebeine mit Euch — sie würden meine Asche in den Wind streuen — lebt wohl — liebt Euch immer —“

Diese, durch die letzten Seufzer des Todeskampfes unterbrochenen Worte hatten das wenige Leben erschöpft, das noch in diesem vernichteten Körper blieb. Manuel Argoso schloß die Augenlieder, sein Kopf sank zurück, sein Körper streckte sich mit einem leisen Zucken, und die kalte Hand des Todes hemmte auf seinen Lippen einen begonnenen Namen — den seiner Tochter. Dolores stieß keinen Schrei aus, vergoß keine Thräne; sie wendete ihre trockenen Augen auf Estevan und während ihre blassen Lippen bebten, faltete sie flehend die Hände und sagte, indem sie auf Den blickte, der soeben den letzten Seufzer ausgehaucht hatte: „Er wird uns folgen, nicht wahr?“

„Ueberall hin,“ entgegnete Estevan.

Dolores drückte einen frommen Kuß auf die bleiche Stirn ihres Vaters; dann breitete sie über sein Gesicht einen großen Battistschleier, den Juana ihr reichte.

In diesem Augenblicke trat Joseph ein. An der Haltung der Personen, die in dem Zimmer zugegen waren, erkannte er auf der Stelle das Vorgegangene, und seine Hände ballten sich mit dem entschiedenen Ausdrucke der Täuschung und des Zornes. Der Anblick Joseph's bewirkte bei Dolores die innigste Rührung, so daß ihre bisher trockenen und brennenden Augen sich mit Thränen füllten. Weinend warf sie sich an den Busen dieses treuen Freundes, der sie gerettet hatte; dann zeigte sie ihm mit einer stummen und doch so beredten Bewegung des Schmerzes den Todten, der in ruhiger Haltung zu schlummern schien.

„Ich that, was ich konnte, mein Gott,“ sagte Joseph gerührt.

„Ich weiß es,“ entgegnete sie. Ihr habt Euer Leben in Gefahr gebracht, um uns zu retten, denn wenn der Inquisitor entdeckt hätte —“

„Mein Leben!“ fiel der junge Geistliche mit dem Tone der Geringschätzung und der Entmuthigung ein, „was ist mein Leben werth und wozu kann es dienen?“

Estevan zog den jungen Mönch in ein anderes Zimmer, um die heilige Stille des Todes nicht zu stören. Dolores blieb neben der Leiche ihres Vaters knien.

„Don Joseph,“ sagte Estevan, als sie allein waren, „Der, welcher nicht mehr ist, hat uns befohlen, Spanien zu verlassen und seine sterblichen Reste mitzunehmen.“

„Ich werde dafür sorgen," erwiderte der junge Dominicaner. „Ihr werdet in drei Tagen reisen. Bis dahin haltet Euch verborgen; zeigt Euch nicht in Sevilla, denn Euer Leben ist gefährdet. Der Tiger, der Dolores aus Laune verschonte, könnte aus einer entgegengesetzten Laune Euch der Freiheit berauben."

„Ja," sagte Estevan, „wie er es bei —"

Joseph sah Estevan mit einem bedeutungsvollen Blicke an; er wollte Dolores die Verhaftung Johann's von Avila nicht mittheilen.

„Aber," sagte Estevan, „Ihr sprachet von einer Laune des Peter Arbuez; der Inquisitor ist, wie ich hoffe, in den Händen Mandamiento's. Die Gardunnia verfehlt selten ihre Unternehmungen."

„Die Gardunnia hat unsere Befehle schlecht vollzogen," sagte Joseph. „Sie hat den Inquisitor nicht entführt, sondern wollte ihn tödten, und da er ein Panzerhemd trägt, mißlang der Stoß Manofina's. Peter Arbuez ist frei und wüthend, und wird es noch mehr werden, wenn er Dolores' Flucht erfährt! Seid daher klug und habt Geduld! — Drei Tage vergehen schnell."

„Sie währen oft sehr lange," sagte Dolores, indem sie sich ihnen näherte, um zu erfahren, was sie beschlossen hatten. Die grausamen Anforderungen ihrer Lage wehrten es ihnen, ihrem heiligen Schmerze freien Lauf zu lassen. Das ist es, was ein großes Unglück Bitterstes hat: es raubt selbst das Recht, sich frei zu betrüben.

„Es ist wahr," sagte Joseph, indem er die Worte des jungen Mädchens wiederholte, „drei Tage währen oft sehr lange, und gleichwohl muß man zu warten wissen. Ach, Dolores," fuhr er nach einer Pause fort, „bei allen Leiden, von denen Ihr getroffen werdet, bleibt Euch doch noch ein Trost, ein Freund, für das ganze Leben gewählt und gesegnet durch Euren Vater. Glaubet mir, die Zukunft kann Euch noch lächeln, und es wird Eurem Frieden selbst die Rache nicht mangeln; diese Dienerin Gottes, welche zuweilen eine menschliche Gestalt annimmt, um den Willen ihres himmlischen Meisters zu erfüllen, und die sich dann Gerechtigkeit nennt! — Gott, der ewige Richter, hat die Nichtswürdigkeiten des Peter Arbuez nicht vergessen. Er wird ihn auf seinem goldenen Throne mitten in dem

Pompe seiner Ausschweifungen und seiner zügellosen Eitelkeit treffen."

„Don Joseph, Ihr flößt mir Furcht ein," sagte Dolores zitternd; „Ihr seid finster und entsetzlich, wie das Verhängniß."

„Ich bin stark, wie die Gerechtigkeit," entgegnete Joseph. „Aber," fügte er mit bitterem Lächeln hinzu, „meine Seele ist traurig und verödet wie die Wüste. Ich werde erst am Tage der Züchtigung wieder heiter werden, wenn Gott seine mächtige Stimme erhebt, um dem Henker Andalusiens zuzurufen: „Genug! Genug! Verschwinde vom Schauplatze Deiner Verbrechen; ich bin der Mordthaten und der Verfolgungen überdrüssig."

Indem Joseph so sprach, war er schön und fürchterlich, wie der Engel der Apokalypse. Estevan und Dolores wären beinahe anbetend vor ihm niedergesunken. Aber mit einem jener plötzlichen Uebergänge, die ihm eigenthümlich waren, rief Joseph jetzt auf einmal Juana, die sich in dem anderen Zimmer befand, und sagte ihr: „Halte Dich bereit, um in einigen Stunden zu folgen."

Darauf entfernte er sich, indem er versprach, sie abzuholen, wenn es Zeit sein würde. An demselben Abende, zwischen 11 Uhr und Mitternacht, gelangten Estevan, Dolores und Juana zu der Thür Mandanriento's. Zwei Guapos gingen ihnen voran, um für ihre Sicherheit zu sorgen; zwei andere folgten in einiger Entfernung. Diese Letzteren trugen auf ihren Schultern einen großen hölzernen Kasten, der mit Stoffen sorgfältig bedeckt und mit Stricken zusammen gebunden war. Sie trugen diese Last mit einer Art von Ehrfurcht und mit großer Sorgfalt. Zwei Chivatos begleiteten den Zug, um im Falle der Noth ein Signal zu geben. Von Zeit zu Zeit wendete Dolores sich zurück, um sich zu überzeugen, daß der kostbare Kasten ihnen folgte, und daß nichts den Gang der Gardunnios hinderte. An der Thür Mandamiento's angelangt, klopften die beiden ersten Guapos auf eine verabredete Weise an. Der Meister öffnete, und die sieben Personen, sowie der geheimnißvolle Kasten wurden in den Palast der Gardunnia eingelassen.

XLIII.

Ein letzter Tag der Verstellung.

An demselben Abende war Joseph allein in seinem Gemache. Er saß vor einem Tische mit gewundenen Füßen, der mit ascetischen Büchern bedeckt war und beschäftigte sich damit, eine gewaltige Menge von Wechselbriefen,[1] die er bei einem jüdischen Banquier geholt hatte, auf einem besonderen Blatte Papier zu notiren, die einzelnen Summen auszuwerfen und dann das Ganze zusammenzuziehen. Dies war das Vermögen des jungen Mönches.

„Gut," sagte er voll Befriedigung, nachdem er seine Rechnungen beendigt hatte, „das kann jetzt leicht fortgeschafft werden, wohin man will und die armen Kinder haben zu leben."

Dann legte er die Wechselbriefe sorgfältig in eine kleine Brieftasche von rothem Atlas, fügte einen Brief, den er soeben geschrieben hatte, hinzu, einen goldenen Ring, den er vom Finger zog, und Haare, welche in ein ganz kleines Medaillon eingeschlossen waren. Das Alles umgab er mit einem grünseidenen Stücke Zeug, welches er mit einem Siegel von derselben Farbe siegelte. Als dies geschehen war, steckte er die Brieftasche in eine Tasche auf der inneren Seite des Futters seiner Tunica. Darauf nahm er ein anderes Blatt Papier und schrieb auf dasselbe in lateinischer Sprache: „Ihr werdet morgen gerichtet

[1] Man weiß, daß die Wechselbriefe von den Juden erfunden worden sind, aber was man vielleicht nicht weiß, ist, daß dies in Spanien geschah, um ihr Vermögen gegen den Geiz Ferdinands von Aragonien und die Habgier der Inquisition zu sichern; die Israeliten erfanden den Wechselbrief, mittelst dessen sie und die Mauresken ihre Capitalien in das Ausland schickten und sich selbst exilirten. So war dieses Papier, heute eines der Dinge, welche am meisten zum Gedeihen des Handels beitragen, indem sie die Unternehmungen desselben erleichtern, im 16. Jahrhunderte ein Werkzeug des Unterganges für Spanien, welches, Dank der unersättlichen Habgier Rom's und der Grausamkeit, mit welcher die Inquisition dasselbe unterstützte, den größten Theil seiner Reichthümer nach Frankreich, Deutschland und Holland wandern sah.

werden, aber Eure Verhaftung ist dem hohen Rathe nicht mitgetheilt worden. Macht diesen Mangel geltend, und das heilige Officium wird gezwungen sein, Euch freizusprechen."

„Dies," sagte er dann, indem er zu sich selbst sprach, „muß ich morgen vor dem Verhöre Johann von Avila zukommen lassen," und dabei schob er das Papier in den Aermel seines Gewandes. „Ach," fuhr er darauf fort, „noch einige Stunden muß ich diese schwere Kette der Verstellung und der Lüge tragen! Noch einige Stunden der Arbeit, und meine Rache ist vollendet! Habe ich nicht bisher meine Aufgabe mit Muth erfüllt? Habe ich nicht als ein gefälliger Diener den Leidenschaften und den Lastern dieses Ungeheuers geschmeichelt, welches Andalusien verheert? Habe ich seinem Namen nicht einen blutigen Heiligenschein verliehen, eine finstere Fahne aufgesteckt, die zu Haß und Empörung ruft? Habe ich nicht langsam mit meinen schwachen Händen den Abgrund gegraben, in den er hinabstürzen muß? O Inquisition, ist es mir nicht gelungen, Dich in der Person des verbrecherischesten Deiner Mitglieder so nichtswürdig und so gehaßt zu machen, daß ganz Spanien, sich wie ein einziger Mann bei dem Signale erhebend, das ich ihm geben werde, für immer diesen unersättlichen Coloß niederwirft? Gleichviel! Ich werde wenigstens den ersten Stein von diesem Todesgebäude niederreißen. Spanien mag mir dann folgen, wenn es den Muth dazu hat. Ach, mein Gott," fuhr er dann, indem er den Kopf in beide Hände sinken ließ, mit dem Ausdrucke einer unbeschreiblichen Niedergeschlagenheit, fort, „mein Gott, welche Anstrengung! — Wann wird denn die Ruhe kommen? — Welch ein fürchterlicher Tag war dies! — O, diese Flammen, dieses Todesgeschrei! — Es verfolgt mich überall — überall sehe ich die bleichen Gesichter der erstarrten Gespenster — überall sehe ich Ihn wieder, Ihn, — den ich liebte — Ihn, der mir seit vielen Jahren unablässig zuruft: Komm! Komm! — Ach, die Todten theilen vielleicht die ewige Barmherzigkeit Gottes und kennen nichts als das Verzeihen. — Bin ich denn verbrecherisch, indem ich mich räche? Nein, nein," fuhr er fort, indem er mit fieberhafter Aufregung emporsprang. „Ich gehorchte der Stimme Gottes. — Ich bin nur das

Werkzeug der göttlichen Gerechtigkeit! — Warte, warte, Du, der Du mich rufest; der Tag ist nahe — Du wirst nicht lange zu warten brauchen."

Aber das strenge Gesicht, welches in jedem seiner Züge den Stempel des Leidens oder eines tiefen Gedankens trug, erheiterte sich plötzlich; die stolzen Züge, welche die lebendige Verkörperung des ewigen Zornes gegen die Bösen auszusprechen schienen, wurden wie durch Zauberei sanft und lächelnd; die hohe Stirne, mit den so eben noch zusammen gezogenen Augenbrauen, entfaltete sich wie eine weiße Leinwand unter dem Winde, und der spöttische stolze Mund des jungen Mönches verzog sich zur Lüge. Man hatte an die Thür geklopft. Er öffnete.

Es war Peter Arbuez, welcher seinen Günstling bis in dessen Zimmer aufsuchte. Als der Inquisitor von dem Autodafé zurückgekehrt war, hatte er Dolores' Flucht erfahren und diese unerbittliche Seele, welche von den Martern und Torturen noch nicht gesättigt war, träumte schon von neuen Opfern. Peter Arbuez war bleich und erschöpft, aber die Unersättlichkeit seiner vernichtenden Instincte hielt seine unerschöpfliche Thatkraft aufrecht. Er setzte sich, und indem er seinen Günstling, der vor ihm stehen blieb, ansah, sagte er: „Joseph, mich verräth heute Alles!"

„Ausgenommen ich, Eminenz," ewiderte der junge Mönch.

„Du — ja, ich weiß es, Du bist der einzige Treue, der Einzige, der die Begierden des wilden Herzens begreift, das in meiner Brust klopft; der Einzige, der meinen Neigungen nie widerstrebte; der Einzige, der mir uneigennützig diente. Glaubst Du, daß ich nicht die egoistische Ergebenheit der anderen erkenne? Der Schutz, den ich ihnen gewähre, das Gold, das ich an ihnen verschwende, die Vergnügungen, mit denen ich sie berausche, sind mir kein sicherer Bürge ihrer Anhänglichkeit und ihrer Treue. — Henriquez, den ich zum Gouverneur von Sevilla machte, die Anderen, die ich zu Räthen, Aebten oder Bischöfen erhob! — Wahrlich, alle diese Menschen hätten die größte Ursache, mir treu zu sein — und dennoch — dennoch," fügte er voll Wuth hinzu, „ist Manuel Argoso mir heute entführt worden, und Dolores aus den Gefängnissen des heiligen Officiums verschwunden."

„Was kümmert das Eure Eminenz?“ sagte Joseph, indem er die Achseln zuckte.

„Was es mich kümmert, sagst Du? Beim Satan, ich werde alle Gefangenwärter des Inquisitionspalastes auf die Galeeren schicken; ich lasse die einfältigen Mönche, die stutzerischen Bischöfe verbrennen — und den gemeinen Tölpel, den ich in das Gewand eines Edelmannes kleidete, indem ich ihn zum Gouverneur von Sevilla machte!“

„Ihr werdet wohl daran thun,“ sagte Joseph.

„Bin ich nicht überall von Verräthern umgeben?“ fuhr Peter Arbuez fort, indem er sich durch die Erinnerung an das Attentat auf seine eigene Person noch mehr aufregte. „Es hat sich heute unter der Menge ein Mensch gefunden, der es wagte, die Hand an den Großinquisitor von Sevilla zu legen, und dieser Mensch ist ein Familiar der Inquisition.“

„Ich weiß es,“ sagte kalt der Günstling.

„Ohne Dich, mein guter Joseph, ohne Deine heilige und heilsame Klugheit, wäre es heute um mich geschehen gewesen, denn ich verdanke mein Leben nur dem Panzerhemde, das ich unter meinem Gewande trage, seit jenem Abende, an welchem Du mir in das Gefängniß folgtest, und seit welchem ich beständig eine Gefahr für mich fürchte.“

„Hatte ich unrecht, gnädigster Herr?“

„Nein, bei dem Christ! Und ich wagte es in meiner Ungerechtigkeit, zornig auf Dich zu werden! Auf Dich, den Schutzengel meines Lebens!“

„Das Leben Eurer Eminenz ist mir kostbarer, als mein eigenes,“ entgegnete Joseph, „und es lag mir daran, es zu erhalten. O, es ist mir sehr kostbar,“ fuhr er mit einem eigenthümlichen Lächeln fort. „Aber weshalb beunruhigen Eure Eminenz sich über das Verschwinden der Tochter des Gouverneurs? Was ist für Peter Arbuez ein Weib mehr oder weniger? Was kümmert es einen Millionär, wenn eine Dublone in seiner Geldkiste mangelt? Glaubt mir, gnädigster Herr, darin liegt nicht Euer wahrer Ruhm. Diese sinnlichen Beschäftigungen dienen im Gegentheile nur dazu, die Seele zu erweichen, entschiedene Gedanken zu zerstreuen, die Kraft des Willens zu erlöschen. Durch die Furcht herrscht Ihr; nun wohl, so vermehrt noch Eure Allmacht. Gibt es nicht in Sevilla genug Köpfe, die Ihr treffen könnt? Der Mönch, der vor acht Tagen verhaftet wurde —"

„Johann von Avila!" rief Peter Arbuez. „Ha, ich werde ihn in den Kerkern der Inquisition verfaulen lassen!" [1]

„Das wäre sehr ungeschickt, gnädigster Herr," sagte Joseph, und fuhr dann nach einer kurzen Pause fort: „Dieser Mönch hat Doctrinen, die dem katholischen Glauben entgegen sind. Es muß ein Exempel statuirt werden, um den Triumph der Religion zu sichern, die Euren Ruhm und Eure Macht bildet. Der Papst und der König, sie werden es Euch Dank wissen, denn beide verabscheuen die Ketzerei Luther's. Lasset Johann von Avila vor den Schranken erscheinen, aber auf eine feierliche Weise; die Sitzung sei öffentlich: lasset frei alle Welt eintreten, und im Angesichte von ganz Sevilla beweist, indem Ihr Den verurtheilt, den Andalusien den Apostel nennt, daß derselbe nur ein elender Apostat, ein gefährlicher Ketzer ist."

In dem Maße, wie Joseph sprach, zeigte das Gesicht des Inquisitors auf entschiedene Weise die verschiedenen Gedanken, die ihn bewegten. Zu der höchsten Leidenschaft seines Lebens, der Herrschsucht, zurückgeführt, hörte Peter Arbuez mit unbeschreiblichem Wohlgefallen den Versucher mit dem Gesichte eines Erzengels an, der durch Schmeichelei und Gewandtheit die Seele seines ganzen Willens geworden war.

„Ja, Du hast Recht," sagte Peter Arbuez, „Du hast Recht, Joseph; ich vergesse zu oft den wahren Zweck meiner Sendung hienieden. Ich lasse mich zu leicht durch die unbezähmbare Gewalt der Sinne, durch den Strom meiner wilden Leidenschaften, fortreißen. Der Mensch beherrscht zu oft den Inquisitor, und schon zwanzigmal haben die Unbesonnenheiten, zu denen mich mein feuriges Temperament fortriß, mich beinahe in das Verderben gestürzt. Du bist sehr glücklich, Joseph, denn Deine Sinne sind ruhig, wie die einer Jungfrau, oder Du beherrschst sie vielmehr durch die Kraft Deines Willens. Du bist der Einzige unter uns,

[1] Johann von Avila ist in der That fünf Jahre in den Kerkern der Inquisition geblieben, wie wir dies sehen werden, wenn es an der Zeit ist.

den man nie die geringste Schwäche zum Vorwurf machen konnte."

„Gnädigster Herr, um über die Anderen zu herrschen, muß man damit anfangen, sich selbst zu beherrschen. Der am schwierigsten zu besiegende Feind ist das menschliche Ich. Ihr werdet nur dann wahrhaft mächtig sein, wenn Ihr bei Zeiten eine Leidenschaft oder eine Laune zu unterdrücken versteht, und sie ohne Barmherzigkeit den Anforderungen Eurer Stellung unterwerft, nicht aber Euch durch sie beherrschen lasset."

„Bist Du es, Joseph, der so spricht, Du, der Du so oft meinen Neigungen und meinen Launen, wie Du sie nennst, gedient hast?"

„So oft dies Eurer Eminenz nicht schaden konnte, doch nur in diesem Falle; jetzt Eure thörichte Liebe für dieses junge Mädchen ermuthigen, welche, Alles erwogen, nicht schöner ist als eine Andere, wäre ein unwürdiger Verrath gegen Euch. Das Volk ist unzufrieden; das heutige Ereigniß beweist es hinlänglich. Reizt es nicht noch mehr, indem Ihr offen zwei Flüchtlinge verfolgt; sie haben Anhänger unter dem Volke. Für den Augenblick laßt sie in Frieden. Haltet Ihr darauf, nun dann könnt Ihr sie später wieder finden. Fehlt es Euch denn an Cruciatos[1] in Spanien, um sie zu verfolgen und aufzufinden? Glaubt mir, gnädigster Herr, sucht vielmehr die Aufmerksamkeit der unruhigen Massen auf einen anderen Punct zu lenken; schmeichelt dem Papste und dem Könige, indem Ihr den strengsten Eifer gegen die Reformirten zeigt. Kurz, Eminenz, seiet ein allmächtiger geistiger Herrscher und nicht der elende Sclave eines Weibes."

„Joseph," sagte Peter Arbuez, „wäre ich König, so machte ich Dich zu meinem Premierminister."

[1] Die cruciatos waren nach der Angabe eines Geschichtsschreibers der Inquisition, der es nicht für zweckmäßig gehalten hat, seinen Namen zu nennen, eine Art von Kreuzbrüdern, deren Zweck die Vernichtung der Ketzer war, wo man ihrer habhaft werden konnte. Nach demselben Verfasser bildeten diese Kreuzbrüder eine Brüderschaft, zu welcher Leute aller Stände gehörten: Mönche und Priester, Bischöfe, Bogenschützen und Cardinäle, große Herren und Bettler, rechtschaffene Leute, von Fanatismus erfüllt und Räuber ohne Treue und Glauben. Das italienische Wort cruciato läßt mich glauben, daß diese Gesellschaft ebenfalls italienisch war.

„Der Minister würde dann der erste Sclave Eurer Majestät sein," entgegnete der Günstling."

„Nun gut, es sei," fuhr der Inquisitor voll Enthusiasmus fort, „es sei; ich will die Empörungen des unbezähmbaren Fleisches unterdrücken, die mich in einzelnen Augenblicken schwach und unentschlossen machen, wie ein Kind. Ich will stark sein, um zu herrschen, und um ungehindert zu herrschen, will ich es lernen, meine eigenen Neigungen zu unterdrücken! Ein Weib! Was ist ein Weib? Was kommt darauf an, ob sie Dolores oder Paula heiße, ob sie die Tochter eines Grand von Spanien oder die des letzten Gitano in ganz Andalusien sei? Sie ist, Alles genau erwogen, doch nur ein elendes Spielwerk, unwürdig, einen großen Platz in dem Leben eines Mannes einzunehmen."

„Ohne Zweifel," erwiderte Joseph, der bei dem Namen Paula erbebte. „Ohne Zweifel ist ein Weib nicht würdig, daß Eure Eminenz sich mit ihr mehr als einige Minuten beschäftige. Sie als etwas Anderes zu betrachten, als ein Spielwerk oder eine Sclavin, wäre eine unverzeihliche Thorheit. So werden also Eure Eminenz morgen, nicht später als morgen diesen gefährlichen Mönch vorfordern?"

„Ja, morgen," entgegnete lebhaft der Inquisitor. „Habe ich nicht die Interessen Rom's zu vertheidigen? Und welche größeren Feinde hat Rom, als diese unsinnigen Priester, welche das Apostolat auf die einfache Befolgung des Evangeliums beschränken, als ob nicht der Codex des Katholicismus eine Reihenfolge von Fictionen und Allegorien wäre, die jeder Papst, jedes Concilium, jeder Würdenträger der Kirche das Recht hat, nach seinem Willen und nach den zeitlichen und geistigen Bedürfnissen des Landes, in welchem er lebt, des Volkes, das er beherrscht und seiner eigenen Neigungen, auszulegen? — Hinweg mit diesen unsinnigen Neuerern, welche dem Volke die Freiheit predigen! Hat nicht Christus selbst gesagt: „Gebet dem Kaiser, was des Kaisers ist? Die Reformirten aber sagen: Nehmt dem Papste die Macht, die er von Gott hat. — Nein, nein, es soll ihnen nicht gelingen, den Stuhl des heiligen Petrus zu stürzen; die Kirche wird gegen sie mit wachsender Strenge einschreiten, denn das Unkraut darf nicht den guten Samen ersticken. Zehn Mönche wie dieser Johann von Avila würden bald Spanien in Aufstand gebracht und die Inquisition verjagt haben."

„Eure Eminenz sind ermüdet," bemerkte Joseph; „Ihr bedürft der Ruhe nach einem Tage, wie dieser war."

„Und auch Du, mein armer Joseph," sagte Peter Arbuez, indem er mit der Hand über die brennende Stirn seines Günstlings strich. „Aber Du siehst wohl, ich lasse mich stets durch den Strom meiner ungestümen Leidenschaften fortreißen. — Nun, lebe wohl denn, auf morgen. Ich will noch eine Stunde beten, damit der heilige Geist mich in dieser schwierigen Lage aufkläre."

Der Inquisitor stand auf. Der Günstling begleitete ihn bis zu der äußeren Thür seiner Wohnung und sagte dann, indem er ihn verließ: „Eminenz, ich bitte um die Erlaubniß, mich auf drei Tage in mein Kloster zurückziehen zu dürfen."

„Gut, mein lieber Joseph. Ich begreife. — Du bedarfst der Sammlung. — Aber nur drei Tage, hörst Du wohl? Du weißt, daß ich Deiner nicht entbehren kann. Ich muß am Sonntag in der Kathedrale Messe lesen und predigen; sei zur Stunde der Predigt zurück."

„Ich verspreche es Euch, ich werde nicht dabei fehlen," sagte Joseph.

Joseph kehrte in sein Zimmer zurück, ließ den schweren rothsammtnen Vorhang vor die Thür fallen, warf sich in einen großen Armsessel am Fuße seines Bettes und rief mit dem Tone unaussprechlicher Befriedigung: „Es ist also zu Ende. Dies war mein letzter Tag der Verstellung."

XLIV.

Ein Priester nach dem Evangelium.

Kehren wir zum dritten Male zu dem furchtbaren Tribunale zurück, vor dem wir schon so viele edle Opfer erscheinen sahen. Wir wohnten früher hier einer sehr interessanten und sehr feierlichen Sitzung bei. Große Namen wurden in derselben der römischen Hydra als Aetzung vorgeworfen und ihr Wapenschild zerbrach bei der bloßen Beschuldigung: Ketzer. Dieses Wort, durch ein Tribunal ausgesprochen, gegen das es keine Berufung gab, genügte, um für immer aus der Reihe der menschlichen Gesellschaft ganze Familien auszustreichen, deren Ursprung sich in die Nacht der Zeit verlor. Heute dagegen ist es keine Familie, ist es kein großer Herr Spaniens, der sich auf die Anklagebank setzen soll, um aus dem Munde des Inquisitors den Urtheilsspruch zu vernehmen, der ihn dazu verdammt, zu sterben, oder für seine übrige Lebenszeit entehrt zu sein. Es ist nicht die Macht, der Reichthum oder die Schönheit, welche heute die Inquisition anklagt, sondern die Barmherzigkeit selbst, die Mensch gewordene Barmherzigkeit, bekleidet mit der einfachen Kutte eines unbeschuhten Carmeliters, um das verfolgte Spanien zu trösten, der Fleisch gewordene christliche Geist, damit unter dieser gewöhnlichen Gestalt das Volk ihn nicht verkennen, seine Existenz nicht leugnen könne; kurz, es ist ein armer Mönch, der sein ganzes Leben damit zubrachte, zu beten und zu segnen, und dieser Mönch ist Johann von Avila. Die Inquisition fürchtete seine Tugenden mehr, als die Laster der Anderen, und sie sagte: „Diesen müssen wir zerschmettern, denn er ist die lebendige Verurtheilung unserer Verbrechen.“

Doch gehen wir um einige Stunden zurück. Man wird sich erinnern, daß in der vorhergehenden Nacht Joseph von Peter Arbuez Abschied nahm, indem er vorschützte, sich in sein Kloster zurückziehen zu wollen. Statt dessen aber ging er schon sehr früh aus, und begab sich nach der Taverne der Buena Ventura. Hier schloß er sich mit Coco in dem ärmlichen Raume ein, in welchem der Alguazil schlief, und der Mönch und der Mann des Volkes sprachen lange mit leiser Stimme mit einander. Joseph vertraute Coco mit der unbedingtesten Hingebung wichtige Geheimnisse an, wie Jemand, der dessen, an Den er sich wendet, vollkommen gewiß ist und Coco empfing sie mit der stolzen Freude eines ergebungsvollen Niederen, der sich glücklich darüber fühlt, daß man ihm vertraut und ihn auf die Probe stellt. Dieses Gespräch währte ungefähr eine Stunde. Darauf ging der Alguazil geradewegs nach dem Inquisitionspalaste, zeigte dem Schließer einen Befehl Joseph's mit dem beigedrückten Inquisitionssiegel, um ihn in das Gefängniß Johann's von Avila einzulassen, damit er denselben prüfe,[1] wie dies häufig bei den Gefangenen des heiligen Officiums geschah, um dieselben durch listige Vorspiegelungen auszuholen. Man ließ ihn zu dem Gefangenen; er übergab dem Mönche die Zeilen Joseph's, und nachdem er etwa eine halbe Stunde in dem Kerker zugebracht hatte, begab er sich zu dem Präsidenten des höchsten Rathes. Johann von Avila hatte in seinem Kerker mit einem Bleistift, welchen Coco ihm gab, einige Zeilen an den Präsidenten geschrieben. Coco übergab sie in dessen eigene Hände, und kehrte dann zu seinen Geschäften zurück. Joseph war während dessen nach der Gardunnia gegangen.

Nehmen wir jetzt den Faden unserer Erzählung wieder da auf, wo wir ihn ließen. Wir befinden uns in dem Audienzsaale des Inquisitionspalastes. Rings um uns her zeigt sich derselbe finstere Prunk, den man bei diesen Gelegenheiten entfaltete. Nur war seit dem Morgen in der Stadt das Gerücht umgelaufen, daß die Sitzung öffentlich sein würde, und daß alle Welt freien Zutritt hätte. Groß war die Aufregung unter dem Volke, und mehr als Einer verließ seine Geschäfte, um sich schon lange vor der Stunde der Sitzung nach dem Inquisitionspalaste zu begeben. Eine solche Gunst war so selten zu erlangen! Die Sitzungen dieses Tribunals, dessen Organisation der keines anderen glich, und welches beinahe ohne alle Regeln und ohne alle Ordnung, nur nach der willkürlichen Entscheidung oder nach der Laune jedes Inquisitors handelte, diese Sitzungen, sagen wir, deren Begünstigung den Freunden der Inquisition vorbehalten war, bildeten beinahe ausschließlich ein Schauspiel für die Mönche und die großen Herren, welche Familiaren waren. Auch diesmal wieder hatte Peter Arbuez dem hinterlistigen Einflusse seines Günstlings nachgegeben, indem er die Sitzung öffentlich machte, in welcher

[1] Die Inquisition hatte nicht bloß die Tortur und die schmeichelnden Worte, um Denen, welche sie vor der ewigen Strafe bewahren wollte, Geständnisse zu entreißen; gleich der Polizei unserer Tage hatte sie auch ihre versuchenden Dämonen, welche unter dem Vorwande, die Gefangenen zu trösten, sie besuchten und von ihnen Geheimnisse zu erforschen trachteten, die sie dann sogleich der Inquisition mittheilten. Diese Agenten des heiligen Officiums nannten sich probadores (Prüfer).

der Freund des Volkes erscheinen sollte, der von den Sevillanern verehrte Heilige, der Tröster der betrübten Seelen, der Vater der Armen und Unterdrückten. Eine ungeheure Menschenmenge belagerte den Palast schon lange vor der Eröffnung der Sitzung, und nicht blos das Volk war zu dieser Feierlichkeit herbeigeeilt, sondern ganze Familien der reichen Hidalgos, überrascht durch einen solchen Proceß, und neugierig, zu erfahren, welches Verbrechen man einem Manne zum Vorwurf machte, der als das Muster aller Tugenden bekannt war.

In dem Augenblicke, als die Thüren geöffnet wurden, drängte die begierige Masse sich in den Sitzungssaal, der in einem Nu überfüllt war. Viele mußten draußen bleiben; eine noch größere Menge stand auf der Straße und in der Nähe des Palastes, mit ängstlicher Besorgniß das Ende der Sitzung erwartend, um aus dem Munde der Ersten, die herauskommen würden, desto schneller den Spruch der Inquisition zu vernehmen. Ganz Sevilla war in Aufregung, wie bei einem großen und verhängnißvollen Ereignisse. Peter Arbuez hatte sich diesmal wieder durch die Einflüsterungen Joseph's über den wahren Geist des Volkes getäuscht, wie dies die Mächtigen der Erde beinahe immer thun, wenn sie ihren Günstlingen das Ohr leihen.

Als Peter Arbuez sich auf den Präsidentensessel niederließ, zeigte er ein freudestrahlendes Gesicht, welches seine inneren Gefühle verrieth. Er tröstete sich gewissermaßen darüber, Manuel Argoso und Dolores verloren zu haben, indem er darauf hoffte, Johann von Avila zu verurtheilen. Dieser Ausdruck entging den Anwesenden nicht, und der öffentliche Haß gegen den Inquisitor steigerte sich an diesem Tage noch durch die zärtliche Verehrung, welche der Apostel einflößte. Bald darauf erschien der Angeklagte. Seine Haltung war weder stolz noch hochmüthig, aber sie zeigte eine unendliche Majestät, und eine evangelische Ruhe thronte auf dem Gesichte, welches durch acht Tage der Leiden und der Einkerkerung kaum verändert war. Auf seiner Stirne zeigte sich der milde, aber entschlossene Ernst des wahren Dieners des Evangeliums, und indem man ihn in der Mitte des Saales mit der Freiheit und der Einfachheit der Unschuld und der Kraft vorschreiten sah, seine Ketten tragend, wie ein Anderer den Scepter getragen haben würde; indem man ihn seine ernsten, milden und väterlichen Blicke ebenso im Kreise umhersenden sah, wie er zu thun pflegte, wenn er die Armen besuchte, indem man sah, wie er endlich vor dem Großinquisitor stehen blieb, der, seiner gewöhnlichen Keckheit ungeachtet, diesen anklagenden Blick nicht auszuhalten vermochte, hätte man darüber zweifeln können, wer der Richter sei, Peter Arbuez, oder Johann von Avila, hätte dieser nicht mit der rührendsten Demuth seinen Platz auf der Anklagebank eingenommen. Hier erwartete er die an ihn gerichteten Fragen. Aber Peter Arbuez verachtete die gewöhnlichen Formen, und ohne ihn nach seinem Alter und seinem Namen zu fragen, ohne mit Ordnung und Regelmäßigkeit zu verfahren, wie er hätte thun sollen, sagte er mit kurzem Tone: „Stehet auf."

Dann bemerkte er plötzlich, daß dieses barsche Wesen seiner Rolle als Inquisitor widersprach, und mit dem Ausdrucke erzwungener Sanftmuth fügte er hinzu:

„Stehet auf, mein Bruder und antwortet uns."

Johann von Avila richtete sich in der ganzen Höhe seines großen, edlen Wuchses empor. Alle Herzen standen still, und ungeachtet der Anwesenheit der Inquisitoren bewiesen leise gewechselte Worte und ein allgemeines Gemurmel die Sympathie des Volkes.

„Mein Bruder," nahm Peter Arbuez wieder das Wort, „unser Eifer für den Dienst Gottes kann uns nicht vergessen lassen, daß Ihr einer seiner Diener seid, und daß Ihr das heilige Gewand der Leviten tragt; aber eben deshalb ist auch unsere Verantwortlichkeit um so größer, und wir dürfen in Euch nicht das Geringste dulden, was dahin führt, die Anderen von der strengen Beobachtung der heiligen Canons zu entfernen, die das Gesetz der Kirche sind."

„Das Gesetz der christlichen Kirche ist das Evangelium," erwiderte Johann von Avila einfach.

„Die Concilien haben diesem Gesetze Manches hinzugefügt," erwiderte der Inquisitor. „Die Kirche Jesu Christi hat wohl das Recht, das Werk ihres göttlichen Stifters fortzuführen."

Johann von Avila schwieg. Der Inquisitor hatte auf eine Antwort gehofft, denn er rechnete darauf, ihn tückisch, durch seine eigenen Worte zu fangen; aber seine Erwartung wurde getäuscht. Er fuhr fort: „Mein Bruder, weshalb habt Ihr, mit einer heiligen Sendung betraut, dazu beauftragt, durch die Predigt die Seelen zu leiten und zu lenken, im Gegentheile gesucht, sie irre zu führen, indem Ihr die Lehren der Neuerer verbreitet? Wißt Ihr, daß dies ein Verbrechen des verletzten Katholicismus ist?"

„Klagt man mich dessen an?" fragte Johann von Avila.

„Darin liegt Euer Verbrechen, mein Bruder, oder vielmehr Euer Irrthum," fügte Peter Arbuez mit erheuchelter Mäßigung hinzu.

Der Inquisitor machte eine neue Pause; doch auch diesmal antwortete Johann von Avila nicht. „Ihr habt auf der Kanzel gesagt," fuhr der Inquisitor fort, „Gott sei gleich gut gegen Alle, und er verbreite seine Wohlthaten über die Gerechten und über die Sünder."

„Ich habe das nicht gesagt," erwiderte der Apostel; „Jesus Christus selbst that es, und er bewies es nicht blos durch seine Worte, sondern noch mehr durch seine Handlungen."

„Jesus Christus hat das Anathema ausgesprochen über die Gottlosen und über die Ketzer," entgegnete Peter Arbuez.

„Jesus Christus hat das Anathema über Niemand ausgesprochen, gnädigster Herr; er hat nur die Heuchler angeklagt und getadelt, Die, welche ihre Laster mit dem Mantel der Frömmigkeit und der Tugend bedeckten; Die, welche unter einem strengen Aeußeren grobe Lüste verbargen; Die waren es, Eure Eminenz, welche Jesus Christus mit Schmach belegte. Die Anderen, die Verirrten oder die Reuigen, nahm er auf seine Schultern, er erwärmte sie an seinem Busen mit der belebenden Gluth seiner heiligen Liebe, seiner göttlichen Barmherzigkeit."

Die Anwesenden hörten mit tiefer Sammlung diese Worte an; der Apostel beherrschte die Versammlung mit der ganzen Höhe seiner erhabenen Moral. Peter Arbuez verlor seine Keckheit und begann zu bereuen, daß er dieser Sitzung eine solche Oeffentlichkeit verliehen hatte. Indessen kam die Arglist des Inquisitors demselben zu Hilfe, und er fuhr fort mit sicherem, langsamem und feierlichem Tone zu sprechen, indem er mit aller Macht seines stolzen, unbezwinglichen Willens die Sanftmuth und die Demuth erheuchelte.

„Mein Bruder,“ sagte er zu Johann von Avila, „nicht nur in Euren Predigten habt Ihr Euch als eifriger Anhänger der Reform gezeigt, oder vielmehr eine strafbare Gleichgiltigkeit gegen den römisch-katholischen Cultus an den Tag gelegt, sondern Ihr bewieset auch noch die strafbarste Toleranz gegen die unglücklichen Ketzer, die sich freiwillig von der heiligen Kirche abwenden.“

„Ich verstehe Euch nicht, gnädigster Herr,“ sagte der Apostel.

„Ihr macht, wie man sagte, Eure gewöhnliche und liebste Gesellschaft aus Bettlern, Juden und Mauresken, und es genügt, einer dieser verfluchten und verworfenen Kasten anzugehören —“

„Gnädigster Herr,“ unterbrach ihn der Apostel mit einer erhabenen Einfachheit, „diese Kasten sind unglücklich und verfolgt; die anderen bedürfen meiner nicht.“

Ein lautes Gemurmel leidenschaftlicher Bewunderung folgte diesen so einfachen Worten, welche die ganze Seele, das ganze Leben Johann's von Avila schilderten. Der Inquisitor erkannte, daß es schwer sein würde, den Apostel in Gegenwart dieser ganzen Bevölkerung Sevilla's zu verurtheilen. Er hatte geglaubt, er würde nur ein Wort zu sagen brauchen, um ihn zu zerschmettern, und durch die bloße Macht der Wahrheit wies der heilige Prediger siegreich die abgeschmackten Anklagen zurück, und der Triumph wurde ihm zu Theil, der nie etwas Anderes gesucht hatte, als das Glück der Dunkelheit; denn die Predigt, diese göttliche Mission, welche durch die Apostel ihren Nachfolgern übertragen wurde, diese Tochter des Evangeliums, aus welcher die römische Kirche eine schamlose Komödiantin gemacht hat, die in der Kirche Christi gesticulirt und paradirt, war für Johann von Avila nichts als ein Mittel des Trostes und der Belehrung, nicht aber eine Springfeder weltlichen Ehrgeizes. Der demüthige Carmeliter erwartete von seiner gewaltigen oder leidenschaftlichen Beredtsamkeit nicht die Ehren des Episcopats; er predigte nicht wie ein Advocat oder ein Schauspieler, sondern wie der heilige Paulus und der heilige Jacobus, diese beiden Säulen des christlichen Glaubens, diese Väter der Heerde, welche als die Ersten nach ihrem göttlichen Meister gepredigt haben, indem sie der Welt den Samen der Barmherzigkeit und der Freiheit ausstreuten, jene göttlichen Schätze, welche die einzige Quelle der menschlichen Tugend sind.

Der Inquisitor war zu scharfsichtig, um nicht zu erkennen, welche Gefühle die Versammlung beseelten. Auf der anderen Seite kannte er die Treue des spanischen Volkes, die unverletzliche Anhänglichkeit, mit der es an dem katholischen Glauben hing, ungeachtet der abscheulichen Bedrückung, die man es erdulden ließ. Peter Arbuez wußte wohl, daß alle die Aufstände, welche das Land beunruhigten, nicht gegen die Religion gerichtet waren — dazu waren die Spanier zu fromm — sondern nur gegen die Bedrücker, gegen Die, welche im Namen eben dieser Religion täglich die abscheulichsten Mißbräuche begingen. Er suchte daher das Volk bei seiner schwachen Seite zu fassen, indem er zu beweisen trachtete, daß Johann von Avila ein schlechter Katholik sei. Sich wieder zu dem Angeklagten wendend, sagte er daher: „Mein Bruder, es ist für uns sehr schmerzlich, einen Diener des Evangeliums tadeln zu müssen, der bisher nur Beispiele der Tugend gegeben hat; aber wir sind Alle schwach und sterblich; der böse Geist wacht beständig, und bemächtigt sich bald Dessen, der schlechte Wache hält, oder sich einige Augenblicke vernachlässigt. Wir wollen die Geheimnisse einer so großen Umwandlung, wie sie mit Euch vorgegangen ist, nicht erforschen; aber gewiß ist es, und sechs Zeugen haben dies bestätigt,“ sagte Peter Arbuez, indem er mit der Hand auf das auf dem Tische offen liegende Anklagebuch deutete, „gewiß ist es, sage ich, daß Euer Geist, so hell und so tief, sich durch die verpesteten Lehren verführen ließ, die aus Deutschland kamen. Ihr habt mehrmals auf der Kanzel ausgesprochen, daß die äußeren Gebräuche von geringer Wichtigkeit sind, die Reinheit des Herzens aber Alles ist. Leugnet Ihr das, mein Bruder? Ist das nicht eine von den Lehren der Reformirten?“

„Ich leugne es, in Beziehung auf die Ausdrücke,“ erwiderte Johann von Avila. „Es ist sicher, daß man bei meiner Anklage meine Absichten und meine Worte verdreht hat. Ich sagte, gnädigster Herr, und ich wiederhole dies hier in Eurer Gegenwart, weil ich es mit dem wahren Geiste des Christenthums übereinstimmend halte, ich sagte, daß die äußeren Gebräuche nichts sind, ohne die Werke, nichts, wenn sie nicht von der Rechtschaffenheit des Herzens und von der Reinheit der Absichten begleitet werden. Glaubt Ihr, Eminenz," fügte er hinzu, indem er seinen ruhigen, gewaltigen Blick auf das Gesicht des Inquisitors richtete, „glaubt Ihr, daß Der Gott angenehm sei, der sich vor den Altären niederwirft und den Staub der Kirchen küßt, die Seele besudelt mit Mordthaten, Rachgier oder Unzucht? Der, welcher zu Gott unter Seufzern und Klagen ruft: „Mein Gott, verzeihe mir," und dabei in seinem Herzen auf den Untergang seines Feindes sinnt? — der zu Jesus spricht: Fleckenloses Lamm, erbarme Dich meiner; und der, wenn er von dem Gebete kommt, sich vielleicht in allen Lastern besudelt? — Der, welcher —"

„Mein Bruder, unterbrach ihn der Inquisitor mit einiger Unruhe, denn die beiden Männer schienen ihre Rollen gewechselt zu haben, „mein Bruder, wißt Ihr, ob Der, welcher betet und weint, indem er sich die Brust schlägt, Gott nicht eben durch seine Reue angenehmer ist, als der Stolze, der sagt: Ich bedarf des Gebetes nicht, ich bin rein?"

„Gnädigster Herr," erwiderte der Carmeliter mit ruhiger, ernster, imposanter Stimme, welcher der Klang der Wahrheit, der Kraft und der Freiheit, sowie der innigsten Ueberzeugung eine unwiderstehliche Gewalt verlieh, „gnädigster Herr, ich beschwöre Euch, laßt uns nicht in diese theologischen Streitigkeiten eingehen, bei denen der Glaube nichts gewinnen kann. Das Volk, welches uns hört, ist gerecht, fromm und gläubig; es kümmert sich nicht darum, unter welcher mehr oder minder abstracten Form die wahre Beobachtung der Gesetze des Evangeliums zu finden ist, und ich habe mich auch nicht darum gekümmert, es darin zu unterrichten. Ich sagte einfach: Seid liebevoll, keusch und barmherzig, denn Jesus Christus, unser Vorbild, ist barmherzig, keusch und liebevoll gewesen. Ich sagte: Liebet Euch und steht Euch bei unter einander, denn Ihr seid alle Brüder und Kinder eines Vaters, welcher Gott ist; und ich sagte dies nicht nur zu den Christen der römisch-katholischen Kirche, sondern auch zu denen, welche sich zu der reformirten Kirche neigten; ich sagte es auch zu den bekehrten Mauresken und Juden, die in ihrem Glauben noch schwankend waren und zu Denen, welche von dem Glauben ihrer Väter nur aus Furcht abfielen. Allen habe ich die gleiche Moral und das gleiche Gesetz gepredigt und oft, ach, gnädigster Herr, sehr oft, sah ich, wie sie auf die Knie niedersanken und weinend riefen, daß sie einer so milden Religion angehören wollten, und das thaten selbst Die, welche später aus der Mitte der Flammen der Scheiterhaufen unsere heilige Religion lästerten und verfluchten."

„Er lästert, o mein Gott!" rief Peter Arbuez; „ein Priester Jesu Christi wagt es, die heilige Inquisition anzuklagen."

Auf diesen heuchlerischen Ausfall antwortete Johann von Avila nicht, aber der Blick, den er auf den Inquisitor richtete, war so deutlich, so kalt, so schneidend, daß der übermüthige Arbuez den Glanz desselben nicht zu ertragen vermochte. Der, vor welchem ganz Sevilla zitterte, senkte die Augen vor einem geringen Priester der christlichen Kirche, zitterte vor einem Angeklagten. Der Blick Johann's von Avila war eine beredte, doch stumme Anklage, aus welcher der Inquisitor alle seine Nichtswürdigkeiten hätte lesen können, die offenbarsten, wie die geheimsten, seine ungerechten Verurtheilungen, seine keck am hellen Tageslichte begangenen Verbrechen, seine geheimen Ausschweifungen, noch viel verabscheuenswerthere Verbrechen, welche oft die einzige Ursache der ersteren waren. Von dem Lager eines Inquisitors bis zu dem Scheiterhaufen war der Uebergang ganz natürlich. Was soll auch ein schamloser Priester mit den Opfern seiner Nichtswürdigkeit beginnen, den lebenden Zeugen, die stets zu seiner Anklage bereit sind? Wenn er Inquisitor ist, läßt er sie verbrennen; in Zeiten der bürgerlichen und religiösen Freiheit erdolcht er sie. Mingrat und Lacolonge, die im 16. Jahrhunderte geboren wurden, würden der Inquisition Ehre gemacht haben. Nichts ist verbrecherischer keck, als ein schlechter Priester; Peter Arbuez, der einen Augenblick verwirrt war, gewann seine kalte Zuversicht bald wieder. Die Zuhörer waren erstarrt, denn sie begriffen die Gefahr des Muthes, und dennoch fühlten sie sich electrisirt durch die Worte des Apostels, ergriffen von Ehrfurcht, Enthusiasmus und Dankbarkeit, denn in der ganzen Versammlung war kaum Einer, der nicht Johann von Avila zu segnen gehabt hätte. Die

Anwesenden erwarteten daher mit der höchsten Besorgniß den Ausgang dieser Sitzung. Man wagte weder zu sprechen, noch seine Gedanken mitzutheilen, aber mehr als Einer in der aufmerksamen Menge empfand den Eindruck desselben Gefühles: ein allgemeines Verlangen, ihren heiligen Prediger zu retten, beseelte alle Herzen. Peter Arbuez erkannte, daß gegen einen Redner wie Johann von Avila der Triumph unmöglich war. Ohne die Discussion weiter zu führen, gab er dem Schreiber, der die Antworten des Apostels niedergeschrieben hatte, ein Zeichen. Der Schreiber übergab ihm das Protokoll; Peter Arbuez überlas es, als wollte er sich dazu reizen, eine solche Verwegenheit zu bestrafen, und bei jedem einzelnen Satze zogen seine Augenbrauen sich mehr und mehr zusammen. Ein schwarzer Sturm des Hasses häufte sich auf dieser hohen finsteren Stirn, einem entsetzlichen Blatte, auf welchem der Beobachter so viele unheimliche Dinge lesen konnte.

Nachdem er zu Ende war, nahm er das Register, in welches die Zeugenaussagen eingetragen waren, und als er es überlesen hatte, sagte er: „Richtig, so ist es. Die Aussagen der Zeugen stehen in vollkommener Uebereinstimmung mit den Antworten des Angeklagten. Die Zeugen, welche ihre Aussagen unterzeichneten, sind unter einander vollkommen übereinstimmend; alle bestätigten, daß der Priester Johann, mit dem Beinamen von Avila, ein Predigermönch von dem Orden der unbeschuhten Carmeliter, nicht nur häufigen Umgang mit lutherischen, jüdischen oder maureskischen Ketzern gehalten hat, sondern daß er auch in seinen Predigten Aeußerungen that, die dem katholischen Glauben widersprechen. Da diese Zeugen auf das Evangelium beschworen haben, daß sie die Wahrheit sagten, müssen wir uns auf ihre Aussagen verlassen. In Uebereinstimmung mit den Gesetzen der heiligen Inquisition sind wir daher gezwungen, den Priester Johann mit den Strafen zu belegen, die unsere heiligen, inquisitorialischen Gesetze vorschreiben, es sei denn, daß der Angeklagte noch während dieser Sitzung durch die Erklärung von zwölf Entlastungszeugen beweisen kann, daß er fälschlich angeklagt wurde."

Indem der Inquisitor diese Worte sprach, richtete er die Augen auf die Bank, auf welcher Johann von Avila saß. Der Apostel hatte nicht die leiseste Bewegung gemacht, sondern Alles mit angehört, als handle es sich um einen Andern; allein unter der Versammlung hatte sich plötzlich ein lebhaftes Gemurmel erhoben, und die Bank der Zeugen, die bisher leer war, füllte sich rasch mit den Angesehensten der bei dieser Sitzung anwesenden Hidalgos, welche sich sämmtlich den Ruhm streitig machten, ihr Leben für ihren geliebten Apostel preiszugeben. Es fanden sich in dem Saale so viele Zeugen für die Unschuld Johann's von Avila, als Anwesende zugegen waren. Als dieser aber sah, wie sie sich so dem Tode aussetzten, oder wenigstens sehr strengen Strafen, blickte er sie mit seinen milden, väterlichen Augen an und gab ihnen mit der Hand ein Zeichen, sich zurück zu ziehen. Bei dem Beweise dieser so allgemeinen Liebe war seine Rührung so groß, daß er nicht die Kraft hatte, zu sprechen. Zwei köstliche Thränen, zwei Thränen unaussprechlicher und himmlischer Zufriedenheit, entrannen seinen ruhigen Augen, die sich stets nur unter den Leiden Anderer getrübt hatten.

„Er ist uuschuldig! Er ist unschuldig!“ riefen zu gleicher Zeit alle diese enthusiastischen Stimmen.

„Er hat uns genährt, als wir hungerten.“

„Er hat uns getröstet, als wir weinten.“

„Er hat unsere Zwistigkeiten beigelegt und den Frieden in unsere Familien zurückgeführt.“

„Er hat die jungen Leute, die sich liebten, gesegnet und die entzweiten Gatten ausgesöhnt.“

„Er ist der Ruhm und das Glück Andalusiens.“

Es war ein allgemeines Concert der Segenssprüche, ein Beifallsjubel, stärker als die Furcht, welche die Inquisition einflößte, etwas Plötzliches und Unwiderstehliches. Alle diese Menschen schienen einer Stimme von oben zu gehorchen, welche sie unwiderstehlich vorwärts trieb, eine so edle Sache mit Verachtung der eigenen Gefahr zu vertheidigen. Bei einer so allgemeinen Aeußerung der Theilnahme fühlte der grausame Arbuez sich von einem schwindelnden Gedanken des Hasses erfaßt; er glaubte mit Keckheit und Festigkeit dem Volke imponiren zu können, welches sich zur Vertheidigung einer so heiligen Sache herbeidrängte; er wußte nicht, daß das Volk, dieser furchtbare Feind, ebenso ergebungsvoll für die Gegenstände seines Cultus ist, als grausam und unerbittlich gegen Die, welche dieselben verletzten, und daß sein Zorn dem der Wogen gleicht, welche Die in den Abgrund stürzen, die ihnen zu widerstehen wagen. Zum offenen Kampfe entschlossen, verachtete Peter Arbuez diese allgemeine und heilige Gefühlsäußerung. Das war der Augenblick, oder er erschien nie, die Wahrheit der Worte zu prüfen: Volkesstimme, Gottesstimme! Aber Peter Arbuez kümmerte sich darum nicht! Die Personen, welche auf der Zeugenbank Platz hatten finden können, standen auf und forderten mit lauter Stimme, daß man ihre Aussagen hören sollte. Der Inquisitor achtete nicht darauf; aber er wagte es gleichwohl nicht, öffentlich das Urtheil zu fällen, nachdem er die Anhörung der Zeugen verweigert hatte; er benutzte seine gewöhnliche Ausflucht, wendete sich zu den Sbirren, die zu seiner Rechten standen und sagte: „Die Sitzung ist aufgehoben; man führe den Angeklagten in das Gefängniß zurück.“

Das Volk hatte begriffen, was das sagen wollte;[1] ein lauter, allgemeiner Schrei erhob sich in der Versammlung, und zahlreiche Stimmen riefen zu gleicher Zeit: „Die Zeugen! Man vernehme die Zeugen!“

„Man räume den Saal!“ gebot Peter Arbuez, indem er aufstand, um sich zu entfernen.

Johann von Avila erhob sich von der Bank der Angeklagten, um den Sbirren zu folgen und sich zu dem

[1] Das Volk hatte begriffen, was das sagen wollte. Wenn bei seltenen Gelegenheiten die Inquisition die Kühnheit besaß, ihre Urtheilssprüche öffentlich zu fällen, so geschah es zuweilen, daß ein Angeklagter den Muth hatte, sich voll Kraft und ohne Schonung zu vertheidigen; in solchen Fällen schickte die stets gewandte Inquisition den Angeklagten in das Gefängniß unter dem Vorwande zurück: das Tribunal müsse sich aufklären, um Gerechtigkeit üben zu können. Diese Rücksendung war nur ein Recht, eines Nero würdig; der Angeklagte, der so wagte, der Inquisition zu trotzen, entging zuweilen den Flammen; allein er wurde allen Arten der Tortur unterworfen und starb zuletzt in den Kerkern, die Glieder zerbrochen und die Seele erfüllt von Verzweiflung. Einige Tage nach seinem Tode wurde dann sein Proceß beendigt; der Angeklagte wurde der Ketzerei für schuldig erklärt, und da man ihn als unbußfertig gestorben betrachtete, grub man seine Gebeine aus und verbrannte sie bei dem nächsten Autodafé; sein Andenken war beschimpft bis in seine Nachkommenschaft und seine Güter wurden die Beute der Inquisition. Llorente erzählt mehr als ein Beispiel von dieser willkürlichen Art zu verfahren; beinahe Alle die, deren Bilder oder Gebeine man verbrannte, waren Opfer dieses ganz inquisitorischen Verfahrens gewesen.

Volke wendend, sagte er voll Sanftmuth: „Beruhigt Euch, meine Freunde! Beruhigt Euch! Man wird mir Gerechtigkeit widerfahren lassen; Ihr dürft dessen versichert sein.“

Indem der Apostel so sprach, richtete er seine Blicke nach dem Hintergrunde des Saales, als erwarte er Jemand, doch es zeigte sich Niemand. Darauf wendete er seine Augen zum Himmel und murmelte voll Ergebung: „Der Wille Gottes geschehe!“

Das Volk murrte inzwischen fortwährend, und Einige — eine unerhörte Kühnheit in jener Zeit und an solchem Orte — wagten es sogar, die Barrière zu übersteigen, die sie von dem Angeklagten trennte. Hier warfen sie sich auf die Knie nieder vor Dem, welchen sie ihren Vater nannten und küßten seine Hand, seine Kleider, nicht mit der Demuth des Fanatismus, sondern mit einer rein kindlichen Verehrung, mit jener innigen Ehrfurcht, welche die Tugend gewinnt, ohne sie zu fordern, und die man dem allmächtigen Laster aus Furcht gewährt. Der Auftritt drohte stürmisch zu werden, doch die Inquisition war klug und vorsichtig. Binnen wenigen Augenblicken war eine dreifache Reihe von bewaffneten Sbirren und Bogenschützen der heiligen Hermandad, gleich einer langgestreckten Schlange, rings um das im Saale zusammengedrängte Volk aufgestellt, so daß die muthigen Menschen sich plötzlich umzingelt sahen, und daß nicht Einer von Allen lebend den Saal verlassen haben würde, wäre dies der Wille des Inquisitors gewesen. Ein großes Gemetzel würde dadurch unvermeidlich geworden sein, denn das glühende und muthige Volk hätte sich nicht ohne Widerstand niederwürgen lassen. Johann von Avila, der Alles mit einem Blicke übersah, erbebte in heiligem Unwillen, und in diesem Augenblicke beklagte er die Liebe, die er einflößte. Die Gefahr dieses braven, treuen Volkes ergriff ihn mehr, wie die eigene. Peter Arbuez, der hinter seinem Armsessel stand, ließ in dem Saale rings umher den zufriedenen Blick des Jägers schweifen, der den Löwen in den ausgestellten Netzen gefangen sieht. Das Volk allein hatte noch nichts bemerkt. Es war ein Glück für die Inquisition, daß seine Gedanken es so sehr abgezogen hatten, und vielleicht war das Glück für den Inquisitor noch größer. Dieser verfügte allerdings über eine bewaffnete Macht; aber was vermag diese gegen

Seite 446.

Jean d'Avila der Ketzerei durch die Inquisition beschuldigt.

ein muthiges, zu dem Aeußersten gebrachtes Volk, in Verzweiflung gesetzt durch die Bedrückung und das Elend langer Jahre! Peter Arbuez allein, verblendet, wie alle Despoten es sind, begriff die Gefahr nicht, in welcher er schwebte. In diesem Augenblicke aber wurden die beiden Flügel der Hauptthüre geöffnet, und die Wachen, sowie das Volk, wichen mit allen Zeichen der tiefsten Ehrfurcht zur Seite. Der Inquisitor erblaßte; Die, welche auf so feierliche Weise in den Sitzungssaal eintraten, waren der Präsident des obersten Gerichtshofes in eigener Person, umgeben von seinen Räthen. Als der Präsident dem Inquisitor gegenüber stand, hemmte er seine Schritte; er befand sich an der Seite Johann's von Avila.

Peter Arbuez senkte die Augen vor dem Vorsteher des höchsten Rathes, denn dieser hatte ihn mit einem Blicke des Zornes und des Vorwurfs angesehen, der nichts Gutes verrieth. Der Präsident wendete sich hierauf zu dem Apostel, den zwei Sbirren bereits bei seinen Ketten ergriffen hatten, um ihn in das Gefängniß zurückzuführen.

„Man befreie diesen Mann!“ sagte er mit strengem Tone.

Die Fesseln Johann's von Avila fielen wie mit Zaubergewalt.

„Gnädigster Herr!“ wagte Peter Arbuez zu sagen.

„Mit welchem Rechte habt Ihr diesen Mann angeklagt?“ fuhr der Präsident fort. „Ihr habt es nicht der Mühe werth geachtet, den Befehl zu seiner Verhaftung dem Rathe anzuzeigen. Wißt Ihr, daß ich könnte —“

„Es ist wahr,“ stammelte Peter Arbuez, „diese Förmlichkeit ist vernachlässigt worden, aber später —“

„Geht,“ gebot der Präsident mit strenger Stimme, „und ein andermal erinnert Euch daran, daß eine Vernachlässigung der Art ein Verbrechen ist. Der König und der hohe Rath wollen wohl, daß man die Ketzer verfolge, aber es muß unter gesetzlichen Formen geschehen, damit wir durch uns selbst über die Strafbarkeit der Angeklagten urtheilen können. Ihr seid frei, ehrwürdiger Vater,“ fügte der Präsident des höchsten Rathes hinzu, indem er sich mit der größten Freundlichkeit zu dem Apostel wendete.

„Ich danke Euch, gnädigster Herr,“ sagte Johann von Avila;“ ich erwartete nicht weniger von Eurer Eminenz.“

Peter Arbuez entfernte sich, das Herz von Wuth erfüllt; sein Reich ging zu Ende.

„Viva! Viva!“ schrie das Volk. „Gott und die heilige Jungfrau segnen den hohen Rath!“ Und dieses gute, offenherzige Volk stieß Geschrei enthusiastischer Bewunderung aus und vergoß Thränen der Freude über diese Handlung hoher und unendlich gewandter Politik,[1] wie für eine Handlung heldenmüthiger Ergebung oder königlicher Freigebigkeit. So beutete man das arme, vertrauensvolle und redliche Volk damals aus, denn jetzt würde Der sehr thöricht sein, der es für blind hielte. Das Volk ist hellsehend, sehr hellsehend, und wird es mit jedem Tage mehr, nur zeigt es sich zuweilen zu einfältig. Man traue ihm aber nicht, denn nichts ist gefährlicher, als eine zu Ende gehende Geduld, die lange Zeit gedauert hat! Die Freisprechung des Apostels Andalusiens war für ganz Sevilla eine allgemeine Freude. Man glaubte, daß Carl V. endlich alle seine Versprechungen halten wollte, und der höchste Rath von Castilien gewann eine ungeheure Popularität. Leider aber zeigte dieser große Staatskörper, der beinahe ganz aus Bischöfen und Prälaten zusammengesetzt war, für gewöhnlich einen ebenso großen Eifer, als die Inquisition selbst, bei der Ausrottung der Ketzerei. Aber der höchste Rath war ebenso wie jede andere Macht sehr eifersüchtig auf seine Autorität. Seine Rechte verletzen oder dieselben nicht anerkennen, war eine Beleidigung, die er selten verzieh. Dieser aber hatte Peter Arbuez sich schuldig gemacht, indem er es vernachlässigte, die Verhaftung Johann's von Avila anzuzeigen. Dieser Formfehler, welcher die Eigenliebe des höchsten Rathes verletzte, war ohne allen Zweifel Ursache zu der Rettung des berühmten Predigers.[2] Woher

[1] Es war in der That eine Handlung geschickter Politik, Johann von Avila zu befreien. Indem der oberste Rath so handelte, compromittirte er zwar die Autorität des Inquisitors, aber er ließ zu gleicher Zeit das Volk an die Redlichkeit und Gerechtigkeit der Inquisition glauben, und durch dieses Mittel befestigte er neu die Gewalt des verhaßten Tribunals, welches Spanien so viel Böses zugefügt hat, und welches die Religion selbst in das Verderben gestürzt haben würde, könnte die Religion Jesu Christi so untergehen.

[1] Der heilige Johann von Avila wurde geboren 1504 in Almodorcar del Campo, einer kleinen Stadt der Diöcese von Toledo, von reichen und in dem Lande geachteten Eltern. Er studirte zunächst das bürgerliche

kommt es, daß so oft die wichtigsten Resultate aus den erbärmlichsten Ursachen entspringen? — Dies muß wohl so in den Absichten Gottes liegen! Als Johann von Avila den Sitzungssaal verließ, hob das Volk ihn auf seine Arme und die Menge, die vor Freude und Hoffnung wie berauscht und wahnsinnig war, brachte ihn so im Triumph bis zu seiner bescheidenen Wohnung, indem dabei unablässig das Geschrei ertönte: „Es lebe unser geliebter Apostel! Es lebe der König! Es lebe der Herr Präsident des höchsten Rathes!“

und canonische Recht auf der Universität Salamanca nach dem Wunsche seiner Eltern, welche ihn zu dem Richterstande bestimmten, aber sein Beruf für den Priesterstand war unwiderstehlich. Seine Eltern wollten seinen Neigungen nicht widersprechen, da sie in ihm einen tugendhaften Menschen sich entwickeln sahen, einen Diener Gottes nach dem Evangelium, und schickten ihn nach Alcala d'Henarez, wo er mit allem Eifer die Theologie studirte. Sobald er die heiligen Weihen empfangen hatte, wollte Johann von Avila nach Westindien gehen, wo, wie er sagte, eine reiche Ernte zu halten war. In dieser Absicht begab er sich nach Sevilla, wo er, ehe er seine Reise unternahm, sich mit Don Alphons Manriquez berieth, der damals Erzbischof dieser Stadt war und später General-Inquisitor wurde. Dieser Prälat rieth Johann, auf seinen Plan zu verzichten und sich der Predigt zu widmen. Der heilige Johann befolgte diesen Rath, nachdem er längere Zeit gegen seine eigene Bescheidenheit gekämpft hatte; allein kaum hatte er zn predigen begonnen, als auch schon Sevilla und bald darauf ganz Spanien ihn mit dem Namen des Apostels von Andalusien begrüßte, so erhaben waren seine Reden, so evangelisch seine Predigten, so beredet seine Sprache, so heilig sein Leben.

Aber weder die Heiligkeit seines Lebens, noch die Beredtsamkeit seiner Sprache, noch die Reinheit seiner Lehren, konnten ihn gegen den Neid der anderen Mönche schützen, welche ihn bei der Inquisition anklagten. Dieses Tribunal beschuldigte Johann von Avila der Ketzerei, der Toleranz. Ungeachtet des Schutzes, den Alphons Manriquez ihm gewährte, wurde Johann von Avila 1528 in die Kerker des heil. Officiums geworfen und blieb hier fünf Jahre lang, bis 1534, wo, Dank einem F o r m f e h l e r in seinem Processe, er freigesprochen und in Freiheit gesetzt wurde. Indem die Inquisition Johann von Avila anklagte, hatte sie es vernachlässigt, den höchsten Rath davon in Kenntniß zu setzen. Der heilige Johann von Avila starb in Montilla 1569, 65 Jahre alt. Er hat eine Menge Briefe hinterlassen, die an den heiligen Johann von Gott, an Fray Luis von Granada und viele Andere seiner Schüler gerichtet waren. Diese Briefe sind ebenso viele apostolische Episteln.

XLV.

Trauung und Begräbniß.

In den Kellern der Gardunnia, gewaltigen unterirdischen Räumen, welche während der Kriege der Mauren gegen die Katholiken ausgehöhlt worden waren, um zu geheimen Verbindungswegen für die Truppen zu dienen, hatte Mandamiento Estevan, Dolores und Juana verbergen lassen. Die Kiste, in welcher die Leiche Manuel Argoso's fortgeschafft worden war, hatte man gegen einen großen Sarg von Cedernholz ausgetauscht, den die Gardunnios herbeischafften. Der größte Theil von dem Golde, das Estevan von seinem Vermögen zu retten vermochte, welches er dem Fiscus überlassen mußte,[1] war zu der Bezahlung der Dienste der Gardunnia verwendet worden. Es gab nichts Treueres, als die Gardunnios gegen Die, von denen sie besoldet wurden. Der Sarg, welcher die sterblichen Reste Dessen umschloß, der Gouverneur von Sevilla gewesen war, stand in dem Gewölbe auf zwei hölzernen Gestellen. Nach dem Gebrauche jener Zeiten war das Gesicht des Todten unbedeckt geblieben; aber den Körper hatte man in ein Leichengewand von feiner und sehr weißer holländischer Leinwand gekleidet. Manuel Argoso hatte die Hände auf der Brust gekreuzt, und seine Augen waren fest geschlossen. Der Tod verlieh diesem, noch kurz zuvor so leidenden und entstellten Gesichte eine unbeschreiblich milde Heiterkeit. Die Frömmigkeit Joseph's verließ seine Freunde in dieser peinlichen Lage nicht. Juana, die alte Amme des jungen Mönches, Juana, so stark und so treu, betete während der traurigen Todtenfeier an Dolores' Seite; das junge, verzweifelnde

[1] Wenn ein Bürger, der Ketzerei angeklagt, oder auch nur verdächtigt, Spanien verließ, wurden alle seine Güter augenblicklich zu Gunsten des Königs und der Inquisition mit Beschlag belegt; da aber die Inquisition dem Könige vorging, so erhielt der letztere nur den vierten Theil der confiscirten Güter. Freilich gewann bei diesen richterlichen Diebstählen die Inquisition ihren Antheil, indem sie einen Proceß gegen den Ausgewanderten anstiftete, ihn im Bilde verbrennen ließ, und alle seine Verwandten, und sogar seine Freunde, verfolgte.

Mädchen vergoß an ihrem Busen seine Thränen. Johann von Avila seinerseits, der Tröster aller Unglücklichen, war kaum aus dem Gefängnisse der Inquisition befreit worden, als er, benachrichtigt durch die Chapa, nach der Gardunnia eilte. Seine unerwartete Gegenwart war für Estevan und dessen Braut ein milder Trost.

Es mochte um die Stunde der Mitternacht sein. Johann von Avila und Joseph, die neben dem Sarge knieten, sprachen leise die Todtengebete. Dolores schluchzte, einige Schritte von ihnen entfernt, aber weder Estevan noch Juana wagten den Versuch, sie zu trösten; sie begnügten sich, mit ihr zu weinen. Es war ein feierlicher Augenblick — das letzte Lebewohl des Todes an das Leben; der entscheidende Augenblick, in welchem das materielle Wesen Dessen, den Dolores so sehr geliebt hatte, zu dem Nichts zurückkehren sollte. An einem Ende der Höhle war ein Altar, ein einfacher hölzerner Tisch, aufgestellt worden, bedeckt mit einem weißen Tuche, auf dem ein großes Crucifix stand. Zwei Armleuchter von massivem Silber, das Eigenthum Mandamiento's trugen jeder drei brennende Kerzen von gelbem Wachs, und in einem Gefäße von ciselirtem Silber lag ein Buchsbaumzweig in Weihwasser. Dies war der einzige Luxus bei der Trauerfeierlichkeit. Die Strahlen des polirten Metalls funkelten in einem eigenthümlichen Glanze an diesem finsteren, traurigen und nackten Orte, und das weiße, sanfte, auf die Brust herabgesunkene Gesicht Christi schien mit den Trauernden, die vor ihm knieten, zu weinen. Die tiefe, kräftige Stimme Johann's von Avila trug den Ton unbeschreiblicher Salbung, und die milde, helle Stimme Joseph's mischte sich mit einem unendlichen Zauber in diese Klänge. Von Zeit zu Zeit stimmte heftiges Schluchzen, welches sich ihrer Anstrengungen ungeachtet aus Dolores' Brust entrang, in die herzergreifende Harmonie der beiden Geistlichen ein. Diese Trauerfeierlichkeit, so des Pompes und des Lärmens entbehrend, welches der weltliche Stolz ihr gewöhnlich zu verleihen pflegt, hatte etwas Ergreifendes, herbeigeführt durch die gebieterische Nothwendigkeit, sie so während der Nacht, an einem unbekannten Orte und geschützt gegen die Augen der Menge, zu vollziehen. Das arme junge Mädchen, gezwungen, sich zu Missethätern zu flüchten, um ihre letzten Pflichten gegen ihren Vater erfüllen zu können; die beiden Mönche, von denen der eine der Inquisition entronnen war, während der Andere dem heiligen Officium angehörte; die greise Juana, eine eigenthümliche Erscheinung, welche nur dazu geschaffen zu sein schien, um den Leiden Anderer beizuwohnen, so gleichgiltig war sie gegen ihr eigenes Geschick — alles das hatte etwas Ueberspanntes, Mysteriöses, welches einer Legende glich.

Ach! Wie furchtbar waren im 15. und im 16. Jahrhunderte die unglaublichen und fürchterlichen Dramen, so daß man jetzt ohne das Zeugniß spanischer Autoren, welche während jener unglücklichen Zeit lebten und zu aufrichtig waren, um zu lügen, ohne die Autorität von Annalen, deren Zuverlässigkeit man nicht bestreiten kann, sich weigern würde, an diese Geschichten zu glauben, die beinahe unwahrscheinlich sind, so viele Gräuel enthalten sie. Es ist ein gräßliches Ereigniß, welches wir hier erzählen, und gleichwohl war diese grausame Tragödie noch nicht zu Ende. Von allen, bei diesem Auftritte gegenwärtigen Personen, war Estevan vielleicht der traurigste. Mit dem Schmerze, den ihm der Tod seines Schwiegervaters verursachte, vereinigte sich die bittere Ueberzeugung seiner Ohnmacht, erfolgreich für sein Vaterlaud zu kämpfen. Er erkannte mit unbeschreiblicher Verzweiflung, daß der Ruhm des Befreiers ihm nicht bestimmt war, und bei diesem so bitteren Gefühle wirkte wahrlich weniger die Täuschung der Eigenliebe und des menschlichen Stolzes, als die des Mitleids für sein Land, der Theilnahme für die Opfer des unersättlichen Ehrgeizes Rom's, des Clerus und der Regierenden. Estevan hatte in seiner Jugendgluth zuweilen die Befreiung Spaniens geträumt, in diesem Augenblicke aber hoffte er sie nur von einer sehr fernen Zukunft. Das war es, was über seine jugendliche Stirn einen finsteren Schleier unbezwinglicher Traurigkeit brachte, eine Wolke, welche selbst seine Liebe für Dolores nicht zu zerstreuen vermochte. Das Leben des Weibes läßt sich wohl durch das einzige Wort ausdrücken: Liebe; aber der Mann bedarf noch anderer Dinge. Der kräftige, muthige Mann beschränkt nicht seine ganze Existenz auf eine Individualität; er umfaßt einen höheren Zweck, und selbst noch vor dem Namen des geliebten Weibes gibt es einen andern, der alle Saiten seiner Seele ertönen macht; dieser Name ist das Vaterland! Das

Vaterland! Dieses so süße Wort schlug jetzt mit Tönen finsterer Trauer an das Ohr des jungen Grafen von Vargas. In dem De profundis der beiden Mönche, dessen herzzerreißender Ausdruck die Seele mit Qualen erfüllt und durch alle Adern ein kaltes Frösteln rieseln läßt, ertönte ihm das letzte Lebewohl, welches Spanien ihm zuzurufen schien, ehe es in dem Abgrunde, in welchen es geworfen worden war, seinen Tod fand.

Von Zeit zu Zeit unterbrach Johann von Avila seine Gebete, um auf die Leiche das läuternde, heilige Wasser zu sprengen; dann kehrte er zurück, an der Seite Joseph's zu knien und das Todtenamt fortzusetzen. So lange dies Traueramt währte, wendete Estevan, der den Kopf in beide Hände gesenkt hielt, sich nicht ein einziges Mal um; als aber Johann von Avila das letzte Wort der Gebete für den Todten gesprochen hatte, fand Estevan sich dem Gefühle dessen, was um ihn her vorging, zurückgegeben, richtete sich empor und näherte sich Dolores. Er erkannte, daß seine Vaterlandsliebe die Liebe nicht verdrängen konnte, die er für seine Verlobte empfand, und daß es für ihn eine heilige Pflicht sei, über sie zu wachen und sie so glücklich zu machen, wie es in seinen Kräften stand. In diesem Augenblicke traten zwei Männer der Gardunnia ein, um den Sarg hinweg zu tragen. Dolores erkannte, daß der entscheidende Augenblick gekommen sei, und da sie ungeachtet ihres sanften Characters jenen festen Willen besaß, der bei wichtigen Umständen des Lebens selbst den Schmerz zu beherrschen weiß, trat sie mit festem Schritt auf das Lager zu, auf dem ihr Vater ruhte.

Estevan wollte sie zurückhalten.

„Laßt mich ihm ein letztes Lebewohl sagen,“ sprach sie, indem sie ihn sanft, aber mit Festigkeit, zurückwies. Sie trat nun zu dem Sarge, kniete auf dem nackten Boden nieder, beugte sich zu dem vielgeliebten Todten herab, drückte ihre Lippen auf die bleiche Stirne, küßte sie dreimal, stand muthvoll wieder auf und ging dann an das äußerste Ende der Höhle, sich dort niederzulassen. Die Kraft, die sie einen Augenblick aufrecht erhalten hatte, verließ sie jetzt; sie barg den Kopf in die Hände, um nichts von dem zu sehen, was um sie her vorging. Estevan und Juana verloren sie nicht aus dem Auge.

Die Gardunnios hoben mit jeder möglichen Vorsicht den Sarg auf, und trugen ihn nach einem größeren, noch tiefer liegenden Keller. Hier warteten ihrer sieben oder acht Genossen des Ordens, Männer und Weiber. Als sie den Sarg auf den Boden gesetzt hatten, bemächtigten sich zwei der ältesten Coberteras der Leiche. Diese beiden abscheulichen Geschöpfe, kaum bedeckt mit elenden, schwarzen Wollenlumpen, hatten die Aermel bis zu den Ellenbogen zurückgestreift, und ließen ihre abgemagerten Hände und Arme, ledergelb, und mit großen, dicken, blauen Adern bezeichnet, blicken. Ihre wenigen, grauen, starren Haare hingen unordentlich in den Nacken unter einer Monnia von verblichenem, schwarzem Band herab, die durch Alter, Schmutz und Staub grau geworden war. Ihr langer, magerer Hals war schamlos entblößt, ihre nackten, unsauberen Füße sanken in den feuchten, kothigen Boden der Höhle ein. Jedes dieser beiden alten Weiber war mit einem scharfgeschliffenen Messer bewaffnet. Ein alter wackelnder Tisch, ungefähr sechs Fuß lang, stand in der Mitte des Raumes. Die Coberteras legten auf die Platte desselben die Leiche des Gouverneurs, und begannen ihr Geschäft. Aehnlich Raubvögeln, welche an die Zerfleischung der Leichen gewöhnt sind, öffneten die beiden alten Weiber den Körper der ganzen Länge nach, wie ein Anatomiker gethan haben würde, und mit unglaublicher Geschicklichkeit nahmen sie die Eingeweide und das Herz heraus. Zwei Guapos nahmen die Eingeweide, legten sie in den Sarg, mischten sie mit aromatischen Kräutern und bedeckten sie dann mit einem großen Stücke Atlas. Darauf knieten alle anwesenden Gardunnios rings um den Sarg her nieder und murmelten einige Gebete. Endlich senkte man den Sarg in eine große, zu diesem Zweck gegrabene Grube hinab, und die Gardunnios bedeckten ihn mit Erde. Während dessen hatte eine der Cobertera's das Herz in ein silbernes Gefäß gelegt, nachdem es sorgfältig mit kostbaren aromatischen Kräutern einbalsamirt worden war, welche nur die Gitanos, der aus Egypten gekommene Stamm, kannten; ihre Gefährtin hatte zugleich den ganzen Körper mit wohlriechenden Essenzen abgewaschen. Nachdem die beiden Weiber ihn dann mit feinen Linnen abgetrocknet hatten, legten sie ihn auf ein großes silbergraues Tuch, durchwebt mit den

Fäden des seltenen Asbest. Aber was wäre für die Gardunnios selten oder kostbar gewesen?

Als die Coberteras so die Leiche zubereitet und das Herz eingeschlossen hatten, knieten sie nieder und beteten auf's Neue, indem sie zugleich den Körper mit wohlriechendem Wasser besprengten. Dazu murmelten sie unverständliche Laute, eigenthümliche Gebete, jedem denkbaren Ritus entlehnt und zu ihrem Gebrauche mit einem unwissenden Aberglauben zugerichtet, in den sich etwas sorgloser Skepticismus mischte. Es war ein fürchterlicher Anblick, diese beiden alten, abschreckend häßlichen Weiber zu sehen, Hände und Arme noch blutend, knieend neben diesen menschlichen Ueberresten, mit den Lippen betend zu einem unbekannten Gott oder Dämon, von dem sie nicht einmal das Bewußtsein hatten, oder vielmehr aus Gewohnheit unzusammenhängende, mitunter lächerliche Worte sprechend, — zwei noch lebende Leichen einen entseelten Körper in seine letzte Hülle legend. Die Gardunnios warteten ruhig auf die Beendigung des Werkes der beiden Alten. Nach einigen Minuten standen diese auf, und eine derselben übergab das Gefäß mit den Herzen einem jungen Guapo, indem sie sagte: „Bewahre mir das wohl.“

Dann hüllten die beiden Sybillen, mit Scheere und Nadel bewaffnet, den Körper sorgfältig in die Asbestleinwand ein, und nähten diese mit Fäden zusammen, die sie dem Gewebe selbst entrissen hatten. Nachdem sie sich dann von der Festigkeit ihrer Naht überzeugt hatten, wendeten sie sich zu den Gardunnios und sagten: „Es ist geschehen.“

Nun kam die Reihe an die Guapos. In der Mitte der Höhle war eine große Grube in Gestalt eines Kreuzes gegraben, bedeckt mit einem eisernen Gitter. Der Theil der Grube, welcher den Stamm des Kreuzes darstellte, war mit Kohlen angefüllt; die Arme des Kreuzes sollten als Luftleiter dienen, so daß sie die Strömung von einer Seite zur andern führten, und dadurch die Verbrennung beständig erhielten. In der That brannte die in Masse angehäufte Kohle bereits in heller Gluth, doch ohne aufsteigende Flamme. Der Kohlendunst wurde durch unterirdische Röhren abgeleitet, um jede nachtheilige Folge zu entfernen. Die beiden Gardunnios, welche den Körper aufgehoben hatten, legten ihn nun auf den bereits rothglühenden Rost, den man von den glühenden Kohlen kaum noch unterscheiden konnte. Kaum lag der Körper über dem Feuer, als eine bläuliche Flamme ihn rings umhüllte, als wäre sie gierig, ihn zu verschlingen. In dem Maße, wie das Feuer den Leichnam verzehrte, wurde die Asbestleinwand blendend weiß und glänzte wie geschmolzenes Silber in dem Tigel. Bald darauf mischte sich ein starker, unangenehmer Geruch in den des Kohlengases. Nur Gardunnios allein waren im Stande, an einem solchen Orte auszuharren. Sie schienen durch den Geruch keineswegs belästigt zu werden und mit einer durchaus spanischen Gleichgiltigkeit warteten sie, bis der Körper so weit verbrannt war, daß nur noch ein wenig Asche von demselben übrig blieb. Darauf nahmen sie von dem Roste das Asbesttuch herunter, welches weich und biegsam geworden war, wie feiner Mousselin und einem großen, beinahe leerem Sacke glich. Sobald das Tuch sich abgekühlt hatte, öffneten sie es, nahmen sorgfältig die Asche bis zu dem letzten Körnchen derselben heraus und verschlossen sie in einem Säckchen von Maroccanerleder, ungefähr eine Handbreit groß. Als diese Arbeit beendigt war, nahm der Gardunnio, welcher von Mandamiento mit der Aufsicht über die ganze Ceremonie beauftragt worden war, das Säckchen in beide Hände und sagte: „Dies ist meine Sache. Das Silbergefäß wird dem Garabato anvertraut,“ fügte er hinzu, indem er auf den jungen Postulanten deutete, den Günstling Mandamiento's, den wir zu Anfang unserer Erzählung auftreten sahen. Die Cobertera, welche das Herz einbalsamirt hatte, übergab es in dem Kästchen, in welches sie es gelegt hatte, dem damit Beauftragten. Dann warfen zwei andere Gardunnios eine große Menge Erde auf die in der Grube glühenden Kohlen und Alles war zu Ende. Die Ceremonie war vollbracht.

Während diese eigenthümliche Begräbnißfeierlichkeit vorging, fand ein Auftritt ganz anderer Art in der ersten Höhle statt.

Nachdem die Gardnnnios den Sarg fortgetragen hatten, näherte sich Johann von Avila der Tochter des Gouverneurs, die sich, wie wir erwähnten, am äußersten Ende des unterirdischen Raumes niedergesetzt hatte und den Kopf in die Hände legte, um ungestört zu weinen. Als der Apostel neben ihr stand, rief er sie leise bei ihrem Namen. Bei dem Tone dieser befreundeten Stimme erhob Dolores ihr in Thränen gebadetes Gesicht.

„Meine Tochter,“ fuhr Johann von Avila fort, „Euer Schmerz ist heilig und ich theile ihn; gleichwohl aber bitte ich Euch im Namen eben Dessen, den Ihr beweint, Euch stark und muthig zu zeigen; es sind noch nicht alle Pflichten erfüllt.“

„Was bleibt mir noch zu thün?“ fragte sie mit jenem Staunen, in welches großer Schmerz uns oft versenkt.

Der Apostel nahm sie sanft bei der Hand, half ihr, sich erheben und führte sie zu Estevan, der sich ihr aus Ehrfurcht vor ihrem Schmerz nicht zu nähern gewagt hatte, und in einiger Entfernung vor Ihr stand, die Arme über der Brust gekreuzt. Als er den Apostel mit seiner Verlobten auf sich zukommen sah, ging er ihnen entgegen; Johann von Avila legte darauf Dolores' Hand in die des jungen Mannes, und sagte voll Milde: „Es ist der Wille Eures Vaters.“

„Es ist auch der meinige,“ antwortete Dolores mit edlem Freimuthe.

Das keusche Mädchen besaß zu viel wahre Tugend, um zu der conventionellen Schamhaftigkeit ihre Zuflucht zu nehmen, welche auf die Lippen der Weiber so viele Worte legt, die durch ihre Handlungen Lügen gestraft werden. Estevan ergriff voll Innigkeit die Hände des Mädchens, das er so herzlich liebte. Joseph betrachtete sie schweigend, und eine Art inneren moralischen Fiebers glänzte in seinen Blicken, die noch lebhafter funkelten, als gewöhnlich.

„Mein Bruder,“ sagte Johann von Avila, indem er sich an den jungen Dominicaner wendete, „Ihr sollt unsere beiden Freunde einsegnen.“

Joseph erhob hastig den Kopf, als hätten diese Worte ihn in einem Traume gestört.“

„Ich?“ sagte er voll Bitterkeit. „Ich die Verbindung dieser beiden Kinder segnen? Nein, mein Vater, nein, das kann nicht sein. — Das ist ein Recht, welches Euch zukommt,“ fügte er mit ruhigem und ehrerbietigem Tone hinzu, indem er die Augen unter dem Blicke Johann's von Avila senkte.

„Nun, so geschehe es denn, wie Ihr es wünscht,“ sagte der Apostel. „Kommt, meine Kinder; ich werde Euch mit einander vereinigen.“

Er zog die beiden Verlobten mit sich fort. Joseph und Juana näherten sich einander und wechselten mit leiser Stimme einige Worte, während welcher Juana eine Thräne trocknete, die aus ihren, sonst thränenlosen Augen über ihre bleiche, runzelige Wange glitt. Als sie zu dem Tische kamen, auf welchem das Crucifix stand, knieten Estevan und Dolores nieder. Beide trugen an dem Finger einen Verlobungsring; sie tauschten die Ringe mit einander, und Johann von Avila segnete dieselben. Nach den üblichen einfachen Fragen der evangelischen Trauungsformel, sprach der Franciscaner die Worte des Sacramentes aus. Während dessen beteten die beiden Verlobten, neben einander knieend und in eine fromme, trübe Sammlung versunken, und ungeachtet ihrer Trauer vergoldete ein Blitz des Glückes die beiden Existenzen, die von nun an zu Einer verschmelzen sollten. Dolores war bleich und aufgeregt. So viele fürchterliche Ereignisse waren diesem Augenblicke voran gegangen, daß sie zweifelte, ob dies nicht auch eine der grausamen Täuschungen sei, aus denen seit einigen Monaten ihr Leben zusammengesetzt war. Als sie indessen ihre Hand in die Estevan's legte und sie sanft von Dem gedrückt fühlte, welcher der Führer und die Stütze ihrer Schwäche sein sollte, hob ein tiefer Seufzer ihre Brust. Sie richtete auf Estevan einen himmlischen Blick, eine erhabene Bitte der Liebe, beredter, als das Wort selbst.

Als Estevan und Dolores sich von den Knien erhoben, waren sie für immer mit einander vereinigt. Joseph trat hierauf zu dem jungen Paare und sagte mit einem nicht wieder zu gebenden Ausdrucke und einer vor Rührung bebenden Stimme: „Jetzt, meine Freunde, reiset; seid glücklich und trennt Euch nie."

In diesem Augenblicke trat ein Gardunnio in das Gewölbe. Er war von dem Meister abgesendet und Mandamiento ließ fragen, ob er sich Ihren Herrlichkeiten zeigen dürfte.

„Der Meister mag kommen," sagte Johann von Avila.

Mandamiento erschien hierauf mit seiner gewöhnlichen Zuversicht.

„Alles ist zur Abreise der Herrschaften bereit," sagte er. „Zwei vortreffliche Maulthiere warten ihrer. Meine Gardunnios werden Euch zu Fuß folgen, um als Espolistas[1] zu dienen. Hier ist zu gleicher Zeit das Erkennungswort, damit an den Orten, wo die Herrschaften vielleicht mit Brüdern der Gardunnia zusammentreffen, diese ihnen nicht schädlich werden, sondern ihnen vielmehr Beistand und Schutz gewähren."

Mit diesen Worten überreichte Mandamiento an Estevan ein Stück Pergament, auf welchen ein kaum lesbares Wort geschrieben war. Dies Pergament bildete den Firman, der die Flucht der Verbannten auf den von den Gardunnios unsicher gemachten Straßen[2] Spaniens sichern sollte.

„Hier," fügte der Meister hinzu, „sind die beiden Brüder, welche Euch begleiten werden — die tapfersten und redlichsten Männer."

[1] Espolista, Sporner; dieses Wort kommt von espuela, Sporen; die Spanier nannten espolistas, gewisse Leute, deren Beschäftigung darin bestand, zu Fuß vor den Maulthieren der Reisenden herzugehen, und besonders vor denen der Mönche. Der espolista ist zu gleicher Zeit der Diener, der Führer, der Beschützer der Personen, welche ihn verwenden; die spanischen espolistas sind unermüdliche Fußgänger, ihren Reisenden treu ergeben und besitzen einen geprüften Muth. Man nennt sie espolistas, weil man behauptet, daß sie die Maulthiere, indem sie vor ihnen herschreiten, antreiben. Ein guter espolista und das Maulthier eines Mönches müssen 18—20 spanische Lieus (ungefähr 120 Kilometer) täglich zurücklegen können.

[2] Die Gardunnios, und nach ihrer Vernichtung die berüchtigten Banditen Spaniens, hatten und haben noch jetzt in beinahe allen Städten und in der Mehrzahl der Ventas oder einsamen an den Landstraßen gelegenen Wirthshäuser befugte Versicherer, die von ihnen dazu beauftragt sind, den Reisenden eine gewisse Contribution abzunehmen und dafür denselben ein Paßwort mitzutheilen, welches sie in dem Umkreise von so und so viel Stunden gegen jedes Attentat schützt. 1823 brauchte jeder Reisende, der von Madrid bis Cadix nicht beunruhigt werden wollte, nur auf einer der Galeros von Pedro Ruiz zu reisen; nur werden die Reisen auf den Galeros (Rüstwagen mit Rohr und einer großen Leinwand bedeckt) dreimal theurer bezahlt wie auf den Diligencen, und außerdem hatten sie fünf Procent für alles Geld, das sie bei sich trugen, zu entrichten. Nach einem solchen Abkommen konnte man ruhig reisen, denn die Räuber griffen niemals die Galeros des Pedro Ruiz an. In Estremadura, in Merida erhielt man von dem Wirthe der Posado de las Pres Cruces für zwei Dublonen (zehn Thaler Gold) ein Paßwort. Wenn man zu dem Confessional gekommen war, einem Orte, den man kaum zu betreten wagte, und an welchem man getödtet werden konnte, ohne den Mörder zu sehen, und dann Banditen sich zeigten, mit der Büchse an der Backe, Börse oder Leben fordernd, in der Absicht, das eine oder das andere zu nehmen, so brauchte man nichts zu fürchten, wenn man das Paßwort hatte; sobald man es aussprach, sah man alle diese Schufte ihre Trobonos absetzen, ihren Hut vom Kopfe

Dabei deutete er auf den Guapo und den Postulanten, welche die sterblichen Reste des Gouverneurs trugen, und die in diesem Augenblicke in das Gewölbe traten.

„Wo werdet Ihr zu uns treffen, mein Vater?“ fragte Estevan den Apostel.

„In Cadix,“ erwiderte Johann von Avila. „Ich werde dort mit Euch zugleich sein, aber ich gehe auf einem anderen Wege hin, denn es ist nicht gut, daß wir mit einander reisen.“

„Und Ihr, Don Joseph?“ fragte Dolores voll Kummer, denn sie empfand für den jungen Mönch eine geschwisterliche Liebe.

„Ich! Wo es Gott gefällt!“ erwiderte Joseph mit dem herzzerreißenden Ausdrucke der Entmuthigung und des Selbstvergessens. Denn in dem Augenblicke, in welchem Joseph sich von diesen beiden Menschen trennen sollte, zu deren Gunsten er sich für einige Zeit wieder an das Leben gefesselt hatte, verließen ihn seine Kräfte, wie dies bei allen zärtlichen Seelen der Fall ist, wenn ein neuer Schmerz des Herzens sie ergreift. Indeß seit langer Zeit daran gewöhnt, seine Gefühle zu beherrschen, wendete er sich zu Juana und sagte mit sanfter, doch dringender Stimme: „Meine gute Amme, Du wirst auch reisen, nicht wahr?“

„Ich?“ sagte Juana mit einem erhabenen Ausdruck des Muthes, „ich mich entfernen, wenn Ihr bleibt?“

„Ich komme in einigen Tagen zu Euch,“ entgegnete lebhaft Joseph mit einer Hast, die nur schlecht seine Aufregung verbarg. „Siehst Du, meine gute Juana, wir müssen Spanien ebenfalls verlassen, denn hier ist Niemand mehr sicher.“

„Ich werde es nur mit Euch zusammen verlassen, mein Joseph,“ erwiderte entschlossen die Amme.

„Ja, aber Du wirst zuerst mit unseren Freunden aufbrechen; Du wirst dabei minder bemerkt werden und in einigen Tagen, wenn ich meine übrigen Gelder eingezogen

nehmen, und sie sagten dabei auf die artigste Weise von der Welt: „Vaya su Merced con Dios (Ew. Gnaden mögen mit Gott reisen).“ 1822 habe ich selbst 70 Francs al tio Alejo, an den Vater Alexis gezahlt, der mir dafür zwei lateinische Worte mittheilte: „Vade retro.“ Diese beiden Worte verwandelten vier Schufte, die mir in dem Confessional entgegentraten, in vier Lümmel, die harmloser waren, wie Lämmer.

habe, hole ich Euch Alle ein. — Juana, Du wirst diesen Abend aufbrechen.“

„Ich werde nicht reisen,“ sagte sie kurz.

„Ich will es, Juana,“ entgegnete Joseph streng. Aber er war so blaß und sein für gewöhnlich so funkelndes Auge war plötzlich so matt geworden, daß man wohl sah, wie er innerlich einen heftigen Kampf zu bestehen hatte.

Bei den Worten: „Ich will es!“ senkte Juana traurig den Kopf und antwortete kaum hörbar: „Ich werde gehorchen.“

„O, desto besser!“ rief Dolores. „Joseph wird uns also auch folgen.“

Die Kräfte des jungen Mönches waren erschöpft: seine Hände zitterten krampfhaft und die ganze Kraft seines Willens konnte dies nicht verbergen; er taumelte und seine Augen schlossen sich unwillkürlich. Dennoch triumphirte der moralische Muth über die physische Natur. Mit einer übermenschlichen Anstrengung reichte er die Hand den Neuvermählten und fand die Kraft, die ihrige heftig zu drücken. Dann warf er sich an den Busen Juana's, umschlang sie mit einer Zärtlichkeit voll verzweifelter Leidenschaft, und vergoß zwei bisher mühsam zurückgehaltene Thränen.

„Auf baldiges Wiedersehen, meine Juana,“ sagte er. „Wir werden wieder vereinigt; sei deshalb ganz ruhig.“

„Ich bezweifle das nicht, mein Sohn,“ erwiderte die alte Amme. „Ganz gewiß werden wir wieder vereinigt.“

Alles war bereit.

„Meine Herrschaften,“ sagte Mandamiento, „beeilt Euch. Ihr werdet kaum noch die Zeit haben, vor Tagesanbruch die zwei Meilen zurückzulegen, die Ihr bis zu dem ersten Sitze der Brüderschaft zu machen habt. Dort bleibt Ihr den Tag über, denn Ihr wißt wohl, daß Ihr nur des Nachts reisen könnt.“

Auf Befehl des Günstlings des Inquisitors war ein drittes Maulthier für Juana bereit gehalten worden. Die kleine Caravane setzte sich in Bewegung. Joseph und Johann von Avila blieben allein zurück.

„Mein Vater,“ sagte Joseph, „segnet mich, ehe wir uns trennen.“

„Mein Sohn,“ entgegnete Johann von Avila, den das Wesen des jungen Dominicaners mehr und mehr in Erstaunen setzte, „Gräfin Dolores von Vargas war diesen Abend nicht die Traurigste unter uns.“

„O nein,“ erwiderte Joseph mit entschiedenem Tone. „Jetzt, wo Dolores Eurer nicht mehr bedarf, mein Vater, betet Ihr für Joseph.“

„Sei gesegnet und getröstet, Du, der Du leidest!“ sagte der Apostel mit dem Tone inniger Theilnahme.

Aber als ob Joseph gefürchtet hätte, sich zu einer zu großen Vertrautheit hinreißen zu lassen, entfernte er sich rasch und schritt dem Hause Juana's zu.

XLVI.

Die Gerechtigkeit Gottes.

Es war am dritten Tage nach der wunderbaren Befreiung Johann's von Avila; wunderbar, weil ein solcher Triumph zu den seltensten Erscheinungen gehörte. In dem kleinen Hause Juana's, mitten in dem Saale des Erdgeschosses, in welchem die Amme Joseph's für gewöhnlich ihre langen einsamen Tage zu verbringen pflegte, befand sich der junge Mönch allein. Auf einem großen Divan sitzend, lehnte Joseph sich bleich und erschöpft gegen die Kissen. Seine weiße, durchsichtige Hand stützte seinen matten Kopf. Zwei bläuliche Ringel umgaben seine getrübten Augen; eine finstere Exaltation, ein einziger tiefer Gedanke, gaben seinen großen schwarzen Augen eine entsetzliche Starrheit, während alle seine Glieder die äußerste physische Erschöpfung verriethen. Seit der Abreise Estevan's mit Dolores und Juana war Joseph in dieser verödeten Wohnung allein geblieben; seit zwei Tagen hatte er nichts genossen. Dies war indeß nicht die Wirkung eines übertriebenen Ascetismus oder eines einfältigen Fanatismus; während der zwei Tage und zwei Nächte hatten die Lippen des jungen Mönches nicht ein einziges Wort gesprochen. Schon seit längerer Zeit betete Joseph nicht mehr. Es war in seinem Kopfe ein gewaltiges Chaos von Gedanken entstanden, beherrscht durch einen einzigen, der beständig unter allen möglichen Formen, doch ohne Ordnung und Zusammenhang, zurückkehrte. Ein tausendköpfiges Ungeheuer, eine gierige Hydra, streckte ihre tausend Flammenzungen gegen ihn aus, um ihn zu entkräften und ihn zu verschlingen. Während dieser zwei tödtlich langen Tage sah der Dominicaner vor sich unglaubliche und fürchterliche Dinge vorübergleiten, Scenen unmöglicher Phantasmagorien; Engel und Teufel, Gelächter und Thränen; eine weiße Taube, Wahrheit genannt, schlug voll Entsetzen mit ihren blutigen Flügeln und schwebte zu dem Himmel empor, nachdem sie auf die Erde einen Blick unendlicher Traurigkeit gerichtet hatte.

Dann wieder unterhielt Joseph sich mit einem unsichtbaren, lieblichen Wesen, welches sanft seinen Namen rief und zuweilen mit milder, liebkosender Hand seine erschöpften Arme erhob, indem es zu ihm sagte: „Komm!"

Joseph machte eine Anstrengung, um sich zu erheben und dem theuren, ihn rufenden Wesen zu folgen; dann aber legte eine Eisenhand sich auf seinen schwachen Arm, zwang ihn, sich wieder zu setzen und schrie ihm mit rauher, verhängnißvoller Stimme zu: „Noch nicht!"

Darauf drückte der junge Mönch seinen Kopf in die Sammtkissen, um diese grausame Vision nicht zu erblicken. Und endlich sprang er wüthend und verzweiflungsvoll auf. Eine finstere Freude blitzte aus seinem wilden Blicke; seine weißen Zähne schlugen krampfhaft auf einander und mit seiner zarten, doch kräftigen Hand faßte er wüthend den Elfenbeingriff eines Dolches, dessen schmale, spitze Klinge die Festigkeit des Diamanten besaß.

„Warten! Warten!" murmelte er in einzelnen Zwischenräumen. „Seit sieben Jahren schon warte ich!"

Endlich kehrte er zum letzten Mal zurück, die Sanduhr umzudrehen, welche ihm dazu gedient hatte, die Stunden dieses tödtlich langen Tages zu zählen. Die neunte Morgenstunde hatte begonnen. In diesem Augenblicke haftete der Blick Joseph's auf einer Stickerei, welche Juana angefangen hatte, eine wundervolle Arbeit, durch welche die arme, alte, traurige Frau ihre Zeit verkürzte. Die Stickerei lag auf einem Tische ausgebreitet, die in die Nadel gezogene Wolle schien die schwache Hand zu erwarten, welche alle die glänzenden Blumen, die Rosen des Alhambra, die Palmen Afrika's, hervorgerufen hatte, deren Laubwerk unter dem Hauche des Windes zu erzittern schien. Bei diesem Anblicke hob die Brust des jungen Mönches, brennend und dürr, wie die Verzweiflung selbst, sich unter dem Einflusse einer bitteren Traurigkeit; eine innige Rührung feuchtete seine brennenden Augen, und er preßte einen zärtlichen Kuß auf die fühllose Stickerei.

„Arme Juana!" rief er, „wie ich auch Dein Leben vernichtet habe! — Ach, Dich zu sehen, Dich nur noch eine Stunde zu sehen und meinen Kopf an Deine Brust lehnen zu können, die mich genährt hat! — Nicht allein zu sein — allein auf der Welt!" fügte er mit herzzerreißender Stimme hinzu, indem er seine Blicke wie irre in dem öden Zimmer umhergleiten ließ. „Dennoch," fuhr er darauf fort, „habe ich wohlgethan, sie der Gefahr zu entziehen; jetzt ist sie frei, meine traurige Existenz wird nicht mehr auf der ihrigen lasten; ich habe ihr Freunde gegeben, welche für sie Kinder sein werden. Die arme Juana! — Ach, wie sie weinen wird, wenn sie erfährt, daß sie mich nicht mehr wiedersehen soll!"

Joseph betrachtete die Sanduhr; sie enthielt nur noch eine sehr geringe Menge Sand.

„Ach, die Zeit," rief er, „die Zeit trägt Alles mit sich fort — den Schmerz und die Freude, die Schönheit und die Jugend, die Größe und den Ruhm — nur Eines widersteht Ihr, ohne sich je abzunützen — der Haß — der Haß, den man mit sich in das Grab hinabnimmt und der selbst dann nicht erlischt, wenn er das Leben verzehrt hat. Auf!" fuhr er mit einem tiefen Seufzer fort, als hätte er eine gewaltige Anstrengung gemacht, die letzten Bande zu zerreißen, die ihn noch an dieses Leben fesselten. „Alles ist hienieden zu Ende! Eine andere Welt ruft mich — die letzte Stunde schlägt — vorwärts!"

Indem der junge Mönch so sprach, brachte er seine Kleidung in Ordnung, bedeckte seine Schultern mit dem Mantel, näherte sich einem Schranke, welcher mehrere Fläschchen enthielt, wählte eines derselben und trank es mit einem Zuge aus. Es war ein kostbares Elixir, von Juana bereitet. Kaum hatte Joseph es getrunken, als seine bleiche Stirn eine leichte Röthe überflog, und seine matten

Augen wieder den Glanz des Lebens annahmen. Seine Hand hörte auf zu zittern, er ging mit festem, sicherem Schritte; er war bereit zum Kampfe. Das letzte Sandkorn glitt schnell wie der Gedanke an dem weißen polirten Glase der Sanduhr herab; in demselben Augenblicke schlug die Uhr der Kathedrale dreimal an; sie verkündete das Ende der Messe.

„Das ist die Stunde!" rief Joseph, eilte zur Thüre und schritt hinaus, ohne sich umzusehen.

Der Augenblick, den er zu dem Zusammentreffen mit Peter Arbuez verabredet hatte, war gekommen. Joseph ging sehr rasch und mit der rechten Hand, die er unter seiner Kutte verborgen hielt, faßte er den Griff seines Dolches. Das Wetter war wunderschön; die Sonne stand hellstrahlend an dem dunkelblauen, wolkenlosen Himmel; die Hitze begann drückend zu werden, und in den lichtbestrahlten Straßen wogte das Volk, in Festgewänder gekleidet, zahlreich hin und her. Man kam aus dem Hochamte und jeder begab sich nach der eigenen Wohnung oder nach dem Gasthause, um zu Mittag zu essen. Die braunen andalusischen Gesichter, verbrannt durch die Sonne; dieses Geschlecht, arabisch noch durch das Blut und die Farbe; diese lebhaften Manolas mit den biegsamen Hüften; diese eleganten Majos, das ganze, von Natur so heitere, so mittheilende, so geschwätzige Volk trug auf der Stirne den Stempel der Knechtschaft und der Furcht. Die großen schwarzen Augen, deren Blicke Flammen sprühten, blieben meistens verschleiert unter den dichten Wimpern und alle die Lippen, bebend in dem instinctmäßigen Verlangen der Poesie, schienen sich zu zwingen, um stumm zu bleiben. Diese Volksdichter, deren einfacher Rythmus noch so viel orientalische Färbung bewahrte, ließen in ihrem Busen Begeisterung und Freude ersterben. Das Volk wagte nicht mehr, zu singen, denn es konnte keinen Schritt auf der Straße thun, ohne an einen Mönch zu stoßen und jeder Mönch war ein Spion. Joseph schritt durch die Menge hin, ohne sie zu sehen, verdoppelte seine Schritte, um schneller an das Ziel zu gelangen und sah starr vor sich hin, als verfolgte er einen Schatten. Als einige Manolas ihn mit so eiligen Schritten vorübergehen sahen, blieben sie verwundert stehen. „Wo geht denn der Günstling des Herrn

Inquisitors so rasch hin?“ fragte leise eine derselben eine andere. „Er ist blaß wie ein Todter und man sollte meinen, er brauche nicht erst zu sterben.“

„Schweigt,“ sagte eine alte Frau; „das kümmert uns nicht: En cosas de inquisition chiton.“

Die jungen Mädchen senkten den Kopf und drängten sich wie schüchterne Rehe an einander. Als Joseph zu der Kathedrale gelangte, war beinahe Niemand mehr auf der Esplanade. Aber man hörte in der Ferne in den anstoßenden Straßen noch das monotone Summen, welches die Entfernung einer großen Menge Menschen hervorzubringen pflegt. Der junge Dominicaner trat in die Basilica ein. Ein starker Weihrauchgeruch erfüllte noch das Schiff der Kirche. Mildes Licht drang durch die farbigen Scheiben der Spitzbogenfenster und eine große silberne Lampe, die von der Decke herabhing, verbreitete mit einer flackernden Flamme ein helles Licht, welches in einzelnen Augenblicken gegen die Kuppel aufstieg und einen glänzenden Schein verbreitete, gefärbt durch den Widerschein der Fensterscheiben.

Hier und dort kauerten auf den nackten Quadersteinen einige Weiber und beteten, indem sie sich die Brust schlugen. Wenn man sie so sah, eingehüllt in ihre schwarzen Mantillen und knieend auf den Gräbern, welche die Kirche erfüllten, hätte man glauben sollen, büßende Seelen zu erblicken, die den Himmel zu gewinnen strebten. Oder man nahm sie auch wohl in ihrer vollständigen Regungslosigkeit für die Bildsäulen Derer, welche der Stein bedeckte, auf dem sie knieten. Weiterhin, in der Abside, am Fuße des Hochaltars, herrschte die vollkommenste Einsamkeit; indeß erblickte man unter dem einen Lichtstrahl, der von oben herabfallend diesen finsteren und geheimnißvollen Ort beleuchtete, die undeutlichen Umrisse eines Dominicanermönches, der auf den Stufen kniete. Die Altarkerzen brannten noch und der wohlriechende Duft des Wachses mischte seinen milden Wohlgeruch mit dem Weihrauch, der in weißlichen Wölkchen aufstieg. Ein großes silbernes Christusbild breitete seine beiden Arme mit göttlicher Ergebung an dem Kreuze aus. In einem prachtvollen Rahmen über der Tafel des Altares sah man die Jungfrau mit dem Jesuskinde, zweien Geistlichen des Dominicanerordens Blumen und Rosenkränze zuwerfend. Aus der Ferne hätte man glauben können, der Knieende sei ein Theil dieses Bildes und er erwarte die Gaben der himmlischen Beschützerin seines Ordens. Sein kahlgeschorener Kopf senkte sich auf seine beiden gefalteten Hände und die tiefste Demuth lag in seiner ganzen Haltung. Von Zeit zu Zeit schlug er sich mit glühender Inbrunst die Brust, als ob das Gebet die theuerste Beschäftigung dieses Menschen gewesen sei, und als ob er mit Entzücken diese Büßung vollbrächte. Dem Scheine nach zu urtheilen, mußte er ein großer Heiliger oder ein großer Sünder sein. Allein war er nun das eine oder das Andere, so erfüllte doch Gott sicher so inbrünstige Gebete. Dieser Mönch war Peter Arbuez. Der Großinquisitor von Sevilla hatte die Gewohnheit, nach seiner Messe so allein vor dem Altare lange Gebete zu halten.

Joseph blieb einen Augenblick unter den Pfeilern der Kirche stehen, um Den zu betrachten, den er aufsuchte. Unwillkürlich fühlte der junge Mönch sich erbeben; er erzitterte in der Mitte dieses Schweigens, das nur durch leise gemurmelte Gebete unterbrochen wurde, die dem kaum merkbaren Summen eines Insectes glichen, welches eine Blume umfliegt. Sie war ganz ruhig und so feierlich, diese geräumige gothische Kirche, in welcher alle Stimmen verstummt waren, die der Glocken wie die der Priester! — Es blieb nur noch ein Duft des Gebetes und der Sammlung zurück, ein ferner Widerklang, ein unbemerkliches Echo, die Klagen der Gelübde und der Seufzer, welche das Gewölbe bis dahin vielleicht zurückgehalten hatte.

„Ja, er ist es!“ rief endlich der junge Mönch mit einem satanischen Tone des Wahnsinns, „Heuchler und Betrüger selbst gegen Gott! — Ja, so ist er, so ist er! Er betet, indem er von neuen Verbrechen träumt. — Ja, bete nur, unsinniger Mönch! — Halte Dein letztes Gebet. — Vielleicht bereut er,“ fuhr Joseph bei sich selbst fort. „Ich will ihm noch diesen Augenblick der heiligen Reue lassen.“

Und Joseph blieb stehen, als warte er darauf, daß Peter Arbuez sein Todtengebet beendigt habe. Der Inquisitor bekreuzte sich mehrmals und eine leichte Bewegung, die er machte, als wollte er aufstehen, deutete an, daß sein Gebet geschlossen sei.

„Ich bin wahnsinnig," rief Joseph jetzt, „wahnsinnig, zu glauben, daß Peter Arbuez bereuen könne."

Und seine ganze Geistesgegenwart in dem entscheidenden Augenblicke zusammendrängend, schritt er langsam auf den Altar zu, als wollte auch er vor demselben seine Andacht verrichten. Bei dem Geräusche, das er machte, indem er das Gitter der Abside öffnete, wendete der Inquisitor sich um. Ein Blitz der Zufriedenheit zuckte in seinem Blicke, als er Joseph gewahrte; aber das Gesicht des Günstlings trug einen so verhängnißvollen und finsteren Ausdruck, daß Peter Arbuez unwillkürlich zusammenzuckte, und ungeachtet der Heiligkeit des Ortes konnte er sich nicht erwehren, Joseph zuzurufen: „Was hast Du?"

Joseph antwortete nicht; aber ein entsetzliches Lächeln verzerrte seine bleichen Lippen und er sah Peter Arbuez an, als wollte er ihn mit seinen Blicken verschlingen. Der Großinquisitor wich zurück, indem er glaubte, sein Günstling verliere den Verstand; aber noch ehe er Zeit gewonnen hatte, dem Streiche auszuweichen, warf sich Joseph wie ein Tiger auf ihn und stieß ihm die ganze Klinge seines Dolches in die Gurgel, da, wo sein Panzerhemd ihn nicht schützte. Der Inquisitor breitete die Arme auseinander und stürzte nieder, aber er wurde durch die Stufen des Altares gehalten, so daß er halb darauf lag. Sein Blut floß in Strömen aus der Wunde.

„Du! — Du Joseph!" murmelte er, indem er in Todeszuckungen rang. Aber Joseph neigte sich über sein Gesicht, welches schon erblaßte und die bläuliche Färbung des Todes annahm, und seinen flammenden Blick fest auf die beinahe erloschenen Augen des Peter Arbuez richtend, rief er ihm mit dumpfer Stimme zu: „Erinnere Dich an Paula!"

Bei diesem Namen öffnete Peter Arbuez noch einmal die schon geschlossenen Augen und richtete sie mit dem Ausdrucke des Schreckens auf das bleiche Gesicht des jungen Mönches. Eine entsetzliche Erinnerung erfaßte ihn und mit erlöschender Stimme hauchte er: „Gott ist gerecht!" — Er war todt. — Joseph's Dolch hatte ihm die Pulsader durchstoßen. [1]

[1] Peter Arbuez ist eine historische Person und der Character, welchen der Verfasser ihm beilegt, ist keineswegs übertrieben. Nur hat der Verfasser mit der Freiheit, welche diese Art von Werk gestattet, einen

Seite 468.

Pierre Arbues' Tod.

Bei dem Anblicke dieses Verbrechens, dieser in einer Kirche begangenen Gotteslästerung, stießen die noch anwe-

Anachronismus begangen, indem er Peter Arbuez unter Carl V. leben läßt und in zum Zeitgenossen von Alphons Manriquez und dem heiligen Johann von Avila, des Souvedra und mehrerer anderen Personen dieser Geschichte macht. Peter Arbuez hat nicht in Sevilla regiert. Joseph ist eine Erfindung. Er ist die Personificirung des spanischen Volkes, welches die Inquisition mehrere Jahrhunderte lang stützte, sie aber immer haßte und mit Geduld den Augenblick erwartete, sie tödtlich zu treffen. Dieser Augenblick kam endlich 1820.

Peter Arbuez ist, ebenso, wie er eine historische Person ist, die Personificirung der Inquisition und besonders der größten Menge der Inquisitoren. Seine Ausschweifungen, seine Grausamkeit, seine Schwächen, seine Ungerechtigkeiten und seine Heuchelei sind das treue Bild der Ausschweifungen, der Grausamkeiten, der Schwächen, der Ungerechtigkeit und der Heuchelei der meisten Inquisitoren und einer großen Menge anderer Priester.

Peter Arbuez, Canonicus der Kathedrale von Saragossa und General-Inquisitor des Königreichs Arragonien, hat 1485 unter Ferdinand von Arragonien und Isabella der Katholischen gelebt und unter dem ersten General-Inquisitor von Spanien, Thomas Torrequemada. 1485 fürchteten die Arragonier, deren Privilegium fortwährend durch die Inquisition in Arragonien, die unter der Leitung des Peter Arbuez stand, unter die Füße getreten wurden — die Arragonier, sagten wir, fürchteten, bei ihnen sich die Auftritte erneuern zu sehen, die täglich in Castilien und in den anderen Provinzen Spaniens vorfielen, wo das heilige Officium, erst seit drei Jahren errichtet, geleitet durch fanatische und ausschweifende Mönche und Priester, schon Tausende von Opfern geschlachtet hatte. Bei dieser Lage der Dinge, und da die Schritte, die sie bei dem Papste und dem Könige gethan hatten, zu keinem Resultate führten, verbanden sich eine große Menge der ersten Herren von Saragossa gegen die Inquisition und beschloßen, den Inquisitor Arbuez zu opfern, der sich schon durch seine Grausamkeit und durch seine schlechte Aufführung verhaßt gemacht hatte, und so die anderen Mitglieder der Inquisition von Arragonien zu zwingen, auf ihr Amt zu verzichten. Aber Peter Arbuez wurde von der Absicht der Verschworenen unterrichtet, ohne daß man sie ihm nannte. Da er nicht gegen seine Feinde wirken konnte, wollte Peter Arbuez sich wenigstens gegen die Angriffe der Verschworenen schützen; zu diesem Zwecke legte er eine Art von Panzerhemd an und trug unter seiner Kappe eine Art von eisernem Helm. Dank dieser Vorsichtsmaßregeln, mißlangen mehrmals die Angriffe der Verschworenen auf ihn; eines Tages indeß näherte Einer derselben sich Peter Arbuez in dem Augenblicke, als er am Fuße des Hochaltares der Kathedrale von Saragossa betete, und versetzte ihm einen Degenstoß in den Hals; die Wunde des Peter Arbuez war so tief, daß er, ungeachtet alles Beistandes, zwei Tage darauf starb, d. h. am 17. September 1485. In Folge der Ermordung des Groß-Inquisitors erhoben sich die alten Christen, aufgeregt durch die Mönche, wie ein einziger Mann und heftige Auftritte fanden in Saragossa statt; die Folgen dieser Aufstände

senden Frauen entsetzliches Geschrei aus und im Nu hatte die Kirche sich mit Menschen gefüllt. Einige der Frauen waren aus der Kirche gestürzt, und liefen durch die ganze Stadt unter dem Geschrei: „Mord! Mord! — Man hat soeben den Herrn Inquisitor ermordet!"

Bei diesem Geschrei kamen die ganze Miliz Christi, alle Sbirren, die ganze heilige Hermandad, auf die Füße. Binnen wenigen Minuten war die Kirche umzingelt, und als der Alguazil-mayor eindrang, um sich von der vollbrachten That zu überzeugen, fand er die Leiche des Groß-Inquisitors am Fuße des Altars liegen, und daneben Joseph, der mit über die Brust gekreuzten Händen den Todten schweigend und mit wildem Ausdrucke betrachtete. Der Blick des jungen Mönches hatte etwas von dem der Wahnsinnigen und seine Zähne schlugen heftig auf einander. Die Ehrfurcht, welche die Inquisition einflößte, verhinderte, einen Verdacht auf den jungen Dominicaner zu werfen; indeß wendete der Alguazil-mayor sich zu ihm, und sagte mit dem Ausdrucke der tiefsten Ehrerbietung: „Mein ehrwürdiger Vater, wißt Ihr, wer der Urheber dieses Verbrechens ist?"

„Ich bin es," erwiderte Joseph ruhig.

Auf ein so entschiedenes Geständniß konnte man nur durch die Verhaftung des Verbrechers antworten, und dies bewirkte der Alguazil-mayor auch auf der Stelle. Joseph ließ sich ohne Widerstand binden; es schien, als ob dieser, für jeden Anderen fürchterliche Augenblick ihm eine unbe-

wären furchtbarer gewesen, sagt Llorente, wenn die fanatische Menge nicht durch das ihr ertheilte Versprechen beschwichtigt worden wäre, die dieses Attentates Schuldigen mit der äußersten Strafe zu belegen. In Erwartung dessen ehrte man das Andenken des Peter Arbuez mit einer Art von Feierlichkeit, welche viel dazu beitrug, ihn als einen Heiligen erscheinen zu lassen. Arbuez wurde der Gegenstand eines besonderen Cultus in den Kirchen und es fehlte wenig, so wäre dieser Dominicaner-Canonicus als Patron der Inquisition und Beschützer der Inquisitoren anerkannt worden. Indeß begnügte man sich damit, ihn Wunder verrichten zu lassen und so seine Heiligsprechung vorzubereiten, die in der That 1664 unter dem Pontificat Alexanders VII. stattfand. Vor noch nicht gar langer Zeit konnte man in der Kathedrale von Saragossa eine Grabschrift in lateinischer Sprache auf dem Denkmal des Peter Arbuez sehen, welches die katholischen Könige, Don Ferdinand von Arragonien und Isabella von Castilien, errichten ließen.

schreibliche Freude verursachte. Bei dem ersten Gerüchte des Mordes hatte eine große Volksmenge sich um die Kirche gesammelt. Als Joseph herauskam, richteten sich Aller Blicke mit glühender Neugier auf ihn. Er war so jung, so schön, so traurig, daß sein Anblick ein mit Rührung und Theilnahme gemischtes Mitleid einflößte. Ueberdies war der Haß gegen den Inquisitor so mächtig, daß das öffentliche Mitleid sich allgemein auf den Mörder richtete und nicht auf das Opfer.

„Was hatte ihm denn der Inquisitor gethan?“ fragte man sich mit leiser Stimme.

„Er war aber doch sein Günstling,“ äußerten Andere.

„So erwürgen sich die Wölfe unter einander,“ sagte ein Greis mit weißem Haar, in welchem man Rodriguez von Valero erkannte.

„Schweigt, Don Rodriguez,“ sagte sein Freund Ximenes von Herrera, der ihn beständig begleitete; „Eure Unbesonnenheit wird Euch noch in das Verderben stürzen!“

„Was kümmert das mich?“ entgegnete streng der Greis. „Lohnen denn meine weißen Haare der Mühe, daß ich mich feig zeige, um sie zu erhalten? — Aber,“ fügte er hinzu, indem er Joseph betrachtete, den er erkannte, als er ihm näher kam, „wie mir scheint, ist dieser Mönch, der den Peter Arbuez tödtete, derselbe, welchen wir an dem Abende bei dem Balle der Gardunnia sahen?“

„Er ist es selbst,“ erwiderte Don Ximenes; „ich erkenne ihn vollkommen. Dieser junge Mönch war sicher ein eigenthümliches Wesen.“

„Oder ein Unglücklicher,“ unterbrach ihn Valero. „Er glich nicht den anderen Mönchen Spaniens. Man konnte von ihm sagen, was die Heiden selbst von Christus sagten: „Man hat ihn nie lachen sehen, oft aber weinen.“ [1]

[1] In der Zeit als der Ruf Jesu Christi sich in Juda zu verbreiten begann, schrieb Publius Lentulus, der damals Statthalter dieser Provinz war, an den römischen Senat: „Es lebt hier gegenwärtig ein Mensch von eigenthümlicher Tugend, den man Messias nennt; die Barbaren halten ihn für einen Propheten, aber seine Anhänger beten ihn an, als stamme er von den unsterblichen Göttern. Er erweckt Todte und heilt nur durch das Wort und die Berührung; er ist groß und wohlgebaut; sein Aussehen ist sanft und ehrwürdig. Seine Haare haben eine unbeschreibliche Farbe, fallen in Locken über seine Ohren herab und verbreiten sich mit unendlicher Anmuth über seine Schul-

„Er war barmherzig und sanft,“ sagten einige Frauen, die ihn mit großer Theilnahme betrachteten. „Wie schade! Man wird ihn ganz gewiß tödten!“

„Er hat gehandelt, wie Judith,“ sagte Valero. „Er ist ein Märtyrer und nicht ein Mörder.“

Während Valero sich so aussprach, ging ein schwarz gekleideter Mann neben ihm her, den Blick zu Boden gesenkt und von Zeit zu Zeit die Augen trocknend, als empfände er großen Schmerz über das so eben stattgefundene Ereigniß. Auf der Brust dieses Menschen erblickte man, unter dem halbgeöffneten Wamms, die Ecke einer silbernen Platte. Dieser Mensch hatte nicht ein einziges Wort von Valero verloren.

Was Joseph betraf, so schien er ganz fühllos gegen Alles zu sein, was rings um ihn her vorging. Seine Exaltation und die fieberhafte Aufregung seines Gesichtes waren einer Todtenblässe gewichen. Nachdem er das Verlangen seiner Seele befriedigt hatte, war diese in sich selbst zusammengebrochen; es hatte sich seiner jene vollkommene Erschlaffung bemächtigt, welche stets auf die Ueberreizung der Fähigkeiten folgt. Man kam langsam dem Carcel de la Corona[1] näher. Dies war der Ort, an welchem Joseph

tern. Er trägt sie auf dem Wirbel gescheitelt, nach Art der Nazarener. Er hat eine hohe glatte Stirn; seine Wangen haben eine freundliche Röthe; seine Nase und sein Mund sind von bewundernswürdiger Regelmäßigkeit und sein dichter Bart, von der seltenen Farbe, wie seine Haare, fällt einen Zoll unter seinem Kinn herab, ist in der Mitte getheilt und zeigt die Gestalt einer Gabel. Seine Augen sind schön, glänzend hell und ernst. Er tadelt voll Majestät und seine Ermahnungen sind voll Sanftmuth; mag er sprechen oder handeln, so thut er es mit Zierlichkeit und Ernst. *Nie sah man ihn lachen, oft aber weinen.* Er ist sehr gemäßigt, sehr bescheiden und sehr weise. Kurz, er ist ein Mensch, der durch seine große Schönheit und seine göttlichen Vorzüge die Kinder der Menschen übertrifft.“

[1] La carcel de la corona. Das System der spanischen Gesetzgebung ist eine Folge des politischen Systems. Vor der Constitution von 1812, welche alle Spanier vor dem Gesetze gleich machte, hatte jede Kaste ihre Privilegien, ihre Richter, ihre Tribunale und selbst ihre Gefängnisse. Es gab selbst welche, die dem Gesetze entgingen. So war ein Caballero (ein Edelmann) keinem Tribunale unterworfen; er müßte denn einen Mord an einem andern Edelmanne, das Verbrechen der Majestätsbeleidigung oder der Gotteslästerung, begangen haben. In dem ersten Falle wurde er vor die Gerichtsbarkeit der gewöhnlichen Tribunale gestellt; in dem zweiten verurtheilten die consejos, die

in seiner Eigenschaft als Priester eingesperrt werden mußte. Die Menge drängte sich den Alguazils und den Familiaren

königlichen Rathscollegien, ihn dazu, geköpft oder erwürgt zu werden und zum Verluste seiner Güter; wenn ein Edelmann eine Gotteslästerung beging, bemächtigte die Inquisition sich seiner, und wie diese verfuhr, weiß man. Nicht ebenso war es auch mit den übrigen Bürgern. Das Volk ohne fueros, d. h. ohne Privilegien und Freiheiten, wie die Bewohner der beiden Castilien, de la Mancha, de l'Alcoria, der vier Königreiche Andalusien und Estremadura, sowie Galliziens und Leons besaßen, wurden durch die gewöhnlichen Alcalden gerichtet. Die Bewohner Arragoniens, der baskischen Provinzen die des Fürstenthumes Catalonien und Navarra, wurden nach den Privilegien dieser Provinzen durch ihres Gleichen gerichtet. Aber in ganz Spanien, selbst in den privilegirten Provinzen, gab es außer dem Tribunale der Inquisition und dem gewöhnlichen Tribunale noch zwei andere, das eine genannt justicia del bureo, Justizamt der Privilegirten und das andere, genannt tribunal ecclesiastico, geistliches Tribunal.

Das Tribunal del bureo sprach über alle Vergehen, welche von den Dienern des Königs, sowie von den Regierungsbeamten, begangen wurden. Das kirchliche Tribunal sprach über die Vergehen der Priester, der Mönche, wenn diese keine Färbung der Ketzerei hatten, denn sonst waren sie Sache der Inquisition. Im Falle des Raubes *mit bewaffneter Hand* oder des Mordes, verfielen alle Spanier der Gewalt der gewöhnlichen Gerichtsbarkeit, d. h. dem Alcalden und den beiden Beisitzern, welche ihn je nach der Eingabe ihres Gewissens, allzu oft aber auch je nach dem der Strafbare die Straflosigkeit erkauft hatte, verurtheilten oder freisprachen. Selbst im Falle eines Mordes oder eines Raubes mit bewaffneter Hand wurde jeder Bürger in das seiner Kaste bestimmte Gefängniß gebracht. War er ein Mann des Volkes, so erwartete er sein Urtheil im carcel de ville (im Stadtgefängnisse); war es ein Edelmann, erwartete er es im carcel de corte (im Gefängnisse des Hofes). Die Geistlichen endlich, Priester oder Mönche, wurden in la carcel de la corona (Gefängniß der Krone) gebracht, d. h. in das Gefängniß der Tonsur, denn im Spanischen bedeutet corona ebenso Krone wie Tonsur. Ich halte es für überflüssig, hinzuzufügen, daß die Militärs durch Kriegsgerichte verurtheilt wurden. Gegenwärtig bestehen alle diese verschiedenen Tribunale und alle diese verschiedenen Gefängnisse, die es ehemals in allen Städten Spaniens gab, nur noch dem Namen nach, denn sie nehmen gleichmäßig Leute aller Stände auf.

Indeß seid Spanien *so glücklich* ist, zum Minister Herrn Martinez de la Rosa zu haben, den eifrigen Schüler des Herrn Guizot, empfängt das Gefängniß de corte nur noch *adelige* Mörder oder Spitzbuben, und das tribunal del bureo wird bald wieder hergestellt werden, wenn es nicht bereits geschehen ist. Man weiß, wie Herr Martinez de la Rosa, indem er den Cortez die Reformen an der Constitution von 1834 vorgeschlagen hat, unter anderen sehr würdigen Dingen auch den Antrag zur Wiederherstellung der fueros oder Privilegien

nach, um des eigenthümlichen Schauspiels zu genießen, welches ein Dominicaner gewährte, der einen Inquisitor ermordet hatte.

Hinter dem bewaffneten Haufen, welcher den Gefangenen begleitete, folgte ein zahlreicher Zug von Familiaren und Mönchen, auf einer Tragbahre die Leiche des Peter Arbuez tragend, sorgfältig bedeckt mit einem großen schwarzen Tuche mit silbernen Fransen. Alle diese heuchlerischen Stützen der Inquisition stellten sich, als empfänden sie einen lebhaften Schmerz und vergossen falsche Thränen über den Tod des ungerechten Menschen, den sie während seines Lebens verabscheut hatten. Einige gingen so weit, ehrerbietig mit ihren Tüchern das Blut aufzufangen, welches noch aus der geöffneten Wunde des Inquisitors tropfte. Die Dominicanermönche priesen seine Heiligkeit und schilderten ihn wie einen solchen in den Augen der verwunderten Menge, die kalt und stumm bei diesen Aeußerungen des Lobes blieb, welches so wenig mit den Handlungen des Todten im Einklang stand. Es war ein gottloser und gotteslästerlicher Pomp, dieser Leichenzug, der so schamlos auf ein verfluchtes Haupt die Krone der Heiligen und der Märtyrer setzte und die laute und heilige Stimme des öffentlichen Gewissens zu ersticken strebte, welches unerbittlich Lob oder Tadel über einem offenen Grabe ausspricht und stets mit einer Gerechtigkeit, gegen welche nicht aufzukommen ist. Unglücklicherweise herrscht aber bei dergleichen Fällen nicht die öffentliche Meinung, sondern die römische Kirche mit ihren ewigen Mummereien, ihren arglistigen Lobsprüchen, ihren unantastbaren Beweisen, ihren endlosen Mysterien und ihren heuchlerischen Taschenspielereien, zur Erstickung der Stimme der Völker oder in der Meinung, die Verständigen zu verlocken oder zu überrumpeln. Durch geschickt berechnete Phantasmagorien täuscht sie oft die redlichsten Gewissen; nur Die allein werden durch sie nicht hintergangen, bei welchen Einfalt des Herzens sich mit Kraft des Urtheils und des Willens vereinigt.

für Die stellte, welche derselben vor Verkündigung der Constitution von 1812 genossen. Man weiß auch, daß die Cortez bewilligten, was der Minister gefordert hat. Wie man sieht, ist, Dank der Eingebungen des Herrn Guizot und dem Patriotismus des Herrn Martinez de la Rosa, Spanien um vierzig Jahre zurückgegangen.

In dem Augenblicke, als Peter Arbuez unter dem Dolche Joseph's fiel, begann die innere Freude des Volkes über den Sturz eines Despoten, der sich mit dem Blute und den Thränen Andalusiens mästete; in dem Augenblicke, als man zu dem Gefängnisse kam, fragten sich eine Menge Menschen, verführt, überredet, bezaubert durch heuchlerische Aeußerungen, ob sie nicht sehr strafbar gewesen wären, sich über diesen Todesfall zu freuen, und ob nicht in der That in den Augen Gottes der Großinquisitor Sevilla's ein heiliger Priester gewesen sei, der als Opfer seines Eifers für die katholische Religion fiel.

Man hatte anfangs Joseph, seines Verbrechens ungeachtet, beklagt und geliebt; jetzt betrachteten die Nachsichtigsten ihn nur noch als einen Wahnsinnigen. So groß ist die Unbeständigkeit der menschlichen Urtheile! Wann werdet Ihr aufhören, die Schiedsrichter der menschlichen Geschicke zu sein? Oder vielmehr, wann wird man den Menschen durch eine verständige Erziehung jene Rechtschaffenheit zurückgeben, welche die Grundlage des Glückes der Nationen ist, statt die edelsten Neigungen der Seele zu verfälschen, indem man sie mit unverständlichen Mysterien sättigt, mit endlosen Paradoxen, mit unglaublichen Erfindungen, mit falschen oder unvollständigen Lehren? Wann wird man sie ohne Beschränkung auf die breite und leichte Straße der Wahrheit führen? Kirche von Rom, Der, welcher sich weigert, sich Dir anzuschließen, ist in Deinen Augen nur ein Kind der Finsterniß! Aber Du bist es, welche die Finsterniß verbreitet! Du, die Du Dir nur in der Nacht und in der Dunkelheit der Unwissenheit gefällst, Du, die Du jedem Deiner Anhänger unter Androhung der Strafe der Verwerfung eine Binde um das Auge legen willst! Und Du nennst Dich die Gattin Christi, die für das Licht und für die Wahrheit starb! So ist die römische Kirche, so war sie seit dem 16. Jahrhunderte, nur war sie damals die stärkere und ihre Feinde erlagen. Einige Pessimisten behaupten, wir gingen mit raschen Rückschritten der Unwissenheit und der Sclaverei wieder entgegen; beeilen wir uns, laut gegen solche Vorurtheile zu protestiren; sie entehren das Land, welches sie zugibt. Der Geist ist vorwärts geschritten, der Geist weicht nie zurück, sondern geht immer voran und in jedem Jahrhunderte muß er seinen Weg durch neue Fortschritte bezeichnen.

Indeß mögen immerhin die Feinde des Lichtes handeln und schreien; je weiter sie ihr Netz über die Welt ausbreiten, um desto eifriger zerreißt die Wahrheit die Maschen, eine nach der andern und der Gang der Weisen wird nicht um eine Secunde gehemmt werden. Wir leben nicht mehr in den Zeiten, in denen man aus einem Ungeheuer einen Heiligen machte.

An demselben Abende, an welchem Joseph in das Krongefängniß gebracht wurde, kam Rodriguez von Valero mit Don Ximenes von Herrera, angezeigt durch einen Familiar, in die Kerker des heiligen Officiums. Die Inquisition, welche so lange die beißenden Ausfälle Valero's duldete, gelangte endlich zu der Ueberzeugung, daß er zu viel gesunden Verstand für einen Wahnsinnigen hatte.

XLVII.

Das Urtheil der Menschen.

Obgleich es in Spanien nicht Gebrauch war, einen Menschen beinahe unmittelbar nach seiner Verhaftung zu verhören, weil die Gerechtigkeit Beweise für oder gegen ihn sammeln mußte, stach dennoch das Verbrechen Joseph's so gegen die Verbrechen ab, welche gewöhnlich in Spanien begangen wurden, die Zeugen hatten bei einer Angelegenheit, bei welcher der Strafbare selbst sich anklagte, so wenig zu sagen und der Unwille der Geistlichkeit war überdies so groß und das heilige Officium forderte eine so schnelle und so auffallende Rache, daß das Tribunal del Bureo, das weltliche Gericht, welches mit dem Processe gegen den Mörder des Peter Arbuez betraut war, es für zweckmäßig erachtete, Joseph schon nach acht Tagen vor die Schranken zu fordern. Der Augenblick war endlich gekommen. Der junge Mönch sah ihm mit einer Befriedigung voll bitterer Wonne entgegen. Er begriff wohl, daß nach dem Urtheile der Tod seiner wartete, aber dieses verhängnißvolle Ziel Aller schien für ihn ein theures und gesegnetes zu sein, eine seit langer Zeit schon erwartete Wohlthat.

An dem Morgen des Tages, an welchem er gerichtet werden sollte, war der junge Dominicaner schon sehr frühe aufgestanden und hatte eine besondere Sorgfalt darauf verwendet, sich auf das Sauberste in das einfache Gewand des Ordens, dem er angehörte, zu kleiden. Sein edler Kopf war beinahe ganz kahl geschoren, allein der kleine Kranz von Haaren, der, von der Stirne ausgehend, über die Ohren bis in das Genick lief, zeigte außerordentlich feines Haar von glänzender Schwärze. Zum ersten Male seit vielen Jahren wusch Joseph sein Gesicht, dessen Haut so zart und durchsichtig war, mit wohlriechenden Essenzen; seine ohnehin so schönen Hände gewannen durch ein parfümirtes Wasser eine Weiße und eine Zartheit, welche der zierlichsten Frau würdig gewesen wären. Das glatte Gesicht Joseph's, an den Schläfen von blauen Adern durchzogen, nahm eine glänzende Blässe an, welche durch seine schwarz und weiß gemischte Kleidung noch mehr hervorstach. Seine Augen, von einem breiten braunen Kreis umgeben, belebten sich unter neuem Glanze, und seine Lippen verzogen sich in den Winkeln leise, wie durch einen inneren Gedanken der Freude bewegt.

Als die Alguazil's kamen, um den Gefangenen nach dem Tribunale abzuholen, staunten sie über den strahlenden Ausdruck seines Gesichtes und der Aberglaube jener Zeiten war so groß, daß einige von ihnen sich sehr geneigt fühlten, ihn für einen Zauberer zu halten. Bei ihrem Anblicke aber kehrte Joseph so zu sagen in das Geheimniß seiner Seele zurück; er verschleierte seine strahlende Stirn unter dem Ausdrucke des Hochmuthes und der Strenge, und als die Alguazil's, immer noch beherrscht durch die unwandelbare Ehrfurcht, welche das Gewand eines Mönches ihnen einflößte, ihn aufforderten, ihnen zu folgen, antwortete Joseph nicht; allein er schritt in ihrer Mitte so ruhig dahin, als führte man ihn zu einem Feste.

Die Neugierigen drängten sich eifrig herbei, um diesen Beamten der Inquisition vorübergehen zu sehen, der durch ein so großes Verbrechen sich außerhalb des Gesetzes gestellt hatte, welches vorschrieb, daß die Beamten der Inquisition, die Inquisitoren und selbst die Familiaren nur durch die Inquisitoren selbst, gerichtet würden. Dieser Mönch aber sollte seinen Urtheilsspruch durch einen weltlichen

Gerichtshof, gleich einem gewöhnlichen Sterblichen, empfangen. Ohne die stolze Geringschätzung verhärteter Verbrecher, oder die heuchlerische Demuth Derer zu zeigen, welche die öffentliche Meinung zu ihren Gunsten einnehmen wollen, schritt er ruhig und gleichgiltig einher, die Augen öfters zum Himmel erhebend. Seine Seele schien schon von dem Körper getrennt zu sein, so wenig zeigte er sich ergriffen durch die irdischen Dinge und beschäftigt mit denselben.

Als das Volk ihn so, sich selbst vergessend, erblickte, hielt es ihn ebenfalls für einen Zauberer, und den maureskischen Aberglauben mit dem christlichen vermengend, glaubte es in ihm einen jener maurischen Santons zu erblicken, welche unter der vorhergehenden Regierung durch die Inquisition so furchtbar gemartert wurden, und der die Gestalt eines Mönches angenommen hatte, um die Inquisition selbst zu züchtigen.

Aber Joseph kümmerte sich nicht um das, was man von ihm dachte oder sagte. Das Leben und Alles, woraus es besteht, war jetzt für ihn nur noch ein abgenutztes Gewand, das man mit Widerwillen trägt und mit Freuden abwirft. Gleichgiltig schritt er vorwärts und bekümmerte sich so wenig um seine Richter, als wäre von ihm gar nicht die Rede gewesen. Dabei beschäftigte ihn jedoch ein letzter Gedanke, denn während er ging, schien er seine Erinnerungen zu fragen, und wenn ein neuer Gedanke sein Gehirn durchzuckte, leuchtete seine hohe Stirn wie unter einem hellen Blitze auf, und der Geist des befriedigten Hasses, oder vielmehr der der vollstreckten Gerechtigkeit, drückte diesem bleichen Gesichte einen geheimnißvollen und furchtbaren Stempel auf. Als Joseph seinen Richtern gegenüber stand, schien er aus einem tiefen Schlafe zu erwachen und zum ersten Male, seitdem er das Gefängniß verlassen hatte, beobachtete er, was um ihn her vorging.

Das Tribunal bestand aus drei Richtern; einer derselben saß als Präsident zwischen seinen beiden Beisitzern. Ein Schreiber, zur Rechten der Richter an einem besonderen Tische sitzend, war beauftragt, die Antworten des Angeklagten und die Aussagen der Zeugen niederzuschreiben. Etwas weiter entfernt standen die Advocaten, und neben den Vertheidigern des Angeklagten der Procureur, welcher die zu seinen Gunsten sprechenden Aussagen aufzeichnen sollte.

Joseph saß in der Mitte, dem Präsidenten gegenüber; aber neben ihm erblickte man keinen Zeugen, nicht einen einzigen. Der Saal war vollkommen leer. Man hatte gemeint, daß in einer solchen Angelegenheit der Proceß bei verschlossenen Thüren geführt werden müßte, aus Ehrfurcht für die geistliche Würde, mit welcher der Angeklagte bekleidet war, oder vielmehr aus Furcht irgend einer öffentlichen Enthüllung, die Joseph machen könnte. Die Zeugen vorzuladen, hatte man für unnöthig gehalten, da der Angeklagte Alles gestanden. Er befand sich daher allein seinen Richtern gegenüber. —

Der Präsident richtete auf ihn einen strengen Blick, und sagte in noch strengerem Tone: „Stehet auf!"

Der Dominicaner erhob sich.

„Wie heißet Ihr?" fuhr der Präsident fort.

„Man nennt mich Joseph," erwiderte einfach der junge Mönch. „Mein Stand ist, wie Ihr wißt, der eines Priesters vom Orden des heiligen Dominik."

„Joseph ist kein Familienname," fügte der Richter hinzu. „Wie ist der Name Eurer Familie, Don Joseph?"

„Ich habe keine Familie mehr," erwiderte der Dominicaner, „und was ihren Namen betrifft, so werde ich ihn nicht nennen."

„Wo seid Ihr geboren?" fuhr der Präsident fort.

„In Granada," entgegnete Joseph. Und bei dem Worte Granada wurden die wilden Augen des jungen Mönches feucht, als ergriffe plötzlich eine rührende Erinnerung seine Seele.

Der Richter achtete nicht darauf.

„Tretet näher!" sagte er zu Joseph.

Der Geistliche schritt bis zu dem Tische vor, wo gerade vor dem Präsidenten ein Evangeliumbuch aufgeschlagen lag.

Der Richter befahl dem Angeklagten, die Hand darauf zu legen.

Joseph gehorchte.

Der Präsident sah ihn fest an, und sagte dann mit feierlichem Tone: „Schwöret Ihr bei Gott und den heiligen Evangelien, die ganze Wahrheit über alles Das zu sagen, was man Euch fragen wird?"

„Ich schwöre es," entgegnete Joseph.

„Schwöret Ihr, sie selbst gegen Euch zu sagen?"[1]

„Ich schwöre es," antwortete abermals der junge Dominicaner mit festem, zuversichtlichem Tone.

„Es ist gut," sagte der Richter und fuhr dann fort: „Seid Ihr es, der den Herrn Peter Arbuez, Großinquisitor von Sevilla, ermordete?"

„Ich bin es," erwiderte Joseph.

„Welcher Beweggrund trieb Euch, ein so großes Verbrechen zu begehen?"

„Ich werde Euch das sogleich sagen," entgegnete der junge Mönch mit bitterem, spöttischem Tone.

„Der Advocat kann seine Vertheidigung halten," fuhr der Präsident fort.

Joseph lächelte spöttisch und kehrte zu der Anklagebank zurück. Er verachtete diesen elenden Schein der Vertheidigung, diese Worte, die durchaus vergebens gesprochen werden sollten, nur um dem Gesetze zu gehorchen. Er ließ daher den Vertheidiger sich in eitlen Gründen erschöpfen und alle Hilfsquellen seiner Beredtsamkeit aufbieten, um die Herzen der Richter zu rühren, deren Ueberzeugung er nicht zu erschüttern vermochte, Worte auf Worte, Phrase auf Phrase zu häufen, und seinen Athem zu verschwenden, um eine unwiderrufliche Sache der Gewißheit umzuwandeln.

Als der Vertheidiger zu Ende war, wendete Joseph sich zu ihm mit einem leisen Lächeln voll Bitterkeit und sagte: „Ihr wollt einen Leichnam beleben."

In der That hätte die ausgezeichnetste Beredtsamkeit einen Menschen nicht zu retten vermocht, der sich selbst nicht retten wollte.

„Verbrecher,"[2] sagte hierauf der Präsident, „habt Ihr zu Eurer Vertheidigung irgend etwas hinzuzufügen?"

[1] In Spanien leisten die Angeklagten auf das Evangelium den Eid, die Wahrheit zu sagen, selbst gegen sich; erst 1812 verordnete ein Artikel der durch die Cortez ausgearbeiteten Constitution, nicht gegen sich selbst die Angeklagten schwören zu lassen.

[2] In Frankreich ist der Angeklagte unschuldig, bis das Gesetz ihn verdammt hat. In Spanien wird jeder Angeklagte Verbrecher genannt, (reo, von reus). Dieser Gebrauch hat sich bis in unsere Tage verlängert, obgleich die Constitution von 1812, sowie die von 1834 den Männern des Gesetzes untersagt, demselben zu folgen.

„Zu meiner Vertheidigung? — Nein!“ erwiderte der Dominicaner, „denn ich erkläre hier im Angesichte Gottes, daß der Tod mir lieber ist, als das Leben; aber da man höher als das Leben die Ehre schätzen muß, will ich die meinige retten, und nur deshalb spreche ich.“

„So sprecht denn,“ entgegnete der Richter, „das Tribunal hört Euch.“

„Es ist sieben Jahre her,“ nahm Joseph das Wort, „seitdem Peter Arbuez zu der Würde des Großinquisitors von Sevilla erhoben wurde. Er war jung, schön, einschmeichelnd. Ungeachtet des Abscheues, welchen die Inquisition stets in Spanien einflößte, hoffte man einen Augenblick, daß Peter Arbuez minder grausam sein würde, wie seine Vorgänger; diese Hoffnung war von kurzer Dauer. Die Verfolgungen wurden eifriger als jemals fortgesetzt. Wie in den letzten Jahren der Regierung Torrequemada's, errötheten Männer, welche die schönsten Namen in Spanien trugen, nicht davor, Spione und Angeber zu werden, um ihr Vermögen und ihr Leben in Sicherheit zu bringen. — Die reinsten, ehrenwerthesten Bürger sahen sich täglich der Gnade einer falschen Zeugenaussage preisgegeben. Der Haß, die Familienfeindschaften entwickelten sich in blutigen Drama's vor den Tribunalen der Inquisition, begünstigt durch die Nebel des Fanatismus. Raub, Diebstahl und Mord fielen über uns her, gleich Raubvögeln; ein gewaltiges Leichentuch breitete sich über Andalusien!“

„Angeklagter,“ sagte der Präsident, „Ihr überschreitet die Grenzen.“

„Ich vertheidige mich,“ erwiderte stolz der Mönch. „Höret. — In dieser Zeit lebte in Sevilla eine katholische Familie von dem besten Adel Spaniens, deren Mutter, aus dem Stamme der Abenceragen entsprossen und seit mehreren Jahren verstorben, ungeheure Reichthümer hinterlassen hatte. Diese Familie bestand aus zwei Brüdern —

„Aus drei Brüdern,“ nahm Joseph mit einem unterdrückten Seufzer, nach einer kurzen Unterbrechung, wieder das Wort. „Aus drei Brüdern, edlen und schönen jungen Männern, von denen zwei in die heiligen Orden eingetreten waren. Der Dritte — war tapfer wie der Cid und noch schöner wie seine Brüder. — Er hieß Fernand,“ fuhr Joseph fort, welcher diesen Namen mit einem unaussprechlichen Glücke zu nennen schien. „Außer den Brüdern lebte auch noch der Vater; ein Patriarch, ein Greis voll Glauben und Tugend, eine junge Schwester, ein sanftes, offenherziges Kind, dessen Leben so rein war, wie das der Engel, und endlich eine Waise, eine entfernte Verwandte, ein junges Mädchen, glühend und stolz, welches Fernand liebte, und von ihm geliebt wurde.

„In einem Schlosse, welches diese Familie in geringer Entfernung von Andujar besaß, hatte sie eine katholische Capelle errichten lassen, in der Hyeronimitenmönche ministrirten. Die Mutter, welche ihren Gatten und ihre Kinder anbetete, hatte diese Capelle erbauen lassen, damit sie zu ihrem gemeinschaftlichen Grabe dienen sollte; sie wollte selbst nach ihrem Tode sich nicht von Denen trennen, die sie im Leben so sehr geliebt hatte. Noch jung, war sie zuerst geschieden, um die Uebrigen an dem traurigen Sammelplatze zu erwarten. Ich sagte, daß diese Frau große Reichthümer hinterließ; die Inquisition hielt es für zweckmäßig, sich dieselben anzueignen. Man klagte die Todte an, in der Ketzerei gestorben zu sein, unter Gesinnungen, die dem wahren, katholischen Glauben widersprochen hätten, obgleich sie sterbend unzweideutige Beweise ihrer Anhänglichkeit für die Religion gegeben hatte, welche stets die ihrige gewesen war. — Man mußte jedoch irgend eine Anklage gegen sie vorbringen. — Man stellte falsche Zeugen, welche erklärten, sie habe in der Ketzerei gelebt und sei in derselben gestorben und ungeachtet der Widersprüche ihrer Kinder, ihrer beiden Söhne, der Priester, die mit einem heiligen Character bekleidet waren, grub man die Leiche dieser Frau aus, machte ihr Haus der Erde gleich, mit dem Verbote, es jemals wieder aufzuführen und confiscirte alle Güter, die sie hinterlassen hatte.“[1]

[1] Hier, was man in dem ersten Capitel in dem fünften Abschnitte der Geschichte der Inquisition von L'lorente liest: „Donna Eleonore Vibery y Cazalla, die Gemalin Peter Cazalla's, Vorstand der Rechnungskammer der Finanzen des Königs, war Besitzerin der Grabcapelle in der Kirche San Benito el Real in Valladolid. Sie war hier als Katholikin beigesetzt worden, ohne daß sich jemals der geringste Zweifel gegen ihre Orthodoxie erhoben hatte; indeß wurde sie später durch den fiscal (General=Advocat) der Inquisition angeklagt, sich zu dem Lutherthum bekannt zu haben und in der Ketzerei gestorben zu sein, obgleich sie vor ihrem Tode alle Sacramente empfangen hatte. Der

„Verbrecher!“ unterbrach ihn der Präsident, „seid Ihr dessen gewiß, was Ihr vorbringt?“

„Die Inquisition übte ihr Recht,“ erwiderte Joseph mit spöttischem Tone, und dann fuhr er fort, ohne sich irre machen zu lassen: „Der Vater starb vor Schmerz während dieses abscheulichen Processes. Die Kinder, welche ihre Mutter beweinten und es wagten, sich über die Schmach zu äußern, die der Asche derselben angethan worden war, warf man in das Gefängniß. Nur eine einzige Person dieser Familie wurde verschont. Das war die Waise, die Verlobte Fernand's. Diese blieb mit der Frau, die einst ihre Amme gewesen, allein zurück, um über die Ihrigen zu weinen, die sie nicht mehr wiedersehen sollte.“

„Was wurde aus ihnen?“ fragte der Richter, der von Schrecken und steigendem Mitleid ergriffen war.

„Was aus ihnen wurde, gnädiger Herr? Ihr könnt fragen, was aus ihnen unter den Händen eines Peter Arbuez wurde? Man überlieferte sie ohne Barmherzigkeit den Flammen. Die beiden älteren Brüder, Augustin und Franz, angeklagt, auf eine Weise zu predigen, welche dem Geiste der katholischen Religion widerspräche und ihre junge Schwester Beatrix, überführt, den Lehren ihrer Brüder zu folgen, wurden bei einem und demselben Autodafé verbrannt.[1] Augustin, erschreckt durch die Martern, nicht für sich selbst, sondern für seine junge Schwester, Augustin rief, als er dem Richtplatze gegenüber angekommen war, daß er um Gnade flehte, und als guter Katholik leben wollte.

Fiscal stützte seine Anklage auf die Aussagen von Zeugen, die Gefangene der Inquisition waren, und die man zu diesem Zwecke der Tortur unterworfen hatte. Aus den Aussagen dieser Zeugen ging hervor, daß das Haus der Donna Eleonore von Vibery den Lutheranern von Valladolid zum Tempel gedient hatte. Donna Eleonore wurde als in der Ketzerei gestorben erklärt, ihr Andenken der Schande bis in ihre Nachkommenschaft überliefert und alle ihre Güter confiscirt. Die Inquisition befahl außerdem, daß ihre Leiche ausgegraben und den Flammen überliefert werden sollte; daß ihr Haus mit dem Verbote der Wiederaufbauung zu schleifen sei, und daß kein Denkmal auf dem Platze aufgeführt werden dürfte, auf welchem das Haus gestanden hatte. Alle diese Bestimmungen wurden ausgeführt.“

[1] Bei dem allgemeinen Autodafé, welches im April 1559 in Valladolid, in Gegenwart des Prinzen Don Carlos und der Princessin Johanna gefeiert wurde.

„Er lügt!“ sagte Peter Arbuez. „Es ist die Todesfurcht, die ihn zur Reue bringt.“

„Ich bereue! Ich bereue!“ rief das arme Opfer abermals.

„So erwürge man ihn denn, ehe man ihn den Flammen überliefert!“ sagte der Inquisitor.“

„Das war die einzige Gnade, die er erlangen konnte!

„Du bist ein Feigling!“ rief ihm sein Bruder zu und bestieg den Scheiterhaufen mit einem Zeichen des Lebewohls an Beatrix, die mit der Ergebung einer Märtyrerin starb.“

Joseph schwieg. Die Richter fühlten sich ungeachtet ihrer Gewohnheit, dergleichen fürchterliche Dramen zu vernehmen, unwillkürlich von Schrecken ergriffen.

„Fahret fort,“ sagte der Präsident, „fahret fort. Was wurde aus dem dritten Bruder?“

Joseph erbebte auf seiner Anklagebank und seine Zähne schlugen auf einander, als ob Frost ihn schüttelte. Man lauschte mit der gespanntesten Aufmerksamkeit und wachsender Theilnahme auf seine Worte.

„Der Dritte,“ nahm er nach einer Pause mit langsamer, scharf betonender Stimme das Wort, „der Dritte lebte noch. Er war so jung! Man hatte es nicht gewagt, ihn mit den Anderen sterben zu lassen. Peter Arbuez bewahrte ihn zu einem königlichen Autodafé auf. Paula, die Waise, die ihn liebte, faßte den Plan, ihn zu retten. Sie war zwanzig Jahre alt. Welches Mädchen verzweifelt mit zwanzig Jahren an der Barmherzigkeit eines Menschen, hieße dieser Mensch auch Peter Arbuez und wäre er Großinquisitor? — Es waren sechs Monate verflossen, seitdem man die unglückliche Familie den Flammen überliefert hatte.[1] Man sprach von einem neuen Autodafé, welches zu dem Namenstage des Königs stattfinden sollte, und durch das Tribunal einen Monat vorher verkündigt wurde.“

„Angeklagter,“ unterbrach der Präsident den Sprechenden, „kommt zur Sache!“

„Ich bin dabei,“ erwiderte ruhig Joseph. — „Höret mich, Ihr Herren. — Die Untersuchungen begannen, eigenthümliche Processe, wahrlich finstere Verschwörungen, deren

[1] Im October 1559.

Fäden der Richter in der Hand hielt und nach seiner Laune lenkte, sie sämmtlich demselben Ziele zuwendend — dem Tode. — Paula, welche von Besorgnissen für ihren Geliebten verzehrt wurde, faßte eines Tages einen großen Entschluß, einen verhängnißvollen, wie Ihr sehen werdet, Ihr Herren. — Sie waffnete sich mit erhabenem Muthe, wog alle Möglichkeiten des Schrittes ab, den sie unternehmen wollte, und obgleich sie hoffte, den Inquisitor zu rühren und ihren Verlobten zu retten, sagte sie zu sich selbst: Das Schlimmste, was mir bevorsteht, ist, mit ihm zu sterben! — Aber der Tod erschreckte sie nicht.

„Es war an einem finsteren Tage, wie man sie selten in Andalusien sieht; die Sonne war mit Wolken bedeckt, und ein großer, schwarzer Flor verhüllte zur Hälfte ihre Scheibe. Es herrschte eine beinahe totale Sonnenfinsterniß. Es war gegen die Mitte des Tages und dennoch beinahe finstere Nacht in den Straßen. Paula entschlüpfte still und entschlossen der Aufsicht ihrer Amme, der einzigen Freundin, die ihr auf dieser Welt blieb. Eingehüllt in ihren Schleier, ging sie nach dem Inquisitionspalaste. Ein finsterer Haufe von Familiaren bewachte die Zugänge. Als Paula auf die Thür zuschritt, vertrat man ihr den Weg und ein Familiar fragte sie, was sie wollte.

„Ich will Herrn Arbuez sprechen," entgegnete sie zitternd — denn den Palast des Inquisitors kann man nicht ohne Zittern betreten.

„Wer seid Ihr?" fuhr der Familiar fort.

„Ein junges Mädchen aus adelichem Geschlechte," erwiderte Paula stolz.

„Wartet!" sagte er.

„Er verschwand und Paula wartete. Bald kehrte der Familiar zurück. Ein widerliches Lächeln verzerrte seine bleichen Lippen.

„Folgt mir, Sennora," sagte er. „Seine Eminenz willigen ein, Euch zu empfangen."

„Der Familiar ging voran, und das junge Mädchen folgte ihm. Sie schritt durch mehrere prachtvolle Säle, lange, mit Marmor gepflasterte Gänge, und überall herrschte in diesem Palaste des Todes ein orientalischer Luxus. Endlich öffnete sich in dem äußersten Theile des Gebäudes eine Thür; Paula trat über die Schwelle; die Thür schloß sich hinter ihr; der Familiar verschwand. Paula stand dem Großinquisitor gegenüber."

Die Erzählung Joseph's erweckte eine stets wachsende Theilnahme.

„Peter Arbuez," fuhr der junge Mönch fort, „saß auf einem breiten Divan, dessen weiche Polster rings um das Gemach liefen. Der Großinquisitor von Sevilla stand damals in dem ganzen Glanze der Jugend und sein Gesicht war ausgezeichnet schön, ungeachtet der Ausdruck hochmüthiger Grausamkeit aus den Zügen sprach. Sein Profil zeigte einen hohen Adel und sein Wuchs war edel und stolz. Paula erbebte, als sie sich mit diesem Manne allein erblickte.

„Tretet näher, junges Mädchen," sagte der Inquisitor, ergriffen durch den schönen Wuchs Paula's, deren Züge er nur undeutlich erkennen konnte. Paula warf jetzt ihren Schleier zurück und trat furchtlos auf den Großinquisitor zu. Peter Arbuez betrachtete sie voll Bewunderung. Als sie ihm nahe war, sank sie nieder auf die Knie, erhob flehend die Hände und rief: „Gnade, gnädigster Herr! Gnade für meinen Verlobten, der unschuldig ist! Ach, ich beschwöre Euch, gebt mir ihn zurück!"

„Das Gesicht des Inquisitors nahm einen entschiedenen Ausdruck des Unwillens an, und er fragte mit kurzem Tone: „Der Name Deines Verlobten?"

„Fernand von Cazalla," erwiderte Paula mit erlöschender Stimme, denn der wilde Blick des Peter Arbuez erschreckte sie.

„Bei dem Namen Cazalla hatte die Physiognomie des Inquisitors sich plötzlich verfinstert. Er betrachtete aufmerksam das junge Mädchen, welches mit solcher Kühnheit es wagte, bis zu den Füßen des Großinquisitors zu kommen, um das Leben eines Menschen zu erflehen, welcher der Ketzerei angeklagt war. Paula war schön, ach, sehr schön, Ihr Herren. Nachdem Peter Arbuez langsam den Blick über das reizende Gesicht des jungen Mädchens, über dessen feinen und kräftigen Wuchs, der einer jagenden Diana zum Muster hätte dienen können, hatte gleiten lassen, wurde er allmälig ruhiger. Er reichte Paula, die noch immer vor ihm kniete, die Hand und sagte: „Stehe auf und sprich ohne Furcht; die Gesetze der Inquisition sind schrecklich, aber ich fühle mich von Mitleid für Dich ergriffen."

„Ach, seid gesegnet, gnädiger Herr!“ rief Paula, welche einen Strahl der Hoffnung erblickte. „Ihr werdet Fernand retten, nicht wahr?“

„Habe ich denn das gesagt, junges Mädchen?“ entgegnete Peter Arbuez mit dem Lächeln eines Tigers. — Er spielte mit seiner Beute.

„Ach, gnädigster Herr,“ flehte Paula, „nehmet die Worte nicht zurück, die Ihr mir sagtet. Ihr empfandet Mitleid mit mir, und Ihr werdet meinen Verlobten retten, nicht wahr?“

„Und wenn ich es thue, was thust Du dann für mich, junges Mädchen?“

„Ach gnädigster Herr, mein ganzes Leben soll Euch gehören; aber was kann ich für Euch thun, ich, ein armes Mädchen! Was kann ich für Euch thun, der Ihr allmächtig seid?“

„Du bist schön!“ rief Peter Arbuez mit einem Blicke, vor dem sie erbebte. Sie wagte indeß nicht, ihre Furcht zu verrathen.

„Der Inquisitor gab ihr ein Zeichen, näher zu kommen und sich an seine Seite zu setzen. Sie setzte sich zitternd auf den Rand des mit Seide überzogenen Divans. Peter Arbuez hatte sein strenges Gesicht wieder angenommen. „Don Fernand von Cazalla,“ murmelte er mit finsterem Tone — „weißt Du, junges Mädchen, daß diese ganze Familie, des Lutherthumes überwiesen, für ewige Zeiten in ihren lebenden Mitgliedern sowohl, als in den verstorbenen, entehrt ist?“

„Diese Familie ist die meinige, gnädigster Herr; ich bin die Verlobte Don Fernand's durch den Willen seines Vaters und seinen eigenen. Ist er verurtheilt, so bitte ich nur um eine Gnade, die, ihn nicht zu überleben.“

„Das ist eine glühende Liebe,“ rief der Inquisitor aus; „was würde ich dafür geben, eine gleiche einzuflößen!“

„Paula senkte die Augen vor diesem Priester, der so zu ihr sprach.“

„Ihr verleumdet das Andenken eines Mannes, der mit einem heiligen Character bekleidet war,“ rief der Präsident.

„Ich verleumde nicht,“ entgegnete Joseph, sondern ich erzähle nur, das ist Alles. Eure Herrlichkeit möge die Gnade haben, mich bis zu Ende anzuhören.“

„Das ist Euer Recht," sagte der Richter, voll Achtung für die Gebräuche des Landes, in Beobachtung der Gesetze, welche verlangten, daß man dem Angeklagten alle Freiheit der Vertheidigung ließ.

Joseph fuhr fort: „Weißt Du," sagte Peter Arbuez, „daß Don Fernand für das nächste Autodafé bestimmt ist, und daß man ihn der Tortur unterwerfen wird?"

„Ein lauter, schmerzhafter, herzzerreißender Schrei entriß sich der Brust der unglücklichen Paula. Die Tortur! Das war entsetzlicher, als das Blutgerüst.

„Was hast Du denn, junges Mädchen?" fragte der Inquisitor.

„Die Tortur, gnädigster Herr! Habt Ihr nicht gesagt, man würde Fernand der Tortur unterwerfen?"

„Ich kann sie ihm ersparen," entgegnete Peter Arbuez.

„Paula athmete freier. „Gnädigster Herr," rief sie aus, weshalb kann ich nicht für Euch sterben!"

„Nicht sterben, sondern leben," erwiderte Peter Arbuez, indem er die schwachen Hände Paula's in die seinigen nahm. „Weißt Du," fuhr er dann fort, „daß nach der Aussage der Zeugen Don Fernand überführt ist, lutherischen Predigten beigewohnt und den lutherischen Glauben angenommen zu haben? Er ist daher im Voraus zum Scheiterhaufen verurtheilt."

„Aber Ihr könnt ihn freisprechen, gnädigster Herr!" rief Paula, welche auf's Neue von den Qualen der Ungewißheit ergriffen wurde. „Ihr könnt ihn retten! Fernand ist unschuldig und seine Seele so rein, wie die eines Engels."

„Du allein kannst ihn retten," erwiderte Peter Arbuez.

„Ich, gnädigster Herr? Was kann ich dazu thun? O mein Gott, sagt es und ich bin zu Allem bereit. Soll ich an seiner Statt sterben?"

„Thörin! Wozu bedürfte ich Deines Lebens? Du bist zu schön, um zu sterben," fuhr er mit Exaltation fort, und seine rauhe Hand riß schamlos den Schleier herab, welcher den Busen Paula's bedeckte."

Die Richter erbebten auf ihren Sesseln.

„Ach, Gnade, gnädigster Herr!" rief das junge Mädchen, indem es aus den auf der Brust gekreuzten Armen einen Schutzwall machte. „Gnade für Fernand und auch

Gnade für mich! Im Namen des Gottes, dessen Stellvertreter Ihr auf Erden seid, zeigt Euch barmherzig, und verzeiht; habet Mitleid mit einem armen Mädchen, das auf der Welt nichts mehr besitzt, als den Geliebten. — Ich habe keine Mutter mehr, gnädigster Herr, ich bin eine Waise und Fernand ist mein einziger Schutz. — Gebt ihn mir zurück, ich beschwöre Euch. — Ach, gebt ihn mir zurück, gnädigster Herr, und ich werde Euch segnen; wir Beide werden Euch unser ganzes Leben lang segnen."

„Paula vergoß zahlreiche Thränen; ihr edles, stolzes Gesicht zeigte, so weinend und von Verzweiflung ergriffen, eine übermenschliche Schönheit. Weit entfernt jedoch davon, dadurch gerührt zu werden, fühlte Peter Arbuez im Gegentheil seine rohen Leidenschaften sich regen und in seinem Busen toben, wie ein wildes Meer. Er stürzte auf Paula zu, wie ein Löwe, hob sie in seinen kräftigen Armen empor und warf sie halb ohnmächtig auf den Divan. Das unglückliche Mädchen glitt vor diesem unbarmherzigen Menschen nieder auf die Knie und flehte mit erlöschender Stimme, indem sie ihre Brust gegen das Knie des Inquisitors preßte, das sie mit ihren Thränen benetzte: „Gnädigster Herr, seid barmherzig; gebt mir meinen Verlobten zurück."

„Sei mein," sagte er mit finsterer Stimme, „und ich rette Don Fernand."

„Paula wurde bleich und kalt wie Marmor und ihre Augen bedeckten sich mit einem dunklen Schleier. Langsam stand sie auf, trat einige Schritte zurück, um sich zu entfernen, streckte dann ihre kalte weiße Hand gegen den Inquisitor aus und rief: „Sei verflucht! Du kannst Fernand tödten und ich werde mit ihm sterben!"

„Fernand wird noch vor dem Autodafé sterben," sagte Peter Arbuez; er ist jung und schwach und wird der Frage des Wassers nicht widerstehen." [1]

„Paula stieß auf's Neue einen gellenden, fürchterlichen Schrei aus. Sie hätte diesen grausamen Menschen mit ihren Nägeln zerreißen mögen; aber der Gedanke an Fer-

[1] Der Leser hat bereits die näheren Umstände dieser Tortur im Capitel 29 gelesen. Diese Angaben sind leider allzuwahr. Wenn Jemand daran zweifelt, so könnte er sie noch ausführlicher und entsetzlicher in der Geschichte der Inquisition lesen. — Sollte man es glauben, daß diese Tortur noch jetzt bei der Inquisition in Rom besteht?

nand unterdrückte ihre Wuth und ließ in ihrer Seele nur für die Furcht Raum. Der gräßliche Kampf hatte sie vernichtet. Da nahte Peter Arbuez sich ihr, umschlang sie mit beiden Armen und führte sie zu seinem Sitze zurück. Sie ließ sich ohne Widerstand von ihm geleiten.

„Nichts kann Fernand retten, als nur mein Wille und bei dem Christ, ich rette ihn nur unter einer Bedingung," sagte Peter Arbuez.

„Paula sah ihn mit verstörtem, mattem Auge an. Das Gesicht des Inquisitors war unerbittlich, wie das Verhängniß.

„Willst Du sein Leben oder seinen Tod?" fragte er hastig. „Sprich oder gehe, und die Inquisition wird das Uebrige thun."

„Paula hörte nichts mehr; ihre Vernunft hatte sie verlassen. — Sie streckte die Arme aus, wie Jemand, der den letzten Todesseufzer aushaucht. Ihre Augen schlossen sich, ihr Herz stand still."

„Fernand werde gerettet!" flüsterte sie mit ersterbender Stimme."

— — — — — — — — — — — — — — — — — — —

Joseph schwieg. Seine Stimme war allmälig schwächer und schwächer geworden, und kalter Schweiß bedeckte seine marmorbleiche Stirn. Ungeachtet ihrer gewöhnlichen Theilnahmlosigkeit waren die Richter von Mitleid und Schrecken ergriffen. Sie dachten nicht mehr daran, die Schilderung des Angeklagten zu unterbrechen und erwarteten voll Spannug das Ende des fürchterlichen Drama's.

Joseph sammelte sich allmälig und fuhr in seinem Berichte mit bebender Stimme fort: „Einen Monat später saß ein junges Weib, bleich, abgemagert, niedergedrückt durch das Gewicht eines unheilbaren Schmerzes, traurig an der Thür vor dem Gefängnisse des heiligen Officiums: es war Paula. Man feierte an diesem Tage ein königliches Autodafé. Das blutige Programm, welches einen Monat zuvor bekannt gemacht worden war, verkündete dreizehn Opfer. Peter Arbuez hatte dem jungen Mädchen versprochen, daß es nur zwölf sein sollten, und daß das dreizehnte, das man für todt ausgeben würde, ihr an dem Abende des Autodafé's selbst zurückgegeben werden sollte. Paula wartete.

Eine zahllose Menge strömte dem Platze zu; lautes Stimmengemurmel rann durch die Straßen; die Blicke des Volkes sprachen Trauer und Entsetzen aus. Diese bleichen Gesichter schienen in ihren schwarzen Kleidern dem Leichenbegängnisse Spaniens beizuwohnen.

„Einige, die in der Umgebung des Gefängnisses standen, ließen ihre Blicke in die schwarzen Tiefen des Gewirres von Gebäuden gleiten und erwarteten unter den verurtheilten Opfern, die erscheinen sollten, irgend eine geliebte Person zu erkennen. Weiber, das Gesicht mit dem Schleier verhüllt, weinten mit unterdrücktem Schluchzen, weil sie gehört zu werden fürchteten. Diese waren wenigstens glücklicher, wie die Männer, denn sie konnten weinen; die Männer aber mußten mit unverhüllter Stirn den tiefen Schmerz der Seele tragen, der das Gesicht erbleichen macht, und ihre trübe Stirn, ein Vulcan, der so viele stürmische Gedanken des Unwillens und der Empörung barg, mußte sich ruhig und regungslos zeigen, wie ein weißes Blatt Papier, auf dem nichts zu lesen ist; denn die Stadt war angefüllt von Familiaren, und die Inquisition klagte ebenso die Handlungen, wie die Absichten und die Gedanken an.

„Endlich öffnete sich die Thür des Gefängnisses wie der Schlund der Hölle, die Procession des Autodafé verließ den Inquisitionspalast, und die Verurtheilten traten ihre traurige Wanderung zu dem Tode an. Paula stand jetzt von dem Steine auf, näherte sich dem Schließer, der die Thür geöffnet hatte, und bat ihn, sie den Trauerzug näher betrachten zu lassen; der Schließer aber stieß sie rauh zurück. Die Unglücklichen pflegten die geringste Gefälligkeit so theuer zu bezahlen!

„Paula kehrte also wieder an ihren Platz zurück und streckte den Hals vor, um zu sehen. Das erste Opfer, welches erschien, war ein Erzbischof, ein heiliger Priester, verehrt von ganz Spanien; er ging langsam, den Kopf bedeckt mit der verhängnißvollen Coraza und bekeidet mit dem San benito. Sein Gang war fest, seine Augen, voll Ergebung und Glauben, sprachen einen tiefen Schmerz aus. Er richtete einen langen Blick rings umher, und wendete ihn dann zum Himmel, als wollte er diesen zum Zeugen für die Ungerechtigkeit seiner Richter anrufen; dann sank sein Kopf herab auf die Brust und seine beredten Lippen, welche so oft die Worte Gottes hatten vernehmen lassen, trugen nur noch den Ausdruck eines bitteren, schmerzhaften Spottes.

„Auf ihn folgten zwei Nonnen, zwei junge Mädchen, zu den Flammen verurtheilt, weil sie die Lehre Luthers angenommen hatten. Diese beiden Frauen zeigten einen wahren Heldenmuth; sie gingen zu dem Tode, wie zu einem Feste. Paula warf ihnen einen Blick trüber Sympathie zu; sie antworteten ihr durch das Lächeln eines Engels, indem sie auf den Himmel deuteten, als wollten sie ihr zu verstehen geben, daß alle Opfer der Erde an den Richterstuhl Gottes appellirten.

„Der vierte Verurtheilte war ein junger Marano, überführt, heimlich der Religion seiner Vorfahren anzuhängen. Ein Exemplar des Koran, eine Erbschaft seiner Väter, war in seinem Hause gefunden worden und hatte genügt, ihn zu dem Flammentode zu verurtheilen.[1] Er ging mit hohem und stolz erhobenem Kopf. Sein schwarzes, feuriges Auge glitt über die schöne Stadt Sevilla hin, in welcher die Araber geherrscht hatten, und schien in flüchtiger Uebersicht die Zeit der Mauren mit der der Inquisition zu vergleichen. Mußte Spanien ihm nicht damals wie ein schönes, junges Mädchen erscheinen, dazu erzogen, in beständigen Festen zu leben, in Nächten voll Harmonie und Lust die Künste der Poesie und der Liebe pflegend, das dann aber plötzlich seinen Festschmuck gegen das Bußgewand vertauscht hatte, seine Nächte der Liebe gegen Nächte der Klagen und Thränen, und über dessen bleiches erschlafftes Gesicht sich bereits das Leichentuch legte, welches die Lebenden von dem Tode trennt?

[1] Die Inquisition verurtheilte nicht nur die Judaisten und die Ketzer; denn der Besitz eines verbotenen Buches, einer Bibel, eines Exemplares des Evangeliums in gewöhnlicher Sprache und selbst eines englischen Buches, genügte, um eine ganze Familie auf den Scheiterhaufen zu bringen, besonders wenn diese Bücher einer reichen Person gehörten, denn die Proletarier hatten von der Inquisition nichts zu fürchten. — Das kam daher, weil die Sendung der Inquisition nicht wirklich war, die Ketzerei zu vertilgen, sondern die christliche Welt zum Vortheile Rom's und zum Vortheile der Könige, welche es beschützte, sowie zum Vortheile der Inquisitoren, so vielen Goldes als möglich zu berauben. Deshalb war die Inquisition unbarmherzig!

„Ha, wie mußte das Herz dieses Sohnes der Abencerragen klopfen! Wie mußte sein afrikanisches Blut in seinen Adern sieden, in den Adern Dessen, der seine Väter herrschen sah! — Er hatte nicht nur die Sclaverei des Körpers sondern auch die des Geistes zu erdulden. Seine Todesstunde mußte entsetzlich sein. — Er schritt vorüber.

„Das ist zu viel! Das ist zu viel!“ riefen die beisitzenden Richter.

„Laßt ihn gewähren,“ sagte der Präsident. „Es ist die letzte Gunst, welche man dem Angeklagten gestattet.“

„Noch zwei Andere gingen schweigend vorüber,“ fuhr der junge Dominicaner ohne Aufregung fort. „Paula zählte Alle mit unaussprechlicher Angst. Sie gingen langsam wie Schatten, die aus dem Grabe heraufkommen, denn die Tortur hatte ihre Glieder gebrochen, und kaum blieb ihnen noch so viel Kraft, um dem Tode entgegen zu schreiten. Paula zählte sie Alle, blickte Allen begierig in das Gesicht, athemlos und beklommen, denn sie wußte nicht, sollte sie fürchten oder sollte sie hoffen, ungeachtet des Versprechens, das Peter Arbuez ihr gegeben hatte. Indeß hatte er es versprochen.

„Der Zug schritt weiter und Paula zählte das zwölfte Opfer. Da entrang ein langer Seufzer sich ihrer Brust. Sie athmete die Luft mit mehr Begier ein; eine ungeheure Last war ihr vom Herzen genommen und ihre laute Freude hätte sie beinahe verrathen. — Plötzlich aber erschien einige Schritte hinter dem zwölften Verurtheilten ein leichenblasses Gespenst, dessen Glieder durch die Tortur gebrochen und ausgerenkt waren. Zwei Priester und zwei Familiaren stützten es unter den Armen und standen ihm so bei, sich zu dem Orte der Hinrichtung zu schleppen. „Dieser Mensch, der erst 24 Jahre zählte, war auf eine solche Weise gemartert worden, daß die Muskeln seines Gesichtes matt und entstellt waren, wie die eines Greises. Runzeln bedeckten seine Stirn und seine Wangen und sein großes schwarzes Auge, fieberhaft glänzend in den tiefen Höhlen, welche die Leiden gegraben hatten, flammte in eigenthümlichem Glanze, wie das Licht einer erlöschenden Kerze noch einzelne hellere Blitze schießt, ehe es für immer erstirbt.

„Dieser junge Mensch war so entstellt, daß ihn Paula auf den ersten Blick nicht erkannte. Er streckte bei dem

Anblicke dieses jungen, von ihm so innig geliebten Mädchens seine beiden abgemagerten zerquetschten Arme ihr entgegen und seine Augen trugen dabei den unverkennbaren Ausdruck der innigsten und herzzerreißendsten Zärtlichkeit.

„Paula! Paula!“ murmelte der Unglückliche mit ersterbender Stimme.

„Darauf sank er bewußtlos in die Arme des Familiars zurück, der ihn stützte.

„Ein Schrei der Verzweiflung, kurz, rauh ausgestoßen, entrang sich der Brust Paula's. Sie wollte sich auf den Verurtheilten zustürzen, aber die Sbirren drängten sich zwischen ihn und sie, und sie vermochte die lebende Scheidewand nicht zu durchbrechen.

„Wie von einer unsichtbaren Leidenschaft fortgerissen, drängte sie sich hierauf mit der Gewalt und der Schnelligkeit einer verwundeten Löwin durch die Menge, erreichte das Hauptthor des Inquisitionspalastes, und schrie wie eine Wahnsinnige, daß sie den Großinquisitor zu sehen verlangte. Man wagte nicht, ihr etwas zu Leide zu thun, denn man hielt sie für wahnsinnig und auf ihre wiederholten Bitten begnügte man sich, ihr die Antwort zu geben, der Inquisitor sei bereits bei der Procession auf dem großen Platze. Nach einigen Minuten nutzloser Anstrengungen näherte sich Paula darauf einem Familiar, den sie erkannte. Es war eben der, welcher sie das erste Mal zu dem Großinquisitor geführt hatte.

„Entferne Dich,“ sagte dieser Mann mit leiser Stimme, „oder ich lasse Dich einsperren.“

„Paula richtete zum Himmel einen Blick voll Wuth und lief dann, ohne anzuhalten, bis nach dem großen Platze von Sevilla. Als sie denselben erreichte, stiegen zum Himmel Flammen auf, umgeben von dichten Rauchwolken. — Alles, Alles war zu Ende!

„Der Inquisitor saß ruhig auf seinem Sessel und betete für die Seelen Derer, deren Henker er war.

„Da erhob Paula händeringend, ergriffen von einer unermäßlichen Verzweiflung, ihre beiden Arme zum Himmel, und ohne umher zu blicken, ohne an die zitternde Menge zu denken, die sie voll Staunen anblickte, erhob sie ihre Stimme furchtbar anklagend und rief:

„Peter Arbuez, sei verflucht! Peter Arbuez, hüte Dich vor meiner Rache!“

„Doch die Stimme der Menge hatte die Paula's bedeckt; Die, welche ihr zunächst standen, wichen zurück, ihr Platz zu machen, denn sie hielten sie für eine Wahnsinnige.“ — —

Joseph schwieg. Seine Brust hob sich unter heftigen, raschen Athemzügen. Seine bisher so bleiche Stirn war von brennender Röthe bedeckt, und große Schweißtropfen rannen ihm über das Gesicht. Er war in diesem Augenblicke von erhabener Schönheit.

„Nun, was ist aus Paula geworden?“ fragte der Präsident, ergriffen von einer unwiderstehlichen Neugier und einer lebhaften Theilnahme.

„Paula hat sich gerächt,“ erwiderte Joseph mit dumpfer Stimme. „Sie war es, welche Peter Arbuez tödtete.“

„Was soll das bedeuten?“ fragte der Präsident. Erklärt Euch. Was kann das junge Mädchen, dessen Geschichte Ihr uns erzählet, mit dem Dominicaner Joseph gemein haben?“

„Gnädigster Herr,“ fuhr Joseph fort, „sagte ich Euch nicht, daß Paula geschworen hatte, sich zu rächen?“

„Nun, und?“ fragte der Richter.

„Sechs Monate darauf,“ fuhr Joseph fort, „erschien in dem Kloster der Dominicaner zu Sevilla ein junger Mensch. Er wollte Priester werden. Er zählte zwanzig Jahre und kannte kein Wort Latein, aber er besaß Verstand, einen unerschütterlichen Willen und nach drei Jahren wußte er genug Latein, um in der Theologie unterrichtet werden zu können. Endlich ertheilte man ihm die ersten Grade und er trat in das Noviziat ein. Seitdem hat man ihn zum Priester des Ordens des heiligen Dominik geweiht.

„Peter Arbuez, der Großinquisitor von Sevilla, hatte inzwischen den Novizen bemerkt, und in Folge einer jener Launen, welche bei Männern von überspanntem, heftigem und grausamem Character so häufig sind, war es ihm zur Nothwendigkeit geworden, diesen jungen Menschen beständig an seiner Seite zu haben. Er that nichts, ohne ihn zu Rathe zu ziehen und der Novize wußte sich in seinem Verkehre mit dem Großinquisitor mit so viel List und Gewandtheit zu benehmen, daß Peter Arbuez, bezaubert und unterjocht, keinen andern Willen zu haben wagte, als den Joseph's.

„Joseph?" riefen die Richter im höchsten Grade erstaunt.

„Ja, Joseph," fuhr der Dominicaner fort, „Joseph, der sich zum Sclaven des Peter Arbuez gemacht hatte, um sein Herr zu werden, der, ähnlich der Hand, welche das Feuer schürt, beständig die schlechten Leidenschaften des Peter Arbuez aufregte, um ihn zu seinem Verderben zu treiben; Joseph, der aus einem grausamen und ausschweifenden Menschen ein Ungeheuer machte, damit es für ihn weder auf Erden noch im Himmel Verzeihung geben sollte; Joseph, der den Namen des Peter Arbuez in ganz Andalusien verhaßt machte, und ihn dann auf den Tod traf, so, daß er nicht die Zeit gewann, zu bereuen, und der ihn auf diese Weise für die Ewigkeit in das Verderben stürzte; — Joseph endlich, der Paula gerächt hat." Indem der junge Mönch so sprach, nahm seine Stimme einen eigenthümlichen Klang an, und sein zum Himmel gerichteter Blick trug den Ausdruck wilder Freude. Die Richter hielten ihn für wahnsinnig. Sie begriffen ihn noch immer nicht.

„Es ist also Joseph und nicht Paula, welche den Inquisitor tödtete?" richtete der Präsident eine letzte Frage an ihn.

„Es ist Joseph und es ist Paula," erwiderte der Angeklagte, „denn Paula und Joseph sind eine und dieselbe Person. Begreift Ihr denn nicht, gnädigster Herr, daß ich mich zum Manne und zum Mönche gemacht habe, um mich zu rächen?"

„Gotteslästerung!" riefen wie mit Einem Munde die Richter, welche endlich das finstere Geheimniß erkannten; „doppelte Gotteslästerung durch die Profanirung des heiligen Priesternamens und durch den Mord eines Priesters!"

„Was ich that, würde ich wieder thun, erwiderte Paula mit finsterer Exaltation. „Hat nicht Peter Arbuez das Amt eines Priesters entweiht? Sind nicht alle Inquisitoren ungerechte Henker, besudelt durch Ueppigkeit und Mord, Entweiher und Gottlose? Ach, Ihr Herren, es wäre Zeit, daß die königliche Gerechtigkeit Licht in diese tiefe Finsterniß brächte, denn ich sage es Euch in Wahrheit, und Gott ist mein Zeuge, daß es nicht geschieht, um mein Leben zu retten: die Tribunale der Inquisition sind nichtswürdige Orte, die man niederbrennen sollte und die Inquisitoren Ungeheuer, welche die Galeeren verdienten.“

„Genug! Genug!“ rief der Präsident. „Angeklagter, unsere Geduld ist zu Ende. Seid Ihr ein Weib, so ist Euer Verbrechen um so größer. Mögt Ihr aber Weib oder Mann sein, so habt Ihr doch jedenfalls den Tod verdient.“

„Und der Tod ist es, den ich will!“ rief Paula, die, seitdem sie ihr Geschlecht eingestanden hatte, alle Anmuth des Weibes angenommen zu haben schien.

Die Richter zogen sich während einiger Minuten zurück, um sich zu berathen. Paula wartete ruhig und gefaßt auf den Erfolg dieser Berathung. Sie hatte das traurige Drama ihres Lebens entwickelt; das Leben selbst war ihr jetzt nur eine Last.

Als die Richter zurückkehrten, zeigte ihr Gesicht eine furchtbare Strenge, und dennoch war unwillkürlich Mitleid in den ernsten Zügen zu lesen. Der Präsident stand auf, und ohne den Angeklagten anzusehen, sprach er so das Urtheil:

„In Erwägung, daß der Großinquisitor eines gewaltsamen Todes gestorben ist;

„in Erwägung, daß dieser Tod durch einen Mörder herbeigeführt wurde, und der Mörder sein Verbrechen gestanden hat;

„in Erwägung, daß eine gewisse Paula, fälschlich mit dem Namen Joseph, Dominicanermönch und Beamter der Inquisition, bezeichnet, Alles profanirt hat, um zu der Ausführung dieses Verbrechens zu gelangen;

„in Erwägung, daß die Angeklagte die Verbrechen, deren sie beschuldigt ist, zugegeben und eingestanden hat, hat der Gerichtshof, welcher an Gott den Vater, an Gott den Sohn und an Gott den heiligen Geist, drei heilige, besondere Personen, welche nur einen wahren Gott bilden, glaubt, sich vor unserem Heilande gedemüthigt und denselben um die Gnade angefleht, ihm den Urtheilsspruch einzuflößen, den er zu fällen hat. Sein Gewissen ist deshalb beruhigt.

„Aus diesen Gründen verurtheilt das Tribunal die gewisse Paula, angeklagt und überführt des Verbrechens des Mordes und der Gotteslästerung an der geheiligten Person des Herrn Peter Arbuez, Großinquisitors von Sevilla, zum Tode.

„Da nun bei der Vollziehung dieses Verbrechens lange voraus Ueberlegung stattgefunden hat, verurtheilt der Gerichtshof die obengenannte Paula, in Uebereinstimmung mit den Gesetzen des Königreiches, dazu, lebendig gerädert und dann geviertheilt zu werden. Und zur Strafe des Priestermordes soll ihr die rechte Hand durch die Hand des Henkers abgeschlagen und verbrannt werden.

„Nach Vollstreckung dieses Spruches sollen die Glieder der Hingerichteten an den Landstraßen ausgestellt und den wilden Thieren zur Nahrung preisgegeben werden, mit dem Verbote, sie zu beerdigen.

„Gegeben in Sevilla u. s. w. u. s. w."

Paula hatte den Urtheilsspruch ohne Zittern angehört. Bei den Worten aber: „Sollen die Glieder der Hingerichteten an den Landstraßen ausgestellt und den wilden Thieren zur Nahrung preisgegeben werden, mit dem Verbote, sie zu beerdigen," bemächtigte sich ihrer ein Gefühl des Widerwillens und der Schamhaftigkeit und flößte ihr einen instinctmäßigen Abscheu davor ein, so nach ihrem Tode preisgegeben zu werden. Ihr Muth schwand dadurch einen Augenblick. Sie legte die Hand auf die Augen, als wollte sie das entsetzliche Schauspiel nicht sehen, das sich ihren Gedanken bot, und als sie aufstand, um nach der Gefängnißcapelle geführt zu werden, wo sie die Nacht zubringen sollte, zitterte sie am ganzen Körper so heftig, daß sie sich kaum auf den Beinen zu erhalten vermochte.

Als sie den Sitzungssaal verließ, erkannte sie unter der Menge eine alte, große, sehr blasse Frau, die sie lange mit feuchten Augen ansah, als wollte sie ihr sagen: „Du hast mich getäuscht, aber ich bin da."

„Ach," seufzte Paula, indem sie dieselbe erblickte, „jetzt kann ich ruhig sterben; lebend oder todt wird sie über mich wachen."

Diese Frau war Juana.

Nachdem sie Estevan und Dolores begleitet hatte, um Paula zu gehorchen, war sie nach zwei Tagen, ihre Reisegefährten verlassend, nach Sevilla zurückgekehrt, denn sie fühlte sich von Besorgniß ergriffen wegen des Kindes, das sie genährt, und dem sie ihr ganzes Leben gewidmet hatte, so daß sie demselben durch alle Windungen seiner unermüdlichen Rachgier folgte. Juana hatte aber die Wege verfehlt, und war deshalb erst nach der Verurtheilung Paula's nach Sevilla gekommen.

XLVIII.

En Capilla.

In Spanien herrscht schon seit undenklichen Zeiten, wie noch jetzt, der fromme Gebrauch, einen zum Tode verurtheilten Menschen, 48 Stunden vor seiner Hinrichtung in einem Kerker zubringen zu lassen, der in eine Art von Capelle verwandelt worden ist, welche man die Capilla nennt. Hier bietet die Religion unter allen ihren Formen Dem, der sterben soll, ihren frommen Beistand und ihren mächtigen Trost. Priester, welche sich von Stunde zu Stunde ablösen, versuchen den Verurtheilten zu trösten, und durch die Hoffnung auf die Ewigkeit gegen die Marter der Hinrichtung zu stärken.

Die Brüderschaft des Friedens und der Barmherzigkeit, die zärtliche Mutter aller Derer, welche der Henker als sein Theil beansprucht, wacht darüber, ihre letzten Stunden zu versüßen, indem sie ihnen die eifrigste Sorgfalt gewährt und ihre geringsten Wünsche erfüllt; außerdem gestattet man diesen armen Unglücklichen, sich mit ihren Verwandten und ihren Freunden zu unterhalten. Man gewährt ihnen, mit Einem Worte, jeden Trost, der der Barmherzigkeit durch das unerbittliche Gesetz gestattet wird, welche aber niemals die Grenzen des Rechts überschreitet. In Spanien verurtheilt das Gesetz zuweilen vielleicht ungerecht, aber stets mischt es in seine nothwendige Strenge die Milderung der Barmherzigkeit; sie verurtheilt zum Tode, aber nicht zur Todesqual.

Die Capelle, in welcher Joseph eingeschlossen war, zeigte die leichten Säulen mit zartgeschnitzten Capitälen, welche die Bildhauerei der Sarazenen verriethen, die anmuthige Nachahmung der Natur Afrika's.

Auf dem schwarz behangenen Altare brannten zu beiden Seiten des Crucifixes Kerzen von grünem Wachs, rechts neben dem Altare standen zwei Armsessel, der eine für den Verurtheilten, der andere für den Geistlichen, der ihn zur Buße ermahnte. Am Boden erblickte man in einer Ecke, ein großes Messer, eine Menge Stricke, ein gewaltiges Andreaskreuz von Eichenholz, und auf diesem ruhend einen schweren eisernen Hammer. — Das waren die Werkzeuge der Hinrichtung. — Paula achtete nicht darauf. In diesem äußersten Augenblicke, in welchem ihr Leben sich seinem Ende nahete, während sie noch so jung war, fühlte sie sich von einem grausamen Zweifel ergriffen. Sie war unter sehr frommen Gebräuchen erzogen worden. Ein Gefühl gerechtfertigten und unbezwinglichen Hasses, eine zügellose Rachgier, hatten sie nach und nach zu der Profanation einer Menge heiliger Dinge und endlich zu dem Morde geführt, dem Verbrechen, welches von Gott verdammt wird. Sie hatte dieses Verbrechen mit größter Ausdauer verfolgt und ohne Zögern, ohne Reue, verübt. Freilich traf sie ein mit Mordthaten, Raub und Missethaten aller Art besudeltes Ungeheuer und gleichwohl fragte sie sich jetzt mit unaussprechlichem Schrecken, ob Gott, so groß und so barmherzig, Gott, der ohne Zweifel ihren geliebten Fernand, dem sie ihr Leben opferte, an seinem Busen empfangen hatte, sie selbst nicht, als unwürdig seiner himmlischen Gnade zurückweisen würde.

Sie kniete auf den nackten Quadern der Capelle nieder und stützte ihre brennende Stirn gegen den Marmor des Altars.

Diese von Todesangst ergriffene Seele empfand furchtbare Zweifel: sie fürchtete, in jenem Leben Den nicht wiederzusehen, für den sie hatte sterben wollen und nach so vielen Thränen, so vielen Anstrengungen, so vielen Leiden, war dieser Gedanke für sie eine unerträgliche Marter.

In diesem Augenblicke trat ein Mönch in die Capelle. Paula warf sich zu seinen Füßen nieder und theilte ihm weinend ihre Besorgnisse mit. Dieser Mönch tröstete sie, indem er von der entsetzlichen Marter sprach, die sie zu erdulden haben würde, indem er sie ermahnte, ihre gotteslästerliche Liebe für einen Ketzer zu vergessen und die Barmherzigkeit Gottes und die des Märtyrers Arbuez zu erflehen, welcher von der Höhe des Himmels herab ihr ohne Zweifel verzeihen würde; dann sprach er lange von der Gnade, der Verzückung, der Seligkeit.

Paula erhob sich voll Verzweiflung. Sie hatte einen Stein angefleht, und nichts antwortete dem Schmerze ihrer Seele.

Die Stunde schlug; der Mönch entfernte sich, wie ein Soldat, der von seiner Wache abgelöst wird. So verlieren die Ueberzeugungen der göttlichen Religion des Heilandes, indem sie durch einfältige Hände gehen, die milde Poesie, ihren engelgleichen Trost.

„Ach" sagte Paula voll Bitterkeit und Widerwillen, „ich hätte mich daran erinnern sollen, daß diese Mönche rohe lebende Maschinen sind, die aus Gewohnheit sprechen und nicht aus Ueberzeugung. Der Geist, der von oben kommt, lebt nicht in diesen Automaten, bei ihnen wirkt allein die Mysterie. — Herr, mein Gott," fuhr sie fort, „Du bist der Märtyrer der schlechten Priester und der Heuchler gewesen; Du wirst mir verzeihen, denn ich bin ihre Märtyrerin. — Du, der Du in die Welt ein Gesetz der Liebe einführtest und nichts als Liebe lehrtest, Du wirst auch mir verzeihen, mein Gott, denn ich bin strafbar geworden, weil ich liebte."

Indem Paula so sprach, vergoß sie heiße und bittere Thränen; ihr in sich selbst zusammengesunkener Körper zeigte eine schmerzvolle und unbeschreibliche Anmuth. Sie hatte von ihrer Mönchskleidung nur ihre weiße wollene Kutte bewahrt, und da ihre seit acht Tagen nicht geschorenen Haare wieder gewachsen waren, zeigte ihr Gesicht sich sehr verändert.

Sah man sie so, schön und zart, und dennoch imposant durch die Gewohnheit des Gebietens, so war man bei dem ersten Anblick ungewiß über ihr Geschlecht. Es war Paula und dennoch auch noch Joseph, ein eigenthümliches Gemisch der Anmuth und der Kraft, der Zärtlichkeit und der Entschlossenheit. Das arme einfache Mädchen hatte so jung noch schon so viele Dinge des Lebens erfahren, und dadurch einen schmerzhaft rührenden Zauber gewonnen. So auf den Stufen des Altares liegend, gegenüber den Werkzeugen der Marter, welche am nächsten Tage ihre Glieder zerbrechen sollten, glich sie einer vergänglichen Blume, die sich über den Abgrund, der sie verschlingen soll, neigt, als wollte sie ihn rühren und anflehen.

Aber wie sie sich an alle die Dinge wendete, die sie umgaben, konnte doch keines derselben den Bedürfnissen ihrer Seele, weder für die Gegenwart noch für die Zukunft, antworten. Da wendete Paula den Blick zurück, wie der Reisende, der sich verirrt hat und auf den bereits durchlaufenen Weg zurückkehrt. Sie prüfte langsam ihr vergangenes Leben und schlug einzeln die Blätter um, keines derselben überspringend. Indem sie so das Buch ihrer Erinnerung durchlas, erblickte sie sich wieder als weißes reines Kind spielend unter blühenden Orangenbäumen des Alhambra des maurischen Wunders, in ihrer glühenden Seele schon träumend von der Liebe eines edlen tapferen Ritters, der auf ihre weiße Stirn den jungfräulichen Kranz drückte.

Dann erblickte sie die Kirchen Granada's, die prachtvollen Moscheen, durch die fromme Isabella verwandelt in katholische Tempel, Denkmäler der christlichen Poesie, eingeimpft auf die Poesie der Orientalen. Hier sah sie, wie in einem Traume, alle die Phantasmagorien des römischen Cultus vorüberziehen, die sie in jenen Zeiten in sanfte und heilige Regung gewiegt hatten. Die lange Reihe von Mönchen, ihre weißen Köpfe sich in den Wolken von Weihrauch verlierend, die strahlenden und die goldgestickten Gewänder, die weißen Ueberwürfe der Diaconen, die gestickten Meßgewänder des Archidiaconus und die mit Edelsteinen bedeckten Kelche, die großen goldenen Sonnen, in denen das heilige Sacrament ruhte, die Erzengel von massivem Silber mit ausgebreiteten Flügeln, das Kästchen, mit Reliquien angefüllt, und die Bouquets von edlen Steinen, die Kränze, welche die Königinnen Spaniens der Königin des Paradieses überreicht hatten.

Sie erkannte alle die Kirchen Granada's, den orientalischen Bazar, auf dem unter tausend verschiedenen Gestalten die Reichthümer Mexiko's sich zeigten, und indem Paula ihre unbefangenen Gefühle von damals, ihre aufrichtige Bewunderung für alle diese irdischen Wunder, mit ihrem bitteren Scepticismus der Gegenwart verglich, sah sie ein, weshalb der Clerus danach strebte, die Unwissenheit des Volkes zu verlängern. Dann fragte sie sich, ob es nicht entsetzlich verbrecherisch sei, so irdische Mittel anzuwenden, um den König des Himmels geliebt und verehrt zu machen.

Allein Paula, welche bis auf den Grund alle die Unwürdigkeiten dieser Priesterseelen zu erforschen vermocht hatte, wußte wohl, daß der Ruhm Gottes nur ein Vorwand und nicht das Ziel ihrer elenden Taschenspielerkünste war.

Dennoch empfand sie einen süßen und rührenden Zauber, indem sie sich an ihre Tage der Unwissenheit und der unbefangenen Hingebung an den Glauben, den man ihr einflößte, sowie an ihre Ausbrüche der Freude und des Entzückens, erinnerte, wenn sie, vor einem Christusbilde knieend, in den Zeiten ihrer Leidenschaft Thränen vergoß,[1] und es ihr dann schien, als weinte auch der Heiland selbst, dessen rührende und erhabene Geschichte man ihr erzählt hatte. Diese Zeiten hatten durch den Contrast mit ihrem gegenwärtigen Leben einen goldenen Schein gewonnen, der

[1] Gegen die Mitte des letzten Jahrhundertes gab es in Acrillac, in dem Departement du Cantal, ein Carmeliterkloster, welches eine Bildsäule der heiligen Magdalena besaß, die an den Tagen des Festes dieser Heiligen weinte. Dieses Kloster besaß einen Christus, der während der Charwoche reichliche Thränen vergoß. Das Geheimniß dieser beiden Wunder wurde durch einen Laienbruder, der Sacristan dieses Klosters war, einem Jesuiten-Zöglinge enthüllt, der es uns erzählte. Hier, auf welche Weise diese Wunder vollbracht wurden: Die Bildsäule der heiligen Magdalena war von Halbporzellan, hohl, und enthielt einen Herd, auf welchen die Mönche, nachdem ein Feuer darauf angezündet worden war, ein Geräth, in Form eines Destillirkolbens stellten, dessen Verlängerung bis zu dem Kopfe der Heiligen ging. Dieses Geräth enthielt Wasser, welches, durch die Hitze in Dampf verwandelt, sich in dem Kopfe der Bildsäule sammelte, und hier durch zwei kleine Röhren auf einen Schwamm fiel, der hinter den Augen angebracht war, welche an ihrem unteren Theile mit mehreren kleinen Löchern durchbohrt waren. Einmal gut durchdrungen, ließ dieser Schwamm das überflüssige Wasser in reicher Menge durch die kleinen Löcher der Augen der Statue träufeln, welche dann so aussah, als vergösse sie natürliche Thränen. Was das Christusbild betrifft, so war es ganz einfach an die Mauer gelehnt, hinter welcher sich ein Weingitter befand. Alle Welt weiß, daß der Weinstock im Anfange des Frühlings, das heißt gegen das Ende der Fastenzeit, weint. Diese Beobachtung benutzend, hatten die Mönche hinter dem Christusbilde, durch die Mauer, zwei frisch beschnittene Weinreben geleitet, die zu den beiden inneren Augenwinkeln des Christusbildes führten und so jene wunderbaren Thränen verursachten, welche das gläubige Volk mit großer Verehrung fließen sah und wofür es nie ermangelte, seine Gaben in die silberne Schüssel zu legen, die am Fuße der Christusstatue stand.

einen letzten hellen Strahl auf ihre Stirne warf, welche schon von einem tödtlichen Schatten verhüllt wurde.

Dann erblickte sie sich wieder als Waise, aufgenommen von der edlen Familie der Cazalla's, die so heilig und so rein war; sie sah sich an der Seite ihres schönen Verlobten, ihres sanften, innig geliebten Fernand. — Aber mit diesem in der Ferne so ungetrübten Bilde mischten sich bald finstere Farben der Verfolgung Todter, die Hinrichtung Lebender, ihr Fernand zu dem Martertode geschleppt und sie selbst —

Ach, bei dieser fürchterlichen Erinnerung floß ihre Seele von Bitterkeit über und sie zählte Stunde bei Stunde, Minute bei Minute, die Tage, die sie so hingebracht hatte, ihre Sclavenkette schleppend, die Füße des Tiegers küssend, den sie verabscheute, ihre thränenerfüllten Augen mit heuchlerischem Lächeln verhüllend, ihre niedergesenkte Stirne umgeben mit einem Heilgenschein der Freude, verzichtend auf das Gebet, aus Furcht, es zu entheiligen, in jeder Stunde eine neue List ersinnend; mit Entzücken in den Abgrund der Gemeinheit und der Ueppigkeit die heuchlerischen Priester stürzend, ihren Lastern Beifall zollend und das Alles nur, um die unbezwingliche Verzweiflung ihrer Seele zu betäuben, zu erlöschen. — Endlich waffnete sie, sanft, schüchtern und furchtsam, ihre schwache Hand mit dem Dolche und an dem Fuße des Altars selbst stieß sie Den nieder, der sie in das Verderben gestürtzt hatte. — Sie sah ihn vor sich, wie er mit brechendem Blicke, mit blutendem Halse in dem letzten Röcheln der Todesqual die Worte ausstieß: „Gott ist gerecht!“

„Ja, Gott ist gerecht!“ rief Paula, indem sie mit einer kräftigen Bewegung aufsprang „Gott ist gerecht — er wird mir verzeihen!“

„Ach,“ fuhr sie dann mit unaussprechlicher Todesqual fort, „ist nicht das Märtyrerthum eine Taufe, und werde ich das meinige nicht auf diesem Kreuze hier vollbringen?“

Indem Paula sich umwandte, hatte sie die Werkzeuge ihrer Martern erblickt, und weit entfernt, sich darüber zu entsetzen, empfand sie einen unendlichen Genuß, daß sie die fürchterlichen Schmerzen zu ertragen haben würde. Denn, je entsetzlicher sie ihr erschienen, um so mehr flüsterte ein inniges Vertrauen zu Gott ihr zu, daß diese Todesqualen, den langen Martern ihres Lebens hinzugefügt, genügen würden, ihre Fehler zu büßen und ihr Verzeihung zu gewinnen.

Paula aber ersehnte nur noch Eins: ihre Wiedervereinigung mit Fernand!

Die Thüre der Capelle wurde geöffnet und zwei spanische Cavaliere, Mitglieder des Ordens des Friedens und der Barmherzigkeit, fragten mit aller möglichen Rücksichtnahme, ob die Verurtheilte irgend etwas bedürfe.

„Nichts für dieses Leben, Ihr Herren," erwiderte Paula mit engelgleichem Lächeln, „aber für jenes —"

„Man wird dafür Sorge tragen," unterbrachen die Herren sie, indem sie sich Paula näherten. „Wir werden für das Heil Eurer Seele beten und Messen lesen lassen."

„Ihr Herren," sagte Paula, „ich beschwöre Euch, keine Gebete der Priester. Die Eurigen, die Eurigen allein, die nicht käuflich und heuchlerisch sein würden, — und dann —"

„Junges Mädchen," unterbrach sie einer der Herren, ich flehe Euch an, gemäßigter in Euren Worten zu sein. Die Priester sind die Führer unserer Seelen."

„Ich kenne sie besser, als Ihr," entgegnete Paula mit kurzem Ton; aber der Glaube ist frei, Ihr Herren, und da Ihr den letzten Willen einer Sterbenden erfüllen wollt, so nehmt dies hier, und gebt es den ärmsten Mädchen Spaniens, um sie zu verheirathen."

Indem die Verurtheilte dies sprach, zog sie aus ihrem Busen ein Diamantenkreuz, einen Schmuck von hohem Werthe, den sie von ihrer Mutter hatte.

„Ihr werdet das thun, nicht wahr?" sagte sie.

„Ich verspreche es Euch," entgegnete der Edelmann.

„Ich danke Euch, gnädiger Herr und rechne auf die Erfüllung Eures Wortes. Es ist das einzige Gut, welches mir auf Erden bleibt; möge es wenigstens dazu beitragen, eine Glückliche zu machen."

„Ist das Alles?" fragte der Bruder des Friedens und der Barmherzigkeit.

„Es gäbe wohl noch etwas Anderes," sagte Paula zögernd.

„Sprecht; Alles, was von uns abhängt, soll Euch gewährt werden."

„Als Ihr hierher kamt, Ihr Herren,“ entgegnete sie, „müßt Ihr eine arme Frau bemerkt haben, die schwarz gekleidet war, und unter ihrem Schleier weinte, indem sie das Gefängniß betrachtete. Diese Frau ist meine Mutter; sie hat mich an ihrem Busen genährt. Man verweigert den Verurtheilten die Gnade nicht, zum letzten Male Die zu umarmen, welche sie geliebt haben. Nun wohl, Ihr Herren, laßt diese Frau kommen, und bittet, daß man sie zu mir einlasse.“

„Euer Wunsch soll erfüllt werden,“ erwiderte der fromme Herr, und sogleich entfernte er sich mit dem Bruder, der ihn begleitet hatte.

In diesem Augenblicke trat ein zweiter Mönch an die Stelle des ersten, der die Beichte Paula's empfangen hatte. Er näherte sich dem jungen Mädchen, und fuhr in den nichtssagenden Ermahnungen des ersten fort, als hätte er eine auswendig gelernte Rede hergesagt, ohne sich dabei etwas zu denken; und in den zerstreuten oder gelangweilten Gesichtern dieser Priester las man, während sie diese fromme Pflicht erfüllten, die ganze Leere und Dürre ihrer Seele.

Paula ließ ihn sprechen, ohne zu antworten; sie betete in ihrem Innern, und nicht mit den Lippen, um die Gnade des großen Ertheilers aller Barmherzigkeit anzuflehen. Sie bedurfte nicht eines solchen Vermittlers; er hätte ihre Inbrunst erkaltet, statt sie zu erwarmen. Sie blieb daher stumm und gesammelt, wartend auf die Erfüllung des Versprechens, welches die Edelleute Ihr gegeben hatten, während der Mönch, sich bequem in den Armsessel zurücklegend, den Kopf auf die Brust herab sinken ließ, und unter der Wiederholung seiner Litaneien einschlummerte.

Paula wendete die Augen gegen die Thür; ihre Seele konnte durch nichts von der Hoffnung abwendig gemacht werden, ihre Amme noch ein letztes Mal zu sehen. Ihre Erwartung war nicht vergeblich. Der Edelmann kehrte bald darauf zurück, begleitet von der schwarzgekleideten Frau, die Paula ihm bezeichnet hatte, und die er in der That in der Umgebung des Gefängnisses fand.

Indem Paula und ihre Amme sich wiedersahen, gewannen sie keine Worte; aber die Verurtheilte warf sich an die Brust ihrer zweiten Mutter, und hier weinte sie zum ersten Male seit vielen Jahren ohne allen Zwang.

Aus Achtung für dieses letzte Wiedersehen hatten die Brüder des Friedens und der Barmherzigkeit sich zurückgezogen.

Es war der Gebrauch, daß der Priester den Verurtheilten sich frei mit Denen unterhalten ließ, deren Besuch ihm gestattet wurde. Der Mönch regte sich nicht, und nachdem er bei dem Eintritte Juana's die Augen halb geöffnet hatte, fuhr er fort, seine Gebete zu murmeln.

Als Paula an dem Busen ihrer Amme alle die seit so langer Zeit angehäuften Thränen vergossen hatte, erhob sie den Kopf, richtete ihre großen schwarzen Augen auf die ihrer alten Pflegerin, und sagte mit unendlicher Zärtlichkeit: „Du wirst also auch sterben?"

„Nur nach Dir," erwiderte Juana.

„Du hast Recht," sagte Paula mit bitterer Verachtung des Lebens. „Was sollst Du allein hier machen?"

„Nicht wahr?" sagte Juana streng, als ob für diese beiden Frauen, die nur durch Ergebung und Liebe gelebt hatten, das irdische Leben ohne das der Seele nichts sei, und daß sie nur dazu geschaffen wären, um hinieden gleich den Erzengeln von Entzücken zu leben.

O die glückseligen Naturen, welche, von Gott stammend, nur ihm leben und zu ihm zurückkehren, ohne sich jemals von ihm getrennt zu haben! Denn Der, welcher nur in der Liebe lebt, lebt in Gott.

Dann blieben Beide schweigend neben einander stehen, ihre Hände innig in einander verschlungen, und mit Wonne des Glückes genießend, sich noch einmal vor ihrer Trennung während eines kurzen Tages in Liebe zu sehen.

Sie hatten sich nichts mehr zu sagen. Die Erde war für sie nicht mehr vorhanden, — sie sollten sterben — sich wiedersehen.

So brachten sie eine Stunde mit einander zu, ohne die Minuten zu zählen; ein Sbirre trat in die Capelle, um sie zu benachrichtigen, daß es Zeit sei, sich zu trennen. Jetzt erst kehrte der Zweifel, der Paula's Herz bestürmt hatte, zurück, und als ihre Amme ihr beide Arme entgegenstreckte, um sie zu einem letzten Kusse an die Brust zu schließen, sagte sie mit dem Ausdrucke der höchsten Angst:

„Nicht wahr, Gott wird mich in seinen Schooß aufnehmen, und hat mir verziehen?"

„Armes Opfer!“ erwiderte Juana. „Beruhige Dich; wir sehen uns wieder.“

Ein Strahl himmlischer Freude beleuchtete bei diesen Worten das Gesicht Paula's.

Sie neigte ihr schönes Gesicht dem Kusse ihrer Adoptivmutter entgegen; Juana küßte sie zärtlich auf die Stirn, und ging, indem sie ihr zurief:

„Auf baldiges Wiedersehen!“

Paula versank in eine himmlische Verzückung, welche bis zu dem Anbruche des Tages dauerte.

XLIX.

Die Strafe des Rades.

Es war sechs Uhr Morgens.

Ein Mann trat in die Capelle, in welcher Paula sich befand; — dieser Mann war der Henker.

Als Paula ihn erblickte, war der erste Eindruck der des Schreckens, der zweite der der Freude: sie sollte sterben! Aber unwillkürlich hatte sie bei dem Anblicke des Mannes, der dazu bestimmt war, sie zu martern, eine erste Regung des Abscheues nicht zu unterdrücken vermocht. Der Instinct der physischen Natur, welche nur nach der Ueberlegung dem Einfluß des moralischen Gefühls weicht.

„Ich bin bereit,“ sagte sie, indem sie aufstand.

Der Henker näherte sich ihr hierauf und setzte ihr auf den Kopf eine grüne Mütze mit einem weißen Kreuze. Dann entkleidete er Paula ihrer weißwollenen Tunica und warf ihr ein halb rothes und halb schwarzes Gewand über. Die schwarze Farbe war die der Vatermörder; das Roth bezeichnete die Gotteslästerer.

Paula ließ ihn gleichgiltig gewähren; sie kümmerte wenig die Kleidung, in welcher sie das Leben verlassen sollte.

Als der Henker mit seiner Arbeit fertig war, fragte sie: „Ist das Alles?“

„Für den Augenblick Alles,“ erwiderte der Mann.

„Wann soll ich sterben?“

„Noch nicht!“

„O mein Gott!“ sagte Paula ungeduldig.

Der Henker sah sie verwundert an; er begriff nicht, daß ein Verurtheilter voll Ungeduld nach dem Tode verlange. Er verließ Paula, indem er sagte: „Verrichtet Eure letzte Andacht.“

Paula warf sich nieder auf die Knie und wiederholte zu Gott ihr ewiges Gebet: „vereinige mich mit Fernand!“

Ein Priester trat in die Capelle, um die Verurtheilte zum letzten Male zu ermahnen, doch sie antwortete ihm nicht, sondern fuhr fort, aus dem innersten ihrer Seele zu Gott zu flehen, und als er ungestüm in sie drang, antwortete sie ihm sanft: „Gott hat mir verziehen; meine Mutter gab mir die Versicherung.“

Der Priester glaubte, die Furcht vor der Hinrichtung hätte ihren Verstand verwirrt.

In diesem Augenblicke kam man, sie abzuholen.

Sie sprang mit einem Freudenrufe empor und eilte der Thüre zu; allein als ob der Becher ihres Schmerzes noch nicht hinlänglich gefüllt sei, ergriff man sie und band ihr beide Hände mit Stricken, als ob es nothwendig gewesen wäre, sie mit Gewalt dem Tode entgegen zu schleppen, den sie mit heißer Gluth erflehte.

Doch die Ergebung Paula's war unbegrenzt; sie fühlte sich glücklich durch ihre Leiden.

Sie verließ die Capelle. Nachdem sie die finstern Gänge des Gefängnisses durchschritten hatte, betrat sie die Straße, und die Strahlen der Sonne fielen sengend nieder auf ihr blendend weißes Gesicht, und überrascht durch das Licht, schloß Paula für einen Moment die Augen.

Als sie sich an die blendende Helligkeit gewöhnt hatte, die Augen wieder öffnete und umhersah, erblickte sie sich umgeben von Soldaten, welche jeder mit einer Kerze in der Hand, sie zu dem Orte der Hinrichtung begleiteten, sowie von Mönchen, die zu beiden Seiten eine Reihe bildeten und mit kläglicher Stimme die Sterbegebete hersagten.

Einer derselben hielt sich fortwährend an der Seite der Verurtheilten und ermahnte sie zu einem erbaulichen Tode.

Unter die Mönche gemischt, begleitete die Bruderschaft des Friedens und der Barmherzigkeit, als letzte Freunde der Verurtheilten, den Gegenstand ihrer Sorgfalt, man könnte beinahe sagen, ihres Cultus. Ein Gegensatz des menschlichen Gesetzes war die Bruderschaft des Friedens und der Barmherzigkeit, ein treuer Dollmetscher der Gnade des Heilands.

Das Volk, stets begierig nach entsetzlichen Schauspielen, eilte in Masse herbei, die Verurtheilte auf ihrem Wege zu sehen. Viele schienen ergriffen zu sein durch den Anblick dieses jungen, schönen Gesichts, welches dem eines Weibes oder eines Erzengels glich. Doch da das bei verschlossenen Thüren gefällte Urtheil Paula's nicht bekannt geworden war, und kein Gerücht etwas anderes verkündete, als daß der Mörder zum Tode verurtheilt worden sei, war dessen wirkliches Geschlecht unbekannt geblieben, und man hatte sich daher unter demselben einen fürchterlichen Mann von riesiger Gestalt vorgestellt. Der Mörder eines Großinquisitors mußte ein ganz ungewöhnlicher Mensch sein, und jetzt erblickte man nur ein schwächliches, bleiches, sanftes und schönes Geschöpf, eine beinahe ideale Erscheinung.

Während dieser schmerzhaften Pilgerfahrt war Paula der Gegenstand der glühendsten Neugier, aber auch eines unglaublichen Mitleids. Das Volk, welches sie noch immer für einen jungen Mönch hielt, fühlte sich unwillkürlich gerührt durch so viel Jugend, und die verhaßte Erinnerung an Peter Arbuez steigerte noch die Neigung zur Nachsicht gegen dessen Mörder.

So gelangte der Zug zu der Plaza mayor.

Indem Paula den Ort wiedersah, an welchem, als sie ihn das letzte Mal besuchte, am Tage des Autodafé Peter Arbuez so viele Opfer hinschlachten ließ, hob sich ihr Herz voll Unwillen. Sie wendete Ihre Augen gegen den Quemadero, als wollte sie auf demselben die Märthyrer suchen, die auf dieser glühenden Arena gefallen waren.

Auch Fernand endete dort. Dies war der letzte Rückblick Paula's auf ihre jetzt beendete irdische Laufbahn. Sie ließ den Kopf auf die Brust herabsinken, und erwartete, daß der Tod kommen würde, sie zu holen. Ohne zu erblassen, betrachtete sie die Werkzeuge ihrer Marter und bestieg mit festen Schritten das Blutgerüst. Ein Mönch bestieg es mit ihr. Als sie es betreten hatte, warf sie sich nieder auf die Knie, erhob die Augen gegen Himmel und flehte zum letzten Male aus dem tiefsten Herzen dessen Gnade an. Darauf stand sie auf und wartete.

In diesem Augenblicke glitten ihre Augen über die Menge, welche das Blutgerüst umstand, und unter all den unbekannten Gesichtern sah sie ein bleiches, mildes Antlitz, welches am Fuße ihres Calvarienberges stand, wie die Mutter Christi unter dem Kreuze des Heilandes der Menschen.

Es war die sanfte, doch muthige Juana.

In diesem letzten Augenblicke wollte sie durch ihre Gegenwart ihre geliebte Tochter ermuthigen, und hatte deshalb die Kraft gefunden, der Hinrichtung derselben beizuwohnen. Paula lächelte unbemerklich und deutete dann mit dem Blicke gegen den Himmel.

Juana schlug ihre Mantilla über das Gesicht, öffnete sie aber sogleich wieder, als wollte sie ihr in symbolischer Weise sagen: „Unsere Trennung währt nur einen Tag.“

Der Priester, welcher der Verurtheilten Beistand leistete, bot ihr hierauf zum Kusse ein silbernes Crucifix, das er in der Hand hielt. Paula drückte fromm ihre Lippen auf das heilige Bild. Während dessen segnete der Priester sie, und das Volk, welches der Anblick einer so rührenden Ergebung enthusiasmirte, sprach laut seine Theilnahme für den Verbrecher aus, der so heilig starb.

Der Henker sollte sein Werk beginnen. Auf dem Blutgerüste sah man ein Andreaskreuz, eine eiserne Keule, ein Beil und einen Block.

Der Henker band die Hände der Verurtheilten los, nahm die rechte Hand bei dem Handgelenke, legte sie auf den Block und wollte sie auf demselben anbinden.

„Es ist nicht nöthig,“ sagte Paula; „thut Euer Werk.“

Der Henker erhob sein Beil. Paula folgte allen seinen Bewegungen, doch schneller als der Gedanke sank das Beil zischend nieder und die weiße, durchsichtige Hand sprang auf dem Block in die Höhe, bespritzt von dem Blutstrahl, der den durchgehauenen Adern entquoll. Der Henker hatte sie mit einem einzigen Hiebe vom Arme getrennt.

Ein lauter Schrei des Entsetzens erhob sich aus der Menge. Paula allein that keinen Laut, nur wurde ihr Gesicht noch blässer und ein krampfhaftes Zittern schüttelte ihren Körper.

Der Henker wollte das Blut, welches ihrer Wunde entströmte, mit Linnen stillen, doch Paula sagte: „laßt es rinnen; es wird um so schneller zu Ende sein."

Sie wurde sichtlich blässer, und ungeachtet ihres ungeheuren Muthes wurde sie durch den grausamen Schmerz, den sie empfand, und durch die große Menge des Blutes, das ihrem verstümmelten Arm entfloß, mit jeder Secunde schwächer; sie konnte sich kaum noch aufrecht erhalten.

Sie wendete jetzt ihre Blicke auf das Kreuz, auf dem ihre Marter enden sollte, und in ihrer unaussprechlichen Sehnsucht nach Ruhe lächelte sie dem Schmerzenslager zu, welches wenigstens ihren vernichteten Körper tragen sollte. Sich zu dem Henker wendend, sagte sie mit bittender Stimme: Machet ein Ende!"

Unterstützt von einem Knechte, hob der Henker sie in seinen kräftigen Armen empor, legte sie auf das Kreuz, band jedes ihrer Glieder auf einem Arme des Kreuzes fest, so daß ihr Körper die Gestalt eines X annahm, und nachdem er dies Alles vollbracht hatte, erhob er theilnahmslos seine eiserne Keule, als handelte es sich um ein mechanisches Bild.

Die Keule fiel mit dem ganzen Gewichte der herkulischen Kraft dieses Menschen auf den schwachen Arm nieder und zerschmetterte diesen wie Glas. Es war der Arm, welcher eben die Strafe der Vatermörder erduldet hatte. Ein dumpfer, langgedehnter, unwillkürlicher Seufzer erstarb auf den Lippen der Unglücklichen, ähnlich dem letzten Nachsummen des Hammers auf der Glocke, nachdem die Stunde geschlagen hat. Ein entsetzliches Frösteln rieselte durch das Mark der armen Paula. Es war gräßlich anzusehen. Stumm und finster wohnte die Menschenmenge bebend diesem Drama bei. Ungeachtet der Bande, mit denen Paula auf dem Kreuze befestigt war, zuckten ihre Glieder krampfhaft, und trotz der Hitze des Tages schlugen ihre Zähne wie im Fieberfrost auf einander.

Noch immer rann ihr Blut, und sie wurde sichtlich schwächer.

Noch drei ähnliche Keulenschläge zerschmetterten den schönen Körper, der für alle Freuden des Lebens geschaffen zu sein schien, und bei jedem Schlage wurden Paula's Seufzer leiser, unverständlicher. Bei dem letzten Schlage verstummten ihre Klagen, die Augen des Opfers, bereits gebrochen und verschleiert, schlossen sich gänzlich; ihre Stirn nahm eine gelblichweiße Farbe an; ihr Mund verzerrte sich wie zu einem letzten Lächeln und ein leiser Krampf hob noch einmal ihre Brust. — Das Blut hörte auf zu fließen. — Paula litt nicht mehr.

Der Henker legte die Hand auf das Herz der Hingerichteten; er fühlte keinen Pulsschlag mehr.

„Sie ist todt, mein Vater," sagte der Mann zu dem Mönche, der die Verurtheilte bis auf das Blutgerüst begleitet hatte.

„Gott sei ihrer Seele gnädig!" erwiderte der Mönch, und indem er sich zu dem Volke wendete, rief er: „Betet, meine Brüder, für das Opfer, welches so eben hier gestorben ist."

Bei diesen Worten stieß Juana, welche während der ganzen Zeit dieser abscheulichen Hinrichtung am Fuße des Blutgerüstes stehen geblieben war und nur mühsam ihr Schluchzen unterdrückte, einen langgedehnten Seufzer aus, als wäre ihr eine große Last von der Brust genommen. Ihr Kind, das sie nicht zu retten vermocht hatte, litt wenigstens nicht mehr.

Es herrschte das tiefste Schweigen unter der Menge. Die fürchterliche Hinrichtung war so schnell vollzogen worden. Die Verurtheilte, ein kräftiges und ergebungsvolles Opfer, hatte so wenig versucht, das Volk zu ihren Gunsten zu rühren, sie hatte einen solchen Heldenmuth gezeigt, daß das spanische Volk, so eingenommen für jede Größe, sich für den vatermörderischen Mönch zu einer endlosen Bewunderung fortgerissen fühlte.

Hätte es gewußt, daß dieser Mönch ein Mädchen war, wie viel größer noch würde seine Bewunderung gewesen sein!

Aber durch eine schlaue Berechung der Gerechtigkeit war dieses Geheimniß bewahrt worden. Man fürchtete, durch die Offenbarung desselben die wahre Ursache von dem Tode des Peter Arbuez errathen zu lassen. Die Inquisition aber wollte aus dem Inquisitor einen Heiligen und einen Märtyrer machen.

Der Henker und seine Gehilfen stiegen von dem Blutgerüste herab. — Das Volk entfernte sich langsam nach verschiedenen Richtungen, indem es nach seinem gesunden Verstande über das außerordentliche Ereigniß urtheilte, daß ein Inquisitor hingerichtet worden war, weil er einen andern Inquisitor getödtet hatte. Denn für das Volk war Paula noch immer nur ein Beamter der Inquisition.

Bald blieben bei dem Blutgerüste nur noch die Schildwachen, welche den Körper zu bewachen hatten, bis der Henker zurückkehren würde, um ihn zu viertheilen. Dies sollte an demselben Abend mit Einbruch der Nacht geschehen.

Juana verbarg sich unfern des Platzes in dem Portale einer benachbarten Kirche. Ihre Aufgabe war noch nicht erfüllt.

Von Zeit zu Zeit traten einige Neugierige zu dem Blutgerüste, richteten sich auf den Zehen in die Höhe und betrachteten den Körper des Verurtheilten, der trotz der Verstümmelungen noch immer schön war; aber die Schildwachen wiesen die Neugierigen zurück, denn es war befohlen worden, Niemanden zu nahe kommen zu lassen.

Endlich wurde es Nacht. Die Plaza mayor war verödet, nur einige Gardunnios überschritten den Platz von Zeit zu Zeit schweigend, die Füße nackt oder mit Alpargatas bekleidet, und so leise auftretend, daß sie den Boden kaum zu berühren schienen. Sie gingen wie zufällig und absichtslos vorüber, und versuchten nicht einmal, sich dem Blutgerüste zu nähern; in der That waren diese Menschen hier, um die Fortschaffung der Leiche Paula's, nachdem der Henker sie geviertheilt haben würde, zu beobachten.

Die, welche während des Lebens über das unglückliche junge Mädchen gewacht hatte, die edle und treue Juana, wachte auch jetzt noch über den todten Körper. Mit dem Golde und den Schmucksachen, die ihr geblieben, hatte sie diese Menschen erkauft; diese Menschen, welche der Köder des Gewinnes zu verführen stets die Macht hatte, denen durch ihre engen Verbindungen mit der Inquisition beinahe immer Straflosigkeit gesichert war.

Als es zehn Uhr schlug, kehrte der Henker mit einigen Gehilfen zu dem Orte der Hinrichtung zurück. In der Hand hielt er ein scharfes Scalpirmesser, und seine Knechte trugen Pfähle mit eisernen Spitzen.

Auf dem Blutgerüste angelangt, machte der Henker den Anfang damit, die Leiche, die noch immer an dem Kreuz angebunden war, loszuschneiden; sie war noch warm und die Glieder hatten von ihrer Biegsamkeit nur wenig verloren. Dann schnitt er die Tunica, mit der Paula bekleidet war, auf dem Rücken entzwei und entblößte den weißen und reinen Körper von entzückenden Formen. Bei dem Schein einer Harzfackel, deren flackerndes Licht das todtenbleiche Fleisch mit lebhaftem Roth und dunkeln schwarzen Schatten überflog, zerschnitt der Henker darauf den Körper mit großer Geschicklichkeit. Er schnitt in die Muskeln und Nerven; trennte langsam die Sehnen, und nachdem er die Knochen geschickt gelöst hatte, schnitt er sie vollends, einen nach dem andern ab und nahm die Glieder von dem Rumpfe. Als dies geschehen war, trennte er ebenso geschickt den Kopf vom Rumpfe, und legte ihn neben die übrigen Glieder.

Als er mit diesem Geschäfte fertig war, erstieg ein Hermano mayor des Ordens des Friedens und der Barmherzigkeit das Blutgerüst, und forderte den Rumpf der Leiche, um ihn beerdigen zu lassen. Dies war ein Recht der Brüderschaft, und dieselbe beeilte sich, davon Gebrauch zu machen.

Dieser Rumpf wurde in einen Sarg von Eichenholz gelegt, und die Brüder, welche sich dieser Beute der Barmherzigkeit bemächtigten, warfen einen Blick des Bedauerns auf die von dem Körper getrennten Glieder, die als Beute des Henkers zurückblieben.

Die Leiche wurde indeß der Brüderschaft des Friedens und der Barmherzigkeit nur gegen das eidliche Versprechen ausgeliefert, das Geschlecht Paula's nicht zu offenbaren.

Die Gerechtigkeit mußte indessen ihren Lauf haben. Der Henker hob daher die Glieder und den Kopf auf, warf sie in einen mit Kleien angefüllten Sack, und ging der Straße nach Cadix zu, am andern Ende des Barrio de Triana.

Die Gardunnios folgten ihm in einiger Entfernung.

Als der Henker und seine Gehilfen etwa eine halbe Meile von Sevilla entfernt waren, schlugen sie fünf spitze Pfähle fest in den Boden; darauf befestigte der Henker selbst an dem oberen Theil dieser Pfähle, der aus der Erde hervorstand, die Glieder und den Kopf Paula's, welche hier dem Blicke der Vorübergehenden und der Gefräßigkeit der wilden Thiere ausgesetzt blieben. Als dies geschehen war, entfernte sich der Scharfrichter mit seinen Gehilfen; ihre Aufgabe war erfüllt.

Die Gardunnios hatten sich in einiger Entfernung versteckt gehalten.

„Jetzt ist die Reihe an uns," sagten sie, als sie die Henker in hinlänglich großer Entfernung sahen.

„Ja, und laßt uns eilen," fügte einer von ihnen hinzu, „damit der Rauch uns nicht bei einer solchen Entführung überrascht."

„Gott behüte uns davor! Lieber wollte ich dabei ergriffen werden, die Mitra eines Erzbischofs zu entführen."

„Zugleich näherten sich die Söhne der Gardunnia den Pfählen, an denen die Glieder Paula's hingen. Einer derselben breitete auf den Boden ein großes Stück Leinwand aus, während die Andern die Glieder und den Kopf rasch herabnahmen, und in dieses Tuch legten. Einige Minuten genügten zu dieser Arbeit. Beladen mit ihrer kostbaren Last, schlugen die Gardunnios hierauf den Weg nach ihrem Palast ein, der zum Glück nicht weit entfernt war.

Niemand begegnete ihnen auf der Straße und ihre nächtliche Unternehmung blieb vollkommen unentdeckt.

Mandamiento erwartete sie in dem Rathssaale.

„Hier, Meister," sagten sie, „unser Auftrag ist erfüllt."

„Noch nicht," erwiderte Mandamiento. „Folgt mir." Damit führte er sie nach dem unterirdischen Gewölbe, in welchem der Leichnam des ehemaligen Gouverneurs von Sevilla verbrannt worden war. Hier wartete Juana. Ein Sarg, mit weißer Seide gefüttert, stand in der Mitte des Gewölbes, neben einer frischaufgeworfenen Grube.

Als Juana die Gardunnios kommen sah, stand sie auf. Sie ging ihnen entgegen, und nahm aus ihren Händen die verstümmelten Glieder ihres geliebten Kindes. Dann sagte sie zu Mandamiento. „Laßt mich einige Augenblicke allein; ich werde selbst mein Kind beerdigen."

Mandamiento und die Gardunnios entfernten sich; Juana breitete die Leinwand aus, welche die Reste Paula's, das heißt die, welche die Brüder des Friedens und der Barmherzigkeit nicht hatten beerdigen können, enthielt.

Bei dem Anblicke des edlen Kopfes, den sie so innig geliebt hatte, schien der Muth die alte Frau einen Augenblick zu verlassen. Sie neigte sich über die kalten, farblosen Lippen, die ihre Milch getrunken hatten, als Paula noch ein Kind war, und vergoß ihre letzten Thränen, die Thränen einer Mutter. Aber die kräftige und glaubensstarke Seele konnte sich nicht lange niederwerfen lassen. Sie betrachtete die erloschenen Augen, die der Sehkraft beraubt waren, und indem sie ihnen einen letzten Kuß aufdrückte, sagte sie, „Sterbliche Hülle der Seele meiner Paula, kehre zurück zur Erde, die allgemeine Auferstehung erwartend! Dies ist nicht mehr Paula; Paula ist im Himmel und ich gehe zu ihr.“

Sie trocknete hierauf ihre Thränen, legte die starren Glieder der Todten in den derselben wartenden Sarg, bedeckte sie mit einem großen Schleier und kniete nieder, um am Fuße des Sarges zu beten.

Nach Verlauf einer Stunde kehrte Mandamiento mit den Gardunnios zurück. Juana stand auf und ging ihm entgegen.

„Sennor Mandamiento,“ sagte sie, „Ihr habt treu Eure Versprechungen erfüllt, wie ich die meinigen; aber das ist noch nicht genug, und ich will Euren Eifer belohnen.“

Damit zog sie von ihrem Finger einen Ring von sehr hohem Werthe, und überreichte ihn dem Meister der Gardunnia.

„Sennora,“ sagte Mandamiento, geblendet durch ein so reiches Geschenk, „was soll die Brüderschaft thun, um Eure unvergleichliche Großmuth zu vergelten?“

„Lasset mich bis morgen neben diesem Sarge beten,“ sagte Juana, „morgen senkt ihn in die Grube, die für ihn bestimmt ist.“

„Eurer Herrlichkeit Wille soll geschehen,“ erwiderte Mandamiento.

„Man komme nicht vor morgen Früh hierher,“ fügte Juana hinzu.“

Mandamiento verneigte sich zum Zeichen des Versprechens.

Die Amme Paula's blieb allein. Sie brachte die ganze Nacht in Gebeten neben dem Sarge zu. Als am nächsten Morgen die Gardunnios zurückkehrten, um den Sarg einzusenken, fanden sie Juana über die sterblichen Reste ihrer Tochter gebeugt, die Hände gefaltet, und den Kopf gesenkt. Sie redeten sie an, aber sie antwortete nicht.

Einer der Männer ergriff sie bei dem Arme, um sie zu erwecken, denn er glaubte, sie sei eingeschlafen, aber

Juana erwachte nicht, und ihr Körper blieb regungslos und starr wie ein Stein.

Sie hatte ihr Paula gegebenes Versprechen gehalten.

Als Paula die Erde verlassen hatte, verließ auch Juana dieselbe, ohne Erschütterung, ohne Anstrengung, ohne strafbare Mittel, nur allein durch den Willen, zu sterben.

„Meister,“ sagten die Gardunnios zu Mandamiento, „die Frau ist todt; was sollen wir mit ihrer Leiche anfangen?“

„Der Sarg ist groß,“ erwiderte der Meister; „es war ohne Zweifel der letzte Wille dieser Dame, mit dem verstümmelten Körper zusammen beerdigt zu werden. Legt sie daher in den Sarg und senkt ihn in die Grube.“

Zwei Weiber der Gardunnia wurden herbeigerufen, um Juana zu beerdigen, und nach Beendigung der Gebete und der eigenthümlichen Ceremonien, die wir schon einmal beschrieben, wurde der Sarg in die Gruft gesenkt und mit Erde bedeckt.

Die unterirdischen Gewölbe der Gardunnia würden für ewige Zeiten das Geheimniß dieses eigenthümlichen Leichenbegängnisses bewahrt haben, wenn nicht der Meister nach dem unwandelbaren Gebrauche der Brüderschaft die Thatsache in die geheimnißvollen Register eingetragen hätte, die einige Jahrhunderte später aufgefunden wurden.

L.

Lebewohl.

In einer jener zahlreichen Posadas, die längs des Molo liegen, und in welchen die Seeleute essen, die aus allen Theilen der Welt in dem Hafen von Cadix zusammenströmen, saßen drei Personen in einem niedrigen Gemache. Rings umher auf rohen Bänken lagen Gegenstände, wie man deren zu einer Seereise unerläßlich bedarf: zwei kleine Mantelsäcke und ein wollener Sack, durch Seile so zusammengeschnürt, so daß er leicht in der Hand getragen, und selbst im Falle einer Flucht gerettet werden konnte.

Die drei Personen waren der Graf von Vargas, die junge Gräfin und Johann von Avila.

Estevan und Dolores, welche vor vierzehn Tagen, Dank der Gnade der Gardunnia, gesund und wohlbehalten in Cadix angelangt waren, erwarteten hier die Erfüllung von Joseph's Versprechen.

Der Apostel, dem sie nur um wenige Tage zuvorgekommen waren, wartete mit ihnen und half ihnen die letzten Augenblicke der peinlichen Angst ertragen, welche der Vollbringung einer Handlung voranzugehen pflegen, die über das Leben entscheiden soll. Indeß begannen sie ungeduldig zu werden; auch fürchtete Johann von Avila für sie die Verfolgungen der Inquisition, obgleich das junge Ehepaar sein Incognito nicht abgelegt und die Kleidung des Volkes beibehalten hatte.

Die drei Freunde saßen seit einigen Minuten schweigend bei einander; sie schienen die Beute großer Unruhe zu sein.

„Mein Vater," sagte endlich der junge Graf, „wir haben nun seit beinahe drei Wochen Sevilla verlassen; das holländische Schiff, auf dem ich unsere Ueberfahrt bedungen habe, kann jeden Augenblick absegeln und ich fürchte, Dolores der Gefahr auszusetzen, wenn ich länger mit ihr in Spanien bleibe. Glaubt Ihr, daß Don Joseph zu uns kommen wird, wie er versprochen hat? Muß ich nicht vielmehr fürchten —"

„Ich weiß es nicht!" erwiderte der Geistliche. „Das Verschwinden Juana's kommt mir sonderbar vor. Die Flucht dieser Frau verbirgt gewiß ein Geheimniß; indeß kann ich nicht glauben —"

„O nein, nein," rief Dolores voll Eifer. „Joseph hat das Herz eines Engels, er ist ein Märtyrer, wie wir. Wer weiß," fügte sie mit tiefer Rührung hinzu, „wer weiß, welches Unglück vielleicht dieses junge Haupt getroffen hat. — Es schien in ihm etwas Verhängnißvolles zu liegen."

„Ich habe nie volles Vertrauen zu diesem Dominicaner haben können," erwiderte Estevan.

„Die Inquisition birgt so viele sonderbare und fürchterliche Geheimnisse!" bemerkte Johann von Avila.

„Gewiß, mein Vater," fuhr Estevan fort, „verlangt unsere Sicherheit, daß wir so schnell als möglich abreisen. Darf ich, um ein Wort zu erfüllen, das gegen ein ungewisses Versprechen gegeben wurde, die Sicherheit derjenigen gefährden, die mir theurer ist, als das Leben?"

„Zwei Tage noch," sagte sanft die Gräfin, „nur zwei Tage noch, mein Estevan. Wenn in dieser Zeit Joseph nicht gekommen ist — nun wohl, dann reisen wir," fügte sie mit einem schmerzlichen Seufzer hinzu, als ob sie in dem Augenblicke, wo sie ihr geliebtes Spanien verlassen sollte, von Zärtlichkeit für dasselbe ergriffen würde.

In diesem Augenblicke meldete ihnen ein Mann des Fahrzeuges, an dessen Bord sie gehen wollten, daß das Schiff noch an eben diesem Abende absegeln würde.

„Wie, so bald?“ rief Dolores.

„Der Wind ist günstig, Sennora,“ erwiderte der Matrose.

Dieses Wort beseitigte jede Widerrede. Der Wind! Er ist der König, er ist der Gott der Seeleute.

Dolores senkte traurig den Kopf und sprach nicht mehr.

„Ihr seht, mein Vater,“ sagte Estevan, „es ist unmöglich, länger zu warten; wir müssen noch heute fort.“

„Das ist wahr,“ erwiderte Johann von Avila, gerührt durch Dolores' Traurigkeit. „Die gebieterische Nothwendigkeit verlangt Gehorsam. — Uebrigens,“ fügte er hinzu, „ist es so ohne Zweifel der Wille Gottes.“

„Nun wohl,“ sagte Estevan zu dem Seemanne, indem er auf die beiden kleinen Koffer deutete. „Nehmt dies mit an Bord. Am Abend kommen wir auf das Schiff.

Der Matrose gehorchte und ging.

Dolores nahm das kleine wollene Säckchen und steckte ihren Arm durch die Schnüre desselben. Es enthielt die Asche ihres Vaters.

Es war sehr heiß, und Estevan verließ für einige Augenblicke die Posada, um die frische Luft einzuathmen, die vom Meere herüber kam. Er ging dem Molo entlang an den Mauern hin, welche den Hafen von Cadix einfassen. Die alte Citadelle, von einem doppelten Gürtel von Wasser und Steinen umgeben, gewährte einen trüben, finsteren Anblick. Die Sonne brannte senkrecht auf das erhitzte Steinpflaster herab, die Straßen waren verödet, und man vernahm kein anderes Geräusch, als das der Wellen, welche mit monotonem Klange gegen den Fuß der Mauern schlugen oder die Schritte der Schildwachen an dem Seehafen.

„Diesen Abend also,“ sagte endlich Estevan zu sich selbst, „diesen Abend werde ich Spanien verlassen! Ach, möge der Himmel ihm gnädig sein!“ rief er, indem er sich gegen Norden wendete, um noch einen letzten Blick der Liebe und unaussprechlichen Trauer auf das theure Land zu richten. „Gott möge von ihm die Geißel seines Fluches abwenden und ihm ein neues Leben verleihen.“ Seufzend fügte er dann hinzu: „Das letzte Opfer muß vollbracht werden. — Ich muß mein Vaterland fliehen, weil ich zu seinem Wohle nichts beizutragen vermag.“

Als er diese Worte gesprochen hatte, sah er von dem Landwege her fünf Personen kommen, welche die Kleidung der Sevillaner trugen. Er kehrte daher um und trat klüglich in die Posada, denn er zitterte jeden Augenblick, man möchte seine Spur entdeckt haben und ihn an der Einschiffung verhindern.

Kaum aber hatte er die Thür des Gemaches, in welchem Dolores und Johann von Avila sich befanden, hinter sich zugezogen, als heftig an dieselbe geklopft wurde.

Estevan erbebte und zögerte zu öffnen.

„Was gibt es denn?“ fragte Dolores verwundert.

„Oeffnet uns, Sennor Don Estevan,“ rief darauf von außerhalb eine Stimme, welche die drei Freunde sogleich erkannten. Es war die Coco's.

„Joseph ist also gewiß gekommen!“ rief Dolores.

Estevan öffnete etwas beruhigt die Thür. Doch es war nicht Joseph, sondern Coco mit seiner Schwester, Manofina und die Serena, welche nach Sevilla gekommen waren, geführt von einem der Gardunnios der Brüderschaft von Cadix, der Estevan und Dolores bei ihrer Ankunft empfangen und sie dem Wirthe des Hauses empfohlen hatte, in welchem sie wohnten.

Groß war die Ueberraschung, welche Dolores, Estevan und Johann von Avila der Anblick dieser Leute bereitete.

„Was wollt Ihr in Cadix, meine Kinder?“ fragte der Apostel.

„Wir sind gekommen, um den Sennor Don Estevan und die Sennora Dolores aufzusuchen und ihnen überall hin als ihre Diener zu folgen,“ erwiderte die Serena.

„Ich danke Euch für Eure Anhänglichkeit,“ erwiderte die junge Gräfin gerührt. „Nicht zum ersten Male empfange ich den Beweis davon; aber wißt Ihr wohl, meine Freunde, daß Ihr armen Verbannten folgen wollt, die kaum genug haben werden, Euch den Lebensunterhalt zu gewähren?“

„Wir werden für Euch arbeiten, antworteten zugleich die beiden Mädchen.

„Arbeiten wäre für uns keine große Mühe,“ fügte Coco hinzu; „aber Dank dem Himmel bedürfen Eure Herrlichkeiten unserer geringen Unterstützung nicht.“

„Und Don Joseph! Was ist aus Don Joseph geworden?" rief Dolores voll Besorgniß. „Ihr habt noch nichts von ihm gesagt, Coco."

Bei dem Namen Joseph's senkte der Alguazil traurig den Kopf; Manofina schien verlegen zu sein und die beiden Mädchen weinten.

„Was ist denn mit ihm? Was ist ihm widerfahren?" fragte die Gräfin von Vargas.

Mit gerührter Stimme erzählte hierauf der treue Alguazil die furchtbare Entwicklung der Tragödie, die in Sevilla vorgegangen war.

Johann von Avila, Estevan und Dolores hörten wie betäubt die entsetzliche Schilderung an, und als Coco mit seiner lebhaften, bilderreichen Sprache die letzten Augenblicke Josephs erzählte, rief die Gräfin, in Thränen ausbrechend:

„Ach, ich wußte es ja wohl, daß Joseph ein Märtyrer war!"

„Das ist noch nicht Alles, Sennora, fügte Coco hinzu, indem er aus dem Busen die Brieftasche zog, welche Paula an jenem Tage, an welchem sie den Inquisitionspalast verließ, so sorgfältig versiegelt und dann an Coco übergeben hatte. „Hier ist ein Pfand, das Don Joseph mir für Euch anvertraute. „Nehmt, Sennora. Es ist Euer."

„Mein?" fragte Dolores verwundert.

„Euer, meine Tochter," sagte Johann von Avila, „denn es ist das Vermächtniß eines Sterbenden."

Dolores nahm die Brieftasche mit zitternder Hand, öffnete sie und gab sie dann an Estevan. Sie erkannte nicht den Werth der Menge Stückchen Papier, die, mit kaum leserlicher Schrift bedeckt, zwischen den Lederfalten der Brieftasche eingeschlossen waren.

Mit dergleichen Dingen besser bewandert, sagte Estevan, nachdem er einen flüchtigen Blick auf die Papiere geworfen hatte, zu seiner Frau:

„Der edle Joseph! Er wollte nicht, daß Die, welche er so sehr geliebt hatte, Noth leiden sollten. Dies ist ein bedeutendes Vermögen, Dolores!"

„Armer Joseph!" rief die junge Frau, mehr gerührt über den fürchterlichen Tod ihres Freundes und die Liebe, die er ihnen noch sterbend bewiesen hatte, als über die Verbesserung ihrer Lage durch eine so beträchtliche Summe. Sie bemerkte jetzt in der Brieftasche auch noch ein anderes Papier, von größerem Umfange als die Wechsel, zusammengelegt und gesiegelt. Auf das Couvert hatte Paula geschrieben: „Der Gräfin Dolores von Vargas, wenn sie außerhalb ihres Vaterlandes in Sicherheit sein wird.“

„Dies darf noch nicht gelesen werden,“ sagte Dolores und steckte das Papier wieder in die Brieftasche. — — —

Der Tag war schnell verflossen; die Sonne sank am Horizont, Leben und Bewegung begannen in der Stadt zurückzukehren. Der Matrose, welcher die Reisenden in der Posada benachrichtigt hatte, erschien abermals und sagte zu Estevan:

„Sennor, ein Boot wartet Eurer am Seethore, um Euch an das Schiff zu bringen.“

„Laßt uns gehen,“ sagte Estevan; „da es sein muß, ist es besser, jetzt, wie später.“

Dolores näherte sich hierauf Johann von Avila und mit ihrer weichen, wohltönenden Stimme sagte sie:

„Mein Vater, werdet ihr uns nicht folgen?“

„Nein,“ erwiderte Johann von Avila. „Nein, meine Tochter, ich kann Euch nicht folgen; ich gehöre nicht mir selbst an, sondern Spanien. Meine Armen und meine Betrübten fordern meine Gegenwart und zu ihnen muß ich zurückkehren.“

„Sagt uns wenigstens, daß ihr uns vermissen werdet,“ fügte die junge Gräfin hinzu.

„Dolores,“ entgegnete Johann von Avila, „lasset mir wenigstens das Verdienst eines Opfers; ich bin ein Mensch und mein Herz ist dem Schmerze und der Theilnahme zugänglich; aber vor den Menschen bin ich Diener Jesu Christi und dieser ist es, der den Sieg erringen muß. Unglückliche bedürfen meiner und ich gehöre diesen Unglücklichen.“

„Das st wahr,“ entgegnete Dolores. „Geht zu ihnen zurück, denn sie können Euer nicht entbehren. Ihr seid für sie der Stellvertreter Gottes, der das Böse in Gutes zu verwandeln versteht, während die Inquisition das vollkommenste Gute in Böses verwandelt.“

„Deshalb kann ich Euch nicht folgen,“ erwiderte Johann von Avila.

„Mein Vater,“ sagte sie, „ich bin weit entfernt, Euch dieser erhabenen Aufopferung untreu machen zu wollen. — Gehorchet der Stimme von Oben, aber aus der Ferne wache Euer Geist über uns; lasset uns in ewiger und heiliger Freundschaft verbunden bleiben.“

„Ist das nicht die wahre Gemeinschaft der Geister, welche der Gottmensch verkündete?“ erwiderte der Apostel. „Ja meine Tochter, ich werde durch den Gedanken ewig mit Euch verbunden bleiben.“

„Ach,“ sagte Dolores, „es wird mir scheinen, als stände ich selbst noch in der Ferne unter Eurem allmächtigen Schutze.“

„Ihr werdet unter dem Auge und unter der Hand Gottes sein,“ entgegnete Johann von Avila. „Was braucht Ihr also zu fürchten?“

Die Reisenden verließen in diesem Augenblicke die Posada. Johann von Avila wollte sie bis zu ihrem Schiffe begleiten. Sie bestiegen zwei Boote, die ihrer an dem Ufer warteten; die Matrosen setzten ihre Ruder ein und nach wenigen Minuten schon waren sie an der Seite des holländischen Schiffes, das sie aufnehmen sollte. Eine gewaltige, schwerfällige und langsame Masse, aber stark und kräftig, und geeignet, dem Sturme zu trotzen.

Man warf ihnen die Leiter hinab, mit deren Hilfe sie das Schiff besteigen sollten. Coco und seine Schwester, Manofina und die Serena stiegen zuerst hinauf. Estevan und Dolores waren mit Johann von Avila in dem ersten Boote geblieben.

„Beeilt Euch Sennor,“ rief der Pilot ihnen zu; „der Wind frischt an und man wird sogleich unter Segel gehen.“

Estevan nahm Dolores bei der Hand, um ihr hinauf zu helfen. Johann von Avila stand auf.

„Lebet wohl, mein Vater,“ sagte die junge Gräfin, indem sie mit Mühe eine Thräne unterdrückte; „lebet wohl, betet für uns.“

„Lebet wohl, meine Tochter,“ erwiderte der heilige Mann mit gerührter Stimme. „Lebet wohl und vergesset nicht, daß es auf Erden nur ein Glück gibt, das der reinen und gottergebenen Herzen.“

„Mein Vater,“ erwiderte Dolores mit leiser Stimme, „es gibt kein Glück für die Verbannten.“

Leicht und gewandt erstieg sie die Leiter und erreichte das Deck.

„Lebet wohl, mein Vater,“ sagte nun auch Estevan, „und wenn Spanien jemals erwacht, erinnert Euch, an eines seiner Kinder, das fern von ihm, unthätig und verbannt, dahin schmachtet."

„Estevan," erwiderte Johann von Avila, „die wahren Kinder Gottes haben nur ein Vaterland, die Erde, und von welchem Puncte des Erdballes auch immer eine eifrige Stimme die ewige Hymne der Wahrheit ertönen läßt, trägt sie zum Bau des allgemeinen Glückes mit bei. Ich sagte Euch schon oft, daß ein Volk nicht durch das Schwert wiedergeboren wird, sondern durch das Wort und dieses durchdringt unsichtbar alle Enden der Welt. Gehet! Seid fest und unerschütterlich auf dem Pfade, den Ihr betreten habt und bedenkt, daß, um das Ansehen der Welt zu verändern, zwölf Apostel genügten, zwölf Männer einfältigen Herzens, doch beseelt von unerschütterlichem Glauben. So könnt auch Ihr aus der Ferne zu der Wiedergeburt Spaniens beitragen."

Auch Estevan erreichte jetzt das Deck. Das Boot des Schiffes wurde aufgehißt, das Avila's ruderte nach der Küste zurück. Auf die Brüstung des Backbortes gestützt, gaben Estevan und Dolores ihrem heiligen Freunde noch ein letztes Zeichen des Lebewohls; Johann von Avila hob die rechte Hand zum Himmel, als wollte er ihnen sagen: „Dort oben sehen wir uns wieder!"

Auf dem Schiffe herrschte lebhafte Aufregung; die Segel wurden dem Winde entgegengebreitet und der phlegmatische Holländer setzte sich langsam in Bewegung. Der Coloß, die schwerfällige Masse, schien sich von selbst auf der regungslosen Woge hinzubewegen, als wäre er ungeduldig, sein Vaterland wiederzusehen; ein dumpfes Beben durchzitterte seine breiten Seiten und er schien in dem Leben zu erwachen, welches sich in seinem Inneren regte.

In dem Augenblicke der Abfahrt beobachteten die Passagiere ein tiefes Schweigen.

Man hörte nur die Stimme der Officiere ihre Befehle in kurz abgestoßenen und laut tönenden Silben ertheilen, sowie die eiligen Schritte der Matrosen, eifrig bei ihren Manövern und ungeduldig, das Land zu verlassen, das Land, auf dem der Seemann sich nur langweilt.

Manofina und die Serena, Coco und dessen Schwester, hatten sich als echte Andalusier, treu ihren Sitten als Gitanos, auf dem Deck hingestreckt und blickten mit feuchten Augen auf den blauen, mit Gold umränderten Wölkchen bedeckten Horizont hinaus.

Estevan und Dolores standen neben dem Hauptmaste und erfreuten sich an der Pracht des herrlichen Abends. Die Sonne sank und bei ihrem farbenspielenden Scheine glich sie einem großen Opale in der Mitte eines Schmuckes tausendfarbiger Steine; von dem Puncte, auf dem sie sich befanden, bewunderten die Verbannten Cadix, die uneinnehmbare Stadt Cadix, mit ihren steinernen Domen, von dem Meere umgeben wie von einem grünen Gürtel, und im Osten verlängert durch den Trocadero, unsterblichen Andenkens.

Und darüber hinaus lag Spanien, Valencia, das schöne Granada, die geliebte Tochter der Mauren, Malaga mit seinen köstlichen Weinen und weiterhin endlich Sevilla, das Vaterland Estevan's und Dolores'.

Während der ganzen Zeit, welche die Vorbereitungen zu der Abfahrt dauerten, blieben die beiden Verbannten schweigend und trübe, die Augen auf den fernen Horizont gerichtet, der für sie mit berauschenden Erinnerungen und köstlichen Bildern erfüllt war.

In diesem Augenblicke verschwanden vor ihnen die Schmerzen, durch die sie geprüft worden waren; sie erinnerten sich nur noch ihrer Liebe für das schöne Spanien, das ihren Augen für immer verschwinden sollte. Sie zitterten und Dolores mußte sich auf Estevan's Arm stützen.

Man hat die Anker gelichtet.

Das Fährzeug, fortgetragen durch sein ungeheueres Gewicht, war schwerfällig auf das Wasser geschossen, wie ein wilder Stier, und einige Minuten erbebte es in einer Erschütterung, welche mehr und mehr abnahm; endlich glitt es dann sanft über das Meer dahin, indem es hinter sich eine weite Furche ließ.

Die leichten Wellen, die sich an seinen breiten Seiten abhoben, gingen und kamen, indem sie einen Schaumgürtel bildeten. Der Wind schwellte die Segel, die unter seinem Hauche ein leises und beinahe harmonisches Geflüster erhoben; der Kiel öffnete zischend den Busen des blauen und glänzenden Meeres und nach und nach verlor Cadix sich in der Ferne, wie ein schwarzer Punct, in den Augen der Passagiere, die regungslos auf dem Deck standen.

Die Sonne war in das Meer hinabgesunken; breite Streifen von Purpur und Gold dehnten sich wie flammende Bänder von einem Ende des Horizontes zu dem andern und die Nacht breitet allmälig ihren schwarzen Schleier über die Stirn der Erde.

Der Abendstern zeigte sich am Himmel. Da blickte Estevan seine Gattin an, regungslos und stumm die Augen fortwährend auf den unbemerkbaren Punct gerichtet, der sich für sie Sevilla nannte. Dolores schien in eine religiöse Verzückung versunken zu sein. Ihre Stirn mit dem goldenen Widerschein, beleuchtet durch das letzte Purpurlicht der Sonne, glänzte in dem lebhaften Schimmer des Abends wie eine Antike von Phidias gebildetes Erz. In vollen Zügen sog sie die belebende und reine Luft ein, welche durch die Düfte der Orangen und Rosen, die von dem Lande herüber kamen, geschwängert waren, und ihre bebenden Lippen glichen den Lippen der Sibylle, die sich zu einem heiligen Gesange öffneten.

„Gegrüßt seist Du,“ sagte sie mit einer feierlichen Stimme, welche eine beinahe übermenschliche Kraft anzunehmen schien, „gegrüßt seist Du, Mutter der Helden, Geliebte des poetischen Iberias und des wilden Gothen, Du von dem Himmel geliebte Erde. Gruß Dir, die Du den göttlichen Pelagius und Alphons den Großherzigen, den Weisesten der Könige, trugest.[1] — Königin, die Du auf Deine Stirne die reichsten Kronen der Welt setztest, du sahest auf Deinem Purpurmantel die Diamanten Mexiko's und die Palmen der Wüste glänzen. — Alles hat sich vereinigt zu Deinem Ruhme; die Gothen gaben Dir ihre Kühnheit, ihren rauhen Muth, ihre unsterbliche Redlichkeit; die Mauren die berauschende Poesie, die Civilisation, welche die Sitten mildert, und aus dem Gemisch dieser beiden widerstrebenden Dinge hat die göttliche Religion Christi Spanien ritterlich und christlich gemacht, weise, obgleich erobernd, zu einem Lande des Glückes und des Ruhmes, welches für alle seine Kinder nährende Brüste und ein Mutterherz hatte.

„O erhabene Vereinigung der Religion mit der Philosophie oder vielmehr — glänzender Triumph einer

[1] Es ist Alphons de Moguaniene oder Alphons der Weise, welcher Spanien zuerst mit dem regelmäßigen Gesetzbuche beschenkte, das den Titel hatte: Las Siete particles. Dieses Gesetzbuch, von dem ein großer Theil noch jetzt in Spanien in Kraft ist, darf als Denkmal der Weisheit dieses Königs und der Rechtschaffenheit seiner Räthe betrachtet werden; es ehrt den spanischen Character.

troſtreichen und mütterlichen Religion! — Sahen wir nicht, wie die stolzen Abkömmlinge der Abenceragen des Heldengeschlechts, dessen Geringster königliches Blut in den Adern hatte, sich freiwillig unter die Gesetze einer sanften frommen und toleranten Königin fügten.[1]

„War es nicht die Toleranz, war es nicht die Milde, welche die Mauern Granada's fallen machte, nachdem die Grausamkeit seiner Tyrannen sie erschüttert hatte?" —

Die Nacht sank schneller herab; ein weißlicher Schleier breitete sich über die ungeheuere Fläche des Oceans, der Himmel bevölkerte sich mit glänzenden Sternen, und Cadix, in dem Nebel versunken, war gänzlich verschwunden!

In dem fernen Horizonte zeigten sich noch unbestimmt die schwarzen Umrisse der Bäume oder der Berge, ungestaltete Bilder, welche allmälig kleiner und kleiner wurden, und sich zuletzt in der Alles verschlingenden Dunkelheit verloren.

Dolores fuhr fort in ihrem begeisterten Gesange, und in dem Grade, wie sie sich von dem Geräusch der Erde entfernten, erhob sich die Stimme der jungen Frau, wie die des Windes in dem Schweigen der Einsamkeit.

„Spanien! Spanien!" rief sie, „o wie schön warst du in den Tagen deines unbefleckten Glanzes, damals als deine Kinder, ebenso frei wie muthig, das Recht besaßen, Alles zu sagen, und der Letzte der Spanier seinem Könige gleich durch die unvergängliche Liebe, welche die Könige mit dem Volke verband, sich über eine königliche Ungerechtigkeit zu beklagen wagte, und dem Könige sagte: Du hast Unrecht gethan, — dabei aber dennoch ein treuer Unterthan, ein ergebungsvoller Sohn blieb."[2]

[1] Isabella von Castilien ist die Gemalin Ferdinands von Arragonien.

[2] Es ist gut, hier zu bemerken, daß zu allen Zeiten und unter allen Regierungen, selbst unter dem vereinigten Despotismus der Könige und der Grausamkeit der Inquisition, sich oft National-Versammlungen in Spanien frei beriethen, daß es Männer gab, welche die Hemmnisse, mit denen man ihren gesunden Verstand und ihre natürliche Philosophie umgab, abwarfen und sich über ihr Jahrhundert erhoben, indem sie mit kühner Hand den Schleier zerrissen, der die Irrthümer und die Vorurtheile verbarg und den staunenden Völkern, und selbst den Königen und den Inquisitoren, die Stimme der Vernunft und die edle Stimme der Wahrheit hören ließen.

Die Cortes von Arragonien, Castilien und Catalonien versammelten im Jahre 1510—1512, um von dem Regenten Ferdinand und dem Papste Reformen der Inquisition zu verlangen; die katholische

„O, damals war es schön, das heilige Wort Vaterland auszusprechen! denn das Wort Vaterland war in der That der Hüter des Glückes Aller und das Leben in seinem Schooße war süß; damals hatte es Schutz für den schwachen Arm, gegen den starken, Gerechtigkeit für Alle; damals durfte der Spanier, indem er jeden Tag den Busen dieses fruchtbaren Bodens öffnete, voll Stolz sagen: Für mich werden diese Ernten reifen, für mich diese Weinstöcke sich mit goldenen Trauben bedecken, — für mich oder vielmehr für Alle, denn Spanien bildete damals eine große Familie von Brüdern.

„Die Knechte Roms, die unersättlichen Vampyre, waren noch nicht gekommen, in der Nacht das edle Blut deren auszusaugen, welche schliefen und so zu machen, daß man am nächsten Tage in ihnen nur noch eine kraftlose Leiche fand.

„Damals waren selbst Die, welche gegen einander Krieg führten, edelmüthig, und man konnte seines Feindes ebenso sicher sein, wie des zärtlichsten Freundes.[1]

Junta, 1508 nach Burgos berufen, um über die Gefangenen der Inquisition von Cordova, bei dem Regierungsantritte des Groß-Inquisitors, Ximenes Cisneros, zu richten; — die große Junta, welche unter Carl II. während der Herrschaft des Inquisitors Rocaberti von 1695—1699 gebildet wurde, um den Zwistigkeiten ein Ende zu machen, welche täglich zwischen den Inquisitoren und den königlichen Richtern stattfanden, Zwistigkeiten, aus denen ernste Uebelstände erwuchsen, und welche oft die Anwendung der Gerechtigkeit hemmten; — diese drei Versammlungen haben in langen Zwischenräumen und unter dem Einfluße verschiedener Ereignisse, die Handlungen der Inquisition und des Despotismus verdammt. In diesen drei Versammlungen fanden sich Männer, deren philosophische Grundsätze und humanitäre Gedanken den fortgeschrittenen Philosophen unseres Jahrhundertes Ehre gemacht haben würden. Was muß man aus alledem schließen? Daß Gott in die Herzen der Menschen Gedanken der Freiheit und des Fortschrittes pflanzte; daß diese Gedanken, geboren mit dem Menschengeschlechte, in dem Heiligthume des Gewissens der Völker erstickt oder zurückgehalten werden konnten, daß aber kein Despotismus und keine Tortur sie unwiderbringlich zu vernichten im Stande war.

[1] Man hat oft die Spanier Verräther genannt; das ist vielleicht die ungerechteste aller Beschuldigungen, welche die Fremden gegen sie ausgesprochen haben. Die Spanier sind so weit davon entfernt, Verräther zu sein, daß das einzige Verbrechen, welches sie nie einem Feinde verzeihen, und das sie hindert, sich jemals mit ihm zu versöhnen, der Verrath ist. Wenn es in Spanien jemals Verräther gegeben hat, so waren es nur Mönche, Priester, die an Rom oder an die Inquisition verkauft waren, oder Familiaren des heiligen Officiums.

„Ach," fuhr sie fort, und ein eiskaltes Frösteln rieselte durch alle Nerven der jungen Frau, „ach, weshalb gibt es auf diesem fruchtbaren Boden, der durch die verschwenderische Hand des Ewigen mit Reichthümern bedeckt ist, nur noch bleiche und finstere Gesichter? Welch ein schwarzes Leichentuch umhüllt das königliche Haupt, diese unterdrückte und gefangene Königin? Was sind das für gierige Hände mit Geierkrallen, welche ihre Brüste zusammenpressen, um sie auszutrocknen und zu zerreißen? Ihre Blässe ist fürchterlich, ihre Hinfälligkeit vollständig, ihr Fleisch welk wie das einer Sterbenden; ihre so volle und kräftige Stimme ertönt nur noch in längern Zwischenräumen unter dem Todesschrei, gemischt mit finstern Gesängen, rauh wie das Kreischen der Feile an dem Eisen, betäubend wie der Klang des Hammers, der einen Sarg zunagelt.

„Spanien! Spanien! Was ist aus Dir geworden? Welch' ein vernichtender Wurm hat Dich so in das Herz gebissen und Deine muthige Thatkraft in eine tödtliche Mattigkeit verwandelt? Muth! Hörst Du nicht in der Ferne die Stimme Deiner Triumphe ertönen?

„Du erstreckst Deine Herrschaft zugleich über die vier Theile der Erdkugel. — Ein erobernder König sitzt auf Deinem Throne, an welchem fürchterliche Löwen wachen und die Stimme des Ruhmes wiederhallt überall die beiden Zauberworte: Spanien! Carl V.!

„Ja, aber ich höre eine klägliche Stimme mir antworten: Der König thut Alles für seinen Ruhm, doch nichts für das Vaterland. Und während die Welt Carl V. krönt, bleiben wir Sclaven und unterdrückt und meine Stimme verliert sich ohne Echo in der ungeheuren Wüste des königlichen Egoismus.[1] Wenn ich athemlos und gebrochen, begierig nach einem Augenblicke der Ruhe ausrufe: Ruhm! Freiheit, Philosophie! antwortet man mir: Eroberung! Reichthum! Despotismus!

„Die Unwissenheit hat in ihrem schwarzen Mantel meine Stirn mit Finsterniß umhüllt und das einzige Licht,

[1] Die spanischen Geschichtsschreiber stimmen sämmtlich in dem Egoismus und dem Ehrgeize Carls V. überein. Dieser Egoismus und dieser Ehrgeiz werden bewiesen durch die Unredlichkeit, die er den Cortes von Castilien, Arragonien und Catalonien gegenüber zeigte, als diese Körperschaften 1510 und 1512 von ihm im Namen des unterdrückten Spaniens die Reform der Inquisition verlangten, die er freilich versprach, aber niemals gewährte.

welches man bis zu mir gelangen läßt, ist das der Scheiterhaufen, welche meine Eingeweide verzehren.[1]

[1] Spanien konnte wohl sagen, daß die Scheiterhaufen seine Eingeweide verzehrten, da in dem Zeitraume von 339 Jahren durch die Inquisition 34,658 Spanier lebendig und 18,049 in effigie verbrannt wurden, ungerechnet noch 288,214, die zu den Galeeren oder lebenslänglichem Gefängniß verurtheilt wurden, und über 200,000, welche zu Bußen und zur Tragung des San benito für einige Zeit oder für immer verurtheilt und bis in ihre Nachkommenschaft entehrt wurden.

Diese Zahlen, die allzu beredten Ankläger der Inquisition, sind historisch! Hier eine Uebersicht, die wir buchstäblich der Geschichte der Inquisition von L'lorente entnehmen und die auch in der Geschichte der Revolution Spaniens im Jahre 1820 enthalten ist, welche von Ch. L. 1820 in Paris erschien:

Allgemeine Uebersicht der Opfer, welche die Inquisition in Spanien von 1481—1820, unter der Regierung von 45 General-Inquisitoren, vertilgt hat.

	Lebendig verbrannt	In effigie verbrannt.	Verurtheilt zu den Galeeren oder zum Gefängniß.
Von 1481—1498 unter der Regierung des Thomas von Torquemada, erstem General-Inquisitors	10,220	6,840	97,371
Von 1498—1508 unter der Herrschaft Deza's, zweitem Gen.-Inquisitors.	2,592	892	32,952
Von 1507—1517 unter der Herrschaft des Ximenes Cisneros, dritten General-Inquisitors	3,564	2,232	48,059
Von 1517—1521 unter Adrian Florencio, viertem General-Inquisitor und später Papst	1,620	560	21,835
Von 1521—1523 Interregnum.....	324	112	4,481
Von 1523—1545 unter Alphons Manriquez, fünftem General-Inquisitor	2,250	1,125	11,250
Von 1545—1546 unter Tabéra, sechstem General-Inquisitor	840	420	6,520
Unter Loxisa, siebentem General-Inquisitor und während der Regierung Carls V.	1,320	660	6,600
Von 1550—1597 unter der Regierung Philipps II..................	3,990	1,845	18,450
Von 1597—1621 unter der Regierung Philipps III..................	1,840	692	10,716
Von 1621—1665 unter Philipp IV.	2,852	1,428	14,080
Von 1665—1700 unter Carl II.	1,630	540	6,812
Von 1700—1746 unter Philipp V...	1,600	760	9,112
Von 1746—1759 unter Ferdinand VI.	10	5	170
Von 1759—1788 unter Carl III.....	4	—	56
Von 1788—1808 unter Carl IV....	—	1	42

„Dennoch nennt man mich groß, weil ich in der Ferne Krieger habe, die in meinem Namen über ungeheure Provinzen herrschen, und weil meine Flagge auf den Meeren der beiden Welten schwimmt; man nennt mich stark,

In dieser Uebersicht ist die Regierung Ferdinand's VII. nicht mit inbegriffen, während welcher über 100,000 Personen Einkerkerung, Galeeren oder Verbannung erduldeten, man muß auch noch die unberechenbare Zahl der Opfer hinzufügen, welche die spanische Inquisition Rom's Ehrgeiz in Sicilien, in Sardinien, in Flandern, in Amerika und in Indien gebracht hat, um das Gewicht der Worte begreifen zu können, welche der Verfasser das verzweifelnde Spanien aussprechen läßt. Ein Wort noch: außer den Opfern, welche die Inquisition zu erreichen vermochte, haben fünf Millionen Einwohner den schönen Boden Spaniens verlassen, um sich durch freiwillige Verbannnng der Grausamkeit des heiligen Officiums zu entziehen. So wurde dieses schöne Land, das zu den Zeiten der Mauren 35 Millionen Seelen zählte, auf 10 Millionen herabgebracht. Ist das die Sendung, welche Christus seinen Jüngern und diese den Aposteln der römischen Kirche übertrugen? Befolgten so die Nachfolger der Apostel die erhabene Lehre des Heilandes: wachset und gedeihet? — und die Christi: liebet Euch unter einander? — Nun wohl, man höre auf die römischen Priester; sie werden sagen, daß die Religion nicht mehr geachtet ist, daß man sie unter die Füße trete, daß man die Diener Gottes verleumde! Ach, antwortet Denen, die so sprechen, wie Christus den Schreibern und Pharisäern antwortete: „Wehe euch, ihr heuchlerischen Schreiber und Pharisäer, denn ihr verschlinget die Häuser der Witwen unter dem Vorwande, lange Gebete zu halten! Wehe euch, ihr heuchlerischen Schreiber und Pharisäer, denn ihr säubert den Becher und die Schüssel von Außen, aber im Innern sind sie voll Raub und Unmäßigkeit. (Mathias. Cap. 23, 14 und 25.)

Wahr ist es freilich, daß nach dem Aergernisse, welches die Mönche und einige Priester des spanischen Clerus im 16. Jahrhunderte erregten, der Papst den Inquisitoren Spaniens befahl, alle Priester und alle Mönche zu verfolgen, welche die öffentliche Stimme anklagen würde.

Allein um jene Zeit war es etwas Gefährliches, dergleichen Angelegenheiten in einem Lande anzuregen, welches begann, einen tiefen Haß und eine Verachtung, die Niemand verbarg, für die Mönche und für jene Art unwissender und lasterhafter Priester zu empfinden, welche in Spanien von jeher in überreichlicher Menge vorhanden waren; dann hätten auch die Lutheraner nicht ermangelt, aus allen diesen Processen, die man gegen zwei Drittheile des römischen Clerus in Spanien und gegen die Mehrzahl der Mönche hätte anstrengen müssen, furchtbare Waffen gegen die Ohrenbeichte zu ziehen. Die Inquisition, welche stets gewandt war, wenn es galt, ihren Willen selbst gegen den der Könige und den der Päpste durchzusetzen, — die Inquisition machte daher das Mittel ausfindig, nichts zu wissen; sie die Alles wußte und überall Augen und Ohren hatte, fand das Mittel, nicht zu wissen, was in dem Innern der zahlreichen Nonnenklöster vorging, die das Land erfüllten.

weil ich geduldig und ruhig bin und weil man dafür sorgt, täglich auf meine blutenden Wunden einen Mantel des Stolzes und der Lüge zu werfen, um sie zu verbergen — weil man meine langen Todesklagen hinter Schlössern und Riegeln erstickt.

„O, zu leben, zu leben und einen einzigen Tag die reine Luft der Freiheit zu athmen! Zu leben und allein mit meiner Kraft der Zukunft entgegenzuschreiten!“

„So sprach das in einem Augenblicke neu belebte Spanien, aber bei dem Tone seiner klagenden Stimme sehe ich Vampyre in der Dunkelheit heranschleichen, es auf's Neue in ein feuchtes Grab stürzen, sich gräulich auf seine ausgesogene Brust kauern und mit ihren gierigen Zähnen die Adern öffnen, in denen noch einige Tropfen Blut zurückgeblieben sind.

„O Barmherzigkeit! Barmherzigkeit! Erlöschet nicht seinen letzten Lebensfunken! Lasset es einen Augenblick zu dem Leben zurückkehren — lasset ihm die Zeit, um das Blut, das es verloren hat, zu ersetzen!

„Doch nein! Die Vampyre haben kein Erbarmen! Ihr vernichtetes und sterbendes Opfer hat selbst den letzten Hauch verloren, den Schein des Lebens, den ihm die Siege Carl's V. noch verliehen.

„Das Gespenst des Königs folgt auf den erobernden König.

„Dieses Gespenst herrscht in der Nacht und in dem Nichts. Die Vampyre, seine treuen Satelliten, ordnen sich rings um dasselbe her, und mit ihren fleischlosen Händen stoßen sie den Leichnam Spaniens vollends in das Grab.

„Und Spanien, erschöpft durch den Kampf, sammelt sich dann in einer Ruhe, welche dem Tode gleicht; — man hat das Leichentuch, welches es von dem Leben trennt, über dasselbe geworfen und auf seinen betäubten und beinahe fühllosen Körper legen sich, in der Schmach ihres Klosterlebens, alle Knechte Rom's — auf diesen regungslosen Leichnam schüttet man Blut — Ströme von Blut, und jeden Tag vertilgen Tausende von Scheiterhaufen irgend einen Theil dieses regungslosen Körpers. —

„Die Leiche wird zum Skelet!

„Gleichwohl ist noch nicht Alles zu Ende! Die Asche, fruchtbare Asche, kann sich noch wieder beleben. — Welch' ein wohlthuendes und volles Licht scheint plötzlich auf sie nieder? — Der Staub erwacht und wird wieder zum Menschen. — Spanien war nur eingeschlafen!

„Aber leider wird dieser lange Schlaf vielleicht Jahrhunderte währen und wir sehen die schönen Tage nicht, die dem Vaterlande glänzen müssen. — Für uns ist es die Verbannung, die Verbannung mit dem bitteren Tode und der Kampf, der ewige Kampf — denn Die, welche dann nicht mehr sein werden, haben auch ihren Theil an diesem großen Werke gehabt — auch sie haben zu der Wiedergeburt der Welt beigetragen.“

Dolores endete ihre begeisterte Rede; Schweiß rann von ihrer Stirn und ihr ganzer Körper zitterte krampfhaft; sie schloß die Augen, und sank Estevan in die Arme. Er legte sie sanft neben einem Ballen auf das Deck und stützte den schönen Kopf seiner Dolores auf seine Brust. Hier schlief die junge Begeisterte, erschöpft durch ihre Aufregung, ein an dem Busen Dessen, den sie liebte.

In eben diesem Augenblicke erreichte das Schiff das hohe Meer; das Land war den Blicken gänzlich entschwunden; der frischere Wind blies in die gespannten Segel. Der Mond zeigte sein bleiches, silberfarbiges Gesicht an dem Himmel und beschien mit mildem Lichte das schöne Gesicht der jungen Frau. Das Meer glich einer silberpolirten Fläche, welche mit kleinen glänzenden Erhöhungen besäet war.

Feierliches Schweigen herrschte in der Mitte der weiten Einsamkeit des Oceans, und das Schiff, welches rasch über die Fläche des Wassers glitt, trug die Verbannten dem fernen Lande zu, in welchem bereits die Morgenröthe der Freiheit anbrach.

Vielleicht finden wir sie dort eines Tages wieder.

LI.

Aufhebung der Inquisition.

Jetzt sei uns gestattet, die Leser zu fragen, ob es ein guter und weiser Gedanke war, welcher zu der Abfassung dieses Buches führte; ob es ein beleidigendes und boshaftes Pamphlet ist, welches gegen die Inquisition geschleudert wurde, oder eine treue Schilderung, eine unparteiische Würdigung der Thatsachen, welche in jener denkwürdigen und blutigen Zeit vollbracht wurde? Was für eine furchtbare Geschichte haben wir gelesen! Welche theilnahmwürdige Dramen, deren verschiedene Wechselfälle, streng der Wirklichkeit entsprechend, alle Träume der Einbildungskraft überbieten! Welche finsteren, entsetzlichen Geheimnisse! Wie viel Schmerz und Gotteslästerungen! Wie viel Schmach und Blut!

Der Verfasser hat uns vollkommen vertraut gemacht mit der schmachvollen Sitte und den gewaltigen Ausschweifungen der hohen Würdenträger des heiligen Officiums, mit dem einfältigen und barbarischen Fanatismus der unteren Beamten, mit den gräßlichen Martern, welche der unmenschliche Geist und der wilde Ascetismus der Mönche zu erfinden verstand. Die Martern brachten zu gute Resultate für die unersättlichen Mönche hervor, als daß sie eingewilligt hätten, darauf zu verzichten. Wie viele Zugeständnisse wurden so den Leidenden entrissen! Wie viele Reichthümer, wie viel Macht gesetzlich geraubt! Wie viele eingebildete Geständnisse durch den Schrecken dictirt! Wie viele lügenhafte Enthüllungen, die alle zum Nutzen der Politik und des Hasses der Inquisition führten! Wie viele Opfer geschlachtet zur Erbauung der christlichen Welt, zur Verbreitung des katholischen Glaubens und zum größeren Ruhme Gottes!

Sollte man es glauben, daß solche Abscheulichkeiten mehrere Jahrhunderte hindurch fortdauerten? Erst am 4. December 1808 decretirte Napoleon, Gebrauch machend von dem Rechte des Eroberers, in Chamartin, einem Dorfe bei Madrid, die Unterdrückung der Tribunale des heiligen Officiums, als seiner Souverainität widersprechend. Nachdem Joseph als König von Spanien anerkannt worden war, wurden alle diese Criminalprocesse, mit Ausnahme derer, welche durch ihre Wichtigkeit und ihre Berühmtheit, oder durch die Stellung der Personen, der Geschichte angehören konnten, auf seinen Befehl verbrannt, aber man bewahrte unberührt die Register der Beschlüße des Raths, der königlichen Ordonnanzen, der Bullen und Breves Roms, der Angelegenheiten, welche sich auf das Tribunal bezogen und alle Nachrichten über die Genealogien der Beamten des heiligen Officiums.

Beinahe alle Gebäude, welche der Inquisition gehörten, wurden zu jener Zeit niedergerissen. Aber dies geschah nicht ohne Mühe und Blutvergießen.

Um nur ein Beispiel anzuführen, lassen wir den polnischen Obersten Lumanusk sprechen, der durch den Marschall Soult beauftragt wurde, die Inquisition von Madrid aufzuheben.

„Als ich 1809 in Madrid war, richtete meine Aufmerksamkeit sich auf das Inquisitionsgebäude; Napoleon hatte schon ein Edict zur Unterdrückung dieses Institutes überall, wohin seine siegreichen Waffen gelangen würden, erlassen. Ich erinnerte den Marschall Soult, der damals Gouverneur war, an dieses Decret, und er befahl mir darauf, die Inquisition aufzuheben. Ich bemerkte ihm, daß mein Regiment, — das 9. polnische Lancierregiment, — zu einem solchen Dienste ungenügend sei. Aber ich sagte ihm, wenn er zwei andere Regimenter hinzufügte, würde ich es unternehmen. Er bewilligte meine Forderung.

Eines dieser Regimenter, das 117., stand unter dem Befehl des Obersten von Lille. Mit diesen Truppen machte ich mich auf den Weg nach der Inquisition. Das Gebäude war von einer starken Mauer umgeben und mit ungefähr 400 Soldaten besetzt. Zu der Mauer gelangt, wendete ich mich an eine der Schildwachen und ließ die Väter auffordern, sich der kaiserlichen Armee zu ergeben und die Thore der Inquisition zu öffnen. Die Schildwache, welche auf der Mauer stand, schien sich einige Augenblicke mit Jemand im Innern zu unterhalten, worauf sie Feuer auf uns gab und einen meiner Leute tödtete. Das war das Signal zum Angriff und ich gab meinen Truppen Befehl, Feuer auf alle Die zu geben, welche auf der Mauer erscheinen würden. Bald zeigte es sich, daß der Kampf ungleich sei.

Die Mauern der Inquisition waren mit Soldaten des heiligen Officiums bedeckt; es gab auch auf der Mauer eine Brüstung, hinter welcher sie sich verbargen und hinter der sie nur zum Theil hervorkamen, um ihre Gewehre abzuschießen. Unsere Truppen standen in einer offenen Ebene und waren einem mörderischen Feuer ausgesetzt; wir hatten keine Artilleriegeschütze; wir konnten ebenso wenig die Mauern ersteigen, und die Thore widerstanden allen unsern Bemühungen, sie zu sprengen. Ich sah, daß es nothwendig sei, die Art des Angriffes zu ändern und ließ deshalb

Bäume fällen, die an den Ort selbst gebracht wurden und uns als Mauerbrecher dienen sollten.

Zwei dieser Maschinen wurden so vielen Leuten übergeben, als nöthig waren, um mit Vortheil arbeiten zu können. Sie begannen gewaltige Stöße gegen die Mauern zu führen, ohne sich um den Kugelhagel zu kümmern, der auf sie niederfiel. Bald begannen die Mauern zu erzittern und unter den Wirkungen der andauernden und gutgeleiteten Stöße des Mauerbrechers wurde eine Bresche gelegt und die kaiserlichen Truppen drangen in das Inquisitionsgebäude.

Hier hatten wir eine Probe, wie weit die jesuitische Unverschämtheit gehen kann. Der Generalinquisitor und die Beichtväter kamen in ihren Priestergewändern aus ihren Verstecken hervor, als wir uns einen Weg in das Innere des Gebäudes bahnen wollten. Mit langen Gesichtern, die Arme gekreuzt auf der Brust und die Finger auf den Schultern ruhend, als ob sie nichts von dem Lärm des Angriffes und der Vertheidigung gehört hätten, kamen sie, um sich zu erkundigen, was vorginge, und wandten sich mit dem Tone des Vorwurfes an ihre Soldaten, indem sie sagten: „Weshalb schlagt Ihr Euch mit unsern Freunden, den Franzosen?“

Ihre Absicht schien zu sein, uns glauben zu machen, daß sie die Vertheidigung keineswegs befohlen hätten, indem sie hofften, dadurch, daß wir sie für unsere Freunde hielten, leichter die Verwirrung und die Plünderung der Inquisition zu benutzen, um zu entrinnen. Ihre Arglist war indeß zu einfältig, um zu gelingen. Ich ließ sie streng bewachen und alle Soldaten der Inquisition wurden zu Gefangenen gemacht. Wir begannen die Untersuchung dieses Gefängnisses der Hölle.

Wir gingen von Zimmer zu Zimmer; wir fanden eine Menge Altäre, Crucifixe und Wachskerzen, aber wir konnten keine Spur der Ungerechtigkeiten entdecken, welche an diesem Orte vollbracht worden sein mußten, nichts von den außerordentlichen Dingen, die wir in einem Inquisitionsgebäude zu finden erwarteten. Man sah hier die Schönheit, den Glanz, die vollkommenste Ordnung der Architectur, die Verhältnisse, Alles war bewundernswerth; die Decken und die Fußböden glänzten. Die marmornen Verzierungen verriethen einen ausgezeichneten Geschmack. Es gab hier Alles, was dem Auge und dem gebildeten Geist gefallen kann. Aber wo waren jene Werkzeuge der Tortur, von denen man uns gesagt hatte? Wo waren jene Kerker, in welchen menschliche Wesen eingeschlossen worden sein sollten? Wir suchten sie vergebens. Die heiligen Väter versicherten uns, man hätte sie verleumdet, wir hätten Alles gesehen.

Ich wollte meine Nachsuchungen aufgeben, und ließ mich überreden, daß diese Inquisition ein Schein von dem sei, was man uns gesagt hatte, allein der Oberst von Lille konnte nicht so leicht auf die Verfolgung verzichten und sagte: „Oberst, sie sind heute Commandant und was sie befehlen muß geschehen; aber wenn sie meinem Rath folgen wollen, so lassen sie doch diese Marmorfußböden prüfen, Wasser darauf gießen und wir werden dann vielleicht sehen, ob es nicht irgend einen Ort gibt, wo es eindringt.“

Ich antwortete: „Oberst, thun Sie, was Sie wollen,“ und ließ Wasser holen.

Die Marmorplatten waren groß und prachtvoll polirt. Nachdem das Wasser zum großen Mißvergnügen der Inquisition darauf gegossen worden war, prüften wir genau alle Spalten, um zu sehen, ob die Feuchtigkeit in dieselben eindrang. Kurze Zeit darauf rief der Oberst, er hätte gefunden, was er suchte. Neben einer dieser Marmorplatten verlief das Wasser sich sehr schnell, als ob darunter ein leerer Raum wäre. Alle Hände machten sich jetzt an das Werk, um Entdeckungen herbeizuführen, die Officiere mit ihren Degen, die Soldaten mit ihren Bojonnetten, suchten die Platten aufzuheben; Andere stießen mit den Kolben ihrer Musketen darauf und suchten sie zu zerbrechen, während die Priester über die Profanirung ihres heiligen Hauses eiferten. Plötzlich traf ein Soldat mit einem Kolbenstoße auf eine Feder und die Platte hob sich. Jetzt wurden die Gesichter der Inquisitoren blaß, und diese bleichen Menschen zitterten an allen Gliedern.

Wir blickten um die verhängnißvolle Marmorplatte, die sich ein wenig erhoben hatte und gewahrten eine Treppe. Ich näherte mich einem Tische und nahm von einem Armleuchter eine brennende fußlange Wachskerze, um unsere Entdeckungsreise anzutreten. Als ich die Kerze ergriff, wurde ich durch einen der Inquisitoren zurückgezogen, der sanft seine Hand auf meinen Arm legte und mit frommem Tone sagte:

„Mein Sohn, Ihr dürft das nicht mit Euren blutigen Händen berühren, es ist geweiht.“ — „Nun wohl,“ entgegnete ich ihm, „ich bedarf einer geweihten Fackel, um die Inquisition zu beleuchten. Ich nehme die Verantwortlichkeit auf mich.“ — Ich nahm die Kerze, stieg die Treppe hinab und entdeckte nun, weshalb das Wasser uns diesen Gang verrathen hatte. Unter diesem Marmorfußboden lag eine feste Decke, ausgenommen da, wo sich die Klappe befand. Daher rührte der Erfolg von dem Mittel des Obersten von Lille.

Zu dem Fuße der Treppe gelangt, traten wir in ein großes, viereckiges Gemach, der Saal des Gerichtes genannt. In der Mitte stand ein großer Block, ein Stuhl war daran befestigt. Auf diesen pflegte man den Angeklagten zu setzen, der an seinem Sitze festgebunden wurde. Auf einer Seite des Gemachs stand ein anderer erhöhter Sitz, der Thron des Gerichtes genannt. Diesen nahm der Generalinquisitor ein. Rings umher standen minder erhöhte Sitze für die Väter, wenn es sich um die Angelegenheiten der heiligen Inquisition handelte. Aus diesem Gemache gingen wir rechts und fanden kleine Zellen, die sich durch die ganze Länge des Gebäudes erstreckten; doch welch' ein Schauspiel bot sich hier unseren Augen! Wie war die wohlthätige Religion des Heilandes durch die Männer, welche sich zu ihr bekannten, verhöhnt worden! Diese Zellen dienten zu einsamen Kerkern, in denen die unglücklichen Opfer eingesperrt wurden, bis der Tod sie von ihren Henkern befreite. Man ließ ihre Körper hier bis zur Verwesung liegen und dann wurden die Kerker von Andern eingenommen. Damit die Inquisitoren nicht belästigt wurden, gab es große Röhren, um den ungesunden Leichendunst abzuführen.

In diesen Zellen fanden wir die Leichen einiger Menschen, die unlängst gestorben waren, während in anderen nur an den Fußboden angekettete Skelete lagen. In einigen fanden wir lebende Opfer jedes Alters und jedes Geschlechtes, von dem jungen Manne und dem Mädchen bis zu Greisen von siebenzig Jahren, Alle der Kleider so beraubt, wie bei ihrer Geburt.

Unsere Soldaten beschäftigten sich augenblicklich damit, diese Gefangenen von ihren Ketten zu befreien und beraubten sich eines Theiles ihrer Kleider, um damit die unglücklichen Geschöpfe zu bedecken; sie wünschten lebhaft, sie an das Licht des Tages zu führen, allein da ich die Gefahr erkannte, die dies gehabt haben würde, widersetzte ich mich ihnen und bestand darauf, daß man ihnen zunächst gäbe, wessen sie bedurften und daß man sie nur allmälig dem Tageslicht aussetze. Nachdem wir alle diese Zellen durchsucht und die Thüren der Gefängnisse der noch Lebenden geöffnet hatten, durchsuchten wir ein anderes Gemach auf der linken Seite. Hier fanden wir alle Marterwerkzeuge, welche Menschen oder Dämonen zu erfinden vermögen.

Bei diesem Anblicke ließ die Wuth unserer Soldaten sich nicht länger zügeln. Sie riefen aus, daß jeder der Inquisitoren, die Mönche und die Soldaten, auf die Tortur geworfen zu werden verdienten. Wir versuchten es nicht, sie zurückzuhalten. Sie begannen augenblicklich das Werk der Tortur an der Person der Väter. Ich sah vier verschiedene anwenden und zog mich dann von dem entsetzlichen Schauspiel zurück, welches so lange dauerte, als noch ein einziges Individuum dieser Vorhalle der Hölle übrig war, an dem die Soldaten ihre Rache üben konnten.

Sobald die armen Opfer, die wir aus den Zellen der Inquisition befreit hatten, ohne Gefahr aus ihrem Kerker an das Tageslicht geführt werden konnten, (die Nachricht hatte sich verbreitet, daß eine große Anzahl Unglücklicher in dem Inquisitionsgebäude gerettet worden wären) sah man von allen Seiten Die herbei eilen, deren Freunde das heilige Officium entrissen hatte; sie kamen, um zu sehen, ob es noch eine Hoffnung gäbe, sie am Leben zu finden. Ach, welch' ein Wiedersehen war das! Ungefähr hundert Personen, welche Jahre lang eingekerkert gewesen waren wurden jetzt der Gesellschaft ihrer Mitmenschen zurückgegeben; Mehrere fanden hier einen Sohn, dort eine Tochter, hier eine Schwester, dort einen Bruder. Einige erkannten keine Freunde. Dieses Schauspiel läßt sich nicht beschreiben! Nachdem ich Zeuge desselben gewesen war, wollte ich ein begonnenes Werk beendigen, begab mich nach Madrid und empfing eine große Menge Pulver, welche ich in dem Gebäude und in den unterirdischen Gewölben vertheilte. Tausende von Zuschauern sahen uns das Feuer anzünden. Die Mauern und der feste Thurm des stolzen Gebäudes flogen in Trümmern gegen den Himmel. Das Inquisitionsgebäude von Madrid war nicht mehr!"

Die Inquisitions-Tribunale waren am 15. Februar 1813 auf's Neue durch die außerordentlichen General-Cortez von Spanien als unverträglich mit der politischen Constitution der Monarchie erklärt worden. Allein am 21. Juli 1814 wurden sie durch eine Ordonnanz Ferdinands VII., der in Folge des Vertrages von Valençay nach Spanien zurückgekehrt war, wieder eingesetzt. Es war Francois Micré Campillo, Bischof von Almeria, den der König zum 15. General-Inquisitor ernannte. In den Ordnungen dieses neuen Inquisitors findet man Grundsätze ausgesprochen, welche den wahren Interessen des Staates ebenso sehr widersprechen, wie der Religion, und obgleich die Tortur zu jener Zeit durch die Gewalt der Umstände bei den Tribunalen der Inquisition aufgehoben werden mußte, sah man sie doch im Jahre 1815 durch ein Autodafé wegen Ketzerei wieder in das Leben treten. Joseph Maria Morillas war eines der letzten Opfer.

Die Inquisition wurde vollkommen in Spanien erst im Jahre 1821 aufgehoben. Gegenwärtig existirt sie nicht mehr. Und Dank dem Fortschritte des menschlichen Geistes, würde man es vergebens versuchen, dieses blutige Gebäude der Vergangenheit wieder aufzuführen. Gleichwohl haben die Inquisitoren zahlreiche Nachfolger ihrer abscheulichen Lehre hinterlassen, fanatische Priester, die gleich ihnen begierig nach Reichthümern und Herrschaft sind; abenteuerliche Glückssoldaten, gewesene Familiare des heiligen Stuhles, welche Alles im Namen der Religion leiten und beherrschen wollen, arglistige Menschen, die Entschuldigungen für alle Verbrechen ausfindig machen und sich zu dem verabscheuenswerthen Grundsatze bekennen „der Zweck heiligt das Mittel" und welche, entschlossen Alles zu wagen, ohne jemals zurückzuweichen, auf die Eroberung der unumschränktesten Macht eindringen werden: per fas et nefas.

Diese gefährlichen Erben der Inquisition haben gleich dieser zahlreiche und einflußreiche Gehilfen; sie bilden auch eine große Gesellschaft, die über den ganzen Erdball vertheilt ist, über ungeheure Hilfsmittel verfügt und wechselsweise durch den Schrecken, durch die Verfolgung, durch die Gewalt, durch das Gold, wirkt, dem Willen eines Einzigen gehorcht, knechtisch und maschinenmäßig wie die Leiche; Alle demselben Ziele zustrebend wie ein einziger Mensch. Diese Gesellschaft erhebt den Kopf voll Anmaßung, bereit, die

Gewalt den schwachen Händen zu entreißen, die sie nicht zu bewahren verstehen; es ist jene gefährliche Gesellschaft, welche so lange die Staaten in Verwirrung setzte, theilend, um zu herrschen, Uneinigkeit und Anarchie säend, um die Herrschaft zu ernten; eben jene Gesellschaft, welche gegenwärtig noch Italien zerreißt, Preußen bedroht, den Bürgerkrieg in Spanien nährt, Belgien in Knechtschaft stürzt, Ströme von Blut in Luzern vergoß und sich frei in Frankreich erhält, ungeachtet der Verbannungsgesetze, die zu ihren Füßen zertrümmern. Man hüte sich vor ihr und werde nicht müde, ihr zu widerstehen, denn diese fanatische Sectirer werden nicht aufhören, zu kämpfen, und nach dem Siege nur dann ruhen, wenn sie die geistige und weltliche Herrschaft unbedingt wieder erlangt haben, wie zur Zeit der Inquisition.

Aber wir treffen zum Glück auf Männer, welche bereit sind, Alles zu opfern, um sie zu entlarven. Wir hoffen, die Aufgabe gut begonnen zu haben, wenn wir nach der Art und Weise schließen, mit welcher das Publikum die Geheimnisse der Inquisition aufgenommen hat. Nachdem wir durch dieses Werk die wahren Ursachen der moralischen, politischen und literarischen Lethargie enthüllten, welche so lange die gefangenen Völker in den Banden der Unwissenheit erhielten, geben wir ein anderes heraus, welches zum Zweck hat, die geheimnißvollen Aneignungen des Clerus unserer Zeit zu bezeichnen.

Wir haben die Ueberzeugung, zu diesem Resultate zu gelangen, indem wir ein Werk erscheinen lassen, welches so zu sagen die Fortsetzung von diesem ist und den Titel hat: Geheimnisse Roms im 19. Jahrhundert.

Inhalt.